FOM-Edition
FOM Hochschule für Oekonomie & Management

Weitere Bände in dieser Reihe
http://www.springer.com/series/12753

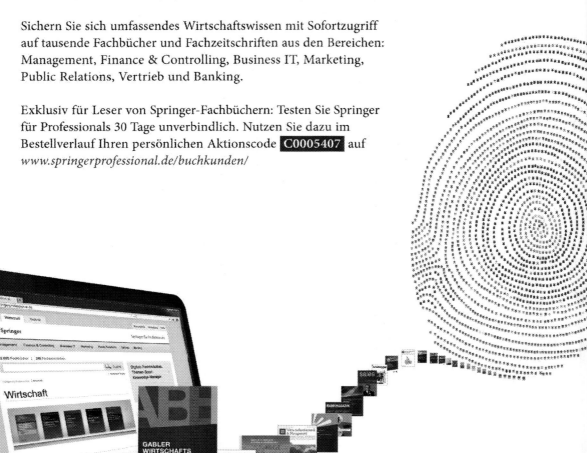

Jan Lies
(Hrsg.)

Praxis des PR-Managements

Strategien – Instrumente – Anwendung

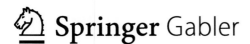

Herausgeber
Jan Lies
Hamm
Deutschland

Dieses Werk erscheint in der FOM-Edition, herausgegeben von FOM Hochschule für Oekonomie & Management.

ISBN 978-3-658-06912-4   ISBN 978-3-658-06913-1 (eBook)
DOI 10.1007/978-3-658-06913-1

Die Deutsche Nationalbibliothek verzeichnet diese Publikation in der Deutschen Nationalbibliografie; detaillierte bibliografische Daten sind im Internet über http://dnb.d-nb.de abrufbar.

Springer Gabler
© Springer Fachmedien Wiesbaden 2015
Das Werk einschließlich aller seiner Teile ist urheberrechtlich geschützt. Jede Verwertung, die nicht ausdrücklich vom Urheberrechtsgesetz zugelassen ist, bedarf der vorherigen Zustimmung des Verlags. Das gilt insbesondere für Vervielfältigungen, Bearbeitungen, Übersetzungen, Mikroverfilmungen und die Einspeicherung und Verarbeitung in elektronischen Systemen.

Die Wiedergabe von Gebrauchsnamen, Handelsnamen, Warenbezeichnungen usw. in diesem Werk berechtigt auch ohne besondere Kennzeichnung nicht zu der Annahme, dass solche Namen im Sinne der Warenzeichen- und Markenschutz-Gesetzgebung als frei zu betrachten wären und daher von jedermann benutzt werden dürften.

Lektorat: Angela Meffert

Gedruckt auf säurefreiem und chlorfrei gebleichtem Papier

Springer Gabler ist eine Marke von Springer DE. Springer DE ist Teil der Fachverlagsgruppe Springer Science+Business Media
www.springer-gabler.de

Vorwort

Die Akzeptanz von Public Relations als Managementdisziplin erhält seit einiger Zeit Auftrieb. Waren typische PR-Ziele wie Reputation und Image lange Zeit eher schmückendes Beiwerk erfolgreicher Unternehmen, so erinnert der betriebswirtschaftliche Schaden aktueller Skandale an den möglichen Beitrag und das Erfolgspotenzial von PR-Management. Die Liste einst renommierter Unternehmen, die derzeit vor allem mit Skandalen auf sich aufmerksam machen, ist lang: Bestechungsskandale, Untreue des Managements, Bilanzierungsskandale, Subventionsbetrug, Skandale um Arbeitsbedingungen und Ausspionierung von Mitarbeitern bilden hierbei nur eine kleine Auswahl von Schlagzeilen. Das Web 2.0 ist oftmals der Motor dieser Schlagzeilen und visualisiert zugleich die Macht von Stakeholdern, indem soziale Netzwerke Multiplikatoreffekte durch Shitstorms abbilden. Viele Unternehmen fürchten daher jetzt den Verlust der Deutungshoheit über ihre Botschaften. Wurde PR bisher eher zur Ausbeulung kleiner Imagedellen an PR-Abteilungen delegiert, erfordert spätestens die Sozialisierung des Internets die professionelle und mandatierte Steuerung des reputationsrelevanten Handelns von Unternehmen. Dieses Buch betont die ursprüngliche Handlungskompetenz des PR-Managements, die in Deutschland oft auf Kommunikation reduziert wird und damit in vielen Unternehmen zu einer Abkopplung von gesendeten Botschaften und unternehmerischem Handeln geführt hat, was die Skandalentstehung begünstigt. Mit Kommunikation im Sinne geplanter PR-Instrumente allein kann PR als Reputationsmanagement sein Erfolgspotenzial nicht ausschöpfen. Denn das PR-Management verfügt längst über eine große Bandbreite von Handlungsfeldern und Instrumenten, die erfolgskritische Skandale vermeiden und nachhaltige Reputation ermöglichen, deren Bandbreite dieses Buch darstellt: PR als verhaltensorientiertes Wahrnehmungsmanagement.

Ich danke Herrn Professor Dr. Thomas Heupel für die Aufnahme des Werkes in die FOM-Edition und Herrn Dipl.-jur. Kai Enno Stumpp für die Begleitung bei dessen Erstellung.

Hamm
Jan Lies

Inhaltsverzeichnis

1 Zentrale PR-Begriffe und -Aufgaben 1
    1.1 Architektur zentraler Kommunikationsbegriffe 2
    Jan Lies
    1.2 Aufgabenfelder der PR 8
    Jan Lies
    1.3 Corporate Communications vs. Marketingkommunikation 12
    Jan Lies
    1.4 Bedeutung von PR als Managementfunktion: praktisch und theoretisch ... 17
    Jan Lies
    1.5 PR- und Kommunikationsmanagement – Anforderungen 23
    Jan Lies
    Literatur 25

2 Public Relations als Medienarbeit 29
    2.1 Media Relations 30
    Markus Kiefer und Jan Lies
    2.2 Umfragen als Instrument von Media Relations 37
    Michael Bürker
    2.3 Branchen-, Fach- und Publikums-PR 45
    Jan Lies
    2.4 Corporate Publishing 50
    Christina Vaih-Baur
    2.5 Corporate Publishing – Mitarbeiterzeitschrift 54
    Michael Kleinjohann und Jan Lies
    Literatur 62

3 Public Relations als Onlinekommunikation 65
    3.1 Die Onlinekommunikation als neue Medienarbeit 66
    Jan Lies
    3.2 Onlinekommunikation – Social Media 69
    Ralf Spiller

	3.3 Onlinekommunikation – Web 2.0	74
	Jan Lies	
	3.4 Onlinekommunikation – Bürgerjournalismus	82
	Michael Kleinjohann und Jan Lies	
	Literatur	87
4	**Public Relations als Eventmanagement**	**91**
	4.1 Veranstaltungskommunikation – PR-Events	92
	Jan Lies und Christina Vaih-Baur	
	4.2 Veranstaltungskommunikation – Ambushing	100
	Jan Lies	
	4.3 Veranstaltungskommunikation – Smart- und Flashmobbing	106
	Jan Lies	
	Literatur	108
5	**Public Relations als interne Kommunikation**	**111**
	5.1 Ziele, Teilbereiche und Aufgaben der internen Kommunikation	112
	Jan Lies	
	5.2 Interne Kommunikation – als Teil der (strategischen) Führung	118
	Jan Lies	
	5.3 Interne Kommunikation – Vision und Leitbild	125
	Jan Lies	
	5.4 Interne Kommunikation – als Informationspflicht	128
	Jan Lies	
	5.5 Interne Kommunikation – als Mikropolitik	131
	Jan Lies	
	5.6 Interne Kommunikation – als Prozesskommunikation	136
	Jan Lies	
	5.7 Interne Kommunikation – und Wissensmanagement	140
	Jan Lies	
	Literatur	144
6	**Public Relations als internationale Kommunikation**	**147**
	6.1 Internationale Kommunikation als Standardisierungsproblem	148
	Jan Lies	
	6.2 Internationale Kommunikation – als politische und kulturelle Grenzen ...	151
	Jan Lies	
	6.3 Internationale Kommunikation – Nation Branding und Destination Marketing	157
	Jan Lies	
	6.4 Internationale Kommunikation – Theorierahmen	163
	Jan Lies	
	Literatur	166

Inhaltsverzeichnis

7 Public Relations als politische Kommunikation ... 169
   7.1 Politische Kommunikation – als Lobbyismus und Public Affairs ... 170
   Jan Lies
   7.2 Politische Kommunikation – als politisches Marketing ... 175
   Jan Lies
   7.3 Politische Kommunikation – als Spin Doctoring ... 179
   Jan Lies
   7.4 Politische Kommunikation – als Grassrooting und Astroturfing ... 180
   Jan Lies
   7.5 Politische Kommunikation – als Vermittlungsprozess ... 183
   Jan Lies
   Literatur ... 188

8 Disziplinen der PR ... 191
   8.1 Öffentlichkeitsarbeit ... 192
   Jan Lies
   8.2 Produkt-PR ... 197
   Christina Vaih-Baur
   8.3 Personen-PR ... 201
   Jan Lies
   8.4 Investor Relations ... 207
   Jan Lies und Christina Vaih-Baur
   8.5 Sponsoring und Mäzenatentum ... 215
   Jan Lies
   Literatur ... 219

9 Anlassbezogene PR ... 221
   9.1 Change Communications ... 222
   Jan Lies und Beatrix Palt
   9.2 Persönlichkeitsabhängige Change Communication ... 232
   Beatrix Palt
   9.3 Change Communications – Project-Branding ... 239
   Jan Lies
   9.4 Krisenkommunikation und -prävention ... 248
   Jan Lies
   9.5 Konfliktmanagement und Mediation ... 256
   Jan Lies
   9.6 Issues Management ... 264
   Jan Lies
   Literatur ... 268

10 Risikokommunikation ... 271
10.1 Risikokommunikation – Risikotypen ... 272
Christian Schicha
10.2 Risikokommunikation – unternehmerische und gesellschaftliche Aufgabe ... 273
Jan Lies
10.3 Risikokommunikation – Skandalisierung von Missständen ... 287
Jan Lies
10.4 Risikokommunikation – Whistleblowing ... 291
Jan Lies
10.5 Juristische Kommunikation (Litigation Public Relations) ... 297
Jan Lies
Literatur ... 302

11 Strategische PR-Ansätze ... 305
11.1 Markenkommunikation ... 306
Jan Lies
11.2 Kampagne ... 312
Jan Lies
11.3 Stakeholder-Management ... 320
Jan Lies
11.4 Stakeholder – als Umkehr des Managementprozesses? ... 324
Jan Lies
11.5 Stakeholder und Marketing ... 327
Jan Lies
11.6 Integrierte Kommunikation ... 332
Jan Lies
11.7 Corporate Identity ... 341
Jan Lies
11.8 Corporate Identity – Heritage Communication ... 348
Jan Lies
Literatur ... 354

12 Kommunikationskonzept und -strategie ... 357
12.1 Kommunikationskonzept und -briefing ... 358
Jan Lies
12.2 Kommunikationskonzept und -strategie ... 363
Jan Lies
12.3 Kommunikationsstrategie – integrierte Analyse ... 377
Jan Lies
12.4 Kommunikationsstrategie – interne Analyse (Leistungsangebot) ... 384
Jan Lies

12.5 Kommunikationsstrategie – interne Analyse (Leistungswahrnehmung) ... 392
Jan Lies
12.6 Kommunikationsstrategie – externe Analyse (Markt) 402
Jan Lies
12.7 Kommunikationsstrategie – externe Analyse (Kunden) 414
Jan Lies
12.8 Kommunikationsstrategie – externe Analyse (Umfeld) 416
Jan Lies
Literatur 422

13 PR-nahe Kommunikationsdisziplinen 425
13.1 Marketing 426
Jan Lies und Christina Vaih-Baur
13.2 Content Marketing 429
Michael Bürker
13.3 Werbung 445
Jan Lies und Christina Vaih-Baur
13.4 Werbung – Advertorial 453
Jan Lies und Michael Kleinjohann
Literatur 457

14 Sinne und Gestaltung als PR-Kompetenzen 461
14.1 Multisensuelle Markenführung 462
Christina Vaih-Baur
14.2 Gestaltung als PR-Kompetenz 467
Christof Breidenich und Ralf Spiller
14.3 Corporate Design als Identitätsstifter 474
Christof Breidenich und Hans Scheurer
14.4 Bildkommunikation 480
Christian Schicha und Christina Vaih-Baur
14.5 Verpackung 489
Christina Vaih-Baur
14.6 Kreativitätstechniken und PR-Management 493
Jan Lies
Literatur 499

15 Unternehmenskultur und Public Relations 503
15.1 Unternehmenskultur 504
Jan Lies
15.2 Diversity Management und Public Relations 508
Jan Lies

15.3 Unternehmensethik und Kodizes 514
Christian Schicha
15.4 Unternehmenskultur und Ethik 522
Michael Kleinjohann und Jan Lies
15.5 Unternehmenskultur und Ethik – auch eine Frage der Rechtsform 528
Jan Lies
15.6 Unternehmenskultur und Ethik – Integritätsstrategien 533
Jan Lies
15.7 Innovation und Public Relations 542
Jan Lies
Literatur 548

Der Herausgeber 551

Die Autoren 553

Sachverzeichnis 555

Zentrale PR-Begriffe und -Aufgaben

Inhaltsverzeichnis

1.1 Architektur zentraler Kommunikationsbegriffe 2
Jan Lies
1.2 Aufgabenfelder der PR 8
Jan Lies
1.3 Corporate Communications vs. Marketingkommunikation 12
Jan Lies
1.4 Bedeutung von PR als Managementfunktion: praktisch und theoretisch 17
Jan Lies
1.5 PR- und Kommunikationsmanagement – Anforderungen 23
Jan Lies
Literatur 25

Der Begriff „Public Relations" changiert – begrifflich und inhaltlich. Begrifflich changiert er, da er zum Teil als Öffentlichkeitsarbeit, als Unternehmenskommunikation, Organisationskommunikation als Reputationsmanagement oder gar als Pressearbeit verstanden wird. Dann stellt sich unmittelbar die Frage, ob die interne Kommunikation, Investor Relations oder das Issues Management nicht zur PR gehören. Hier wird die Auffassung vertreten, dass diese Disziplinen nicht dazugehören, sondern heute zu den Kernhandlungsfeldern des PR-Managements zählen. Und wenn Reputation zu den PR-Zielen gerechnet wird, deutet sich mit der Begriffsdiskussion an, dass der mediale Massenkommunikationsfokus der PR vor allem in den Kommunikationswissenschaften zu kurz greift, da Reputation zwar oft medienabhängig ist, hier aber oft weniger von der Darstellung in den Medien abhängt, sondern vielmehr von Produkten, Verträgen oder anderen Unternehmensleistungen ausgeht. Medienarbeit hat hier zunächst oft gar keine zentrale Rolle gespielt.

1.1 Architektur zentraler Kommunikationsbegriffe

Jan Lies

1.1.1	Organisations- und Unternehmenskommunikation	4
1.1.2	Organisationskommunikation und Corporate Communications	5
1.1.3	Organisationskommunikation und Public Relations	5
1.1.4	Public Relations, Marketing und Marketingkommunikation	5
1.1.5	Öffentlichkeitsarbeit und Public Relations	6
1.1.6	Public Relations und Stakeholder-Management	6
1.1.7	Marke und Public Relations	6
1.1.8	Corporate Communications und Corporate Identity	7
1.1.9	Organisationskommunikation und integrierte Kommunikation	7
1.1.10	Public Relations und Imagemanagement	7
1.1.11	Public Relations als gesellschaftliches System	7

Leitfragen

1. Wie verhalten sich Organisations- und Unternehmenskommunikation zueinander?
2. Gibt es einen Unterschied zwischen Unternehmenskommunikation und Corporate Communications?
3. Wie verhält sich der Begriff Public Relations (PR) zur Organisationskommunikation? Welche beiden PR-Begriffe lassen sich unterscheiden?
4. Wie verhalten sich Public Relations und Marketing zueinander? Inwieweit passt der PR-Begriff in den Marketingmix?
5. Gibt es einen Unterschied zwischen Public Relations und Öffentlichkeitsarbeit?
6. Wie verhalten sich das Stakeholder-Management und Public Relations zueinander?
7. Wie hängen Markenkommunikation und Stakeholder-Management zusammen?
8. Welche Über- und Unterordnungsverhältnisse bestehen zwischen Corporate Communications und Corporate Identity?
9. Wie verhalten sich Organisationskommunikation und integrierte Kommunikation zueinander?
10. Was haben Public Relations und Imagemanagement miteinander zu tun?
11. Welche Problematik sollte sich ergeben, um Public Relations als gesellschaftliches Teilsystem zu diskutieren?

Je mehr Bücher zur Kommunikation erscheinen, desto größer die Vielfalt der Begriffe. Dabei nimmt die Verwirrung eher zu als ab, da viele Autoren lieber ihre eigene Begriffswelt prägen und dabei zum Teil auf eine problembezogene Diskussion bestehender Beiträge sowie ihrer Annahmen verzichten (vgl. Abb. 1.1).

J. Lies (✉)
FOM Hochschule für Oekonomie & Management, Essen, Deutschland
E-Mail: jan.lies@fom.de

1 Zentrale PR-Begriffe und -Aufgaben

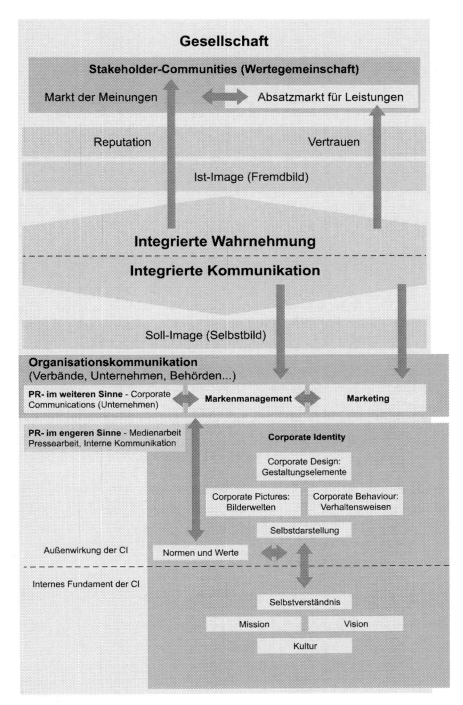

Abb. 1.1 Architektur zentraler Kommunikationsbegriffe

Es wäre angesichts der Vielfalt der Beiträge und der Vielfalt der Begriffe sehr viel versprochen, hier für Klarheit sorgen zu können. Aber einen Versuch zu unternehmen und einen problemorientierten Strukturierungsbeitrag zu leisten, sollte gestattet sein. Die folgenden Kapitel nehmen Bezug auf die in diesem Abschnitt angerissenen Begriffe und Diskussionen.

1.1.1 Organisations- und Unternehmenskommunikation

In diesem Buch wird die Organisationskommunikation als **Oberbegriff** verstanden, unter dessen Dach alle Disziplinen und Instrumente im Sinne der integrierten Kommunikation einzusetzen sind.

▶ **Organisationskommunikation** wird hier als Oberbegriff verstanden. Sie bildet das Dach der integrierten Kommunikation. Diese Definition ist kein anerkannter Standard.

Dabei steht der Begriff **Organisation** genauso für Unternehmen wie für Verbände, Parteien, Vereine oder andere Institutionen, die Kommunikation betreiben, sodass die Organisationskommunikation je nach Institution in die Unternehmenskommunikation, Verbandskommunikation usw. übergeht.

Der Organisationsbegriff beinhaltet nicht nur eine institutionelle, sondern auch eine organisatorische Komponente, die von Kommunikation geprägt wird. Dazu gehören explizit auch die internen/externen Interaktionen, die in diesem Buch im Sinne des **handlungsorientierten Kommunikationsbegriffs** betont wird und den PR-wissenschaftlichen Kommunikationsbegriff, der zuerst die öffentliche Kommunikation meint, erweitert. Auch Bereiche wie die linguistisch-sprachlichen Prozesse und Kompetenzen gehören zu dieser Art von Organisationskommunikation, die in diesem Buch aber kaum eine Rolle spielen.

Die Hierarchisierung von Organisationskommunikation als Oberbegriff ist aber bereits umstritten. Dies zeigen die Diskussionen von Begriffen wie Corporate Identity und Corporate Communications, aber auch die Diskussionen im Marketing. Viele erheben den Anspruch, als Leitdisziplin zu arbeiten.

> **Beispiel Unternehmen**
>
> Unter dem Dach Unternehmenskommunikation sind Disziplinen wie PR, Pressearbeit, Markenmanagement, Werbung, Onlinekommunikation und viele andere Disziplinen bzw. Instrumente anzusiedeln.

1.1.2 Organisationskommunikation und Corporate Communications

Hier wird Corporate Communications mit „Unternehmenskommunikation" übersetzt und mit dem PR-Begriff im **weiteren** Sinne gleichgesetzt (mehr hierzu im Abschn. 1.3 „Corporate Communications vs. Marketingkommunikation").

1.1.3 Organisationskommunikation und Public Relations

Hier wird vorgeschlagen, Public Relations im weiteren und im engeren Sinne zu unterscheiden. Denn das Verständnis von PR ist je nach Beitrag sehr unterschiedlich angelegt. Zum Teil wird PR auf einer **operativen** Ebene im Sinne einer Kommunikationsdisziplin oder eines Kommunikationsinstruments verstanden: beispielsweise auf einer Ebene mit dem Sponsoring, der Eventkommunikation oder der Pressearbeit, die als eine Kerndisziplin der PR gilt.

Manchmal wird Public Relations aber auch als **strategische Managementfunktion** gekennzeichnet (siehe hierzu vor allem den Abschnitt zur Kommunikationspolitik „PR-Theorien: funktionalistische Ansätze – Bruhn" in Lies 2015). Entsprechend umfasst PR das operative (=instrumentelle), taktische (=situationsgerechte) und strategische (=nachhaltig erfolgskritische) PR-Management. Hier wird vorgeschlagen, PR im weiteren und im engeren Sinne zu unterscheiden:

- **PR im weiteren Sinne:** PR im weiteren Sinne entspricht der Organisationskommunikation.
- **PR im engeren Sinne:** Da Presse- und Medienarbeit als Kerndisziplinen der PR gelten, könnte man PR im engeren Sinne mit Medienarbeit gleichsetzen.

Hinzu kommt noch **PR als Stukturbegriff**, wenn es um die Analyse und Konzeption **handlungsrelevanter Umgebungsstrukturen** geht. Dazu gehören Widerstände in Change-Prozessen genauso wie die Identifikation mit Führungspersönlichkeiten, die Fans einer starken Marke oder das positive Meinungsklima vor politischen Wahlen. PR benötigt hierfür eine Beziehungsanalyse (vgl. hierzu den Abschnitt „Beziehungen", in Lies 2015).

1.1.4 Public Relations, Marketing und Marketingkommunikation

Public Relations als Teil des Marketings aufzufassen, macht pragmatisch betrachtet beispielsweise dann Sinn, wenn marktgerichtete Kommunikation wie die Werbung sich auch der Produkt-PR bedient. Streng genommen ist das aber falsch, da die Instrumente der PR im **engeren** Sinne eben nicht auf den Absatzmarkt gerichtet sind. Die PR im Marketingmix zu verorten und auch anzuwenden, wird hierzulande aus der US-amerikanischen Marketingliteratur übernommen und dort auch praktiziert. In Deutschland ist das mit dem starken Anteil der Corporate-PR und PR als interne Kommunikation nur zum Teil opportun. PR im **weiteren** Sinne als strategische Dimension hier zu verorten, kollidiert konzeptionell mit dem Marketing als marktorientierte Führung. Dort ist die Gewichtung der Bedeutung von Markt und Umfeld aus heutiger Sicht unklar geworden. Da in der Marketingliteratur nicht immer klar zwischen PR im engeren und im weiteren Sinne unterschieden wird, ist die PR-Diskussion dort aus Sicht des PR- und Kommunikationsmanagements zum Teil hoch problematisch.

Mehr hierzu vor allem im Abschn. 13.1 „Marketing" sowie in Abschn. 1.3 „Corporate Communications vs. Marketingkommunikation".

1.1.5 Öffentlichkeitsarbeit und Public Relations

Die Begriffe Public Relations und Öffentlichkeitsarbeit werden hier synonym verwendet. Dem Begriff „Öffentlichkeitsarbeit" widmet dieses Buch deshalb einen eigenen Abschnitt, da er in der historischen Betrachtung und rückblickenden Diskussion des PR-Begriffs eine große Rolle spielt.

Mehr hierzu im Abschn. 8.1 „Öffentlichkeitsarbeit".

1.1.6 Public Relations und Stakeholder-Management

In diesem Buch wird Organisationskommunikation und damit PR im **weiteren** Sinne in Erweiterung und Abgrenzung zu vielen anderen Beiträgen als Strategie bzw. Instrument zur Beeinflussung aller **wahrnehmungsrelevanten** Prozesse verstanden. Andere Beiträge gehen oft von der **eigenen Planungsperspektive** aus und vernachlässigen damit die Wirkung ungeplanter Kommunikation. Mehr hierzu findet sich vor allem im Kap. 10 „Risikokommunikation" und hier wiederum der Abschn. 10.3 "Risikokommunikation – Skandalisierung von Missständen". – Stakeholder (=Anspruchsgruppen) sind Gruppen, die aufgrund solcher Prozesse ihre Ansprüche entwickeln und artikulieren. Darum gilt Stakeholder-Management hier als eine **adressatenbezogene** Formulierung von Public Relations.

Mehr hierzu in den Abschn. 11.3–11.5 zu Stakeholdern bzw. im Abschn. 11.1 „Markenkommunikation".

1.1.7 Marke und Public Relations

Marken werden in einigen Diskussionsbeiträgen als (teil-)gesellschaftlicher Wille bezeichnet. Denn sie erfüllen nicht nur eine *individuelle* Nutzenfunktion, die ein Produkt oder ein Dienst bedient. Sie treffen und bedienen darüber hinaus das *gemeinschaftliche* Werteschema einer Marken-Community. Diese Communitys bilden sich als ein teilgesellschaftliches Subsystem über gemeinschaftliches Wahrnehmen, Interpretieren und Handeln und sind damit ein Spezialfall der Stakeholder-Communitys.

Mehr hierzu im Abschn. 11.1 „Markenkommunikation".

1.1.8 Corporate Communications und Corporate Identity

Im Sinne der bisher vorgestellten Begriffsstruktur kollidiert dieses Buch mit einem zum Teil vertretenen Verständnis von Corporate Identity (CI) und Corporate Communications, wie es oftmals in der Literatur zu finden ist.

Dort wird Corporate Communications häufig als **Umsetzungs**funktion von CI begriffen. Hier aber nicht, da die Idee der CI im Kern darin besteht, Kommunikationsinhalte und -techniken in Organisationen *von innen heraus zu entwickeln und zu prägen*. Mehr hierzu im Abschn. 11.7 „Corporate Identity".

1.1.9 Organisationskommunikation und integrierte Kommunikation

Corporate Identity, der Marketingmix und andere Ansätze sind Kommunikationsprinzipien oder auch -strategien, um zu einer ganzheitlichen und aufeinander abgestimmten Organisationskommunikation zu gelangen: also zu integrierter Kommunikation. Mehr hierzu im Abschn. 11.6 „Integrierte Kommunikation".

1.1.10 Public Relations und Imagemanagement

In diesem Buch werden Organisationskommunikation und damit PR im **weiteren Sinne** in Erweiterung und Abgrenzung vieler anderer Beiträge verstanden als Strategie bzw. Instrumente zur Beeinflussung **wahrnehmungsrelevanter** Prozesse (siehe Abs. 6 „Publik Relations und Stakeholder-Management" in diesem Abschnitt). Da Image oft als Soll- oder Fremdbild definiert wird – also die Wahrnehmung und Interpretation Dritter –, ist PR eine Strategie und eine Bandbreite bestimmter Instrumente für das Imagemanagement. Mehr hierzu im Abschnitt „Image (Reputation)", in Lies 2015.

1.1.11 Public Relations als gesellschaftliches System

Public Relations wird in der Praxis vor allem aus dem Blickwinkel der Wirtschaftswissenschaften diskutiert als Unterstützungsfunktion von Organisationen. Es ist eine Managementfunktion. In der Theorie – vor allem in der Kommunikationswissenschaft – wird PR oft als Subsystem des Gesamtsystems „Gesellschaft" diskutiert. Letztlich findet eine Verschiebung von Perspektiven der Betrachtung statt: Die Kommunikationswissenschaft blickt aus der Vogelperspektive auf die Gesellschaft und fragt, wie Public Relations wirkt. Die Wirtschaftswissenschaften stellen diese Frage bezogen auf eine Organisation. Dabei schauen sie aus der Organisation heraus und fragen sich, welche Mechanismen wie wirken. Tatsächlich aber passen die in den Wissenschaften geführten Diskussionen ohne weitere Konkretisierungen nach dem heutigen Stand der Dinge nicht zusammen, da die Annahmen nicht hinreichend erklärt werden.

Mehr hierzu vor allem in den Abschnitten zu den neo-normativen PR-Theorien von Bentele und Burkart, in Lies 2015.

1.2 Aufgabenfelder der PR

Jan Lies

1.2.1 Eine Arbeitsdefinition für Public Relations 3
1.2.2 Strukturierungsversuche von PR-Aufgaben 9

Leitfragen
1. Wie könnte eine Arbeitsdefinition von Public Relations lauten?
2. Warum gibt es keine verbindlichen Strukturen als Übersicht für PR-Instrumente?
3. Welche Kriterien lassen sich zur Strukturierung von PR herausfiltern?

Ein gemeinsames Verständnis, was PR ist und welche Instrumente dazu gehören, gibt es bis heute nicht. Das hat mindestens zwei Ursachen: Zum einen wird die Diskussion in den Kommunikations- und Wirtschaftswissenschaften mit unterschiedlichen Erklärungsschwerpunkten diskutiert: Bei der Kommunikationswissenschaft eher gesellschaftsbezogen und bei den Wirtschaftswissenschaften eher organisationszielbezogen. Zum anderen finden innerhalb der jeweiligen Wissenschaften Interpretationsprozesse statt. Ein Beispiel hierfür ist die Wirkungs- und Abgrenzungsdiskussion von Kommunikationsdisziplinen. Eine andere Frage ist, ob PR nun eher operativ als Funktion innerhalb einer Kommunikationsstrategie zu verstehen ist oder als strategische Führungsaufgabe rahmengebenden Charakter hat.

1.2.1 Eine Arbeitsdefinition für Public Relations

Hier wird zur Kennzeichnung von PR ein anderer Ansatz gewählt als in vielen anderen Beiträgen. Public Relations aus Organisationssicht sollte alle **wahrnehmungsrelevanten Prozesse** einer Organisation flankieren, um einen langfristigen Beitrag zu Erfolgszielen zu leisten.

J. Lies (✉)
FOM Hochschule für Oekonomie & Management, Essen, Deutschland
E-Mail: jan.lies@fom.de

Damit soll diese Definition Unternehmen (Erfolgsziel: Gewinn) genauso in die Definition einbeziehen wie andere Erfolgsziele von Parteien, Verbänden oder anderen Organisationen.

> Das PR- und Kommunikationsmanagement ist dafür da, wahrnehmungsrelevante Prozesse zu identifizieren und sie mit der gesamten Bandbreite von Kommunikationsinstrumenten strategisch und operativ zu beeinflussen.

Mit dieser Definition wird die Organisationssicht als Ausgangspunkt der PR-Diskussion gewählt. Gegenüber der sonst oft üblichen PR-Diskussion nach Funktionen hier und gesellschaftlichen Prozessen dort wird die Diskussion damit bewusst umfassend geführt, indem **zuerst** nach den Rollen und Prozessen von PR gefragt wird. Diese Frage sollte also die wirtschaftswissenschaftliche und kommunikationswissenschaftliche Diskussion gleichermaßen einbeziehen.

> Maßgeblich für das PR- und Kommunikationsmanagement ist, was Dritte wahrnehmen. PR ist, wahrnehmungsbezogen zu denken. Diskussionen aus Absendersicht sind zweitrangig.

Das heißt: *Nicht zuerst* zielbezogene oder geplante und damit absenderdominierte Maßnahmen des PR- und Kommunikationsmanagements sind in ihrer Bedeutung maßgeblich, wie das vor allem in der wirtschaftswissenschaftlichen Literatur definiert wird, da sie dem klassischen unternehmerischen Zielplanungsprozess folgen (vgl. anders Bruhn 2013, S. 3 f. oder Homburg 2012, S. 747 f.). Dies wird wichtig, wenn beispielsweise gefragt wird, inwieweit Handlung an sich in den Kommunikationsbegriff einzubeziehen ist.

Hinzu kommt: Es wird in der PR-Literatur insgesamt zu wenig thematisiert, wie im Kern *individualistisch* handelnde Menschen zu *gemeinschaftlicher* Wahrnehmung und Handlung gelangen. Diese Problematik ist in der betriebswirtschaftlichen PR-Literatur des Marketings genauso verschwommen wie in der kommunikationswissenschaftlichen Literatur. Es ist aber aus wirtschaftswissenschaftlicher Sicht ein Kernpunkt, der die PR-Arbeit maßgeblich macht.

1.2.2 Strukturierungsversuche von PR-Aufgaben

Die Frage ist nun, welche Aufgaben, Prozesse und Instrumente dem Wahrnehmungsmanagement hinzuzuzählen sind. „Obwohl die Public Relations zu den klassischen Instrumenten der Unternehmenskommunikation zählt, ist eine Typologisierung der vielfältigen Erscheinungsformen bisher kaum vorgenommen worden (Bruhn 2013, S. 420)." Als Gründe hierfür gelten:

Abb. 1.2 Strukturierung von PR-Instrumenten und –disziplinen.(Quelle: in Weiterentwicklung von Bruhn 2013, S. 420 ff.)

- unklares und uneinheitliches Begriffsverständnis von PR und was sie bewirkt,
- die Tatsache, dass in der Praxis ständig neue Formen der PR entwickelt werden – oder zumindest begrifflich so dargestellt werden.

Ein Versuch, PR-Aufgaben (vgl. Abb. 1.2) als Teil der Organisationskommunikation zu strukturieren, ist schwierig, weil zentrale Kriterien der PR disziplinen- und instrumentenübergreifend verwendet werden, die sich gleicher Basisfunktionen bedienen, wie beispielsweise die benachbarten Disziplinen Marketing, Werbung oder Journalismus: nämlich der Kommunikation. Zu ihren zentralen Kriterien gehören:

- Kommunikationsziele,
- Kommunikationsinhalte,
- Kommunikationsinstrumente,
- Nutznießer,
- Adressaten/Zielgruppe und
- Anlässe.

Überschneidungen, und damit mangelnde Trennschärfe von Begriffen, sind oft nicht zu vermeiden, dennoch mag eine Übersicht helfen, sich zu orientieren.

Die Zuordnung und Abgrenzung des PR-Begriffs von der Organisationskommunikation (Unternehmenskommunikation und Corporate Communications) bleibt auch vor dem

Hintergrund dieses Strukturierungsversuchs diffus. Ein Beispiel: Bruhn verortet die Kommunikationspolitik im Marketingmix. Er kennzeichnet Kommunikation als dialogisch (Bruhn 2013, S. 6 f. und 27 ff.), differenziert Muss-, Soll und Kannzielgruppen (Bruhn 2013, S. 235) und sieht die sozialgesellschaftliche Funktion darin, „zu einem aufgeklärten gesellschaftlichen Konsumentenverhalten beizutragen (Bruhn 2013, S. 24) Dabei schwankt die Einordnung von Public Relations zwischen einem **operativen Instrument** im Rahmen der Planung der Kommunikationspolitik, einem **Prozess** im Sinne der Interaktion zwischen Unternehmen und Zielgruppen sowie einem strategischen Anspruch (vgl. Bruhn 2013, S. 418) Es wurde bereits erwähnt, dass Public Relations zu einem **strategischen Erfolgsfaktor** geworden seien (Bruhn 2013, S. 254 f.) Hinzu käme, dass Public Relations als „öffentliche Beziehungen" zudem eine **Umgebungsstruktur** andeuten, die für unternehmerisches Handeln erfolgsrelevant ist.

Dieser Beitrag spiegelt stellvertretend die Bandbreite unterschiedlicher PR-Verständnisse wider. Pragmatisch könnte man daher zwei PR-Begriffe identifizieren:

- **PR im weiteren Sinne:** PR im weiteren Sinne entspricht der Organisationskommunikation, sodass auch Werbung und Marke dazu gehörten, was dort zum Teil zu Widerspruch führen könnte. Im Sinne der gleichartigen zugrunde liegenden Kommunikationsprozesse aller Disziplinen und im Sinne der integrierten Kommunikation wäre dies aber eine dienliche Definition, die die instrumentelle Abgrenzungsdiskussion erspart.
- **PR im engeren Sinne:** Da Presse- und Medienarbeit als Kerndisziplinen der PR gelten, könnte man PR im engeren Sinne mit Medienarbeit gleichsetzen, also auch die digitale Kommunikation einbeziehen. Dies würde eine klare Eingrenzung bedeuten, aber der Kommunikationsrealität in der Praxis und dem Anspruch der integrierten Kommunikation widersprechen.

Die Abgrenzungsdiskussion wird hier nicht weiter problematisiert. In der Praxis finden sich unterschiedliche Auffassungen hierzu genau wie in der wissenschaftlichen Diskussion. Vielmehr mag daher eine Übersicht über die Aufgabengebiete helfen, den PR-Begriff inhaltlich zu füllen, um sich so zu orientieren.

In Anlehnung an die Berufsverbände Deutsche Public Relations Gesellschaft (DPRG) und die GPRA, die Gesellschaft der PR-Agenturen, lassen sich folgende Aufgabenfelder von Agenturen herausstellen (vgl. www.dprg.de und www.gpra.de):

- **Consulting:** Beratung und Betreuung rund um Analyse, Benchmarking, Strategie, Positionierung, Medienansprache, Organisation, Krise und Issue, Change-Prozess, Corporate Social Responsibility, Moderation und Qualifizierung.
- **Coaching:** die Unterstützung der Selbstbefähigung von Organisationen, ihren Führungskräften und Mitarbeitern. Dazu gehört das Coaching zur Persönlichkeitsbildung („Leadership"), die Präsentationskompetenz, Reden zu halten, kulturelle Kompetenzen wie die Konflikt- und Diskussionsfähigkeit, die Steigerung der Motivationsfähigkeit und anderes mehr.

- **Corporate Communications (Unternehmenskommunikation):** Konzeption und Entwicklung von Corporate Brand, Corporate Image, Corporate Identity, Corporate Culture, Corporate Design, Corporate Wording, Leitbild, Internal Communications, Change Communication.
- **Marketing Communications:** Markenbildungsprozess, Positionierung, Absatz- und konsumentenorientierte Kommunikation, Produkt-PR.
- **Media Relations:** Professionelles Kontaktmanagement zu den Medien TV, Hörfunk, Print. Klassische Medienarbeit (Themensetting, Pressemappe off- und online, Pressemeldung, Interview, Namensartikel, TV- und Hörfunkbeiträge, Medienkooperationen, Pressekonferenz, -hintergrundgespräch und -workshop) sowie Medientraining.
- **Financial Communications:** Investor Relations, Begleitung von Börsengängen/IPO.
- **Campaigning:** Adressatengenaue Kampagnenstrategie und Realisierung in Bereichen wie Aufklärung, Awareness und Intervention sowie Aktivitäten im Bereich Cross Marketing.
- **Issues Management und Public Affairs:** Monitoring, Lobbying, Corporate Governance.
- **Corporate Publishing:** Kunden- und Mitarbeitermagazine, Newsletter, Broschüren, Flyer, Handbücher, Geschäfts- und Jahresberichte.
- **Online Relations:** sämtliche Web- und Multimedia-Anwendungen (u. a. Website, Online-Newsletter, Weblog, Banner, CD-/DVD-Produktion) verknüpft mit mobile Communications (Handy, PDA, MDA).
- **Event und Sponsoring:** Realisierung von Roadshows, Tagungen, Messeauftritten (B2B und B2C) sowie Corporate Events. Sponsoring Management rund um Sport, Kultur, Social Responsibility und Bildung – inklusive Anlass- und Kontaktberatung.

1.3 Corporate Communications vs. Marketingkommunikation

Jan Lies

1.3.1	Corporate Communications und Public Relations	13
1.3.2	Corporate Communications und Marketingkommunikation	14
1.3.3	Die Dehnungsfähigkeit des Marketingbegriffs	15
1.3.4	Der Führungsanspruch der Marketingkommunikation	16
1.3.5	Unterschiedliche Adressaten	16
1.3.6	Fazit	17

J. Lies (✉)
FOM Hochschule für Oekonomie & Management, Essen, Deutschland
E-Mail: jan.lies@fom.de

1 Zentrale PR-Begriffe und -Aufgaben

Leitfragen

1. Was ist Corporate Communications? Wie ist der Bezug zu Public Relations zu kennzeichnen?
2. Was ist Marketingkommunikation? Wie ist der Bezug zu Public Relations zu kennzeichnen?
3. Warum ist die Abgrenzungsdiskussion zwischen Marketing, Marketingkommunikation und Corporate Communications problematisch? Inwieweit ist der Marketingbegriff unscharf?
4. Inwieweit ist der Führungsanspruch des Marketings zu hinterfragen?
5. Inwieweit unterscheiden sich die Adressaten von Corporate Communications und Marketingkommunikation?
6. Wie lassen sich Corporate Communications und Marketingkommunikation ordnen? Welche Überschneidungen gibt es?

Corporate Communications und Marketingkommunikation sind zwei zentrale Begriffe der Organisationskommunikation. Leitfaden für die Vorstellung dieser beiden Begriffe sind im Folgenden die Bezugspunkte „Wahrnehmung" (Was gehört alles zur Kommunikation?) und die Adressaten (An wen richtet sich die Kommunikation?).

1.3.1 Corporate Communications und Public Relations

Der Begriff „Public Relations" wird zum Teil als veraltet angesehen und durch Begriffe wie Unternehmenskommunikation oder Kommunikationsmanagement ersetzt, um die Kernkompetenz „Kommunikation" zu betonen (vgl. Beger et al. 1989, S. 32 ff.). Dem wird hier nicht gefolgt, da Kommunikation spätestens mit Watzlawick auch „Nicht-Kommunikation" oder ungeplante Kommunikation berücksichtigen muss, wie reputationsschädigende Skandale einschlägig verdeutlichen.

Corporate Communications wird hier mit Unternehmenskommunikation übersetzt und mit dem **PR-Begriff im weiteren Sinne** gleichgesetzt (siehe Abschn. 1.2 „Aufgabenfelder der PR"). Dabei wird in der Literatur sowohl von Corporate Communication (singular) wie auch von Corporate Communications (plural) gesprochen, was hier nicht weiter diskutiert, sondern miteinander gleichgesetzt wird (vgl. genauer Abschnitt „Corporate Communication vs. Corporate Communications" in Lies 2015).

Da der Bezugspunkt der Kommunikation sich aus dem Begriff „Corporate" (= Unternehmen) herleitet, ist Corporate Communications als der **Oberbegriff** für alle Kommunikationsmaßnahmen dieser Organisationsform zu verstehen (siehe Abschn. 1.1 „Architektur zentraler Kommunikationsbegriffe"). Ähnlich definiert dies Mast so (2013, S. 42):

▶ „**Corporate Communications** ist die Gesamtheit der nach innen und außen gerichteten Kommunikationsaktivitäten eines Unternehmens mit dem Ziel, die Meinungen, Einstellungen oder Verhaltensweisen der Stakeholder zu beeinflussen oder zu verändern und so einen Beitrag zu Organisationszielen zu leisten."

Eine andere Definition findet sich bei Nobel:

▶ „Als **Corporate Communications** würde ich den systematischen Versuch bezeichnen, das Unternehmen (Gesellschaft, Konzern) als Ganzes kommunikativ im sozialen Netzwerk realistisch und positiv zu verankern (Nobel 2005, S. 479)."

Diese zweite Definition hat den Vorteil, auch die Einflussnahme der Unternehmenskommunikation auf solche Handlungen einer Organisation (die nicht unbedingt ein Unternehmen sein muss) zu berücksichtigen, die **nicht** primär als Kommunikationsmaßnahmen geplant waren, aber dennoch wahrnehmungsrelevant für Dritte sind (zur Diskussion ungeplanter Kommunikation siehe den Abschn. 1.2 „Aufgabenfelder der PR").

Im Zentrum der Kommunikationsaktivitäten steht das Unternehmen **als Ganzes**, also beispielsweise die Unternehmensmarke (Corporate Brand), aber auch Geschäftszahlen, die Tätigkeiten der Geschäftsbereiche und anderes mehr.

Disziplinen wie Konzeption, Entwicklung und Management von Corporate Image, Corporate Identity, Corporate Culture, Corporate Design, Corporate Wording, Leitbild, Internal Communications und Change Communications füllen den Rahmen der Unternehmenskommunikation. Aber auch Instrumente wie die Pressearbeit oder die Onlinekommunikation finden sich unter ihrem Dach (mehr hierzu in Abschn. 1.2 „Aufgabenfelder der PR").

In die Voranstellung des Wortes „Corporate" vor die obigen englischen Kommunikationsdisziplinen ist nicht viel hineinzugeheimnissen. Im Grunde findet mit dieser Begriffskennzeichnung eine Art Markenarchitektur für Kommunikationsbegriffe statt, die deutlich machen soll, dass die einzelnen Disziplinen im Sinne der integrierten Kommunikation einander unterstützen sollen. Vor allem die Corporate Identity mit ihren Teildisziplinen wird in diesem Sinne in der Literatur beschrieben (siehe Abschn. 11.8 „Corporate Identity").

1.3.2 Corporate Communications und Marketingkommunikation

Demgegenüber steht als weitere Teildisziplin der Unternehmenskommunikation die Marketingkommunikation, die zum Teil mit der Markt- oder Produktkommunikation gleichgesetzt wird. Hierzu gehören die **gezielte absatz- und konsumentenorientierte Kommunikation sowie die Produkt-PR, wobei letztere aber nicht in Richtung Markt kommuniziert,** sondern „über Bande" der Medien oder anderer Multiplikatoren spielt.

Hinzu kommen Positionierungs- sowie Markenbildungsprozesse für Produkte und Dienste, die sich in die Corporate-Markenarchitektur einfügen lassen müssen.

▸ Marketingkommunikation wird hier als Teil der Corporate Communications verstanden, und zwar als der auf den Markt gerichtete Teil der Kommunikation.

Am Beispiel der Markenkommunikation zeigt sich aber, dass diese Art der Abgrenzung nicht immer funktioniert: Ein Beispiel für die integrierte Markenarchitektur sind die Marken Audi, Volkswagen, Seat und Skoda (Produktmarken) unter dem Dach der Volkswagen AG (Corporate Marke). Aus Konzernsicht sind Seat und Skoda Produkte. Aus formaler Sicht sind diese Marken Unternehmen für sich, die für sich Corporate Communications betreiben.

1.3.3 Die Dehnungsfähigkeit des Marketingbegriffs

Dass hier Marketingkommunikation ein Teil der Corporate Communications und damit ein Teil der PR im weiteren Sinne ist, wird in der Literatur nicht einheitlich gehandhabt (vgl. z. B. Brauer 2005, S. 45). Dies liegt ursächlich an dem dehnbaren Marketingbegriff.

In Theorie und Praxis ist der Umgang mit dem Begriff Marketing nicht exakt. Die Dehnungsfähigkeit liegt an der **Begriffsgeschichte** und am **Kontext** des Marketingbegriffs, innerhalb dessen er verwendet wird.

Begriffsgeschichte des Marketings Das Marketing hat sich von der Handelsbetriebslehre in den 1950er Jahren bis zum Marketingmanagement seit den 1970er Jahren entwickelt (vgl. in Vertretung vieler Bruhn und Bunge 1994, S. 42; Sabel 1998; Fuchs und Unger 2007).

Kontext des Marketings Zu unterscheiden sind heute begrifflich folgende Marketingverständnisse:

- „Das Marketing", das für eine marktgerichtete **Unternehmensführungsphilosophie** im Sinne einer Diskussion von Managementschulen steht.
- Die Verwendung von Marketing als **Strategiebegriff** im Sinne einer marktorientierten Unternehmensführung (die also weit über die Kommunikation an sich hinausreicht).
- Marketing im Sinne des **Marketingmix** als der Beitrag der Marketingliteratur zur **integrierten Kommunikation**.
- Marketing als konkrete **marktgerichtete Kommunikation** mit der Werbung.

Hier wird Marketing im Sinne der marktgerichteten Kommunikation verwendet (siehe hierzu die Abb. 1.1 im Abschn. 1.1 „Architektur zentraler Kommunikationsbegriffe"). Wäre einer der anderen obigen Marketingbegriffe gemeint, wäre das Marketing nicht nur ein Teil der Organisationskommunikation, sondern auch ein Teil des dann näher zu bestimmenden Managements mit Absatzplanung, Vertrieb, Kundenbindung und dergleichen mehr.

1.3.4 Der Führungsanspruch der Marketingkommunikation

Aber auch innerhalb der Marketingliteratur mit dem Fokus auf dem **Marketingmix** oder auch dem **Kommunikationsmix** wird die Hierarchisierung von Marketing und Kommunikation meist geradezu umgedreht gehandhabt: Hier wird PR **als Teil des Kommunikationsmix** zu einer Funktion des Marketings.

Dies ist letztlich aus der Entwicklung des Marketings heraus zu erklären: Im Kern ging es um den management-philosophischen Anspruch, alle Prozesse am Markt bzw. am Kundennutzen auszurichten.

Dass dies aus Kommunikationssicht nicht ausreichen und kontraproduktive Wirkungen haben kann, zeigt beispielsweise auch die Stakeholder-Diskussion innerhalb des Marketings (siehe den Abschn. 11.5 „Stakeholder und Marketing" sowie Abschn. 13.1 „Marketing"). Darum wird hier im Sinne der integrierten Kommunikation die Organisationskommunikation als Oberbegriff festgelegt. Das Argument hierfür lautet: Eine adressaten**übergreifende** Kommunikation kollidiert mit den Prioritäten des Marketingverständnisses.

Es gilt aber auch: Ursprünglich ist der PR-Begriff eben nicht auf den Markt bezogen worden („the publics") und galt als Gegenpol zur Bedeutung des Marktes. Darum wird hier vorgeschlagen, diese Diskussion mit einem PR-Begriff im **weiteren Sinne** zu führen.

1.3.5 Unterschiedliche Adressaten

Neben den Bezugsgrößen Unternehmen respektive Leistung (Produkt/Dienst) sind das wichtigste Abgrenzungskriterium zwischen Corporate Communications und Marketingkommunikation die Adressaten, die hier als Zielgruppe in Anlehnung an das Marketing bezeichnet werden.

Die erste Zielgruppe von Corporate Communications ist im Gegensatz zur Marketingkommunikation nicht der Markt, sondern Dritte, die für eine Organisation relevant sind oder werden können (= Stakeholder). Corporate Communications arbeitet im Kern indirekt über Multiplikatoren wie die Medien. Ausnahmen sind die Händler- oder Vertriebskommunikation und die interne Kommunikation, die ihre Adressaten oft direkt anspricht.

Auch das Corporate Branding richtet sich zumindest teilweise an den Markt, sodass die Abgrenzung nicht überschneidungsfrei gelingt. Andersherum gibt es auch Imagewerbung für Produkte, sodass auch hier, negativ argumentiert, eine **Vermischung**, positiv interpretiert aber eine **Synergieleistung** zwischen Marketingkommunikation und Corporate Communications stattfindet.

1.3.6 Fazit

Eine exakte Abgrenzungsdiskussion zwischen Corporate Communications sowie der Marketingkommunikation ist aufgrund identischer Basisprozesse – der Kommunikation –, des dehnbaren Marketingbegriffs und adressatenübergreifender Kommunikationsdisziplinen nicht leistbar. Schwerpunkte in der Abgrenzung bestehen darin, dass Corporate Communications die Gesamtheit der Unternehmenskommunikation und Marketingkommunikation im Kern die marktgerichtete Kommunikation meint. Positiv interpretiert bedeutet die schwierige Abgrenzungsdiskussion ein großes synergetisches Potenzial, das unter dem Stichwort „integrierte Kommunikation" diskutiert wird.

1.4 Bedeutung von PR als Managementfunktion: praktisch und theoretisch

Jan Lies

1.4.1	PR als wenig akzeptierte Managementfunktion	18
1.4.2	Public Relations: zwischen Redaktion, Erfolgsfaktor und ethischer Gesellschaftsdiskussion	19
1.4.3	PR und Marketing: Inkompatible Beziehungsbegriffe	20
1.4.4	PR als Management-Container	21
1.4.5	Auf der Suche nach Wirkungsprozessen und Erfolgsindikatoren	22
1.4.6	Fazit: Die unklare Wirkung von PR als praktische und theoretische Positionierungsschwäche	23

Leitfragen

1. Wie ist die Bedeutung von PR als Managementdisziplin einzuschätzen? Ist sie konsequent? Inwiefern muss PR abgekoppelt vom Management arbeiten?
2. Worin besteht das Polylemma des PR-Begriffs?
3. Was sind Beziehungen? Ist der ökonomische Beziehungsbegriff im Marketing mit dem öffentlichen Beziehungsbegriff kompatibel?
4. Gibt es ein Modell, das die unterschiedlichen Kommunikationsmanagementansätze durchgängig erklärt?
5. Warum scheint die Anerkennung von Investor Relations als Managementdisziplin höher zu sein als von Public Relations?
6. Worin könnte die Positionierungsschwäche von PR als Managementdisziplin bestehen?

J. Lies (✉)
FOM Hochschule für Oekonomie & Management, Essen, Deutschland
E-Mail: jan.lies@fom.de

Oftmals wird betont, dass sich Unternehmen heute im Kommunikationswettbewerb befinden. „Kommunikation ist (…) seit Langem nicht mehr ein unterstützendes Verkaufsinstrument und damit lediglich eine Begleiterscheinung der Produktpolitik, sondern ein eigenständiges und professionell einzusetzendes Instrument moderner Unternehmensführung. Kommunikation wird zum strategischen Erfolgsfaktor für Unternehmen, da sie eine erfolgreiche Differenzierung vom Wettbewerb ermöglichen kann (Bruhn 2013, S. 27)." Dann wieder heißt es, Kommunikation sei ein Produktionsfaktor, da nur gut informierte Mitarbeiter motiviert seien und damit bestmögliche Zielbeiträge leisten (vgl. Kalmus 1995). An sich müsste PR als Managementdisziplin also hoch attraktiv im Sinne einer Managementdisziplin sein, mit der Organisationen ihre Ziele einfacher erreichen könnten. – Aber ist PR tatsächlich als erfolgskritischer Faktor und damit als systematische Herausforderung für das Management von Organisationen angekommen?

1.4.1 PR als wenig akzeptierte Managementfunktion

Grunig stellte 1990 mit Verweis auf auch eigene Studien fest (Grunig 1990, S. 123): „Aus welchen Gründen auch immer: Public Relations-Fachleute erfreuen sich nur selten einer Position mit Einfluss in ihrer Organisation." Eine neuere Studie mit dem Titel The Rising CCO (Corporate Communication Officer) ergibt, dass heute mehr Leiter Unternehmenskommunikation an ihre Unternehmensleitung berichten als zuvor: Während vor einem Jahr nur 48 % der Leiter Unternehmenskommunikation die Geschäftsleitung als ihre unmittelbare Vorgesetzten ansahen, sind es in diesem Jahr 58 % (ein prozentualer Anstieg von 21 %) (vgl. SpencerStuart und WeberShandwick 2009, S. 1). Ist das ein Hinweis, dass Public Relations als Erfolgsfaktor zunehmend akzeptiert wird?

Die These ist hier, dass die eingangs zitierten Ansprüche und damit verbundenen Möglichkeiten mit der PR-Wirklichkeit nicht zusammen passen, wie eine aktuelle Umfrage ergibt (die Umfrage hat der Autor im Mai/Juni 2009 bei den Kommunikationsabteilungen von 500 Unternehmen aller Größen durchgeführt. Geantwortet haben rund 80. Die Umfrage ist unter www.handbuch-public-relations.de abrufbar):

- Fast 50 % der Kommunikationsabteilungen werden keine internen Aufträge erteilt.
- Gerade 50 % der Kommunikationsabteilungen bekommen Kommunikationsziele vom Vorstand vorgegeben.
- Nur zehn Prozent der Kommunikationsabteilungen setzen Strategievorgaben um.
- Rund 30 % der befragten Unternehmen werden mittels einer Balanced Scorecard geführt, aber nur bei gut 20 % der so geführten Unternehmen berücksichtigen dabei explizit die Kommunikation.
- Nur rund 30 % der befragten Kommunikationsabteilungen präsentieren keinen Leistungsbericht.

Und:

- Fast 50 % gestalten sich ihre Aufträge selbst.
- Rund 15 % der Kommunikationsabteilungen entwickeln selber Strategien.
- Gut 40 % erstellen einen Leistungsbericht für ihre Abteilung.

Positiv kommentiert: Kommunikationsabteilungen verfügen offenbar über einen großen Gestaltungsspielraum, um etwaige Erfolgsbeiträge zu generieren. Negativ kommentiert: Wäre ein Controlling- oder Vertriebsleiter mit so einer Bilanz auch nur annähernd im Unternehmen unterwegs, würde ein Aufsichtsrat die betreffende Organisation aufgrund seiner schwachen internen Mandatierung wohl als hoch pathologisch bezeichnen. Oder mit Grunig: Die Positionierung von PR in ihren Organisationen als *Managementdisziplin* ist bis heute kein Standard. Diese Umfrage ist nicht repräsentativ und versteht sich als Anstoß, sie zu vertiefen. Indikativ erscheint sie nicht unplausibel: Diverse Studien haben ergeben, dass die Balanced Scorecard heute ein bei DAX-Unternehmen anerkannte Führungsmethodik ist – und dass sie die Kommunikation als verzielte Unterstützungsfunktion bisher nicht durchsetzen konnte (vgl. Mast 2005; Zerfaß 2005). Organisationen wird in zahlreichen Untersuchungen – von der Markenforschung bis zu Personalführung, vom Change bis zur Krise – attestiert, wie wichtig Kommunikation ist. Nur ein Beispiel: Bis zu 80 % aller Changes erreichen nicht die Ziele, die sie erreichen sollen. Nicht, weil die Ziele falsch gewählt wären, sondern weil weiche Faktoren im Sinne kollektivierter Wahrnehmungs- und damit Handlungsprozesse zu wenig oder gar nicht berücksichtigt werden (vgl. in Vertretung vieler Engeser 2000; Beer und Nohria 2000, S. 133 ff.). Und: Der Befund der Studie entspricht Erfahrungswerten, vor allem in größeren Unternehmen. Der Erfahrungswert sagt, dass der wahrgenommene Mehrwert von PR zuerst vom Führungsstil und der Ausbildung des Topmanagements abhängt. – Woran aber liegt es, dass Public Relations theoretisch zum Teil hoch gelobt, in der Praxis aber hinter ihrem theoretischen Anspruch zurückzubleiben scheint?

1.4.2 Public Relations: zwischen Redaktion, Erfolgsfaktor und ethischer Gesellschaftsdiskussion

Die naheliegende Annahme ist, dass das *Polylemma der PR* dafür mitverantwortlich ist. Es besteht in (mindestens) vier Problemfeldern, die im Folgenden skizziert werden:

1. PR ist ein unklarer Begriff ohne akzeptierte Modellumgebung und inkompatiblen Diskussionen *zwischen* den Wissenschaften.
2. Der Beziehungsbegriff als zentraler Wirkungsmechanismus und Basis von Public Relations (wörtliche Übersetzung: „öffentliche Beziehungen").
3. Die Vielzahl der PR-Beiträge, die begriffs- und konzeptreich ist, aber eine unsystematische Diskussion bereits *innerhalb* der Wirtschaftswissenschaften als nur eine Basiswissenschaft der PR darstellt.
4. Ziel- und Wirkungsunklarheit der Public Relations.

Was mit PR genau gemeint ist, changiert, ist damit unklar und kennzeichnet den *ersten Teil des Polylemmas* des PR-Begriffs (vgl. in Vertretung vieler Kunczik 1993/2010, S. 26 f. oder den Abschn. 1.1 „Architektur zentraler Kommunikationsbegriffe"). Bis heute vermitteln Umfragen das Bild, dass Pressearbeit, Publikationenerstellung und Eventorganisation die PR-Budgets beherrschen (vgl. PR-Trendmonitor 2006). Andere sehen in PR eine strategische Managementdisziplin an sich oder eine eher temporäre Unterstützungsfunktion, beispielsweise in Krisen oder Veränderungsprozessen. Wieder andere führen mit Public Relations eine gesellschaftlich-ethische Debatte um öffentliches Vertrauen und Legitimation (vgl. Bruhn 2013 vs. Karmasin 2007 vs. Ronneberger 1977/1996).

Das wäre nicht weiter schädlich, wenn dies nicht zu *konzeptionellen Widersprüchen* führte: So geht die vor allem kommunikationswissenschaftliche Literatur oft dahin, dass PR eine gesellschaftliche Integrationsfunktion in einer pluralistischen Gesellschaft habe. „Die besondere gesellschaftliche Wirkungsabsicht von Public Relations ist es (...) öffentliche Interessen (Gemeinwohl) und das soziale Vertrauen zu stärken – zumindest das Auseinanderdriften von Partikularinteressen zu steuern (...). (Vgl. Ronneberger und Rühl 1992, S. 252) Die betriebswirtschaftliche Literatur behauptet das Gegenteil: Im Zuge der Image- und Markendiskussion, die den Bezugsgruppen möglichst klare Orientierung ermöglichen sollen, wird klare Positionierung, Einzigartigkeit und damit Abgrenzung gefordert (vgl. etwa Herbst 2003, S. 96 ff.), Die kommunikationswissenschaftliche Literatur (vgl. genauer etwa Bentele 1994, S. 131 ff.), die im Extrem öffentliches Vertrauen auf Basis von Transparenz fordert, führt zur Kritik: „Die (...) verschiedentlich als grundlegende Erwartung an einer Organisation radikal erhobene Forderung nach Offenheit und Transparenz (...) ist nicht haltbar (...). Da Organisationen nutzenbezogen operieren, müssen sie immer soviel Transparenz anstreben, wie sich mit Nutzenerwartungen verknüpfen lassen (Szyszka 2004, S. 157). An diesen Positionen manifestiert sich die Feststellung: „Die Quantität und Qualität der PR-Theorien ist insgesamt nicht befriedigend (...). Fragen des Verstehens bleiben (...) in betriebswirtschaftlichen Überlegungen meist unterbelichtet." (Vgl. Röttger 2004, S.7 ff.)

1.4.3 PR und Marketing: Inkompatible Beziehungsbegriffe

Fraglich ist, ob die PR-Diskussion im Marketing konzeptionell überhaupt den Wirkungsmechanismus von PR erklären kann. Vor allem der *Beziehungsbegriff* im Relationship-Marketing lässt eine kongeniale Nähe zu Public Relations („öffentliche Beziehungen") vermuten (vgl. Abschnitt „Beziehungen" in Lies 2015).

Aber die modelltheoretische Tradition des Marketings lässt die Wirkung solcher Beziehungen als *personenübergreifendes* Wirkungsphänomen streng genommen nicht zu, da er aus der Tradition der bilateralen Tauschanalyse (Tausch als Beziehung) erwächst.

Das heißt: Der Beziehungsbegriff als *Strukturaspekt von PR* ist konzeptionell unklar, was den *zweiten Teil* des PR-Polylemma kennzeichnet.

Eine Disziplin, in der Preis-Absatzfunktionen und Preiselastizitäten zum wissenschaftlichen Standard gehören (vgl. in Vertretung vieler etwa Meffert et al. 2012, S. 473 ff.), ist mikroökonomischen Ursprungs und erforderte eine systematische Aufarbeitung ihrer Annahmen und Modifikation der Modellwelt, denn die individuelle Nutzenfunktion ist nach bisherigem Erkenntnisstand letztlich nicht kollektivierbar – und damit nicht öffentlich im Sinne *öffentlicher Beziehungen* als wörtliche Übersetzung von Public Relations. Der betriebswirtschaftliche Beziehungsbegriff rührt aus der *Tauschbeziehung*, der letztlich auf Markenbeziehungen und andere multilaterale Beziehungen übertragen wird, was konzeptionell aber nicht mit öffentlichen Beziehungen vergleichbar ist. Denn Stakeholder-Beziehungen sind gerade von *anderen* Nutzenmaßstäben gekennzeichnet als die von denen zweier Tauschpartnern. Die von Szyszka betonte *Beobachtungskomponente* (vgl. hierzu Abschnitt zu den PR-Systemtheorien in Lies 2015) auf Basis *anderer* Nutzenmaßstäbe spielt in der mikroökonomischen oder Relationship-Debatte aber gar keine Rolle. Eine konzeptionell-systematisierte präsente Modifikation des Marketings die unterschiedliche Nutzenmaßstäbe als Beziehungsmerkmal analysiert, findet bestenfalls am Rande statt (vgl. in Vertretung einiger etwa Fischer-Winkelmann und Rock 1976 und Schneider 1983, auch Backhaus 1998, S. 31 ff.). So liest sich etwa mit Blick auf das Relationship-Marketing: „Die Ideen des Beziehungsmarketing wurden unter der Annahme ihres Nutzens im Marketing vorschnell angewandt, ohne die zugrundeliegenden Kernmodelle wirklich zu prüfen." (Fournier 2005, S. 211) Das heißt: Streng genommen sind mit dem Beziehungsbegriff im Marketing *keine kollektivierten* (=personenübergreifenden) Beziehungsanalysen zulässig.

1.4.4 PR als Management-Container

Doch wäre es verfehlt, das Marketing als schwerpunktartige oder gar einzige PR-Diskussion in den Wirtschaftswissenschaften aufzufassen, nur weil zufällig die einschlägige Begriffsverwendung dort stattfindet.

Die Bandbreite an Beiträgen zu Themen, die unter dem Dach der (betriebs-)wirtschaftlichen PR-Diskussion eingeordnet werden könnten, ist geradezu unüberschaubar, was zum *dritten Teil des PR-Polylemma* führt: interne und externe Markenführung, Mikropolitik, Corporate Identity, Einflussnahme auf die Unternehmenskultur, Diversity Management, Krisenkommunikation, Stakeholder- und Reputationsmanagement, Investor Relations, Motivationsmanagement, Issues Management, Sponsoring, aber auch Führung und dessen Bezug zur internen Kommunikation als Teil der PR sind nur einigen Themen, auf die man trifft und sicher auf Akzeptanz träfe, wenn man sie als PR-Disziplin verstehen würde.

Eine systematisierte Modellumgebung, die erklärt, warum gerade *diese* Ansammlung von Disziplinen, Schulen und Maßnahmen sich unter dem gemeinsamen Dach der PR treffen, findet man kaum. Ein Versuch ist die machttheoretische Konzeption von PR des Autors (vgl. „PR-Theorien: System-funktionalistische Synthese – Lies", in Lies 2015). In der Gesamtschau der Vielfalt PR-theoretischer Beiträge aber heißt das: *Zum Polylemma von Public Relations gehört, dass inhaltlich und konzeptionell unklar und nicht abschließend benannt ist, was PR eigentlich ist.*

1.4.5 Auf der Suche nach Wirkungsprozessen und Erfolgsindikatoren

Dies allein ist aber nicht das Positionierungsproblem von PR als Managementdisziplin, was zum *vierten Teil* des Polylemmas führt: Die in der Tendenz oft enge Bindung der Investor-Relations an das Topmanagement als jüngere PR-Disziplin leidet im Kern unter den gleichen Begriffs-, Instrumenten- und Abgrenzungsschwierigkeiten und doch hat sie sich als eigene Disziplin in der Tendenz stärker im Management durchgesetzt als die PR insgesamt (vgl. hinweisgebend PWC und Kirchhoff 2005).

Dahinter steckt wohl das Problem, dass der in Unternehmen wahrgenommene Mehrwert der Ansprache von Investoren plausibler zu sein scheint, als der Versuch der Einflussnahme auf diffuse Stakeholder-Gruppen. Während der Sanktionsmechanismus des Stakeholders „Kunde" oder „Investor" mit Kauf oder Nicht-Kauf über den Preis-Mengen-Mechanismus im Marketing mit dem Rückgriff auf mikroökonomische Analyseinstrumente klar modelliert ist, fehlt so eine anerkannte Modelllandschaft für die anderen Stakeholder-Gruppen, deren Existenz wohl als Standard der Marketingliteratur zu sehen ist, nicht aber deren Machtmechanismus, der eben nicht oder bestenfalls indirekt am Markt zu suchen ist. So wird versucht, den guten Ruf die Stakeholder-Loyalität zu binden, aber: „Die Ansätze lassen sich nach gegenwärtigem Stand nicht zu einer umfassenden ‚Theorie der Reputation' verdichten." (Vgl. Helm 2007, S. 382) Eben weil es unterschiedliche Stakeholder gibt, kann diese Diskussion nicht pauschal mit dem *einen* Stakeholder-Value geführt werden (vgl. etwa Oertel 2000, S. 18). Oder anders formuliert: Es gibt keinen gelernten oder gelebten Standard, *wie* PR wirkt und *was* sie bewirken könnte (vgl. die Abschnitte „Evaluation" in Lies 2015). Geht es mit den oben genannten beispielhaften Disziplinen um Beziehungen, wie der Begriff Public Relations annehmen lassen könnte? Um Vertrauen? Um Bekanntheit? Um Akzeptanz? Um ethische Normen? Um Identitätsschaffung? Um Wiedererkennung? Um Begeisterung? Um Investorenbindung? Um Motivation? Um Coaching? Um Macht? Um gesellschaftliche Integration? Um alles gleichzeitig? Ist das für meine Organisation tatsächlich systematisch relevant? – Selbst wenn Klarheit bezüglich des Sollziels besteht, ist es meist nicht ohne Weiteres steuer- und messbar.

Bis heute wird intensiv nach Zielen und Zielbeitragsmechanismen der PR für Organisationen gesucht. „Nur wer nachweisen kann, wie und in welchem Umfang Public Relations, Marktkommunikation und interne Kommunikation zum ökonomischen Erfolg und zur gesellschaftlichen Performance des Unternehmens beitragen, kann sich dauerhaft im Wettstreit um Ressourcen und Kompetenzen behaupten." (Zerfaß 2004, S. 1) Seit etwa Anfang der 1990er Jahre treiben vor allem die PR-Verbände die Diskussion um die Zielfindung und -messung von PR. Von einem Evaluationsboom ist die Rede (vgl. Bentele 1997, S. 16). Werttreiberbäume, die belastbare Zusammenhänge zwischen Kommunikationsmaßnahmen und Unternehmenserfolg abbilden sollen, werden diskutiert (vgl. Pfannenberg 2004, S. 132 ff.). (Vgl. hierzu die Abschnitte „Wirkungsdimensionen der PR" und „Bewertung von PR" in Lies 2015).

1.4.6 Fazit: Die unklare Wirkung von PR als praktische und theoretische Positionierungsschwäche

Das Fazit der bisherigen Diskussion lautet: *Die anerkannte Modellkonzeption und damit Wirkung von PR ist nicht klar.* Zum einen, weil Grundlagendiskussionen wie die des Beziehungsbegriffs nicht abgeschlossen sind. Zum anderen, weil personenübergreifende Effekte subjektiv und damit nicht messbar sind. Damit aber spätestens ist Public Relations als Managementdisziplin *unattraktiv*, da es sich bis dato in der Führungskultur einer Unternehmenswelt behaupten muss, die von Akteuren dominiert wird, die eine von einer quasi-exakten betriebswirtschaftlichen Ausbildung geprägt sind.

In der Tradition von „rational choice" wird künftigen Managern in ihrer klassischen betriebswirtschaftlichen Ausbildung mit Fächern wie der klassischen Volkswirtschaftslehre, Entscheidungstheorie, Produktionsplanung und -steuerung oder Bilanzen und Controlling illusioniert (vgl. auch Simon 2007, S. 29 ff.), dass ihre Welt in Zahlen modellierbar, erfassbar und steuerbar sei. Ist das der Grund, warum Public Relations in der Betriebswirtschaft bisher kaum profiliert ist und kaum sichtbare Spuren hinterlassen hat (vgl. Szyszka 2005, S. 86)?

Als Zwischenfazit muss wohl bis auf Weiteres gelten: „Die Öffentlichkeitsarbeit wird in der Regel eher als Anhängsel oder Ergänzung der Marketingarbeit eingesetzt, anstatt sie systematisch einzubinden; oft läuft die PR-Arbeit frei und allein für sich selbst (…)." (Kotler et al. 2007, S. 16 f.)

1.5 PR- und Kommunikationsmanagement – Anforderungen

Jan Lies

1.5.1 Der Umbau der Deutschland AG als Chance 24
1.5.2 Anforderungen an Kommunikation 24

Leitfragen

1. Welche Chance ergibt sich durch den Umbau der Deutschland AG für die Rolle von Unternehmenskommunikation?
2. Was muss ein Kommunikationstreibender alles können?

Welche Anforderungen müssen PR- und Kommunikationsmanager erfüllen? – Hier wird die Auffassung entwickelt, dass vermehrte Change-Management-Projekte bei Topmanagern die Erkenntnis fördern, mit Hilfe von Kommunikation diese Projekte einfacher zum

---

J. Lies (✉)
FOM Hochschule für Oekonomie & Management, Essen, Deutschland
E-Mail: jan.lies@fom.de

Erfolg zu führen. Dies ist eine Chance für den Stellenwert von Kommunikation in Organisationen.

1.5.1 Der Umbau der Deutschland AG als Chance

Es klingt uncharmant, aber es ist so: Für den Stellenwert der Kommunikation als Managementdisziplin ist der Umbau der Deutschland AG ein Glücksfall (vgl. Karsch 2002, da Entscheider Gelegenheit haben, zur Kenntnis zu nehmen, wo und wie Kommunikation helfen kann: So gewinnt neben der instrumentellen Expertise – wie beispielsweise Veranstaltungen organisieren, Medien erstellen oder Texte schreiben – die Prozesskommunikation (siehe Abschn. 5.6 „Interne Kommunikation – als Prozesskommunikation") an Bedeutung mit all ihren Disziplinen und Instrumenten, die helfen, Managementprozesse zu flankieren.

Es gibt aber immer noch viele, viele Entscheider in Unternehmen und anderen Organisationen, die am liebsten gar nicht kommunizieren würden – schon gar nicht in kritischen Veränderungssituationen. Das Unternehmen Vattenfall hat dies mit seinem Verhalten anlässlich des Reaktorunfalls in Brunsbüttel im Jahr 2007 dokumentiert (vgl. den Abschn. 13.3 „Werbung"). Aber gerade die Phasen tiefgreifender Veränderungsprozesse nehmen zu und laufen häufig aus dem Ruder. Je nach Studien, erreichen viele Veränderungsprozesse nicht das gewünschte Ziel (siehe Abschn. 9.1 „Change Communications").

Entsprechend gewinnt Unternehmenskommunikation über alle Organisationen betrachtet zwar langsam, aber doch zusehends an Flughöhe, was ihre Soll-Aufgaben betrifft.

1.5.2 Anforderungen an Kommunikation

Das heißt: Je stärker Unternehmen und andere Organisationen den Mehrwert von Kommunikation schätzen lernen, desto größer ist die Chance, dass das PR- und Kommunikationsmanagement dichter an Managemententscheidungen heranrückt. Dass man PR bereits als eine Führungsdisziplin bezeichnen kann (vgl. anders zum Beispiel Fröhlich 2008, S. 103), die mit Vertrieb und Finanzen auf Augenhöhe steht, entspricht in vielen Unternehmen nicht der Realität, was vor allem im Zuge der Controlling-Diskussion des PR-Begriffs deutlich wird (siehe die Abschnitte zu „Evaluation", in Lies 2015). „Kommunikation gilt in der Praxis (…) immer noch **nicht** als Kernbereich des Managements von Unternehmen und Organisationen." (Hering et al. 2004, S. 11; Fettsetzung verändert) Oft hängt es an der Persönlichkeit des Kommunikationsleiters und der Kommunikationsaffinität der Unternehmensleitung, ob Kommunikation diesen Stellenwert einnimmt. Vorbereitung, Verkündung, Durchsetzung und Nachbereitung sind die Teildisziplinen, die die Kommunikation stützen können, um so einen Beitrag zu leisten, diese durchzusetzen.

Damit steigen aber auch die Anforderungen an Kommunikationstreibende im Unternehmen oder in Agenturen. Sie müssen mehr denn je verstehen, wie Organisationen funktionieren und wo Kommunikation helfen kann, wie Abb. 1.3 zeigt:

1 Zentrale PR-Begriffe und -Aufgaben

Rolle von Kommunikation im Unternehmen:
Wie zahlt Kommunikation auf Unternehmensziele ein? Unternehmerisches Verständnis & Kommunikationscontrolling

Kommunikationstheorien:
- Wie funktioniert Kommunikation?
- Welche Rolle spielt Kommunikation?
- Was bewirkt sie?

Kommunikationskonzept:
- ▶ Analyse (Ist-Soll, Abweichung)
- ▶ Kommunikationsziele (Unternehmenziele)
- ▶ Positionierung
- ▶ Strategie
- ▶ Maßnahmen
- ▶ Evaluierung

Kommunikationsinstrumente & -disziplinen:
- Pressearbeit
- Marke
- Image
- Corporate Identity
- Sponsoring
- Krisenkommunikation
- ...

Präsentation:
Der PR-Manager muss Ideen und Konzepte überzeugend verkaufen. Dabei geht es auch um Inhalte. Vor allem aber geht es um den Auftritt! > Referate halten! Reden!

Abb. 1.3 Anforderungen, Rolle und Aufgaben Kommunikationstreibender

Im Einzelnen sind folgende zentrale Anforderungen, Rollen und Aufgaben der Kommunikation zu nennen. Dabei werden die einzelnen Punkte in der Grafik in den korrespondierenden Abschnitten in diesem Buch vertiefend erläutert:

- **Managementprozesse:** Verständnis von Organisationen (wie Unternehmen) und ihren Zielen bzw. wie Kommunikation helfen kann, sie zu erreichen.
- **Kommunikationstheorien:** Was wollen Kommunikationstheorien erklären und wie helfen sie, Praxisanforderungen zu lösen?
- **Kommunikationsinstrumente und -disziplinen:** Welche Kommunikationsdisziplinen (Corporate Identity, Image-Management, Marke, Stakeholder-Management etc.) gibt es und welche Instrumente sind zielführend?
- **Konzeption:** Wie baue ich Konzepte überzeugend auf, wie leite ich Kommunikationsstrategien ab und arrangiere die richtigen Maßnahmen im Sinne der Zielsetzung?
- **Präsentation:** Wie präsentiere ich meine Empfehlungen so überzeugend wie möglich?

Literatur

Backhaus, K. (1998). Relationship Marketing – Ein neues Paradigma im Marketing? In D. Ahlert, M. Bruhn, H. Steffenhagen, & H. Meffert (Hrsg.), *Marktorientierte Unternehmensführung: Reflexionen, Denkanstöße, Perspektiven* (S. 18–34). Wiesbaden: Gabler.

Beer, M., & Nohria, N. (2000). Cracking the code of change. *Havard Business Review,* 78(3)(May-June 2000), 133–141.

Bentele, G. (1994). Öffentliches Vertrauen, normative und soziale Grundlagen für Public Relations. In W. Armbrecht & U. Zabel (Hrsg.), *Normative Aspekte der Public Relations* (S. 131–158) US: Opladen.

Bentele, G. (1997). Einführung in die Thematik. In GPRA (Hrsg.), *Evaluation von Public Relations, Arbeitskreis Evaluation der GPRA* (S. 16–19) Frankfurt a. M.

Brauer, G. (2005). *Presse- und Öffentlichkeitsarbeit*. Konstanz: UVK Verl.-Ges

Bruhn, M. (2013). *Kommunikationspolitik – systematischer Einsatz der Kommunikation für Unternehmen*. München.

Bruhn, M., & Bunge. B. (1994). Beziehungsmarketing – Neuorientierung für Marketingwissenschaft und -praxis. In M. Bruhn et al. (Hrsg.), *Marktorientierte Unternehmensführung im Umbruch: Effizienz und Flexibilität* (S. 41–84) Wiesbaden: Schäffer-Poeschel.

Engeser, M. (2000). Fusionen, späte Stolpersteine, warum scheitert gut die Hälfte aller Fusionen? Eine neue Studie gibt teils überraschende Antworten, in: Wirtschaftswoche, Nr. 36, 31. August 2000.

Fischer-Winkelmann, W. F., & Rock, R. (1976). vom Elend der Markt- und Marketingtheorie. In W. F. Fischer-Winkelmann & R. Rock (Hrsg.), *Markt- und Konsument, zur Kritik der Markt- und Marketingtheorie Bd. II* (S. 11–38) München.

Fournier, S. M. (2005). Markenbeziehungen – Konsumenten und ihre Marken. In F. R. Esch (Hrsg.), *Moderne Markenführung, Grundlagen, innovative Ansätze – praktische Umsetzungen* (S. 208–237) Wiesbaden: Gabler

Fröhlich, R. (2008). Die Problematik der PR-Definitionen. In G. Bentele, R. Fröhlich, & P. Szyszka (Hrsg.), *Handbuch der Public Relations* (S. 95–109) Wiesbaden: UTB

Fuchs, W., & Unger, F. (2007). *Management der Marketing-Kommunikation*. Berlin: Springer.

Gärtner, H.-D., Mathes, R., & Beger, R. (1989). *Unternehmenskommunikation. Grundlagen – Strategien – Instrumente* Frankfurt a. M.: Gabler.

Grunig, L. A. (1990). Power in the Public Relations Department. In L. A. Grunig & J. W. Grunig (Hrsg.), *Public relations annual* Vol. 2, (S. 115–155). Hillsdale.

Helm, S. (2007). *Unternehmensreputation und Stakeholder-Loyalität*. Wiesbaden: Deutscher Universitätsverlag.

Herbst, D. (2003). *Unternehmenskommunikation*. Berlin.

Hering, R., Schuppener, B., & Sommerhalder, M. (2004). *Die Communication Scorecard*. Berlin: Econ.

Homburg, C. (2012). *Marketingmanagement – Strategie – Instrumente – Umsetzung – Unternehmensführung*. Wiesbaden: Gabler.

Kalmus, M. (1995). *Produktionsfaktor Kommunikation*. Göttingen: Schwartz.

Karmasin, M. (2007). Stakeholder-Management als Grundlage der Unternehmenskommunikation. In M. Piwinger & A. Zerfaß (Hrsg.), *Handbuch Unternehmenskommunikation* (S. 70–85) Wiesbaden: Springer Gabler.

Karsch, W. (2002). Der DAX unter der Lupe: Unternehmensstrukturen im Zeichen der Globalisierung. *Die Bank, 2002*(12), 818–822.

Kotler, P., Keller, K. L., & Bliemel, F. (2007). *Marketing-Management, Strategien für wertschaffendes Handeln* München: Pearson Studium.

Kunczik, M. (1993/2010). *Public Relations – Konzepte und Theorien*. Köln:Böhlau Verlag GmbH & Cie.

Lies, J. (2015). *Theorien des PR-Managements*. Wiesbaden: Springer Gabler (im Druck).

Mast (2005). Werte schaffen durch Kommunikation. In J. Pfannenberg & A. Zerfaß (Hrsg.), *Wertschöpfung durch Kommunikation* (S. 27–35) Frankfurt a. M.: Frankfurter Allgemeine Buch.

Mast, C. (2013). *Unternehmenskommunikation*. Stuttgart.

Meffert, H., et al. (2012). *Marketing – Grundlagen marktorientierter Unternehmensführung – Konzepte – Instrumente – Praxisbeispiele*. Wiesbaden: Gabler.

Nobel, P. (2005). Corporate Governance und Unternehmenskommunikation. In B. Schmid & B. Lyczek (Hrsg.), *Unternehmenskommunikation*, (S. 470–487) Wiesbaden.

Oertel, C. (2000). Stakeholder-Orientierung als Prinzip der Unternehmensführung. In P. W. Meyer & A. Meyer (Hrsg.), *Arbeitspapier zur Schriftenreihe Schwerpunkt Marketing, Bd. 108, München PR-Trendmonitor (2006): PR-Budgets und Kommunikationsstrategien*. Faktenkontor GmbH, news aktuell GmbH, Hamburg.

Pfannenberg, J. (2004). Kommunikations-Controlling im Value Based Management: die monetäre Wertschöpfung von Kommunikation steuern und messen. In J. Pfannenberg & A. Zerfaß (Hrsg.), *Wertschöpfung durch Kommunikation* (S. 132–141). Frankfurt a. M.

PWC/Kirchhoff (2005). Kapitalmarktkommunikation in Deutschland; Investor Relations und Corporate Reporting München.

Ronneberger, F. (1977/1996). Legitimation durch Information. Ein kommunikationstheoretischer Ansatz zur Theorie der PR. In J. Dorer & K. Lojka (Hrsg.), *Öffentlichkeitsarbeit, theoretische Ansätze, empirische Befunde und Berufspraxis der Public Relations* (S. 8–19) Wien: Braumüller.

Ronneberger, F., & Rühl, M. (1992). *Theorie der Public Relations, ein Entwurf*. Opladen: Westdt.

Röttger, U. (2004). Welche Theorien für welche PR?. In U. Röttger (Hrsg.), *Theorien der Public Relations, Grundlagen und Perspektiven der PR-Forschung* (S. 7–22) Wiesbaden: VS Verlag für Sozialwissenschaften.

Sabel, H. (1998). Die Geschichte des Marketings in Deutschland. *WiSt, Wirtschaftswissenschaftliches Studium*, (3), 106–109.

Schneider, D. (1983). Auf Abwegen. *Zeitschrift für betriebswirtschaftliche Forschung 35*(11/12), 1075–1077.

Simon, F. B. (2007). *Einführung in die systemische Organisationstheorie*. Heidelberg: Carl Auer.

SpencerStuart, WeberShandwick (2009). The Rising CCO II.

Szyszka, P. (2004). PR-Arbeit als Organisationsfunktion. Konturen eines Theorieentwurfs. In U. Röttger (Hrsg.), *Theorien der Public Relations, Grundlagen und Perspektiven der PR-Forschung* (S. 149–168). Wiesbaden: VS Verlag für Sozialwissenschaften.

Szyszka, P. (2005). „Öffentlichkeitsarbeit" oder „Kommunikationsmanagement". Eine Kritik an gängiger Denkhaltung und eingeübter Begrifflichkeit. In L. Rademacher (Hrsg.), *Distinktion und Deutungsmacht. Studien zu Theorie und Pragmatik der Public Relations* S. (81–94). Wiesbaden: VS Verlag für Sozialwissenschaften

Zerfaß, A. (2004). Die Corporate Communications Scorecard - Kennzahlensystem, Optimierungstool oder strategisches Steuerungsinstrument? In PR-Digest, Nr. 57 (24/04) vom 22. Juni 2004.

Zerfaß, A. (2005). Die Corporate Communications Scorecard. In J. Pfannenberg & A. Zerfaß (Hg.), *Wertschöpfung durch Kommunikation* (S. 102–112). Frankfurt a. M.: Frankfurter Allgemeine Buch.

Links

www.dprg.de
www.gpra.de

Prof. Dr. Jan Lies Professor für Allgemeine Betriebswirtschaft, insbesondere Unternehmenskommunikation und Marketing an der FOM Hochschule für Oekonomie & Management, Essen.

Public Relations als Medienarbeit

Inhaltsverzeichnis

2.1 Media Relations 30
Markus Kiefer und Jan Lies
2.2 Umfragen als Instrument von Media Relations 37
Michael Bürker
2.3 Branchen-, Fach- und Publikums-PR 45
Jan Lies
2.4 Corporate Publishing 50
Christina Vaih-Baur
2.5 Corporate Publishing – Mitarbeiterzeitschrift 54
Michael Kleinjohann und Jan Lies
Literatur 62

Eine Traditionslinie des PR-Managements bildet die Medienkompetenz und hier die Presse- und Medienarbeit mit der Branchen-, Fach- und Publikums-PR. Sie ist eine so herausragende PR-Disziplin, dass ihr hier ein eigener Abschnitt gewidmet wird. Sie repräsentiert das Multiplikatorprinzip, das derzeit mit dem Web 2.0 etwa mit Blogger-Relations aktualisiert wird und mit dem das PR-Management typische Ziele wie Reputation aufbaut. Das Ziel dieser Disziplin besteht in der Bereitstellung von Informationen nach journalistischen Anforderungen für Massenmedien (vor allem Fernsehen, Radio, Online, Presse) mit dem Ziel, Botschaften einer Organisationen an relevante Zielgruppen zu übermitteln, um so Image und Reputation des Unternehmens zu prägen. Die Medienarbeit setzt sich im Corporate Publishing, also der Produktion von Medien, fort. Aufgrund des besonderen Stellenwerts der Medienarbeit für die PR wird sie hier als besondere Disziplin der PR herausgestellt. Im Band Lies 2015 findet sich in den PR-Theorien ein medienwissenschaftlicher Ansatz (Rademacher), der diesen Stellenwert auch theoretisch untermauert.

2.1 Media Relations

Markus Kiefer und Jan Lies

2.1.1 Begriff und Ziel der Media Relations 31
2.1.2 Bedeutung, Chancen und Risiken der Media Relations 31
2.1.3 Instrumente der Media Relations 32
2.1.4 Agierende und reagierende Media Relations 32
2.1.5 Die Pressemitteilung 33
2.1.6 Die Pressekonferenz 35
2.1.7 Perspektive der Media Relations 36

Leitfragen
1. Was sind Media Relations? Welche ähnlichen Begriffe kennzeichnen diese Disziplin? Welches Ziel ist damit verbunden?
2. Welche Bedeutung hat Media Relations innerhalb der Public Relations? Welche Risiken und Chancen sind damit verbunden?
3. Welche Instrumente gehören zu Media Relations?
4. Welches sind die wichtigsten Instrumente einer agierenden Medienarbeit?
5. Welchem Aufbau folgt eine Pressemitteilung? Welche Regeln sind zu befolgen?
6. Warum wird neben der Veröffentlichung einer Pressemitteilung zum Teil die Pressekonferenz durchgeführt?
7. Was bedeuten die Umbruchprozesse der ökonomischen Medienkrise für die Media Relations?

Was ist konkret Presse- und Öffentlichkeitsarbeit, Public Relations oder Unternehmenskommunikation? Als Antwort auf diese Frage wird oft Media Relations genannt. Sie gilt als eine zentrale Disziplin und dokumentiert die redaktionelle Vergangenheit des PR- und Kommunikationsmanagements in vielen Organisationen, die beispielsweise die interne Kommunikation lange Zeit geprägt hat und den Kern der PR im engeren traditionellen Sinne prägt – nämlich immer dann, wenn Unternehmen in der externen Kommunikation den Weg über die Stakeholder-Gruppe der Medien/des Journalismus gehen, um über deren Vermittlungsleistung im zweiten Schritt dann wiederum andere Stakeholder beispielweise über ihre Ziele, Neuigkeiten, Aktuelles etc. zu informieren (siehe Abschn. 1.2 „Aufgabenfelder der PR").

M. Kiefer
FOM Hochschule für Oekonomie & Management, Essen, Deutschland
E-Mail: markus.kiefer@fom.de

J. Lies
FOM Hochschule für Oekonomie & Management, Essen, Deutschland
E-Mail: jan.lies@fom.de

2.1.1 Begriff und Ziel der Media Relations

Der Teil der Unternehmenskommunikation, der sich an die Medien als potentielle Multiplikatoren richtet, wird häufig verkürzt als Pressearbeit bezeichnet …Ziel der Media Relations ist, dass Redaktionen möglichst positiv und häufig über ein Unternehmen berichten. (Mast 2013, S. 301)

▸ **Media Relations** kennzeichnet die systematische Pflege der Beziehungen zu Journalisten und Massenmedien mit dem Ziel, dass Redaktionen möglichst positiv und häufig über ein Unternehmen berichten bzw. bei negativen Anlässen vor der Berichterstattung den Kontakt zum Kommunikationstreibenden suchen.

2.1.2 Bedeutung, Chancen und Risiken der Media Relations

„Auch wenn strategische PR nicht auf Medienarbeit reduziert werden kann, ist die systematische Pflege der Beziehungen zu Journalisten und Massenmedien nach wie vor ein sehr bedeutsames Aufgabenfeld der Öffentlichkeitsarbeit." (Röttger 2008, S. 506) Dies gilt auch angesichts der Old- und New-School-PR (vgl. Abschnitt „Old School vs. New School der Public Relations" in Lies 2015) also in Zeiten, in denen den Journalisten das Monopol ihrer Multiplikatorfunktion in den Massenmedien durch Social Media abhanden gekommen ist.

- **Chancen:** „Die Kommunikation mit Journalisten ist für 90 % der Unternehmen die wichtigste PR-Aufgabe. Die Gründe liegen auf der Hand: Über die Berichterstattung in den Massenmedien können sie viel mehr Menschen erreichen als über andere Instrumente, wie zum Beispiel Broschüren." (Herbst 2007, S. 96) Die kommunizierenden Organisationen „sind auf die Vermittlungsleistung der Medien angewiesen, denn Öffentlichkeit wird weitgehend über Medien hergestellt. Journalisten sind daher als potenzielle Multiplikatoren eine zentrale Zielgruppe der Öffentlichkeitsarbeit"(Röttger 2008, S. 506). Gegenüber der werblichen Kommunikation spricht für die Medienarbeit ein weiteres Argument: „Journalisten gelten als sehr glaubwürdig (…). Der Grund ist, dass der Mediennutzer davon ausgeht, dass die Nachrichten gut recherchiert und durch unterschiedliche Quellen untermauert sind." (Herbst 2007, S. 96, vgl. ähnlich Mast 2006, S. 354)
- **Risiken:** „Im Gegensatz zur Public Relations kann das Unternehmen in der Werbung bestimmen, wann in welchem Medium welche Aussagen und Botschaften wie ausführlich erscheinen." (Mast 2006, S. 340) Bei der Kommunikation mit Hilfe der Massenmedien haben die Journalisten noch immer häufig das letzte Wort, was und wie welche Botschaft erscheint. Dies gilt im Grundsatz fort, auch wenn weder die Gatekeeper- noch die Agenda-Setting-Funktion zumindest kein Monopol der klassischen Medien mehr ist –, bedingt durch die dynamischen Veränderungen in der Onlinekommunikation, durch das Aufkommen neuer Teilöffentlichkeiten, durch den Einfluss neuartiger Meinungsmacher und Influencer in Social Networks, Blogs etc.

2.1.3 Instrumente der Media Relations

Grundlegende Tätigkeiten für Presse- und PR-Stellen von Unternehmen sind das Beobachten und Auswerten der Medienlandschaft, das Beantworten von aktuellen Medienanfragen, das aktive Bereitstellen von Informationen und Themen, die geeignet sind, eine mediale Berichterstattung auszulösen. Darüber hinaus sind das Vermitteln kompetenter Gesprächspartner aus den Unternehmen an die Medien sowie der Aufbau, die Pflege persönlicher Kontakte zu Journalisten von Bedeutung.

Folgende Instrumente gelten als Standardmaßnahmen im Rahmen der Media Relations (vgl. Mast 2013, S. 318–323):

- Pressemitteilungen bzw. Medienmitteilungen formulieren und auf verschiedenen Wegen verbreiten,
- Pressekonferenzen durchführen,
- Presseeinladungen,
- Pressegespräche, Hintergrundgespräche, Einzelinterviews führen,
- Pressekolloquien, Fachgespräche, Workshops anbieten,
- Redaktionsgespräche initiieren,
- Pressefotos und -grafiken aufbereiten,
- Pressemappen als Basisinformation anlegen,
- Presse-Sites in Websites, Online-Pressrooms, Social-Media-Newsrooms aufbauen.

2.1.4 Agierende und reagierende Media Relations

Innerhalb der Media Relations lassen sich Instrumente der agierenden und der reagierenden Medienarbeit unterscheiden.

Bei der agierenden Medienarbeit ist das Unternehmen der aktive Partner.

- Bei der *reagierenden* Medienarbeit antwortet die entsprechende Fachabteilung im Tagesgeschäft auf journalistische Anfragen oder aber es muss mediale Falschdarstellungen mit Richtigstellungen, mit einem Leserbrief oder gar mit juristischen Gegendarstellungen beantworten.
- Bei der *agierenden* Medienarbeit lassen sich informierende Mittel wie beispielsweise die Pressemitteilung, die Pressemappe, der Newsroom, die Bereitstellung von Informationen durch Bilder, Grafiken etc. von denen der dialogischen Medienarbeit unterscheiden.

Bei dem Mittel der dialogischen Medienarbeit kommt es zum direkten und meistens persönlichen Austausch mit Journalisten (z. B. Pressekonferenz, Hintergrundgespräch, Redaktionsbesuch). Bei der informierenden Medienarbeit werden Informationen bereitgestellt. In der dialogischen Medienarbeit kommt die dynamische Komponente der Interaktion durch Vortrag des Unternehmens, Nachfragen, kritisches Nachfragen und Austausch von Gegenpositionen durch die journalistischen Gesprächspartner zum Tragen.

2.1.5 Die Pressemitteilung

Als wichtigstes, am häufigsten eingesetztes Mittel der agierenden Medienarbeit gilt unverändert die Presse- bzw. Medienmitteilung (Mast 2013, S. 319). Eine solche Presseinformation ist ein knapper, nach etablierten Regeln formulierter Text, mit dem Unternehmen über Aktuelles informieren. Dies tun sie, indem die handelnden PR-Mitarbeiter Texte nach journalistischen Regeln aufsetzen, ausgerichtet an den journalistischen Selektionskriterien, an den Nachrichtenwerten aus journalistischer Sicht und deren spezifischen Erwartungshaltungen an sachlich informierende, aktuelle Texte (zur Pressemitteilung grundlegend Zehrt 2013).

▶ Die Pressemitteilung richtet sich konsequent an journalistischen Kategorien aus.

Dazu zählen zuvorderst das Aktualitätsprinzip, das Verständlichkeitsprinzip und das Wahrheitsprinzip (in Abgrenzung etwa zu werblichen Aussagen mit Übertreibungscharakter).

Die etablierte Grundstruktur der Pressemitteilung sieht eine Headline vor, evtl. ergänzt durch eine Unter- oder Dachzeile, gefolgt von einem Vorspann, der den Nachrichtenkern enthält. Der folgende Text entfaltet dann die Nachricht und beantwortet die journalistischen W-Fragen (Wer? Was? Wann? Wo? Warum? Wie?). Der Text wird klassischerweise so aufgebaut, dass vorn stets das Wichtigste steht und danach die Details ergänzt werden.

Der selektierende und prüfende Nachrichtenjournalist leidet in klassischen Medien unter Platzmangel und arbeitet oft unter großem Zeitdruck. Er geht davon aus, dass die Pressemitteilung grundsätzlich so aufgebaut ist, dass sich ein solcher Text von hinten kürzen lässt, ohne dass dadurch der Sinn der Nachricht unkenntlich wird.

Am Ende des Textes steht ein Disclaimer („Boilerplate") als Abbinder mit den wichtigsten Informationen zum Unternehmen und ein Ansprechpartner des Unternehmens mit Kontaktdaten für weiterführende Informationen. Links verweisen auf weitere Informationen, Hintergrundmaterial, Bild- und Filmmaterial.

Handwerkliche Regeln für eine Pressemitteilung:

- Eine Pressemitteilung ist kurz, sachlich, prägnant und wird nur veröffentlicht, wenn sie für die Leser definierter Medien interessant ist.
- Für klassische Medien ist eine Pressemitteilung nicht länger als eine DIN-A4-Seite; für neue Medien ca. 1/3 Seite (Ausnahme: Finanznachrichten; Bilanzpressekonferenz).
- Das Wichtigste steht oben.
- Die prägnante Überschrift und der Einläufer („Vorspann") fassen das Wichtigste zusammen.
- Nachrichtlich schreiben bedeutet keine Wertung, keine Kommentare.
- Kritisch-argumentative Texte statt werblicher Aussagen.

- Gute Texte basieren auf starken Verben (z. B. „handeln" statt „tun").
- Passivierungen vermeiden (z. B. „handeln" statt „wurde gemacht").
- Substantivierungen vermeiden (z. B. „handeln" statt „die Handlung wurde durchgeführt").
- Wertende Adjektive ohne Beleg vermeiden.
- Keine Superlative (größter, bester, schnellster…) verwenden.
- Keine Füllwörter (sozusagen, ganz besonders…) verwenden.
- Kein Pathos (übertriebener Gefühlsausdruck, Leidenschaftlichkeit).
- Unternehmensname oder Produkte sparsam verwenden.
- Kurze Sätze formulieren: nicht länger als zwölf Worte.
- Ein neuer Sinnzusammenhang erhält einen eigenen Absatz. Zwischenüberschriften helfen, um schnelle Übersicht zu erhalten.
- Wenn möglich keine Fremdwörter verwenden.
- Abkürzungen stets (einmal) erklären und erst dann verwenden.
- Vor- und Zunamen genannter Personen einmal ausschreiben, dann nur noch der Nachname.
- Titel einmal ausschreiben, dann nicht mehr erwähnen.
- Zahlen von eins bis zwölf ausschreiben.

Beispiel einer Pressemitteilung mit viel Raum für handwerkliche Verbesserungen

Drei weitere Auszeichnungen für den Klassiker aus Zuffenhausen

Stuttgart. Die Dr. Ing h. c. F. Porsche AG, Stuttgart, konnte für den Sportwagen-Klassiker drei weitere Auszeichnungen entgegen nehmen. Die Leser der Fachzeitschrift Auto Zeitung, die im Heinrich-Bauer-Verlag erscheint, wählten den Porsche 911 Carrera in zwei Kategorien auf den ersten Platz: Das beste Sportwagen-Cabriolet über 30.000 € wird nach Meinung der Auto-Zeitung-Leser ebenso in Stuttgart-Zuffenhausen gebaut wie der beste Sportwagen in der Kategorie über 30.000 €, das Porsche 911 Carrera Coupé.

Die Wertschätzung des Fachmagazins und seiner Leser für den Elfer wurde in der Jubiläumswertung „Die Besten aus 20 Jahren" ein weiteres Mal betont. So fuhren Moderatorin Barbara Schöneberger und Chefredakteur Volker Koerdt in einem historischen Porsche 911 SC Cabriolet auf die Bühne, um wenig später den Porsche 911 mit 14 Gesamtsiegen als erfolgreichstes Modell in der Geschichte dieser Leserwahl auszuzeichnen.

Die Preisverleihung in insgesamt 32 Kategorien fand im Berliner Meilenwerk statt, die Preise für den Porsche 911 nahmen Klaus Berning, Vorstand Vertrieb und Marketing, Wolfgang Dürheimer, Vorstand Forschung und Entwicklung, sowie Bernhard Maier, Geschäftsführer Porsche Deutschland, entgegen.

Quelle: Porsche AG
03.12.2007

Hauptkritikpunkte: *Die Überschrift ist themenschwach und enthält Pathos. Der einleitende Satz „konnte...entgegennehmen" ist streng genommen ohne Aussage: Hat das Unternehmen den Preis erhalten oder nicht? – Der erste Satz besteht vor allem aus den Abkürzungen eines Unternehmensnamens, die den Leser nicht interessieren. Die Sätze sind eingangs zu lang. – Darüber hinaus gilt: Disclaimer („Boilerplates") dürfen auch bei prominenten Unternehmen nicht fehlen. – Es muss immer ein konkreter Ansprechpartner mit präzisen Kommunikationsdaten benannt werden, falls die Journalisten weiterführende Fragen haben. – Dies alles zeigt: Textarbeit für Pressemitteilungen ist eine Kompetenz, die Übung braucht, um die Hürde für den Veröffentlichungserfolg nicht unnötig hoch anzulegen.*

Die Pressemitteilung wird auf verschiedenen Wegen verbreitet. Sie wird an den Presse- bzw. Medienverteiler des Unternehmens verschickt (Push-Option) und zusätzlich im Online-Pressroom auf der Webseite des Unternehmens hinterlegt (Pull-Option), die spezifische aktuelle aber auch Archivangebote für Journalisten stellen. Darüber hinaus werden alle denkbaren Wege zur weiteren Hinterlegung der Pressemitteilung genutzt, beispielsweise in kostenlosen oder kostenpflichtigen Presseportalen, da dies Anlaufstellen für recherchierende Journalisten, Wissenschaftlern, Experten ebenso wie für Kunden sein können, die nach kaufrelevanten Informationen suchen.

Seit einiger Zeit wird das Format der Social Media Release entwickelt, das in Social Media Newsrooms die moderne Fortschreibung der klassischen Medienmitteilung zeigt (siehe Abschn. 14.2 „Gestaltung als PR-Kompetenz" und weiterführend zu Social Media Release und Social Media Newsroom Bernet 2010, S. 59–75). Hier wird der statische Aufbau der klassischen Presseinformation zugunsten einer eher lockeren, modularen Aufzählung von Fakten, Textblöcken, Einzelsätzen, Zitaten, Links und Verweisen aufgelöst. Zudem wird das Thema von Anfang an multimedial aufbereitet (Bilder, Grafiken, Videos, Links), in die Auftritte des Unternehmens in Social Networks, Twitter, Facebook, FickR, YouTube etc. eingebettet, mit Schlagworten für Suchmaschinen versehen. Gegebenenfalls werden auch Statements und Diskussionen zu den Informationen zugelassen, evtl. moderiert durch Kommunikationsmanager des Unternehmens. Dieses letzte Tool zeigt am deutlichsten die Veränderung.

> Social Media Newsrooms bieten Presseinformationen nicht nur für genuin journalistische Ansprechpartner, sondern öffnen dieses Portal grundsätzlich für alle Stakeholder.

Aktuell nutzen Unternehmen beide Wege, sodass sie ihre Presseinformationen sowohl auf den klassischen Wegen als auch durch Aufbereitung im Newsroom-Konzept verbreiten.

2.1.6 Die Pressekonferenz

Die Pressekonferenz gehört zu den wichtigsten Instrumenten der Pressearbeit und ist unter den Mitteln der dialogischen Medienarbeit vermutlich dasjenige mit der größten Öffentlichkeitswirkung (vgl. Mast 2013, S. 320). Andere Instrumente der dialogischen Medienarbeit setzen zwar auch auf den persönlichen Austausch mit Journalisten. Aber Formate wie das Hintergrundgespräch sind eher auf die vertrauliche Erläuterung eines sensiblen und komplexen Sachverhalts mit ausgewählten Journalisten ausgerichtet. Sie wenden sich beispielsweise im Workshop-Format oder im Presseseminar während einer Messe an einen speziell interessierten Kreis von Fachjournalisten. Oder aber sie dienen als einfaches Pressegespräch nur der Kontaktpflege ohne konkreten Anlass. Dagegen ist die Pressekonferenz ein öffentliches Ereignis, und sie wird nur aus besonderem Grund einberufen (zur Pressekonferenz grundlegend Schneiders 2012). Aus Unternehmenssicht können dies beispielsweise die Vorstellung neuer Produkte, die Vorlage der Bilanz, besondere Merger & Akquisitions, Standorteröffnungen oder -schließungen oder auch die Präsentation eines neuen CEO oder eines neuen Eigentümers oder Anlässe für Krisenkommunikation sein.

> Pressekonferenzen bieten sich an, wenn besonders umfassende Informationen zu vermitteln sind, die nicht durch eine schlichte Presseinformation ausreichend klar werden. Oder aber es stehen besonders komplexe Themen auf der Unternehmens-Agenda, die sehr erklärungsbedürftig und vielschichtig sind und Anlass zu journalistischen Nachfragen bieten.

Pressekonferenzen folgen einer festen Struktur. Zwei bis vier Wochen vor der Veranstaltung verschickt das Unternehmen schriftliche Einladungen. Am Tag selbst eröffnet der Moderator (meistens der Pressesprecher des Unternehmens), wiederholt den Anlass der Pressekonferenz und stellt die Teilnehmer seitens des Unternehmens vor. Diese tragen danach ihre vorbereiteten Statements vor. Im Anschluss erhalten die anwesenden Journalisten Gelegenheit zu Fragen. Eine moderne Unternehmenskommunikation bietet auch Möglichkeiten der virtuellen Beteiligung durch Übertragung von Pressekonferenzen per Livestream und die Option für extern beteiligte Journalisten, sich durch Fragen über Twitter und Echtzeitanfragen per E-Mail an den Moderator direkt in die Diskussion einzubringen. Die Pressekonferenz schließt mit einem informellen Teil ab, in dem Gelegenheit zu Einzelnachfragen und Exklusiv-Statements für die teilnehmenden Medien geschaffen werden. Zur Nachbereitung gehört die Information der nicht erschienenen oder verhinderten Journalisten.

2.1.7 Perspektive der Media Relations

In Ländern wie den USA oder Deutschland werden Diskussionen in der Medienökonomie seit Jahren mit skeptischen Tönen geführt. Insbesondere die traditionellen Zeitungen, bislang unverzichtbarer Partner der Unternehmenskommunikation, stehen unter erheblichem wirtschaftlichem Druck, nachdem traditionelle Anzeigenmärkte ins Internet abgewandert sind. Dies hat erhebliche Umbruchprozesse in deutschen Medienhäusern und das Überdenken traditioneller redaktioneller Konzepte zur Folge (Mast 2012). Ein Umdenken hat begonnen, in dessen Folge sich abzeichnet, dass die klassische Ereignisberichterstattung einer stärkeren Hintergrundberichterstattung weichen wird. Der Drang nach möglichst exklusiven Meldungen wendet sich fordernd an die PR-Verantwortlichen der Unternehmen. Auch ist damit zu rechnen, dass selbst Wirtschaftsmedien kritischer mit Unternehmen und Unternehmensentscheidungen umgehen werden. Dies bedeutet neue Herausforderungen für die Media Relations der Verantwortlichen in der Unternehmenskommunikation. Ihre Servicekompetenz ist hier ebenso deutlich angefragt wie partnerschaftliches Eingehen auf sich ändernde Themeninteressen ihrer journalistischen Gegenüber.

2.2 Umfragen als Instrument von Media Relations

Michael Bürker

2.2.1	Wann und wofür werden Umfragen in der PR eingesetzt?	38
2.2.2	Welche Ziele werden mit dem Einsatz von Umfragen in der PR verfolgt?	38
2.2.3	Mit welchen Instrumenten werden Umfrageergebnisse in der PR verbreitet?	41
2.2.4	Welche Praxisbeispiele für den Einsatz von Umfragen in der PR gibt es?	42
2.2.5	Was ist bei der inhaltlichen Konzeption von Umfragen in der PR zu berücksichtigen?	42
2.2.6	Was ist beim Einsatz von Umfragen in der PR methodisch zu beachten?	43
2.2.7	Fazit: Umfragen als Instrument der Media Relations	44

Leitfragen

1. Wann und wofür werden Umfragen in der PR eingesetzt?
2. Welche Ziele werden mit dem Einsatz von Umfragen in der PR verfolgt?
3. Mit welchen Instrumenten werden Umfrageergebnisse in der PR verbreitet?
4. Welche Praxisbeispiele für den Einsatz von Umfragen in der PR gibt es?
5. Was ist bei der Konzeption von Umfragen in der PR zu berücksichtigen?
6. Was ist beim Einsatz von Umfragen in der PR methodisch zu beachten?

Unternehmen befinden sich nicht nur auf ihren Absatzmärkten in Konkurrenz. Auch in Medien und Öffentlichkeit herrscht Wettbewerb: Der Kampf um öffentliche Aufmerksamkeit ist für viele zu einer existenziellen Frage geworden. Doch viele Unternehmen verfügen nur über wenig eigene Themen mit Nachrichtenwert. Sie kämpfen mit Me-too-Themen um Aufmerksamkeit bei ihren Zielgruppen. Doch Imageprofilierung und Differenzierung zum Wettbewerb sind so nicht möglich. Umfragen in der PR bieten dagegen Nachrichtenwert für die redaktionelle Berichterstattung: Die Ergebnisse sind neu. Oft werden in sie in Form von Rankings und Infografiken aufbereitet und befriedigen damit zugleich das Bedürfnis nach komprimierter und visualisierter Information.

M. Bürker (✉)
MHMK Macromedia Hochschule für Medien und Kommunikation, München, Deutschland
E-Mail: m.buerker@mhmk.org

2.2.1 Wann und wofür werden Umfragen in der PR eingesetzt?

Umfragen bieten Unternehmen die Möglichkeit, eigene Themen und Botschaften in die Medienagenda einzuführen und sich so zu positionieren. Nach einer Befragung des FAZ-Instituts gab knapp die Hälfte der befragten Kommunikationsmanager an, bereits Studien herausgegeben zu haben und weitere zu planen (vgl. Czotscher 2014, S. 12).

So möchte das Immobilienportal Immonet wissen: „Warum Paare in einer Wohnung leben". (Vgl. Litters 2014) Die Techniker Krankenkasse (TK) fragt unter dem Titel „Iss was, Deutschland?" nach dem Ernährungsverhalten der Bevölkerung (vgl. Ballwieser 2013). Und das Reiseportal Lastminute.de interessiert sich dafür, wie oft die Bürger an Urlaub denken, welche Gegenstände sie vergessen haben, wenn sie dort angekommen sind, und wie viel sie im Urlaub arbeiten (vgl. Pfau 2012). Eines der bekanntesten Beispiele für den Einsatz von Umfragen in der PR sind die Shell-Jugendstudien, mit denen der Mineralölkonzern regelmäßig in die Medienberichterstattung gelangt (vgl. www.shell.de/aboutshell/our-commitment/shell-youth-study.html). Entsprechend umgesetzte Umfragen schaffen es regelmäßig in die Medien.

> Umfragen signalisieren Aktualität – der wichtigste Nachrichtenfaktor.

Journalisten arbeiten mit Zahlen, Daten und Fakten als Belege für Objektivität. Das Publikum konsumiert gerne Trends und Rankings (zu Objektivitätsanspruch, Publikumsinteresse und Nachrichtenwert als Gründen für die Beliebtheit von Medienberichten über Meinungsumfragen vgl. Hardmeier 2000, S. 372 ff.). Typische Fragestellungen, die immer wieder in Medienberichten aufgegriffen werden, sind z. B.:

- Wie sorgt die Bevölkerung fürs Alter vor?
- Wie gesund leben und ernähren sich die Deutschen?
- Wie denkt die Bevölkerung bei Fragen rund um Auto und Verkehr?
- Wie nutzt die Bevölkerung Computer, Internet und Mobiltelefone?
- Welchen Institutionen vertraut die Bevölkerung?

Wie wenig Umfrageergebnisse mit der Realität zu tun haben müssen, um dennoch Effekte zu erzielen, zeigt ein kurioses Beispiel: Der *Corriere della Sera*, eine der angesehensten Tageszeitungen Italiens, berichtete 2013 über eine Studie, wonach knapp 90 % der männlichen Franzosen Klitoris für ein Modell der Automarke *Toyota* halten. Das eigentlich Pikante an der Meldung: Die Studie war frei erfunden – von *Le Gorafi*, einer französischen Satireseite im Internet (vgl. O. A. 2013).

2.2.2 Welche Ziele werden mit dem Einsatz von Umfragen in der PR verfolgt?

Umfragen werden im Kommunikationsmanagement häufig eingesetzt.

2 Public Relations als Medienarbeit

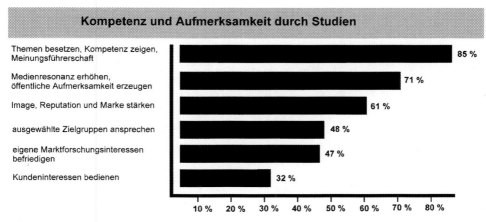

Abb. 2.1 Funktionen von Umfragen. (Quelle: Czotscher 2014, S. 8)

▶ Mehr als drei Viertel der Kommunikationsmanager halten Umfragen für ein erfolgversprechendes Instrument im Kommunikationsmix (vgl. Czotscher 2014, S. 10).

Ihre Ziele: Die Aufmerksamkeit wecken, die Themenagenda in den Medien beeinflussen und aus Medientenor und wahrgenommenen Meinungen tatsächliche Meinungen machen. Letztlich geht es aber darum, die Unterstützung ausgewählter Ziel- und Anspruchsgruppen im Sinne übergeordneter, strategischer Unternehmens- bzw. Organisationsziele zu gewinnen bzw. zu sichern (vgl. Abb. 2.1).

Bei den Zielsetzungen sind kurz- und längerfristige Effekte zu unterscheiden. In Anlehnung an das Wirkungsstufenmodell von DPRG und ICV (vgl. Tab. 2.1) sind medienbezogene Effekte („Output") von Wirkungen bei Ziel- und Anspruchsgruppen („Outcome") und Rück- bzw. Auswirkungen bei Unternehmen und Organisationen („Outflow") zu unterscheiden (vgl. Huhn und Sass 2011, S. 12 ff.):

Eine wichtige Funktion von Umfragen in der PR ist es, die Glaub- und Vertrauenswürdigkeit der Organisation, ihrer Anliegen und Positionen durch die Faktizität von Zahlen zu stärken. Dies kann in besonderer Weise gelingen, wenn die Ergebnisse nach wissenschaftlichen Methoden und von neutralen Instituten erhoben wurden. Entsprechend halten Kommunikationsmanager eine belastbare Datenbasis, hohe inhaltliche Qualität, Repräsentativität der erhobenen Befragungsdaten und einen renommierten und unabhängigen Partner für die Datenarbeit bzw. Marktforschung für wichtige Erfolgsfaktoren und „entscheidend für eine gute Studie" (vgl. Czotscher 2014, S. 20).

Dennoch sind die meisten Journalisten und PR-Manager keine Spezialisten in empirischer Sozialforschung: So hat Hardmeier in einer empirischen Studie gezeigt, „dass man bei der medialen Aufbereitung von Befragungsberichten sicher nicht von Präzisionsjournalismus sprechen kann" (vgl. Hardmeier 2000, S. 377 f.).

Tab. 2.1 Funktionen von Umfragen in der PR in Anlehnung an das Wirkungsstufenmodell von DPRG und ICV

Bezugsebene	Wirkungsstufe	Ziele beim Einsatz von Umfragen in der PR
Medien = kurzfristige Effekte	Externer Output	Aufbau von Berichterstattung zum Thema der Umfrage
		Besetzen neuer Positionen in der Berichterstattung über das Thema der Umfrage
		Herstellen von Transparenz über Meinungsverteilungen in der Bevölkerung bzw. bei ausgewählten Zielgruppen
		Verbessern der Position des Umfragethemas auf der Themenagenda der Medien
		Verknüpfung von Thema und Meinungen in der Berichterstattung mit dem Initiator der Umfrage
Zielgruppen = kurz- bis mittelfristige Effekte	Direkter Outcome	Herstellen von Aufmerksamkeit und Öffentlichkeit für das Thema der Umfrage
		Verstehen des Themas, der Meinungen und Botschaften zur Umfrage
		Verbessern der Position des Umfragethemas auf der Themen-Agenda in der Bevölkerung bzw. bei den Zielgruppen
= längerfristige Effekte	Indirekter Outcome	Verändern von Wahrnehmung, Wissen, Meinungen und Einstellungen zum Thema der Umfrage
		Herstellen bzw. Erhöhen von Akzeptanz und Konsens in Bezug auf das Thema der Umfrage
		Wahrnehmung der Organisation als Themen-, Kompetenz- bzw. Meinungsführer in Bezug auf das Thema der Umfrage
		Stärken der Glaub- und Vertrauenswürdigkeit der Organisation in Bezug auf das Thema der Umfrage
		Verändern der Handlungs- und Unterstützungsbereitschaft in Bezug auf die Umfrage und im Sinne der Organisationsziele
		Anregen von Anschlusskommunikation (Word of mouth)
Organisation	Outflow	Allgemein: Unterstützung der Organisation durch die Ziel- und Stakeholder-Gruppen
		Im Absatzmarkt: Empfehlungen durch Kunden und Dritte (z. B. Verbraucher), Gewinnen von Kunden, Absatz, Umsatz, Stabilisieren der Kundenloyalität
		Im Kapitalmarkt: Empfehlungen durch Shareholder und Dritte (z. B. Analysten), Gewinnen von Investoren, Kursgewinne/-stabilisierung, Stabilisieren der Shareholder-Loyalität
		Im gesellschaftspolitischen Umfeld: Unterstützung durch Meinungsbildner, Gesetzgebung (Legislative) und Verwaltung (Exekutive), Stabilisieren der „Licence to Operate"

Tab. 2.2 Geeignete PR-Instrumente für die Verbreitung von Studien- und Umfrageergebnissen. (Quelle: Czotscher 2014, S. 17)

Sehr geeignet	Eher geeignet	PR-Instrument
57	33	Pressemeldung
45	39	PDF-Datei
35	45	Exklusive Vorabberichterstattung
37	36	Pressekonferenz
22	51	Microsite
29	41	Präsentation (PowerPoint)
41	28	Print/Broschüre (hochwertig)
28	40	Roundtable, Workshop
20	40	Print/Broschüre (einfach)

2.2.3 Mit welchen Instrumenten werden Umfrageergebnisse in der PR verbreitet?

Die Ergebnisse von Umfragen werden in der Regel durch Pressemitteilungen publiziert (vgl. Tab. 2.2). Längst hat sich durchgesetzt, die Ergebnisse zusätzlich durch Infografiken zu veranschaulichen.

Doch meist können so nur die wichtigsten Ergebnisse verbreitet werden. Pro Pressemeldung sollten nicht mehr als drei bis max. fünf Zahlen verwendet werden. Deshalb werden umfangreichere Daten teilweise auch in mehreren Schritten veröffentlicht. Um die Ergebnisse in Form von Fachbeiträgen weiter vertiefen zu können, werden die Daten nach Bevölkerungsgruppen analysiert. So lassen sich die Themen von Umfragen speziell für einzelne Bevölkerungsgruppen aufbereiten und durch die Verdeutlichung von Unterschieden zur Gesamtbevölkerung zuspitzen.

Bei den Medien besonders beliebt sind Fragen nach den Unterschieden zwischen Frauen und Männern oder Ost- und Westdeutschland. Doch auch unterschiedliche Altersgruppen oder Einkommensklassen können – je nach Branche – interessante Anlässe für Medienberichte liefern.

Eine besondere Form des Einsatzes von Umfragen in der PR ist ihre Einbettung in Kampagnen. Häufig bilden sie den Auftakt, um ein Thema gezielt aufzureißen und den eigenen Positionen die Glaubwürdigkeit unabhängiger Forschung zu geben. Beispiele hierfür sind Umfragen bzw. Studien als Auftakt der Kampagne „Initiative für wahre Schönheit" der Körperpflege-Marke *Dove* (vgl. Guckenberger 2008, S. 241) und die Aktion „Große Hilfe für kleine Füße" des Schuhhändlers *Reno* (vgl. Gerber 2006).

2.2.4 Welche Praxisbeispiele für den Einsatz von Umfragen in der PR gibt es?

Die beiden folgenden Beispiele illustrieren, wie Umfragen in der Kommunikation von Unternehmen und Organisationen eingesetzt werden. Beide Beispiele stammen aus der Beratungspraxis des Autors.

Von 2009 bis 2013 gab die Heidelberger Lebensversicherung AG, ein Spezialist für fondsgebundene Altersvorsorge den „Vorsorge-Monitor" heraus (vgl. Pressebereich der Heidelberger Lebensversicherung AG): Mit Fragen zu Sicherheitsbedürfnis und Renditeerwartungen bei der Altersvorsorge sowie zu bevorzugten Informationsquellen wie Beratern, klassischen Medien, Internet, aber auch Familie und Freunde, konnten im Jahr 2012 über 300 Veröffentlichungen in mehr als 70 Print- und Onlinemedien mit einem Anzeigenäquivalenzwert von knapp 50.000 € in Printmedien erzielt werden. Durch die Berichterstattung gelang es, die Sichtbarkeit der Marke und ihre Positionierung im Markt insbesondere bei Versicherungsmaklern und Finanzberatern zu stärken. Durchgeführt wurde die bundesweit repräsentative Umfrage durch die GfK Marktforschung.

Der Verband bayerischer Wohnungsunternehmen e. V. gibt seit 2006 den so genannten „Mietwohn-Index" heraus (vgl. Pressebereich des Verbandes bayerischer Wohnungsunternehmen e. V.). Der Verband, der im Freistaat knapp 500 Wohnungsunternehmen mit Schwerpunkt im sozialen Wohnungsbau vertritt, frägt jährlich bundesweit repräsentativ nach den Einstellungen zur Wohnsituation der Bürger und den Erwartungen an die Wohnungspolitik. Die Versorgung der Bevölkerung mit bezahlbarem Wohnraum und die Bedeutung des sozialen Wohnungsbaus stehen dabei im Blickpunkt des Interesses. Die Ergebnisse wurden 2013 nicht nur in über 250 Tageszeitungen, Fachzeitschriften und Onlinemedien, davon über 60 % Printmedien mit einer Reichweite von mehr als zwölf Millionen Lesern, publiziert – sie weckten auch regelmäßig das Interesse der politischen Entscheider und konnten so zur Information, Meinungsbildung und Entscheidungsvorbereitung beitragen. Durchgeführt wurde die Umfrage ebenfalls durch die GfK Marktforschung.

2.2.5 Was ist bei der inhaltlichen Konzeption von Umfragen in der PR zu berücksichtigen?

Der erfolgreiche Einsatz von Umfragen in der PR setzt voraus, dass die Interessen der Zielgruppen und die Ziele des Unternehmens miteinander verknüpft sind. Das Thema muss für die Zielgruppen relevant sein und Informations- bzw. Nutzwert bieten. Für das Unternehmen muss es einen erkennbaren Bezug zur Branche oder den eigenen Produkten aufweisen. Das Thema muss geeignet sein, die spezifische Kompetenz des Unternehmens zu verdeutlichen und Stoff für weitere Veröffentlichungen zu bieten. Von zentraler Bedeutung ist hierfür, dass Kompetenz nicht nur behauptet, sondern durch die mit wissenschaftlichen Methoden erhobenen Daten auch belegt wird.

Für die Medien ist der Nachrichten- und Nutzwert von Umfragen am höchsten, wenn sie aktuelle Fragen bzw. ungelöste Probleme thematisieren oder helfen Informationsdefizite bzw. Fehlwahrnehmungen in der Bevölkerung zu beseitigen. Zudem sollte die Fragestellung in der letzten Zeit nicht von anderen Unternehmen oder Organisationen besetzt worden sein. Um das Thema unter strategischen Gesichtspunkten längerfristig bzw. über mehrere Jahre hinweg einsetzen zu können, sollte es schließlich wiederholbar und variierbar sein.

Das erfordert, die Kommunikationsziele auf das Wirkungspotenzial der Umfrage abzustimmen und das Konzept stringent von den angestrebten Ergebnissen her zu entwickeln:

- Was möchte das Unternehmen mit der Umfrage erreichen?
- Welches Thema ist dafür geeignet?
- Passt das Thema zu Angebot und Kompetenz des Unternehmens?
- Ist das Thema auch für die Zielgruppen interessant und relevant?
- Bietet das Thema Neuigkeits- und Nachrichtenwert für die Medien?

2.2.6 Was ist beim Einsatz von Umfragen in der PR methodisch zu beachten?

Zwingende Voraussetzung für den Anspruch der Neutralität und Wissenschaftlichkeit ist, dass die Durchführung von Umfragen nach den wissenschaftlichen Prinzipien der empirischen Sozialforschung erfolgt. Dazu gehören: Transparenz über Auftraggeber und Erkenntnisinteresse und die vollständige Berücksichtigung möglicher Antworten. Jede erkennbare Bevorzugung bestimmter Antwortmöglichkeiten bzw. jeder Ausschluss unerwünschter Antworten weckt nicht nur Zweifel an der Aussagekraft und Verlässlichkeit der Ergebnisse, sondern provoziert Reaktanz und Kritik bei Medien und Zielgruppen.

Um repräsentative Ergebnisse zu erzielen, müssen nicht alle Personen in der Zielgruppe (= Grundgesamtheit) befragt werden. Es genügt, eine Auswahl zu treffen (= Stichprobe). Wichtig ist, dass die Stichprobe genauso zusammengesetzt ist wie die Grundgesamtheit (= Repräsentativität). Dabei gilt: Je kleiner die Grundgesamtheit, umso größer muss die Stichprobe anteilig sein. Für eine Umfrage, die repräsentativ ist für die Bevölkerung über 18 Jahren in Deutschland, genügt eine Stichprobe von rund 1.000 Personen. Das sind weniger als ein Prozent. Bei einer deutlich kleineren Grundgesamtheit (z. B. Lehrer, Versicherungsmakler oder Millionäre) muss ein wesentlich größerer Teil befragt werden, um repräsentative Ergebnisse zu erhalten. Beides, Grundgesamtheit und Stichprobenumfang, sollten in Ergebnistabellen und -Grafiken angegeben werden.

Die einfachste Lösung für repräsentative Ergebnisse ist die Durchführung durch ein Markt- oder Meinungsforschungsinstitut (z. B. GfK Marktforschung, TNS Infratest, YouGov, Forsa). Es übernimmt die Ziehung der Stichprobe und das Erheben, Erfassen und Auswerten der Daten – die sogenannte Feldarbeit. Fast alle Institute bieten sogenannte Omnibus-Umfragen – zum Teil im Wochenrhythmus – an. Dabei werden mehrere Auftraggeber zu einer Befragung zusammengeschlossen. Dieses Instrument eignet sich vor allem, wenn nur eine oder wenige Fragen gestellt werden. So können bereits mit niedrigen vierstelligen Budgets bundesweit repräsentative Ergebnisse erzielt werden.

Auch bei Repräsentativumfragen darf nicht einfach von der Stichprobe auf die Grundgesamtheit geschlossen werden. So können die Ergebnisse um mehrere Prozentpunkte vom Ergebnis der Stichprobe abweichen. Um Missverständnisse zu vermeiden, sollte bei der Darstellung der Ergebnisse korrekterweise immer von *Befragten*, nicht aber von *den Bürgern* oder *der Bevölkerung* gesprochen werden.

2.2.7 Fazit: Umfragen als Instrument der Media Relations

Umfragen sind PR-Instrumente zur Erzeugung von Nachrichten für die Medien. Bei der Darstellung der Umfrageergebnisse in Pressemitteilungen, Präsentationen und Broschüren sowie ggf. Tabellen und Grafiken sind mindestens folgende Angaben zu machen:

- Wer ist der Auftraggeber der Umfrage?
- Wer wurde befragt?
- Was war die genaue Fragestellung?
- Welche Antwortmöglichkeiten wurden angeboten?
- Wie groß war die Stichprobe?
- Ist die Umfrage repräsentativ?
- Wann wurde die Umfrage durchgeführt?
- Wer hat die Umfrage durchgeführt?

> Der Pressekodex des Deutschen Presserats fordert von Journalisten folgende Mindestangaben: „Bei der Veröffentlichung von Umfrageergebnissen teilt die Presse die Zahl der Befragten, den Zeitpunkt der Befragung, den Auftraggeber sowie die Fragestellung mit. Zugleich muss mitgeteilt werden, ob die Ergebnisse repräsentativ sind." (Deutscher Presserat 2013, S. 9).

2.3 Branchen-, Fach- und Publikums-PR

Jan Lies

2.3.1 Branchen-PR 45
2.3.2 Fach-PR 46
2.3.3 Publikums-PR 47
2.3.4 Unterscheidungsmerkmale von Publikums- und Fach-PR 48
2.3.5 Business-to-Business- und Business-to-Consumer-Kommunikation ... 48
2.3.6 Fazit: Branchen-, Fach- und Publikums-PR als Spezialisierungen .. 49

Leitfragen
1. Was ist unter Branchen-PR zu verstehen?
2. Was ist Fach-PR und was ist Publikums-PR?
3. Woher lassen sich diese Begriffe ableiten?
4. Welche Unterscheidungsmerkmale prägen Fach- und Publikums-PR?
5. Was ist unter B2B- und B2C-Kommunikation zu verstehen? Ist dies mit der Unterscheidung von Fach- und Publikums-PR gleichzusetzen?

Eine gängige Strukturierung von Kommunikationstätigkeit ergibt sich aus den Anforderungen der Adressaten: den Fachöffentlichkeiten und den Nicht-Fachöffentlichkeiten, dem Publikum. Die Begriffe gehen aus der Medienstruktur dieser beiden Tätigkeitsbereiche hervor, der Fach- und Branchenpresse sowie der Publikumspresse. Dennoch beschränkt sich die Kommunikationstätigkeit nicht allein auf diese Medien, da Veranstaltungen, eigene Publikationen und persönliche Ansprache genauso maßgebliche Instrumente darstellen.

2.3.1 Branchen-PR

Branchen-PR hat zwei herausragende Bedeutungen: (1) die Ansprache von Fachöffentlichkeiten und damit verknüpft (2) Bildung von Spezialagenturen.

Ansprache von Fachöffentlichkeiten Kommunikationstreibende Organisationen sind in bestimmten Branchen tätig und adressieren entsprechende Fachöffentlichkeiten – beispielsweise ein IT-Unternehmen, das Softwarelösungen für Banken und Industrieunternehmen anbietet. Damit ist aus Sicht dieses IT-Unternehmens Fach-PR in unterschiedlichen Märkten notwendig.

J. Lies
FOM Hochschule für Oekonomie & Management, Essen, Deutschland
E-Mail: jan.lies@fom.de

Tab. 2.3 Die fünf größten Fachagenturen für Gesundheit/Medizin/Pharma. (Quelle: gekürzt entnommen aus Pfeffers Agenturranking 2012)

Rang (Gesamt)	Agentur (Hauptsitz)	Anteil in Mio. €	Anteil in %	Honorar 2012 in Mio. €	Mitarbeiter
1 (3)	fischerAppelt (Agenturgruppe) Hamburg	4,92	14	35,15	305,0
2 (26)	MCG Medical Consulting Group Düsseldorf	4,91	100	4,91	36,0
3 (5)	Edelman Frankfurt am Main	3,48	25	13,93	170,0
4 (6)	Weber Shandwick (Agenturgruppe CMGRP) (München2)	3,42	25	13,68	98,0
5 (39)	Media Concept Duisburg	3,17	100	3,17	24,0

Bildung von Spezialagenturen Branchen-PR aus Sicht von PR-Agenturen bedeutet, Kompetenzbereiche für die Kommunikationsanforderungen für Kunden bestimmter Branchen aufzubauen. Entsprechend bilden sich Teams, Abteilungen oder Spezialagenturen bestimmter Branchen, die beispielsweise spezifisch nur für Pharmaunternehmen, nur für Finanzdienstleister oder nur für die Automobilindustrie tätig sind. Branchen-PR ist dann aus Dienstleistersicht oft mit Fach-PR im Sinne der Ansprache von Fachöffentlichkeiten verknüpft, um die Fachzielgruppen dieser jeweiligen Branchen zu erreichen (vgl. Tab. 2.3).

2.3.2 Fach-PR

„Fachöffentlichkeitsarbeit lässt sich als **fachlich spezialisierte PR** definieren, die sich an spezifische und spezialisierte Fachöffentlichkeiten richtet. Hier sitzen sowohl auf der Sender- (PR) als auch auf der Empfängerseite (Journalismus)-Experten." (Bentele 2006, S. 14; Fettung durch den Autor) Entsprechend definiert sich dieser Teil der Organisationskommunikation mittels der Adressaten. „Die Anzahl der Fachmedien, die für ein Themengebiet relevant sind, ist in der Regel recht überschaubar. Fachöffentlichkeitsarbeit ist daher keine PR, die per Gießkannenprinzip Pressemitteilungen massenhaft streut (…)." (Bentele 2006, S. 16)

▸ **Fachöffentlichkeitsarbeit** lässt sich als fachlich spezialisiertes PR- und Kommunikationsmanagement definieren, das sich an bestimmte Fachöffentlichkeiten richtet.

„Fachöffentlichkeitsarbeit bewegt sich in aller Regel auf einem fachlich bzw. inhaltlich hohen Niveau. Hier greift das auf beiden Seiten vorhandene fachliche Niveau (…)." (Bentele 2006, S. 16) Entsprechend geringer ist die Übersetzungsleistung in dem Sinne, Themen allgemein verständlich aufzubereiten, was bei der Publikumspressearbeit eine Kernleistung ist (vgl. Abb. 2.2).

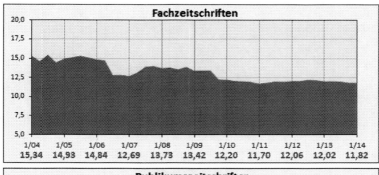
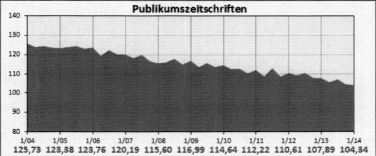

Abb. 2.2 Verkaufte Auflage in Millionen Stück. (Quelle: www.ivw.de)

2.3.3 Publikums-PR

„PR-Tätigkeit, bei der der Sender (PR-Referent) Fachexperte ist, aber der Empfänger (Journalist) nicht, kann dementsprechend als Publikums-PR bezeichnet werden." (Bentele 2006, S. 14) In Anlehnung an und in Abgrenzung von Bentele wird Publikums-PR dagegen hier zuerst vom Zielmedium abgeleitet: Im Gegensatz zu Fachzeitschriften wenden sich Publikumszeitschriften an einen breiten Leserkreis, der sich aus den unterschiedlichsten Gruppen zusammensetzt (vgl. Rota und Fuchs 2007, S. 379). Sie decken ein breites, buntes Themenspektrum ab. Entsprechend gehören Themen wie Reise, Mode und Gesundheit zu typischen Publikumspressethemen, genau wie Klatsch und Gesellschaft. Illustrierte und Magazine gehören dazu. Ausgehend von diesen Zielmedien muss auf der Senderseite nicht notwendigerweise von mehr Fachexpertise bezüglich des Kommunikationsthemas ausgegangen werden. Nicht jede kommunizierende Organisation hat es mit komplexen Themen zu tun. Aber: Je komplexer die Thematik der kommunizierenden Organisation, desto wichtiger ist die Übersetzungsleistung, sodass Themen publikumspressefähig aufbereitet werden. Insofern kann der Kommunikationsverantwortliche entweder selbst Experte in Bezug auf das Kommunikationsfachthema sein oder er ist ein anerkannter Medienfachmann, der im internen Dialog mit den Experten der kommunizierenden Organisation die Übersetzungsleistung vorantreibt.

Tab. 2.4 Unterscheidungskriterien von Publikums- und Fachpresse-PR im Vergleich. (Quelle: in enger Anlehnung an Bentele 2006, S. 18)

	Publikums-PR	Fach-PR
Zahl der Empfängermedien	Größer	kleiner
Struktur der Adressaten	eher heterogen	eher homogen
Beziehungen zu den Adressaten	eher lose	eher eng
erforderliches Fachwissen bzgl. des Kommunikationsthemas	eher gering	eher hoch
Übersetzungsleistung	eher hoch	eher gering
Themenaktualität	eher hoch	eher gering

2.3.4 Unterscheidungsmerkmale von Publikums- und Fach-PR

In Anlehnung an Bentele lassen sich folgende Unterschiede von Publikums- und Fach-PR festhalten (vgl. Tab. 2.4):

Der Adressat von Fach- und Publikums-PR muss nicht immer der Journalist sein, wenn er auch durch den hohen Stellenwert der Medienarbeit eine zentrale Rolle spielt. Jedoch ist der direkte Kontakt zu den Adressaten immer vorzuziehen. Entsprechend sind beispielsweise eigene Medien oder auch Veranstaltungen weitere wichtige Instrumente, die Fach- und Publikums-PR gleichermaßen anwenden (vgl. hier auch Tab. 2.5).

2.3.5 Business-to-Business- und Business-to-Consumer-Kommunikation

Viele PR- oder Marketingagenturen ordnen Teams, Kompetenzcenter oder ihren gesamten Arbeitsbereich nach der Ansprache von Endverbrauchern (Business-to-Consumer, kurz B2C) oder von Fachleuten (Business-to-Business, kurz B2B) (vgl. im Folgenden Rota und Fuchs 2007, S. 52 ff.).

B2B Hierunter ist die Kommunikation zwischen Unternehmen zu verstehen, beispielsweise von produzierenden Unternehmen mit den Unternehmen ihrer Vertriebsstruktur (z. B. Handel), aber auch mit Zulieferern. Rund ein Viertel der Kommunikations- und Werbeagenturen sind laut Rota/Fuchs auf B2B-Kommunikation spezialisiert.

B2C Hierunter ist die Kommunikation mit dem Endverbraucher zu verstehen. Rota/Fuchs ordnen der B2C-Kommunikation die drei Bereiche Absatzwerbung, Verkaufsförderung und Public Relations zu. Dies ist der größte – etatstärkste – Kommunikationsbereich, was aber nicht darüber hinwegtäuschen sollte, dass die Umsätze in B2B-Märkten (z. B. Anlagen, Maschinen, Gebäude) weitaus größer sind als von B2C-Märkten (z. B. Konsumgüter).

Letztlich ist diese Unterscheidung aus dem Marketing abgeleitet, die diese im Rahmen der Analyse des Käuferverhaltens pflegt (vgl. Kotler et al. 2007, insbes. Kap. 4), sodass bei dieser Unterscheidung das absatzmarktbezogene PR- und Kommunikationsmanagement im Vordergrund steht.

Tab. 2.5 Marktanteile der Medien nach Brutto-Werbeumsatz in Prozent. (Quelle: Nielsen Media Research, Deutschland 2011)

	2004	2005	2006	2007	2008	2009	2010
Publikumszeitschriften	21,1	19,8	19,9	18,8	17,6	15,2	14,4
Fachzeitschriften	2,1	2,1	2,1	2,0	1,9	1,7	1,6
Zeitungen	24,5	25,4	25,4	24,8	23,5	23,5	21,2
TV	41,7	41,0	39,7	39,5	40,8	41,6	43,7
Radio	5,4	5,9	5,8	5,9	5,8	5,8	5,5
Plakate	3,0	3,3	3,3	3,5	3,6	4,0	3,9
Internet	1,7	2,1	3,3	5,2	6,6	7,7	9,5

Neben gängigen Unterscheidungsmerkmalen für die B2B-Kommunikation gegenüber der B2C-Kommunikation wie „rationale versus emotionale" Ansprache oder „kleine definierte versus breite Zielgruppen" gilt vor allem: Im B2B-Bereich gibt es **nicht** notwendigerweise eine Kongruenz zwischen Anwendern und Kaufentscheidern. B2B-PR muss daher auf die Entscheidungsprozesse und die Entscheider in den Zielunternehmen zugeschnitten sein, was nicht nur Themenkenntnisse, sondern auch Struktur- und Prozesskenntnisse voraussetzt: Beispielsweise verlaufen Kaufentscheidungen im B2B-Bereich oftmals anders als von Käufern auf B2C-Märkten. So werden Investitionsentscheidungen im B2B-Bereich oft von Gremien getroffen („Buying Center"). Wie erreiche ich diese Entscheider oder die im Handel? Welche Themen sind gerade im Elektronikbereich X aktuell?

Eine **Gleichsetzung** von Publikums- mit B2C-Kommunikation beziehungsweise Fach- und B2B-Kommunikation ist aber **nicht** korrekt. Denn beide Bereiche bedienen sich jeweils der Fach- **und** der Publikums-PR.

So ist bei B2C genauso Fachpressearbeit zielführend, sobald das Thema ein allgemein verständliches Niveau verlässt. Ob Unterhaltungselektronik, Sport oder Lebensmittel: viele Verbraucherthemen sind selten oder nie für Tages- und Publikumspresse geeignet. Umgekehrt bildet die Fachansprache im Rahmen der B2B-Kommunikation eine wesentliche Expertise der spezialisierten Agenturen, die sie sich mit kommunikationsrelevanten Branchenstrukturen auskennen. Allgemein gilt: Je erklärungsbedürftiger ein Thema (Produkt, Dienstleistung), desto weniger ist es für die Publikums-PR geeignet.

2.3.6 Fazit: Branchen-, Fach- und Publikums-PR als Spezialisierungen

Die vorgestellten Bereiche der PR erfordern unterschiedliche Spezialisierungen und damit Kompetenzen für die adäquate Ansprache der jeweiligen Branchen oder Zielgruppen. Es bilden sich zum Teil geradezu spezifische Regeln, Fachsprachen und Branchenkulturen heraus, die von den jeweiligen Branchen als „notwendiger Stallgeruch" oft zu Recht eingefordert wird, wenn etwa eine Agentur sich um das Budget eines Fachthemas bewirbt. Eine Agentur für Fashion und Lifestyle tritt anders auf und kommuniziert anders als dies ein Senior-Spezialist der Kommunikationsabteilungen eines traditionsreichen Technologiekonzerns erwarten würde. – Medienseitig haben sich die Verkaufszahlen gedruckter Fachmedien seit einigen Jahren stabilisiert, während sich Publikums- und Tagesmedien stetig rückläufig entwickeln. Die Konkurrenz des Internets wird hier für das Medienmanagement klassischer Printmedien spürbar. Die Regeln für die unterschiedliche Ansprache unterschiedlicher Zielgruppen bleibt aber auch im Medium Internet erhalten (vgl. Old School vs. New School der Public Relations, Lies 2015).

2.4 Corporate Publishing

Christina Vaih-Baur

2.4.1	Die zunehmende Bedeutung des Corporate Publishings	50
2.4.2	Definition und Abgrenzung des Corporate Publishings	51
2.4.3	Ziele des Corporate Publishings	51
2.4.4	Inhalte von Kundenzeitschriften	52
2.4.5	Vor- und Nachteile des Corporate Publishings	53
2.4.6	Corporate Publishing und Corporate Design	53

Leitfragen
1. Was verbirgt sich hinter dem Begriff Corporate Publishing?
2. Welchen Beitrag leistet das Corporate Publishing zum Image eines Unternehmens?
3. Welche Ziele sind mit dem Corporate Publishing verbunden?
4. Welche Vor- und Nachteile des Corporate Publishings sind zu nennen?
5. Welche Verbindungen bestehen zwischen Corporate Publishing und Corporate Design?

„Wenn Unternehmen sich mit Kundenzeitschriften, Mitarbeiterzeitschriften, Geschäftsberichten, CDs oder Websites gezielt an Teilöffentlichkeiten wenden, heißt das Corporate Publishing." (Weichler 2007, S. 441)

2.4.1 Die zunehmende Bedeutung des Corporate Publishings

Die meisten größeren und mittleren Unternehmen, aber auch kleinere Unternehmen, publizieren regelmäßig Zeitschriften, Zeitungen oder andere Medien für ihre (potentiellen) Kunden und Geschäftspartner, aber auch für ihre Mitarbeiter.

C. Vaih-Baur
MHMK Macromedia Hochschule für Medien und Kommunikation, Stuttgart, Deutschland
E-Mail: c.vaih-baur@mhmk.org

2   Public Relations als Medienarbeit   51

Dabei diversifizieren die Unternehmen häufig sogar innerhalb einer Zielgruppe, z. B. den Kunden oder den Mitarbeitern, und geben gleich mehrere Kundenzeitschriften oder Mitarbeiterzeitungen heraus. Das Internet und das Intranet gehören heute nicht nur zu den Standardmedien einer Organisation: Die digitalen Medien lösen sogar Printprodukte vielfach ab. Gerade größere Firmen haben in den letzten Jahren eigene Corporate-Publishing-Abteilungen eingerichtet. Die Produktion der eigenen Medien wird also zunehmend modernisiert und stellt kein Anhängsel der Marketing- oder gar der Personalabteilung mehr dar.

Die Unternehmen arbeiten dabei oft mit externen Agenturen oder freiberuflichen Journalisten zusammen oder überlassen die gesamte Medienproduktion den Dienstleistern. Hier sind ein ausgeprägtes Vertrauensverhältnis und eine beidseitige Kenntnis der jeweiligen Arbeitsweisen und -kulturen besonders wichtig für das Gelingen der Publikationen.

2.4.2   Definition und Abgrenzung des Corporate Publishings

Im Rahmen des Corporate Publishings vermittelt ein Unternehmen durch unterschiedlichste Medien relevante Informationen an seine Bezugsgruppen. Hierunter subsumieren sich vor allem die Printpublikationen wie Kundenzeitschriften oder Mitarbeiterzeitungen.

Mit der zunehmenden Bedeutung der digitalen Medien wird zum Teil auch dieser Bereich zum Corporate Publishing hinzugerechnet. Entsprechend gehören Internet oder Intranet sowie weitere neuere Kommunikationsmittel wie Podcastings, Audiocastings, Corporate Blogs etc. dazu.

▶ **Corporate Publishing** steht für unterschiedlichste journalistisch aufbereitete Publikationen und Medien eines Unternehmens. Es richtet sich dabei sowohl an seine internen als auch seine externen Bezugsgruppen.

Nur journalistisch und nicht werblich aufbereitete Medien zählen zum Corporate Publishing: Werbeanzeigen, Werbeprospekte, Onlinewerbung, aber auch andere Kommunikationsmittel, wie Pressemitteilungen, die in oder über Massenmedien verbreitet werden, gehören nicht zum Corporate Publishing. Imagebroschüren gehören je nach ihrer inhaltlichen Aufbereitung – werblich oder journalistisch – dazu (vgl. Abb. 2.3).

2.4.3   Ziele des Corporate Publishings

Die meisten Unternehmen verfolgen beim Corporate Publishing zunächst journalistische Ziele. Die selbst produzierten Medien sollen ein eigenständiges Konzept und Erscheinungsbild aufweisen. Zudem soll der Rezipient über das Unternehmen, seine Aktivitäten und Produkte informiert und dabei unterhalten werden. Dabei sind das journalistische Ziel und das Arbeitsprinzip kein Selbstzweck: Glaubwürdigkeit und ein gewünschtes Image

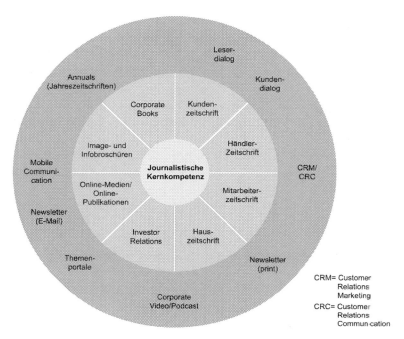

Abb. 2.3 Instrumente des Corporate Publishings. (Quelle: Rota und Fuchs 2007, S. 89)

sollen bei allen relevanten Adressaten aufgebaut und gefestigt werden, wofür journalistische Qualität die Basis bildet.

Weichler unterscheidet entsprechend die Informations-, Unterhaltungs- und Integrationsfunktion des Corporate Publishings. „Die Integrationsfunktion erfüllen Kundenzeitschriften, wenn sie ihren Lesern exklusive Informationen geben oder sie ihnen Vorteile gewähren, die sie woanders nicht erhalten können." (Weichler 2007, S. 445) Medien wie Kundenzeitschriften tragen laut Weichler im Idealfall so zum Selbstwertgefühl der Leser bei.

Im Rahmen der Informationsfunktion soll das Corporate Publishing auch dazu beitragen, auf Positionierungsziele einzuzahlen. Dabei kann die Kundenbindung ein wichtiges Teilziel einer Corporate-Publishing-Strategie darstellen. Dies gelingt beispielsweise durch eine emotionale Ansprache dieser Zielgruppe. Wichtig ist hierbei die Integration der Marketing- und Kommunikationsziele des Unternehmens in die Corporate-Publishing-Strategie. Internet und Intranet können dazu beitragen, einen verbesserten Dialog mit Kunden, Geschäftspartnern und Mitarbeitern zu führen.

2.4.4 Inhalte von Kundenzeitschriften

Kundenzeitschriften sind mehr als reine Verkaufsprospekte. Neben der Darstellung der Produkten, Dienstleistungen, Strategien etc. des Unternehmens ergänzen weitere Themen das Inhaltsspektrum, z. B. Service- und Unterhaltungsthemen; Anwendungsgebiete von Produkten; Branchenthemen, bei denen das Unternehmen seine Kompetenz unter Beweis stellen kann, sowie benachbarte Themenfelder.

Werden z. B. luxuriöse Produkte des Unternehmens vorgestellt, ergänzen Luxusreisen, Sterne-Restaurants oder Kasinos die Inhalte. Auf diese Weise können Unternehmensfakten zielgruppengerecht emotional aufgeladen werden und so die Leser faszinieren.

Um einen journalistischen Anspruch einzulösen, ist nicht nur der Inhalt selbst, sondern auch die journalistische Aufbereitung wichtig. So sollten alle journalistischen Stilformen eingesetzt werden: Interview, Reportage, Bericht, Meldung etc. Die Themenbereiche lassen sich zur strukturierten Darstellung in Rubriken einteilen. „Seine volle kommunikative Kraft aber kann auch ein noch so gut, und das heißt vor allem journalistisch einwandfrei, gemachtes Magazin nur als Element eines ganzheitlichen Kommunikationskonzepts entfalten. Genau hieran aber haperte es in der Vergangenheit häufig. Das rächt sich heute. Denn zunehmend fordern Geschäftsführer und Vorstände von ihrer Kommunikationsabteilung eine strategische Fundierung, mehr Effizienz und eine stärkere Wertorientierung." (Hasenbeck 2005, S. 19)

2.4.5 Vor- und Nachteile des Corporate Publishings

Da die Medien von den Unternehmen, wie bereits erwähnt, in Eigenregie konzipiert und realisiert werden, können die Inhalte, die Botschaften, die Formen und die technische Umsetzung selbst bestimmt werden. Kein externer Multiplikator (Journalist) oder Realisator (Fotograf, Grafiker eines Massenmediums) beeinflusst die Kommunikationsinhalte. Der Journalist als Gatekeeper entfällt.

Angesichts der Abstimmungsprozesse in vielen Organisationen muss man anderseits die Gefahr der Haus- und Hofberichterstattung erwähnen, die oftmals die Glaubwürdigkeit interner Medien und damit die Ziele in Frage stellen. Zudem führen diese Abstimmungsprozesse leicht dazu, dass Inhalte wegen der operativen Einflussnahme von Führungskräften unprofessionell aufbereitet werden.

2.4.6 Corporate Publishing und Corporate Design

Alle Medien des Unternehmens müssen dessen Identität widerspiegeln und entsprechend den Corporate-Design-Vorgaben gestaltet werden, damit eine Wiedererkennbarkeit und eindeutige Zuordnung zur Organisation gewährleistet wird. Hierunter fällt auch, langfristige Bilderwelten einzusetzen, die die internen und externen Zielgruppen meist erst lernen müssen. Bei der Auswahl der Bilder ist darauf zu achten, dass sie sich für die unterschiedlichsten Medien eignen.

> **Beispiel: Die Kundenzeitschrift**
>
> Die Kundenzeitschrift repräsentiert das Unternehmen bei seinen externen Zielgruppen, die sowohl Geschäftspartner (B2B) also auch Konsumenten (B2C) sein können. Mit der Verbreitung von Kundenzeitschriften werden unterschiedlichste Ziele verfolgt: Sie sollen das Image des Unternehmens optimieren, die Treue und das Vertrauen der Kunden erhöhen, Neukunden gewinnen und auch den Absatz von Produkten oder Dienstleistungen steigern.
>
> Format, Gestaltung und Inhalte müssen entsprechend den übergeordneten Kommunikations- und Unternehmenszielen abgestimmt sein. Die Realisation einer Kundenzeitschrift verlangt einen hohen finanziellen Aufwand. Aus diesem Grund ist sie meist nur für größere Unternehmen geeignet. Ansonsten ist es sinnvoller, einen umfangreicheren, gut gemachten Newsletter zu konzipieren.
>
> Kundenzeitschriften erscheinen in regelmäßigen Abständen, meist monatlich oder vierteljährlich. Die Auflagen sind oft sehr hoch, nicht selten übersteigen sie die Millionengrenze. Die Gesamtauflage der Kundenmagazine und -zeitschriften betrug im dritten Quartal 2007 über 50 Mio. Exemplare. Sie werden zum Teil kostenlos am Point-of-Sale oder per Postwurf verteilt bzw. direkt an den Kunden adressiert.

2.5 Corporate Publishing – Mitarbeiterzeitschrift

Michael Kleinjohann und Jan Lies

2.5.1	Definition und Geschichte	55
2.5.2	Aufgaben und Funktionen	56
2.5.3	Typologisierung von Mitarbeiterzeitschriften	57
2.5.4	Bedeutung der Mitarbeiterzeitschrift	57
2.5.5	Aktuelle Situation	58
2.5.6	Print versus online	60
2.5.7	Fazit: Grenzen und Probleme	61

M. Kleinjohann
ehem. Professor an der MHMK Macromedia Hochschule für Medien und Kommunikation, Hamburg, Deutschland
E-Mail: mkleinjohann@freshmademedia.de

J. Lies
FOM Hochschule für Oekonomie & Management, Essen, Deutschland
E-Mail: jan.lies@fom.de

2 Public Relations als Medienarbeit

Leitfragen
1. Was sind Mitarbeiterzeitschriften?
2. Welche Funktion und Bedeutung haben Mitarbeiterzeitschriften im Rahmen der Unternehmenskommunikation?
3. Welche konzeptionellen Schwerpunkte lassen sich für Mitarbeiterzeitschriften identifizieren?
4. Welche Bedeutung hat die Mitarbeiterzeitschrift im Vergleich zu anderen Aufgaben der internen Kommunikation?
5. Inwiefern lässt sich ein publizistisches Dilemma der Mitarbeiterzeitung diagnostizieren?

Mit der Entwicklung der Personalverwaltung zum Personalmanagement als internes Stakeholdermanagement (vgl. Abschn. 5.2 „Interne Kommunikation – als Teil der (strategischen) Führung") deutet sich an, dass sich die internen Medien neu positionieren müssen (vgl. Mast 2013, S. 241 ff.): Denn den Informationswettbewerb werden sie gegenüber den digitalen Medien in punkto Geschwindigkeit, Interaktion und Kosten im direkten Vergleich verlieren. Sie können aber durch ihre Symbolkraft, Stil und Wertigkeit Wegweiser- und Leitfunktion in der Medienarchitektur für die Identifikations- und Motivationsfunktion der internen Medien übernehmen. Hier zeichnet sich ab, dass Mitarbeiterzeitschriften als Führungsinstrument grundsätzlich zum Erfolg ihrer Organisation beitragen können.

2.5.1 Definition und Geschichte

Mitarbeiterzeitschriften gehören mit zu den bedeutendsten Instrumenten der internen Kommunikation. „Die Mitarbeiterzeitung gehört zu den ältesten und wichtigsten Instrumenten der internen Kommunikation. Sie kann Sichtbares visualisieren und ist auch für ausführliche Informationen und Hintergründe geeignet. In der Regel ist sie nicht tagesaktuell, kann im Rahmen einer Krise jedoch als Sonderausgabe erscheinen." (Herbst 2003, S. 355)

In der Praxis und in der Fachliteratur herrscht große Begriffsvielfalt: Mehr als 150 verschiedene Begriffe von Werk(s)zeitschrift bzw. -zeitung über Personalzeitschrift und Hauszeitschrift bis zu Unternehmenszeitung werden für die Mitarbeiterzeitschrift bzw. -zeitung verwendet.

▶ Die **Mitarbeiterzeitschrift** lässt sich definieren als ein gedrucktes, zweckorientiertes und instrumentalisiertes (Informations-)Medium der innerbetrieblichen Kommunikation, das journalistische Stilmittel benutzt.

Die Mitarbeiterzeitschrift ist der formalen, organisierten Kommunikation zugeordnet und dient dazu, die vom Unternehmen vorgegebenen wirtschaftlich motivierten Ziele zu erreichen. Die Publikationsinhalte sind Ergebnis geplanter, strategischer Kommunikation.

Nachrichtenfaktoren mit der höchsten Priorität sind das Unternehmen, seine Aktivitäten und Belange (Meier 2002, S. 55 f.)

In der Literatur ist die Suche nach dem Startpunkt von Mitarbeiterzeitschriften zu verfolgen. Als ein Datum wird das Jahr 1847 genannt, in dem ein amerikanischer Unternehmer in Vernon bereits die erste Mitarbeiterzeitschrift herausgegeben haben soll. Als erste europäische Mitarbeiterzeitschrift gilt das „Werkjournal" eines niederländischen Unternehmens aus dem Jahr 1882. Als das Geburtsjahr der Mitarbeiterzeitschrift in Deutschland gilt das Jahr 1888: Erstmals gab ein Unternehmen, die Steingutfabrik in Wächtersbach, den „Schlierbacher Fabrikboten" heraus. Inhalt der Zeitschrift waren Ermahnungen des Fabrikbesitzers, Nachrichten über Arbeitsjubiläen, Danksagungen und Todesanzeigen (vgl. Mast und Fiedler 2004, S. 77).

2.5.2 Aufgaben und Funktionen

Grundsätzlich dient die Mitarbeiterzeitschrift der Abwärts- wie Aufwärtskommunikation zwischen Unternehmen und Mitarbeitern, aber auch der Querkommunikation zwischen Unternehmensteilen und Mitarbeitern.

Die Funktionen der Mitarbeiterzeitschrift sind im Konkreten:

- Information, um Transparenz und Offenheit zu schaffen.
  Die Mitarbeiter erhalten über die Mitarbeiterzeitschrift Instruktionen und Arbeitsanweisungen der Unternehmensleitung, werden über Ziele und Pläne des Unternehmens unterrichtet, erhalten Wissen, Anregungen und Unterstützung für die tägliche Arbeit und die persönliche Weiterbildung; ihnen wird ein Blick über den Tellerrand des eigenen Arbeitsplatzes vermittelt.
- Motivation, sich für das Unternehmen und seine Ziele zu engagieren.
  Die Mitarbeiterzeitschrift vermittelt die Gründe für Entscheidungen des Managements, baut Vorurteile gegen das Unternehmen und seine Leistungen ab, animiert zum Mitmachen im und für das Unternehmen.
- Integration in das und Identifikation mit dem Unternehmen.
  Die Mitarbeiterzeitschrift fördert den Dialog zwischen Unternehmen und Mitarbeitern, macht die Mitarbeiter und Teile des Unternehmens miteinander bekannt, überbrückt insbesondere bei international oder an verschiedenen Standorten agierenden Unternehmen räumliche und kulturelle Trennungen, schafft so ein gemeinschaftliches „Wir"-Gefühl.
- Unternehmensinternes Management von Images.
  Die Mitarbeiterzeitschrift verhindert, dass Falschinformationen von außen wirksam werden, sorgt bei schwierigen Unternehmenssituationen dafür, dass das Image des Unternehmens intern stabilisiert oder optimiert wird.

> Wegen der grundsätzlichen Medieneigenarten als Zeitschrift liegen die Vorteile der Mitarbeiterzeitschrift in ihrer ortsunabhängigen Nutzbarkeit, ihrer großen

Emotionalisierungskraft durch Optik, Visualisierung und Haptik, aber auch in der Qualität als „Push"-Medium, das ohne eigenes Zutun frei Haus informiert.

2.5.3 Typologisierung von Mitarbeiterzeitschriften

Mitarbeiterzeitschriften lassen sich mit Blick auf die konzeptionellen Schwerpunkte in drei Typen unterscheiden, die sie in ihrer Historie eingenommen haben:

- **„Patriarchalische Werkszeitschriften"** wie der „Schlierbacher Fabrikbote", in denen der Unternehmer als Patriarch publizistisch agiert.
- **„Werksfamilienzeitschriften"**, die auf die Betonung der familiären Atmosphäre mit Appell an das Zusammengehörigkeitsgefühl der Arbeitnehmer abzielen.
- **„Werkszeitschrift aller Mitarbeiter"** als dialogisch orientiertes Kommunikationsmedium zwischen Unternehmer, Unternehmen und Mitarbeitern – der heute aktuelle Typus (Mast und Fiedler 2004, S. 11).

Durch den Einzug der elektronischen Kommunikation – insbesondere der Möglichkeiten des Intranets – hat sich die Bedeutung der Mitarbeiterzeitschrift gewandelt.

▶ War sie einst das aktuelle Informationsmedium für relevante Veränderungen im Unternehmen, so ist heute die Mitarbeiterzeitschrift funktional eher **erklärendes Hintergrund- und Motivationsmedium**.

Doch auch im Zeitalter von Internet und Intranet, Newsletter und E-Mail hat die gedruckte Form ihren Platz: Die Symbolkraft der gedruckten Zeitung als wertiges Medium sichert ihr in vielen Organisationen ihren Platz neben den digitalen Medien. Gerade in verarbeitenden Betrieben haben und werden nicht alle Mitarbeiter Zugang zu Bildschirmarbeitsplätzen mit entsprechenden elektronischen Kommunikationsmöglichkeiten haben. Sie können deshalb besser oder nur über die gedruckte Mitarbeiterzeitschrift kommunikativ erreicht werden.

2.5.4 Bedeutung der Mitarbeiterzeitschrift

Die Meinung der Fachliteratur über die Bedeutung interner Medien als Teil der internen Kommunikation mit den Mitarbeitern ist einheitlich (vgl. Abb. 2.4). Nur richtig informierte oder kommunikativ eingebundene Arbeitnehmer sind gute Mitarbeiter. Information und Kommunikation mit den Mitarbeitern fördern die Motivation, das Interesse, die Integration und Identifikation mit dem Unternehmen, die Arbeitszufriedenheit, das Betriebsklima und die Unternehmenskultur sowie die Außenwirkung (Mast 2013, S. 224 ff.).

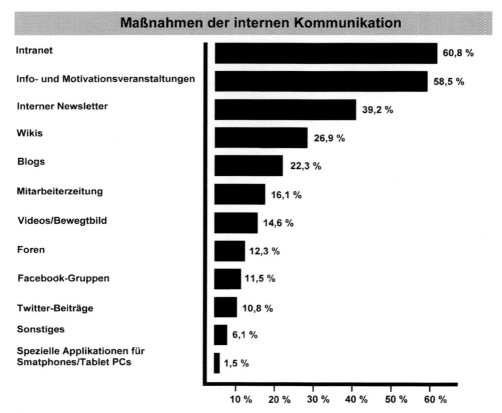

Abb. 2.4 Instrumente der internen Kommunikation. (Quelle: Agentur Index 2012; N=130; Kommunikationsexperten in Wirtschaft und Verwaltung, Mehrfachnennung möglich)

Die Hauptinstrumente im Medienmix ändern sich mit der Leistungsfähigkeit des Internets einerseits und der zunehmenden Anerkennung weicher Faktoren in der Führung zunehmend. So haben das Intranet und interne Events in der Bedeutung stark zugelegt. Bis heute sind aber auch das schwarze Brett, Pinnwände und Aushänge Standard, wenn sie auch in vielen Befragungen nicht mehr extra erwähnt werden. Auch die Mitarbeiterzeitschrift gehört nachwievor zu den wichtigeren Instrumenten.

2.5.5 Aktuelle Situation

Die genaue Anzahl der in Deutschland publizierten Mitarbeiterzeitschriften ist unbekannt, da es keine institutionelle Erfassung gibt. Experten gehen von 1.000 bis 2.000 regelmäßig erscheinenden Titeln mit einer Auflage von insgesamt zwischen sechs bis fünfzehn Millionen Exemplaren aus (Cauers 2005, S. 32; Mast und Fiedler 2004, S. 13; Meier 2002, S. 54).

Abb. 2.5 Auszeichnung des „Boschzünders". (Quelle: Hamburger Abendblatt, 4. November 2006)

Die Auflagen variieren je nach Unternehmensgröße zwischen 1.000 und mehreren Tausend Exemplaren wie beispielsweise der *Premium Post,* die bundesweit an Angestellte und Mitarbeiter der Deutschen Post AG in einer Auflage von 400.000 Exemplaren ausgegeben wird. In der Regel wird sie am Arbeitsplatz verteilt, zum Teil aber auch an die Privatadressen der Mitarbeiter verschickt.

Die Erscheinungsweisen variieren stark – von zwei Mal im Jahr über zweimonatlich, wie z. B. der „Boschzünder", der sich in acht Sprachen an die Bosch-Mitarbeiter wendet (vgl. Abb. 2.5), bis zu monatlicher Herausgabe. Der Seitenumfang der Mitarbeiterzeitschriften liegt bei 60 % der publizierten Titel unter 25 Seiten (Mast und Fiedler 2004, S. 13).

Herausgeber und Verlag einer Mitarbeiterzeitschrift ist das finanzierende Unternehmen. Die Redaktion ist in der Regel in der PR-Abteilung angesiedelt oder wird inklusive kompletter Herstellung von einem Corporate-Publishing-Dienstleister übernommen. Die

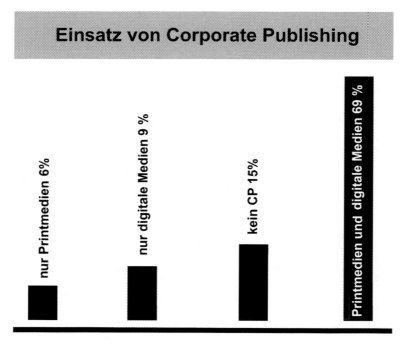

Abb. 2.6 Einsatz vor Corporate Publishing. (Quelle: EICP und Zehnvier 2012, S. 25)

Zielgruppen der Mitarbeiterzeitschrift sind aktive und ehemalige Mitarbeiter (Rentner, Pensionäre) eines Unternehmens an einem oder mehreren – möglicherweise internationalen – Standorten.

Unter juristischen bzw. presserechtlichen Aspekten stellt die Mitarbeiterzeitschrift eine publizistische Sonderform dar, da sie eine Doppelfunktion hat: Als Presseorgan unterliegt sie der grundgesetzlich gesicherten Pressefreiheit. Als Betriebsorgan unterliegt sie auch dem Betriebsverfassungsgesetz, das unter anderem eine Beachtung der Friedenspflicht im Unternehmen vorschreibt – beispielsweise auch für Redakteure von Mitarbeiterzeitschriften.

2.5.6 Print versus online

Eine Studie von 2012 ergibt, dass 85 % der Unternehmen im deutschsprachigen Raum (Deutschland, Österreich, Schweiz) Corporate Publishing betreiben (Ergebnisse aus 318 Einzelinterviews mit Führungskräften bzw. Entscheidern in puncto Corporate Publishing in Unternehmen mit mehr als 250 Mitarbeitern) (vgl. im Folgenden EICP/Zehnvier 2012). In der Regel (in 69 % der Unternehmen) werden dabei sowohl Printmedien als auch digitale Medien eingesetzt. Knapp zehn Prozent arbeiten nur mit digitalen Medien (vgl. hierzu auch Abb. 2.6 und 2.7).

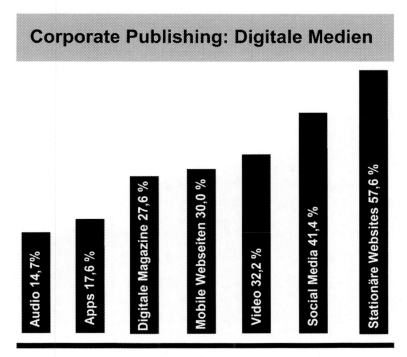

Abb. 2.7 Einsatz digitaler Medien im Corporate Publishing. (Quelle: EICP und Zehnvier 2012, S. 22)

Gegenüber der Basisstudie 2010 ist das durchschnittlich bereitgestellte CP-Budget um rund elf Prozent (von 350.000 auf 390.000 €) gestiegen. 40 % der gesamten CP-Investitionen entfallen heute auf die digitalen Medien – vor zwei Jahren waren es 36 %.

2.5.7 Fazit: Grenzen und Probleme

Die Mitarbeiterzeitschrift steckt in einem doppelten publizistischen Dilemma (Mast und Fiedler 2004, S. 22–30): Sie ist einerseits ein viel gelesenes Medium, das breite Bevölkerungsschichten erreicht, und andererseits aber auch häufig ein schlechtes Image besitzt (Cauers 2005, S. 33). Manipulation, Persuasion, Hofberichterstattung und verzerrte Vermittlung der Realität werden im Negativen mit der Mitarbeiterzeitschrift verbunden – aufgrund der großen Anzahl und der hohen Auflagen hat die Mitarbeiterzeitschrift als Kommunikationsmedium eine hohe Reichweite. Um für eine hohe Glaubwürdigkeit zu sorgen, bedarf es unternehmensintern eines sensiblen und bewussten Umgangs mit der Mitarbeiterzeitschrift. Hierzu gehört die adäquate Ausstattung des Produkts wie eine qualifizierte, kompetente und wirklich informieren-wollende und -dürfende Redaktion.

Der zweite Teil des Dilemmas besteht in der Schnelligkeit digitaler Medien; ein Wettlauf, den gedruckte Medien nicht gewinnen können. Von daher ist eine Neupositionierung gedruckter Medien als inhaltliches, symbolisches und damit wertiges Leitmedium erforderlich, um den Erfolgsbeitrag interner Medien zum Unternehmenserfolg insgesamt zu sichern.

Ihre Grenzen hat die Mitarbeiterzeitschrift darin, dass sie das persönliche Gespräch zwischen Führungskräften und Mitarbeitern nicht ersetzt und bei aktuellen, brisanten Informationen dem Intranet, Newslettern oder Aushängen gegenüber benachteiligt ist. Wie auch in anderen Kommunikationssituationen sorgt die Einbindung der Mitarbeiterzeitschrift in einen Medienmix für ihre größte Effizienz.

Die besten Mitarbeiterzeitschriften Deutschlands werden seit 1995 einmal jährlich von der DPRG beim „inkom. Grand Prix" prämiert (www.inkom-grandprix.com). Die Jury mit Experten aus Theorie und Praxis bewertet die eingereichten Zeitschriften von Unternehmen und Corporate-Publishing-Dienstleistern nach den Gesichtspunkten Mitarbeiterorientierung, Form/Layout und journalistische Darstellung der Themen sowie Textqualität. Die Einschätzung der Jury und das Ergebnis des Wettbewerbs werden im „Jahrbuch Interne Kommunikation" der DPRG publiziert.

Literatur

Agentur, I. (2012). *Index-Expertenbefragung Interne Kommunikation*. Berlin.
Ballwieser, D. (2013). *Deutsche und Ernährung: Mann isst Fleisch, Frau isst gesund*. http://www.spiegel.de/gesundheit/ernaehrung/ernaehrung-tk-umfrage-enthuellt-essgewohnheiten-der-deutschen-a-884920.html. Zugegriffen: 20. April. 2014.
Bentele, G. (2006). Fach-PR in der Informations- und Kommunikationsgesellschaft - einige einleitende Bemerkungen. In G. Bentele (Hrsg.), *PR für Fachmedien, professionell kommunizieren mit Experten* (S. 11–20). Deutscher Fachjournalisten-Verband, Konstanz.
Bernet, M. (2010). *Social Media in der Medienarbeit*. Wiesbaden.
Cauers, C. (2005). *Mitarbeiterzeitschriften heute. Flaschenpost oder strategisches Medium?* Wiesbaden.
Cotzscher, E. (2013). Mit Studien zur Meinungsführerschaft. *Kommunikationsmanage, 4,* 64–67.
Cotzscher, E. (2014). *Studien in der Unternehmenskommunikation*. Aktuelle Entscheiderbefragung. v. FAZ-Institut (Hrsg.), Frankfurt a. M.
Deutscher Presserat. (2013). Publizistische Grundsätze (Pressekodex). Richtlinien für die publizistische Arbeit nach den Empfehlungen des Deutschen Presserates. Beschwerdeordnung. http://www.presserat.de/fileadmin/user_upload/Downloads_Dateien/Pressekodex2013_big_web.pdf. Zugegriffen: 09. März. 2014.
(EICP) Europäisches Institut für Corporate Publishing/Zehnvier. (2012). Corporate Publishing Basisstudie 03- Unternehmensmedien im Raum DACH – Ergebnisbericht, Juni 2012. http://www.zehnvier.ch.
Gerber, R. (2006). *Werben & Verkaufen, 30,* 30–31.
Guckenberger, A. (2008). Produkt-PR: „Keine Models – aber straffe Kurven". In P. Szyszka & U.-M. Dürig (Hrsg.), *Strategische Kommunikationsplanung* (S. 239–243). UVK, Konstanz.
Hamburger Abendblatt, 4. Nov. 2006.
Hardmeier, S. (2000). Meinungsumfragen im Journalismus. Nachrichtenwert, Präzision und Publikum. *Medien & Kommunikationswissenschaft, 48*(3), 371–395.
Hasenbeck, M. (2005). Chancen neuer Medienwelten in der Unternehmenskommunikation. In L. Dörfel (Hrsg.), *Konzept, Tools, Innovationen* (S. 19–31). Strategisches Corporate Publishing, Berlin.

Herbst, D. (2003). *Unternehmenskommunikation*. Berlin.
Herbst, D. (2007). *Public relations*. Berlin.
Huhn, J., & Sass, J. (2011). Positionspapier Kommunikations-Controlling. In v. C. Storck, Deutsche Public Relations Gesellschaft e. V. (DPRG), R. Stobbe, Internationaler Controller Verein e. V. (ICV) (Hrsg.),. DPRG/ICV, Bonn.
Kotler, P., Keller, K. L., & Bliemel, F. (2007). *Marketing-Management, Strategien für wertschaffendes Handeln*. München.
Lies, J. (2015). *Theorien des PR-Managements*. Springer Gabler, Wiesbaden (im Druck).
Litters, J. (2014). Warum Paare in einer Wohnung leben. Paar-Studie: Hamburger ziehen aus Liebe zusammen, Berliner wegen der Kinder. http://www.focus.de/familie/schwanger-werden/warum-paare-in-einer-wohnung-leben-hamburger-ziehen-aus-liebe-zusammen-berliner-wegen-der-kinder_id_3782188.html. Zugegriffen: 20. April. 2014.
Mast, C. (2006). *Unternehmenskommunikation*. Stuttgart.
Mast, C. (2012). *Neuorientierung im Wirtschaftsjournalismus*. Wiesbaden.
Mast, C. (2013). *Unternehmenskommunikation*. Konstanz.
Mast, C., & Fiedler, K. (2004). Mitarbeiterzeitschriften im Zeitalter des Intranets.
Meier, P. (2002). *Interne Kommunikation im Unternehmen. Von der Hauszeitung bis zum Internet*. Zürich.
Michel, A. (1997). *Von der Fabrikzeitung zum Führungsmittel: Werkzeitschriften*. Zürich.
O. A. (2013). Skurrile Umfrage. PR-Gag: Agentur erfindet den „Toyota Klitoris". www.focus.de/panorama/welt/frei-erfundene-umfrage-italienische-agentur-berichtet-vom-toyota-klitoris_aid_1116554.html. Zugegriffen: 13. Oct. 2013.
Pfau, V. (2012). Kuscheltier, FKK und Pizza. Typisch Urlaub - die Vorlieben der Deutschen. http://www.merkur-online.de/freizeit/reise/ratgeber-reise/reise-trends/wenn-reisen-umfragen-ueber-vorlieben-deutschen-verraten-2449526.html. Zugegriffen: 20. April. 2014.
Pressebereich der heidelberger L. A. G. http://www.heidelberger-leben.de/nc/presse/aktuelle-pressemitteilungen/. Zugegriffen: 18. Juni. 2014.
Pressebereich des Verbandes bayerischer Wohnungsunternehmen e. V. http://vdw-bayern.de/. Zugegriffen: 18. Juni. 2014.
Rota, F. P., & Fuchs, W. (2007). *Lexikon Public Relations*. München.
Röttger, U. (2008). Aufgabenfelder. In G. Bentele, R. Fröhlich, & P. Szyszka (Hrsg.), *Handbuch der Public Relations. Wissenschaftliche Grundlagen und berufliches Handeln* (S. 501–510). Wiesbaden.
Schneiders, K. (2012). *Die Pressekonferenz*. Konstanz.
Shell. (2010). Über die Shell Jugendstudie. Methodik und Tradition der Studie. Online: http://www.shell.de/aboutshell/our-commitment/shell-youth-study/about.html. Zugegriffen: 09. March 2014.
Weichler, K. (2007). Corporate Publishing: Publikationen für Kunden und Multiplikatoren. In M. Piwinger & A. Zerfaß (Hrsg.), *Handbuch Unternehmenskommunikation* (S. 441–451). Wiesbaden.
Zehrt, W. (2013). *Die Pressemitteilung*. Konstanz.

Links

www.inkom-grandprix.com
www.forum-corporate-publishing.de
www.ivw.de
www.deutschepost.de
Pfeffers PR-Portal, Pfeffers Agenturranking 2012, www.pr-journal.de
Nielsen Media Research, Deutschland 2011. http://nielsen.com/de/de/insights/reports-downloads/2011/deutschland−2011.html. Zugegriffen: 18. Juni 2014.

Prof. Dr. Michael Bürker Professur Medienmanagement, Lehrgebiet PR und Kommunikationsmanagement, an der Macromedia Hochschule für Medien und Kommunikation, München.

Prof. Dr. Markus Kiefer Professor für Allgemeine Betriebswirtschaftslehre, insbesondere Unternehmens- und Wirtschaftskommunikation an der FOM – Hochschule für Oekonomie und Management, Essen.

Dr. Michael Kleinjohann ehem. Professor für Medienmanagement an der Macromedia Hochschule für Medien und Kommunikation, Hamburg.

Prof. Dr. Jan Lies Professor für Allgemeine Betriebswirtschaft, insbesondere Unternehmenskommunikation und Marketing an der FOM Hochschule für Oekonomie & Management, Essen.

Prof. Dr. Christina Vaih-Baur Professorin für Medienmanagement, Medien- und Kommunikationsdesign, Lehrgebiet PR und Kommunikationsmanagement, an der Macromedia Hochschule für Medien und Kommunikation, Stuttgart.

Public Relations als Onlinekommunikation 3

Inhaltsverzeichnis

3.1 Die Onlinekommunikation als neue Medienarbeit 66
Jan Lies
3.2 Onlinekommunikation – Social Media 69
Ralf Spiller
3.3 Onlinekommunikation – Web 2.0 74
Jan Lies
3.4 Onlinekommunikation – Bürgerjournalismus 82
Michael Kleinjohann und Jan Lies
Literatur 87

Onlinekommunikation ist mit den Social Media und dem sogenannten Web 2.0 zu einem neuen Massenmedium geworden. Die fast weltweit kostengünstig verfügbare Bandbreite macht Interaktion nicht nur zwischen Unternehmen und ihren Bezugsgruppen, sondern auch zwischen den Mitgliedern der Bezugsgruppen möglich. Sie aktualisiert die Stakeholder-Diskussion, die mit „Shitstorms" und der Furcht vieler Unternehmen vor dem Kontrollverlust über die Inhalte der Unternehmenskommunikation einhergeht.

Für die Medien entsteht als Mischung aus wettbewerblicher Bedrohung und Möglichkeit zur Leserbindung der Bürgerjournalismus, der wiederum Ausdruck des Stakeholder-Managements von Unternehmen sein kann.

3.1 Die Onlinekommunikation als neue Medienarbeit

Jan Lies

3.1.1 Entwicklung zum Massenmedium 66
3.1.2 Push- und Pull-Strategien 66
3.1.3 Kommunikationsrelevante Kennzeichen der Online-PR 68

Leitfragen
1. Was ist Online-PR? Kann man das Internet heute als Massenmedium bezeichnen?
2. Welche grundsätzlichen Online-PR-Strategien lassen sich unterscheiden?
3. Welche kommunikationsrelevanten Kriterien vereint das Internet?

Mit der Ausdehnung von Internetanschlüssen und der damit vermehrt verfügbaren Breitbandtechnologie für private Haushalte und den interaktiven Anwendungsangeboten entwickelte sich das Internet zu einem Massenmedium. Die folgenden Abschnitte skizzieren diese Entwicklung.

3.1.1 Entwicklung zum Massenmedium

Anders als noch zur Jahrtausendwende kann man das Internet heute als **Massenmedium** bezeichnen. Die Anzahl der Nutzer hat sich von 1997 bis 2013 von rund vier Millionen „gelegentlichen Nutzern" auf knapp 80 Mio. gesteigert (vgl. Abb. 3.1).

Nicht nur die Anzahl der Nutzer, sondern auch die instrumentellen Möglichkeiten für die PR haben durch die Breitbandtechnologie zugenommen. Dies führt zu einer Bandbreite von Möglichkeiten, die zu Entwicklungen wie Web 2.0 geführt hat (siehe Abschn. 3.3 „Onlinekommunikation – Web 2.0"). Allgemein lässt sich definieren:

▶ Online-PR oder „Internetkommunikation ist die elektronisch vermittelte Kommunikation über oder durch das Internet". (Herbst 2007, S. 173)

3.1.2 Push- und Pull-Strategien

Eine Systematisierungsmöglichkeit von Online-PR stellt die Unterscheidung von Push- und Pull-Strategien dar (Rota und Fuchs 2007, S. 305), die die Aktiv- und Passivangebote der Online-PR umfassen.

J. Lies
FOM Hochschule für Oekonomie & Management, Essen, Deutschland
E-Mail: jan.lies@fom.de

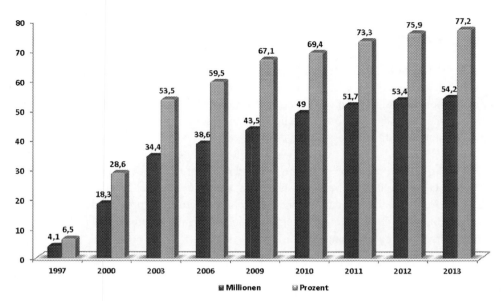

Abb. 3.1 Die Anzahl gelegentlicher Internetnutzer von 1997 bis 2013. (Quelle: Online-Studie ARD und ZDF 2013)

Push-Strategien: Die Initiative geht von den Kommunikationstreibenden aus, indem sie Kommunikationsmaßnahmen starten (Aktivangebote):

- Newsletter,
- E-Mails und
- Online-Pressemappen.

Pull-Strategien: Hierbei werden Informationen bei Dritten abgerufen (Passivangebote):

- Homepages von Institutionen,
- Journalistenportale,
- IR-Portale und
- Händlerportale.

Die Frage ist, ob sich mit dem direkten Zugang zu den Bezugsgruppen durch das Web 2.0 – vor allem die Kunden selbst, aber auch Blogger – und dem Verlust des Informationsmonopols der Journalisten etwas an dem Charakter und/oder der Effizienz der PR etwas verändert hat. Diese Frage bleibt einstweilen offen und wird unter dem Stichwort New School der Public Relations (vgl. Abschnitt „Old School vs. New School der Public Relations" in Lies 2015) genauer betrachtet.

3.1.3 Kommunikationsrelevante Kennzeichen der Online-PR

„Das Internet ist eine Plattform, auf der sämtliche Kommunikationsinstrumente zusammenfließen können: PR, Werbung und Verkaufsförderung." (Herbst 2007, S. 174) Weitere Instrumente und Zielgruppen wie Investor Relations oder spezielle Zielgruppen wie Mitarbeiter- oder Händlerkommunikation ließen sich ergänzen.

Aus Kommunikationssicht ist das Internet interessant, da es Eigenschaften vereint wie …

- **Schnelligkeit:** Informationen lassen sich im Prinzip in Echtzeit verfügbar machen.
- **Archivierung:** Anders als bei Veranstaltungen oder bei gedruckten Medien können Kommunikationstreibende relevante historische Information auf Knopfdruck verfügbar machen.
- **Verfügbarkeit:** Die Kommunikation lässt sich im Prinzip weltweit anwenden, sofern die Basistechnologie vorhanden ist.
- **Nutzerverhalten:** Durch Klicks des Users sind Rückschlüsse auf seine Interessen möglich, sodass gezielte Werbeansprache und Informationsbereitstellung möglich sind.
- **Zielgruppenfokus:** Durch Zugangsberechtigungen ist höchste Zielgruppenspezifizierung in der Kommunikation anders als bei klassischen Druckmedien möglich.
- **Personifizierte oder anonyme Kommunikation:** Dabei kann je nach Bedarf personifiziert oder anonym kommuniziert werden, beispielsweise mittels Log-ins.
- **Controlling:** Die qualitative Auswertung von Inhalten beispielsweise bei Umfragen, aber auch bei der Auswertung von Klicks auf bestimmte Inhalte eröffnet Steuerungsmöglichkeiten, die andere Kommunikationsformen so nicht anbieten.
- **Integrierte Kommunikation:** Dies ist über die unterschiedlichen Kommunikationsdisziplinen PR, Pressearbeit, Investor Relations, Werbung und andere digitalisierbaren Kommunikationsformen anwendbar.
- **Onlinehandel:** Mehr als das ist auch der Handel selbst integrierbar.
- **Dialogmöglichkeiten:** Durch die Breitbandtechnologie ist die Interaktions- und Dialogmöglichkeit stark verbessert.
- **Wirtschaftlichkeit:** Gegenüber gedruckten Medien oder Veranstaltungen ist Onlinekommunikation relativ preiswert.
- **Interaktion mit anderen Medien:** Nicht zuletzt sind die Interaktion und Weiterverarbeitung mit anderen Medien und Technologien (T.I.M.E.S – Telekommunikation, Informationstechnologie, Multimedia, Entertainment, Security) aufgrund der Konvergenz der Technologien immer einfacher.

Die Onlinekommunikation vereint also viele Merkmale, die andere Kommunikationsformen in dieser Fülle oft nicht bieten. Ihre Nutzbarkeit nimmt durch die Anzahl der Anwender und durch die höhere Leistungsfähigkeit der Technik zu. Wenn nun noch die Komplexität und die Kosten der Anwendungen sinken und damit allen ihre Möglichkeiten offenstehen, hat diese Technologie das Potenzial, Zeitungen und Fernsehen in der Bedeutung zu überholen (vgl. Abschnitt „Old Scholl vs. New School der Public Relations", Lies 2015).

3.2 Onlinekommunikation – Social Media

Ralf Spiller

3.2.1 Grundlegende Kennzeichnung 69
3.2.2 Besondere soziale Onlinenetzwerke 70
3.2.3 Twitter: Ein Kurznachrichtendienst als soziales Netzwerk 70
3.2.4 Social Media und PR 71
3.2.5 Die sozialen Netzwerke als Spiegel der realen sozialen Netzwerke? 73
3.2.6 Risiken und Chancen von Social Media-PR 73

Leitfragen

1. Welchem Zweck dienen soziale Onlinenetzwerke?
2. Welche Beispiele für geschäftliche und private Onlinenetzwerke gibt es?
3. Welche Bedeutung hat der Microblogging-Dienst Twitter für die PR?
4. Welche besonderen PR-Chancen und -Risiken eröffnen Social Media?
5. Sind soziale Netzwerke ein neues Phänomen, das von Social Media abhängt?

Ein Teilbereich des Web 2.0 ist Social Media oder das Social Web (vgl. Ebersbach et al. 2008, S. 23). Im Mittelpunkt dabei stehen soziale Onlinenetzwerke und die durch sie ermöglichte zwischenmenschliche Kommunikation. Diese Netzwerke verbinden Menschen weltweit zu Gemeinschaften mit gleichen oder ähnlichen Interessen („Social Communities"). Für Unternehmen und die Kommunikationsarbeit gewinnen sie zunehmend an Bedeutung. So wählte das britische TIME-Magazin bereits 2006 „You" – also „Du": jeder Einzelne! – zur Person des Jahres, um die neuen kommunikativen Möglichkeiten eines jeden Menschen deutlich zu machen. Die Begründung: Das Jahr 2006 stehe für die übergreifende Zusammenarbeit und Gemeinschaft im Internet. Deshalb habe sich jeder einzelne Nutzer das Internet in einem Umfang zu Eigen gemacht, wie es bis dahin noch nicht üblich war.

3.2.1 Grundlegende Kennzeichnung

Soziale Onlinenetzwerke dienen der Herstellung und Pflege von Kontakten zu anderen Personen, dem Austausch von Informationen und der Unterhaltung. Dabei weisen alle derartigen Netzwerke einige Gemeinsamkeiten auf (vgl. Pleil und Bastian 2012, S. 311 f.):

R. Spiller
MHMK Macromedia Hochschule für Medien und Kommunikation, Köln,
Deutschland
E-Mail: r.spiller@mhmk.org

- User müssen sich anmelden.
- Profile mit Interessen, Vorlieben etc. sind anzulegen.
- Kommunikation kann auf unterschiedlichen Wegen erfolgen.
- Beziehungen zu anderen Teilnehmern werden dargestellt.
- Subgruppen können gebildet werden.

Darüber verfügen soziale Onlinenetzwerke über verschiedene Profile für unterschiedliche Bezugsgruppen, die mit unterschiedlichen Funktionalitäten einhergehen.

3.2.2 Besondere soziale Onlinenetzwerke

Zu den bekanntesten Business-Netzwerken in Deutschland zählen:

- **Xing:** Die Plattform ging 2003 unter dem Namen OpenBC an den Start und gehört zu den erfolgreichsten im deutschsprachigen Raum. Ende 2013 zählte die Plattform rund 13 Mio. Benutzer. Über 50.000 Gruppen haben sich über das Netzwerk organisiert. Wer Sonderfunktionen nutzen möchte, kann für einen geringen Geldbetrag Premiummitglied werden.
- **Linkedin:** Über 250 Mio. Menschen nutzen weltweit dieses Business-Netzwerk, das seit 2009 alle Plattformfunktionen auch auf Deutsch anbietet. Gegründet wurde es 2003 in Kalifornien in den USA. Geeignet ist es insbesondere für internationale Geschäftskontakte.

Die größten Onlinenetzwerke für den privaten Bereich sind:

- **Facebook:** 2004 gegründet hat die Plattform Ende 2013 etwa 1.2 Mrd. Nutzer weltweit und kann in über 70 Sprachversionen angewendet werden. Zahlreiche neue Applikationen erhöhen kontinuierlich die Attraktivität des Netzwerks. Viele Nutzer organisieren mittlerweile einen Großteil ihres Soziallebens mit Hilfe der Plattform.
- **Myspace:** Der Schwerpunkt dieses Onlinenetzwerks lag seit der Gründung 2003 auf Musik. So sind die einzelnen Profile im Netzwerk sehr viel individueller gestaltbar als auf Facebook. Das früher einmal größte soziale Onlinenetzwerk musste diesen Rang jedoch an den Konkurrenten Facebook abtreten und entwickelt sich zunehmend zu einem spezialisierten Angebot.

Weitere relevante soziale Onlinenetzwerke in Deutschland mit unterschiedlicher Ausrichtung sind: Google+, Tumblr.com, ask.fm, stayfriends, wer-kennt-wen.de, StudiVZ und MeinVZ.

3.2.3 Twitter: Ein Kurznachrichtendienst als soziales Netzwerk

Twitter ist ein amerikanischer Mikroblogging-Dienst.

Das Wort „Blog" ist eine Wortkreuzung: Mit den Endbuchstaben des Wortes „Web" und der Anfangssilbe von „Logbuch" entstand der „Blog" – letztlich eine Art Onlinetagebuch im Internet. „Mikro" (griechisch: „klein") bezeichnet verkleinerte oder begrenzte Blogs. Angemeldete Benutzer können Textnachrichten mit maximal 140 Zeichen eingeben, was als „*Twittern*" bezeichnet wird. Die Beiträge selbst werden „*Tweets*" (engl. to tweet = zwitschern) genannt. Das Weiterleiten eines Beitrages einer anderen Person wird als „*ReTweet*" bezeichnet.

Twitter wird als ein soziales Netzwerk oder ein öffentlich einsehbares Tagebuch im Internet betrachtet. Er startete 2006 und wird mittlerweile weltweit von Privatpersonen und Unternehmen zum Versenden von Kurznachrichten genutzt. Ein soziales Netzwerk entsteht bei diesem Dienst, weil die Nachrichten anderer Benutzer abonniert und kommentiert werden können. Leser, die Beiträge anderer Autoren abonniert haben, werden als „Follower" (engl. to follow = folgen) bezeichnet. Die Beiträge der Personen, denen man folgt, werden in einer abwärts chronologisch sortierten Liste von Einträgen („Log") dargestellt. Als Absender von Nachrichten ist es möglich, den Empfängerkreis auf bestimmte Follower beschränken.

➤ Als **Corporate Twitter** wird bezeichnet, wenn Unternehmen den Mikro-Bloggingdienst nutzen.

Kunden können auf diese Weise zum Beispiel über neue Services und Applikationen informiert werden. Dies wird jedoch bisher unterschiedlich stark angenommen. Während der amerikanische Computerkonzern Dell mit mehreren Twitter Accounts über eine Millionen Follower aufweist, folgen deutschen Konzernen in der Regel nur einige Tausend Personen. Zwar verfügen die meisten Dax Konzerne über Twitter-Accounts in deutscher Sprache, doch noch nicht alle setzen das Instrument kontinuierlich, zielgerichtet und im Rahmen einer Social-Media-Strategie ein. Als Vorreiter können unter anderem Lufthansa und Volkswagen gelten, deren verschiedene Twitter-Accounts immerhin insgesamt über hunderttausend Personen folgen.

3.2.4 Social Media und PR

Social Media haben heute einen großen Einfluss auf die PR von Unternehmen gewonnen. Als einer der Hauptgründe gilt, dass Unternehmen die Deutungshoheit von Nachrichten über ihr Unternehmen schnell abhanden kommen kann, da Internetnutzer selbst Nachrichten vor allem in Social Media über Unternehmen einstellen und kommentieren. In Kombination mit der Speicherfunktion des Netzes war diese starke Beobachtungs- und Kommentierungsmöglichkeit vor dem Web 2.0 nicht gegeben.

Zu den aktiven Kommunikationsmöglichkeiten in sozialen Netzwerken gehören:

- **Social Media Release:** Um die sozialen Netzwerke für die Öffentlichkeitsarbeit zu nutzen, ist die klassische Pressemitteilung eher ungeeignet. Dafür ist sie zu wenig dialogorientiert und multimedial. Zunehmend verwendet wird der sogenannte „*Social Media Release*". (Vgl. Schulz-Bruhdoel und Bechtel 2009, S. 177 ff.) Dieser wird nicht mehr per E-Mail versandt, sondern per RSS-Feed verbreitet und auf der eigenen Homepage in einem „*Social Media Newsroom*" platziert. Der Vorteil eines solchen Newsroom ist, dass Beiträge gekennzeichnet werden können, sodass sie anschließend für Social-Media-Suchmaschinen wie „*technorati.com*" auffindbar sind. Zur Nachricht passende Bilder und Videofilme werden auf öffentlichen Plattformen wie „*Flickr*" und „*YouTube*" abgelegt, sodass Blogger und andere Interessierte diese Inhalte gleich weiter verarbeiten und verlinken können.

Für klassische Nachrichtenredakteure bedeutet ein solcher „*Social Media Release*" erst einmal mehr Informationsmaterial, aber auch mehr Aufwand. Er ersetzt daher in der Regel nicht die klassische Pressemitteilung, sondern ergänzt sie. Während sich die klassische Pressemitteilung an Journalisten und damit wichtige Multiplikatoren in den Redaktionsstuben richtet, ist ein „*Social Media Release*" ein Informations- und Dialogangebot an alle Interessierte.

- **Gruppen (Communities):** Für den Bereich der PR sind insbesondere die Gruppen in den sozialen Netzwerken von Bedeutung. Diese Gruppen umfassen nicht selten mehrere 10.000 Personen, die über eine eigene Architektur mit den gängigen Community-Werkzeugen verfügen. So hat zum Beispiel die Gruppe „*Stuttgart BC – Business & Networking in Stuttgart*" auf Xing Ende 2013 rund 35.000 Mitglieder.

  Solche Gruppen können von Presseabteilungen auf Unternehmenspräsentationen, Workshops, Seminare konkret und kostenfrei hingewiesen werden. Hilfreiche Funktionen der Plattform wie Onlineanmeldung, Veröffentlichung der Teilnehmerliste und der Export von Terminen in E-Mail-Programme wie Outlook helfen bei der Verwaltung.

  Relevant ist auch, dass die sozialen Netzwerke nicht nur online existieren, sondern auch offline. Viele der Gruppen auf *Xing* zum Beispiel treffen sich gelegentlich oder regelmäßig in der realen Welt, um sich auszutauschen (Blogger-Kongresse, Wiki-Stammtische, Fördervereine etc.). Auch solche Offlinetreffen der Online-Community können für die Öffentlichkeitsarbeit genutzt werden.

- **Customer Energy:** Unternehmen können durch Gruppen in den sozialen Onlinenetzwerken ihre Kunden wesentlich besser kennen lernen und in einzelne Unternehmensprozesse einbinden. Als „Customer Energy" wird der oft von Social Communities getriebene Eingriff von Kunden in die Wertschöpfungskette bezeichnet (vgl. Fabel und Sonnenschein 2011, S. 191). Aus „B2C"- (Business to Consumer) wird „C2B"- (Consumer to Business) Kommunikation und Interaktion. So integrierte der Wasch- und Pflegemittelhersteller „*Procter & Gamble*" zahlreiche Kunden über soziale Onlineplattformen in die Produktentwicklung. Dies kann über spezialisierte Plattformen wie „*NineSigma*" geschehen, aber ebenso über *Xing* oder *Facebook*.

  Ein Beispiel ist das Modeunternehmen *Tally Weijl*. Es wollte neue Lippglosse kreieren, die Abteilung für Produktentwicklung konnte sich aber nicht auf einen Geschmack einigen. Das Unternehmen startete daraufhin eine Umfrage zur Auswahl des Geschmacks auf Facebook. Mehrere 10.000 Nutzer haben sich dort als „Fans" des Modelabels registriert. Innerhalb weniger Wochen bekam das Unternehmen Hunderte Antworten. So konnte das soziale Onlinenetzwerk sehr gut als Trendscout genutzt werden.

3.2.5 Die sozialen Netzwerke als Spiegel der realen sozialen Netzwerke?

Soziale Netzwerke sind an sich kein neues Phänomen. Bereits 1967 hat der amerikanische Sozialpsychologe Stanley Milgram das sogenannte *„Small World Phenomenon"* beschrieben (Milgram 1967, S. 60 ff.). Zuvor hatte er versucht in einem Experiment zu beweisen, dass jeder Mensch über durchschnittlich sechs Bekannte mit jedem anderen Menschen bekannt ist. In späteren Experimenten konnte diese These zum großen Teil bestätigt werden.

Auch die soziale Vernetzung, die vor allem die Social Media heute abbilden, ist nicht neu. Der amerikanische Soziologe Mark Granovetter begründete die wichtige Unterscheidung zwischen *„weak ties"* (schwachen Bindungen) und *„strong ties"* (starke Bindungen) (Granovetter 1973, S. 1360 ff.). Sie bezeichnen die Intensität der Beziehung. So ist die persönliche Bekanntheit und Pflege von weak ties geringer ausgeprägt als die von strong ties. Dabei sind nach seiner Einschätzung in beruflichen Netzwerken die schwachen Bindungen besonders wichtig, da sie dem Informationsaustausch dienen und durch sie ökonomische Chancen entwickelt werden können.

Der französische Soziologe Pierre Bourdieu wiederum prägte den Begriff des *„sozialen Kapitals"* (Bourdieu 1983, S. 183 ff.). Damit bezeichnet er die Gesamtheit der aktuellen und potenziellen Ressourcen, die mit der Teilhabe an einem Netz sozialer Beziehungen verbunden sein können (vgl. auch Abschnitt „PR-Theorien: System-funktionalistische Synthese – in Lies 2015"). Der Begriff bezieht sich somit nicht auf Personen, sondern auf die Beziehungen zwischen ihnen. Durch den Kontakt mit bisher fremden Netzwerken kann nach Bourdieu das soziale Kapital vergrößert werden, da nun Zugang zu mehr Personen und Informationen besteht.

3.2.6 Risiken und Chancen von Social Media-PR

Soziale Onlinenetzwerke werden in der Zukunft für die Öffentlichkeitsarbeit weiter an Bedeutung gewinnen. Sie ermöglichen eine schnelle, umfassende, kostengünstige und dialogorientierte Kommunikation mit Bezugsgruppen, die mit vielen anderen PR-Instrumenten nicht möglich ist. Insbesondere Unternehmen aus dem Business-to-Consumer-Bereich nutzen diese Möglichkeiten in immer größerem Umfang. Umgekehrt sind Social Media aber auch ein Treiber der Öffentlichkeitsarbeit von Unternehmen geworden, da hier der Druck von Stakeholdern in Form von „Shitstorms" (die gruppengetriebene Kritik im Internet gegenüber Personen, Organisationen, Produkten oder Prozessen) sich nicht nur besonders schnell organisiert, sondern auch gut dokumentiert wird.

Die bisherige Öffentlichkeitsarbeit mit Hilfe von klassischen Medien wird *„Social Media"* auf absehbare Zeit jedoch nicht ersetzen, wohl aber maßgeblich ergänzen können.

3.3 Onlinekommunikation – Web 2.0

Jan Lies

3.3.1 Was ist Web 2.0? 74
3.3.2 Herausforderung für Kommunikationstreibende 75
3.3.3 Bedeutende Web-2.0-Funktionalitäten für die PR 76

> **Leitfragen**
> 1. Wofür steht die Bezeichnung Web 2.0?
> 2. Welche Rolle spielt Web 2.0 für die Unternehmenskommunikation?
> 3. Welche Web-2.0-Funktionen sind für die PR derzeit von Bedeutung?

Web 2.0 – was ist das eigentlich? Ist das eine wirklich neue Entwicklung? Hier wird darauf hingewiesen, dass es die Funktionalitäten, die oftmals im Zusammenhang mit Web 2.0 genannt werden, auch schon früher gegeben hat. Die Rechtfertigung für diese Bezeichnung basiert eher darauf, dass eine größere Übertragungsleistung verfügbar ist, die die Nutzungsmöglichkeit der Funktionalitäten verbessert und damit dem Kreis der Web-Nutzer insgesamt zu einer neuen medialen Kraft verhilft.

3.3.1 Was ist Web 2.0?

Der von Tim O'Reilly veröffentlichte Artikel gilt als Wegbereiter der Bezeichnung von Web 2.0. Er geht demnach auf eine Konferenz dieses Namens zurück, zu der im Herbst 2004 in San Francisco eingeladen wurde und bei der es um neue Trends und Techniken im Web ging (vgl. www.oreilly.de). – Grundsätzlich stammt die Versionsbezeichnung „2.0" aus der Software-Entwicklung. Kleinere Entwicklungsstufen von Computerprogrammen werden in Zehntelschritten benannt: Der Schritt von Version 1.5 auf Version 1.6 würde beispielsweise nur ein paar Fehlerkorrekturen beinhalten. Der Sprung auf die nächsthöhere Vorkommazahl kennzeichnet dagegen eine grundlegend überarbeitete Version desselben Programms (vgl. Abb. 3.2). Was aber bedeutet diese Versionierung für das Web?

Web 2.0 unterscheidet sich vor allem durch die heute größeren Handlungsmöglichkeiten der Nutzer, die mehr tun können als nur Daten abrufen: „Neu ist, dass der Konsument (Consument) auch zum Produzenten wird (Prosument)." (Schindler und Liller 2012, S. 5) „Sie werden zu Produzenten von Inhalten (…)." (Herbst 2007, S. 180) Ein wesentlicher Bestandteil des Web-2.0-Konzepts ist, dass der Mehrwert durch die Partizipation der Nut-

---

J. Lies
FOM Hochschule für Oekonomie & Management, Essen, Deutschland
E-Mail: jan.lies@fom.de

Abb. 3.2 Von „Web 1.0" zu „Web 2.0"

zer entsteht. Dabei prägen diverse neue Dienste und Funktionalitäten das Web 2.0, das es im Web 1.0 so noch nicht gab, heißt es oft.

> Der Tagesablauf eines typischen Web-2.0-Nutzers könnte ungefähr so aussehen: Bevor er das Haus verlässt, lädt er seine Lieblingspodcasts aus dem Netz auf den MP3-Player – Frisches auf die Ohren für die U-Bahn. Am Arbeitsplatz lässt er sich per RSS-Feed die neuesten Nachrichten und Einträge aus seinen Lieblingsblogs anzeigen. Seine E-Mails sortiert er schon lange nicht mehr in altmodischen Ordnern, sondern er nutzt den unbegrenzten Speicherplatz und die intuitive Suche von Google-Mail. (…) Auch seine Dokumente erstellt und verwaltet er nicht mehr lokal mit Word oder Excel, sondern selbstverständlich online über browserbasierte Programme wie Writely. Zum Nachschlagen reicht das Onlinelexikon Wikipedia (…). Vor dem Schlafengehen schreibt er noch seine Erlebnisse des Tages in seinen Blog (…). (Kaul 2005)

Jedoch muss man bei kritischem Hinsehen wohl feststellen, dass die einzelnen Funktionalitäten, die heute als Unterscheidungsmerkmal von Web 1.0 und 2.0 angeführt werden, im Prinzip alle nicht neu sind. Daten hochladen, herunterladen, sich beteiligen – all das gab es schon, bevor der Begriff Web 2.0 aufkam. Aber: Die verbesserte Verfügbarkeit leistungsfähiger Übertragungstechnik macht diese Funktionen im Prinzip für jeden zugänglich, die Dienste bekannter, preiswerter und verleiht dem Web deshalb eine aktualisierte Aufmerksamkeit, die die Akzeptanz als Neuversionierung erklären könnte.

„Heute stehen wir bereits an der Schwelle zum Web 3.0, dem sogenannten semantischen Web, das Informationen nach seiner Bedeutung klassifiziert." (Schindler und Liller 2012, S. 5) Semantik ist ein Teilgebiet der Linguistik und befasst sich mit der Bedeutung von Sprache bzw. sprachlicher Ausdrücke. Das heißt: Das Web der Zukunft soll zum Beispiel Fragen beantworten können und nicht nur Schlagwörter liefern, die mehr oder weniger zu einer Suchanfrage in Suchmaschinen passen.

3.3.2 Herausforderung für Kommunikationstreibende

Eine Umfrage von Trendmonitor zeigt (siehe hierzu Tab. 3.1), dass das Web 2.0 und hier vor allem Social Media, aber auch Mobile PR, bereits zu einer der zentralen Herausforderungen aus Sicht der PR-Branche geworden ist (vgl. PR-Trendmonitor 2007).

Tab. 3.1 Was werden die drei wichtigsten Trendthemen für PR und Kommunikation in 2012 sein? (Quelle: Trendmonitor 2011 ($n=1.679$))

Top	Anzahl der Nennungen (%)
1	Social Media: 52,9
2	Pressearbeit 2.0: 51,2
3	Storytelling: 27,8
4	Mobile PR: 27,0
5	Apps: 27,1
6	Bewegtbild: 22,0
7	Suchmaschinenoptimierung: 18,5
8	Webmonitoring: 16,1
9	Internationale PR: 15,5
10	Content Marketing: 15,1

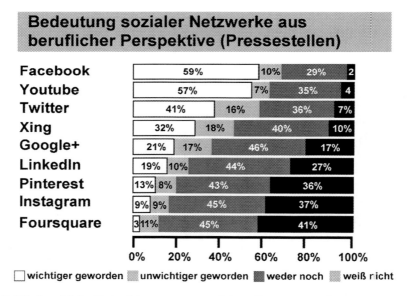

Abb. 3.3 Wie hat sich im Verlauf des vergangenen Jahres die Bedeutung folgender sozialer Netzwerke für Sie persönlich aus beruflicher Perspektive verändert? (Pressestellen). (Quelle: Social Media Trendmonitor 2013 ($N=711$))

3.3.3 Bedeutende Web-2.0-Funktionalitäten für die PR

Eine weitere Frage des Trendmonitors ist, welche konkreten Social-Media-Anwendungen Pressestellen in besonderer Weise beschäftigen: Facebook und YouTube legen hier an Bedeutung besonders zu (vgl. Abb. 3.3).

3 Public Relations als Onlinekommunikation

Im Folgenden werden hervorstechende Web-2.0-Anwendungen kurz erläutert:

Blogs „Eine der beeindruckendsten Entwicklungen von Web 2.0. ist der Siegeszug der Weblogs. Der Name Weblog ist zusammengezogen aus Web, wie in World Wide Web und Logbuch. Ein Weblog oder kurz Blog ist eine Mini-Website, die sich jeder Internetnutzer kostenlos ohne großen Aufwand und Internetkenntnisse anlegen kann. (…) Damit kann jeder ohne große Vorbereitungen in Echtzeit publizieren. Man gibt seinen Text einfach im Webbrowser ein und drückt auf den Publizieren-Knopf, und schon erscheint der Text im World Wide Web." (Bogula 2007, S. 180) Allein in Deutschland wurde die Zahl der Blogs im April 2006 auf 200.000 geschätzt. Dabei ist der Charakter der Blogs abhängig davon, wie ihre Nutzer sie gebrauchen. Eine Umfrage der Universität Leipzig gibt Aufschluss, wie Internetnutzer Blogs einsetzen:

Die Blogstudie (Onlinebefragung: 605 Teilnehmer) der Universität Leipzig ergibt, dass der größte Teil der befragten Internetnutzer (28,2 %) mit Blogs ein digitales Tagebuch assoziiert. 13,2 % sehen in Blogs ein Forum bzw. eine Plattform zum Meinungsaustausch. 10,2 % bringen Blogs mit Journalismus in Verbindung, und sehen sie als Informationsquelle (9,6 %).

Die drei wichtigsten Gründe für die Nutzung von Blogs sind demnach:

- etwas zu lesen, was ich in anderen Medien nicht erfahre (66,7 %),
- um Empfehlungen, Tipps und Tricks zu geben/erfahren (52,5 %) und
- um Hintergründe zu aktuellen Themen zu erfahren (52,3 %).

In der Literatur werden Blogs auch unter der Fragestellung diskutiert, inwieweit sie als meinungsprägendes Instrument zu werten sind. „Der Einfluss von Blogs auf die öffentliche Meinung ist umstritten. Gut die Hälfte der Blognutzer (55,4 %) meint, dass Bloginhalte Einfluss auf die öffentliche Meinung haben und fast ebenso viele (53,8 %) behaupten sogar, dass Blogs gesellschaftliche Veränderungen bewirken können. 41,1 % widersprechen dem (5,1 % enthielten sich)." (Zerfaß und Bogosyan 2007, S. 9) Blogs verwenden Unternehmen als Themenradar im Rahmen des Issues Managements (vgl. Abb. 3.4).

Podcasts Podcasting ist ein Kunstwort. Es geht auf den iPod von Apple und auf broadcasting (englisch: übertragen) zurück. Gemeint sind damit derzeit hauptsächlich Audiobeiträge, die im Internet verfügbar sind, oftmals als MP3-Datei oder als andere geeignete Formate. Mit der Verbreitung von MP3-Playern und Breitbandtechnologie ist dieses Format vor allem in den USA kein Nischenmedium mehr (vgl. Abb. 3.5, 3.6 und 3.7).

Im Medienmix von Unternehmen in Deutschland sind Podcasts noch nicht angekommen, wie der Trendmonitor zeigt ($n=1.049$/Agenturen: $n=516$). Nicht einmal zehn Prozent geben bei der Befragung im Februar 2007 an, Podcasts regelmäßig zu produzieren. Jedoch denken gut 20 % der Pressestellen darüber nach. „Die Podcasts erfreuen sich zwar

Abb. 3.4 Handelsblatt-Weblog zum Thema Advertorials. (Quelle: www.handelsblatt.de)

wachsender Beliebtheit, Geld verdienen kann man damit aber bisher kaum. Das könnte sich in Zukunft ändern, vor allem für denjenigen, der sich als erste Anlaufstelle für die Suche nach Podcasts etabliert. Hier winken dann interessante Verträge mit Inhalteanbietern und der Werbung." (Sandoval 2005)

RSS-Feeds Die Abkürzung RSS steht für „Rich Site Summary", „RDF Site Summary" oder für „Real Simple Syndication" (englisch: „wirklich einfache Verbreitung"). Mit dieser Funktion können Interessierte Nachrichten abonnieren und in die eigene Website integrieren. Ein Medium sendet damit aktiv Überschriften und kurze Zusammenfassungen im XML-Format zu. „Jeder, der in einem bestimmten Themengebiet mit Hilfe des Internets auf dem Laufenden bleiben möchte, kennt das Problem. Tag für Tag klappert man die

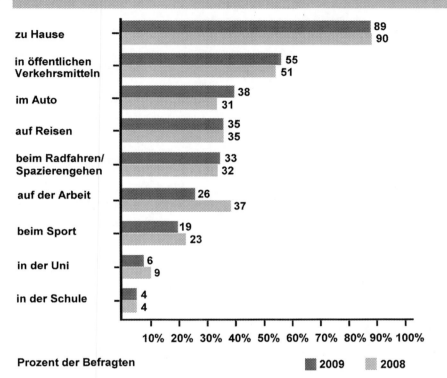

Abb. 3.5 Die Nutzung von Podcasts. (Quelle: BlueSky Media/podcast.de 2009, S. 17; $n=795$)

gleichen Websites ab, manche sogar mehrfach täglich, um ja keine Neuigkeit zu verpassen. Genau an diesem Problem setzt RSS an. Einmal abonniert, laufen die Headlines der aktuellen News auf einer Website automatisch in den RSS-Reader." (Bogula 2007, S. 179) Anstatt Websites selbst zu besuchen, lässt man sich über Neuigkeiten automatisch informieren (vgl. Abb. 3.8). Viele Zeitungen bieten im Internet die RSS-Feeds an.

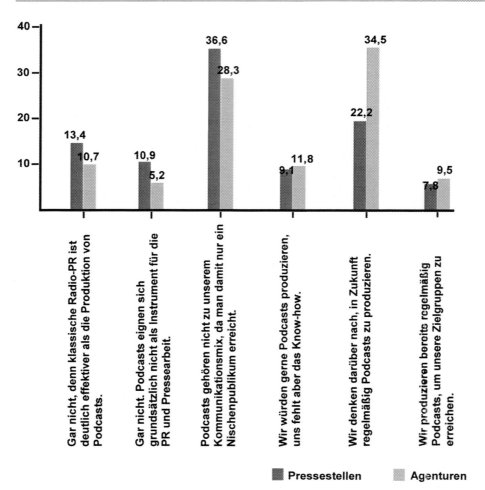

Abb. 3.6 Inwieweit setzt Ihr Kunde/Ihr Unternehmen Podcasts ein? (Quelle: PR-Trendmonitor, Februar 2007, Faktenkontor; Pressestellen: $n=1{,}049$, Agenturen: $n=5169$)

3 Public Relations als Onlinekommunikation

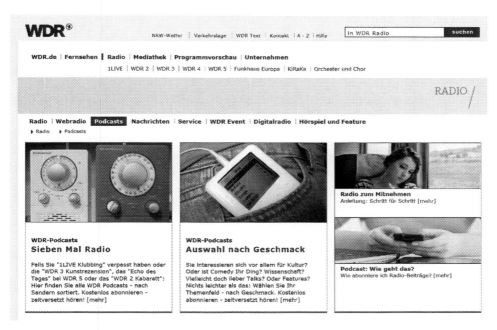

Abb. 3.7 Podcasting des WDR: Radio zum Mitnehmen. (Quelle. www.wdr.de)

Abb. 3.8 Ein Beispiel für RSS-Feeds der Tagesschau. (Quelle: www.tagesschau.de/infoservices/rssfeeds/de)

3.4 Onlinekommunikation – Bürgerjournalismus

Michael Kleinjohann und Jan Lies

3.4.1 Phänomene des Bürgerjournalismus 82
3.4.2 Web 2.0 als editierfähiges Massenmedium 83
3.4.3 Formen des Bürgerjournalismus 83
3.4.4 Abgrenzungs- und Definitionsversuche 85
3.4.5 Bedeutung des Bürgerjournalismus 85
3.4.6 Formen und Beispiele von Bürgerjournalismus 86
3.4.7 Die Reaktion der „klassischen" Medien 86

> **Leitfragen**
> 1. Welche Phänomene beschreiben den Bürgerjournalismus?
> 2. Welche Rolle spielen Technologien wie Web 2.0 für den Bürgerjournalismus?
> 3. Welche unterschiedlichen Begriffe und Entwicklungen werden unter dem Dach „Bürgerjournalismus" diskutiert?
> 4. Wie verhält sich der Bürgerjournalismus zum herkömmlichen Journalismus?
> 5. Wie ist die Bedeutung des Bürgerjournalismus einzuschätzen?
> 6. Wie reagiert der „klassische" Journalismus darauf?

Mit der zunehmenden Verfügbarkeit von mobiler, digitaler Technik und Breitbandtechnologie wird das Internet nicht nur ein Massenmedium zur Nutzung von Informationen und Unterhaltung. Im Prinzip kann jeder es nutzen, um selbst journalistische oder journalismusnahe Texte, Bilder und Filme zu veröffentlichen. Dies verleiht der Diskussion des sogenannten Bürgerjournalismus Auftrieb, wie die folgende Dokumentation eines TV-Boulevard-Magazins beispielhaft zeigt.

3.4.1 Phänomene des Bürgerjournalismus

> Es war eine dieser üblichen Oktoberfest-Reportagen, vorige Woche auf Vox. Ein Team von ‚Stern TV' begleitet Polizisten bei der Arbeit: mit aggressiven Besoffenen, lustigen Besoffenen, halbkomatösen Besoffenen. Plötzlich, ein paar Beamte versuchen gerade, eine Schnapsleiche im Gras aufzuwecken, kommt Aufregung in die Gruppe. Ein Tourist, der ein paar

---

M. Kleinjohann (✉)
ehem. Professor an der MHMK Macromedia Hochschule für Medien und Kommunikation, Hamburg, Deutschland
E-Mail: mkleinjohann@freshmademedia.de

J. Lies
FOM Hochschule für Oekonomie & Management, Essen, Deutschland
E-Mail: jan.lies@fom.de

Meter weiter steht, will die Szene mit seinem Kamerahandy festhalten. Ein Polizist brüllt ihn an: ‚Hey, so lustig ist das hier nicht, dass du das fotografieren musst!' (…) Der Mann war zu eingeschüchtert, um mit den Polizisten zu streiten. Aber die Diskussion wäre interessant gewesen, in der die Beamten ihm erklären, warum es akzeptabel ist, wenn ein Kamerateam die Szene filmt, um sie als Füllstoff zwischen zwei Werbeblöcken einem Millionenpublikum vorzuführen, aber inakzeptabel, wenn einer sie als hübsche Urlaubserinnerung für sich aufnimmt. Aber vielleicht hätte er das Filmchen ja nicht nur ein paar Freunden gezeigt, sondern ins Internet gestellt. Oder es an ‚Bild', den ‚Stern' oder sonstwen verkauft. Hätte das die Sache schlimmer gemacht? Besser? (Niggemeier 2006)

3.4.2 Web 2.0 als editierfähiges Massenmedium

Die neuen Technologien – vor allem die fortschreitende Verfügbarkeit der Breitbandtechnologie in Kombination mit dem Internet und auch den Digitalkameras oder fotofähigen Handys – entwickeln das Internet zu einem mitgestaltbaren Massenmedium. Das heißt:

- Das Phänomen Bürgerjournalismus oder partizipativer Journalismus ist mit Blick auf Möglichkeiten wie Leserbriefe, Gastkommentare oder Stadtmagazine **kein** neues Phänomen. Die massenmediale Kraft und die Möglichkeiten der Interaktivität auf Basis von Web-2.0-Technik haben aber zu einer neuen Bedeutung geführt. Der einst eher passive Rezipient wird zum aktiven Produzenten.

3.4.3 Formen des Bürgerjournalismus

Unter dem Stichwort Bürgerjournalismus finden sich diverse Begriffe, die oftmals ähnliche, aber im Detail dann doch wieder unterschiedliche Facetten der Spielarten des Bürgerjournalismus beschreiben. Michael Gisiger gibt in der Readers Edition der Netzeitung eine Übersicht (Gisiger 2007):

- **Citizen Journalism (Bürgerjournalismus, Grassroot-Journalismus):** Sammelbegriff für journalistisches Handeln einer Person, die mit Journalismus nicht ihren Lebensunterhalt bestreitet (vgl. Abb. 3.9).
- **Participatory Journalism (Pro-Am-Journalism):** Form des Bürgerjournalismus, die professionelle Medien praktizieren. Sie laden Leser ein, sich nach der Veröffentlichung eines Beitrags zum Beispiel in Form von Kommentaren zu beteiligen. Profis (Pro) kooperieren also mit Amateuren (Am), um ihre Arbeit weiterzuentwickeln.
- **Network Journalism (kollaborativer Journalismus, Netzwerkjournalismus):** Mehrere Individuen kommen auf einer Plattform zusammen, um gemeinsam an einer Story zu arbeiten.

Abb. 3.9 Ein Beispiel für Bürgerjournalismus: die Readers Edition. (Quelle: www.readers-edition.de)

- **Open Source Journalism:** Wie beim Network Journalism arbeiten auch hier mehrere Akteure zusammen. Allerdings unterscheidet sich die Form der Veröffentlichung. Während die Zusammenarbeit beim Netzwerkjournalismus in der Regel nach der Veröffentlichung endet, beginnt sie hier wieder von Neuem oder geht kontinuierlich weiter. Open Source kennzeichnet journalistische Prozesse, die mit der Veröffentlichung nicht abgeschlossen sind. Dazu gehören prominente Beispiele wie Wikipedia: offene, ständig weiter qualitativ und quantitativ wachsende Onlinelexika.

Inhaltlich umfasst der Begriff Bürgerjournalismus nach Forster in Anlehnung an den Kommunikationswissenschaftler Klaus Schönbach vier prozess- und ergebnisorientierte Ausprägungen (vgl. Forster 2007):

- **Organisation von Gegenöffentlichkeiten:** Herstellung von Gegenöffentlichkeit mit den neuen Mitteln internetbasierter Kommunikation – vor allem in autoritär regierten Staaten wie z. B. China.
- **Spielerisches Netzwerk:** Vor allem in kleinen Gruppen die Selbstverwirklichung, Selbstdarstellung und Spiel.

- **Neue Quellen des professionellen Journalismus:** Bürgerjournalismus als Quelle, um die Inhalte für die professionelle journalistische Weiterverarbeitung zu nutzen.
- **Bedrohung des klassischen Journalismus:** Ersatz für die journalistischen Produkte etablierter Medien.

3.4.4 Abgrenzungs- und Definitionsversuche

Die einleitenden Sätze am Beispiel von Vox und Stern TV machen deutlich, dass Abgrenzungs- und Strukturierungsdiskussionen des klassischen Journalismus vom Bürgerjournalismus eingesetzt haben. „Zunächst ist festzustellen, dass der Begriff des Bürgerjournalismus äußerst uneinheitlich, meist unpräzise oder gar nicht definiert und bisweilen geradezu inflationär für diverse, durchaus unterschiedliche Phänomene gebraucht wird. Dabei geht es u. a. um persönliche Blogs, insbesondere von journalistischen bzw. publizistischen Laien; um Internetplattformen, auf denen eine Vielzahl von Personen Nachrichten, Diskussionsbeiträge, Kommentare etc. publizieren; aber auch um die eingangs angesprochene Leser-, Nutzer- oder Bürgerbeteiligung im professionellen Journalismus." (Kopp und Schönhagen 2007, S. 2)

Mit Blick auf die vielfältigen Ausprägungen des Bürgerjournalismus tragen Kopp/ Schönhagen bei: „Die Verwendung des Journalismusbegriffs (ist) in diesem Zusammenhang fragwürdig, da sich alle diese Phänomene klar von den professionellen Vermittlungs- und Konzentrationsleistungen des Journalismus unterscheiden, die sie auch in ihrer – unüberschaubaren – Gesamtheit nicht ersetzen können." (Kopp und Schönhagen 2007, S. 2) „Während Journalismus die gesellschaftliche Interessenvielfalt überschaubar macht, drücken sich in Blogs und ähnlichen Webangeboten immer nur Einzelinteressen aus." (Kopp und Schönhagen 2007, S. 2)

Diese Thesen führen dazu, dass insbesondere vor dem Hintergrund des einleitenden Beispiels zunächst gefragt werden müsste, wo professioneller Journalismus beginnt bzw. für eine Qualitätssicherung in klassischen Medien gesorgt wird, und wo Einzelmeinung beginnt bzw. endet. Eine Diskussion, deren Komplexität beispielsweise im Rahmen von „öffentlicher Meinung" versus „veröffentlichter Meinung" bekannt ist und hier nur angedeutet werden kann.

3.4.5 Bedeutung des Bürgerjournalismus

Mehr oder weniger deutlich kommt in der Diskussion auch die gefühlte Bedrohung für den Journalismus zum Ausdruck. Diesmal nicht durch die PR-Branche, sondern durch Jedermann. „Das Phänomen der Leserreporter geht an das Fundament des journalistischen Selbstverständnisses. In Deutschland darf sich jeder, der will, ‚Journalist' nennen. Das ergibt sich aus Artikel 5 des Grundgesetzes, der die freie Meinungsäußerung garantiert. Bislang war das praktisch ohne große Bedeutung. Dass sich Hinz und Kunz ‚Journalist' nennen konnten, war egal, solange sie kein Massenmedium als Plattform hatten. Jetzt aber kann jeder mit einfachsten Mitteln im Internet publizieren, und aus der akademischen Frage wird plötzlich eine ganz konkrete." (Niggemeier 2006)

Zur Standortbestimmung und Grenzziehung ist die Diskussion offen: „Der Grenzverlauf zwischen guten Fotografen und bösen Fotografen, erwünschten und unerwünschten Fotos wird gerade neu verhandelt." (Niggemeier 2006)

Forster schätzt die Ausprägung des heutigen Bürgerjournalismus wie folgt ein: „Während Bürgerjournalismus als eine Form von Gegenöffentlichkeit in westlichen Demokratien (noch) keine bedeutende Rolle spielen dürfte, die Selbstdarstellung im Netz wenig bis nichts mit Journalismus zu tun hat und die Verdrängung etablierter Medien durch digitale Bürgermedien bislang eher unwahrscheinlich ist, ist der Bürgerjournalist als Quelle für den professionellen Journalismus gerade aus der Perspektive des Public Journalism prinzipiell zu begrüßen." (Forster 2007, S. 8)

3.4.6 Formen und Beispiele von Bürgerjournalismus

Digitale Techniken ermöglichen es jedermann, Texte, Fotos, Videos und Musik zu erzeugen, zu verarbeiten, zu verändern und zu verbreiten. Das Ergebnis sind quasi-journalistische Inhalte („user generated content"), Produkte, Formate oder Medien. Unterscheidbar sind vier Formen:

- **Rezipienten werden selbst zu Medienmachern:** beispielsweise indem sie Wikis zu bestimmten Themen im Internet veröffentlichen oder Reisetipps wie auf www.holidaycheck.de geben – eigentlich und ursprünglich eine Aufgabe des professionellen Reisejournalismus.
- **Nutzer werden zu Meta-Journalisten:** beispielsweise indem sie die Nachrichten der professionellen Medien und Journalisten zu neuen Formaten aggregieren und kombinieren. Aktiv wie bei www.tausendreporter.de oder mit Hilfe von Automatismen wie bei www.thoof.com.
- **Nutzer werden zu Reportern:** beispielsweise indem sie eigene Inhalte zu journalistischprofessionellen Medien beisteuern (www.ohmynews.com).
- **Rezipienten werden zu Medienkontrolleuren:** indem sie mit ihren im Web publizierten Kommentaren Gegenpole zu journalistischen Profiprodukten schaffen (www.bildblog.de, www.medienrauschen.de).

3.4.7 Die Reaktion der „klassischen" Medien

Die klassischen Medien reagieren zum Teil offen auf die neuen Möglichkeiten des Bürgerjournalismus. „Die **Netzeitung** hat ihre ‚Readers-Edition' gestartet, mit der sie ‚20 Mio. Redakteure' gewinnen will, die **Rheinische Post online** nennt ihren Leserkanal ‚Opinio'.

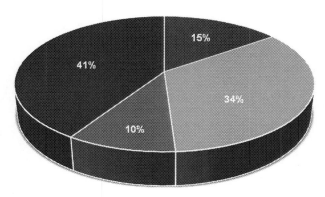

Abb. 3.10 Wie schätzen Journalisten die Entwicklung des Bürgerjournalismus ein? (Quelle: media studie 2007 „Web 2.0 und dann? – Journalismus im Wandel". news aktuell. *n* = 1,195 Journalisten)

Focus Online, experimentiert mit Fotos und Videos der Leser bzw. Nutzer auf der Plattform ‚Focus Live' mit nutzergeneriertem Content." (Schulzki-Haddouti 2006)

„Readers-Edition" kennzeichnet sich selbst als eine Plattform, „die eine völlig neue Art von Journalismus möglich macht. Werden Sie selbst Redakteur. Wir geben Ihnen die Möglichkeit, eigene Geschichten, Berichte und Fotos zu veröffentlichen. Redaktionen müssen aus der Vielzahl von Nachrichten oft wenige auswählen – weil in der Zeitung der Platz fehlt, in Radio und Fernsehen die Sendezeit knapp ist oder Online-Nachrichtenseiten auch nur eine begrenzte Anzahl an Redakteuren beschäftigen können. In, Readers-Edition' ist das anders: Jeder kann zum Journalisten werden, der Platz ist unbegrenzt." (Entnommen aus www.readers-edition.de im Dezember 2007)

Die Berufsgruppe der Redakteure selbst steht den Phänomenen des Bürgerjournalismus in Form von Wikis, Blogs und Websites gespalten gegenüber, wie die Ergebnisse folgender Umfrage zeigen (vgl. Abb. 3.10):

Auch eine Forschungssynopse zum Verhältnis von Weblogs und Journalismus zeigt ein eher uneinheitliches Bild in der Einschätzung (Neuberger et al. 2007). Die Positionen der professionellen Journalisten reichen von der Titulierung von Weblogs als „Sargnagel" des Journalismus über die klare Abgrenzung von Weblogs vom Profijournalismus bis hin zur pauschalen Eingemeindung von Blogs als Netzwerkjournalismus. „Insgesamt lassen die Ergebnisse darauf schließen, dass zwischen Weblogs und professionellem Journalismus primär eine komplementäre, weniger eine konkurrierende Beziehung besteht." (Neuberger et al. 2007, S. 110)

Literatur

BlueSky Media/podcast.de. (2009). Die Podcaster, Podcaststudie 2009, Hannover/Berlin. http://blog.podcast.de/files/Podcaststudie-2009_podcastDe_BlueSkyMedia.pdf.

Bogula, W. (2007). *Leitfaden Online-PR*. Konstanz.

Bourdieu, P. (1983). Ökonomisches Kapital, kulturelles Kapital, soziales Kapital. In R. Kreckel (Hrsg.), *Soziale Ungleichheiten. Soziale Welt, Sonderheft Nr. 2* (S. 183–198). Göttingen.
Ebersbach, A., Glaser, M., & Heigl, R. (2008). *Social Web*. Konstanz.
Fabel, M., & Sonnenschein, M. (2011). Customer Energy: Die neue Macht der Kunden. In G. Walsh, B. Hass, & T. Kilian (Hrsg.), *Web 2.0* (S. 191–200)Konstanz.
Forster, K. (2007). Public Journalism und Bürgerjournalismus. Zum Verhältnis des Citizen Journalism zu einem bürgerorientierten Journalismusverständnis. *Fachjournalist*, 1/2007, 3–9.
Gisiger, M. (2007). Bürgerjournalismus. Versuch einer Begriffsbestimmung. In Readers Edition, 13. September 2007.
Granovetter, M. (1973). The strength of weak ties. *American Journal of Sociology, 78*(6), 1360–1380.
Herbst, D. (2007). *Public Relations*. Berlin.
Kaul, K. (2005). Web 2.0: Phantom oder Phänomen? Deutsche Welle – Panorama. Im Internet unter www.dw-world.de. Zugegriffen: 28. Nov. 2005.
Kopp, M., & Schönhagen, P. (2007). Bürgerjournalismus. Bedrohung oder Ergänzung der professionellen Medien? 16. April 2007, Medienheft, S. 1–7.
Lies, J. (2015). *Theorien des PR-Managements*. Wiesbaden: Springer Gabler (im Druck).
media studie. (2007). „Web 2.0 und dann? – Journalismus im Wandel". news aktuell.
Milgram, S. (1967). The Small World Problem. Psychology Today, 60–67. (Mai 1967).
Neuberger, C., Nuernbergk, C., & Rischke, M. (2007). Weblogs und Journalismus: Konkurrenz, Ergänzung oder Integration? Eine Forschungssynopse zum Wandel der Öffentlichkeit im Internet. mediaperspektiven 2/2007, S. 96–112.
Niggemeier, S. (2006). Hobby: Reporter. Bürgerjournalismus. In Frankfurter Allgemeine Sonntagszeitung, 8. Oktober 2006, Seite 35.
Pleil, T., & Bastian, M. (2012). Online-Communities im Kommunikationsmanagement. In A. Zerfaß & T. Pleil (Hrsg.), *Handbuch Online-PR. Strategische Kommunikation in Internet und Social Web, Konstanz* (S. 309–323).
PR-Trendmonitor. (2007). Newsaktuell/Faktenkontor, Befragung von Pressestellen. Februar 2007, Hamburg.
PR-Trendmonitor. (2011). Newsaktuell/Faktenkontor, Befragung von Pressestellen, September 2011, Hamburg.
Rota, F. P., & Fuchs, W. (2007). *Lexikon Public Relations*. München.
Sandoval, G. (2005). Warten auf den Podcast-Boom. In Stern, 27. Juli 2005.
Schindler, M.-A., & Liller, T. (2012). *PR im Social Web – das Handbuch für Kommunikationsprofis*. Köln: O'Reilly.
Schulz-Bruhdoel, N., & Bechtel, M. (2009). *Medienarbeit 2.0. Cross-Media-Lösungen. Das Praxishandbuch für PR und Journalismus von morgen*. Frankfurt.
Schulzki-Haddouti, C. (2006). Wenn der Leser zum Reporter wird. Bürgerjournalismus. In Süddeutsche Zeitung, 3. August 2006.
Social Media Trendmonitor. (2013). Kommunikationsprofis, Journalisten und das Web. Faktenkontor, Hamburg
Zerfaß, A., & Bogosyan, J. (2007). Blogstudie 2007. Informationssuche im Internet – Blogs als neues Recherchetool (Ergebnisbericht). Universität Leipzig, Februar 2007, Online-Befragung.

Links

http://www.ard-zdf-onlinestudie.de
www.oreilly.de
www.readers-edition.de

Dr. Michael Kleinjohann, ehem. Professor für Medienmanagement an der Macromedia Hochschule für Medien und Kommunikation, Hamburg.

Prof. Dr. Jan Lies, Professor für Allgemeine Betriebswirtschaft, insbesondere Unternehmenskommunikation und Marketing an der FOM Hochschule für Oekonomie & Management, Essen.

Prof. Dr. Ralf Spiller, Akademischer Direktor Campus Köln, Professur Medienmanagement, Lehrgebiet PR und Kommunikationsmanagement, Macromedia Hochschule für Medien und Kommunikation, Köln.

Public Relations als Eventmanagement

4

Inhaltsverzeichnis

4.1 Veranstaltungskommunikation – PR-Events 92
Jan Lies und Christina Vaih-Baur
4.2 Veranstaltungskommunikation – Ambushing 100
Jan Lies
4.3 Veranstaltungskommunikation – Smart- und Flashmobbing 106
Jan Lies
Literatur 108

PR durch Events, PR für Events. – Veranstaltungen sind zu einer Kerndisziplin des PR-Managements geworden, da die Erlebbarkeit, der direkte Kontakt zu der Zielgruppe und hier wiederum der Dialog wichtige Dimensionen bilden, um Botschaften zu platzieren. Sie werden in der internen wie der externen Kommunikation angewendet, sind für sich eine Multiplikatorplattform und wirken als solche auf andere Medien. Das Internet wird so zum Teil zu einer digitalen Verlängerung des realen Events.

4.1 Veranstaltungskommunikation – PR-Events

Jan Lies und Christina Vaih-Baur

4.1.1	Klärung des Begriffs PR-Event	93
4.1.2	Ziele von PR-Events	93
4.1.3	Die Zielgruppen von PR-Events	94
4.1.4	Das Besondere an Events als Kommunikationsform	94
4.1.5	Live-Communication	94
4.1.6	Der Einfluss von Social Media auf Events	96
4.1.7	Welche weiteren Arten von Events gibt es?	97
4.1.8	Messen	98
4.1.9	Brand Parks als selbstbezogener Anlass	99

Leitfragen

1. Was versteht man unter einem PR-Event?
2. Was ist „live communication?"
3. Was macht die Veranstaltungskommunikation zu einem hervorstechenden Kommunikationsinstrument?
4. Welche Ziele werden mit der Event-PR verfolgt?
5. Welche Adressaten sind mit der Event-PR verbunden?
6. Welche adressatenbezogene Typologien von Events sind unterscheidbar?
7. Was sind Messen?
8. Was sind Brand Parks?

Veranstaltungen mit einem „spezifischen Ereignischarakter" werden heute gerne als Event bezeichnet (Wünsch und Thuy 2007, S. 13). Organisationen bzw. Unternehmen möchten hierbei ihre Zielgruppen in einer erlebnisbetonten und emotional aufgeladenen Atmosphäre ansprechen und scheinbar nebenbei ihre Botschaften vermitteln. Vor dem Hintergrund der sogenannten Wertewandeldiskussion Anfang der 1990er Jahre hat Eventkommunikation „in der Praxis der Unternehmenskommunikation eine nahezu euphorische und aus wissenschaftlicher Sicht zunächst höchst unreflektierte Aufnahme gefunden" (Zanger 2007, S. 3). Mit der Durchführung von Events nutzen Organisationen die Möglichkeit, sich gegenüber ihrer Konkurrenz abzugrenzen und zu differenzieren.

J. Lies (✉)
FOM Hochschule für Oekonomie & Management, Essen, Deutschland
E-Mail: jan.lies@fom.de

C. Vaih-Baur
MHMK Macromedia Hochschule für Medien und Kommunikation, Stuttgart, Deutschland
E-Mail: c.vaih-baur@mhmk.org

4.1.1 Klärung des Begriffs PR-Event

„Events sind per se nichts Neues. Ihre Vorläufer nannten sich vor 20 oder 30 Jahren noch etwas bescheidener ‚Veranstaltungen'. (...) Und dann, vor zehn bis 15 Jahren ging es los. Mit klassischer Kommunikation wurde es immer schwieriger, seine Zielgruppe zu erreichen, von „sie zu begeistern ‚zu berühren' oder gar ‚für sich zu gewinnen' ganz zu schweigen. Ein neues Werkzeug (...) musste her. (...) Nun wollte jeder das, was unter dem Begriff ‚event' Furore machte" (Kindler 2007, S. 39). In Anlehnung an Wünsch und Thuy kann ein Event als eine „spezialisierte und spezielle Veranstaltung" definiert werden, die

- ein eigenes Konzept erfordert und Teil einer umfassenden Kommunikationsstrategie ist
- zuvor definierte Ziele verfolgt, deren Erreichung kontrolliert und bewertet wird
- die eingeladenen Gäste als Zielgruppe festgelegt hat
- einen bestimmten Anlass hat
- einen bestimmten Budgetrahmen aufweist
- in ihrer Quintessenz immer einzigartig ist, auch wenn der geplante Ablauf und das Format oftmals wiederholt werden können (vgl. Wünsch und Thuy 2007, S. 15)
- ein physisches Erlebnis mit einer Botschaft verknüpft und kommuniziert
- immer interaktiv ablaufen sollte
- häufig eine hohe mediale Abdeckung erreicht bzw. in Kooperation mit den Medien durchgeführt werden soll
- vorzugsweise von PR-Spezialisten geplant, koordiniert und kontrolliert wird

4.1.2 Ziele von PR-Events

Kaum ein Unternehmen verzichtet heute auf PR-Events, da in direktem Kontakt mit der Zielgruppe und in einer lockeren Atmosphäre notwendige Kommunikationsziele erreicht werden können. Mit der Durchführung von PR-Events möchte eine Organisation zunächst qualitative Ergebnisse erzielen: Die Gäste sollen emotional positiv gestimmt und an das Unternehmen bzw. die Marke gebunden werden. Vorrangig sollen folglich die Einstellungen der Zielgruppe gegenüber dem Unternehmen bzw. seinen Leistungen im gewünschten Sinne beeinflusst werden.

Beim Event selbst sollen sie überrascht und vom Programm fasziniert werden. Sie sollen ebenso informiert und zu einem bestimmten Verhalten motiviert werden. Auch das Image der Organisation soll dabei nachhaltig verbessert und gefestigt werden. Häufig steht der Auf- und Ausbau eines persönlichen Kontakts im Vordergrund der interaktiven Bemühungen bei einem Event. Auch die Steigerung des Bekanntheitsgrades steht mit der Ausrichtung von Events im Visier von PR-Verantwortlichen. Hier ist eine ausgeklügelte Dramaturgie erforderlich.

4.1.3 Die Zielgruppen von PR-Events

Grundsätzlich kommen alle internen und externen PR-Bezugsgruppen als Besucher von Events in Frage. Dies können beispielsweise die eigenen Mitarbeiter wie Führungskräfte, die gesamte Belegschaft, Jubilare oder Lieferanten sein. Aber auch Kunden, Medienvertreter oder Nachbarn können als Zielgruppe identifiziert werden. Damit der Event seine Zielsetzung erreichen kann, muss die Bezugsgruppe frühzeitig, in der Analysephase des Konzepts, eindeutig festgelegt werden. Nur dann kann die Eventplanung den spezifischen Werten, Bedürfnissen und Erwartungen der Zielgruppe gerecht werden.

4.1.4 Das Besondere an Events als Kommunikationsform

Veranstaltungen stellen aus drei Gründen eine einzigartige Kommunikationsform dar. Bruhn bezieht diesen Punkt nur auf Messen und Ausstellungen. Er wird hier allgemein auf Veranstaltungen bezogen (2007, S. 435):

1. Es besteht persönlicher Kontakt zu den Zielgruppen
2. Es besteht eine positive Erlebbarkeit des Bezugsobjekts
3. Es besteht die Möglichkeit, die Veranstaltung als Rahmen zu setzen, innerhalb dessen alle anderen Kommunikationsformen eingesetzt werden

Der persönliche Kontakt Der persönliche Kontakt macht eine besondere Emotionalisierung der Kommunikation möglich. Es lassen sich so authentische Erlebniswelten schaffen, die die vermittelte Kommunikation oder mediale Kommunikation oft nicht bieten kann.

Positivkommunikation Viele PR-Instrumente, wie vor allem die Pressearbeit, sind inhaltlich nicht vollständig zu kontrollieren, sodass gerade die emotionale Positivkommunikation nicht konsequent zu leisten ist. Allein dieses Kriterium gibt dem eigenen Event eine starke Stellung innerhalb der Kommunikationsinstrumente.

Rahmenkommunikation Events bilden den Rahmen für weitere Kommunikationsinstrumente. Persönliche Dialogformate sind genauso möglich wie Präsentationen, Shows, Kunst und vieles andere.

Alle drei Aspekte geben dem Event die Möglichkeit, Unternehmen und ihre Marken mit Erlebnissen aufzuladen und zu unterschiedlichsten Ziele einen Beitrag zu leisten.

4.1.5 Live-Communication

Mit dem Kennzeichen des „physischen Erlebnisses" ist zum Teil auch von *live-communication* die Rede. „Instrumente der live-communication stellen die persönliche Begegnung und das aktive Erlebnis der Zielgruppe (...) in einem inszenierten und häufig emotional ansprechenden Umfeld in den Mittelpunkt. Durch die direkte und persönliche Interaktion (...) können einzigartige und nachhaltige Markenassoziationen geprägt werden" (Kirchgeorg et al. 2007, S. 18). Solche und ähnliche Verwendungen von Live-Kommunikation finden sich häufig. Der relativ neu auftretende Begriff live-communication oder Live-Kommunikation stünde demzufolge als Oberbegriff für alle Maßnahmen der persönlichen Kommunikation und beinhaltet neben Events auch Messen, Ausstellungen, Promotions oder Roadshows. Ist das so? Ist „live" damit ein begrifflicher Ersatz für „event"?

Das Institut für angewandte Marketing-Wissenschaften IFAM, Düsseldorf, nimmt für sich in Anspruch, diesen Begriff Ende der 1990 Jahre mit dem Buch „Nichts ist schneller als Live" (1998) geprägt zu haben (IFAM 2005, S. 2). Im Mittelpunkt stehen hierbei die Interaktion und das Erleben einer Marke in einem inszenierten Raum. Die direkte Ansprache und die Interaktivität der Kommunikation sorgen für eine effektvolle und emotionale Bindung der Konsumenten an eine Marke. – Wesentliches Kennzeichen ist dabei *nicht* direkt oder persönlich.

▸ Das „systembildende Kriterium" von Live ist vielmehr die „zeitgleiche, direkte Kommunikation".

Der Autor Malte W. Wilkes stellt in der Absatzwirtschaft klar (Wilkes 2008, S. 6 f.): „Live-Kommunikation sind alle Instrumente im Marketingmix, die direkte, zeitgleiche Reaktionen bei Menschen einzeln oder in Gruppen hervorrufen *und* auf die wir direkt und zeitgleich agieren/reagieren können. Das Mailing ist danach nicht live, aber das Außendienstgespräch – als der kleine Live Act – Telefongespräche, Präsentationen, Tage der offenen Tür, Seminare, Konferenzen, Einführungsveranstaltungen, Jahrestage mit dem Außendienst oder Kunden, Händlertage, Messen, Vorträge, Straßenveranstaltungen, Propagandisten Performances, Roadshows gegenüber Investoren, Kunden, Pressekonferenzen. Live-Marketing ist danach die höhere Ebene und bedeutet, alle (!) Instrumente des Marketings auf diese *zeitgleichen* Reaktionen auszurichten. Durchstrukturierte Beispiele habe ich dazu jedoch noch nie gefunden. Live-Pricing sind z. B. Auktionen usw."

Live-Kommunikation erfordert also die direkte Reaktion und sei daher im Unterschied zu Non-Live nicht verlässlich zu testen; Konzepte müssen diese nicht-vorhersehbaren Situationen systematisch berücksichtigen. Von daher könnte man Live-Communication als Kommunikationstypen mit direkter Reaktionsmöglichkeit und damit als Variante der Dialogkommunikation begreifen. Denn die persönliche Gesprächssituation macht dies oft erforderlich, wenn man die Konfrontation nicht in Kauf nehmen will. Live-Dialogkommunikation kennzeichnet also nicht nur die akute Reaktionsnotwendigkeit, sondern *darüber hinaus* die Haltung der Zielanpassung der Kommunizierenden.

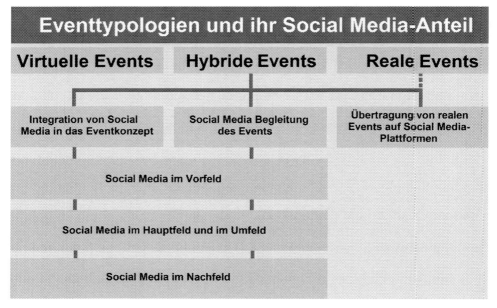

Abb. 4.1 Social-Media-Effekte auf Events. (Quelle: Zanger 2013, S. 9 f.)

4.1.6 Der Einfluss von Social Media auf Events

Mit der Verfügbarkeit von Bandbreite und der Ausdehnung von Social Media findet eine Konvergenz realer und virtueller Events statt (vgl. im Folgenden Zanger 2013, S. 8 ff. und Abb. 4.1). Echte virtuelle Events finden vollständig offline statt. Hybride Events sind eine Mischform mit unterschiedlich starker Einbindung von Social Media in reale Events. Das Public Viewing von großen Sportveranstaltungen ist ein Beispiel dafür, wie eine Veranstaltungsserie, die real beispielsweise in einem Land ausgetragen wird, im Prinzip weltweit ausgeweitet wird.

Für die Unternehmenskommunikation ergeben sich so neue Möglichkeiten der Produktpräsentation und im Verkauf – mit Chancen und Risiken. „Durch die Nutzung von Social Media wandelt sich das klassische Sender-Empfänger-Kommunikationsmodell grundlegend. Die Rolle Sender und Empfänger sind im Kommunikationsprozess nicht mehr vorbestimmt, sondern der Konsument als Empfänger der Kommunikationsbotschaft kann selbst zum Sender werden gegenüber dem Unternehmen aber vor allem auch gegenüber anderen Konsumenten, die in der Folge selbst zum Sender von Botschaften werden" (Zanger 2013, S. 4).

> Durch die erst im Web 2.0-Zeitalter einsetzende Erkenntnis, dass mit Social Media offensichtlich die Logik des Sender-Empfänger-Modells umgekehrt werden kann, kann einerseits eine positiv-virale Verstärkung eines Events

einsetzen. Andererseits kann Unternehmen und andereren Organisation die Rolle als alleiniger Eventorganisator und damit die Deutungshoheit abhanden kommen.

Social Meda kann die folgenden Effekte auf Events haben (vgl. Zanger 2013, S. 8f):

- **Interaktion:** Mit der Integration von Social Media in Events werden die Teilnehmer und/oder Konsumenten zu Co-Produzenten auch im Vorfeld oder nach der eigentlichen Veranstaltung
- **Multiplikation:** Durch virale Effekte können Eventbotschaften und Eindrücke auch über den realen Teilnehmerkreis hinaus ausgedehnt werden
- **Reichweite und zeitliche Ausweitung:** Durch Social Media wird die Reichweite und Teilnehmerzahl von Events im Prinzip unbegrenzt. Die User von Social Media können Events nach vorne und hinten zeitlich verlängert werden
- **Integrierte Kommunikation:** Durch mediale Vernetzung können Events auch in anderen Medien bearbeitet werden

4.1.7 Welche weiteren Arten von Events gibt es?

Abhängig von den Adressaten und Konzeption lassen sich Events wie folgt einteilen:

- **Public Events** sind für externe Besucher wie Kunden oder die Öffentlichkeit konzipiert
- **Corporate Events** sprechen vorrangig interne Zielgruppen an. Zu ihnen zählen auch B-to-B-Veranstaltungen, wie z. B. Außendienst-Meetings. Inhaltlich lassen sich beispielsweise Sport- und Kulturevents, Roadshows, Infotainment- und Incentive-Veranstaltungen differenzieren

Die nach Bruhn aufgezählten Eventtypen lassen sich gemäß der Kommunikationsebenen mit den Kommunikationsschwerpunkten Information, Edukation, Identifikation und in prozessuale Formate gliedern (vgl. zu diesen drei Ebenen genauer den Abschn. 9.1 „Change Communications"), die sich dann wieder anlassbezogen organisieren lassen (vgl. Bruhn 2013, S: 466):

- **Information**
  - Händlerpräsentation
  - Informationsveranstaltung
  - Pressekonferenz
  - Tag der offenen Tür
- **Edukation**
  - Coaching/Training
  - Fachmessen

- Kongresse
- Seminare
- Symposien
- Workshops
- **Identifikation**
  - Incentive-Reisen
  - Messen
  - Point-of-Sale-Aktionen
  - Roadshows

Diese drei Schwerpunkte lassen sich entsprechend zu Veranstaltungen zu bestimmten Anlässen organisieren:

- Kick-off
- Bergfest
- Hauptversammlung
- Jubiläum

4.1.8 Messen

Die Abgrenzung von Veranstaltungskommunikation zu Eventmarketing, Messen oder Verkaufsveranstaltungen ist dabei unscharf. Am Beispiel von Messen wird die konzeptionelle Verwandtschaft deutlich. Nufer zitiert hierfür die Gewerbeordnung über Messen. In § 64 ist zu lesen (vgl. Nufer 2006, S. 32 f.):

> (1) Eine Messe ist eine zeitlich begrenzte, im allgemeinen regelmäßig wiederkehrende Veranstaltung, auf der eine Vielzahl von Ausstellern das wesentliche Angebot eines oder mehrerer Wirtschaftszweige ausstellt und überwiegend nach Muster an gewerbliche Wiederverkäufer, gewerbliche Verbraucher oder Großabnehmer vertreibt.
> (2) Der Veranstalter kann in beschränktem Umfang an einzelnen Tagen während bestimmter Öffnungszeiten Letztverbraucher zum Kauf zulassen.

Das heißt: Messen sind ein Beispiel für angewendete Veranstaltungskommunikation. Das besondere Kennzeichen ist, dass mehrere Aussteller dabei zusammenkommen, sodass sie sich zu Branchentreffs entwickeln können. Je nach Ziel und inhaltlich-konzeptionellem Schwerpunkt, kann es eher oder ausschließlich eine Verkaufsmesse sein, eine Fach- oder Publikumsmesse. Messe zeichnen sich durch Multifunktionalität aus. Mögliche Ziele sind (vgl. Nufer 2006, S. 33):

- Kontaktziele (Neukundenkontakte, Medienkontaktpflege…)
- Präsentationsziele (Produktneuheiten oder -verbesserungen…)
- Kommunikationsziele (Bekanntheit, Image…)
- Verkaufsziele (Vertragsabschlüsse, Durchsetzung neuer Konditionen…)

Abb. 4.2 Der Wasserspeiende Riese im Brand Park von Swarovski 1. (Quelle: Website von Swarovski (www.kristallwelten-swarovski.com))

Abb. 4.3 Der Wasserspeiende Riese im Brand Park von Swarovski 2. (Quelle: Website von Swarovski (www.kristallwelten-swarovski.com))

4.1.9 Brand Parks als selbstbezogener Anlass

Brand Parks stellen die Ausdehnung des Events in eine permanente Veranstaltung an einem spezifischen Ort dar. „Es zeichnet sich ein Trend ab, dauerhafte Events zu inszenieren. ‚Brand Parks' im Sinne von markengebundenen Themenparks können als weiterer Baustein innerhalb der Markenführung verstanden werden, um Unternehmenskompetenzen als dreidimensionale Attraktionen zu inszenieren und Botschaften auf spannende, faszinierende und zum Teil auch spielerische Weise an die Zielgruppen zu kommunizieren. Ein Brand Park ist ein thematisch ausgerichteter Freizeitpark mit zahlreichen Vergnügungsangeboten, die helfen sollen, die Markenwelt im Rahmen eines breiten Attraktionsspektrums erlebbar zu machen" (Nufer 2006, S. 335). Sie sollen vorrangig eine bestimmte Markenwelt sinnlich erlebbar machen. Beispiele hierfür sind die BMW-Welt, die Autostadt (Volkswagen) sowie die Swarovski-Kristallwelten.

In den Abb. 4.2 und 4.3 ist der „Wasserspeiende Riese" der Swarovski Kristallwelten in Watten/Österreich zu sehen. Nach Angaben des Unternehmens „zieht er den Betrachter magisch in sein Inneres, wo Wunderkammern Leuchtfeuer der Fantasie entfachen." (www.kristallwelten.swarovski.com/20. Februar 2008).

Das Besondere an den Swarovski-Kristallwelten ist die Realisierung von markentypischen „Traumlandschaften", die durch die Verarbeitung der charakteristischen Swarovski-Kristalle entstanden sind. Ursprünglich war dieses von André Heller entwickelte Konzept ein „Geschenk" an Mitarbeiter, Kunden und Geschäftspartner anlässlich des 100. Gründungsjubiläums von Swarovski im Jahre 1995. Durch die Weiterentwicklung der kreativ gestalteten Parklandschaft werden den Gästen mittlerweile auch neuere Attraktionen offeriert. Heute beherbergt sie unter anderem ein Labyrinth, einen Alpengarten sowie verschiedene Kunstobjekte. Zudem beinhalten die Kristallwelten eine Bühne für kulturelle Veranstaltungen, den weltweit größten Swarovski-Shop und das Café-terra.

4.2 Veranstaltungskommunikation – Ambushing

Jan Lies

4.2.1 Was ist Ambushing? 101
4.2.2 Ambushing als Guerillakommunikation 101
4.2.3 Rechtliche Aspekte des Ambushing 103
4.2.4 Positive und negative Aspekte des Ambushing 104
4.2.5 Fazit: Ambushing als strittige Kommunikationsmethode 105

Leitfragen

1. Was versteht man unter Ambushing?
2. Warum wird Ambushing als Guerillakommunikation und auch im Rahmen von Sponsoring diskutiert?
3. Warum arbeitet Ambushing rechtlich in einer Grauzone?
4. Welche Kritik trifft Ambushing aus Sicht des Kommunikationsmanagements?
5. Warum ist Ambushing als strittig anzusehen?

Mit der Beliebtheit von Sportevents und dem damit verbundenen Aufschwung des Sponsorings erhält der Begriff „Ambushing" Auftrieb (auch Trittbrettmarketing, parasitic marketing). Es wird aufgrund zweier Aspekte als Kommunikation „aus dem Hinterhalt" („Ambush" englisch für „Hinterhalt") gekennzeichnet: 1) um mit ungewöhnlichen Maßnahmen Aufmerksamkeit zu erzielen und 2) um Wettbewerber gezielt zu schwächen. Die „Hinterhältigkeit" signalisiert die negative Interpretation dieser Methodik.

J. Lies (✉)
FOM Hochschule für Oekonomie & Management, Essen, Deutschland
E-Mail: jan.lies@fom.de

4.2.1 Was ist Ambushing?

Die Analyse und (kritische) Debatte des Ambushing findet im Kräftefeld von Guerillakommunikation, Eventkommunikation sowie Sponsoring statt und dies prominent im Umfeld von Sportgroßveranstaltungen.

Allgemein könnte man Ambushing so definieren: „Unter Ambushing (…) sollen sämtliche, insbesondere kommunikative, Aktivitäten verstanden werden, mit denen ein Unternehmen versucht, sich mit einem Event in Verbindung zu bringen, ohne dessen Rechte zur kommunikativen Nutzung entgeltlich erworben zu haben" (Burmann und Nitschke 2007, S. 181).

> **Beispiel für Ambushing**
>
> Die Fußballweltmeisterschaft im Sommer 2010 während des Spiels zwischen Holland und Dänemark in Johannesburg. Der Weltfußballverband Fifa (Fédération Internationale de Football Association, dt. Internationale Föderation des Verbandsfußballs) hatte gut 30 Frauen des Stadions verwiesen. Sachlich trugen die Frauen lediglich dasselbe Kleid, fielen aber auch aus der Ferne auf (siehe Abb. 4.4). Der Vorwurf lautete, dass sie gegen die Sponsorenrichtlinien verstoßen hätten. Obwohl sie kein Logo des Unternehmens trugen oder präsentierten, wurden die sogenannten „Beer Babes" von der Polizei wegen Trittbrettmarketings abgeführt und verhört. Kleider dieser Art wurden bereits zuvor beim Verkauf von Getränken der niederländischen Brauerei Bavaria eingesetzt.

Sponsoring und Ambushing verbindet, dass Unternehmen fremde Veranstaltungen nutzen, um ihre Erlebnisfähigkeit mit Hilfe von Veranstaltungen zu steigern. Während beim Sponsoring hierzu meist entgeltliche Rahmenbedingungen vereinbart werden (Beispiel: Sponsorenvertrag mit einer Sportmannschaft oder einer Sporteventstätte wie derzeit die Namensgebung für Arenen), passiert dies beim Ambushing *ohne* formelle Legitimation.

4.2.2 Ambushing als Guerillakommunikation

Da Dritte auf Events, für die sie selbst keine Nutzungsrechte oder andere Nutzungsvereinbarungen getroffen haben, nur eingeschränkt Kommunikationsmaßnahmen durchführen können, sind diese an die Ausschöpfung rechtlicher Lücken oder Graubereiche gebunden und sind auf kreative Ansätze angewiesen.

Damit gehört Ambushing in das Feld der Guerillakommunikation, die allgemein auf *unkonventionelle Kommunikationsinstrumente oder -ideen* setzt, die der Kommunikationstreibende anwendet, um sich aus der Masse der Kommunikationsangebote herauszuheben.

Ambushing wird in der Praxis vor allem in der produktnahen Marketingkommunikation verwendet (vgl. den Abschn. 13.1 „Marketing" bzw. Abschn. 8.2 „Produkt-PR"), ist

Abb. 4.4 Beispiel: Ambushing. (Quelle: Die Zeit online, 16. Juni 2010)

aber methodisch-disziplinär weder an das Marketing, noch notwendiger Weise an Sportevents gebunden. Wenn etwa die Diskothek Bobo in Misano Adriatico in Italien in den 1980er Jahren Bikinis am Strand verteilt, mit denen junge Damen abends gruppenweise in der gleichen *oder anderen* Diskotheken tanzen gehen, dann ist das eine frühe Form des Ambushing, sofern sie so mit der Werbung *fremder* Diskotheken in anderen Tanzlokalen auftreten und dort für Aufmerksamkeit des Wettbewerbers erzielen. „Dieses Phänomen kann bei allen Ereignisses auftreten, die folgende Merkmale aufweisen: Das Event besitzt ein Marketingpotenzial für Unternehmen und es treten Sponsoren bzw. Lizenznehmer auf. Ambush-Marketing ist folglich bei vielen Sponsoringarten (z. B. Kultur-, Sozial-, Umweltsponsoring) denkbar; im Bereich des Sports besitzt Ambush-Marketing jedoch die größte Bedeutung" (Pechtl 2007, S. 1).

Der Begriff „Ambush-Marketing" wird spätestens seit einem Beitrag von Alan Bayless im Wall Street Journal 1989 diskutiert (vgl. Sandler und Shani 1989, S. 9).

4.2.3 Rechtliche Aspekte des Ambushing

Ambushing muss nicht notwendigerweise illegal sein, wenn Kritiker dies auch gerne ins Feld führen, sodass man je nach Ausprägung zumindest von einer rechtlichen Grauzone sprechen kann, in der das Ambushing arbeitet: „Zumeist ist hierbei der Tatbestand erfüllt, dass die Ambush-Aktion ohne eine explizite Einwilligung des Veranstalters stattfindet, weil sie Rechte bzw. Interessen des Veranstalters und ihm „nahe stehender" Akteure (Sponsoren, Lizenznehmer) verletzt" (Pechtl 2007, S. 2).

- **Marken- und urheberrechtliche Aspekte**: „Ist der Veranstalter Inhaber von Urheber- oder Markenrechten, bleibt der gewerbliche Gebrauch der derartig geschützten „Objekte" („intellektuelles Eigentum") ausschließlich dem Veranstalter vorbehalten. Im vorliegenden Fall handelt es sich um Schutzrechtsobjekte, die sich auf das Sportevent beziehen. Die Nutzungsrechte hieran kann der Rechtsinhaber (Veranstalter) aber auch an Dritte (Sponsor; Lizenzgeber) über eine Lizenz abtreten" (Pechtl 2007, S. 32). Das Urheberrecht schützt „kulturelle Geistesschöpfungen" (sog. Werke). „Im Falle von Sportevents handelt es sich zumeist um Maskottchen, Pokale, aber auch Symbole, die sich auf das Sportevent beziehen. Der Urheberrechtsschutz impliziert, dass die Vervielfältigung, Verbreitung, Ausstellung, öffentliche Wiedergabe, Bearbeitung und Umgestaltung des geschützten Werkes einem Dritten untersagt ist" (Pechtl 2007, S. 32). Aber: Problematisch hierbei ist, dass beim Ambushing diese Merchandising-Artikel oft gar nicht genutzt werden. Symbole selbst sind zudem nicht immer ohne Weiteres schutzfähig, weil ihnen die Unterscheidungskraft abgesprochen wird oder ein Freihaltebedürfnis vorliegt (vgl. Nufer 2006, S. 322).
- **Wettbewerbs- und Hausrecht** (vgl. Nufer 2006, S. 322.): Auch aus wettbewerbsrechtlicher Sicht könnte ein juristischer Verstoß des Ambushing vorliegen. Bei Werbebehinderung oder Ausnutzung fremder Werbung liegt eine sittenwidrige Handlung gemäß § 1 des Gesetzes gegen den unlauteren Wettbewerb (UWG) vor. Zudem hat der Veranstalter das Recht darüber zu bestimmen, wer seinen Veranstaltungsort betritt. Laut Bürgerlichem Gesetzbuch hat ein Eigentümer das Recht, einem Dritten zu verbieten, seinen Grund/sein Gebäude zu betreten. Wird das Verbot missachtet, gilt dies als Hausfriedensbruch und kann mit Hilfe eines Strafantrags von Polizei und Staatsanwaltschaft strafrechtlich verfolgt werden (Strafgesetzbuch § 123).
- **Persönlichkeitsrecht und Recht am Bild** (vgl. Nufer 2006, S. 322): Sollten beim Ambushing Bilder entstehen – beispielsweise von Sportlern, anderen Besuchern – die ohne

deren Zustimmung verwendet werden und wesentlich das Bild prägen, wie Ausschnitte bestimmter, jubelnder Fans oder dergleichen, kann dies mit Ausschließlichkeitsrechten mit Sponsoren oder mit den Persönlichkeitsrechten der fotografierten/gefilmten Personen kollidieren.

Ambushing wird besonders mit Blick auf das Sponsoring und den Rechten der Sponsoren kritisch diskutiert. Hier sehen Veranstalter und Sponsoren ihre Rechte gefährdet – und damit den Erfolg dieses Handlungsfelds. Ambushing ist geeignet, die Rechte vertraglich gesicherter Exklusivsponsoren zu verwässern (zum Sponsoringbegriff vgl. Abschn. 8.5 „Sponsoring und Mäzenatentum").

Nufer stellt kritisch fest: „Es handelt sich um einen bewussten bzw. geplanten Versuch eines Unternehmens, die Wirkung der Aktivitäten eines offiziellen Sponsors zu schwächen. (…) Es erfolgt eine Täuschung der Zielgruppe im Hinblick auf die Verbindung zwischen Sponsoringanlass und Sponsor bzw. Ambusher; die Aufmerksamkeit wird durch Ambush-Marketing weg vom offiziellen Sponsor, hin zum Ambusher verschoben" (Nufer 2007, S. 212).

4.2.4 Positive und negative Aspekte des Ambushing

Es wäre aber verfehlt, Ambushing zuerst aus der rechtlichen Sicht zu bewerten. Es gilt aus Kommunikationssicht abzuwägen, inwieweit diese Methodik das Potenzial hat, im Sinne von Guerilakommunikation Aufmerksamkeit in einem spezifischen Umfeld mit einer Vielzahl von Rezipienten vor Ort und über die Medien zu erreichen. Grundsätzlich sind die rechtlich zulässigen Möglichkeiten begrenzt (siehe Tab. 6.3):

Jenseits rechtlicher Konsequenzen, die der offizielle Veranstalter oder Sponsoren ggf. anstrengen, müssen Ambusher damit rechnen, dass ihre Maßnahmen von den Rezipienten als parasitär und damit negativ, wahrgenommen werden (vgl. Burmann und Nitschke 2007, S. 187 sowie Abb. 4.5).

Folgende positive und negative Aspekte des Ambushing lassen sich festhalten (vgl. Nufer 2006, S. 323 f.):

Abb. 4.5 Spezifische Merkmale von Sponsoring und Ambushing im Vergleich. (Quelle: Burmann und Nitschke 2007, S. 182)

	Sponsoring	Ambushing
Austauschbeziehung zwischen Unternehmen und Event	✓	✗
Nutzung von Werbeflächen auf dem Event	✓	✗
Nutzung von Logos, Markennamen, Testimonials des Events	✓	✗
Nutzung von Werberaum im direkten (medialen) Umfeld	✓	✗
Thematischer Bezug zum Event; Erlebnisfähigkeit	✓	✓

- Pro-Argumente
  - Ambushing nutzt aktuelle Stimmungen und Trends wie Mega-Events in Arenen, die passgenau die eigene Marke unterstützen und vermeidet die Inflexibilisierung langjähriger Sponsorenverträge.
  - Konsumenten und Zuschauer erleben neue Spannungs- und Erlebnisimpulse; Kommunikationstreibende nutzen das kreative Potenzial von Guerillakommunikation.
  - Ambushing nutzt die Freiräume, die geltendes Recht an Lizenzen oder an der Persönlichkeit einräumt.
- Contra-Argumente
  - Wenn alle Unternehmen Ambushing betreiben würden, wäre das Sponsoring nicht mehr attraktiv.
  - Ambushing reicht nicht an die Kraft des Aufbaus von Markenerlebbarkeit langfristiger Sponsorenbeziehungen heran.
  - Konsumenten und Zuschauer werden irregeführt.
  - Ggf. rechtliche Verstöße.
  - Formelle Sponsoren werden gezielt geschwächt.

4.2.5 Fazit: Ambushing als strittige Kommunikationsmethode

Die Kritik des Ambushing ist vor allem aus Sicht von Sponsoren mit deren Rechten und Kommunikationszielen, aus Sicht der mit Ambushing verbundenen Kommunikationsprozesse sowie aus ethischer Sicht zu formulieren.

- **Formelle Kritik:** Die formelle Kritik des Ambushing sieht hierin nicht nur den Diebstahl teuer erkaufter Sponsoring- und/oder Werberechte.
- **Kritik der Kommunikationseffizienz:** Darüber hinaus verwässert Ambushing die erkauften Rechte Dritter, indem Ambusher sonst ungeteilte oder zumindest begrenzte Aufmerksamkeit für die Sponsoren von Eventbesuchern auf sich ziehen (Nufer 2006, S. 323).
- **Kritik aus ethisch-moralischer Sicht** (vgl. Abschn. 15.4 „Unternehmenskultur und Ethik"): Ambushing wird zum Teil gezielt eingesetzt, um Sponsoren zu schwächen. Darüber hinaus ist aus Rezipientensicht die Interpretation denkbar, dass sich diese getäuscht oder zumindest gestört fühlen. Aber auch die positive Interpretation und Identifikation mit dem anarchischen Aspekt des Ambushing ist möglich.

Insgesamt macht vor allem die rechtliche Situation das Ambushing zu einer strittigen Kommunikationsmethodik.

4.3 Veranstaltungskommunikation – Smart- und Flashmobbing

Jan Lies

4.3.1	Flashmobbing	106
4.3.2	Smartmobbing	107
4.3.3	Kommunikation und Mobbing	107
4.3.4	Smartmobs als virale Kommunikationsform	108
4.3.5	Fazit: Smart- und Flashmobs als gruppendynamische Selbstverstärkung	108

Leitfragen
1. Was ist Flashmobbing?
2. Was ist Smartmobbing?
3. Was macht Smart- oder Flashmobbing für die Massenkommunikation interessant? Was unterscheidet es von anderen Veranstaltungstypen?

Ein Smart- oder Flashmob ist eine Gruppe von Menschen, die Mobiltechnik nutzt, um sich spontan zu verbünden mit dem Ziel, gemeinsam etwas zu erreichen. Die Begriffe setzen sich aus den Begriffen „Smart" (clever) und „Flash" (Blitz) sowie „Mob" (Pöbel, Meute) zusammen und meinen schnelle Zusammenkünfte von Menschen (vgl. Nufer und Miremadi 2010, S. 2). Ihr Ziel kann einen spielerischen Charakter haben (Flashmobbing) oder auch einen politischen (Smartmobbing). Dieser Mobbingbegriff ist zwar begrifflich mit dem Mobbing als schikanierend-belästigendes Verhalten zum Beispiel im Unternehmen am Arbeitsplatz verwandt, hat aber prozessual nur insofern etwas mit ihm zu tun, als dass auch hier die Gruppendynamik des Mobs eine Rolle spielt. Die Idee des Smart- oder Flashmobbing ist aber nicht auf Konfrontation ausgelegt, sondern positiv als Ausdruck gruppendynamischer Begeisterung und/oder Motivation zu verstehen. Die Kombination aus mobiler Kommunikationstechnologie, Dialog und den dahinter liegenden Zielen führt dazu, diese Form des Mobbings hier vorzustellen.

4.3.1 Flashmobbing

„Die Menschen sammeln sich spontan: Dutzende, Hunderte, irgendwo, irgendwann. Dann stellen sie kurz ein paar skurrile Dinge an und verschwinden wenige Augenblicke später wieder im Nichts. Sogenannte Flashmobs, die sich weltweit immer häufiger in den Großstädten bilden, sind ein Riesenspaß – mit revolutionärem Potenzial." (Sixtus 2003). Dieser spielerische Charakter kennzeichnet das Flashmobbing: „Flashmob nennt sich dieses neue Gesellschaftsspiel, das seit kurzer Zeit in Manhattan grassiert und das bei jeder Inkarnation

---

J. Lies (✉)
FOM Hochschule für Oekonomie & Management, Essen, Deutschland
E-Mail: jan.lies@fom.de

dem gleichen, strikten Regelwerk folgt: Wie aus dem Nichts formiert sich scheinbar spontan eine Menschenansammlung, die maximal zehn Minuten lang einer auffällig merkwürdigen Beschäftigung nachgeht, bevor sie sich genauso spukhaft wieder auflöst" (Sixtus 2003).

4.3.2 Smartmobbing

Davon zu unterscheiden ist das Smartmobbing, das als politische und auch kraftvolle Variante des Flashmobbings verstanden werden kann, hier aber ganz ohne spielerischen Charakter. „Die Erleuchtung kam Howard Rheingold an einem Frühlingsnachmittag vor drei Jahren in den Straßen von Tokio: Rings um sich herum beobachtete der amerikanische Soziologe Menschen, die ihre Mobiltelefone nicht ans Ohr hielten, sondern vor die Augen – sie tippten Textnachrichten. Es war Rheingolds erste Begegnung mit einem Phänomen, das er heute ‚Smart Mobs' nennt: Wenn Gleichgesinnte dank Handy und SMS ihre Kräfte bündeln, bekommen sie genug Macht, um Wahlen zu entscheiden und sogar Präsidenten zu stürzen" (Lemm 2003). Dies beschreibt er in seinem Buch „Smartmobs", der „intelligente Pöbel": „On January 20th, 2001, President Joseph Estrada of the Philippines became the first head of state in history to lose power to a smart mob. More than one million Manila residents, mobilized and coordinated by waves of text messages, assembled at the site of the 1986 ‚People Power' peaceful demonstrations that had toppled the Marcos regime." (Rheingold 2002).

4.3.3 Kommunikation und Mobbing

Beide Formen des Mobbings organisieren sich über Internet und Handy. Im Kern handelt es sich beim Mobbing um eine Form des sozialen Netzwerks (mehr zu sozialen Netzwerken und Kommunikation siehe Lies 2003), das sich dezentral organisiert. Mobber kommen ohne Führer und ohne steile Hierarchien zurecht und setzen auf die Kraft des Ziels (Spaß oder politische Ziele), die im Netzwerk ruht. Interessant ist die Analogie, die zu neuronalen Prozessen gezogen wird. „Es wird behauptet, das Internet organisiere seinen Wuchs auf dieselbe Weise, wie das menschliche Gehirn es tut. Dann wären die Flashmobs sozusagen die Gliederzuckungen eines träumenden Riesen, und für unser Schicksal wäre es von entscheidender Bedeutung, ob es sich um einen gutmütigen oder einen tückischen Riesen handelt. Im Idealfall wäre alles politische Geschehen der Zukunft Smart-Mob-Geschehen. Spielerisch würde sich kollektive Intelligenz organisieren. Und Gesellschaft wäre die durch das verschaltete Erfahrungswissen Tausender inspirierte Kunst der Entscheidung, die ständige Volksberatung und Volksabstimmung mittels Fernbedienung" (Kümmel 2003). Dies unterscheidet das Mobbing von zentral organisierten Veranstaltungen, die die Mehrheit von Kommunikationsveranstaltungen prägt.

4.3.4 Smartmobs als virale Kommunikationsform

Unternehmen und andere Organisationen haben Mobs als Kommunikationsform für sich entdeckt. Sie wird heute dem Marketing oder der Event-PR zugerechnet. Ein Beispiel für einen im Marketing verwendeten Flashmob, ist der T-Mobile Dance, der Mitte Januar 2009 in der Liverpool Street Station in London stattgefunden hat (vgl. im Folgenden Nufer und Miremadi 2010, S. 6 f.). Hierbei wurde Musik über die Bahnhofslautsprecher abgespielt. Tänzer jeden Alters, die wie alle anderen Passanten auch aussahen, begannen nach und nach die gleiche Choreografie zu tanzen. Nicht Eingeweihten mußte es so erscheinen, als tanze der ganze Bahnhof.

Die Idee des Mobs war, dass Passanten ihre Mobilgeräte benutzen würden, um den Moment voller Aufregung und Überraschung zu teilen. Von Passanten aufgenommene Videos wurden anschließend direkt via Handy verschickt oder ins Internet gestellt. Im Jahr 2010 zählt das offizielle Video über 20 Mio. Aufrufe, heute sind es fast 40 Mio. Unternehmen, die solche Smartmobs organisieren, setzen also auf virale Effekte, die darin bestehen, dass Passanten eigenständig als Multiplikatoren auftreten, indem sie ihre Kommentare zu solchen Events posten oder Bilder davon teilen

4.3.5 Fazit: Smart- und Flashmobs als gruppendynamische Selbstverstärkung

Smart- und Flashmobs sind zwar erst mit dem Internet bekannt geworden, letztlich steht aber jeder selbstorganisierte Club, der ohne hierarchische Koordination auskommt, und sich durch die Begeisterung und das Engagement seiner Teilnehmer selbst verstärkt, für die positive Kraft gruppendynamischer Prozesse. Durch mobile Technologien werden diese Kräfte nicht nur vereinfacht und damit verstärkt, sondern auch sichtbar. Aus Sicht des PR-Managements sind Smart- und Flashmobs ein interessantes Instrument, da sie ihr Multiplikationsprinzip durch selbstverstärkende Kommunikation besonders hervorhebt (vgl. Abschnitt „Methodologien, Methodik und Methoden der PR" in Lies 2015).

Literatur

Bruhn, M. (2013). *Kommunikationspolitik – systematischer Einsatz der Kommunikation für Unternehmen*. München.

Burmann, C., & Nitschke, A. (2007). Profilierung von Marken durch Sponsoring und Ambushing – dargestellt am Beispiel der FIFA Fußball-WM 2006. In D. Ahlert et al. (Hrsg.), *Exzellentes Sponsoring – Innovative Ansätze und Best Practices für das Markenmanagement* (S. 178–202). Wiesbaden.

Henschel, O. (2004). *Lexikon Eventmanagement. Strategie, Kreativität, Logistik, Verwaltung*. Berlin.

IFAM (2005). Ideetorial, Expertise und Erfahrung, Institut Düsseldorf, Unternehmensberatung und Kommunikationsberatung, 5/2005.

Kindler, M. (2007). Eventmarketing im Wandel. In M. Hosang (Hrsg.), *Event & Marketing 3* (S. 37–58). Frankfurt a. M.

Kirchgeorg, M., et al. (2007). Effizienz und Effektivität der Live Communication im branchenübergreifenden Vergleich. In M. Hosang (Hrsg.), *Event & Marketing 3* (S. 17–36). Frankfurt a. M.

Kümmel, P. (11. Sept. 2003). Der kurze Sommer der Anarchie. *Die Zeit,* 38.

Lemm, K (6. Juni 2003). Wenn der Mob smart wird. *Stern.*

Lies, J. (2015). *Theorien des PR-Managements.* Wiesbaden: Springer Gabler (im Druck).

Nufer, G. (2006). *Eventmarketing.* Wiesbaden.

Nufer, G. (2007). *Eventmarketing und -management: Theorie und Praxis unter besonderer Berücksichtigung von Imagewirkungen.* Wiesbaden.

Nufer, G., & Miremadi, S. (2010). Flashmob Marketing. In C. Rennhak & G. Nufer (Hrsg.), *Reutlinger Diskussionsbeiträge zu Marketing & Management, Reutlingen Working Papers on Marketing & Management, EBS School, Nr. 2010-9.* Reutlingen.

Pechtl, H. (2007). Trittbrettfahren bei Sportevents: das Ambush-Marketing, Diskussionspapier 01/07. www.rsf.uni-greifswald.de/bwl/paper.html.

Rheingold, H. (2002). Smart Mobs. www.smartmobs.com.

Sandler, D. M., & Shani, D (1989). Olympic Sponsorship vs. „ambush" Marketing – who gets the gold? *Journal of Advertising Research, 29,* 9–14.

Sixtus, M. (28. Juli 2003). Wenn dir plötzlich Hunderte applaudieren. Spiegel Online.

Wilkes, M. W. (2008). Kommentar zu „Blässe der Gedanken", Absatzwirtschaft. *Zeitschrift für Marketing, 3,* 6.

Wünsch, U., & Thuy, P. (Hrsg.). (2007). *Handbuch Event-Kommunikation. Grundlagen und Best Practice für erfolgreiche Veranstaltungen.* Berlin.

Zanger, C. (2007). Eventmarketing als Kommunikationsinstrument – Entwicklungsstand in Wissenschaft und Praxis. In O. Nickel (Hrsg.), *Event-Marketing, Grundlagen und Erfolgsbeispiele* (S. 3–16). München.

Zanger, C. (2013). Events im Zeitalter von Social Media – ein Überblick. In C. Zanger (Hrsg.), *Events im Zeitalter von Social Media: Stand und Perspektiven der Eventforschung* (S. 9–18). Wiesbaden.

Link

http://www.kristallwelten.swarovski.com

Prof. Dr. Jan Lies Professor für Allgemeine Betriebswirtschaft, insbesondere Unternehmenskommunikation und Marketing an der FOM Hochschule für Oekonomie & Management, Essen.

Prof. Dr. Christina Vaih-Baur Professorin für Medienmanagement, Medien- und Kommunikationsdesign, Lehrgebiet PR und Kommunikationsmanagement, an der Macromedia Hochschule für Medien und Kommunikation, Stuttgart.

Public Relations als interne Kommunikation 5

Inhaltsverzeichnis

5.1 Ziele, Teilbereiche und Aufgaben der internen Kommunikation 112
Jan Lies
5.2 Interne Kommunikation – als Teil der (strategischen) Führung 118
Jan Lies
5.3 Interne Kommunikation – Vision und Leitbild 125
Jan Lies
5.4 Interne Kommunikation – als Informationspflicht 128
Jan Lies
5.5 Interne Kommunikation – als Mikropolitik 131
Jan Lies
5.6 Interne Kommunikation – als Prozesskommunikation 136
Jan Lies
5.7 Interne Kommunikation – und Wissensmanagement 140
Jan Lies
Literatur 144

Die interne Kommunikation gilt als eine der Kernaufgaben der PR und ist eine ebenso bedeutende PR-Disziplin wie die externe Medienarbeit. Letztlich findet sich die gesamte Bandbreite der PR-Anforderungen und -Instrumente auch im Inneren von Organisationen: von der Strategieentwicklung, über die Medienarbeit bis zur Event- und Kampagnenkommunikation. Darüber hinaus gilt interessanterweise nur in der internen Kommunikation, dass diese auch als Führung und damit Management gilt – eine Facette, die es in dieser Prägnanz nicht in der externen Kommunikation gibt.

5.1 Ziele, Teilbereiche und Aufgaben der internen Kommunikation

Jan Lies

5.1.1	Kennzeichnung der internen Kommunikation	112
5.1.2	Historische Entwicklung	113
5.1.3	Teilbereiche der internen Kommunikation	113
5.1.4	Beispiele für Aufgaben und zentrale Instrumente	116
5.1.5	Kulturelle Unterschiede bei Führung und interner Kommunikation	117

Leitfragen
1. Was ist interne Kommunikation und welche Ziele hat sie?
2. Wie hat sich die interne Kommunikation historisch entwickelt?
3. In welche Teilbereiche lässt sich interne Kommunikation strukturieren?
4. Welche zentralen Aufgaben und Instrumente lassen sich für die interne Kommunikation nennen?

Die Diskussion über die interne Kommunikation repräsentiert, dass sie als Managementdisziplin noch nicht dort angekommen ist, wo sie mit ihrem Potenzial stehen könnte: bei der strategischen Unternehmensführung als ureigenste Komponente der Mitarbeiterführung.

5.1.1 Kennzeichnung der internen Kommunikation

Übliche Beschreibungen der internen Kommunikation innerhalb der PR-Literatur lauten in etwa: Die interne Kommunikation umfasst alle **kommunikativen und informativen Vorgänge**, die zwischen den Mitgliedern einer Organisation (Unternehmen, Behörden, Vereine, Verbände etc.) ablaufen. Sie versteht sich als **integrativer** Teil eines ganzheitlichen Kommunikationsmanagements (vgl. auch Einwilliger et al. 2007, S. 221).

Interne Kommunikation ist deshalb ein **integrativer** Teil eines ganzheitlichen Kommunikationsmanagements, weil sich ihre Ziele und Inhalte im **Idealzustand** aus den übergeordneten Zielen der **Unternehmenskommunikation** ableiten und diese wiederum aus den **Unternehmenszielen**. Dieser normative Zustand oder Idealzustand entwickelt sich in der Unternehmensrealität im Wesentlichen aber nur schleppend.

J. Lies (✉)
FOM Hochschule für Oekonomie & Management, Essen, Deutschland
E-Mail: jan.lies@fom.de

5.1.2 Historische Entwicklung

Die interne Kommunikation hat für Organisationen im Großen und Ganzen an Bedeutung gewonnen.

Dokumentationsaufgabe der internen Kommunikation (vgl. im Folgenden auch Schick 2007, S. 1 ff.) In den 1980er Jahren reduzierte sie sich oft auf das Instrument der Mitarbeiterzeitung (Betriebsjournalisten) oder auf das „Schwarze Brett". Folgende Indikatoren stehen für den „historischen" Status der internen Kommunikation:

- mediale Nachberichterstattung zentraler Managementprojekte,
- Verlautbarungsorgan der Geschäftsführung,
- wird als „fünftes Rad am Wagen" im Unternehmen „mitgeführt".

Vielerorts ist inzwischen ein Emanzipationsprozess der internen Kommunikation zu beobachten. Dabei entwickelt sich interne Kommunikation zu einem eigenständigen Bereich im Unternehmen: als strategisches Führungsinstrument und interne Kommunikationsberatung, je nach Organisation. Was damit gemeint ist, wird im folgenden Abschn. 7.2 „Interne Kommunikation – als Teil der (strategischen) Führung" ausgeführt. Hier folgt zunächst eine Übersicht über die Teilbereiche der internen Kommunikation.

5.1.3 Teilbereiche der internen Kommunikation

Die im Folgenden dargestellten Bestandteile der internen Kommunikation vermitteln ein Bild davon, wie facettenreich interne Kommunikation arbeitet (vgl. Abb. 5.1).

Geplante und ungeplante Kommunikation Die geplante interne Kommunikation ist das, was oftmals spontan mit interner Kommunikation gemeint ist: Die Summe aller Kommunikationsmaßnahmen, die idealerweise aus den Unternehmenszielen abgeleitet werden. – Genauso wichtig und hoch relevant aus Sicht der internen Kommunikation ist jedoch das faktische Handeln Einzelner in der Organisation bzw. das, was relevante Adressaten aufgrund von Managementhandeln wahrnehmen. Hier entstehen oftmals die reaktiven Handlungen, auf die die (geplante) interne Kommunikation reagieren muss. Aktuelles Beispiel: Der weltweite Leitbildprozess, der für Siemens nach den Bestechungsskandalen ausgeschrieben wurde (2007).

Formelle Kommunikation und informelle Kommunikation Die formelle Kommunikation umfasst vor allem die geplante interne Kommunikation wie die Erarbeitung von Botschaften, interne Medienarbeit, interne Veranstaltungen, interne Kampagnen usw. Hinzu kommen die Rechte und Pflichten der internen Kommunikation nach dem Betriebsverfassungsgesetz, vor allem für die Mitarbeitervertretungen (Betriebsrat/Personalrat). Mehr

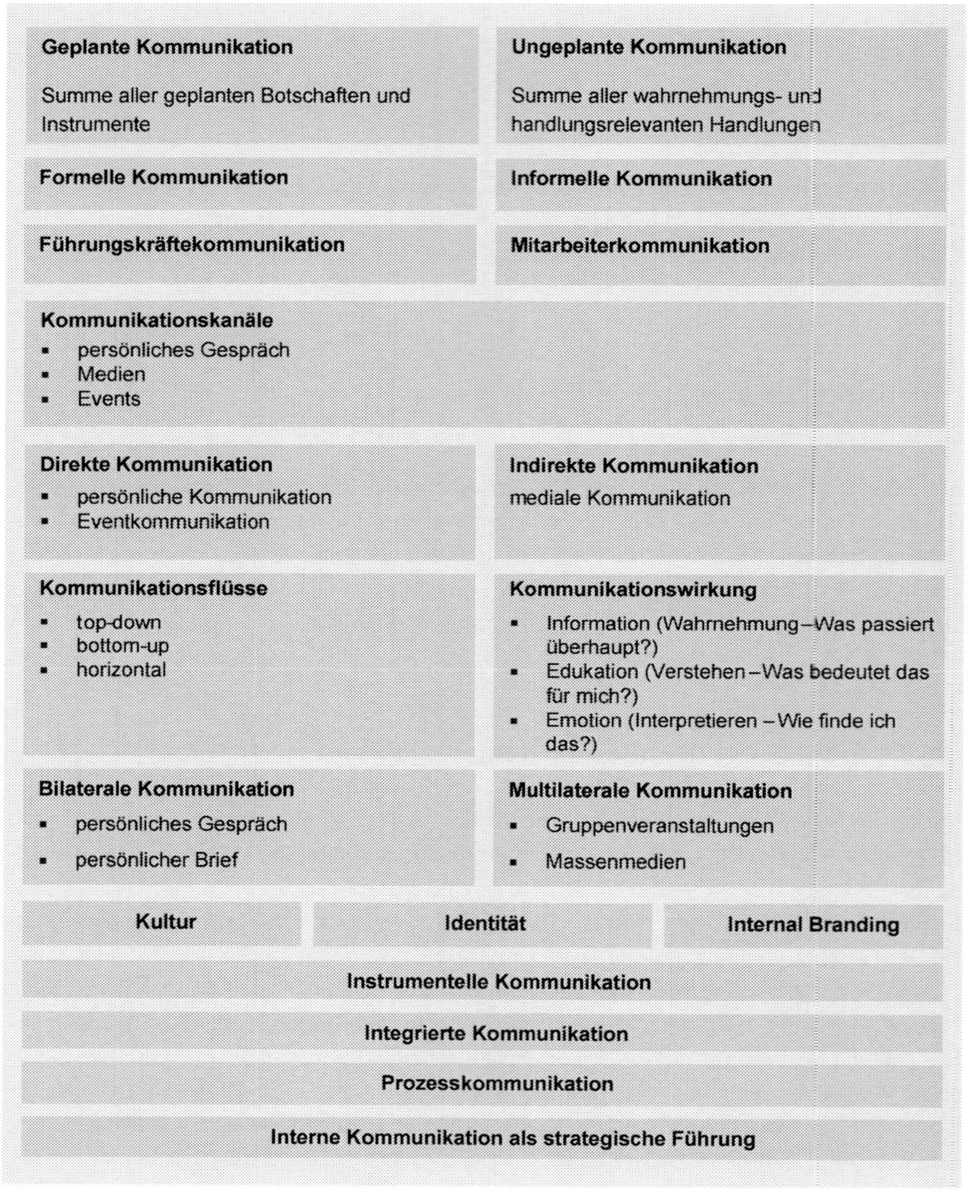

Geplante Kommunikation	Ungeplante Kommunikation
Summe aller geplanten Botschaften und Instrumente	Summe aller wahrnehmungs- und handlungsrelevanten Handlungen
Formelle Kommunikation	**Informelle Kommunikation**
Führungskräftekommunikation	**Mitarbeiterkommunikation**

Kommunikationskanäle
- persönliches Gespräch
- Medien
- Events

Direkte Kommunikation	Indirekte Kommunikation
• persönliche Kommunikation • Eventkommunikation	mediale Kommunikation
Kommunikationsflüsse • top-down • bottom-up • horizontal	**Kommunikationswirkung** • Information (Wahrnehmung – Was passiert überhaupt?) • Edukation (Verstehen – Was bedeutet das für mich?) • Emotion (Interpretieren – Wie finde ich das?)
Bilaterale Kommunikation • persönliches Gespräch • persönlicher Brief	**Multilaterale Kommunikation** • Gruppenveranstaltungen • Massenmedien

| Kultur | Identität | Internal Branding |

Instrumentelle Kommunikation

Integrierte Kommunikation

Prozesskommunikation

Interne Kommunikation als strategische Führung

Abb. 5.1 Teilbereiche interner Kommunikation

hierzu im Abschn. 5.4 „Interne Kommunikation – als Informationspflicht". Die ebenfalls höchst relevante Form der Kommunikation sind Gespräche in vertrauten Teams, zwischen Kollegen auf dem Flur, das schnelle Telefonat mit einem Vertrauten, der Smalltalk in der Raucherecke, in der Kantine (Flurfunk). Hier entstehen Gerüchte, Spekulationen, Meinungen, Begeisterung und Widerstände. Aus Sicht der klassischen internen Kommunikation spiegelt die informelle Kommunikation theoretisch ihren Handlungsbedarf wider. Praktisch ist sie aber nur schwer zu erfassen, da Umfragen oft nur im Extremfall hinweisgebend sind: beispielsweise bei großer Unzufriedenheit oder starken Widerständen gegen Managementmaßnahmen.

Integrierte Kommunikation Die Diskussion der integrierten Kommunikation hat auch für die interne Kommunikation Relevanz: So ist nicht selbstverständlich, dass beispielsweise die Vertriebsorganisation oder standortübergreifend die aus Sicht einer zentralen Konzernkommunikation relevanten Themen bearbeitet werden und umgekehrt. Dabei ist nicht nur die instrumentelle, inhaltliche, formale und zeitliche, sondern auch die prozessuale Kommunikation (siehe Abschn. 5.6 „Interne Kommunikation – Prozesskommunikation") als Integrationsbezug zu beachten.

Instrumentelle Kommunikation Der oftmals zu beobachtende Mangel an Integration kann auf eine zersiedelte instrumentelle Kommunikation zurückzuführen sein. Dieser Mangel ist beispielsweise in der organisatorischen Trennung von Intranet, Printmedien und anderen Instrumenten oder auch in der thematischen Trennung von Funktionen (Personal, Vertrieb, spezialisierte Konzerngesellschaften) zu suchen.

Direkte und indirekte Kommunikation Direkte Kommunikation sucht den unmittelbaren Kontakt zwischen Botschaftssender und -empfänger, zum Beispiel Führungskraft und Mitarbeiter. Der Vorteil: Es entstehen der persönliche Kontakt und die Gelegenheit zum vertraulichen Wort ohne Einflüsse Dritter. Der Nachteil: Bei großen Organisationen ist die direkte Kommunikation nur begrenzt möglich. Zum Teil ist eine maximale persönliche Kommunikation über Informationskaskaden möglich, indem Führungskräfte angehalten sind, ihre Teams persönlich zu informieren. Entsprechend sind weiter zu unterscheiden: die persönlich-individuelle Kommunikation und die Massenkommunikation. Zur individuellen Kommunikation gehören kleinere Meetings und das persönliche Gespräch. Ist das aus Kapazitätsgründen und der Organisationsgröße nicht möglich, bekommt die persönliche Massenkommunikation in Form von Führungskräfteveranstaltungen und Mitarbeiterveranstaltungen Bedeutung. Alternativ und/oder ergänzend greift dann die mediale oder vermittelte Kommunikation, in der Medien als Kommunikationsträger dienen. Dies ist in großen Organisationen oft der Standard, kann aber nicht darüber hinwegtäuschen, dass es nur ein Ersatz für die persönliche Kommunikation ist. Die Gefahr ist dabei groß, dass sich mediale Kommunikation zu einem Alibi für den persönlichen Kontakt zwischen Mitarbeitern und Führungskräften entwickelt.

Bilaterale und multilaterale Kommunikation Der **Unterschied zwischen bilateraler und multilateraler Kommunikation** wird besonders deutlich, wenn man sich die Bedeutung von Kommunikation in Veränderungsprozessen vor Augen führt. Der entscheidende Unterschied: Begeisterung oder Widerstand **Einzelner** sind zuerst ein Aspekt, der für die gesamte Organisation zunächst **nicht** relevant ist. Bilaterale Kommunikation ist bedeutsam für die Vermittlung von Botschaften, nicht aber für die Durchsetzung von (internen) Stakeholder-Ansprüchen. Erst wenn sich durch Einzelne Masseneffekte ergeben, kippt das Verhalten eines Einzelnen in eine **Gruppendynamik**. Multilaterale Kommunikation kann im positiven wie negativen Sinne erfolgskritisch sein. Genau hier wird interne Kommunikation relevant, um ihre Wirkung zu entfalten. Schafft sie es, eine gruppenbezogene Widerstandslinie zu identifizieren und sie mit Hilfe von Information, Argumenten und Emotionalisierung aufzulösen oder gar in Zustimmung umzuwandeln, wird interne Kommunikation zum vielfach beschriebenen Erfolgsfaktor. Hier wird der Unterschied zur redaktionellen Nachberichterstattung deutlich.

Kommunikationsflüsse In der Literatur wird häufig die Richtung der Kommunikationsflüsse diskutiert, die hier kurz genannt werden:

- **Abwärtskommunikation**/Top-Down-Kommunikation: Informationen über Aufgaben, Maßnahmen, Praktiken, Bewertung von Leistungen, Übermittlung von Zielvorstellungen.
- **Aufwärtskommunikation**: Kommunikationsabläufe von Mitarbeitern zu Vorgesetzten, Informationen über betriebliche Vorgänge, Probleme, Vorschläge, Erfahrungen, aber auch Gefühle.
- **Horizontalkommunikation:** Kommunikation zwischen Akteuren einer Hierarchieebene und verschiedenen Hierarchieebenen ohne Weisungscharakter: Koordination von Aufgaben sowie die sozioemotionale Unterstützung der Mitglieder.

Kultur, Identität, Internal Branding Die Kultur einer Organisation umfasst die ungeschriebenen Normen und Werte, die in ihrer ursprünglichen Form als implizite Regeln wie Leitplanken das Handeln einer Organisation prägen. Sie prägen die Identität im Sinne eines gemeinschaftlichen Selbstverständnisses und damit auch die Kommunikation und das Image, das wiederum im Sinne von Marke die authentische Basis des Internal Brandings ist.

5.1.4 Beispiele für Aufgaben und zentrale Instrumente

Mögliche Aufgabenfelder und Instrumente der internen Kommunikation zeigen exemplarisch, welche Rolle sie in einer Organisation spielen kann. Zu den möglichen **Aufgaben** gehören:

- Unternehmenskultur: Schaffen von geteilten (besser: gemeinsam getragenen) Werten und Ansichten, um dem Unternehmen eine Seele, ein Gesicht und Leben zu geben.
- Koordination und Austausch: Beschleunigte Informationsverarbeitung und Entscheidungsfindung, schnelles Realisieren von Projekten und Aufgaben.

- Identifikation: Fördern des Miteinanders und „Wir-Gefühls" – Bilden einer Einheit mit dem Unternehmen.
- Motivation und Engagement: Empfinden des Mitarbeiters als einen aktiven und bedeutenden Teil des Wertschöpfungsprozesses.
- Loyalität: Loyale Mitarbeiter stehen zum Unternehmen auch in schwierigen Zeiten.
- Reputation: Ist sowohl bei internen als auch externen Bezugsgruppen mehr oder weniger positiv verankert und bedingt sich wechselseitig.

Instrumente medialer Kommunikation
- Mitarbeiterzeitschrift
- Newsletter
- Intranet
- Vorstandsbrief
- Schwarzes Brett
- …

Instrumente direkter Kommunikation
- Besprechung
- Mitarbeiterversammlung
- Townhall (vielfach gebrauchter Begriff für Präsentationen der Geschäftsleitung mit der Gelegenheit für die Mitarbeiter, Fragen zu stellen)
- Führungskräftetagung

5.1.5 Kulturelle Unterschiede bei Führung und interner Kommunikation

Zu erwähnen ist, dass interne Kommunikation, Führung und Kultur eng miteinander verwoben sind. „Die Wirkung von Kultur auf die interne Kommunikation beginnt bereits beim unterschiedlichen Führungsverhalten. Dies ist schon am Wort ‚Leadership' ablesbar, das sich mit ‚Führungsverhalten' nur sehr hölzern übersetzen lässt und in den USA eine ganz andere Rolle spielt als in Deutschland oder Japan: „In the United States, leadership is an integral part of primary education (…)" (De Mooij 2010, S. 1). So übernehmen Kinder bereits in Schulen die Rolle des Klassensprechers für einen Tag und erhalten Anerkennung dafür. „American leaders are the heroes of capitalism; they are admired and applauded, whether they succeed or fail" (De Mooij 2010, S. 1). Japanische Führungspersönlichkeiten seien dagegen gesichtslos. Führung sei dort wie Luft: Man braucht sie, aber man sieht sie nicht (De Mooij 2010, S. 1).

5.2 Interne Kommunikation – als Teil der (strategischen) Führung

Jan Lies

5.2.1	Wandel des Leistungsverständnisses	118
5.2.2	Faktisches Handeln und interne Kommunikation	120
5.2.3	Motivation als Ziel interner Kommunikation	121
5.2.4	Bedeutung und Begriff der Motivation	121
5.2.5	Interne Kommunikation als strategische Führungsdisziplin	123
5.2.6	Interne Kommunikation als internes Markenmanagement („Internal Branding")	123
5.2.7	Fazit	125

Leitfragen
1. Welche Rolle kann interne Kommunikation als Managementdisziplin spielen?
2. Inwieweit hängen interne Kommunikation und Managementhandeln zusammen?
3. Was hat Motivation mit interner Kommunikation zu tun?
4. Was ist unter Motivation zu verstehen? Wann ist man motiviert?
5. Wann ist es gerechtfertigt, von interner Kommunikation als strategischer Führungsdisziplin zu sprechen?
6. Inwieweit hängen Markenmanagement und interne Kommunikation zusammen?

Worauf zielt interne Kommunikation ab? Geht es für Public Relations nach innen ebenfalls um das häufig zitierte Idealziel, vor allem Vertrauen zu schaffen? – Hier wird die Auffassung entwickelt, dass interne Kommunikation als Führungsinstrument vor allem eine Motivationsfunktion erfüllt, die mit dem klassischen redaktionellen Verständnis der internen Kommunikation nicht allein zu leisten ist. Damit geht Public Relations weit über den massenmedialen Kommunikationsbegriff von Public Relations hinaus und macht die Relevanz der Organisationskommunikation deutlich, die auch eine interkations- oder linguistisch-sprachliche Komponente hat (vgl. zu den zur Zeit oft noch „impliziten Forschungsbereichen" der Organisationskommunikation Thes-Berglmair 2013, S. 289 ff.).

5.2.1 Wandel des Leistungsverständnisses

Im vorigen Abschnitt wurde beschrieben, dass sich der Stellenwert der internen Kommunikation verändert: Sie entwickelt sich in vielen Unternehmen langsam von der oft höfischen, redaktionellen Nachberichterstattung zu einem Instrument der Mitarbeiterführung. Hinter diesem zum Teil beobachtbaren Wandel des Leistungsverständnisses der internen Kommunikation steckt oftmals eine **Bewusstseinsentwicklung** auf Managementseite da-

---

J. Lies (✉)
FOM Hochschule für Oekonomie & Management, Essen, Deutschland
E-Mail: jan.lies@fom.de

hingehend, dass interne Kommunikation mehr leisten kann, als im Nachhinein über Geschehnisse im Unternehmen zu berichten.

Tatsächlich kann interne Kommunikation, aktiv eingesetzt, mit ihren unterschiedlichen Instrumenten helfen, **Managementprozesse zu beschleunigen bzw. durchzusetzen**. Dazu gehört beispielsweise:

- interne Kommunikation als Gestaltungselement in der Unternehmensentwicklung und als verlängerte Werkbank von Managementaufgaben,
- interne Kommunikation zur Stärkung des Teamplays auf Leitungsebene,
- interne Kommunikation als Dramaturg für Managementaufgaben und
- interne Kommunikation als Coach für Führungskräfte, beispielsweise zur verbesserten Durchsetzung von Managementaufgaben.

Hintergrund hierfür ist, dass dem Personalmanagement seit etwa Anfang der 1980er ein vielschichtiger Wandel attestiert wird, der insgesamt ein Wandel von der Personalverwaltung zum Personalmanagement bedeutet. Im anglo-amerikanischen Bereich wird dieser Wandel vom Personalmanagement zum Human-Relation-Management vorgezeichnet (vgl. Holtbrügge 2013, S. 2 und 12 f.). Insgesamt werden klassische betriebswirtschaftliche Kompetenzen (Optimierung harter Faktoren) um führungsorientierte Managementkompetenzen (Optimierung weicher Faktoren) ergänzt (vgl. Tab. 5.1).

Getrieben wird dieser Wandel von vielen Entwicklungen wie zunehmendem Wettbewerb in vielen Märkten zum Beispiel angesichts zunehmender Globalisierung, anspruchsvollerer Mitarbeiter auch begünstigt durch technisch-soziale Vernetzung.

Damit steigt die Bedeutung von Kommunikation im Personalmanagement. Franz Klöfer formuliert: „Führen geschieht über Kommunizieren. Führungsstil und Kommunika-

Tab. 5.1 Der Wandel von der Personalverwaltung zum Personalmanagement. (Quelle: In Anlehnung an Holtbrügge 2013, S. 2)

	Personalverwaltung	Personalmanagement
Ziele	Rechtmäßigkeit Arbeitsproduktivität	Zufriedenheit Wirtschaftlichkeit
Leitbilder	Verwaltungsorientierung	Wettbewerbsorientierung
Management-Maxime	Shareholder Value	Zusätzlich Stakeholder Value(s)
Menschenbild	Homo oeconomicus	Homo socio oeconomicus
Wissenschaftliche Grundlage	Recht Verwaltung Business Administration	Management Behavioral economics
Umwelt	Statisch	Dynamisch
Instrumente der Personalführung	Dienstanweisungen Senioritätsprinzip Hierarchie Formale Qualifikation	Leistungs- und Motivationsanreize Wettbewerb Partizipation

tionsstil sind zwei Seiten einer Medaille. Sie entscheiden gemeinsam über Erfolg oder Misserfolg von Führungsmaßnahmen und damit über den Unternehmenserfolg" (Klöfer 2003, S. 21). Dafür muss interne Kommunikation allerdings ihre eigene Position bestimmen, ausführen lernen und auf eine Managementkultur treffen, die dies so als Mehrwert verstehen will. Um ihre mögliche Position ausfüllen zu können, muss sich die interne Kommunikation selbst die Frage stellen: Haben wir die richtigen Leute, um Management mitzugestalten?

Um das Leistungspotenzial der internen Kommunikation nicht nur beispielhaft aufzuzeigen, sondern strukturiert zu bestimmen, ist es notwendig, sich mögliche Zusammenhänge zwischen Kommunikationszielen und -wirkungen zu verdeutlichen.

5.2.2 Faktisches Handeln und interne Kommunikation

Grundsätzlich gilt für **„kommunikative Vorgänge"** Vergleichbares wie für die externe Kommunikation auch. Die interne Kommunikation umfasst nicht nur die **geplante** Kommunikation im Sinne von Kommunikationsmaßnahmen, sondern vor allem **das faktische Handeln** von (Top-)Managern, Führungskräften und Mitarbeitern (siehe mehr im Abschnitt „Kommunikation – und Handlung" in Lies 2015).

Dieses faktische Handeln beinhaltet oftmals die **ungeplante** Kommunikation aus Sicht einer strategischen (internen) Kommunikationsplanung. Denn dieses faktische Handeln kann bestimmend für das sein, was die internen Adressaten der internen Kommunikation authentisch wahrnehmen. Entsprechend kann die Aufgabe von interner Kommunikation **nicht** in erster Linie darin bestehen zu versuchen, durch eigene Maßnahmen der Mitarbeiterkommunikation mögliche Kommunikationsmängel der Vorgesetzten auszugleichen. Vielmehr muss Unternehmenskommunikation die Kommunikationsbereitschaft und -fähigkeit der Führungskräfte fördern und sie bei der Kommunikation unterstützen (vgl. Schick 2007, S. 140).

Denn weicht die von Mitarbeitern und Führungskräften wahrgenommene Unternehmensrealität systematisch von den kommunizierten Inhalten der internen Kommunikation ab oder entsprechen sie nicht den relevanten Themen aus Sicht von Mitarbeitern und Führungskräften, muss ein Glaubwürdigkeitsproblem zwischen Unternehmensleitung als Absender sowie den Adressaten entstehen, da erwartetes und tatsächliches Handeln auseinanderklaffen (mehr zum Vertrauensbegriff siehe Abschnitt „Vertrauen – und Reputation" in Lies 2015).

▶ **Interne Kommunikation** als Führungsinstrument unterstützt Organisationen mit kommunikativen Mitteln, um Managementprojekte durchzusetzen. Kommunikation umfasst dabei gleichermaßen die geplante und ungeplante Kommunikation. Sie hat auch das faktische Handeln von Führungskräften im Fokus, da dies wahrnehmungsrelevant für alle internen Zielgruppen ist.

Eine theoretische Abgrenzungsdiskussion zwischen „klassischem Management" und „Kommunikation als Unterstützungsfunktion" bzw. „Management weicher Faktoren" ist aus Wahrnehmungssicht nicht zu trennen. Die handlungs- bzw. kommunikationstheoretische Abgrenzungsdiskussion ist entsprechend weiterzuentwickeln.

Was ist zu leisten, um „klassische interne Kommunikation" als vor allem redaktionelles Handwerk und Managementhandeln zusammenzuführen, um zu einem strategischen Führungsinstrument zu werden?

5.2.3 Motivation als Ziel interner Kommunikation

Hier wird im Anschluss von Comelli/von Rosenstiel der Vorschlag aufgegriffen, die **Motivation** als Zielgröße der internen Kommunikation in den Mittelpunkt zu rücken. Denn die Motivation ist ein facettenreicher Begriff, der zentrale Kommunikationsfunktionen wie die Orientierung, das Herbeiführen von Transparenz, aber auch das Vertrauen und anderes mehr beinhaltet. Dabei wird deutlich, dass interne Kommunikation keine isolierte Managementdisziplin ist, sondern im Kontext von Führung und Personalmanagement zu sehen ist.

▶ „**Motivation** geht auf das lateinische ‚movere' (= bewegen) zurück und soll Aufschluss geben über die Beweggründe des Handelns und Verhaltens eines Menschen. Ziele von Motivationstheorien sind Beschreibung und Erklärung des Aufbaus, der Aufrechterhaltung und des Abbaus von Vertrauen sowie dessen Richtung, Intensität und Dauerhaftigkeit" (Staehle et al. 1999, S. 219).

Motivation steht hier also stellvertretend als Ergebnis für diverse interne Kommunikationsziele wie Vertrauen, Identifikation, Akzeptanz und andere handlungsrelevante Wahrnehmungs- und Interpretationsprozesse, die sich im Ergebnis zu einer im Personalmanagement gelernten Zielgröße verdichten lassen: der Motivation.

5.2.4 Bedeutung und Begriff der Motivation

Motivation wird in Organisationen zunehmend wichtiger, da standardisierbare Arbeiten in Organisationen tendenziell abnehmen und individuelle Ziele von Führungskräften und Mitarbeitern zunehmen. Führung durch Kontrolle wird durch zunehmende Spezialisierung immer weniger möglich. Diese Tendenzen machen ein technokratisches Führungsverständnis weniger erfolgreich und erfordern eine zunehmend motivierende Arbeitsumgebung (Comelli und von Rosenstiel 2011, S. 4).

Bei der Frage, was Motivation eigentlich ist, kommt schnell eine facettenreiche Bestimmungsumgebung zustande, die die Motivation prägt. „Motivation – das ist eigentlich

‚Fachchinesisch'. (…) Man versteht, was ein anderer ausdrücken möchte, der es benutzt. Dennoch entstehen nicht selten Missverständnisse, wenn über Motivation gesprochen wird. Wortverwendung und Wortverständnis unterscheiden sich von Person zu Person" (Comelli und von Rosenstiel 2011, S. 5). Bei näherer Betrachtung hat Motivation eine „Innen- und Außenseite" (Cornelli und von Rosenstiel 2011, S. 6).

Innenseite
- Antrieb
- Bedürfnis
- Drang
- Streben
- Trieb
- Wunsch
- Wille
- …

Außenseite
- Anregung
- Anreiz
- Geld
- Lob
- Karrierechance
- Unternehmenskultur
- Zielvereinbarung
- …

Bereits diese Übersicht über die Merkmale von Motivation macht deutlich, wie Personen, Strukturen und Prozesse auf die Motivation eines Menschen von „innen heraus" oder in seiner Handlungsumgebung Einfluss nehmen und welche Rolle der internen Kommunikation dabei zukommen kann. Eine tiefer gehende Diskussion dessen, was bei wem wann und wie motivierend wirkt, wird hier nicht geführt. Kurz gesagt, ist dies eine personen- und kulturabhängige Thematik. So sind Motivationsanreize per Geld für den einen wichtig. Ein anderer mag vor allem die Karrierechancen oder die Gestaltungsmöglichkeiten als motivierendes Element verstehen (mehr hierzu vgl. Comelli und von Rosenstiel 2011, S. 5 ff.).

Dieses Beispiel mit der obigen Tabelle zeigt: Interne Kommunikation auf den Vertrauensbegriff zu reduzieren, reicht also auch in der internen Regelkommunikation nicht aus, wenn er auch mit dem Stichwort „Anreiz" sowohl bei der Innen- und der Außenseite mit angelegt ist.

5.2.5 Interne Kommunikation als strategische Führungsdisziplin

Für die Rolle der Kommunikation bedeutet dies, dass ihre Berichterstattungsfunktion nicht etwa entfällt. Aber die Bedeutung darüber hinausgehender Aufträge als Führungsinstrument macht die Berichterstattung zu einer von weiter reichenden Aufgaben:

- **Interne Kommunikation als Berichterstatter:** Interne Kommunikation kann mit Hilfe der bekannten, klassischen medialen Kommunikationsmaßnahmen darauf Einfluss nehmen, dass bereits vorhandene motivationsfördernde Aspekte der personenexternen Kontextfaktoren bekannt gemacht werden.
- **Interne Kommunikation als strategische Führungsaufgabe:** Darüber hinaus kann interne Kommunikation einen Beitrag dazu leisten, die Voraussetzungen für die Schaffung von Merkmalen der Motivation auf den Weg zu bringen.

Die Bandbreite der Aufgaben von interner Kommunikation als Führungsinstrument lässt sich aus dem Motivationsbegriff ableiten. Zu motivieren bedeutet, individuelles Können und persönliches Wollen zu fördern und soziales Dürfen zuzulassen. Diese Bandbreite der Motivationsfaktoren zeigt, wie umfassend ein Motivationsmanagement ist und wie sehr das Leistungsangebot (Produkte/Dienste), die damit verbundenen Erstellungsprozesse und dafür nötigen Kompetenzen ineinandergreifen. In diesem Sinne lässt sich interne Kommunikation als interdisziplinärer Teil der Führung verstehen, sobald sie konzeptionell und mit den im vorigen Abschnitt beschriebenen Instrumenten gezielt eingesetzt wird, um Managementprozesse zu vereinfachen, mit Hilfe des Aufbaus oder Erhalts von Motivation.

Sie ist dann als strategischer Erfolgsfaktor zu beschreiben, wenn sie kritische Managementprozesse zur Sicherung des **langfristigen** Unternehmenserfolgs (zum Strategiebegriff siehe mehr im Abschnitt „12.2 Kommunikationskonzept und -strategie") mit den in der Abb. 5.2 ablesbaren Eckpfeilern voranzutreiben hilft.

Die Tab. 5.2 gibt einen Eindruck der Aufgaben interner Kommunikation als strategische Führungsaufgabe und als klassisches redaktionelles Instrument.

Bis heute lassen sich diese historische Entwicklung bzw. die Nutzung der Möglichkeiten der internen Kommunikation nicht systematisch in der Unternehmensrealität wiederfinden. Je nach Organisation findet interne Kommunikation oft auch im althergebrachten Sinne oder gar nicht statt. Darum ist die oben genannte Zeitstruktur mit Vorsicht zu konsumieren.

5.2.6 Interne Kommunikation als internes Markenmanagement („Internal Branding")

Eine Disziplin im Sinne von interner Kommunikation als Führungsinstrument, um Motivation zu fördern, repräsentiert das Internal Branding. Die interne Kommunikation wird hier zum Teil so verstanden und eingesetzt, um die eigene Marke intern zu verankern.

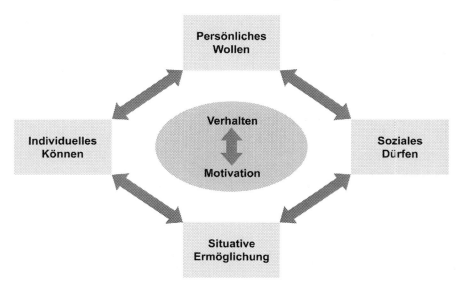

Abb. 5.2 Bedingungen von emotionalen Prozessen und Verhalten. (Quelle: in Anlehnung an Comelli und von Rosenstiel 2011, S. 3)

Tab. 5.2 Aufgaben der internen Kommunikation als redaktionelles Instrument und als Teil der Führung

Interne Kommunikation als unternehmensbezogenes Instrument	Interne Kommunikation als projektbezogenes Instrument
Schaffung von Motivation als unternehmensweite Institution: Internal Branding Beförderung von Anreizen für Führungskräfte und Mitarbeiter Coaching von Führungskräften …	*Schaffung von Motivation in bestimmten Projekten*: Project-Branding mit Story, Dramaturgie und Botschaften Coaching von Führungskräften und Mitarbeitern …
Interne Kommunikation (klassische Rolle)	
Interne Kommunikation zur Schaffung von Information, Edukation und Emotion: Redaktionelle Instrumente (Corporate Publishing) Veranstaltungen Persönliche Kommunikation …	

Denn letztlich bilden die Mitarbeiter und Führungskräfte das Rückgrat der Markenkommunikation. Das Ziel ist es dabei, dass die Führungskräfte und Mitarbeiter sich mit ihrer Unternehmens- und Produktmarke identifizieren (extremes Beispiel: Nike-Tätowierungen bei Mitarbeitern von Nike) und sie so zu den wichtigsten Markenbotschaftern zu machen, sofern vorhanden:

5 Public Relations als interne Kommunikation

- Nach innen ist damit das Ziel verbunden, sich aufgrund des starken, prägnanten Images verstärkt für die Unternehmens- und/oder Produktmarke(n) des Unternehmens einzusetzen – also Projekte und Managementprozesse besser voranzutreiben. Auch hier geht es also um Motivation.
- Hinzu kommt die externe Perspektive: Mitarbeiter vertreten die Marke dadurch glaubwürdiger in der direkten Kommunikation mit den Bezugsgruppen.

Mitarbeiter und Führungskräfte können die **stärksten Botschafter der Marke** sein und die externe Markenbildung kann dauerhaft nur erfolgreich sein, wenn die Marke **intern gelebt** wird (Beispiel für ein klassisches Scheitern – Vattenfall als vertrauenswertes Unternehmen als Soll-Image; siehe Abschn. 13.3 „Werbung"). Darum heißt es in vielen PR-Büchern: PR begins at home.

> Aber: interne Kommunikation als „gänzende" Markenkommunikation beinhaltet die Gefahr, propagandistisch zu wirken!

5.2.7 Fazit

Interne Kommunikation kann man als integralen Bestandteil des Managements zur Förderung von Motivation verstehen. Sie ist damit ein Teil der Führung. Mit Konzepten und Maßnahmen, um individuelles Können, persönliches Wollen, soziales Dürfen und dem, was situativ möglich ist zu flankieren, entsteht ein Aufgabenfeld, das sich weit über die klassische redaktionelle Berichterstattung hinaus entwickelt hat.

5.3 Interne Kommunikation – Vision und Leitbild

Jan Lies

5.3.1	Visionen und ihre Soll-Wirkung	126
5.3.2	Leitbildprozesse	127
5.3.3	Vision, Leitbild, Image	127

Leitfragen
1. Was ist eine Unternehmensvision?
2. Welche Rolle spielt sie im Unternehmen?
3. Was hat eine Vision mit Identifikation, Leitbild und Image zu tun?

J. Lies (✉)
FOM Hochschule für Oekonomie & Management, Essen, Deutschland
E-Mail: jan.lies@fom.de

Visionen und Leitbilder sind **Führungsinstrumente**, deren Kraft weniger in verschriftlichen Dokumenten liegt, sondern in ihren gemeinschaftlich-prozessualen Entstehungsarbeiten. Sie dienen Führungskräften und Mitarbeitern zur Orientierung und Motivation und werden zum Teil von der internen Kommunikation initiiert und verantwortet. Indem Unternehmen ihre Visionen auf Führungs- und/oder Mitarbeiterebene erarbeiten und kommunizieren, stiften sie Flächen für Identifikation und leisten damit im Idealfall einen Beitrag zur verbesserten Zielerreichung. Im schlechtesten Fall dokumentieren sie lediglich den Unterschied zwischen dem Soll- und dem Ist-Zustand.

5.3.1 Visionen und ihre Soll-Wirkung

Akzeptierte Standards zur Abgrenzung von Leitbildern und Visionen gibt es nicht: „Der gravierendste Unterschied zu Visionen besteht sicher darin, wie Leitbilder entstehen. Sie werden im Kopf gemacht. Der Prozess ist nicht so angelegt, dass tiefe Wünsche bewusst werden, dass Zukunftsbilder imaginiert werden und dass die Lebensenergie aktiviert wird" (Bonsen 2000, S. 62).

▶ Eine **Unternehmensvision** ist ein gereiftes Vorstellungsbild davon, wie das Unternehmen und sein näheres Umfeld in Zukunft einmal sein sollen.

Die Vision besteht vor allem aus Bildern, die fest in den Köpfen der Führungskräfte und Mitarbeiter des Unternehmens verankert sind und an die diese glauben. Sie haben eher den Charakter natürlich gewachsener, gemeinsam interpretierter Zukunftsideen. „Vision und Realität gehören zusammen. (…) Erst wenn beides zusammenkommt, entsteht Energie" (Bonsen 2000, S. 23). Daher ist Lebensenergie nicht nur ein individuelles, sondern ein unternehmensweites Phänomen: „Menschen stecken sich mit ihrer Energie blitzartig an. Sie richten sich gegenseitig auf oder sie ziehen sich nieder. (…) Eine starke Energie im Unternehmen ist spürbar als Optimismus und Zuversicht, als Gefühl von Dringlichkeit, als eine gelöste, heitere Atmosphäre, als Freiheit von Angst und als Stolz und Freude, dabei zu sein" (Bonsen 2000, S. 29). „Eine Vision wirkt auf Mitarbeiter als integrierende Kraft. Sie ist das Ziel, das alle wollen. Sie ist das Ziel, für das es sich lohnt, zusammenzuarbeiten, Opfer zu bringen, Wünsche aufzuschieben, Gewohnheiten aufzugeben und Veränderungen zu akzeptieren" (Bonsen 2000, S. 50).

Auch wenn Visionen zum Teil verschriftlicht werden: „Die Unternehmensvision ist nicht in erster Linie ein Text auf Papier. Sie besteht vor allem aus Bildern, die sich in den Köpfen und Herzen der Führungskräfte und Mitarbeiter des Unternehmens befinden und an die diese glauben" (Bonsen 2000, S. 53). Der visionäre Führer („Leadership") „möchte nicht Abhängige haben, die ihm einfach folgen. Vielmehr will er, dass die Menschen, die er führt, **selbst** zu einer **Stimme** werden und nicht ein **Echo** bleiben" (Bonsen 2000, S. 44; Kursivsetzung verändert).

5.3.2 Leitbildprozesse

Eine einheitliche Definition von Leitbildern gibt es ebenso wie bei Visionen nicht. Aber auch sie sind ein Führungsinstrument, das ähnlich wie die Visionen verwendet werden. Leitbilder sind aber konkreter, und ihr Mehrwert für das Management bestehen vor allem in dem Leitbildprozess. Indem zuerst Führungskräfte gemeinschaftlich daran arbeiten, wird in partizipativer Form ein gemeinsames Verständnis der Punkte hergeleitet, an der sich die Führungsarbeit ausrichtet.

▶ **Leitbilder** entstehen im Gegensatz zu Visionen im Zuge eines **künstlich** angelegten Entwicklungsprozesses, der zum Teil der Verschriftlichung von Visionen als strukturierter Prozess vorangeht.

Je nach dem Kontext, in dem sich ein Unternehmen befindet, erarbeiten die Führungskräfte allein oder auch mit den Mitarbeitern das Leitbild, zum Teil mit Hilfe eines neutralen Moderators. Das Ziel des (moderierten) Prozesses ist, im Diskurs und Konsens auf folgende beispielhafte Fragen Antworten zu formulieren:

- Wer sind wir? (Selbstverständnis)
- Was treibt uns an? (Mission)
- Was zeichnet uns aus? (Alleinstellungsmerkmale)
- Wo wollen wir hin? (Ziele, Vision)

Das Leitbild ist also im Ergebnis ein Orientierungsrahmen und ist zugleich auch Verhaltenskodex (vgl. Schick 2007, S. 127).

▶ Die Führungskraft von Leitbildern ergibt sich aus ihrem diskursiven Erarbeitungsprozess im Dialog von Führungskräften – und nicht aus der Veröffentlichung in (internen) Medien.

Der Leitbildprozess ist vor allem in kritischen Phasen eines Unternehmens wichtig, um Führungskräfte zu einem gemeinsamen Verständnis über Ziele, Prioritäten und auch den Weg zum Ziel zu führen, sodass das Managementteam zu einer gemeinsamen Managementagenda findet (Lies 2011, S. 51).

5.3.3 Vision, Leitbild, Image

Beides – Vision und Leitbild – prägen das Image, das das wahrnehmungsbezogene Fremdbild kennzeichnet. Vision und Leitbild sind grundlegend imageprägend, denn Handeln bestimmt die Wahrnehmung Dritter, wofür die Vision und das Leitbild wegweisend sind.

Laut Literatur entfaltet die Vision eine größere Determination der Handlung als ein Leitbild, weil sie einen natürlich angelegten Identifikationsprozess impliziert. Leitbild und Vision unterscheiden sich anhand der Stabilität und handlungsbestimmenden Maßgeblichkeit voneinander: Eine Vision entfaltet größere Determination der Handlung als ein Leitbild, weil sie einen natürlich angelegten Identifikationsprozess impliziert. Andererseits ist der Leitbildprozess, weil inhaltlich gestaltbar und durch Moderation steuerbar, weniger anfällig gegen Fehlentwicklungen aus Sicht der Machtinteressen der Organisationsleitung.

5.4 Interne Kommunikation – als Informationspflicht

Jan Lies

5.4.1 Die Informationspflicht des Betriebsverfassungsgesetzes 128
5.4.2 Betriebsrat und interne Kommunikation 129
5.4.3 Das Kräftefeld von Unternehmensleitung, Arbeitnehmervertretung
und interner Kommunikation 129

Leitfragen
1. Wo ist die Informationspflicht gegenüber Mitarbeitern geregelt?
2. Wie ist der Stellenwert der Pflichtkommunikation aus strategischer Kommunikationssicht zu bewerten?
3. In welchem Kräftefeld arbeiten interne Kommunikation und Betriebsrat?

Das Betriebsverfassungsgesetz (BetrVG) enthält die wesentlichen Informationspflichten, die das gesetzlich verordnete Minimum der innerbetrieblichen Information darstellen. (Pflaum und Linxweiler 1998, S. 180)

5.4.1 Die Informationspflicht des Betriebsverfassungsgesetzes

Die formale Pflicht der Arbeitgeber, die Arbeitnehmer zu informieren, ist im Betriebsverfassungsgesetz in den Paragrafen 81 ff. geregelt. Es regelt die Zusammenarbeit des Arbeitgebers mit der von den Arbeitnehmern gewählten betrieblichen Interessenvertretung.

Diese Pflichtkommunikation findet meist Ausdruck in Veranstaltungen wie Betriebsversammlungen, die in Unternehmen mit Betriebsrat obligatorisch sind. Hierzu lädt die Mitarbeitervertretung die Unternehmensleitung ein, die die Mitarbeiterschaft informiert. Dabei hat der Arbeitgeber das Recht, dort das Wort zu ergreifen.

Allerdings nur insoweit, als dass dadurch nicht Betriebs- oder Geschäftsgeheimnisse preisgegeben werden müssen. Im kritischen Fall führt diese Regelung zu Konfliktpoten-

---

J. Lies (✉)
FOM Hochschule für Oekonomie & Management, Essen, Deutschland
E-Mail: jan.lies@fom.de

zial: Wenn beispielsweise der Betriebsrat darauf verweist, dass der Arbeitgeber weit reichende Restrukturierungspläne nicht bekannt gegeben hat, kann dieser auf die strategische Bedeutung dieser Pläne verweisen.

▸ Die formale Pflicht der Arbeitgeber, die Arbeitnehmer zu informieren, ist im Betriebsverfassungsgesetz in den Paragrafen 81 ff. geregelt. Aus strategischer Kommunikationssicht ist diese Pflichtinformation aber eine Form der minimalen Pflichtinformation. Sie ist zudem oftmals durch „Lagerbildung" geprägt: hier die Arbeitgeber, dort die Arbeitnehmer(-vertretung).

5.4.2 Betriebsrat und interne Kommunikation

Grundsätzlich ist die Rolle des Betriebsrats für die interne Kommunikation nicht zu unterschätzen. So lange wie Geschäftsleitung und Betriebsrat aufgrund ihres gemeinsamen Interesses am Unternehmen an einem Strick ziehen, ist auch für interne Kommunikation naheliegend, mit dem Betriebsrat (…) zu kooperieren. Es wird jedoch Situationen geben, in denen der Betriebsrat und interne Kommunikation Konkurrenten sind. Dieser Wettbewerb resultiert aus unterschiedlichen Rollen: Der Betriebsrat hat in jedem Fall die Interessen der Belegschaft zu vertreten; dem gegenüber handelt interne Kommunikation im Auftrag der Unternehmensleitung, die Arbeitgeberfunktionen wahrzunehmen hat. (Schick 2007, S. 70 f.)

5.4.3 Das Kräftefeld von Unternehmensleitung, Arbeitnehmervertretung und interner Kommunikation

Dieser Wettbewerb besteht aus einem Kräftefeld, das letztlich die Kommunikationsaffinität der Unternehmensleitung, die Rolle der internen Kommunikation und das Verhältnis zwischen Unternehmensleitung sowie der Arbeitnehmervertretung und der gewerkschaftlichen Struktur prägen (vgl. auch Schick 2007, S. 71). Dies kann bis in die externe Kommunikation reichen: Ein systematisches Problem kann darin bestehen, dass die Arbeitnehmervertretung gut informiert ist und oft ohne jeden Abstimmungsprozess das Wort ergreift – nach innen und nach außen. Damit laufen interne und externe Kommunikation oftmals den Entwicklungen besonders in kritischen Zeiten hinterher, wenn es keinen belastbaren Arbeitsprozess zwischen Unternehmensleitung, relevanten Führungskräften und der internen Kommunikation gibt.

Auszüge aus dem Betriebsverfassungsgesetz (Fettsetzungen durch den Verfasser)
§ 81 Unterrichtungs- und Erörterungspflicht des Arbeitgebers
1. Der Arbeitgeber hat den Arbeitnehmer über dessen Aufgabe und Verantwortung sowie über die Art seiner Tätigkeit und ihre Einordnung in den Arbeitsablauf des Betriebs zu unterrichten. Er hat den Arbeitnehmer vor Beginn der Beschäftigung über die Unfall- und Gesundheitsgefahren, denen dieser bei der Beschäftigung ausgesetzt ist, sowie über die Maßnahmen und Einrichtungen zur Abwendung dieser Gefahren und die nach § 10 Abs. 2 des Arbeitsschutzgesetzes getroffenen Maßnahmen zu belehren.

2. Über Veränderungen in seinem Arbeitsbereich ist der Arbeitnehmer rechtzeitig zu unterrichten. Absatz 1 gilt entsprechend.
3. In Betrieben, in denen kein Betriebsrat besteht, hat der Arbeitgeber die Arbeitnehmer zu allen Maßnahmen zu hören, die Auswirkungen auf Sicherheit und Gesundheit der Arbeitnehmer haben können.
4. Der Arbeitgeber hat den Arbeitnehmer über die aufgrund einer Planung von technischen Anlagen, von Arbeitsverfahren und Arbeitsabläufen oder der Arbeitsplätze vorgesehenen Maßnahmen und ihre Auswirkungen auf seinen Arbeitsplatz, die Arbeitsumgebung sowie auf Inhalt und Art seiner Tätigkeit zu unterrichten. Sobald feststeht, dass sich die Tätigkeit des Arbeitnehmers ändern wird und seine beruflichen Kenntnisse und Fähigkeiten zur Erfüllung seiner Aufgaben nicht ausreichen, hat der Arbeitgeber mit dem Arbeitnehmer zu erörtern, wie dessen berufliche Kenntnisse und Fähigkeiten im Rahmen der betrieblichen Möglichkeiten den künftigen Anforderungen angepasst werden können. Der Arbeitnehmer kann bei der Erörterung ein Mitglied des Betriebsrats hinzuziehen.

§ 43 Regelmäßige Betriebs- und Abteilungsversammlungen
1. Der Betriebsrat hat einmal in jedem Kalendervierteljahr eine Betriebsversammlung einzuberufen und in ihr einen Tätigkeitsbericht zu erstatten. Liegen die Voraussetzungen des § 42 Abs. 2 Satz 1 vor, so hat der Betriebsrat in jedem Kalenderjahr zwei der in Satz 1 genannten Betriebsversammlungen als Abteilungsversammlungen durchzuführen. Die Abteilungsversammlungen sollen möglichst gleichzeitig stattfinden. Der Betriebsrat kann in jedem Kalenderhalbjahr eine weitere Betriebsversammlung oder, wenn die Voraussetzungen des § 42 Abs. 2 Satz 1 vorliegen, einmal weitere Abteilungsversammlungen durchführen, wenn dies aus besonderen Gründen zweckmäßig erscheint.
2. Der Arbeitgeber ist zu den Betriebs- und Abteilungsversammlungen unter Mitteilung der Tagesordnung einzuladen. Er ist berechtigt, in den Versammlungen zu sprechen. Der Arbeitgeber oder sein Vertreter hat mindestens einmal in jedem Kalenderjahr in einer Betriebsversammlung über das Personal- und Sozialwesen einschließlich des Stands der Gleichstellung von Frauen und Männern im Betrieb sowie der Integration der im Betrieb beschäftigten ausländischen Arbeitnehmer, über die wirtschaftliche Lage und Entwicklung des Betriebs sowie über den betrieblichen Umweltschutz zu berichten, soweit dadurch nicht Betriebs- oder Geschäftsgeheimnisse gefährdet werden.
3. Der Betriebsrat ist berechtigt und auf Wunsch des Arbeitgebers oder von mindestens einem Viertel der wahlberechtigten Arbeitnehmer verpflichtet, eine Betriebsversammlung einzuberufen und den beantragten Beratungsgegenstand auf die Tagesordnung zu setzen. Vom Zeitpunkt der Versammlungen, die auf Wunsch des Arbeitgebers stattfinden, ist dieser rechtzeitig zu verständigen.

5.5 Interne Kommunikation – als Mikropolitik

Jan Lies

5.5.1 Was ist unter Mikropolitik zu verstehen? 131
5.5.2 Mikropolitik und Moral 132
5.5.3 Interne Kommunikation, Personen-PR, Selbstdarstellung, Mikropolitik 134
5.5.4 Fazit: Mikropolitik als zu wenig beachtete Herausforderung der internen
       Kommunikation 135

Leitfragen
1. Was bedeutet Mikropolitik?
2. Ist Mikropolitik notwendigerweise moralisch verwerflich?
3. Kennzeichnet Mikropolitik einen Teil des Managements?

Mikropolitik findet in der PR-Diskussion über lange Strecken bisher nur implizit statt: So findet sie sich als Phänomen oder Zielen in der internen Kommunikation, wenn es beispielsweise um Führungskräftekommunikation im Veränderungsprozess geht mit Blick auf die Gewinnung von Mehrheiten und Abbau aktiver Widerstände. Vermutlich ist die Mikropolitik aber ein systematisches Phänomen, da „versteckte Agenden" bei vielen Mitgliedern einer Organisation eine Rolle spielen dürfte. Die interne Kommunikation verstanden als Multiplikatormanagement und Flankierung für die Durchsetzung von Strategien stellt sich also mikropolitischen Strukturen und Prozessen entgegen bzw. nutzt deren Instrumentarium.

5.5.1 Was ist unter Mikropolitik zu verstehen?

Mikropolitik ist nach Oswald Neuberger, emeritierter Professor für Psychologie und Personalwesen an der Universität Augsburg, das Instrumentarium jener *Machtmethoden*, mit denen innerhalb von Organisationen Macht aufgebaut und eingesetzt wird (Neuberger 2006, S. 4 ff.). Dabei stehen die eigenen Machtinteressen im Fokus.

▶ „Mikropolitisch handelt, wer durch die Nutzung Anderer in organisationalen Ungewissheitszonen eigene Interessen verfolgt" (Neuberger 2006, S. 18).

Der von Horst Bosetzky, Schriftsteller und Soziologe, 1972 in Anlehnung an Tom Burns in den deutschen Sprachraum eingeführte Begriff macht damit deutlich (Burns 1961/1962),

---

J. Lies (✉)
FOM Hochschule für Oekonomie & Management, Essen, Deutschland
E-Mail: jan.lies@fom.de

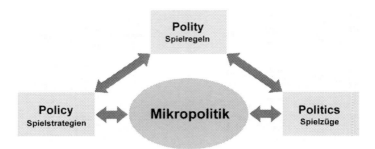

Abb. 5.3 Das Handlungsdreieck der Mikropolitik. (Quelle: Neuberger 2006, S. 28)

dass Mitarbeiter einer Organisationen jenseits der Organisationsziele *Eigeninteressen* verfolgen („strategischer Eigensinn"; selbstbezogene Interessen).

Mikropolitik findet in dem Dreieck von Polity, Policy und Politics (vgl. Abb. 5.3) statt (vgl. Neuberger 2006. S. 27 ff. und siehe hierzu auch den Abschnitt PR-Theorien: funktionalistische Ansätze – Reineke in Lies 2015):

- Polity: Die Verfassung, die die Ordnung einer Organisation charakterisiert.
- Policy: Aus der (Rahmen-)Ordnung abgeleitete strategische Aktivitäten.
- Politics: die konkrete Handlungsebene.

> Mikropolitik setzt bei den Akteuren und Aktionen an, die sich im Rahmen der institutionalisierten polity, der Grundordnung bewegen und nutzt offensiv sowohl Schwächen wie Möglichkeiten dieser Ordnung (…). Mikropolitik ist nötig und möglich, wie es Ordnung gibt, die wiederum (auch) durch Mikropolitik entwickelt und verändert wird. (Neuberger 2006, S. 38)

5.5.2 Mikropolitik und Moral

Dabei ist die Bewertung, inwieweit Mikropolitik a) moralisch, b) aus Sicht der professionellen Anwendung aus Kommunikationssicht und c) den Zielen der Organisation dient, ambivalent (vgl. Neuberger 2006, S. 42). Folgende Taktiken, die der Mikropolitik zugerechnet werden können, sind zumindest im aktuellen, westlichen Zeitgeist aus moralischer Sicht negativ oder positiv zu bewerten:

- **Negative Taktiken:** intrigieren, anderen Fehlern zuschieben, Druck ausüben, jemanden öffentlich bloßstellen, jemanden ignorieren, jemandem nicht helfen, jemanden „ins Messer laufen lassen"
- **Positive Taktiken:** anderen Vorteile verschaffen, „taktisches Loben", Netzwerke durch Versetzungen kaltstellen, Charisma

Diese moralische Bewertung hat aber noch nichts damit zu tun, inwieweit sie professionell angewendet oder den Zielen der Organisation dienlich oder abträglich sind.

Funktionen von Mikropolitik in Anlehnung an Neuberger (2006, S. 40 ff.) sind:

Positive Funktionen von Mikropolitik
- Sie produziert wertvolle und nutzbare Fähigkeiten.
- Sie fördert soziale Vernetzung.
- Sie unterstützt die Koalitions- und Netzwerkbildung.
- Sie kann Unternehmensstrategien fördern oder ermöglichen, die nur mit formalen Wegen nicht realisierbar wären.
- Sie fördert die Überlebensfähigkeit von Organisationen.
- Sie stärkt die Immunabwehr.
- Sie forciert die Auslese.
- Sie dient Karrieren.

Negative Funktionen von Mikropolitik
- Sie kann Unternehmensstrategien hemmen oder verhindern.
- Sie kann unnötige Ressourcen binden, wenn Machtinteressen vor Organisationsinteressen gesetzt werden.
- Sie kann unproduktive Konflikte fördern.
- Sie kann Ängste auslösen.
- Sie kann ausufern.

> **Beispiel**
>
> Eine Führungskraft identifiziert ein Netzwerk von innovationsaversen Vertriebsmanagern an einem Standort. Es steht Produktneuheiten entgegen, die der gesamten Organisation einen Wettbewerbsvorteil verschaffen könnten, die aber in Konkurrenz zu den Vertriebsprodukten dieses Netzwerkes stehen. Das Netzwerk ist gut mit dem Vertriebsvorstand verdrahtet, sodass eine formale Intervention nicht möglich erscheint. – Die Führungskraft lobt gezielt einige der Vertriebsmitarbeiter an andere Standorte und führt zwei weitere gezielt in die Kritik, indem er Kundenkontakte nutzt, die sich über diese beiden Mitarbeiter mehrfach beschweren. So löst er das Netzwerk mit moralisch verwerflichen Methoden auf und verschafft der Organisation einen Wettbewerbsvorteil.

Dieses einfache Beispiel zeigt, den Bewertungsspalt zwischen Moral und Effektivität und Effizienz.

5.5.3 Interne Kommunikation, Personen-PR, Selbstdarstellung, Mikropolitik

Gezielte Informationsweitergabe und -zurückhaltung an Mitarbeiter und/oder Vorgesetzte, taktisches Verhalten in Meetings, interne Selbstpositionierung zu aktuellen geschäftspolitischen Themen, Einflussnahme auf die Agenda interner Veranstaltungen, soziale Vernetzung mit ausgewählten Personen: diese und weitere Beispiele werden unter dem Stichwort Mikropolitik diskutiert. Inwieweit gehört Mikropolitik in diesem Sinne zur internen Kommunikation?

„Selbstdarstellung ist selten Selbstzweck – sieht man von dem in sein eigenes Bild verliebten Narziss ab. Personen und Unternehmen planen ihre Selbstdarstellung, um sich in der Umwelt Anerkennung, Einfluss, Ansehen und einen Namen zu verschaffen. Das ist das Grundmotiv" (Ebert und Piwinger 2007, S. 205). Geht man davon aus, dass die persönliche Selbstdarstellung ein Teil des Managementhandeln ist, wird deutlich, dass sich die Diskussion der Mikropolitik im Sinne von interner Kommunikation als Führungsdisziplin anschließen lässt: „Mikropolitik ist das Arsenal jener alltäglichen kleinen (Mikro-)Techniken, mit denen Macht aufgebaut und eingesetzt wird, um den eigenen Handlungsspielraum zu erweitern, Unsicherheit zu bewältigen, bedeutsame betriebliche Ressourcen verfügbar zu machen und sich fremder Kontrolle zu entziehen" (Stührenberg 2003, S. 162).

Für die interne Kommunikation als Teil der PR ergeben sich hieraus die Fragen, inwieweit die Mikropolitik als Instrument der internen Kommunikation zu verstehen ist und inwieweit die Ergebnisse eingesetzter Mikropolitik ein relevantes Phänomen ist, auf die eine Unternehmensleitung mit Hilfe von interner Kommunikation Einfluss zu nehmen ist. Zu denken ist beispielsweise an Managern eines Unternehmen, die sich auf Basis mikropolitischer Maßnahmen taktisch Verhalten, um beispielsweise Veränderungsprozessen auszuweichen oder diese gar verhindern wollen. Umgekehrt ist zu fragen, inwieweit sich mikropolitische Strategien und Taktiken gezielt einsetzen lassen, um Organisationsziele vereinfacht zu erreichen:

- **Mikropolitik als Instrument der Personen-PR:** CEO- oder Managerpositionierung, Teil der Markenbildung einer Organisation
- **Mikropolitik als Instrument der eigenen Karriereplanung:** Selbstvermarktung und Eigentraining zur Karrieresicherung/-beschleunigung
- **Mikropolitik als relevante Verhaltensquelle Einzelner oder von Gruppen:** Als Verhaltensquelle und damit Zielgröße der internen Kommunikation, um etwa Widerständen zu begegnen

Die folgenden Beispiele mikropolitischen Verhaltens geben eine Übersicht über Ausprägungen mikropolitischen Verhaltens (vgl. Stührenberg 2003, S. 164 ff.):

- **Informationskontrolle:** Informationsfilterung, Informationszurückhaltung, Informationsüberflutung, Informationsverzerrung, Informationsverschönerung, Falschmel-

dungen, Halbwahrheiten, Zuspät-Informationen, Fachjargon, Gerüchte, Falschablage, Informationen lancieren …
- **Situationskontrolle:** Fragliches als Tatsachen darstellen, scheinbar unabsichtliche Fehler machen, sich dumm stellen, Absichten verschleiern („hidden agenda"), Dienst nach Vorschrift …
- **Handlungsdruck erzeugen:** Emotionalisieren, Eklats provozieren, gespielte Empörung, um Nachfragen zu blockieren, Ansprüche wecken, bewusst überzogene Anforderungen stellen, Termine setzen …
- **Kontrolle von Verfahren, Regeln, Normen:** Einladungen gezielt (nicht) versenden, Doppelaufträge an unterschiedliche Einheiten verteilen, Alternativen nicht nennen, dehnbare/unscharfe/widersprüchliche Formulierungen in Protokollen und anderen zentralen Dokumenten, Entscheidungsprozeduren gestalten …
- **Beziehungspflege:** Verdeckte Koalitionsbildung, Netzwerkbildung, Unzufriedenheit/ Wettbewerb zwischen Teilgruppen/Einzelnen schaffen, die kontrolliert werden sollen beispielsweise durch Doppelaufträge, Günstlingswirtschaft, Loyalität belohnen, interner Lobbyismus, Kontaktvermeidung, Isolation Einzelner/Teilgruppen, jemanden ignorieren, Entzug von Privilegien …
- **Selbstdarstellung:** Auftreten, Kompromissbereitschaft, Show, Entscheidungen nicht treffen, Position beziehen, keine Position beziehen, dialektische Positionen, Konflikten immer ausweichen, eigene Sichtbarkeit erhöhen/senken …

Die Beispiele machen deutlich, wie eng Kommunikation und Handlung bzw. Nicht-Handlung zusammenhängen.

5.5.4 Fazit: Mikropolitik als zu wenig beachtete Herausforderung der internen Kommunikation

Angesichts der Bandbreite mikropolitischer Instrumente ist es bemerkenswert, wie wenig die mikropolitische Diskussion Einzug in die Management-, Führungs- und interne Kommunikationsdiskussion Einzug gehalten hat. Die empirische Erforschung dieses Themenbereiches dürfte einigermaßen schwierig sein, da Mikropolitik als taktisches Managementverhalten zu oftmals unehrlichen und/oder falschen Ergebnissen von Befragungen führen dürfte. Ob Beobachtung in Testumgebungen ergiebiger wäre, ist ebenfalls fraglich. Voraussetzung für ertragreiche Beobachtungen mikropolitischen Verhaltens ist Erfahrungswissen über Verhaltensweisen sowie Situationen des untersuchten Umfeldes.

Nichtsdestoweniger ist es möglich und nötig, sich intensiver mit Handlungsoptionen von Mikropolitik als Instrument und als ergebnishemmendes Phänomen in Unternehmen und anderen Organisationen wie etwa den politischen Institutionen und Prozessen auseinanderzusetzen, um ihr besser begegnen zu können bzw. sie effizienter einzusetzen.

5.6 Interne Kommunikation – als Prozesskommunikation

Jan Lies

5.6.1 Integrierte Kommunikation und Prozesskommunikation 136
5.6.2 Prozesskosten und Prozesskommunikation 136
5.6.3 Unterschiede von anlassbezogener und prozessbezogener Kommunikation 138
5.6.4 Fazit: Zwei Ebenen der Prozesskommunikation 139

Leitfragen

1. Welche Integrationsperspektive fehlt oft in der integrierten Kommunikation?
2. Welche gedanklichen Anleihen kann die Kommunikation von der Prozesskostenrechnung übernehmen?
3. Worin besteht der Unterschied von anlass- und prozessbezogener Kommunikation?

In diesem Beitrag wird die Prozesskommunikation vorgestellt als eine Dimension der PR, die in der Diskussion um integrierte Kommunikation bisher zu wenig beachtet worden ist – in Theorie und Praxis gleichermaßen.

5.6.1 Integrierte Kommunikation und Prozesskommunikation

Wer die PR-Literatur liest und nach Strukturierungsmerkmalen Ausschau hält, findet oftmals die typische Gliederung nach Unternehmenszielen mit abgeleiteten Kommunikationszielen und ihren Zielfeldern wie Image, Reputation oder Identität. Davon ausgehend werden dann oft die daran gebundenen Kommunikationsdisziplinen wie Marke und Corporate Identity diskutiert, um dann eine Zielgruppendiskussion mit beispielhaften Instrumenten wie Medienarbeit, Onlinekommunikation und Veranstaltungsorganisation zu finden.

5.6.2 Prozesskosten und Prozesskommunikation

Spätestens seit die integrierte Kommunikation diskutiert wurde, ist aber klar, dass diese Idealstruktur in der Praxis oft nicht angewendet und das Wirkungspotenzial von Kommunikation nicht ausgeschöpft wird. Das Ziel lautet daher im Kontext der integrierten Kommunikation, nicht nur eine inhaltliche, sondern auch eine formale und zeitliche Integration vertikal und horizontal zu erreichen. Damit ist der gedankliche Weg zur Prozesskommunikation geebnet.

J. Lies (✉)
FOM Hochschule für Oekonomie & Management, Essen, Deutschland
E-Mail: jan.lies@fom.de

Was leistet eine Prozesskommunikation neues oder anderes im Rahmen der integrierten Kommunikation? Um diese Frage zu beantworten, hilft ein Studium der Diskussion in der Kostenrechnung und dort die gedankliche Anleihe bei der Prozesskostenrechnung: Bei einer empirischen Analyse der prozentualen Verteilung von Einzel- und Gemeinkosten an den Gesamtkosten der Wertschöpfung wurde festgestellt, dass der Anteil der Gemeinkosten in Unternehmen kontinuierlich steigt. Das heißt: Der Anteil der Kosten sinkt, der auf eine Leistungseinheit verursachungsgerecht zurechenbar ist. Das führt in der Kostenrechnung zu einer Zuschlagskalkulation der Gemeinkosten, die – wenn man sie in der Kostenrechnung auf bestimmte Leistungen zurechnen will – prozentual auf die jeweiligen Produkte verrechnet werden. Die Zuschlagskalkulation verrechnet alle damit verbundenen Gemeinkosten proportional zu den verursachten Einzelkosten. Die Komplexitätswirkungen werden somit plausibel abgebildet. Dass die Prozesskostenrechnung in der Kostenrechnungsliteratur kritisch diskutiert wird, weil es sich letztlich um eine Vollkostenrechnung handelt, die für kurzfristige Entscheidungen untauglich ist, ist hier nicht relevant (vgl. genauer Grob und Buddendick bzw. Miller und Vollmann 1985).

Diese Tendenz kann unter anderem dadurch erklärt werden, dass **produzierende Tätigkeiten zu vorbereitenden, planenden, steuernden, überwachenden und koordinierenden Verrichtungen verlagert werden**.

Um die Kosten einer Leistung dennoch plausibel zuschlüsseln zu können, identifizieren Organisationen Prozesse, die für ihre Leistung (Produkte oder Dienste) notwendig sind.

▶ Ein **Prozess** aus Sicht des Managements ist die inhaltlich abgeschlossene, zeitliche und logische Abfolge von Arbeitsschritten zur vollständigen Bearbeitung einer Leistung.

Welche Arbeiten damit verbunden sind, ergibt eine Tätigkeitsanalyse im Unternehmen, die aufzeigt, wer und was alles mit der Leistungserstellung beschäftigt ist.

Dieses Bewusstsein für diese Verlagerung von Wertschöpfungsanteilen legt wichtige Ansatzpunkte für die interne Kommunikation offen. Denn hier finden Tätigkeiten statt, die die interne Kommunikation identifizieren muss. Im Sinne der drei Kommunikationsebenen (Information, Edukation, Emotion – siehe Abschn. 9.1 „Change Communications") sind es diese Arbeitsprozesse, die Kommunikation flankieren.

Buchholz/Knorre argumentieren ähnlich, wenn sie die interne Legitimation und die damit verbundene Notwendigkeit Vorbereitung und Durchsetzung von Entscheidungen als Prozess kennzeichnen (Buchholz und Knorre 2010, S. 17).

Hier setzt interne Kommunikation als Führungsinstrument an, um einen Bekanntheits-, Verständnis-, Akzeptanz- und letztlich Identifikations- und Motivationsbeitrag zu leisten und Managementvorhaben zu unterstützen (siehe Abschn. 5.2 „Interne Kommunikation – als Teil der (strategischen) Führung").

Weiche Faktoren (Widerstand, Emotionen etc.) dürften die Prozesskosten im Sinne von Komplexitätskosten beeinflussen, wenn mangelnde Akzeptanz, Enttäuschung oder abweichende fachliche Meinungen zu Diskussionen, Nicht-Handeln oder gar (aktiver/verdeckter) Widerstand führen. Vermutlich lässt sich analog zu den steigenden Gemeinkosten

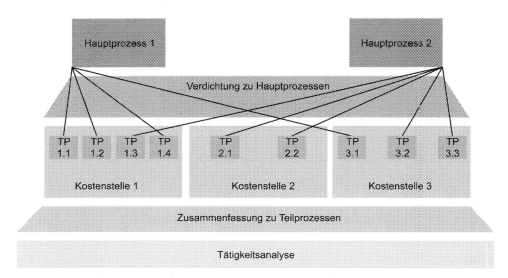

Abb. 5.4 Prozesse als Wertschöpfungsträger der internen Kommunikation. (Quelle: Grob und Buddendick, ohne Datum, S. 9)

auch ein Anstieg des Bedarfs und damit des Wirkungspotenzials von interner Kommunikation identifizieren, da mehr Automatisierung langfristig weniger Informationsbedarf im Produktionsprozess selbst, aber mehr in den vorbereitenden und koordinierenden Tätigkeiten bedeuten dürfte und damit die Bedeutung von Motivation befördert.

▶ Die Tätigkeitsanalyse zur Identifikation von Prozessen (siehe Abb. 5.4) hilft auch der Kommunikation um festzustellen, an welchen Stellen im Unternehmen überhaupt relevanter Kommunikationsbedarf bestehen könnte bzw. wo überhaupt kommunikationsrelevante Veränderungen im Change entstehen.

5.6.3 Unterschiede von anlassbezogener und prozessbezogener Kommunikation

Am Beispiel der Prozesskommunikation wird deutlich, dass nicht nur das Ergebnis bzw. die Entscheidung eine Maßnahme der internen Kommunikation prägt (vgl. Abb. 5.5).

▶ Um einen Beitrag als Führungsinstrument zu leisten, ist der *Weg* dorthin der Schlüssel, um das Potenzial von interner Kommunikation auszuschöpfen – und nicht etwa die mediale Nachberichterstattung.

Die Entscheidungsvorbereitung, die Identifikation von kritischen Punkten, die Motivationsdefizite vermuten lassen, die Hebel, Motivation aufzubauen oder zu erhalten: All dies

Abb. 5.5 Prozesskommunikation. (Quelle: Entnommen aus Schick 2007, S. 108)

gilt es in die Kommunikation einzubeziehen im Sinne von Information, Edukation und Emotion, da die Kommunikationsmöglichkeiten sonst nicht ausschöpfbar sind.

Ob ein echter Dialog im Sinne der Dialogkommunikation (siehe Abschnitt: „Kommunikation – und Dialog" in Lies 2015) gerade in Veränderungsprozessen möglich ist, sei dahingestellt. Jedenfalls ist, wo immer möglich, Partizipation – und sei es nur durch Feedback, aber auch durch Einbindung in Entscheidungsprozesse und Coaching – mindestens eine wertschätzende Geste, die auf die drei Ebenen der Kommunikation einzahlt und einen Motivationsbeitrag leistet. Dabei wäre in kritischen Situationen auch ein verringerter Widerstand bereits als ein zumindest kleiner Beitrag von interner Kommunikation zu werten.

5.6.4 Fazit: Zwei Ebenen der Prozesskommunikation

Die Prozesskommunikation betont im Gegensatz zur ergebnisorientierten Kommunikation, dass die Wertschöpfungsbeiträge von Kommunikation zum einen in der Flankierung der Prozesse des Managements liegen, indem PR-Management stetig auf die mögliche Weckung der Ansprüche von Stakeholdern geprüft und gegebenenfalls angepasst wird. Zum anderen ist Kommunikation wahrnehmungsabhängig und mit den einstellungsbezogenen Kommunikationszielen meist zeitintensiv. Entsprechend ist die Kommunikation z. B. der Markenführung oder der Einfluss auf Reputation immer prozessual anzulegen.

5.7 Interne Kommunikation – und Wissensmanagement

Jan Lies

5.7.1 Wissensmanagement und interne Kommunikation 141
5.7.2 Die Ziele des Wissensmanagements 141
5.7.3 Der Unterschied von Daten, Informationen und Wissen 141
5.7.4 Relevantes Wissen für Organisationen 143
5.7.5 Kulturelle Dimensionen des Wissensmanagements 143

Leitfragen
1. Welcher Bezug besteht zwischen interner Kommunikation und dem Wissensmanagement?
2. Welche Ziele verfolgt das Wissensmanagement?
3. Was ist Wissen? Worin besteht der Unterschied zwischen Daten, Informationen und Wissen?
4. Welches Wissen erachten Organisationen für besonders wichtig?
5. Welche kulturellen Dimensionen sollte die interne Kommunikation für das Wissensmanagement befördern?

Das Wissensmanagement ist ein Thema, das viele Organisationen beschäftigt. Es rechtfertigt ein eigenes Kapitel für den PR- und Kommunikationsmanager, da Studien zeigen, dass die Kultur der Organisation einen zentralen Erfolgsfaktor für das Wissensmanagement bildet (vgl. Tab. 5.3).

Tab. 5.3 Welche Faktoren führen Wissensmanagement zum Erfolg? (Quelle: Studie des Fraunhofer-Instituts, IPK, Berlin 1998; 140 antwortende Unternehmen, entnommen aus Prange 2002, S. 158)

Erfolgsfaktoren	Antwortende Unternehmen (%)
Unternehmenskultur	44
Strukturen und Prozesse	24
Informationstechnologie	23
Mitarbeitermotivation und -qualifikation	18
Förderung durch das Topmanagement	18
Erfolgsdruck	11
Klare Zieldefinition	7
Training und Weiterbildung	6
Belohnungen	4
Integration von externem Wissen	3

J. Lies (✉)
FOM Hochschule für Oekonomie & Management, Essen, Deutschland
E-Mail: jan.lies@fom.de

5.7.1 Wissensmanagement und interne Kommunikation

Zahlreiche Publikationen und Fallstudien belegen eindrucksvoll, dass der Schlüssel zu effizienten Wissensmanagementaktivitäten vorwiegend im Bereich sogenannter „weicher" Faktoren liegt. Man denke an kulturelle Aspekte, persönliche Motivation, Methoden des Change-Managements, Kommunikation und Zusammenarbeit. (Kilian et al. 2006, S.7)

Um Wissensmanagement erfolgreich einzuführen und umzusetzen, sind verschiedene Maßnahmen notwendig (…). So hatten Unternehmen, die bei ihren Wissensmanagementprojekten die Informationstechnologie in den Vordergrund rückten und dafür die Unternehmenskultur, die vorhandenen Strukturen und Prozesse sowie das Personalmanagement vernachlässigten, nur geringen Erfolg. (Treichel 2007, S. 134)

5.7.2 Die Ziele des Wissensmanagements

Das erste Ziel von Wissensmanagement ist, „irgendwo" im Unternehmen verfügbares Wissen allen interessierten Organisationsmitgliedern zugänglich und anwendbar zu machen. Darüber hinaus ist ein wichtiges Ziel, Wissen stetig zu aktualisieren.

- **Wissen nutzen:** Betriebliche Effizenz steigern und Redundanzen vermeiden.
- **Wissen aktualisieren:** Wissen ist keine Bestandsgröße, sondern hoch flüchtig. Nicht nur wegen der Wissensträger, die innerhalb der oder in eine andere Organisation wechseln, sondern auch weil der Wert eigenen Wissens sich nach dem anwendbaren Wissen im relevanten Umfeld richtet.
- **Wissen erhalten:** Wo möglich, Wissen ausscheidender Mitarbeiter bewahren (durch Dokumentation, durch Patenschaften).
- **Mit Wissen motivieren:** Gut informierte und motivierte Mitarbeiter setzen sich besser für den Unternehmenserfolg ein. So trägt Wissensmanagement indirekt auch zur Stärkung der Unternehmensidentität bei.

Die aktuelle Diskussion um das Wissensmanagement prägen mindestens zwei Trends: Die Frage, wie ein systematisches Lernen gefördert werden kann und die Frage, inwieweit dabei die Informationstechnologie helfen kann (vgl. Abb. 5.6).

5.7.3 Der Unterschied von Daten, Informationen und Wissen

Was ist eigentlich genau Wissensmanagement? Die Antwort auf diese Frage wird klar, wenn man sich vor Augen führt, worin der Unterschied zwischen Daten, Informationen und Wissen besteht.

Daten Daten bilden im Tagesgeschäft von Organisationen oft den Ausgangspunkt, um Wissen aufzubauen (vgl. im Folgenden Specht 2007, S. 32 ff.). So werden beispielsweise

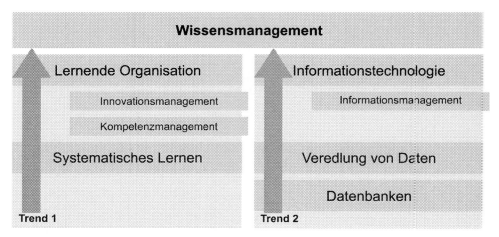

Abb. 5.6 Wissensmanagement – Schwerpunkte der Diskussion. (Quelle: in Anlehnung an Kilian et al. 2006)

Branchendaten, Verkaufsdaten, Kundendaten, Mitarbeiterdaten und andere Daten erfasst, bearbeitet und gespeichert.

▶ **Daten** sind Rohbausteine der Information.

Informationen Werden diese Daten vor dem Hintergrund eines bestimmten Kontextes interpretiert, so entsteht eine Information. Beispiel: Ein Handelsunternehmen erkennt im Abgleich der Verkaufsdaten mit den Branchendaten, dass seine Mitarbeiter die Kunden nicht adäquat bedienen.

▶ Daten mit relevantem Bezug oder Kontext werden zur **Information**.

Wissen Um aus diesen Informationen Wissen zu machen, sind zwei weitere Aspekte zu berücksichtigen: Sie müssen verfügbar und anwendbar sein. Ein Beispiel wäre das oben erwähnte Handelsunternehmen, das Handlung aus den Daten ableitet. Es erkennt im Abgleich der Verkaufsdaten mit den Branchendaten, dass seine Mitarbeiter die Kunden nicht adäquat bedienen und leitet daraus Ideen, Strategien und Maßnahmen ab, um Kunden neu anzusprechen. So werden aus Daten Informationen, und aus Informationen entsteht Wissen.

▶ **Wissen** entsteht aus der Verfügbarkeit der Information.

▶ **Wissen** entsteht aus der Anwendbarkeit der Information.

Implizites Wissen Das Wissen ist vorhanden, aber durch Mangel an Sichtbarkeit und Anwendbarkeit nicht einsetzbar.

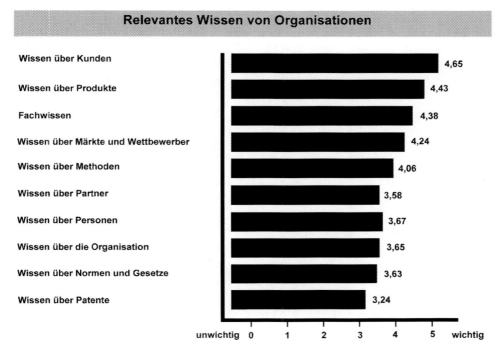

Abb. 5.7 Welches Wissen ist für Organisationen relevant? (Quelle: aus Fraunhofer IFF, Fraunhofer IPK 2006)

5.7.4 Relevantes Wissen für Organisationen

Welches typische Wissen wird in Organisationen gemanagt? Um sich zu orientieren, hilft ein Blick in eine Studie des Fraunhofer-Instituts (vgl. Abb. 5.7):

Kunden, Produkte, Fachwissen aus der Branche (z. B. Entwicklung, Produktion, Vertrieb), das Wissen über Märkte und Wettbewerber und über Methoden wird von den befragten Unternehmen als besonders wichtig eingeschätzt. Es steht entsprechend im Mittelpunkt des Wissensmanagements.

5.7.5 Kulturelle Dimensionen des Wissensmanagements

Anknüpfend an die eingangs genannte Bedeutung der internen Kommunikation für das Wissensmanagement, werden im Folgenden wichtige Dimensionen eines kulturellen Umfelds genannt. Sie fördern die Entwicklung, die relevante Filterung sowie die Dokumentation und die Weitergabe von Wissen (vgl. im Folgenden Specht 2007, S. 36 ff.):

- **Wissen muss kommuniziert werden:** Allein eine Datenbank (siehe Abb. 5.6: Trend 2) ist ein Informationsspeicher, der kein Garant für explizites Wissen ist. Besonders wichtig ist daher eine **Kommunikationskultur**, die den Wissensaustausch fördert, um relevantes Wissen intern weiterzugeben. Diesen aktiven Austausch zu fördern, ist eine Kernherausforderung, bei der das PR- und Kommunikationsmanagement helfen kann.

- **Führungskultur:** Manager, die Hilfs- und Kommunikationsbereitschaft vorleben, auch über Hierarchiestufen hinweg, finden innerhalb ihres Unternehmens leichter Nachahmer. Als Anreizsystem hierzu sind Zielvorgaben für Führungskräfte zu etablieren: Mitarbeiter sollen wissen, wer wann wo helfen kann, auch außerhalb der eigenen Abteilung.
- **Fehler- und Feedback-Kultur:** Je angstfreier eine Unternehmenskultur die Umgebung für das Wissensmanagement prägt, desto geringer ist die Fehlerquote. Dazu gehört, dass Manager ihre Vorbildfunktion wahrnehmen, beispielsweise eigene Fehler transparent machen. Ergänzend gehört dazu auch ein Klima der gegenseitigen Wertschätzung sowie der Anerkennung von Leistung durch Lob.
- **Prozesskultur:** Eng damit verbunden sind Kontinuität und Anreize für das Wissensmanagement, das persönliche Mehrwerte für jeden Einzelnen beinhalten muss. Jedes neue und strukturierte Wissensmanagementsystem löst ein bestehendes ab, da jeder sein persönliches Wissensmanagement betreibt. Nur wenn der zusätzliche Nutzen eines neuen, einheitlichen Managements für jeden Einzelnen ersichtlich ist, wird es ein Erfolg werden. Darum braucht Wissensmanagement Anreize, um es kontinuierlich zu betreiben, und die interne Kommunikation hierfür.
- **Erfolgskultur:** Menschen lernen leichter, indem sie Erfolge kopieren, statt Fehler zu vermeiden. Um dies zu fördern, könnte ein internes Best-Practice-Management dienlich sein. Mitarbeiter sollen eigene Erfolge für Dritte dokumentieren. Dies ist jedoch eine Gratwanderung. Denn der größte Feind der Erfolgskultur ist Neid. Entsprechend gilt es, Teamleistungen herauszustellen und zu loben.

All diese kulturellen Dimensionen mitzugestalten, kennzeichnet den Auftrag der internen Kommunikation für das Wissensmanagement.

Literatur

Betriebsverfassungsgesetz, 15. Januar 1972, zuletzt geändert 31. Oktober 2006
Bonsen, M. z. (2000). *Führen mit Visionen. Der Weg zum ganzheitlichen Management*. Niedernhausen.
Buchholz, U., & Knorre, S. (2010). Grundlagen der internen Unternehmenskommunikation. Berlin.
Burns, T. (1962). Micropolitics: Mechanism of institutional chance, Administrative Science Quarterly, 6, 257–281.
Comelli, G., & von Rosenstiel, L. (2011). *Führung durch Motivation. Mitarbeiter für Organisationsziele gewinnen*. München.
De Mooij, M. (2010). *Global marketing and advertising, understanding cultural paradoxes*. Thousand Oaks.
Ebert, H., & Piwinger, M. (2007). Impression Management: Die Notwendigkeit der Selbstdarstellung, In M. Piwinger & A. Zerfaß (Hrsg.), Handbuch Unternehmenskommunikation (S. 205–225). Wiesbaden.

Einwilliger, S., et al. (2007). Mitarbeiterkommunikation. In B. F. Schmid & B. Lyczek (Hrsg.), Unternehmenskommunikation (S. 219–256). Wiesbaden.
Fraunhofer, I. F. F., & Fraunhofer, I. P. K. (2006). „Wissensmanagement in produzierenden KMU" – Bedeutung und Herausforderungen, Studie. Magdeburg.
Grob, H. L., & Buddendick, C. (ohne Datum). Prozesskostenrechnung. Case Study.
Holtbrügge, D. (2007). Personalmanagement. Wiesbaden.
Kilian, D., et al. (2006). Wissensmanagement. Werkzeuge für Praktiker. Wien.
Klöfer, F. (2003). Mitarbeiterführung durch Kommunikation. In F. Klöfer & U. Nies (Hrsg.), Erfolgreich durch interne Kommunikation – Mitarbeiter besser informieren, motivieren, aktivieren (S. 21–108). Neuwied
Lies, J. (2011). Keine Management-Agenda. In J. Lies (Hrsg.), Erfolgsfaktor Change Communications, klassische Fehler im Change-Management vermeiden (S. 48–54).Wiesbaden.
Lies, J. (2015). Theorien des PR-Managements. Wiesbaden: Springer Gabler (im Druck).
Miller, J. G., & Vollmann, T. E. (1985). The hidden factory. Harvard Business Review, 63(1985 Sept./Okt.), 142–150.
Neuberger, O. (2006). Mikropolitik und Moral in Organisationen. Stuttgart.
Pflaum, D., & Linxweiler, R. (1998). Public Relations der Unternehmung. Landsberg/Lech.
Prange, C. (2002). Organisationales Lernen und Wissensmanagement. Wiesbaden.
Schick, S. (2007). Interne Unternehmenskommunikation. Stuttgart.
Specht, R. (2007). Soft Factors – Die Relevanz von psychologischen Faktoren im Wissensmanagement. In A. Belliger & D. Krieger (Hrsg.), Wissensmanagement für KMU (S. 31–42). Zürich.
Staehle, W., et al. (1999). Management – eine verhaltenswissenschaftliche Perspektive. München.
Stührenberg, L. (2003). Professionelle betriebliche Kommunikation, Erfolgsfaktoren der Personalführung. Wiesbaden.
Thes-Berglmair, A. M. (2013). Public Relations als Organisationskommunikation: Wir brauchen das Beiboot, In O. Hoffjann & S. Huck-Sandhu (Hrsg.), UnVergessene Diskurse, 20 Jahre PR- und Organisationskommunikationsforschung (S. 283–296). Wiesbaden.
Treichel, D. (2007). Projektmanagement für Wissensmanagement. In A. Belliger & D. Krieger (Hrsg.), Wissensmanagement für KMU (S. 129–146). Zürich.

Prof. Dr. Jan Lies Professor für Allgemeine Betriebswirtschaft, insbesondere Unternehmenskommunikation und Marketing an der FOM Hochschule für Oekonomie & Management, Essen.

Public Relations als internationale Kommunikation

6

Inhaltsverzeichnis

6.1 Internationale Kommunikation als Standardisierungsproblem 148
Jan Lies
6.2 Internationale Kommunikation – als politische und kulturelle Grenzen 151
Jan Lies
6.3 Internationale Kommunikation – Nation Branding und Destination Marketing 157
Jan Lies
6.4 Internationale Kommunikation – Theorierahmen 163
Jan Lies
Literatur 166

Die PR über politische Grenzen hinweg ist für viele Unternehmen heute Alltag, führt aber zu besonderen Anforderungen des PR-Managements. Sie bestehen zentral in der Frage der Standardisierbarkeit „glokaler Kommunikation", beispielsweise international tätiger Marken. Die internationale Kommunikation macht so am Beispiel von politischen Landesgrenzen die Bedeutung interkultureller Kommunikation deutlich, die auch innerhalb von Unternehmen Geltung hat. Insofern wäre die Unternehmenskultur hier ein hoch relevantes Thema, das hier aber als separates Kapitel aufbereitet wird.

6.1 Internationale Kommunikation als Standardisierungsproblem

Jan Lies

6.1.1 Internationale Kommunikation aus kommunikationswissenschaftlicher Sicht 148
6.1.2 Glokale Kommunikation als Ausprägung integrierter Kommunikation 149
6.1.3 Die zwei Ausprägungen „glokaler" Strategien 150
6.1.4 Fazit 151

> **Leitfragen**
> 1. Was für ein Forschungsgebiet umfasst die internationale Kommunikation aus kommunikationswissenschaftlicher Sicht? Inwieweit ist dies für das PR- und Kommunikationsmanagement maßgeblich?
> 2. Inwieweit problematisiert grenzübergreifende Kommunikation mit „glokalen" Strategien Thesen wie die gesamtgesellschaftlicher Vertrauensbildungsprozesse?
> 3. Welche Ausprägungen „glokaler" Strategien lassen sich identifizieren?

Im Rahmen der integrierten Kommunikation heißt es in der Literatur, dass die Kommunikation über alle Kommunikationskanäle ein möglichst zielkonsistentes Bild erreichen soll. Zu den Dimensionen der integrierten Kommunikation gehören nicht nur Inhalte, Zeit, Gestaltung etc., sondern auch die grenzübergreifende Kommunikation. Aber welche Vor- und Nachteile hat eigentlich so eine konsistente internationale Kommunikation? Was heißt „konsistent" und wem dient das?

6.1.1 Internationale Kommunikation aus kommunikationswissenschaftlicher Sicht

„Die Kommunikationswissenschaft fasst unter ‚internationale Kommunikation' ein heterogenes Forschungsfeld, das sich vornehmlich folgenden Gegenständen widmet: dem staatenübergreifenden Vergleich von Rundfunk-, Fernseh- und Mediensystemen, den Formen, Funktionen und Effekten von Kommunikation zwischen Staaten, einschließlich Propaganda, dem internationalen Journalismus, der internationalen Nachrichtenberichterstattung, der Auslandsberichterstattung, den Programm- und Informationsflüssen, der Rolle von supranationalen Organisationen auf Kommunikation in und zwischen Staaten sowie den kommunikativen Aspekten der Globalisierung." (Meckel und Kamps 2003, S. 481)

An diesem weiträumigen Aufriss der internationalen Kommunikation aus Sicht der Kommunikationswissenschaft ist ablesbar, welcher Konkretisierungsbedarf aus Sicht des PR-

J. Lies (✉)
FOM Hochschule für Oekonomie & Management, Essen, Deutschland
E-Mail: jan.lies@fom.de

und Kommunikationsmanagements notwendig ist. Eine hierfür relevante Aufgabenstellung und Forschungsfrage der internationalen Kommunikation formuliert Huck in einem Beitrag folgendermaßen: „Kernpunkt der internationalen Unternehmenskommunikation ist es, ein weltweit konsistentes Erscheinigsbild des Unternehmens zu gewährleisten. Einem Kunden in Deutschland muss das Unternehmensimage mit denselben Werten vermittelt werden wie Kunden in den USA, in Japan oder in Südafrika" (Huck 2013, S. 365).

6.1.2 Glokale Kommunikation als Ausprägung integrierter Kommunikation

Allerdings ist die so formulierte Aufgabenstellung der internationalen Kommunikation zwar relevant, aber im höchsten Maße irreführend. Denn genau **das** funktioniert in der internationalen Kommunikation oftmals **nicht**. Daher gilt es, sich zu fragen:

- Inwieweit ist es ein Mehrwert für eine Organisation, länderübergreifend „konsistent" zu kommunizieren? Was haben die Adressaten eigentlich davon?
- Inwieweit ist zwischen kultur- oder gesellschaftsübergreifend funktionsfähigen Kommunikationsmechanismen zu unterscheiden, die entweder als Plattform oder als Rahmengeber für Marke und Image dienen können?

Grundlegend sind dafür **teil**gesellschaftliche Wahrnehmungs- und Handlungsprozesse zu betrachten, um mögliche Wirkungen von PR- und Kommunikationsmanagement einzuschätzen.

So ist dann im selben Beitrag von Huck auch zu lesen: Um diese Form der internationalen Kommunikation zu ermöglichen, „sollten Zielgruppen möglichst individualisiert angesprochen werden. Ziele, Inhalte und Botschaften können global einheitlich festgelegt und entwickelt werden, ihre Vermittlung jedoch sollte sich an den Grundsätzen der jeweiligen Kultur orientieren" (Huck 2013, S. 365).

▷ „All communications is local' so lautet einer der zentralen Grundsätze internationaler Kommunikation" (Huck 2013, S. 365).

Das heißt, die oben im gleichen Beitrag genannten Schlagworte „konsistent", „stimmig" und „Image mit denselben Werten" werden plötzlich von Schlagworten wie „individualisiert" und „kulturorientiert" abgelöst. Wie passt das zusammen?

Am Beispiel der internationalen Kommunikation ist besonders gut ablesbar, dass die Wirkung der **gleichen** geplanten Kommunikationsstrategien und -maßnahmen nicht notwendigerweise überall gleich ist. Das heißt: Die **eine** Öffentlichkeit gibt es nicht und gesamtgesellschaftliche Vertrauensbildungsprozesse – als Platzhalter für gesamtgesellschaftliche Wahrnehmungs- und Interpretationsprozesse – auch nur in Spezialfällen.

Die abstrakte Diskussion gesamtgesellschaftlicher vertrauensbildender Kommunikationsprozesse im Rahmen der PR-Theorien (siehe zum Beispiel die Abschnitte der neo-normativen PR-Theorien in Lies 2015) wird durch die Berücksichtigung von politischen Landesgrenzen plötzlich abgelöst: „Internationale Kommunikation bewegt sich (…) immer im Spannungsfeld zwischen Standardisierung und Differenzierung, zwischen globalem Kommunikationsmanagement und einer lokalen Kommunikationsarbeit" (Huck 2007, S. 892).

6.1.3 Die zwei Ausprägungen „glokaler" Strategien

Aus diesem Grundansatz entwickeln sich sogenannte „glokale" Strategien, die von zwei unterschiedlichen Argumentationen geprägt sind. Die **wahrnehmungsbezogene** Position steht dem Argument der **standardisierten** und **integrierten** Kommunikation entgegen (Tab. 6.1).

Tab. 6.1 Argumente für standardisierte und differenzierte internationale Kommunikation. (Quelle: In Anlehnung an Bruhn 2009, S. 278 ff.)

Standardisierung	Differenzierung
Kostendegressionseffekte durch möglichst breite Anwendung gleicher Kommunikationsstrategien und -maßnahmen	Unterschiede der Informations- und Kommunikationsbedürfnisse von Adressaten
Internationale Lerneffekte	Tradition und Erfahrung von Ländergesellschaften
Internationale Ausstrahlungseffekte von Marken	Förderung einer organisationsinternen Kultur nationaler Verantwortlichkeit
Förderung des organisationsweiten Gedankens der integrierten Kommunikation	

Mit Blick auf die bisherige Debatte vor allem im internationalen Marketing hält Bruhn fest: „Häufiger hat sich in der Zwischenzeit die Erkenntnis durchgesetzt, dass eine völlige Standardisierung bzw. Differenzierung nicht sinnvoll sein kann. Vielmehr geht es in der Kommunikationspraxis um die Frage nach dem optimalen Standardisierungs- bzw. Differenzierungsgrad, der eine Ausnutzung nationaler Gemeinsamkeiten bei gleichzeitiger Berücksichtigung länderspezifischer Differenzen ermöglichen soll" (Bruhn 2009, S. 282).

Entsprechend sind folgende Strategietypen internationaler Kommunikation unterscheidbar:

- **Lokale Umsetzung (local):** PR kann nur lokal in den Märkten umgesetzt werden, da die Regeln für Themen, Sprache, Bilder, Gestaltung und Zugänge zu den Kommunikationskanälen nur dort bekannt sind.
- **Internationaler Rahmen (global):** Um international im Sinne integrierter Kommunikation zu arbeiten, brauchen Organisationen einen zentralen verbindlichen Rahmen für ihre Kommunikation mit Kernbotschaften und Wiedererkennungsmerkmalen.

Bruhn unterscheidet ethnozentrische Strategien von polyzentrischen Strategien (vgl. Bruhn 2009, S. 294 f.):

- **Ethnozentrische Strategien:** Die Organisation argumentiert bei ihren Strategien **aus der Sicht des Heimatlandes** bzw. des eigenen kulturellen Raumes.
- **Polyzentrische Strategien:** Die PR-Inhalte und -Botschaften orientieren sich an den Merkmalen des jeweiligen (Gast-)Landes.

6.1.4 Fazit

Konsistente Kommunikation heißt bei der internationalen Kommunikation nicht notwendigerweise, **gleiche** Werte, Botschaften und Inhalte kommunizieren zu wollen. Vielmehr geht es darum, die **Balance** zwischen Standardisierung und Differenzierung zu finden, um einerseits kulturelle Unterschiede bestmöglich zu adressieren und andererseits maximale Synergien zu erzielen – beispielsweise durch Ausstrahleffekte und Kostendegressionseffekte einer Marke als rahmengebende Kommunikationsplattform.

6.2 Internationale Kommunikation – als politische und kulturelle Grenzen

Jan Lies

6.2.1 Kommunikation und Landesgrenzen 152
6.2.2 Gesellschaftliche Entwicklung und Produktpositionierung 152
6.2.3 Kulturelle Rahmenbedingungen 153
6.2.4 Was ist eine globale Marke? 154
6.2.5 Fazit 155

Leitfragen

1. Inwiefern kennzeichnen Landesgrenzen auch unterschiedliche Kommunikationsräume?
2. Inwieweit sind unterschiedliche kulturelle Kontexte für die Positionierung beispielsweise von Automarken maßgeblich?
3. Welche kommunikationsrelevanten kulturgebundenen Elemente lassen sich nennen?
4. Was ist eine globale Marke? Was sind im Gegensatz dazu rahmengebende Markenplattformen?

J. Lies (✉)
FOM Hochschule für Oekonomie & Management, Essen, Deutschland
E-Mail: jan.lies@fom.de

Es müsste dem PR- und Kommunikationsmanager zu denken geben, dass sich die Diskussion der Kommunikation über politische Grenzen hinweg von der **innerhalb** dieser Grenzen unterscheidet. Interessanterweise geht es unter dem Stichwort „internationale Kommunikation" – wie im vorherigen Abschnitt dargestellt – eher um die Frage, wie eine Balance von Standardisierung und Differenzierung zu finden ist. Von **gesamtgesellschaftlichen Vertrauensbildungsprozessen** ist keine Rede mehr. Im Folgenden soll deutlich werden, dass es bei der internationalen Kommunikation im Kern weniger um Konsequenzen der Überschreitung **politischer Landesgrenzen** geht. Es geht vielmehr um die Diskussion kommunikationsrelevanter Kulturräume, die durch Landesgrenzen lediglich besonders deutlich werden.

6.2.1 Kommunikation und Landesgrenzen

Sind politische Landesgrenzen gleichzeitig auch Grenzsteine für unterschiedliche Maßstäbe von Kommunikation oder steckt etwas anderes dahinter?

Natürlich führen Landesgrenzen aus Organisationssicht zu **Ländergesellschaften** internationaler Unternehmen oder Konzerne mit Kompetenzen und Befindlichkeiten, die auf diese Weise maßgeblich für die internationale Kommunikation werden. Das ist jedoch eine Problematik, die **absender**orientiert entsteht. Hier interessiert vor allem die Herausforderung, die **adressaten**bezogen maßgeblich ist.

Systemtheoretisch heißt das: Es geht um die Frage, inwieweit sich durch bestimmte Abgrenzungen unterschiedliche Wirkungsräume der Kommunikation für im Kern ähnliche Produkte ergeben. Daraus ergibt sich die Frage, wo ein Subsystem anfängt und wo es endet. Die Antwort hierauf ist so einfach nicht.

6.2.2 Gesellschaftliche Entwicklung und Produktpositionierung

Das folgende Beispiel aus der Geschichte des Automobilbaus soll zeigen, dass die Bedeutung **von gesellschaftlich-kulturellen** Entwicklungen – und nicht die Landesgrenzen selbst – für die Kommunikation maßgeblich ist. Sie sind so relevant, dass diese Entwicklungen nicht nur Herausforderungen für das Markenmanagement bedeuten, sondern auch Erklärungen wie etwa die Schwierigkeiten in den Fusionsprozessen von DaimlerChrysler liefern können (vgl. im Folgenden Lies 2003):

Das Auto wurde Ende des 19. Jahrhunderts in Deutschland entwickelt. „Zur Innovation – im Sinne von massenhaft produziertem und benutztem Verkehrsmittel – wurden Kraftwagen aber zuerst in Übersee" (Flik 2002, S. 80). In den 1920er Jahren wurden im Durchschnitt rund 80% des weltweiten Automobilbestands in den USA registriert, wo auch der größte Teil produziert wurde. Die Massenmotorisierung, ausgedrückt durch rund ein Fahrzeug je Familie, wurde in den USA bereits damals fast erreicht. Anders in Westeuropa, wo zu dieser Zeit erst die Motorisierung des gehobenen Mittelstands einsetzte: Dort stieß die Automobilisierung auf Widerstand. Wegen der relativ hohen Besiedlungsdichte und dem Ausbau der Eisenbahn sowie den relativ hohen Anschaffungskosten aufgrund von Einzelfertigung galten Fahrzeuge als Luxusgut der Reichen. „Besonders auf dem Lande waren Automobilisten nicht gerne gesehen (…). In den Städten waren Kraftwagen der ersten Generation unbeliebt, weil sie laut waren. (…) Die in der Klassenkampf-Atmosphäre der Kaiserzeit entstandene Abneigung gegen Kraftwagen hatte zur Folge, dass die Kraftfahrzeugsteuer in Deutschland bis 1922 zu den Luxussteuern zählte (…)" (Flik 2002, S. 89 ff.). – Anders die Entwicklung in den USA: In den 1910er Jahren überwog dort ein Fahrzeugtyp, der verhältnismäßig klein und relativ einfach zu bedienen war und der bereits serienmäßig produziert wurde. Die Kraftwagendichte nahm rasch in jenen Staaten zu, die recht dünn besiedelt waren und über ein nur weitmaschiges Schienennetz verfügten. Kraftwagen entwickelten sich zu einem nützlichen Produktionsmittel. „Das erklärt manchen Unterschied zu Deutschland, z. B. was die öffentliche Meinung der Landbevölkerung über Kraftwagen betrifft" (Flik 2002, S. 96).

Aus dieser nutzenorientierten Betrachtung in den USA bzw. dem luxusorientierten Verständnis vom Auto hierzulande ließen sich auch heute die Kulturen für Produktion und Nutzung herleiten, die unterschiedlicher für das Markenmanagement nicht sein könnten und zu relevanten gesellschaftlichen Kontexten für Positionierungsstrategien von Premium-Automarken führen: „Für die Amerikaner ist das Auto ein ganz normaler Gebrauchsgegenstand, der zu funktionieren hat; bei der Kaufentscheidung spielt das Design eine größere Rolle als die technische Perfektion. In Deutschland – wenn nicht gar in ganz Europa – werden die Prioritäten andersherum gesetzt. Für Qualität sind die Autofahrer bereit, mehr Geld auszugeben (…)" (Heller 2001, S. 23).

Es gibt also in den USA und Deutschland unterschiedliche „Auto-Communitys" oder „Dialoggruppen" (siehe hierzu den Abschnitt „Öffentlichkeit, Teilöffentlichkeit, Zielgruppe" in Lies 2015), deren Wahrnehmungs- und Handlungsmaßstäbe voneinander abweichen und die deshalb vom PR- und Kommunikationsmanagement anders anzusprechen sind. Von daher ist bereits das spezielle System „Automarkenmanagement" kein einheitliches Subsystem, da kein gemeinschaftliches Wahrnehmen, Interpretieren und somit Handeln stattfindet.

6.2.3 Kulturelle Rahmenbedingungen

Solche unterschiedlichen kulturellen Entwicklungen können zu operativen Problemen führen. Ein bekanntes Beispiel hierzu ist Mitsubishi. Das Unternehmen vertreibt einen Geländewagen unter drei Namen: „Pajero", „Shogun" und „Montero". Der Grund ist, dass der Name „Pajero" in spanischsprachigen Ländern Bedeutungen unterhalb der Gürtellinie einnimmt.

Aus diesem Rückblick auf die unterschiedliche Entwicklung des Autos hier und in den USA sowie dem konkreten Beispiel der Produktbenennung lassen sich diverse relevante kulturelle Unterschiede sammeln, die die Wirksamkeit von Kommunikation beeinflussen, wie beispielsweise (Herbst 2003, S. 310):

- Sprache,
- Bildung,
- Religion,
- Werte und Normen,
- Gesetze und
- Medienverbreitung und -nutzung.

6.2.4 Was ist eine globale Marke?

Was bedeutet nun dieses Beispiel der unterschiedlichen Wirkung kultureller Rahmenbedingungen auf die Wahrnehmung und die Handlung von Adressaten beispielsweise für die grenzübergreifende Markenführung?

Am Beispiel von Produktmarken wurde deutlich, dass Konsumenten ein Set von positiven und auch negativen Assoziationen mit ihnen verbinden, die für sie eine bestimmte Bedeutung oder Identifikation schaffen, auch wenn die Produkte national variieren – trotz international gleicher oder sehr ähnlicher Markenzeichen (De Mooij 2013, S. 30 f.). Grundsätzlich gilt damit, dass sich Marken **nicht** auf die Symbolik und Visualität wie Logo oder Farben im Sinne von Markierung reduzieren lassen.

> „Eine **globale Marke** ist eine, die in den meisten Ländern weltweit erhältlich ist und die gleichen strategischen Prinzipien, die Positionierung und das Marketing weltweit teilt, auch wenn der Marketingmix sich unterscheiden kann. Sie hat einen erheblichen Marktanteil in all ihren Ländern (Marktführerschaft) und eine vergleichbare Markenloyalität (Dachmarke). Sie trägt den gleichen Markennamen und das gleiche Logo" (De Mooij 2013, S. 29).

Die Frage nach der Balance von Standardisierung und Differenzierung führt dazu, dass nur wenige Marken tatsächlich global im Sinne dieser Definition sind. Die meisten Marken sind eher Plattformen oder Rahmengeber für die Kommunikation, die je nach Bedarf angepasst werden: Auch sonst als global qualifizierte Marken wie Coca Cola oder McDonald's sind keine echten global standardisierten Marken, wenn Markenzeichen und Corporate Design das prägende Definitionselement von Marken wären (De Mooij 2013, S. 29 f.).

> Hier ist die Marke eher eine weltweite Plattform für relevante Werte, die die lokale Kommunikation vor dem Hintergrund kultureller Spezifika auflädt.

Abb. 6.1 Das klassische Angebot von McDonald's in Großbritannien. (Quelle: Website McDonald's Großbritannien, Januar 2008)

Ausgehend von einem Blick auf die nationalen Internetseiten könnte man McDonald's in Großbritannien Anfang 2008 als „klassische Fastfood"-Positionierung beschreiben. Es dominiert auf den ersten Blick der Burger in unterschiedlichen Variationen (vgl. Abb. 6.1).

Ganz anders die USA und der Nahe Osten. Auf den Websites dort und auch in Deutschland trifft man auf Versuche, die Positionierungsbotschaften mit Botschaften zur sozialen Verantwortung und gesünderer Ernährung anders zu betonen. Fastfood, wie der Burger, ist erst an zweiter oder dritter Stelle zu finden. Stattdessen erstrahlt eine Salatschale. Auch beim Aufruf der Website „Middle East" meint man zunächst auf eine Salatbar zu treffen. Im Fernen Osten gelten Mahlzeiten ohne Reis als nicht vollwertig (Jervoe 2006, S. 109). Das heißt, internationale Kommunikation hat nicht nur Auswirkungen auf Positionsstrategien. Auch der funktionalistische Markenkern muss zum Teil verändert werden, weil ein Produkt selbst nicht überall akzeptiert wird: Klickt man sich in das Online-Menü von McDonald's im Nahen Osten, trifft man auf Kofta: gegrillte Fleischgerichte vom Lamm als Variante der Bulette. Andere Anpassungen gibt es in Israel. „All meat served in McDonald's restaurants in Israel is 100% kosher beef", ist dort zu lesen. McDonald's betont, sich den Gebräuchen anzupassen und hat an religiösen Feiertagen wie dem Sabbat geschlossen (vgl. Abb. 6.2 und 6.3).

6.2.5 Fazit

(Teil-)gesellschaftliche kulturelle Kontexte prägen Wahrnehmung, Interpretation und Handlung von Akteuren. Diese Kontexte können, müssen aber nicht durch politische Landesgrenzen eingeschränkt sein. Am Beispiel der Markenkommunikation zeigt sich, dass sich grenzübergreifend, aber auch innerhalb von Ländern, Marken-Communitys mit unterschiedlichen handlungsrelevanten Wertemaßstäben bilden. So entstehen Kul-

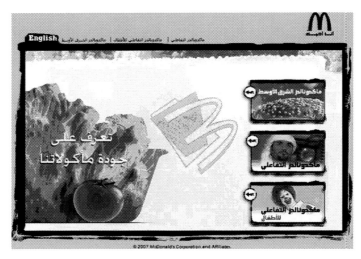

Abb. 6.2 Websites von McDonald's in arabischen Ländern. Die Produkte selbst und deren Präsentation variieren – 1. (Quelle: Websites von McDonald's Middle East, Januar 2008)

Abb. 6.3 Websites von McDonald's in arabischen Ländern. Die Produkte selbst und deren Präsentation variieren – 2. (Quelle: Websites von McDonald's Middle East, Januar 2008)

turräume, die zu unterschiedlichen Positionierungsstrategien führen können, wie das Beispiel „Automarke" im Vergleich gezeigt hat. – Globale Marken adressieren Wertegemeinschaften im Sinne der integrierten Kommunikation. Das Beispiel McDonald's zeigt, dass international bekannte Marken diese Ansprache zum Teil nur als rahmengebende Markenplattform betreiben, um die Balance zwischen Internationalisierung und Differenzierung zu finden.

6.3 Internationale Kommunikation – Nation Branding und Destination Marketing

Jan Lies

6.3.1 Kennzeichnung und Bedeutung von Nation Branding 157
6.3.2 Der Euro als „Produktmarke" Europas 159
6.3.3 Markenrankings und Länder 160
6.3.4 Stand der Forschung 160
6.3.5 Public Diplomacy und traditionelle Diplomatie 160
6.3.6 Destination Marketing und Nation Branding 161
6.3.7 Fazit: Nation Branding als ungeplante Markenführung 162

Leitfragen

1. Was bedeutet Nation Branding und welche Bedeutung hat es?
2. Inwieweit kann der Euro als eine aktiv geführte Marke interpretiert werden?
3. Was besagt der Country-Brand-Index?
4. Wie ist das Forschungsstadium von Nation Branding zu kennzeichnen?
5. In welchem Zusammenhang stehen Nation Branding, Public Diplomacy, traditionelle Diplomatie und Public Relations?
6. Was ist mit Destination Marketing gemeint

Die Marke Deutschland wird von der Identity Foundation als „Glanz mit Patina" bezeichnet. Demnach sind 77 % der Bevölkerung überzeugt, dass 'Made in Germany' auch heute für Qualität bürgt. Insbesondere deutsche Autos, deutsches Bier und deutsche Maschinen stehen nach Einschätzung der Mehrheit weltweit in hohem Ansehen, gefolgt von Haushaltsgeräten, Medizintechnik, pharmazeutischen Produkten, optischen Geräten und Rüstungsgütern. Umgekehrt hält (nur) knapp die Hälfte der Bevölkerung Deutschland für einen „Wirtschaftsstandort mit Zukunft", 38 % für dynamisch und anpassungsfähig, 29 % für reformfreudig (Identity Foundation 2002). Diese vielen Facetten, die die wahrnehmbare Marke eines Landes prägen, deuten bereits an, wie diskussionsbedürftig die Übertragung von Markenmanagementkonzepten auf Länder ist (vgl. Abb. 6.4).

6.3.1 Kennzeichnung und Bedeutung von Nation Branding

Nation Branding bezeichnet die Übertragung und Anwendung der Markenführung auf Länder, Staaten und Nationen. „Jeder bewohnte Ort auf der Erde hat einen Ruf, so wie auch Produkte und Unternehmen Markenimages haben. Die Marke von Produkten und

---

J. Lies (✉)
FOM Hochschule für Oekonomie & Management, Essen, Deutschland
E-Mail: jan.lies@fom.de

Key findings
Overall rankings

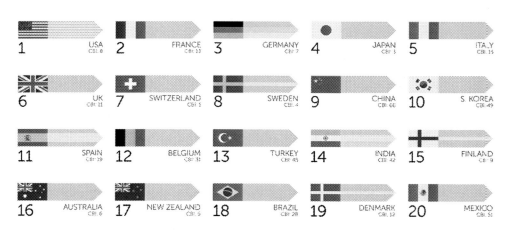

* The CBI rankings are as of 2012–13

Abb. 6.4 Zentrale kommunikationsnahe Disziplinen, die die Markenwahrnehmung einer Nation prägen

Unternehmen kann bewusst durch Werbung und Marketing geschaffen werden, während der Ruf von Orten in einer immer komplexeren und zufälligeren Weise entsteht. (…) Die Reputation eines Landes hat direkten und messbaren Einfluss auf jede Aktivität in Beziehung zu anderen Ländern und spielt eine kritische Rolle in seiner wirtschaftlichen, bildungsbezogenen, sozialen, politischen, und kulturellen Entwicklung. Ob wir darüber nachdenken, im Ausland zu studieren, zu verreisen oder ob wir ein Produkt aus einem bestimmten Land kaufen wollen, ob wir uns im Ausland bewerben, umziehen oder an krisengeschüttelte oder von Hungersnöten heimgesuchten Ländern spenden wollen (…): Wir vertrauen auf unsere Wahrnehmung dieser Länder, um unsere Entscheidungsfindung zu vereinfachen, zu beschleunigen und effizienter zu machen" (Anholt 2007, S. 6 f.).

> Das heißt: Im Nation Branding wird im Gegensatz zu der unternehmerischen Markenführung einschlägig diskutiert, dass das Verhalten und Handeln aller Akteure die Marke einer Nation prägen: „Nation Branding ist also ein Ergebnis der gemeinsamen Außendarstellung aller Akteure eines Landes einschließlich der Wirtschaft" (Busch-Janser 2010, S. 224).

Der Nationenbegriff hat dabei auch eine CI-Komponente. Die Idee des Nationenbegriff (von lateinisch „natio" – Abstammung, Geburtsort) geprägt vom Geist der Französischen Revolution basiert auf dem gemeinsamen Zusammengehörigkeitsgefühl und nicht nur auf regionalen, politischen oder biologischen Verbindungslinien einer Gemeinschaft (Jansen und Borggräfe 2007, S. 11).

6.3.2 Der Euro als „Produktmarke" Europas

Lässt sich die Idee der Markenkommunikation auch auf anderes wie Personen, Parteien, Länder und vielleicht sogar auf Währungen übertragen (vgl. im Folgenden Lies 2012, S. 191 ff)? Der Euro ist mehr als eine Währung. Er ist auch ein Symbol für die europäische Wirtschafts- und Finanzpolitik und darüber hinaus sogar für die politische Entwicklung des Kontinents Europa. Die Symbolkraft der Marke Euro kommt auch darin zum Ausdruck, dass sie die Leitwährung Europas ist. Viele Politiker und auch Bürger messen dem Euro große Kraft bei der Integration der Länder der Europäischen Union und sogar darüber hinaus zu. Die steigende Zahl der Euroländer und der Beitrittskandidaten der Eurozone sind auch Ausdruck der Macht der Marke Euro. Die große Fangemeinde des Euros beruht auch auf der einstigen Strahlkraft der D-Mark (Mark geht übrigens wie Marke auf „Markierung" zurück, was gewisse Gemeinsamkeiten impliziert). Die „harte" Mark stand für die wirtschaftliche Kraft und Stabilität Westdeutschlands. Sie war das Symbol des deutschen Wirtschaftswunders und damit ebenfalls bereits eine Marke, der ein rationales und emotionales Fundament zugrunde lag.

Aber: Einige institutionelle Investoren und private Sparer haben sich in der Eurokrise, die Ausdruck einer staatlichen Verschuldungskrise ist, von der europäischen Gemeinschaftswährung abgewendet, um beispielsweise gegen den Euro zu spekulieren oder in Gold oder Immobilien zu flüchten. Das Misstrauen der Anleger gegenüber dem Euro steht stellvertretend für das Misstrauen gegenüber der Politik, mit der Eurokrise fertig zu werden, die auf die zu hohen staatlichen Ausgaben in vielen Euroländern zurückzuführen ist.

Der Euro zeigt, dass sich Marken ungeplant herausbilden können. Dabei kann es die „eine" Marke in einer Stakeholder-Gesellschaft, also einer Gesellschaft, die sich aus vielen Anspruchsgruppen, etwa den verschiedenen Branchen in einer Volkswirtschaft, zusammensetzt, weder bei einem Produkt noch bei einem Staat geben. Der Euro macht dies besonders deutlich: Während er sich seit seiner Einführung zur zweitwichtigsten Währung nach dem Dollar gemausert hat, waren die Bürger als Stakeholder auch skeptisch. So galt er schnell als „Teuro", da sich viele Preise – etwa in der Gastronomie – quasi über Nacht verdoppelten. Klar ist jedenfalls, dass die Marke Euro von den Stakeholdern unterschiedlich wahrgenommen wird. Anders ausgedrückt: Die „eine" Marke gibt es in der Stakeholder-Gesellschaft nicht, da die einzelnen Gruppen unterschiedliche Wahrnehmungen sowie unterschiedliche Vorstellungen von ihrem Wert und Nutzen haben.

Entsprechend facettenreich sind auch die Teilmarken, die Nationen oder Nationsgemeinschaften die Europa prägen. Angesichts der vielen Institutionen, die dafür verantwortlich sind, ob das Leistungsversprechen des Euro erfüllt wird, stellt sich die Frage, ob ein Land oder eine Staatengemeinschaft überhaupt eine Kernmarke führen kann. Aus Sicht der politischen Praxis müsste dies eigentlich verneint werden. Im Unterschied zu einem Unternehmen besteht ein Staat nicht nur aus einem Set aus Leistungen, sondern aus zahlreichen Institutionen, die den Leistungserstellungsprozess koordinieren. Faktisch handelte es sich bei der D-Mark und heute beim Euro um Dachmarken, unter denen sich viele Marken tummeln – nämlich die Wirtschaftskraft und das Wirtschaftsgebaren der Bundesländer bzw. der 17 Euroländer.

Abb. 6.5 Nationale Marken in der Bewertung. (Quelle: http://www.futurebrand.com)

6.3.3 Markenrankings und Länder

Vergleichbar zu der vergleichenden Bewertung von Produkt- oder Unternehmensmarken wird auch versucht, die Marken von Nationen zu bewerten. Ein Beispiel ist der Country-Brand-Index (CBI) der Markenberatung Futurebrand, eine Agentur der McCann-Erickson-Gruppe. Der Index arbeitet auf der Basis der Daten von 3.600 Meinungsbildnern aus 18 Ländern (vgl. Abb. 6.5).

6.3.4 Stand der Forschung

Unter dem Blickwinkel der strategischen Außenkommunikation von Staaten und ihrer Wirkung auf deren Außenpolitik stellt Schwan fest: „In Deutschland befindet sich die Forschung zur Außenkommunikation im Allgemeinen und zu Nation Branding und Public Diplomacy im Besonderen noch in der Frühphase. (…) Die PR-Forschung untersucht im Rahmen der Internationalen PR die Phänomene von Public Relations über Landesgrenzen hinweg. (…) Die recht schwierige Literaturlage erklärt, warum eine alleinige Beschäftigung mit der Forschung zu Nation Branding und Public Diplomacy nicht als gewinnbringend angesehen wurde: Sie ist zu deskriptiv, zu selbstreferentiell und zu wenig wissenschaftlich fundiert" (Schwan 2011, S. 30 ff.).

6.3.5 Public Diplomacy und traditionelle Diplomatie

Public Diplomacy kann als Gesamtheit gesellschaftlicher Handlungsräume zur Einflussnahme auf die politischen Entscheidungen und das politische Klima anderer Staaten definiert werden, hat also im Gegensatz zum Nation Branding einen politischen Fokus (Bahrke 2010, S. 192). Hierbei wird die herausragende Rolle von „Soft Power" (vgl. hierzu den Abschnitt „Soft Power" von Vercic in Lies 2015) betont. „Das Idealbild von Public Diplomacy ist (…) ein breiter Austausch zwischen Absender- und Zielland auf allen Ebenen – Politik, Wirtschaft, Medien und Zivilgesellschaft. Durch die kontinuierliche Beziehungspflege und den Aufbau gegenseitigen Vertrauens soll die Reputation des Absenderlandes nachhaltig gestärkt werden und der Regierung so ein Vorteil im außenpolitischen Prozess erwachsen" (Busch-Janser 2010, S. 221). „Während bei der traditionellen Diplomatie Regierungen direkt interagieren, bedeutet Public Diplomacy vor allem die Interaktion mit der Zivilgesellschaft und nicht-regierungsabhängigen Akteuren. Der Verweis auf ein ‚Publikum' bedeutet, dass diese Interaktion im Wesentlichen, jedoch nicht ausschließlich, vermittelt ist. (…) Public Diplomacy wird betrieben von einer Vielzahl mehr oder weniger unabhängiger Akteure" (Bahrke 2010, S. 192). Dazu gehören Medien und Kulturorganisationen als kaum oder gar nicht kontrollierbare Institutionen, PR-Agenturen und die staatlichen Organisationen. Busch-Janser/Florian strukturieren PR, Nation Branding und Public Diplomacy nach Zielen, Disziplinen und Zeithorizonten so (vgl. Tab. 6.2).

6.3.6 Destination Marketing und Nation Branding

Destination Marketing und Management ist vor allem ein Begriff aus dem Tourismusmanagement, der somit vor allem in Bezug zu Privat- und Geschäftsreisenden einen Beitrag zur Imagebildung leistet. Destinationen sind zunächst einmal Reiseziele, die aber sehr unterschiedlich konfiguriert sind. So mag für den Transatlantikreisenden aus Fernost oder den USA „Europa" (in sechs Tagen) eine Destination sein, für den anderen ein bestimmtes Hotel in einem bestimmten Ort und für wieder einen anderen geht es um den Besuch des Finales einer Fußball-Meisterschaft, deren Schauplatz dem Reisenden letztlich egal ist. Das heißt, Destinationen changieren zwischen Orten und Räumen, die durch bestimmte Attraktionsmerkmale geprägt sind. Destinationen sind – wie auch Marken – letztlich aus der Sicht des Reisenden zu definieren (Bieger und Beritelli 2013, S. 52 f.).

Die Nation als Destination: Wenn Destinationen das Land an sich darstellen, prägt das touristische Marketing die Marke der Nation. Zum Teil betreiben Ministerien oder Wirtschaftsförderungen nationales Destinationmanagement, wenn sie Regionen oder das ganze Land als Reiseziel vermarkten.

Tab. 6.2 Ziele und Zeithorizonte von Kommunikationsdisziplinen im Vergleich. (Quelle: In enger Anlehnung an Busch-Janser und Florian 2010, S. 221)

Ziele	Disziplinen	Zeithorizont
Persuasion	Lobbying	Eher kurzfristig
Information/Verständigung	Public Relations	Eher mittelfristig
Imageaufbau	Nation Branding	Eher langfristig

Abb. 6.6 Beispiel 1: Zwischen ungewollten Nation Branding und Public Diplomacy. (Quelle: Focus online)(Quelle: Focus online, 29.02.2012)

> **Beispiel Nation Branding, Public Diplomacy und Destination Management in der Euro-Krise**
>
> Seit etwa Herbst 2009 ist die Haushaltskrise Griechenlands auch in Deutschland ein Thema der Publikumsmedien verbunden mit der Herabstufung durch Ratingagenturen (vgl. Abb. 6.6 und 6.7).

6.3.7 Fazit: Nation Branding als ungeplante Markenführung

Die Diskussion von „Nationen als Marken" macht besonders deutlich, dass Markenbildung im Sinne der Herausbildung von Images in Teilgesellschaften immer stattfindet – gewollt oder ungewollt. Zugleich wird an der Entwicklung des Euros klar, wie erfolgskritisch die interne Markenführung (internal branding, behavioral branding) ist. Was in Unternehmen durch klare Verantwortungsstrukturen zumindest im Prinzip aktiv steuerbar sein müsste, ist in föderalen Systemen nur durch funktionierende Selbststeuerungsmechanismen leistbar. Dass diese in Bezug auf einen stabilen Euro nur mangelhaft funktionieren, wird vor allem anlässlich von Wahlkämpfen in der aktuellen Eurokrise besonders spürbar. Hier werden etwa nach der Bundestagswahl 2013 erneut Ausgaben in Koalitionsverhandlungen vereinbart, die in bizarrem Gegensatz zur noch nicht bewältigten Eurokrise stehen.

Abb. 6.7 Beispiel 2: Zwischen ungewollten Nation Branding und Public Diplomacy. (Quelle: www.horizont.net, 29.06.2011)

6.4 Internationale Kommunikation – Theorierahmen

Jan Lies

6.4.1 Theorierahmen internationaler Kommunikation 164
6.4.2 Kommunikationsrelevante Kontexte 164
6.4.3 Internationale PR-Agenturen 166

> **Leitfragen**
> 1. Wofür dient der Theorierahmen internationaler Kommunikation von Sievert?
> 2. Welche Kontexte enthält dieser Rahmen? Wofür dienen die Kontexte?
> 3. Wie lassen sich diese Kontexte am besten mit Kommunikation bedienen?

Marken, die international bekannt sind, funktionieren **nicht** notwendigerweise grenzübergreifend mit den gleichen Werten, Leistungsversprechen, Gestaltungsstilen oder anderen Kommunikationsmaßnahmen. An welchen Leitlinien kann sich das PR- und Kommunikationsmanagement orientieren, um die Balance zwischen Internationalisierung und Differenzierung zu finden (mehr hierzu in den Abschn. 6.2 und 6.3)?

J. Lies (✉)
FOM Hochschule für Oekonomie & Management, Essen, Deutschland
E-Mail: jan.lies@fom.de

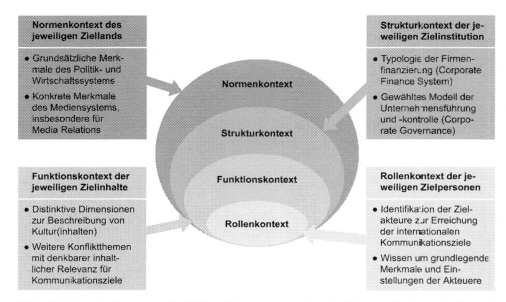

Abb. 6.8 Das Analyseraster für Einflussfaktoren internationaler Kommunikation. (Quelle: mit leichten Anpassungen aus Sievert 2007, S. 48)

6.4.1 Theorierahmen internationaler Kommunikation

Um Hinweise für die Balance von Standardisierung und Differenzierung der internationalen Kommunikation zu finden, ist ein Prüfschema als Diskussionsgrundlage hilfreich.

Sievert schlägt vor: Will man kulturübergreifende Kommunikation analysieren, braucht man **zunächst ein möglichst differenziertes heuristisches** (= Methode zur Generierung neuer Erkenntnisse) **Arbeitsmodell**. Zum Ausgangspunkt wählt Sievert Siegfried Weischenbergs Beschreibung des sozialen Systems „Journalismus", das sich mit einigen Modifikationen auf ein soziales Subsystem „Corporate Communications" übertragen lässt (vgl. im Folgenden Sievert 2007 und die dort zitierte Literatur, v. a. Weischenberg 1992, S. 67–70).

In diesem Ansatz geht es um einen **Normen-, Struktur-, Funktions- und Rollenkontext** des Journalismus, der sich auf Mediensysteme, -institutionen, -aussagen und -akteure bezieht (vgl. Abb. 6.8).

6.4.2 Kommunikationsrelevante Kontexte

Diese Kontexte dienen als Rahmen, um kommunikationsrelevante Situationsfaktoren für die Ausgestaltung internationaler Kommunikation strukturiert zu erfassen:

6 Public Relations als internationale Kommunikation

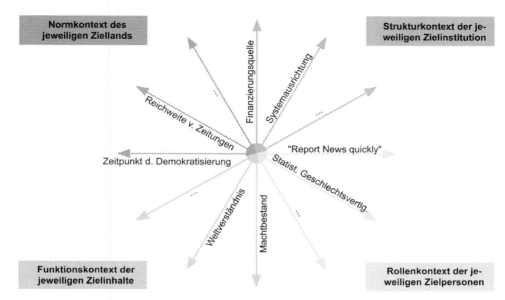

Abb. 6.9 Ein Kompass für die länderspezifische Anpassung internationaler Kommunikation. (Quelle: mit leichten Anpassungen aus Sievert 2007, S. 53)

- **Normenkontext:** Den Normenkontext bilden die Wirtschafts- und Politiksysteme, in denen Unternehmenskommunikation betrieben wird, und ihr jeweiliges Medienumfeld.
- **Strukturkontext:** Im Strukturkontext werden spezifische ausländische Zielinstitutionen, also in der Regel Unternehmen, hinsichtlich ihrer Finanzierungs- und Führungsstruktur genauer untersucht.
- **Funktionskontext:** Beim Funktionskontext geht es vor allem um kulturelle Dimensionen und Konflikte, die die Inhalte internationaler Unternehmenskommunikation in hohem Maß beeinflussen können (und sollten).
- **Rollenkontext:** Er betrachtet die internationalen Zielakteure vor dem Hintergrund ihrer unterschiedlichen Merkmale, Kompetenzen und Einstellungen.

Für jeden der genannten Kontexte lässt sich untersuchen, inwieweit er die Zielkommunikation in den vorgesehenen Ländern beeinflusst. Wie in den vorigen Abschnitten diskutiert, wären solche Überlegungen an sich nicht allein auf politische Grenzen zu beziehen, sondern allgemein auf Adressaten, die möglicherweise in wahrnehmungs- und damit handlungsrelevant unterschiedlichen Kontexten tätig sind und somit unterschiedliches PR- und Kommunikationsmanagement erfordern.

So ist für jede in der Praxis gegebene Kommunikationssituation ein Raster für alle Zielländer, -institutionen, -medien und -akteure erstellbar, das der PR-Verantwortliche zur Hand nehmen könnte, um seine Strategie und Maßnahmen zu planen und zu überprüfen (vgl. Abb. 6.9).

Tab. 6.3 Die zehn führenden PR-Agenturen (Worldwide Revenues in US-Dollar). (Quelle: Website des Holmes Reports, Stand 2014, http://worldreport.holmesreport.com/top-10)

2012	2011	Agentur	Zentrale	Honorareinkommen (2012 in US-Dollar)	Wachstum (%)
1	1	Edelman	USA	665.600.000	8,2
2	2	Weber Shandwick	USA	628.350.000	6,5
3	3	FleishmanHillard	USA	546.000.000	5,0
4	4	MSL Group	France	546.000.000	11,0
5	5	BursonMarsteller	USA	454.500.000	1,0
6	7	Ketchum	USA	440.000.000	14,0
7	6	Hill + Knowlton Strategies	USA	390.000.000	0,0
8	8	Ogilvy Public Relations	USA	297.000.000	6,1
9	9	Havas PR	France	224.000.000	7,7
10	11	Brunswick	UK	210.000.000	5,0

6.4.3 Internationale PR-Agenturen

Um die Balancefindung internationaler Kommunikation überprüfen zu lassen, ist die zentrale Rahmengebung durch **lokale** Kommunikationskompetenz oft der verlässlichste Weg. Nur sie kennt die gesellschaftlichen Besonderheiten, die letztlich maßgeblich für die erfolgreiche Umsetzung zentraler Leitideen der Kommunikation sind.

Eine Möglichkeit ist, sich den Rat bei international tätigen PR-Agenturen einzukaufen. Der Holmes-Report – ein US-Magazin für Public Relations – gibt Auskunft, welche Agenturen grenzübergreifend tätig sind (vgl. Tab. 6.3).

Literatur

Anholt, S. (2007). Competitive identity: A new model for the brand management of nations, cities and regions policy & practice: A development education review, Vol. 4, Spring 2007, pp. 3–13. http://www.developmenteducationreview.com/issue4-focus1.

Bahrke, J. (2010). Auslandsrundfunk als strategisches Mittel europäischer Public Diplomacy im Nahen Osten. In J. Tenscher & H. Viehrig (Hrsg.), *Politische Kommunikation in internationalen Beziehungen, Studien zur politischen Kommunikation* (Bd. 2, S. 191–214). Berlin.

Bieger, T., & Beritelli, P. (2013). *Management von Destinationen*. München: Oldenbourg.

Bruhn, M. (2009). *Integrierte Unternehmens- und Markenkommunikation, strategische Planung und operative Umsetzung*. Stuttgart: Schäffer-Poeschel.

Busch-Janser, S., & Florian, D. (2010). Die neuen Diplomaten? – Public Diplomacy und die Rolle von Kommunikationsagenturen in der Außenpolitik. In J. Tenscher & H. Viehrig (Hrsg.), *Politische Kommunikation in internationalen Beziehungen, Studien zur politischen Kommunikation* (Bd. 2, S. 215–231). Berlin.

De Mooij, M. (2013). *Global Marketing and advertising, understanding cultural paradoxes*. Thousands Oaks: Sage Publications.
Flik, R. (2002). Motorisierung des Straßenverkehrs. In M. Lehmann-Waffenschmidt (Hrsg.), *Perspektiven des Wandels, evolutorische Ökonomik in der Anwendung* (S. 27–102). Marburg: Metropolis.
Heller, M. (2001). Was für ein Luxus, wenn der Mercedes selbst noch in der Antarktis anspringt. Das Parlament. Aus Politik und Zeitgeschichte, Nr. 03-04/19. Januar 2001.
Herbst, D. (2003). *Unternehmenskommunikation*. Berlin.
Huck, S. (2007). Internationale Kommunikation. In M. Piwinger & A. Zerfaß (Hrsg.), *Handbuch Unternehmenskommunikation* (S. 891–903). Wiesbaden: Gabler.
Huck-Sandhu, S. (2013). Internationale Kommunikation. In C. Mast (Hrsg.), *Unternehmenskommunikation* (S. 365–383). München.
Identity Foundation (2002). *„Marke Deutschland: Glanz mit Patina", repräsentative Studie*. Düsseldorf.
Jansen, C., & Borggräfe, H. (2007). *Nation – Nationalität – Nationalismus*. Frankfurt a. M.: Campus.
Jervoe, J. J. (2006). Global versus local marketing. In T. Heilmann (Hrsg.), *Praxishandbuch internationales Marketing* (S. 107–124). Wiesbaden: Gabler.
Lies, J. (2003). *Wandel begreifen*. Wiesbaden: Dt. Univ.-Verl.
Lies, J. (2012). Die Marke Euro. *wisu – das Wirtschaftsstudium*, 2/2012, 191–192.
Lies, J. (2015). *Theorien des PR-Managements*. Wiesbaden: Springer Gabler (im Druck).
Meckel, M., & Kamps, K. (2003). Internationale Kommunikation. In G. Bentele, H.-B. Brosius, & O. Jarren (Hrsg.), *Öffentliche Kommunikation* (S. 481–491). Wiesbaden: VS Verlag für Sozialwissenschaften.
Schwan, A. (2011). *Werbung statt Waffen – wie strategische Außenkommunikation die Außenpolitik verändert*. Wiesbaden: VS Verlag für Sozialwissenschaften
Sievert, H. (2007). Der Blick über den Tellerrand. Überlegungen zu einer interdisziplinären Theorie internationaler Corporate Communication. *PR-Magazin*, 2(2007), 47–54.
Weischenberg, S. (1992). *Journalistik. Theorie und Praxis aktueller Medienkommunikation. Bd. 1, Mediensysteme, Medienethik, Medieninstitutionen* (S. 67–70). Wiesbaden: VS Verlag für Sozialwissenschaften

Link

www.holmesreport.com

Prof. Dr. Jan Lies Professor für Allgemeine Betriebswirtschaft, insbesondere Unternehmenskommunikation und Marketing an der FOM Hochschule für Oekonomie & Management, Essen.

Public Relations als politische Kommunikation

7

Inhaltsverzeichnis

7.1 Politische Kommunikation – als Lobbyismus und Public Affairs 170
Jan Lies
7.2 Politische Kommunikation – als politisches Marketing 175
Jan Lies
7.3 Politische Kommunikation – als Spin Doctoring 179
Jan Lies
7.4 Politische Kommunikation – als Grassrooting und Astroturfing 180
Jan Lies
7.5 Politische Kommunikation – als Vermittlungsprozess 183
Jan Lies
Literatur 188

Im Kern zielt dieser erste Band auf die Unternehmenskommunikation, sodass man sich fragen kann, ob die politische Kommunikation hier erwähnt werden muss. Andere branchennahe Kommunikationsbesonderheiten, wie etwa die Kommunikation der Pharmabranche, von Krankenhäusern oder von Konsumgütern werden hier auch ausgeblendet. Da aber viele Unternehmen auch Lobbying betreiben, wird die politische Kommunikation als durchaus auch ethisch strittiger Teil der Unternehmenskommunikation in diesem Band dargestellt.

7.1 Politische Kommunikation – als Lobbyismus und Public Affairs

Jan Lies

7.1.1 Public Affairs: Eine neue Führungsdisziplin innerhalb der Kommunikation? 170
7.1.2 Handlungsfelder von Public Affairs 171
7.1.3 Lobbyismus als klassische, politische Kommunikation 172
7.1.4 Kritik am Lobbyismus 174

> **Leitfragen**
> 1. Welche Aufgabe haben Public Affairs?
> 2. Welche Teildisziplinen umfasst Public Affairs?
> 3. Was ist unter Lobbying zu verstehen?
> 4. Welche Kritik wird am Lobbyismus geäußert? Welche Lobbying-Formen sind vor diesem Hintergrund unterscheidbar?

Politische Kommunikation umfasst zwei Richtungen:

- Vom Bürger bzw. deren Institutionen zur Politik und
- von der Politik zum Bürger.

Es ließe sich noch eine dritte Dimension anfügen: nämlich die innerhalb der Politik mit der internen Kommunikation und ihren Ritualen.

Dieser Abschnitt zur politischen Kommunikation zielt auf die erste Richtung ab: Die politische Kommunikation vom Bürger mit der Zielrichtung Politik. Diese Richtung umfasst zentral das Lobbying und Public Affairs.

7.1.1 Public Affairs: Eine neue Führungsdisziplin innerhalb der Kommunikation?

Lobbying, Public Affairs und Public Relations: Wie hängen diese Begriffe zusammen? Im Rahmen dieses Buches wird die Organisationskommunikation als Oberbegriff verstanden, unter deren Dach mit dem Prinzip der integrierten Kommunikation alle Disziplinen und Instrumente einzusetzen sind.

„Public Affairs" ist ein recht neuer Begriff, der in den Strukturen von Organisationen eine neue Kompetenz widerspiegelt, aber in der Literatur noch nach seiner Positionierung und Abgrenzung zu anderen Disziplinen wie dem Lobbyismus sucht.

J. Lies (✉)
FOM Hochschule für Oekonomie & Management, Essen, Deutschland
E-Mail: jan.lies@fom.de

Köppl formuliert: „Die Unternehmensfunktion Public Affairs organisiert das Erfassen von Veränderungen im politischen, gesellschaftlichen, wirtschaftlichen und kulturellen Umfeld, die Rückkopplung dieser Veränderungen mit den Unternehmenszielen, und sorgt für Aufbau und Aufrechterhaltung von Arbeitsbeziehungen zu Organen der Politik. Zudem beeinflusst sie jene gesellschaftlichen Gruppen, die in latenter oder totaler Opposition zu den Unternehmenszielen stehen" (Köppl 2007, S. 191). Es wird gar von einer „höchsten Stufe der Kommunikation" in Anlehnung an Stöhlker gesprochen.

So eine Definition hilft kaum weiter, da ohne Not und argumentativ nicht fundiert erneut Verwässerungen durch Überschneidungen und willkürliche Führungsansprüche ins Feld geführt werden.

Nichtsdestoweniger sind Public Affairs im Sinne der Außenpolitik einer Organisation eine eigene Kompetenz, da sie über die politische Kommunikation im Rahmen des Lobbyings hinausgehen. „Für Public Affairs sind Kommunikationsleistungen der klassischen PR ein wichtiger Teil. Aber so wenig Politik nur aus Kommunikation besteht, so ist auch Public Affairs nicht nur eine Kommunikationsfunktion. Im Vergleich sind die erheblich stärkeren Komponenten politische Analyse, inhaltliche Beratung, juristische Betreuung, Beziehungen zu Verwaltungen, politischen Gremien und sozialen Organisationen, Mitarbeit an unternehmerischen Grundentscheidungen von der PR nicht abgedeckt" (Althaus 2005, S. 4 f.).

Entsprechend prägen auch Anwaltskanzleien, Unternehmensberatungen und Ex-Politikprofis das Dienstleisterumfeld der Public Affairs.

▶ **Public Affairs** beschreibt ein interdisziplinäres Gebiet, das über die Disziplinen der PR hinausreicht und Aufgaben wie politische Analyse und juristische Beratung mit einbezieht.

7.1.2 Handlungsfelder von Public Affairs

Public Affairs hat also eine Schnittmenge mit der politischen Kommunikation. Lobbying ist ein Handlungsfeld von Public Affairs. Insgesamt kann es als Außenpolitik einer Organisation gekennzeichnet werden.

Folgende Handlungsfelder der Public Affairs können in Anlehnung an Meier identifiziert werden (Meier 2005, S. 88 ff.):

- **Lobbying oder Governmental Relations:** Umfasst die Kommunikation mit Regierungen, Parlamenten und Behörden über Ansichten und Positionen einer Organisation, um Einfluss auf politische, legislative und administrative Vorhaben zu nehmen.
- **Monitoring:** Ist die Beobachtung der relevanten Prozesse auf den föderalen Ebenen – lokal, regional, national, international. Das Monitoring dient auch dazu, die jeweils beteiligten Institutionen sowie die Entscheidungswege zu identifizieren. Hier ist bereits das Issues Management im Sinne eines Themenradars angelegt.

- **Issues Management:** Identifikation relevanter Themen – als Positionierungsthema für die aktive politische Kommunikation oder als Instrument der Krisenprävention.
- **Strategisch-taktische Forschung:** Markt- und Meinungsforschung zur demoskopisch gestützten Identifikation politischer Themen und Handlungsfelder.
- **Fundraising:** Zur Sicherung der finanziellen Handlungsfähigkeit betreiben politische Institutionen die systematisierte Werbung um Spenden, Fördermittel und Sponsoren.
- **Rechtsberatung:** Im finanz- und wirtschaftspolitischen Bereich ist die Rechtsberatung für die politische Gestaltung wichtig – von der Privatisierungsberatung öffentlicher Institutionen, über kartellrechtliche Fragen und steuerrechtliche Möglichkeiten bis zu rechtlichen Fragen des europäischen Binnenmarktes.

7.1.3 Lobbyismus als klassische, politische Kommunikation

Lobbyismus ist die politische Kommunikation von Organisationen:

▷ **Lobbyismus** wird oftmals als systematische und kontinuierliche Einflussnahme von wirtschaftlichen, gesellschaftlichen, sozialen oder auch kulturellen Interessen auf den politischen Entscheidungsprozess definiert (vgl. von Alemann und Eckert 2006, S. 4).

Vier Aspekte strukturieren den Lobbyismus: Die Organisationsform, die Adressaten, die Inhalte und Ideologien sowie die Instrumente des Lobbyismus.

Organisationsform Die klassische Form, in der sich Lobbyismus organisiert, sind Verbände. „Der Verband galt lange als Prototyp der Interessenvertretung gesellschaftspolitischer Segmente" (von Alemann und Eckert 2006, S. 4). Dazu gehören:

- Wirtschaftsverbände,
- Gewerkschaften als Schutzverbände der Arbeitnehmer,
- Sport und Hobby, Soziales, Kultur und sonstige gesellschaftliche Interessen.

Hinzu kommen als typische Lobbyisten:

- Kammern (Industrie- und Handelskammern usw.),
- Kirchen,
- lose Bündnisse wie Bürgerinitiativen,
- Unternehmen und Konzerne.

Ein relativ neues Phänomen sind Public-Affairs-Firmen, die häufig Unternehmensberatung, Politikberatung und Public Relations als Angebotspalette miteinander verknüpfen.

Adressaten Um auf den politischen Entscheidungsprozess Einfluss zu nehmen, stehen folgende Zielgruppen im Mittelpunkt des Lobbyings:

- Parlamente mit ihren Ausschüssen (deren Eingangshalle „Lobby" gab dem Lobbying seinen Namen),
- politische Parteien und deren Fraktionen,
- Regierungen und
- Medien.

Regierungen sind dabei als herausragende Zielgruppe zu sehen, „da die detaillierte Gesetzesvorbereitung von der Legislative in die Exekutive gewandert" ist (von Alemann und Eckert 2006, S. 4).

Die verbandseigenen Medien sind nicht zu unterschätzen: Die „ADAC-Motorwelt" oder die „Apotheken-Rundschau" haben Millionenauflagen (von Alemann und Eckert 2006, S. 5).

Inhalte Inwieweit die Interessen der Lobbyisten legitim im Sinne der Demokratie sind, wird hier nicht vertiefend diskutiert. „Interessenorganisationen wollen ihre eigenen Interessen durchsetzen. (…) Im Rahmen der Pluralismustheorie ist dies nichts Anstößiges. Im Gegenteil, aus dem Widerstreit der Interessen kristallisiert sich ein Gemeinwohl heraus. Paradox mutet allerdings an, dass nahezu alle Interessenorganisationen für sich reklamieren, dem Gemeinwohl zu dienen" (Vgl. von Alemann und Eckert 2006, S. 5). Aber ist die Einflussnahme legitim? Pragmatisch verkürzt ist festzuhalten, dass der Maßstab für Kommunikationstreibende nicht nur das Gesetz, sondern die Kultur mit ihren impliziten Regeln und Normen ist. Die ist aber in letzter Konsequenz unbestimmbar, da es keine akteursübergreifende Nutzenfunktionen gibt: Allein die Sozialpolitik zeigt, dass der ständige Ruf nach mehr Sozialleistungen von Gewerkschaften und Sozialorganisationen zu Ungerechtigkeit an anderer Stelle führt. Da diese zwangsfinanziert wird, hat die Mischung aus Demokratie und Lobbying insgesamt zu einer Abgabenquote von rund 50 % geführt, die mit dem Recht an Privateigentum nur schwer vereinbar zu sein scheint. An diesem einen prominenten Beispiel zeigt sich als Extrem die gesamte Problematik der „Vertrauens- und Interessenausgleichfunktion" von Kommunikation in der Demokratie.

Instrumente von Aleman und Eckert unterscheiden folgende Handlungsfelder des Lobbyings (vgl. von Alemann und Eckert (2006), S. 6):

- Information und Kommunikation,
- Integration und Selbstregulierung,
- personelle Penetration,
- Politikfinanzierung und politische Pression.

Entsprechend groß ist die Bandbreite der Instrumente von Interessenverbänden und reicht nur zum Teil in die PR hinein (von Alemann und Eckert 2006, S. 6):

- Kontaktpflege und Netzwerkbildung,
- Anruf bei Abgeordneten,
- Pressekonferenzen,
- Demonstrationen,
- Streik,
- Ämterpatronage,
- Spenden.

7.1.4 Kritik am Lobbyismus

Anhand der Literatur lässt sich eine polarisierende Diskussion über die Rolle von Verbänden und deren Einflussnahme auf die Politik herausarbeiten: „Lobbyismus polarisiert. Der Einfluss von Verbandsinteressen spaltet die öffentliche Meinung in Kritiker und Unterstützer organisierter Interessenwahrnehmung" (von Alemann und Eckert 2006, S. 3).

> Vor uns liegt im harten Schwarzweiß ein Holzschnitt der Gesellschaftstheorie: Während die einen den Schaden organisierter Interessen für das Gemeinwohl beschwören, betonen andere, dass Gemeinwohl erst durch sie entstehe. (Vgl. von Alemann und Eckert 2006, S. 3)

Dieses grobe Schnittmuster werde dem Lobbyismus nicht gerecht. „Hier ist die ganze Palette von legitimem zu illegitimem, von legalem zu illegalem, von akzeptablem zu inakzeptablem Verhalten zu registrieren; hier wird Lobbyismus zur Schattenpolitik. Die Achillesferse des Lobbyismus sind seine Aktionsformen" (von Alemann und Eckert 2006, S. 6).

Weißer, schwarzer und grauer Lobbyismus Entsprechend unterscheiden von Alemann/ Eckert weißen, schwarzen und grauen Lobbyismus. „Alles, was legal und legitim ist, gehört zum weißen Sektor", (von Alemann und Eckert 2006, S. 6) der grundgesetzlich geschützt ist, da Parteien kein Alleinvertretungsmonopol haben. Was gegen das Recht verstößt, gehört zum schwarzen Lobbyismus. Problematisch ist die graue Zone, deren Legitimationsspielraum auch zeitgeistgetrieben ist.

7.2 Politische Kommunikation – als politisches Marketing

Jan Lies

7.2.1 Kaufmechanismus und Wahlmechanismus 175
7.2.2 Das politisch-kommunikative Spannungsfeld 176
7.2.3 Mediale Inszenierung derPolitik 177
7.2.4 Rahmenpartei und Markenkommunikation 177

Leitfragen

1. Inwieweit ist die These zu kritisieren, dass der politische Wahlmechanismus dem Kaufentscheidungsprozess entspricht?
2. Welcher strukturelle Unterschied besteht zwischen der Entstehung des „Gutes" Politik und medialen Anforderungen?
3. Zu welchem Medieneffekt führt dieser Unterschied zwischen politischem und medialem Prozess?
4. Wie ist die Authentizität einer politischen Marke vor dem Hintergrund des Phänomens „Rahmenpartei" zu bewerten?
5. Inwieweit kann in der politischen Kommunikation von einer Professionalisierungstendenz die Rede sein?

Die Diskussion der politischen Kommunikation leidet unter mindestens einem zentralen Irrtum, der diesen Abschnitt einleitet: „Wie im ökonomischen System, so herrscht auch im politischen Bereich der für hoch entwickelte Industrieländer typische Käufermarkt vor. Demnach haben die Wähler als ‚Käufer' die Macht, sich aus einem Überangebot für das politische Produkt ihrer Wahl zu entscheiden. Dabei umfasst die politische Produktpalette unterschiedliche Parteiprogramme, divergierende Positionen zu politischen Themen (Issues) sowie Kandidaten mit bestimmten Ansichten und Eigenschaften (Images)" (Karp und Zolleis 2005, S. 98). – Hier wird die Auffassung entwickelt, dass der Kaufmechanismus nicht ohne Weiteres auf den Wahlmechanismus übertragbar ist und die sogenannte professionalisierte politische Kommunikation kritisch zu hinterfragen ist.

7.2.1 Kaufmechanismus und Wahlmechanismus

Dieses Zitat greift inhaltlich zu kurz, da – individuelle, gegebenenfalls begrenzte Rationalität des Wählers angenommen – es dazu führt, dass lang diskutierte Phänomene wie die Politik- oder Parteienverdrossenheit den Reformstau oder die systematisch steigende Verschuldung des Staates unerklärbar machen würde: Der Wähler würde den Kauf dieser

---

J. Lies (✉)
FOM Hochschule für Oekonomie & Management, Essen, Deutschland
E-Mail: jan.lies@fom.de

Politik einfach verweigern. Dies funktioniert aber nicht. Der Bürger bekommt immer Politik, auch wenn er sich des Kaufs enthält (Wahlenthaltung) oder sogar statt der einen Politik eine andere kaufen möchte (Wechselwähler), was vor allem an folgenden Strukturen liegt (vgl. beispielsweise von Arnim 2004, S. 115–119):

- Monopol der Kandidatenaufstellung durch Parteien,
- parteipolitische Listenabsicherung von Politkern,
- weitgehend austauschbare parteipolitischer Programme,
- Koalitionsbildung **nach** Wahlen,
- unverbindliche Wahlprogramme bzw. zeitliche Distanz zwischen Kauf und Leistungserbringung,
- knappe Mehrheiten der Volksparteien,
- diffuse Aufgaben- und Finanzverantwortungen im föderalen System,
- hoher Anteil steuerfinanzierter staatlicher Leistungen,
- hohe Durchmischung von staatlichen bzw. staatsnahen Institutionen mit Parteipolitikern,
- hoher Anteil von Berufspolitikern.

7.2.2 Das politisch-kommunikative Spannungsfeld

Kommunikativ führt diese Struktur zu interessanten Phänomenen der politischen Kommunikation. Die mediale Präsenz spielt angeblich eine große Rolle für den Erfolg von Politikern und deren Organisationen: „Mittlerweile sind (…) Parteien mehr denn je auf die modernen Massenmedien (TV, Rundfunk, Presse) angewiesen, um bei den Wahlen erfolgreich zu sein. Medien und politisches Geschäft stehen in einem symbiotischen Verhältnis zueinander" (Hitzler und Cavaliere 2005, S. 205). Denn für die Parteipolitik ist es vor allem angesichts knapper Mehrheitsverhältnisse koalitionsfähiger Parteien auf Landes- und Bundesebene interessant, mit politischer Kommunikation Wählerstimmen zu erzielen.

Allerdings existieren zwei Spannungsfelder zwischen politischer und medialer Logik:

- Zum einen sind politische Prozesse in aller Regel relativ komplex (was den medialen Aufmerksamkeitskriterien zuwider läuft).
- Zum anderen besteht ein Widerspruch zwischen politischer Prozesszeit und medialer Produktionszeit (Hitzler und Cavaliere 2005, S. 205).

Diese Anbahnungszeit der Politik – Verhandlung, Meinungsbildung, juristische Fundierung – ist komplex und medial schwer oder gar nicht vermittelbar. Dies zeigt: Indirekt erfordert die Diskussion der politischen Kommunikation einen Kommunikationsbegriff, der mit Handlungsprozessen verbunden sein muss. Inwieweit ein Wahlkampf noch Kommunikation oder schon Handlung ist, bleibt zu diskutieren (siehe genauer hierzu den Abschnitt „Kommunikation" in Lies 2015).

7.2.3 Mediale Inszenierung der Politik

Wegen des strukturellen Widerspruchs zwischen Medienprozess und politischem Prozess hat sich in den letzten Jahren in der politik- und kommunikationswissenschaftlichen Literatur ein neues Konzept herausgebildet: das politische Marketing (vgl. Karp und Zolleis 2005, S. 97). „Das ‚Geschäft' der Politik, das auf die Medien als Mittler zum Bürger angewiesen ist, ist gezwungen, sich an die medialen Aufmerksamkeitskriterien und auch an die Medienzeit anzupassen. Und dazu gehört – neben der Personalisierung, **Inszenierung** und Eventisierung – ganz besonders auch der Zwang zu schnellen Reaktionen auf politisch relevante Ereignisse" (Hitzler und Cavaliere 2005, S. 205 – Fettsetzung durch den Autor). So zu handeln, scheint aus Sicht der Politik vordergründig sinnvoll zu sein, da der Wahlmechanismus nicht zu einem Austausch einzelner Politiker führt, sondern die Mehrheit der abgegebenen Stimmen reicht, um die parteigebundene Politik fortzusetzen. Das heißt: Die oben angenommene Übertragung des Kauf-Preis-Mechanismus auf die Wahl funktioniert nicht.

„Schnelligkeit in Aktion und Reaktion gilt inzwischen als ultimatives Symbol der Professionalität. Dass politische Kommunikation immer professioneller betrieben wird, lässt sich auch daran ablesen, dass die Rolle der Partei-, Fraktions- und Pressesprecher bedeutsamer wird. Im selben Kontext steht die wichtiger werdende Rolle professioneller (Wahlkampf-)Berater, neuerdings allgemein als ‚spin-doctors' bezeichnet, sowie der Demoskopie" (Hitzler und Cavaliere 2005, S. 205 f.). „Politische Eliten nutzen demoskopische Umfragen – die wesentlich schneller zu Ergebnissen kommen als demokratische Entscheidungsprozesse – insbesondere in Wahlkampfzeiten verstärkt, um unter Umgehung intermediärer Instanzen erfolgreich Politik ‚zu machen'. Dies trägt wiederum dazu bei, dass die Bürger den Parteien gegenüber (noch) misstrauischer werden, dass mithin Politikverdrossenheit, Wahlenthaltung sowie Mitgliederschwund der Parteien noch verstärkt werden (…)" (Hitzler und Cavaliere 2005, S. 206).

Das Stichwort „Inszenierung" ist aus der Sicht des theoretischen PR- und Kommunikationsmanagements kritisch zu betrachten: Es bedeutet wohl, dass eine authentische und identitätsgetriebene (Marken-)Kommunikation der Parteien **nicht** stattfindet.

Das heißt, die oben genannte „Professionalisierungstendenz" bezieht sich auf die eingesetzten Marketingkommunikationsinstrumente, aber weniger auf das Kommunikationsverständnis im Sinne eines nachhaltigen identitäts- und wertebasierenden Leistungsmarkenmanagements, bei dem Handlung und Kommunikation in Einklang stehen (siehe genauer die Abschnitte „Image- und Reputation" bzw. „Markenkommunikation" in Lies 2015).

7.2.4 Rahmenpartei und Markenkommunikation

In diesem Kontext wird das Stichwort „Rahmenpartei" diskutiert: „Im Modell der Rahmenpartei wird die Partei zu einer Organisation, die auf einen großen aktiven Mitgliederstamm weitgehend verzichten kann. Stattdessen wird vor allem die politische Kommunikation, insbesondere im weitesten Zusammenhang mit Wahlkämpfen, professionalisiert. (…) Dazu werden die Inhalte massenmedial aufbereitet, wobei die Parteieliten über die Medien eigene ‚direkte' Beziehungen zu den Bürgern knüpfen (Hitzler und Cavaliere 2005, S. 209).

Dies kann zu Entfremdungsprozessen zwischen Parteiführung und Mitgliedern führen: Denn die Parteien reagieren so, wie es der schwache Wahlmechanismus zulässt: Ohne echte Versuche, die Entscheidungsstrukturen des föderalen Systems anzupassen, das sie eigentlich gestalten sollen, mit einer Mischung aus Programmsuche und erhöhtem Ressourceneinsatz, vor allem in Wahlkampfzeiten. Durchgreifende Reformen der Entscheidungs- und Finanzierungsstruktur, um Finanzierung und Finanzierungskontrolle von Entscheidungen zu demokratisieren, fehlen fast ganz, wie der Versuch der Föderalismusreform zeigt. „Entstanden ist eine florierende Sparte von Politik- und PR-Beratern, Meinungsforschungsinstituten rund um die Parteien (…) (Hitzler und Cavaliere 2005, S. 208). Entsprechend wird seit einiger Zeit die Inszenierung der Parteien bzw. der Politik diskutiert (s. z. B. Altendorfer et al. 2003). Sie wenden die gesamte Klaviatur der Kommunikation an, soweit dies die Etats zulassen: Von der Markenpolitik bis hin zur Boulevardisierung der Politik mit Auftritten in Soap-Operas, der Samstagabend-Unterhaltung (Gerhard Schröder bei „Wetten dass …?" am 20. Februar 1999 oder in „Gute Zeiten, schlechte Zeiten" am 22. Juni 1998), um Kontakt zu Wählern zu erschließen (vgl. Kapferer 2004, S. 38 ff.). Politische Führungspersönlichkeiten werden medial inszeniert (siehe auch Abschn. 8.3 „Personen-PR").

Dies führt zu einem Negativeffekt, der die These der obigen „Professionalisierungstendenz" vor dem Hintergrund des werte- und leistungsbasierenden Kommunikationsverständnisses (siehe Abschnitt „Image – und Reputation" in Lies 2015) in Frage stellt, wie folgendes Zitat deutlich macht: „Über die gute, alte PR-Regel ‚Tue Gutes und rede darüber' lachen die selbsternannten Profis. ‚Auch wenn Du nichts tust, rede gut darüber' ist überwiegend die Maxime der Gegenwart. Noch schlimmer: ‚Mach' ruhig Mist und diskutiere ihn ernsthaft – es merkt ja sowieso keiner'. Die politische PR von heute überbordet. Sie überschlägt sich. Die Parteien aller Art, die Fraktionen, die Kandidatinnen und Kandidaten überschreien sich immer mehr (…) Polit-PR ohne Inhalt ist eine schreckliche Vorstellung, aber immer öfter Realität" (Müller und Wetterich 2005, S. 2 f.).

Diese Entwicklung erscheint nur möglich, weil der politische Wahlmechanismus nicht richtig funktioniert und Kommunikation über die Inszenierung von Politik nicht wirklich hinausragt. Hätte der Wähler ein schärferes Steuerungsinstrument wie den Markt-Preis-Mechanismus zur Verfügung, würde er nicht mit Politikverdrossenheit als Ausdruck der Ohnmacht reagieren, sondern Nicht-Kaufen und gezielt abwählen.

7.3 Politische Kommunikation – als Spin Doctoring

Jan Lies

7.3.1 Definition und Herkunft 179
7.3.2 Beispiele und Rolle für den Spin Doctor 180

> **Leitfragen**
> 1. Was ist ein Spin Doctor?
> 2. Inwieweit gibt es den Spin Doctor auch in Deutschland?

Die zurzeit zunehmende Bedeutung des Spin Doctors in der politischen Kommunikation rechtfertigt diesen kurzen Abschnitt, um den Begriff und dessen Herkunft kurz zu erklären.

7.3.1 Definition und Herkunft

Der Spin Doctor ist eine „Bezeichnung für die PR- und Medienberater zumeist von Parteien und Verbänden (…). Spin Doctors (engl. to spin = „in Drehung versetzen", im übertragenen Sinne auch „anschieben") sind zuständig für die Akzentuierung von Wahlkampfinhalten, der Profilierung von politischen Persönlichkeiten, die Inszenierung von politischen Events, den organisatorischen Ablauf von PR-Aktivitäten und deren Koordination in den Medien" (Rota und Fuchs 2007, S. 410).

Laut Frankfurter Allgemeine Zeitung benutzte erstmals im Oktober 1984 ein Journalist der „New York Times" den Ausdruck in einem Artikel über eines der TV-Duelle zwischen den US-Präsidentschaftskandidaten Ronald Reagan und Walter Mondale (vgl. Mihr 2002). Als Spin Doctors beschrieb er die hinter der Bühne wartenden PR-Berater beider Bewerber, die den Journalisten jeweils unterschiedliche Bewertungen desselben Geschehens feilboten, um so der Berichterstattung einen ihnen genehmen Spin oder auch Dreh zu verleihen.

Der Begriff machte in den Folgejahren Karriere, sodass seit 1988 der Bereich hinter der TV-Duell-Bühne auch ganz offiziell „spin alley" heißt.

1989 war der „Spin Doctor" schon Unwort des Jahres in den USA. Zu dieser Zeit spielte der Begriff hierzulande noch kaum eine Rolle.

J. Lies (✉)
FOM Hochschule für Oekonomie & Management, Essen, Deutschland
E-Mail: jan.lies@fom.de

7.3.2 Beispiele und Rolle für den Spin Doctor

Der Spin Doctor ist zum heutigen Zeitpunkt auf dem deutschen Kommunikationsmarkt eher ein Modewort, das in der politischen Kommunikation zu Hause ist. In den USA findet der Begriff „Spin Doctor" eine breitere Anwendung. Edward Bernays wird als „Father of Spin" bezeichnet. „Der amerikanische Journalist und Autor Larry Tye schrieb in seinem Buch ‚The Father of Spin', Edward Bernays habe das Geschäft der Public Relations fast im Alleingang kreiert" (Schäfer 2007), wodurch der allgemeine PR-Bezug des „Spinning" deutlich wird.

Auf dem deutschen Kommunikationsmarkt kann Michael Spreng als ein Spin Doctor bezeichnet werden. Er ist Journalist und Medienberater und war für den Bundestagswahlkampf 2002 der engagierte Berater des damaligen Kanzlerkandidaten und bayerischen Ministerpräsidenten Edmund Stoiber. Er betreibt den politischen Blog „www.sprengsatz.de".

Anders aber in England: „Der Spin-Doktor oder Medienmanager nimmt in der britischen Politik inzwischen eine zentrale Rolle ein. Eine Wahl ohne die tatkräftige Unterstützung eines Spin-Doktors zu gewinnen, ist in Großbritannien praktisch unmöglich. Seine Kunst besteht darin, einem Thema einen solchen „Spin" oder Drall zu geben, dass es in den Medien höchste Aufmerksamkeit und Zustimmung erzeugt. Wer als Politiker trotz riesiger Informationsflut eine Botschaft vermitteln will, der braucht effektives Medienmanagement" (Diebel 2007).

7.4 Politische Kommunikation – als Grassrooting und Astroturfing

Jan Lies

7.4.1 Kennzeichnung von Grassrooting 181
7.4.2 Kennzeichnung von Astroturfing 182

Leitfragen

1. Was ist unter Grassrooting zu verstehen? Woher stammt der Begriff?
2. Was ist unter Astroturfing zu verstehen? Woher stammt der Begriff? Wie ist er ethisch einzuschätzen? Inwieweit sind Grassrooting und Astroturfing hierzulande üblich?

Im Rahmen der Einflussnahme auf die Politik lassen sich zwei Ansätze unterscheiden:

J. Lies (✉)
FOM Hochschule für Oekonomie & Management, Essen, Deutschland
E-Mail: jan.lies@fom.de

- Die **direkte** Einflussnahme auf Entscheider oder Entscheidergremien.
- Die **indirekte** Einflussnahme auf Entscheider durch Aufbau öffentlichen und/oder medialen Drucks.

Zu der zweiten, indirekten Strategie der Einflussnahme gehören die hier vorgestellten Begriffe „Grassrooting" und „Astroturfing", die in den USA seit ca. 20 Jahren die politische Kommunikation mit prägen.

7.4.1 Kennzeichnung von Grassrooting

> ,Lobbying from the Grassroots' also Lobbying von den Graswurzeln her, ist in den USA das Um und Auf von Lobbying-Kampagnen. Es geht dabei um die Mobilisierung möglichst breiter Bevölkerungskreise für die eigenen Anliegen. (Althaus et al. 2005, S. 186)

▸ Die „gezielte Mobilisierung der Öffentlichkeit bzw. bestimmter Teilöffentlichkeiten (z. B. die Organisation einer Unterschriftensammlung unter den Anwohnern gegen den Bau eines Flughafens) wird auch als **Grassroots-Lobbyismus** bezeichnet" (Redelf 2006, S. 225).

Dabei kennzeichnet Beder die Idee des Grassrootings so: „Wenn ein Unternehmen gegen eine neue Umweltschutzvorschrift ist oder eine umweltschädigende Entwicklung unterstützt, könnte es dies offen unter seinem Namen tun. Aber es ist sehr viel effektiver, über eine Gruppe von Bürgern oder Experten zu verfügen – und noch besser eine Vereinigung dieser Gruppen – die öffentlich die Wünsche des Unternehmens promoted, während es selbst für sich in Anspruch nimmt, die öffentlichen Interessen zu vertreten. Wenn solche Gruppen noch nicht existieren, bedienen sich moderne Unternehmen PR-Firmen und bilden sie" (Beder 1998, S. 21). „Der Einsatz solcher ‚front groups' ermöglicht es Unternehmen, an öffentlichen Debatten teilzunehmen und Regierungsanhörungen geschützt hinter besorgten Öffentlichkeiten zu verfolgen" (Vgl. Beder 1998, S. 22).

Beder zitiert Mario Cooper, Senior Vice President von Porter Novelli, eine namhafte internationale PR-Agentur, wonach die eigentliche Herausforderung für Grassroot-Spezialisten darin besteht, den Eindruck zu erwecken, dass Millionen von Menschen das Interesse eines Klienten unterstützen, sodass ein Politiker dies nicht ignorieren kann.

▸ Dabei muss der Begriff „Grassroots" vor dem Hintergrund der amerikanischen Kultur verstanden werden, deren bürgergesellschaftliches Engagement im Kern als durchaus positiver Druck der Bürgergesellschaft gemeint ist und nicht etwa die anarchisch-klassenkämpferischen Tendenzen, die hierzulande unter diesem Stichwort zu finden sind.

Nichtsdestoweniger ist unter ethisch-moralischen Gesichtspunkten genau hinzuschauen, ob es um Grassrooting oder um Astroturfing geht.

7.4.2 Kennzeichnung von Astroturfing

Astroturfing bezeichnet das Vorgehen, Grassroots aufzubauen, die es ohne den gezielten Aufbau gar **nicht** gäbe: eine künstliche Inszenierung von Massen oder Öffentlichkeiten. „Astroturf ist ein Grassroots-Programm, das eine schnelle Herstellung öffentlicher Unterstützung für einen Standpunkt beschreibt, in die auch nicht-informierte Aktivisten eingebunden werden bzw. verschleiernde Vorgehensweisen zu ihrer Anwerbung angewendet werden" (Beder 1998, S. 22; zitiert Stauber und Rampton 1995, S. 23).

▶ Künstlich gebildete Grassroots werden „**Astroturf**" in Anlehnung an die Kunstrasen-Marke genannt.

Oftmals wird dem langjährigen Senator von Texas, Lloyd Bentsen, zugeschrieben, den Begriff Astroturfing in den 1980er Jahren geprägt zu haben (Lyon und Maxwell 2004, S. 561).

In Deutschland sind diese Begriffe wenig gebräuchlich, aber die Methoden und Instrumente im PR-Management durchaus üblich.

So gehören Stellvertreterdiskussionen mit Hilfe von Instituten, Wissenschaftlern oder anderen Experten genauso zum Handwerkszeug der PR, wie Massenmails oder Abgeordnetenbriefe zu organisieren. Auch Unterschriftenlisten, Lichterketten und ähnliche Aktionen als Dokument der mobilisierbaren Bürgerschaft sind hierzulande gut bekannt und oftmals auf organisiertes PR-Management bzw. Lobbying zurückzuführen (vgl. auch den Abschn. 4.3 „Veranstaltungskommunikation – Smart- und Flashmobbing" sowie vgl. Althaus et al. 2005, S. 187.).

In den Vereinigten Staaten sind diese Instrumente auch aufgrund des politischen Systems und der Kultur präsenter. PR-Agenturen gehen offensiv mit Grassrooting als Kommunikationsprodukt um, obwohl eine intensive ethische Diskussion um Grassrooting und Astroturfing stattfindet. Ein Beispiel ist die Agentur National Grassroots & Communications (NGC) (vgl. Abb. 7.1): „NGC provides companies with critical grassroots support to influence public perception, shape media opinion, and change state and federal laws. The result is to transform critical corporate issues from „special-interests" to compelling public interests (…). Today, NGC is the most effective grassroots firm in the nation" (Entnommen der Website www.ngrc.com).

Die unternehmenskritische Organisation „corporate watch" definiert Astroturfing so: „Astroturf campaigns are those which aim to create the impression of grassroots support for or opposition to a given project. Sometimes PR companies can successfully organise di-

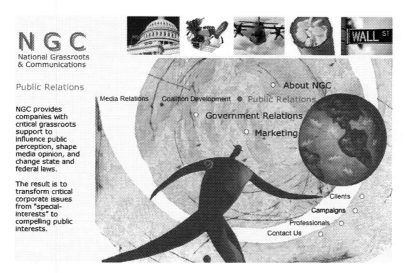

Abb. 7.1 Grassrooting als PR-Beratungsleistung der Agentur NGC National Grassroots & Communications. (Quelle: www.ngrc.com, Dezember 2007)

scontented workers or sections of the public to vent their frustrations on environmentalists or particular legislation that the client wants derailed. Sometimes they simply create faked public concern" (Entnommen der Website www.corporatewatch.org im Dezember 2007).

> PR-Watch hat sich einen Namen gemacht durch die Enttarnung von Lobbygruppen, die nicht offen auftreten, sondern sich als Bürgerinitiativen ausgeben, obwohl sie von der Industrie gesponsert werden. So betreibt die Public Affairs Agentur Berman & Co gleich mehrere solcher Pseudo-NGOs, die sich zum Beispiel als Center for Consumer Freedom gegen die Gesundheitsbewegung wenden und sich für die Rechte von Rauchern aussprechen (…). (Redelf 2006, S. 346)

7.5 Politische Kommunikation – als Vermittlungsprozess

Jan Lies

7.5.1 Politische Kommunikation und politisches Handeln 184
7.5.2 Die Betreiber politischer Kommunikation 185
7.5.3 Formen politischer Kommunikation 186
7.5.4 Fazit 188

J. Lies (✉)
FOM Hochschule für Oekonomie & Management, Essen, Deutschland
E-Mail: jan.lies@fom.de

Leitfragen
1. Inwiefern kommt der politischen Kommunikation eine herausragende Stellung in der Demokratie zu?
2. Warum hat vor diesem Hintergrund die Kommunikation von Parlamenten, Regierungen und Parteien eine gesellschaftskritische Rolle?
3. Welche unterschiedlichen Formen der politischen Kommunikation lassen sich herausarbeiten?
4. Inwieweit übernimmt die politische Kommunikation für die Theorie und Praxis des PR- und Kommunikationsmanagements die Funktion eines Lehrbeispiels?

„Politische Öffentlichkeitsarbeit oder politische PR als wichtiger Teil der politischen Kommunikation in Deutschland ist heute ein Berufs- und Aktionsfeld, das sich seit zehn bis 15 Jahren ständig ausdifferenziert und professionalisiert hat" (Bentele 2006, S. 96). In diesem Abschnitt geht es um die Frage, warum der politischen Kommunikation in der Demokratie eine hohe Bedeutung beigemessen wird. Hier wird gleichzeitig auch die Grundlage für den Abschn. 7.2 „Politische Kommunikation – politisches Marketing" gelegt, der zeigt wie diskussionsbedürftig die Rolle von Kommunikation und Medien in der Demokratie ist.

7.5.1 Politische Kommunikation und politisches Handeln

„Der politische Prozess kann allgemein als alles öffentliche Handeln und Verhandeln in von der Allgemeinheit als Lösung bedürftig anerkannten Problemen in einer Gesellschaft begriffen werden (…). Politische Prozesse sind in dieser Vorstellung nicht auf politisch-administrative Kerninstitutionen, also auf das eigentliche Entscheidungssystem mit seinen politischen Akteuren, begrenzt" (Jarren und Donges 2002, S. 34). In der Literatur wird die gegenseitige Abhängigkeit von politischen Prozessen innerhalb der legitimierten Institutionen auf der einen Seite und der Einfluss von Öffentlichkeit beispielsweise im Sinne von medialer Berichterstattung oder auch des Lobbyings auf der anderen Seite intensiv diskutiert. Wo beginnt „Politik" und wo fängt „Öffentlichkeitsarbeit" oder „Kommunikation" an bzw. wo hören sie auf? Allgemein lässt sich festhalten: „Politik folgt bei der Problembearbeitung der Logik politischer Institutionen, auch wenn sie nicht umhin kommt, sich bei der Vermittlung von Lösungen auf die Logik der Medien (Relevanz einer Nachricht etc.) oder auf Störungen, wie durch journalistische Nachfrage nach dem Stand der Scheidung entstehen können, einzustellen" (Jarren und Donges 2002, S. 46).

Die Bedeutung von PR für die Demokratie ist höchstrichterlich anerkannt: „In einem wegweisenden Urteil befand das Bundesverfassungsgericht 1977, dass Öffentlichkeitsarbeit von Regierung und Parlament nicht nur verfassungsrechtlich zulässig, sondern auch notwendig sei. Das Gericht argumentierte, dass eine verantwortliche Teilhabe der Bürger an der Politik voraussetzt, dass die Bürger über politische Entscheidungen, Maßnahmen und Lösungsvorschläge informiert sind (…)" (Schulz 2013, S. 291). Durch die oft komplexen politischen Vorgänge in den Institutionen der Demokratie ist politische Öffentlichkeitsarbeit oft nicht nur Mittel der Politik, sondern selbst auch Politik. „Politik wirkt notwendigerweise in die Öffentlichkeit hinein oder findet in der Öffentlichkeit statt. Allerdings darf nicht übersehen werden, dass ein erheblicher Teil politischen Handelns in der Vorbereitung und Umsetzung politischer Entscheidungen steht und dabei nicht öffentlich sichtbar ist" (Schulz 2013, S. 292 f. und die dort angegebene Literatur). Politische Akteure sind zu einem gewissen Maß auf die Vermittlungsleistungen der Medien angewiesen, was aufgrund der tendenziellen Zunahme an Informationen, der Informationssteuerungs- und Filterfunktion der Medien und dem Mediennutzungsverhaltens des Wählers eine zunehmende Herausforderung bedeutet (Jarren und Donges 2002, S. 39 ff.). Denn „aus Sicht der Bürger ist es Aufgabe der Politik, Probleme zu lösen. Die politischen Gewalten sind dementsprechend legitimiert (…). Es ist gleichwohl nicht selbstverständlich, dass Entscheidungen der Parlamente, Regierungen und Behörden von den Bürgern akzeptiert werden. Politische Entscheidungen müssen vermittelt werden, sie müssen bekannt gemacht, verdeutlicht, argumentativ erläutert werden. Gleiches gilt für die politischen Ziele und Initiativen von Parteien und Interessengruppen. Politisches Handeln in der Demokratie ist zustimmungsabhängig und infolgedessen begründungsbedürftig" (Schulz 2013, S. 291).

Entsprechend können Institutionen und Organisationen, wie zum Beispiel Parlamente und Parteien aber auch Verbände oder soziale Bewegungen, als Kommunikationskanäle aufgefasst werden. Sie bilden die Brücke zwischen den legitimierten Institutionen der Demokratie und den Wählern. Die Medien werden so zu einem zentralen Baustein der Demokratie (Kamps 2007, S. 33 f. und die dort angegebene Literatur). „Ohne ein publizistisches System kann sich demokratische Politik in Massengesellschaften nur schwer entfalten. (…) Zweifellos spielen die Medien für die Performanz moderner Demokratien eine zentrale Rolle" (Kamps 2007, S. 34). Die Medientechnik wird daher zum Teil als wichtiges Element der partizipativen Demokratie gewertet.

7.5.2 Die Betreiber politischer Kommunikation

So umfassend der politische Prozess definiert werden kann, so vielfältig sind die Institutionen, die politische PR betreiben: Dazu gehören die Parlamente und Behörden auf Bundes-, Landes- und kommunaler Ebene genauso wie die Regierungen, Fraktionen, Parteien und Politiker als demokratisch beauftragte Institutionen und Personen, die den politischen Prozess in ihren Institutionen gestalten (Jarren und Donges 2002, S. 79 ff.). Vor allem am Beispiel der Parlamente, den Parteien und den Regierungen wird die enge Verbindung von politischem Prozess und politischer Kommunikation deutlich.

Parlament Der Spagat zwischen politischer Meinungs- und Entscheidungsfindung, Politikvermittlung und Öffentlichkeitsarbeit kommt am Parlament besonders zum Ausdruck. Im politischen System Deutschlands ist es der entscheidende Ort für politische Entscheidungen und deren Vorbereitung. „Generell hat sich die mediale und auch allgemeine öffentliche Aufmerksamkeit stark vom Parlament und seinen Gremien weg und zum Regierungs- und Oppositionshandeln hinbewegt. Der Ort wie auch die Institution Parlament als politisches Kommunikations- und Entscheidungszentrum hat damit – zumindest medial und optisch – an Bedeutung verloren" (Jarren und Donges 2002, S. 86). „Die Öffentlichkeitsarbeit für das parlamentarische System steht vor erheblichen Problemen. Sarcinelli spricht von einem Spagat, weil die Parlaments-PR als ‚Politikvermittlung zwischen Public Relations und Parlamentsdidaktik agieren muss'. (...) Das Parlament ist (...) kein strategisch handelnder Akteur" (Jarren und Donges 2002, S. 87 f. zitiert Sarcinell 1994). Dies dokumentiert, dass das Parlament zwar Problemlösungskompetenz haben soll, gleichzeitig aber durch das Demokratiegebot nur eingeschränkte oder gar keine strategische Zielbindung stattfinden kann (vgl. hierzu die Abschnitte zur strategischen Kommunikation in Kap. 12).

Parteien-PR Anders verhält sich dies bei den Politikern, die das Parlament bilden: „In keinem öffentlichen Bereich ist PR-Arbeit so eng mit den Machtinteressen verknüpft wie im Bereich der Parteipolitik und ihrer Kommunikation. (...)" (Vgl. Rota und Fuchs 2007, S. 314). In der Tendenz ist bis heute ein kontinuierlicher Prozess der Expansion von Wahlkämpfen zu aufwändigen Medien- und Materialschlachten zu sehen. „Bis etwa Mitte der 50er Jahre dominierten in Deutschland schon aus der Weimarer Republik bekannte Methoden: Plakate, Handzettel, Flugblätter, Rundbrief, Großkundgebungen" (Kamps 2007, S. 160). Heute wird nach wie vor auch auf Werbemittel gesetzt: Insgesamt aber beherrschen nun andere Werbeträger und -plattformen die PR: vor allem die elektronischen Medien und dort das Fernsehen, wo neben Argument und Programm vermehrt Sympathiewerbung und demonstrative Publizität in den Vordergrund treten (vgl. Kamps 2007, S. 160 f.). Problematisch ist in der Parteien-PR daher ihre exakte Abgrenzung zur politischen Propaganda. „Heute versteht die Politik- und Kommunikationswissenschaft moderner Wahlkämpfe (...) meist als von Parteien personell wie programmatisch, strategisch und auf ein Datum organisierte, auf Stimmenmaximierung angelegte, werbende und medial geprägte Kommunikationsvorgänge (...)" (Vgl. Kamps 2007, S. 161).

Regierungs-PR „Die Presse- und Öffentlichkeitsarbeit von Regierungen für Länder- und der Bundesebene dient der umfassenden Information der Bevölkerung; sie soll dem Bürger ermöglichen, die Arbeit der Regierung zu beurteilen und zu bewerten" (Rota und Fuchs 2007, S. 388). Gleichzeitig ist eine werblich-dominierende Kommunikation im Sinne der Demokratie zu vermeiden, was angesichts der Realität dieser Auftragskommunikation kritisch zu betrachten ist. Im politischen Bereich stellt das Bundespresseamt (ca. 400 Beschäftigte) die größte PR-Organisation im politischen Bereich der Bundesrepublik Deutschland dar, der eine herausragende Bedeutung innerhalb der Regierungskommunikation zukommt (vgl. Jarren und Donges 2002, S. 81).

7.5.3 Formen politischer Kommunikation

Man kann idealtypisch eine indirekte und direkte Form politischer Öffentlichkeitsarbeit unterscheiden, wobei sich die erste an die Massenmedien wendet und über diese die Öffentlichkeit erreichen soll, während die zweite direkt an die Öffentlichkeit beziehungsweise einzelne Gruppen gerichtet ist. (Schulz 2008, S. 308)

Entsprechend der Bedeutung der politischen Kommunikation findet sich hier die gesamte Bandbreite der integrierten Kommunikation wieder:

- **Mittel der indirekten Öffentlichkeitsarbeit:** Pressearbeit, Medienarbeit, Informationspolitik. Hierzu gehören alle Informationen, Inhalte und Darstellungen, die von politischen Parteien, politischen Gruppierungen auf Bundes-, Landes- oder kommunaler Ebene sowie von an der politischen Meinungsbildung beteiligten Institutionen und Organisationen (z. B. Verbände, Gewerkschaften) und ihren Vertretern an die Medien zur Veröffentlichung weitergegeben werden (vgl. Rota und Fuchs 2007, S. 325 f.).
- **Mittel der direkten Öffentlichkeitsarbeit:** Broschüren, Seminare, Besucherprogramme, Fernsehspots.

Die Abgrenzungsdiskussion von PR, Werbung, Marketing und Propaganda wird aufgrund des demokratischen Auftrags von Parteien und Regierungen besonders interessant, da hier Ziele und Strategien der Kommunikation gesellschaftskritische Relevanz entfalten können:

- **Politische PR:** „Mit politischer Öffentlichkeitsarbeit reagiert die Politik auf die Notwendigkeit einer professionellen Herstellung von Öffentlichkeit in der Kommunikations- und Mediengesellschaft. In ihrer politischen Anwendung orientiert sich diese Öffentlichkeitsarbeit an Instrumenten, Mitteln und Strategien der kommerziellen PR – es wäre auch verwunderlich gewesen, hätte die Politik gänzlich eigene Praktiken entwickelt" (Kamps 2007, S. 104). „Ohne besonderen normativen Anspruch kann man politische Öffentlichkeitsarbeit schlicht definieren als das Kommunikationsmanagement politischer Interessen. (…) Eine scharfe Abgrenzung politischer Öffentlichkeitsarbeit von nicht-politischer Öffentlichkeitsarbeit oder von politischem Handeln ohne dominierenden Kommunikationscharakter ist kaum möglich. Politik ist meist an Kommunikation gebunden (…)" (Schulz 2013, S. 292 f. und die dort angegebene Literatur).
- **Politische Werbung:** „Politische Werbung wird vor allem – sieht man einmal ab von den eher selten vorkommenden Image- oder Mitgliederwerbeaktion – in Wahlkämpfen betrieben. Die politische Werbung bedient sich der Mittel, die aus der Wirtschaftswerbung bekannt sind (Produkt- und Imagewerbung), und mit der Wahlwerbung wird eine peruasive Zielsetzung verfolgt. (…) Politische Werbung zielt kurzfristig auf ein bestimmtes Wahlverhalten, und sie ist langfristig auf die Kreation eines positiven Images und auf den Erwerb von Vertrauen für eine Person oder Organisation abgestellt" (Jarren und Donges 2002, S. 64).
- **Politisches Marketing:** „Der Begriff politisches Marketing hat im Zuge der ‚Amerikanisierungsdebatte' Einzug selbst in die wissenschaftliche Literatur gehalten" (Jarren und Donges 2002, S. 64 f.). Eine systematische Abgrenzung zur politischen Werbung oder Propaganda findet sich nicht: Gemeint ist oftmals der Einzug von Marketinginst-

rumenten und -experten vor allem im Rahmen von Wahlkämpfen, was dann vielfach als „Professionalisierung" von politischer Kommunikation bezeichnet wird (mehr hierzu in Abschn. 7.2 „Politische Kommunikation – politisches Marketing" sowie vgl. Jarren und Donges 2002, S. 64 ff.; Karp und Zolleis 2005, S. 97 ff.; Schulz 2008, S. 246 f.).
- **Politische Propaganda:** „Der Begriff politischer Propaganda ist heute negativ besetzt, und er wird eher in einer kritisch-abschätzigen Weise verwandt" (Jarren und Donges 2002, S. 66). „Problematisch sind Handlungsweisen in der politischen PR, insbesondere der Parteien-PR, wenn die verbreiteten Inhalte stark emotionalisierenden, verkürzenden und wenig informierenden Charakter haben, also Public Relations zu Zwecken der Propaganda missbraucht wird und agitative Züge annehmen. Für viele PR-Theoretiker ist deshalb der Übergang zwischen politischer Public Relations und Propaganda (…) fließend und eine Unterscheidung vor allem zu Zeiten des Wahlkampfes nicht immer möglich" (Rota und Fuchs 2007, S. 326).

7.5.4 Fazit

Die politische Kommunikation vereint viele Aspekte des PR- und Kommunikationsmanagements – nicht nur was die Bandbreite der eingesetzten Kommunikationsdisziplinen angeht. Am Beispiel der politischen Kommunikation wird die praktische Bedeutung der theoretischen Abgrenzungsdiskussion zwischen Handeln und Kommunikation der Akteure deutlich. Der Diskussion der engen Verbindung zwischen dem Handeln der beteiligten Institutionen – hier der politische Prozess mit der Kommunikation, die zum Teil als notwendiger Bestandteil der Demokratie gewertet wird – könnte auch in der Betrachtung der Organisations- und Unternehmenskommunikation mehr Raum zugebilligt werden. Am Beispiel des Stakeholders „Bürger" für die politischen Parteien wird dies besonders deutlich (siehe Abschn. 7.2 „Politische Kommunikation – politisches Marketing) und gilt vor allem mit Blick auf die seit einigen Jahren aktuelle Controlling-Diskussion der PR (siehe die Abschnitte zur Evaluation sowie „Kommunikation und Handlung" in Lies 2015).

Literatur

von Alemann, U., & Eckert, F. (2006). Lobbyismus als Schattenpolitik. *Aus Politik und Zeitgeschichte 15–16,* 2006.
Altendorfer, O., Hollerith, J., & Müller, G. (2003). *Die Inszenierung der Parteien – am Beispiel der Wahlparteitage 2002*. Eichstätt.
Althaus, M. (2005). Public Affairs und Public Relations – Ungleiche Schwestern, DIPAPERS03. www.dipa-potsdam.org, vom Deutschen Institut für Public Affairs Potsdam und Berlin.
Althaus, M., Geffken, M., & Rawe, S. (2005). *Grassrootslobbying. Handlexikon Public Affairs. Public Affairs und Politikmanagement* (S. 186–188). Münster.
Beder, S. (1998). Public relations role in manufacturing artificial grass roots coalitions. *Public Relations Quarterly, 43*(2), 21–23. (Sommer 1998).

Bentele, G. (2006). Zukünftige Trends politischer Öffentlichkeitsarbeit. In A. Balzer, M. Geilich, & S. Rafat. (Hrsg.), *Politik als Marke, Politikvermittlung zwischen Kommunikation und Inszenierung* (S. 96–100). Münster.
Diebel, F. H. (2007). Ein Spin-Doktor für den Tory-Chef. *Stern,* 22. September 2007.
Hitzler, R., & Cavaliere, A. (2005). Die Quadratur des Kreises – Parteien zwischen medialen und partizipativen Ansprüchen. In D. Haubner, E. Mezger, & H. Schwenger (Hrsg.), *Agendasetting und Reformpolitik* (S. 201–227). Marburg.
Jarren, O., & Donges, P. (2002). *Politische Kommunikation in der Gesellschaft: Eine Einführung, Bd. 2: Akteure, Prozesse und Inhalte.* Wiesbaden.
Kamps, K. (2007). *Politisches Kommunikationsmanagement, Grundlagen und Professionalisierung moderner Politikvermittlung.* Wiesbaden.
Kapferer, S. (2004). Einmal Inszenierung und zurück? In Forum Medien Politik (Hrsg.), *Trends der politischen Kommunikation* (S. 38–46). Münster.
Karp, M., & Zolleis, U. (2005). Politisches Marketing für moderne Wahlkampfstrategien. In L. Rademacher (Hrsg.), *Politik nach Drehbuch, Deutsches Institut für Public Affairs* (S. 97–109). Münster.
Köppl, P. (2007). Lobbying und Public Affairs. In B. Schmid & B. Lyczek (Hrsg) *Unternehmenskommunikation* (S. 183–216). Wiesbaden.
Lies, J. (2015). *Theorien des PR-Managements.* Wiesbaden: Springer Gabler.
Lyon, T. P., & Maxwell, J. W. (2004). Astroturf: Interest group lobbying and corporate strategy. *Journal of Economics & Management Strategy, 13*(4), 561–597.
Meier, D. (2005). Public Affairs als Markenzeichen einer neuen Politikberatungskultur. In L. Rademacher (Hrsg.), *Politik nach Drehbuch* (S. 87–96). Münster.
Mihr, C. (2002, Aug. 20.). Spin Doctors. Wer spinnt denn da? *Frankfurter Allgemeine Zeitung.*
Redelf, M. (2006). Mehr Transparenz gegen die Macht von Lobbyisten. In T. Leif & R. Speth (Hrsg.), *Die fünfte Gewalt. Lobbyismus in Deutschland* (S. 333–350). Wiesbaden.
Reuter, H. (2006). Zwischen Druck und Dialog. In M. F. Ruckh, C. Noll, & M. Bornholdt (Hrsg.), *Sozialmarketing als Stakeholder-Management. Grundlagen und Perspektiven für ein beziehungsorientiertes Management von Nonprofit-Organisationen* (S. 223–236). Bern.
Rota, F. P., & Fuchs, W. (2007). *Lexikon Public Relations.* München.
Sarcinelli, U (1994). Mediale Politikdarstellung und politisches Handeln: analytische Anmerkungen zu einer notwendigerweise spannungsreichen Beziehung. In O. Jarren, U. Sarcinelli, & U. Saxer (Hrsg.), *Politische Kommunikation in der demokratischen Gesellschaft* (S. 473–481). Opladen.
Schäfer, D. (2007, Juli 28./29.). Der Beginn des Doktor Spin. *Süddeutsche Zeitung.*
Schulz, W. (2013). *Politische Kommunikation, theoretische Ansätze und Ergebnisse empirischer Forschung.* Wiesbaden.
Stauber, J., & Rampton, S. (1995). Deforming consent: The public relations industry's secret war on activists. *Coveraction Quarterly, 55,* 23.
Von Arnim, H. H. (2004). Wahl ohne Auswahl. Die Parteien und nicht die Bürger bestimmen die Abgeordneten. *Zeitschrift für Rechtspolitik,* 115–119.

Links

www.ngrc.com.
www.corporatewatch.org.

Prof. Dr. Jan Lies Professor für Allgemeine Betriebswirtschaft, insbesondere Unternehmenskommunikation und Marketing an der FOM Hochschule für Oekonomie & Management, Essen.

Disziplinen der PR

8

Inhaltsverzeichnis

8.1 Öffentlichkeitsarbeit	192
Jan Lies	
8.2 Produkt-PR	197
Christina Vaih-Baur	
8.3 Personen-PR	201
Jan Lies	
8.4 Investor Relations	207
Jan Lies und Christina Vaih-Baur	
8.5 Sponsoring und Mäzenatentum	215
Jan Lies	
Literatur	219

Public Relations wird in der Praxis mit unterschiedlichen Begriffen und Handlungsschwerpunkten betrieben. Dazu gehört die Öffentlichkeitsarbeit als deutscher Übersetzungsversuch. Aber auch die Produkt-PR als eine der marktnahen PR-Handlungsfelder ist hier zu nennen. Auch die diesem Abschnitt folgenden Kapitel widmen sich mit der Medienarbeit, der Onlinekommunikation oder der internen Kommunikation solchen Handlungsfeldern, die allerdings so umfassend sind, dass sie in eigenständigen Kapiteln präsentiert werden.

8.1 Öffentlichkeitsarbeit

Jan Lies

8.1.1 Die Suche nach einer deutschen Übersetzung für PR 192
8.1.2 Abgrenzung und Skepsis 193
8.1.3 Übersetzungsversuche für den Begriff Public Relations 194
8.1.4 Öffentlichkeitsarbeit: Vertrauen und Führung 195
8.1.5 Kritik 196

> **Leitfragen**
> 1. Wie verhalten sich die Begriffe Öffentlichkeitsarbeit und Public Relations zueinander? Wann wurde der Begriff Öffentlichkeitsarbeit geprägt? Durch wen?
> 2. Welche Inhalte prägen die Diskussion der Öffentlichkeitsarbeit in den 1950/1960er Jahren?
> 3. Wie hängen Öffentlichkeitsarbeit, Vertrauen und Führung zusammen?
> 4. Inwieweit wird der Begriff Öffentlichkeitsarbeit heute zum Teil kritisiert?

In diesem Buch wird Öffentlichkeitsarbeit mit einem Teil der Organisationskommunikation gleichgesetzt: der Public Relations (mehr zur Arbeitsdefinition und den Aufgaben siehe Abschn. 1.2 „Aufgabenfelder der PR").

Der Begriff Öffentlichkeitsarbeit wird aber häufig in Theorie und Praxis verwendet und hat eine große Bedeutung für die Entwicklung von PR in Deutschland, sodass ein eigener Abschnitt hier gerechtfertigt ist. Dabei geht es nicht um eine Ursprungssuche der Worte Public Relations (siehe Abschnitt „PR-Geschichte" in Lies 2015), sondern um eine kurze Schilderung, wie das amerikanische Schlagwort PR in den 1950er und 1960er Jahren mit Hilfe des Öffentlichkeitsarbeitsbegriffs hierzulande Fuß fasste.

8.1.1 Die Suche nach einer deutschen Übersetzung für PR

Im Rahmen der Erläuterung des Begriffs Öffentlichkeitsarbeit schreibt Horst Avenarius: „Der Ausdruck wurde von zwei großen PR-Praktikern (…) eingeführt: Georg-Volkmar Graf von Zedtwitz-Arnim (1961) und Albert Oeckl (1964)" (Avenarius 2000, S. 3). Zwei Zitate machen ihre Beiträge deutlich:

J. Lies (✉)
FOM Hochschule für Oekonomie & Management, Essen, Deutschland
E-Mail: jan.lies@fom.de

- **Oeckl** beschreibt (1964): „Die deutsche PR-Praxis hat sich in den letzten Jahren so stark entwickelt und die theoretische Auseinandersetzung um die Öffentlichkeitsarbeit ist so heftig entflammt, dass der Versuch, einen Beitrag zur Klärung zu leisten, jetzt und hier unternommen werden muss" (Oeckl 1964, S. 34). Laut Oeckl ist „Public relations" zunächst mit „öffentlichen Beziehungen" übersetzt worden. Carl Hundhausens Versuch, Public Relations mit der Werbung um öffentliches Vertrauen zu übersetzen, hielt dieser selbst für unzureichend, sodass er bei dem Begriff Public Relations blieb (Oeckl 1964, S. 34; Hundhausen 1951, S. 7).
- **Zedtwitz-Arnim** beklagte (1961): „Eine voll befriedigende Definition der Public Relations gibt es nicht. Es gibt im deutschen Sprachgebrauch noch nicht einmal eine verbindliche Übersetzung dieses amerikanischen Fremdworts, so naheliegend ‚öffentliche Beziehungen' wären. Dieser Ausdruck ist nicht ganz befriedigend, denn begrifflich setzen öffentliche Beziehungen ihre Schaffung voraus und ziehen anschließend ihre Pflege nach sich. Sie werden nur dauerhaft sein, wenn sie auf einem Fundament des Vertrauens beruhen. Die besten Übertragungen in unsere Sprache sind noch Vertrauenswerbung und Öffentlichkeitsarbeit" (Zedtwitz-Arnim 1961, S. 20; s. a. Oeckl 1964, S.35).

8.1.2 Abgrenzung und Skepsis

Die damalige Diskussion war nicht nur geprägt von der Suche nach einer passenden Übersetzung von Public Relations. Es ging auch darum, Basismechanismen herauszustellen. Und sie war gleichzeitig eine Abgrenzungsdebatte von Kommunikationsformen wie Werbung und auch Propaganda, die bis heute die Literatur prägt.

Dabei ging es damals auch um den Vorwurf, dass PR irgendwie etwas Schlimmes sei. Herbert Gross, Gründer des Handelsblatts, schrieb 1951: „(…) Ein gefährliches und oft missverstandenes Schlagwort läuft heute um, an dessen trügerischem Feuerwerk sich Verantwortungsvolle verbrennen und Verantwortungslose bereichern. Es ist das Schlagwort der Public Relations. Der Verfasser fühlt sich mitschuldig an der Einführung dieses amerikanischen Schlagwortes in den deutschen Sprachgebrauch. (…) Das Wort ‚Public Relations' wird in dieser Schrift möglichst vermieden (…). Es geht nicht um die Übertragung ausländischer Methoden (…). Es geht letztlich um die Auflösung der Masse in verantwortliche Persönlichkeiten, die man überzeugen kann" (Gross 1951, S. 7 f.).

> Insbesondere gilt es, Öffentlichkeitsarbeit von dem Verdacht zu reinigen, nur eine besonders widerliche oder auch besonders wirksame Form der Werbung zu sein: eine parteiliche Überredung oder zumindest eine einseitige, tendenziöse Information – also den Eindruck zu vermeiden, als sei Öffentlichkeitsarbeit oder Public Relations ‚Etikettenschwindel'. (Faulstich 2000, S. 25.)

8.1.3 Übersetzungsversuche für den Begriff Public Relations

Carl Hundhausen titelte sein Buch Anfang der 1950er Jahre mit „Werbung um öffentliches Vertrauen". Herbert Gross wählt das Wort „Meinungspflege" als Übersetzung von Public Relations. Albert Oeckl plädierte, so schrieb er 1964, aufgrund der damaligen Diskussion für den Begriff Öffentlichkeitsarbeit als deutsche Übersetzung für PR, verstanden als (vgl. Abb. 8.1):

- Arbeit mit der Öffentlichkeit,
- Arbeit für die Öffentlichkeit,
- Arbeit in der Öffentlichkeit.

> Wobei unter Arbeit das bewußte, geplante und dauernde Bemühen zu verstehen ist, gegenseitiges Verständnis und Vertrauen aufzubauen und zu pflegen. (Oeckl 1964, S. 36)

Später kennzeichnet Oeckl den Begriff Öffentlichkeitsarbeit als seine Erfindung. Demnach ersann er als Leiter der Presseabteilung des Deutschen Industrie- und Handelskammertages im Jahr 1950 die Eindeutschung „Öffentlichkeitsarbeit", da die damalige Hauptgeschäftsführung das amerikanische „Public Relations" ablehnte. Erstmals sei dies dann im Geschäftsbericht von 1951 angewendet worden (Oeckl 1994, S. 14; s. a. Kunczik 1993/2010, S. 24 f.).

Bentele weist darauf hin, dass bereits vor dem Start der breiter angelegten PR- und Öffentlichkeitsarbeitsdiskussion in den 1950/1960er Jahren das Wort Öffentlichkeitsarbeit

Abb. 8.1 Öffentlichkeitsarbeit: die Definition von Albert Oeckl. (Quelle: entnommen aus Oeckl 1964, S. 44)

Öffentlichkeitsarbeit ist das bewußte, geplante und dauernde Bemühen, gegenseitiges Verständnis und Vertrauen in der Öffentlichkeit aufzubauen und zu pflegen.

gebraucht wurde. Aber: „Es schmälert Oeckls Verdienste um das Ansehen der Branche nicht, dass der Begriff ‚Öffentlichkeitsarbeit', als dessen Erfinder er sich selbst sah und als der er immer wieder (…) reklamiert wird, schon viel älter ist. Spätestens 1917 – und vermutlich schon früher – wurde der Begriff Öffentlichkeitsarbeit innerhalb einer Diskussion der Evangelischen Presseverbände (…) einschlägig verwendet." (Bentele 2001, S. 90; vgl. auch Kunczik 1993/2010, S. 24).

▶ Heute ist Öffentlichkeitsarbeit in vielen Organisationen und in der Literatur oftmals ein Synonym für Public Relations.

8.1.4 Öffentlichkeitsarbeit: Vertrauen und Führung

Zedtwitz-Arnim, der sein Buch aus dem Jahr 1961 selbst als Leitfaden für Praktiker kennzeichnet (1961, S. 22), stellt eine Prozesskette zwischen Vertrauen und Öffentlichkeitsarbeit als Instrument der Unternehmensführung her, deren Klarheit heute viele Beiträge vermissen lassen: Er hielt den in den USA geprägten Spruch „Tue Gutes und rede darüber" für eine zwar etwas zynische, aber durchaus vernünftige Arbeitsrichtlinie.

Er konkretisiert dies so: PR habe den Betriebsnutzen zu unterstützen. „Public Relations sind ein Führungsinstrument, das die in der Führungspraxis nicht systematisch erfassbaren Einflüsse der Meinung unter Kontrolle und Führung bringt. Irrationales wird rationalisiert" (1961, S. 22; Kursivsetzung vernachlässigt).

Wie viele Beiträge verweist auch Zedtwitz-Arnim auf die vertrauensbildende Funktion von PR und erklärt diese „Rationalisierung" wie folgt: „Das geschieht durch die Schaffung von Vertrauen. Vertrauen setzt Verständnis und Überzeugung, Überzeugung setzt Kenntnis, Kenntnisse setzen Unterrichtung und deren Nachprüfbarkeit durch augenscheinliche Erfahrungen voraus. Das erfordert Identität der Struktur des Unternehmens und der Aussage über diese Struktur. Ist diese Identität nicht gegeben, kann diese Unterrichtung zum Bumerang werden" (1961, S. 22).

Daraus leitet er einen zweistufigen PR-Prozess ab: „Der Schaffung einer vertrauenswürdigen Struktur und der Vertrauensbildung durch systematische Unterrichtung über diese Struktur. Oder mit anderen Worten aus den Stufen: Tue Gutes! Und rede darüber! Reden ohne Tun wäre Kosmetik an Krankheitssymptomen, keine Therapie. Es wäre bestenfalls Propaganda" (1961, S. 22).

Dabei geht Zedtwitz-Arnim auch darauf ein, dass kein Medium die persönliche Kommunikation ersetzen könne und diese Medienarbeit nur dann ein Ersatz ist, wenn die Größe der Zielgruppe die persönliche Ansprache unmöglich macht (1961, S. 70). Er geht – leider nur am Rande – auf die Existenz der Teilzielgruppen („Meinungskreise") ein (1961, S. 43 sowie Abb. 8.2).

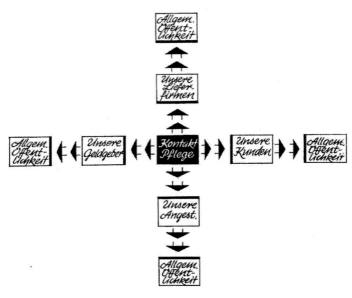

Abb. 8.2 Die Teilzielgruppen zu Beginn der PR-Diskussion in Deutschland. (Quelle: entnommen aus Zedtwitz-Arnim 1961, S. 70)

8.1.5 Kritik

Faulstich kritisiert: „Der Begriff ‚Öffentlichkeitsarbeit' ist die deutsche Übersetzung von ‚Public Relations' und wird heute wie selbstverständlich, vielleicht unglücklicherweise, mit dem amerikanischen Begriff gleichgesetzt. Die Konnotationen der beiden Bezeichnungen unterscheiden sich natürlich erheblich voneinander: ‚Relations' beispielsweise scheint sehr viel umfassender zu sein als ‚Arbeit', suggeriert auch eher Zweiseitigkeit und Feedback, also Kommunikation, im Gegensatz zum schwerfälligen Aktivismus ‚Öffentlichkeitsarbeit' im Sinne mühsamen Bearbeitens bzw. Bearbeitet-Werdens" (Faulstich 2000, S. 22).

Man mag die Übersetzung kritisieren: die Begründung der Übersetzung der damaligen Autoren umfasst die Idee, Beziehungsaufbau und -pflege in Kombination mit Kommunikation als Werttreiber für Organisationen zu beschreiben sowie Handeln und Kommunizieren zu synchronisieren. Das gilt bis heute. Die Kritik, dass die Autoren damals die Erklärung gesellschaftlicher Vertrauensbildungsprozesse schuldig bleiben, muss man vielen Beiträgen von heute genauso zuschreiben. Mehr als das sehen aktuelle Beiträge über diese Problematik gar hinweg im Gegensatz zu den klassischen Beiträgen, die zumindest das Problem andiskutiert haben (siehe hierzu beispielsweise die Abschnitte „Kommunikation – und Dialog" oder „PR-Theorien: Neo-normative Ansätze – Burkart" in Lies 2015). Das schon damals zitierte Sprichwort, dass Public Relations zu 90 % der PR aus Handeln und nur zehn Prozent aus Reden besteht (Zedtwitz-Arnim 1961, S. 77), verhält sich leider bestenfalls umgekehrt proportional zu den Diskussionsschwerpunkten der damaligen Beiträge. Sie zeigen aber, wie aktuell das Kommunikationsverständnis damals war (siehe Abschn. 9.1 „Change Communications").

8.2 Produkt-PR

Christina Vaih-Baur

8.2.1 Klärung des Begriffs Produkt-PR 197
8.2.2 Ziel und Mechanismus der Produkt-PR 198
8.2.3 Produktpressearbeit: Berichterstattung über Produkte in den Medien 199
8.2.4 Operative Umsetzung der Produkt-PR 199
8.2.5 Kann Produkt-PR von der Marken-PR unterschieden werden? 200

Leitfragen
1. Was versteht man unter Produkt-PR?
2. Welche Ziele werden mit der Produkt-PR verfolgt?
3. Welche Funktionen hat die Produkt-PR innerhalb der Kommunikationspolitik?
4. Ist die Produkt-PR der Marktkommunikation zuzuordnen?
5. Kann die Produkt- von der Marken-PR abgegrenzt werden?

Obwohl in der PR-Praxis die Produkt-PR zu einer **Kerndisziplin** des PR- und Kommunikationsmanagements gehört, weisen viele PR-Lexika und PR-Handbücher dieses Stichwort nicht auf (vgl. Lange und Ohmann 1997; Brauner et al. 2001). Zudem herrscht in der Literatur wenig Klarheit darüber, was Produkt-PR eigentlich ist (vgl. Szyszka 2004, S. 66 ff.).

8.2.1 Klärung des Begriffs Produkt-PR

Im Lexikon der Public Relations wird Produkt-PR mit dem Kommunikationsinstrument Werbung verglichen: „In ihren Inhalten, Formen und Intentionen ähnelt die Produkt-PR stark der Werbung und bedient sich häufig produktbezogener Presseinformationen, PR-Anzeigen oder PR-orientierter TV-Spots" (Rota und Fuchs 2007, S. 368).

Vergleichbar wird der Begriff in der Marketingliteratur definiert. In der deutschsprachigen Literatur wird PR als ein Element im Kommunikationsmix eingeordnet. Trotz der klaren Marktorientierung wird der PR dann eine Vertrauensbildungfunktion gegenüber „den anderen Anspruchsgruppen" zugeordnet (vgl. Meffert et al. 2012, S. 688 ff.). Anerkennung und Vertrauen in der Öffentlichkeit sollen den Verkauf von Produkten und Dienstleistungen eines Unternehmens fördern. In der US-amerikanischen PR-Literatur und Praxis wird die Marketingunterstützungsfunktion von PR als produktnahe Kommunikation sehr viel deutlicher betont (vgl. Kotler et al. 2007, S. 774 f.). Szyszka weist auf

C. Vaih-Baur (✉)
MHMK Macromedia Hochschule für Medien und Kommunikation, Stuttgart, Deutschland
E-Mail: c.vaih-baur@mhmk.org

Tab. 8.1 Corporate Communications, Marketingkommunikaton, Marktkommunikation und Produkt-PR in der Übersicht

	Corporate Communications	Marketingkommunikation	
Bezugsobjekt	Unternehmen, Konzern	Marktleistung	
Adressat	Als Dachbegriff für alle Kommunikationsaktivitäten verstanden: alle relevanten Teilzielgruppen	Der Markt mit der Marktkommunikation in Form von Werbung und anderen Instrumenten	Nicht der Markt bei der Produkt-PR, sondern Multiplikatoren

den Ansatz zur absatzpolitischen Positionierung von Produkt-PR als eine absatzorientierte Form der PR-Arbeit im Marketingansatz von Becker hin (Szyszka 2004, S. 66 ff.; siehe auch Becker 2010, S. 169 f.). Neben Werbung und Verkaufsförderung hat Produkt-PR hier die Aufgabe, für die angebotenen Produkte und Leistungen eines Unternehmens marktadäquate Profile zu erarbeiten. Die von Szyszka vorgeschlagene Definition von Produkt-PR soll zunächst als Basis für die folgenden Ausführungen dienen.

▶ **Produkt-PR** kann definiert werden als der Teil der Kommunikationsarbeit eines Unternehmens, der sich mit dessen Produkten und deren zentralen oder relevanten Leistungsmerkmalen beschäftigt, um diese im potentiellen Absatzmarkt und dessen marktlichen Umfeld bekannt zu machen, möglichst eigenständig und positiv besetzt zu profilieren und zu positionieren" (Szyszka 2004, S. 67).

Grundsätzlich beschränkt sich der Begriff „Produkt" aber nicht nur auf physisch wahrnehmbare Güter und Dienstleistungen, sondern kann auch für Unternehmen, Projekte, Ideen oder gar Personen stehen – je nach Kernleistung (vgl. Tab. 8.1).

8.2.2 Ziel und Mechanismus der Produkt-PR

Als vorrangiges Ziel der Produkt-PR gilt die **positive Beeinflussung auf Kaufentscheidungen von Konsumenten**. Die Realisierung dieses Ziels kann sowohl durch eine indirekte als auch durch eine direkte Einflussnahme auf den Konsumenten gelingen (vgl. Szyszka 2004, S. 66 ff.). Die indirekte Beeinflussung erfolgt über Multiplikatoren bzw. Experten im marktlichen Umfeld als Teil der Öffentlichkeit. Werden Meinungsbildner auf Produkte und Leistungen eines Unternehmens aufmerksam und bewerten sie diese positiv, so gewinnen die Produktleistungen an Aktualität und Bedeutung. Eine als vertrauenswürdig und verlässlich eingestufte Kaufempfehlung kann sich nachhaltig günstig auf eine Kaufhandlung auswirken.

Konsumenten im Absatzmarkt können darüber hinaus auch direkt beeinflusst werden, indem etwa Unsicherheiten in Bezug auf das Produkt durch verbesserte Information reduziert werden (vgl. Abb. 8.3).

Abb. 8.3 Produkt-PR als entscheidungsunterstützendes Informationspotenzial. (Quelle: Szyszka 2007, S. 751)

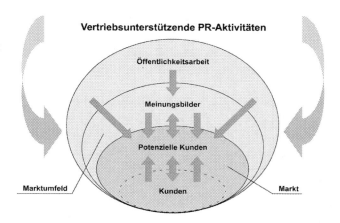

8.2.3 Produktpressearbeit: Berichterstattung über Produkte in den Medien

In Presseartikeln in Printmedien und im Internet, im Radio oder im Fernsehen, überall begegnen den Rezipienten Produktinformationen, die sich häufig auf Konsumprodukte, aber auch auf Investitionsgüter beziehen.

In den Medien müssen die Leistungen eines Unternehmens aber nicht zwangsläufig positiv dargestellt werden. Vielfach werden Produkte und Leistungen eines Unternehmens kritisch betrachtet, was sich auch negativ auf eine Kaufentscheidung auswirken kann. Festgestellt werden kann daher ein großes Interesse der Rezipienten an Produktinformationen in den Medien, da sie als vertrauens- und glaubwürdig wahrgenommen werden.

Vielfach verlassen sich die Journalisten auf die PR-Inhalte der Unternehmen, die sie informieren. Ein Grund hierfür liegt sicherlich im enormen Zeitdruck, dem die meisten Journalisten täglich ausgesetzt sind. Ein anderer Grund kann aber auch sein, dass Journalisten keine echten Experten sind und sich daher auf die Informationen des Produzenten eines Produkts bis zu einem gewissen Grad verlassen müssen. Hier ist eine vertrauenswürdige Beziehung zwischen Unternehmen und Medienvertreter elementar. Mehr zu den unterschiedlichen Arbeitsbeziehungen zwischen Produkt- und damit zum Teil Fach- und Branchen-PR siehe im Abschn. 2.3 „Branchen-, Fach- und Publikums-PR".

Journalistische Freiheit wird hier von vier Faktoren beeinflusst: Abhängigkeit von den Informationsquellen, Entscheidungszwang, betriebliche Vorgaben des Mediums und sein Expertenstatus und relative Befangenheit (Szyszka 2004, S. 66 ff.).

8.2.4 Operative Umsetzung der Produkt-PR

Produkt-PR ist vor allem auf das Marktumfeld und weniger auf das gesellschaftspolitische Umfeld eines Unternehmens ausgerichtet. Trotzdem lässt sie sich **nicht** klar in einer bestimmten Disziplin bzw. Abteilung in der Unternehmenskommunikation lokalisieren.

▶ In der Praxis wird Produkt-PR häufig von Mitarbeitern im Marketing oder von beauftragten Werbeagenturen realisiert. Genauso sind die PR-Stabstelle eines Unternehmens oder klassische PR-Agenturen mit der Umsetzung beauftragt.

Da im Zuge der integrierten Kommunikation in der Regel praktisch **keine starre Trennung** zwischen Kommunikationsexperten in der PR oder in der Marktkommunikation vorhanden ist, wird sie auch häufig von Kommunikationsexperten umgesetzt, die beide Disziplinen beherrschen. Dies gilt insbesondere für kleinere und mittlere Unternehmen, die keine Ressourcen für zwei oder mehr Experten haben.

8.2.5 Kann Produkt-PR von der Marken-PR unterschieden werden?

Sowohl Konsum- als auch Investitionsgüter und Dienstleistungen treten heute als Marken in der Öffentlichkeit auf. Das Objekt der substanziellen Leistungserstellung bildet den Ausgangspunkt der Markenkonzeption.

Zwar gibt es sehr vereinzelte Produkte – Spezialfälle –, die nicht als Marken erscheinen und auch nicht als solche eingestuft werden sollen. Ein Beispiel hierfür ist die Öffentlichkeitsarbeit der CMA, der Centrale Marketing-Gesellschaft der deutschen Agrarwirtschaft. Ihre Bestrebungen liegen darin, dass Produkte wie Fleisch, Äpfel oder Milch positiv in der Öffentlichkeit wahrgenommen werden.

Szyszka aber teilt absatzbezogene PR-Aktivitäten in Produkt- und Marken-PR wie folgt ein: „Marken-PR als der profilprägende Typ absatzbezogener Public-Relations-Aktivitäten, der Produkte auf Basis zentraler Merkmale im öffentlichen Bewusstsein mit gewünschten Bewertungen möglichst alleingestellt, profiliert und differenziert positionieren und Entscheidungsprozesse einleiten will, und Produkt-PR als der profilkonkretisierende, informationsorientierte Typ, der meinungsbildungs- und entscheidungsrelevante Informationsangebote zu einem Produkt bereitstellt, um damit tiefer gehende, entscheidungsrelevante Informationen in öffentlicher Kommunikation verfügbar zu machen und Entscheidungsprozesse zu unterstützen" (Szyszka 2007, S. 747).

Diese Einteilung erscheint aus praktischer Sicht nicht sinnvoll. Der Markenbegriff arbeitet nicht allein absatzbezogen, sondern entspricht heute dem Management wahrnehmungsbezogener Werteschemata (vgl. Abschn. 11.1 „Markenkommunikation"), das alle Kommunikationsinstrumente anwendet. Das heißt:

▶ In der **Wirkung** von Marken-PR und Produkt-PR sind die Begriffe **synonym** zu verwenden, da Produkt-PR eine Anwendung darstellt, um Marken zu kommunizieren und bei den Zielgruppen erlebbar zu machen. Aus diesem Grund kann die Produkt-PR nicht detailliert von der Marken-PR abgegrenzt werden.

Wenn eine Abgrenzung von Produkt-PR und Marken-PR zu suchen ist, dann im **Prozess des Markenmanagements**: So setzt die Marken-PR verstanden als Markenmanagementprozess mit der Marken**entwicklung** an (Markenmanagement als analytisch-konzeptionelle Entwicklungsfunktion einer Marke). In der Marken**kommunikation** nach **innen und außen** wird sie mit der Produkt- und Unternehmensmarkenkommunikation als Anwendung entwickelter Marken fortgesetzt.

8.3 Personen-PR

Jan Lies

8.3.1   Der Beitrag von Personen als Kommunikatoren in der PR   202
8.3.2   Von Schlagworten zu Unterschieden und Gemeinsamkeiten   202
8.3.3   Chancen und Risiken der CEO-Positionierung   203
8.3.4   Wie sich der Ruf des CEO ergibt   204
8.3.5   Die Rolle und die Wirkung des CEO als Kommunikator   204
8.3.6   Prinzipien der Personen-PR   205
8.3.7   Kritik   207

Leitfragen
1. Wie entwickelt sich die Personen-PR insgesamt?
2. Wie sind Behavioral Branding, CEO-Positioning, Impression-Management und Personality-PR voneinander abzugrenzen? Wie greifen sie ineinander?
3. Welche Chancen und Risiken birgt die Personality-PR für Organisationen?
4. Welche Eigenschaften prägen den Ruf des CEO?
5. Welche Rolle und welcher Kommunikationsbeitrag lassen sich der CEO-Positionierung zuordnen?
6. Welche Prinzipien prägen die Personality-PR?
7. Welche Kritik besteht am Ansatz der Personality-PR?

Behavioral Branding, CEO-Positioning, Impression-Management, Personality-PR: Personen als Teil der Organisationskommunikation einzusetzen, ist derzeit ein Trendthema, wie die einleitenden Schlagworte zeigen. Ihnen gemeinsam ist die Kernfrage: „Welchen Beitrag leisten Personen als Kommunikatoren für ihre Organisation?" (Nessmann 2005, S. 8)

J. Lies (✉)
FOM Hochschule für Oekonomie & Management, Essen, Deutschland
E-Mail: jan.lies@fom.de

8.3.1 Der Beitrag von Personen als Kommunikatoren in der PR

Selbstdarstellung ist – sieht man von dem in sein eigenes Bild verliebten Narziss ab – selten Selbstzweck. Personen und Unternehmen planen ihre Selbstdarstellung, um sich in der Umwelt Anerkennung, Einfluss, Ansehen und einen Namen zu verschaffen. Das ist das Grundmotiv" (Ebert und Piwinger 2007, S. 205). Insgesamt nimmt der gezielte Einsatz von Persönlichkeiten als Teil der Organisationskommunikation zu. Allein in den vergangenen zehn Jahren ist die Berichterstattung über die Vorstandsvorsitzenden um über 50 % gestiegen. Ein Indiz dafür ist beispielsweise der Umstand, dass Wirtschaftsmagazine auf ihren Titelseiten kaum noch Firmen-Logos, sondern vielmehr den jeweiligen Firmenchef abbilden" (Burson-Marsteller 2001, S. 6).

8.3.2 Von Schlagworten zu Unterschieden und Gemeinsamkeiten

Behavioral Branding, CEO-Positioning, Impression-Management, Personality-PR: Handelt es sich wieder um semantische Spielereien, wie Kunczik an anderer Stelle formuliert (vgl. den Abschnitt „Propaganda" in Lies 2015), oder steckt mehr hinter diesen Schlagworten? Hier folgt ein Vorschlag zur Abgrenzung und Vernetzung dieser Begriffe:

- **Personen-PR:** Personen-PR wird hier als übergeordneter Begriff aufgefasst. „Die personenorientierte Sichtweise von Öffentlichkeitsarbeit (…) stellt den Menschen in den Mittelpunkt der Betrachtungen. Die bisherigen PR-Theorien reflektieren Öffentlichkeitsarbeit entweder aus der Organisationsperspektive (…) oder richten ihr Augenmerk auf die Gesellschaft" (Nessmann 2005, S. 7). Entsprechend umfasst Personen-PR 1. die PR für Personen und 2. die Person als Teil der PR.
- **Personality-PR:** Personality-PR kennzeichnet die Vermarktung von Personen, beispielsweise im Showgeschäft, der Politik aber auch in der Wirtschaft. Im Kern handelt es sich um ein marketingorientiertes Verständnis (Nessmann 2005, S. 17 f.). Personality-PR (Persönlichkeiten-PR) geht aber im Rahmen der Organisationskommunikation in die Personen-PR über, da beispielsweise die aktive Rolle eines Konzernvorstands als Botschafter für seine Organisation ein Teil seine Selbstvermarktung sein kann. Die Personality-PR als Kommunikationsdisziplin zielt vor allem auf Führungskräfte ab, in Wirtschaft, Politik und anderen Institutionen einen Erfolgsbeitrag für sich selbst oder für die Organisation zu leisten, für die sie tätig sind. Hier werden Personen zu Teilen der Corporate- oder Produktmarke.
- **Behavioral Branding:** „Das Behavioral Branding beschäftigt sich grundsätzlich damit, in welcher Weise Mitarbeiter des Unternehmens markenorientiert handeln. Mit Behavioral Branding wird eine Managementaufgabe adressiert, auf das markenorientierte Verhalten der Mitarbeiter Einfluss zu nehmen und es als Gestaltungsvariable für den Markenaufbau und der Markenpflege zu nutzen" (Tomczak et al. 2007, S. 7). Damit lässt sich Behavioral Branding als Teil des internen Markenmanagements auffassen,

das als Teil der Organisationskommunikation nach innen arbeitet und mit Hilfe der internen Kommunikation gestaltet wird. Gleichzeitig ist es auch Teil der Personen-PR in dem Sinne, Mitarbeiter auch als Markenbotschafter zu verstehen.
- **CEO-Positioning:** Die CEO-Kommunikation umfasst die interne und externe Kommunikation des Topmanagements. Der Begriff CEO (chief executive officer) wird hier stellvertretend für die Unternehmensführung verwendet, also gleichermaßen für Vorstand (Aktiengesellschaft) oder Geschäftsführung (Gesellschaft mit beschränkter Haftung) Unterschiede im internationalen Gesellschaftsrecht interessieren hier nicht. Die Kommunikationstätigkeit des CEO nach innen und außen werden im Rahmen der Personen-PR für eine Organisation mit eingeplant. Der Positionierungsbegriff bezieht sich auf die authentisch herausgestellten Merkmale der Person des CEO, um die Wahrnehmung der Persönlichkeit und seiner Beiträge für die Organisationskommunikation zu schärfen. – Ist er beispielsweise der Stratege oder der Visionär?
- **Impression-Management:** Laut Ebert/Piwinger handelt es sich hierbei um Inszenierungsstrategien zur Eindrucksteuerung durch Selbstdarstellung. Es handelt sich aus Sicht des PR- und Kommunikationsmanagements um die psychologische und soziologische Basis für das CEO-Positioning im Rahmen der Personen-PR, um zu prüfen, wie die eigene Persönlichkeit auf Dritte wirkt (Piwinger und Ebert 2007, S. 209). „Diese Impression–Management-Strategien sind per se noch keine PR-Strategien. Die Impression-Management-Wissenschaft hat lediglich in den zahlreichen Untersuchungen und Beobachtungen von sozialen Interaktionen festgestellt, dass Menschen mit diesen Strategien den Eindruck, den sie auf andere Personen machen, kontrollieren, d. h. beeinflussen, steuern, manipulieren" (Nessmann 2005, S. 46).

8.3.3 Chancen und Risiken der CEO-Positionierung

„Ein hoher Bekanntheitsgrad des CEO wirkt sich entscheidend auf die Wahrnehmung und Beurteilung des Unternehmens aus. Fehlt er, so kann dies gleichgesetzt werden mit dem Fehlen oder zumindest mit der starken Einschränkung einer wirkungsvollen Kommunikation. CEO und Unternehmen bleiben ‚blass'" (Burson-Marsteller 2001, S. 3). Die Reputation und der Bekanntheitsgrad des CEO haben Auswirkungen auf.

- die Wahrnehmung und Beurteilung des Unternehmens,
- die Medienberichterstattung,
- das Unternehmensimage,
- das Kauf- und Verkaufsverhalten (insbesondere von Aktien) sowie auf
- den Börsenkurs und den Unternehmenswert.

„Die Publicis Sasserath-Studie (2004) hat allerdings auch nachgewiesen, dass zwei Drittel der Deutschen das Verhalten der CEOs kritisch beobachten und sogar sanktionieren. Außerdem haben sie festgestellt, dass das Fehlverhalten von CEOs dem Markenimage schadet" (Nessmann 2005, S. 26). Zudem gibt sich die Abhängigkeit von starken Persönlichkeiten, die bei deren wirtschaftlichem Scheitern einen Imageschaden für das gesamte Unternehmen nach sich ziehen. Ein Beispiel hierfür ist Ron Sommer als Mr. Telekom, der stark inszeniert wurde und scheiterte.

8.3.4 Wie sich der Ruf des CEO ergibt

Der Ruf eines CEO resultiert letztlich aus der Summe seiner Eigenschaften und dem gesellschaftlichen Kontext, in dem er arbeitet (Burson-Marsteller 2001, S. 4). Es gibt jedoch deutliche Unterschiede, welche Merkmale für diesen Ruf als unbedingt notwendig erachtet werden und welche eher sekundär sind.

Daraus ergeben sich Kommunikationsanforderungen für die Führungskraft, wenn sie die personifizierende Kommunikation für ihre Organisation übernimmt. Als wichtigste Eigenschaften haben sich drei Aspekte herauskristallisiert:

- klare Ziele setzen,
- glaubwürdig sein,
- in Krisensituationen effizient handeln.

Ein zentrales Ergebnis dieser Studie ist die Verlagerung von harten auf weiche Faktoren im Bewusstsein der Meinungsbildner. Harte Themen betreffen traditionelle Problemfelder, die quantifizierbar und kontrollierbar sind. Klassische Beispiele hierfür sind umweltgerechte Produktion und Spendenpolitik. Weiche Faktoren betreffen hingegen zum Beispiel den Umgang mit Mitarbeitern und ethische Normen der Geschäftstätigkeit.

8.3.5 Die Rolle und die Wirkung des CEO als Kommunikator

In der Zusammenfassung lassen sich folgende Rollenverständnisse des CEO herausarbeiten, die Beiträge für die Organisationskommunikation leisten (Nessmann 2005, S. 26):

- Führungskräfte (CEOs) repräsentieren das Unternehmen nach innen und außen,
- transportieren Kernbotschaften, Werte, Ziele, Visionen und strategische Entscheidungen in die Öffentlichkeit,
- ermöglichen Identifikation für relevante Bezugsgruppen,
- bieten den Medien einen Nachrichtenwert,
- geben dem Unternehmen ein Gesicht,
- schaffen Vertrauen und
- sorgen auch für Flops.

Die PR-Agentur Burson Marsteller hat mit ihrer wiederholten Studie „Imagefaktor CEO" erfragt, für wie groß der Einfluss des CEO auf das Image seines Unternehmens gehalten wird. 70% schätzen, dass der CEO zu mehr als 50% prägt – mit zunehmender Tendenz

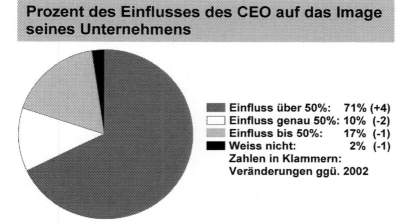

Abb. 8.4 Wie der CEO das Image seines Unternehmens beeinflusst. (Quelle: Burson-Marsteller 2005, S. 2)

gegenüber 2002. Befragt wurden 532 Opinion Leader, also CEO, Journalisten und Führungskräfte im Jahr 2005 (vgl. Abb. 8.4 sowie Burson-Marsteller 2005, S. 7).

Dieser hohe Wert zeigt, wie wichtig das Managementhandeln für das Image von Organisationen ist und betont die Bedeutung des handlungsorientierten Kommunikationsbegriffs.

Das manager magazin hat 2013 zusammen mit Joachim Schwalbach, emeritierter Professor des Instituts für Management an der Humboldt-Universität Berlin, 1.861 Führungskräfte nach Ruf und Ansehen von Deutschlands wichtigsten Topmanagern gefragt (Palan und Student 2013, S. 41 ff.). Es wurden sowohl der Gesamteindruck der jeweiligen CEO als auch einzelne Imagefaktoren abgefragt und nach einem Punktesystem bewertet (vgl. Abb. 8.5):

Punktesystem:
- hervorragend: über 800 Punkte
- sehr gut: 751–800 Punkte
- gut: 701–750 Punkte
- durchschnittlich: 626–700 Punkte
- mäßig: 571–625 Punkte
- schlecht: 451–570 Punkte
- katastrophal: bis 450 Punkte

8.3.6 Prinzipien der Personen-PR

Die Geschichte der Personality-PR ist lang, was die Kommunikationsprinzipien und -methoden und -ziele angeht. Sie lassen sich vermutlich beliebig in der Menschheitsgeschichte

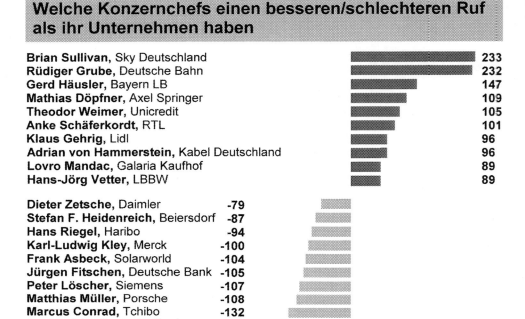

Abb. 8.5 Der Ruf von Konzernchefs im Vergleich zu dem ihrer Unternehmen. (Quelle: Humboldt Universität Berlin, Manager Magazin, 8/2013, S. 43)

zurückverfolgen. Wie auch bei der PR-Begriffsforschung (vgl. Abschnitt „PR-Geschichte" in Lies 2015) zeigt sich in der PR-Geschichte, dass der Begriff allein nicht hinweisgebend ist, wie lange Ziele und Methoden schon existieren, die mit der Personality-PR verbunden sind (vgl. im Folgenden vor allem Ebert und Piwinger 2007; Nessmann 2005):

- **Selbstdarstellung:** Die Selbstdarstellung an sich stellt kein besonderes Verhalten in Ausnahmesituationen dar: Sie findet ständig statt, bewusst oder unbewusst. Und das auch nicht erst in jüngster Zeit. Propagandisten (wie einst Walther von der Vogelweide) sind auch noch 2000 Jahre später in der PR-Arbeit ein unverzichtbares Element. Nessmann meint, man könne sie durchaus als die „modernen" PR-Berater bezeichnen, die Botschaften, Visionen, Ideen oder Leistungen in den Teilöffentlichkeiten kommunizieren (Nessmann 2005, S. 11).
- **Soziale Netzwerke:** Feiern in der Soziologie und im viralen Marketing derzeit ein Comeback wie in der Literatur rund um PR und Marketing. Gesellschaftliche Verpflichtungen wahrzunehmen, Feste zu geben und Feste zu besuchen – wie es etwa der Kaufmann und Bankier Lorenzo de Medici oder der weltberühmte Literat Johann Wolfgang von Goethe getan haben – gehören heute zum PR-Pflichtprogramm in Sachen Eigen-PR.

- **Society:** Sich im Lichte anderer zu sonnen und sich mit Prominenten zu umgeben – wie es der Adel und die Aristokratie der Vergangenheit getan haben – sind heute die Basis für die Gesellschaftsberichterstattung in den Medien. Zugleich sind sie Teile von Kommunikationsstrategien, um den Kunden eine Bühne zu schaffen, und nicht zuletzt die Plattform, um mit Hilfe von Testimonials Kommunikation für Organisationen zu betreiben.
- **Mode:** Der bewusste Einsatz von modischer Kleidung, Frisur, Make-up, Accessoires oder die Präsentation des persönlichen Lebensstils ist aus Geschichtsbüchern bekannt. Das höfische Gebaren wie zu Zeiten des Sonnenkönigs Ludwig XIV. am französischen Hofe ist heute unter der Bezeichnung „Impression Management" ein Modul der Personen-PR (z. B. Thomas Gottschalk).

8.3.7 Kritik

Gegenüber der Personality-PR herrscht oftmals eine gewisse Skepsis. Die Gründe dafür sind vielfältig. „Einer besteht sicher darin, dass das Thema mit dem Verkauf bzw. Ausverkauf der Persönlichkeit gleichgesetzt wird. Dies zeigt sich z. B. an der rasant ansteigenden Zahl an Prominenten (meist aus der Politik und dem Showbusiness), die fast alles tun, um in die Medien zu gelangen" (Nessmann 2005, S. 3). Ein anderer besteht darin, dass sich Organisationen in die kommunikative Abhängigkeit ihrer Unternehmensleitung begeben, und zwar über das notwendige Maß hinaus. Dem lässt sich wiederum entgegnen, dass die personelle Abhängigkeit von der Leitung – besonders im Umfeld kleiner und mittelständischer Unternehmen – ein natürliches Phänomen ist.

8.4 Investor Relations

Jan Lies und Christina Vaih-Baur

8.4.1	Was unterscheidet Public Relations von Investor Relations?	208
8.4.2	Zielgruppen und Ziele von PR und IR	209
8.4.3	Informationsbedarf auf dem Kapitalmarkt	210
8.4.4	Instrumente der IR	212
8.4.5	Gesetzliche Kommunikationsvorgaben	213
8.4.6	Fazit: IR im Spannungsfeld von asymmetrischer Kommunikation	214

J. Lies (✉)
FOM Hochschule für Oekonomie & Management, Essen, Deutschland
E-Mail: jan.lies@fom.de

C. Vaih-Baur
MHMK Macromedia Hochschule für Medien und Kommunikation, Stuttgart, Deutschland
E-Mail: c.vaih-baur@mhmk.org

> **Leitfragen**
> 1. Was unterscheidet Public Relations von Investor Relations?
> 2. Welche Aufgaben übernimmt die PR-Abteilung in der Finanzkommunikation?
> 3. Wer pflegt die Beziehungen zu den Finanzjournalisten, wer zu den Analysten, Aktionären etc.? Welchen Informationsbedarf hat die Financial Community?

Public Relations und Investor Relations sind zwei eigenständige Disziplinen mit spezifischen Experten, die miteinander vernetzt arbeiten. Es wäre inzwischen gerechtfertig, Investor Relations wie die Medienarbeit oder die interne Kommunikation als eigenständige, PR-nahe Disziplin herauszustellen. Aufgrund des zumindest normativ nötigen Nahverhältnisses zwischen PR und IR im Sinne des strategischen Ansatzes der integrierten Kommunikation wird sie hier aber als PR-Disziplin eingeordnet. Dieser Abschnitt gibt einen kurzen Einblick, wie sich Investor Relations aus den Public Relations entwickelt hat.

8.4.1 Was unterscheidet Public Relations von Investor Relations?

„Obwohl die Investor Relations (IR) aus der generellen Unternehmenskommunikation hervorgegangen sind, haben sich beide Bereiche in der Praxis zu getrennten Disziplinen entwickelt. Die Finanzkommunikation hat dabei eigene Instrumente und Strategien in der Kommunikation mit ihren Zielgruppen herausgebildet. Während die klassische Unternehmenskommunikation die Aufgabe übernimmt, das Bild des Unternehmens langfristig in der breiten Öffentlichkeiten und bei mehreren unterschiedlichen Zielgruppen zu positionieren und möglichst positiv zu besetzen, pflegt die Finanzkommunikation die Beziehungen zu den speziellen Zielgruppen der Finanzöffentlichkeit (Financial Community)" (Porák et al. 2005, S. 259). Eine Definition könnte wie folgt lauten (DIRK – Deutscher Investor Relations Verband e. V. 1999):

▶ „Der Begriff **Investor Relations** umfasst alle Maßnahmen, die der Pflege der Beziehungen zu den Aktionären bzw. Investoren dienen – kurz: die gesamte Kommunikation mit den Investoren."

Der Begriff „Investor Relations" wird oftmals auf das Unternehmen General Electric zurückgeführt (vgl. Prätsch et al. 2012, S. 82). Demnach habe das Unternehmen 1953 ein Kommunikationsprogramm für private Investoren vorgestellt und die erste IR-Abteilung eröffnete.

Der Begriff „Investor Relations" allerdings existierte schon vorher. Nielander/Miller diskutierten bereits 1950 die Notwendigkeit, Investor Relations jenseits der „Stockholder" zu betreiben, da auch andere finanzielle Interessen an Informationen über das Geschäft von Unternehmen haben (vgl. Nielander und Miller 1950, S. 136). Hundhausen schreibt bereits 1951 einschlägig von Investor Relations und bezieht sich auf das Handbuch Industrial Relations aus dem Jahre 1948 von Aspley, J.C./Whitmore, E., sodass einmal mehr die Suche nach dem Begriffsursprung noch zu leisten sein dürfte (siehe Abschnitt „PR-Geschichte" in Lies 2015 sowie Hundhausen 1951, S. 54).

Doch Investor Relations als platzgreifende Expertise mit gezielter Interaktion mit der Finanz-Community beginnt erst in den 1990er Jahren (vgl. Prätsch et al. 2012, S. 82). Mit dem Boom an den Kapitalmärkten und dem Platzen der Spekulationsblase am Neuen Markt änderte sich dies, und die Qualifikationsprofile von IR- und PR-Managern sind heute unterschiedlich ausgeprägt:

- PR-Experten in der Presseabteilung beherrschen den Umgang mit den Medien. Sie verfassen z. B. Pressetexte und pflegen den Kontakt zu Medienvertretern.
- IR-Experten hingegen verfügen über fundierte Bilanz- und Rechnungslegungskenntnisse und gestalten die Kommunikation mit den Aktionären bzw. den Investoren. Sie arbeiten eng mit dem Vorstandsvorsitzenden und dem Finanzvorstand sowie den Abteilungen Bilanzierung, Controlling, Finanzen und den einzelnen Geschäftsbereichen des Unternehmens zusammen.

8.4.2 Zielgruppen und Ziele von PR und IR

PR und IR sind folglich meist auf unterschiedliche Zielgruppen ausgerichtet. Die PR zielt auf die allgemeine Öffentlichkeit bzw. Teilöffentlichkeiten in der Gesellschaft ab (vgl. Abb. 8.6). So verfasst ein PR-Redakteur z. B. die Pressetexte an die Finanz- und Wirtschaftspresse. Der Pressesprecher gestaltet auch die Kommunikation mit den Medienvertretern und spricht mit Finanzjournalisten von Tageszeitungen, Fachzeitschriften oder TV- und Hörfunk-Magazinen. Die IR fokussiert die Financial Community und den Kapitalmarkt. Die erste Zielgruppe der IR sind die privaten und institutionellen Investoren. IR-Manager tauschen sich mit Analysten, Fondsmanagern, Investoren oder Aktionären aus. Hier steht die Vermittlung von Finanzinformationen an den Kapitalmarkt im Mittelpunkt. Es müssen z. B. die Informationspflicht erfüllt, der Wert der Aktie gesteigert, die Anzahl der Langfristinvestitionen vergrößert und die Glaubwürdigkeit des Managements erhöht werden.

Analog zur Rolle der Journalisten, die die Rolle der Informationsmittler zu den jeweiligen Leserkreisen innehaben, sind neben den Finanzjournalisten vor allem die Analysten die Mittler zu den Kernzielgruppen:

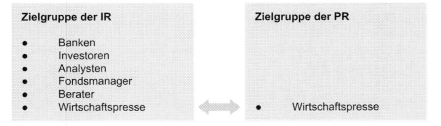

Abb. 8.6 Überschneidungen der Zielgruppen von IR und PR

- **Sell-Side-Analysten:** Sie sind im Wesentlichen für Investmentbanken, Universalbanken und Brokerhäuser tätig. „Ihre Aufgabe ist vor allem das Verfassen von Studien, in welchen Unternehmen, Märkte und Branchen möglichst unparteiisch analysiert werden. Diese Studien münden in der Regel in eine Handlungsempfehlung für Investoren („buy", „hold" oder „sell")" (Porák et al. 2005, S. 266). Ihre Empfehlungen sind ein wesentlicher Einflussfaktor für die Entwicklung von Marktsegmenten oder einzelnen Anlageobjekten.
- **Buy-Side-Analysten:** Die Analysten der institutionellen Investoren (buy-side) sind die sogenannten Buy-Side-Analysten. „Diese konzentrieren ihre Analysetätigkeit auf die Bedürfnisse des eigenen Hauses und gehen daher gezielt auf die von den eigenen Fonds- und Portfoliomanagern nachgefragten Informationen ein" (Porák et al. 2005, S. 267).

Da die Buy-Side-Analysten vor allem für ihre Investoren tätig sind, gilt das Interesse der Medien eher den Sell-Side-Analysten, deren Empfehlungen zum Teil gesammelt und bewertet beispielsweise in den Internetportalen von Online-Banken veröffentlicht werden und als Entscheidungshilfe beim Kauf von Wertpapieren dienen sollen.

8.4.3 Informationsbedarf auf dem Kapitalmarkt

Analysten und Investoren interessieren sich vornehmlich für die finanziellen und operativen Ergebnisse des Unternehmens. Sie möchten einen Einblick in die Unternehmensstrategie und die Vision erhalten. Veränderungen im Management sind für sie von enormer Bedeutung. Darüber hinaus erwarten sie Informationen über die Corporate Governance sowie die Wettbewerber des Unternehmens. Analysten und Investoren fordern also verlässliche aktuelle und zukunftsgerichtete Informationen vom Unternehmen, die schnell verfügbar sind und sie in ihren Entscheidungen unterstützen sollen.

„Die Wahrnehmung eines Unternehmens am Kapitalmarkt entscheidet über dessen Wert und damit auch über seine strategischen Handlungsoptionen. Dennoch ist nur wenig bekannt über jene Unternehmenseigenschaften und -faktoren, die die Wahrnehmung von Finanzanalysten, institutionellen Investoren und Finanzjournalisten determinierten. Allzu stark konzentrieren sich die gängigen Modelle der Unternehmensbewertung auf reine Finanzkennzahlen." (DIRK 2007, S. 4; zweistufige Studie mit insgesamt rund 200 Finanzanalysten und institutionellen Investoren.) Eine Studie ergab, dass die Wahrnehmung von Unternehmen am Kapitalmarkt auf einer Reihe von Faktoren beruht, die sich folgenden Kategorien zuordnen lassen:

- Unternehmenskommunikation
- Qualität des Managements
- Unternehmensstrategie
- Corporate Governance

- Unternehmenskultur
- Kunden- und Industriebeziehungen
- Public Affairs

Die Studie gibt Hinweise auf die Bedeutung von Kommunikationsinhalten der Investor Relations. Dabei wird deutlich, dass Kapitalmarktkommunikation ein Teil der integrierten Kommunikation ist. „Im Rahmen der Untersuchung erfuhr die Kategorie der Kommunikation die höchste durchschnittliche Gewichtung, gefolgt von der Qualität des Managements" (DIRK 2007, S. 13). Welche Inhalte und Handlungen als Erfolgsfaktoren der Kapitalmarktkommunikation die Studie identifiziert hat, ergibt die Rangfolge (vgl. Tab. 8.2)

Tab. 8.2 Erfolgsfaktoren der Kapitalmarktkommunikation. (Quelle: DIRK 2007, gewichtete Reihenfolge aller Kategorien und Faktoren, S. 13)

Unternehmenskommunikation	Rang
Umfassende Offenlegung	3
Zugänglichkeit der IR	7
Proaktive Themensetzung	9
Kontinuität	10
Kompetenz und Erfahrung der IR-Mitarbeiter	12
Quantifizierung strategischer Ziele	15
Gleichbehandlung der Kapitalmarktteilnehmer	18
Nutzerfreundlichkeit	19
Qualität des Managements	*Rang*
Umsetzung strategischer Pläne	2
Geschäftsverständnis	5
Führungsfähigkeit	6
Einhaltung von Prognosen	8
Gesprächs- und Diskussionsbereitschaft	13
Track Record	14
Zugänglichkeit des Managements	24
Unternehmens- und Industrieerfahrung	27
Persönliches Auftreten/Kommunikationsfähigkeit	34
Beschäftigungsdauer	45
Strategie	*Rang*
Langfristigkeit	1
Shareholder Value	4
Konsistenz	16
Verständlichkeit/Kohärenz	17
Kosteneffizienz	23
Innovation und Technologieführerschaft	29
Kreativität und Differenzierung	35

Tab. 8.2 (Fortsetzung)

Übereinstimmung mit Markttrends	44
Branding	46
Corporate Governance	*Rang*
Offenlegung von Insidertransaktionen	20
Erfolgsabhängige Entlohnung	22
Eigentümerstruktur	26
Zusammensetzung des Aufsichtsrats	32
Offenlegung der Entlohnungspolitik	36
Transparenz der Berufungspolitik	41
Unternehmenskultur	*Rang*
Mitarbeiterrekrutierung	11
Mitarbeiterzufriedenheit	31
Fluktuation	37
Gewerkschaftsbeziehungen	40
Mitarbeiterkommunikation	43
Kunden- und Industriebeziehungen	*Rang*
Kundenzufriedenheit	21
Kundenservice	25
Markenstärke	30
Industriereputation	33
Öffentliche Reputation	42
Medienberichterstattung	47
Public Affairs	*Rang*
Regulierungsanfälligkeit	28
Lobbying	38
Ökologische und soziale Brisanz des Geschäfts	39

8.4.4 Instrumente der IR

Die IR-Instrumentarien können in zwei Gruppen gegliedert werden: Zum einen stehen persönliche Instrumente zur Verfügung: Sie dienen dazu, **bestimmte** Personenkreise **gezielt** anzusprechen. Zum anderen sind unpersönliche Instrumente dazu da, ein großes und weitgehend unbekanntes Publikum (z. B. der große Kreis privater Kleinaktionäre) anzusprechen (vgl. Mast 2013, S. 286 ff.)

- Persönliche Instrumente:
    - Einzelgespräch
    - Roadshow
    - Analystentreffen
    - Telefonkonferenz

- Pressekonferenz
- Hauptversammlung
- AktionärsHotline
- Firmenbesichtigung
- Ausstellung/Messe
• Unpersönliche Instrumente
- Internet
- Unternehmenspräsentation
- Quartalsbericht
- Geschäftsbericht
- Pressemitteilung
- Factbook
- Aktionärsbrief
- Imageanzeige
- TV-Spot

Die PR ist an folgenden persönlichen Instrumenten maßgeblich beteiligt: Telefonkonferenz, Pressekonferenz sowie Ausstellungen und Messen. Bei den Reden für die Hauptversammlung ist die PR oftmals federführend tätig. Bei den unpersönlichen Instrumenten gestaltet sie folgende mit: Internet, Unternehmenspräsentation, Pressemitteilung, Imageanzeige und TV-Spot. Zu den Kernexpertisen gehört bei den PR-Agenturen darüber hinaus der Kürteil von Geschäftsberichten, dessen Struktur sich nach den Bilanzstrukturen im Pflichtteil richtet. Der Kürteil bietet so die Gelegenheit für Imagemanagement im Bereich der Financial Community.

8.4.5 Gesetzliche Kommunikationsvorgaben

Ein wichtiges Unterscheidungs- und Qualifizierungskriterium für die IR sind dabei die zahlreichen gesetzlichen Vorschriften und Verordnungen wie das Börsenzulassungsgesetz der Deutschen Börse sowie staatliche Regelungen wie das Aktiengesetz, die unbedingt von Investor Relations einzuhalten sind.

Zu den Pflichtmaßnahmen gehört z. B. die **Ad-hoc-Publizitätspflicht.** Nach § 15 Absatz 1 WpHG unterliegt jeder Emittent von Finanzinstrumenten, die zum Handel an einem inländischen Markt befähigt sind oder für die eine solche Zulassung beantragt ist, der Ad-hoc-Publizitätspflicht. Börsennotierte Wertpapieremittenten müssen alle Tatsachen, die den Kurs des Wertpapiers beträchtlich beeinflussen können, unverzüglich der Öffentlichkeit mitteilen.

Eine andere beispielhafte Regelung betrifft die Beratung von Bankkunden. Seit 2010 hat der Gesetzgeber die Banken verpflichtet, die Beratungsgespräche zu protokollieren. So schreibt es der neu gefasste § 34 Absatz 2a Wertpapierhandelsgesetz (WpHG) vor. Stiftung Warentest hat danach mehrfach die Bankberatung und die Protokolle getestet –

Abb. 8.7 Ein Dokument mangelnder Kapitalmarktkultur – die Umsetzung von Beratungsvorgaben. (Quelle: http://www.test.de/Banken-im-Test-Die-Blamage-geht-weiter-4113924-0/)

mit katastrophalen Ergebnissen (vgl. Abb. 8.7). „In 126 von 146 Beratungsgesprächen war die Rede von Wertpapieren und ein Beratungsprotokoll wäre Pflicht gewesen. Aber nur 61-mal gab es eines. 65-mal haben die Berater ihre Pflicht nicht erfüllt" (Stiftung Warentest 2010).

8.4.6 Fazit: IR im Spannungsfeld von asymmetrischer Kommunikation

Im Fokus steht bei all den gesetzlichen Regelungen der Anlegerschutz. Sparer und Anleger sind systematisch im Informationsnachteil gegenüber den Anbietern von Anlageprodukten. Allerdings war schon der Neue Markt das am strengsten regulierte Marktsegment der Deutschen Börse, ohne dass Regeln dem Treiben unseriöser Anbieter wirklich etwas entgegenzusetzen hatten. Der Umgang mit den Beratungsprotokollen durch die Banken zeigt, dass sich die Kapitalmarktkultur seitdem nicht maßgeblich geändert hat. In diesem Sinne gilt: „Leider nehmen viele Unternehmen die strategische Bedeutung der IR nicht wahr. Sie reagiere eher, als dass sie IR als ein wichtiges Instrument zur nachhaltigen Wertsteigerung begreifen und aktiv betreiben. Damit teilen die IR das Schicksal der Unternehmenskommunikation" (Kirchhoff 2009, S. 36).

8.5 Sponsoring und Mäzenatentum

Jan Lies

8.5.1 Sponsoring als Kommunikationsdisziplin 215
8.5.2 Imagetransfer als zentrale Leistung des Sponsorings 216
8.5.3 Sportsponsoring als häufigste Sponsoringform 216
8.5.4 Sponsoring und PR-Theorie 217
8.5.5 Kritik 218

> **Leitfragen**
> 1. Was ist Sponsoring? Was unterscheidet Sponsoring vom Mäzenatentum?
> 2. Inwieweit trägt Sponsoring zu den Kommunikationszielen des Sponsorgebers bei?
> 3. Welches sind die häufigsten Sponsoringformen?
> 4. Warum lässt sich Sponsoring als Kommunikationsform kommunikationstheoretisch oft nicht erklären?
> 5. Welche Kritik lässt sich am Sponsoring aus Kommunikationssicht formulieren?

Diese Veranstaltung wird gesponsort von... Oftmals ist das Sponsoring an Events gebunden. Allerdings werden auch Bücher oder andere Sachziele wie medizinische Behandlungen und vieles andere mehr gesponsort, sodass Sponsoring hier als PR-Disziplin eingeordnet wird. – Spenden, Sponsoring und Mäzenatentum: Diese drei Begriffe liegen eng beieinander, unterscheiden sich aber doch. Da das Sponsoring ein sehr weit verbreitetes Instrument innerhalb des PR- und Kommunikationsmanagements ist, wird es hier kurz vorgestellt, und es werden einige Kritikpunkte benannt.

8.5.1 Sponsoring als Kommunikationsdisziplin

Unternehmen stellen Einzelpersonen, Gruppen (Vereine, Teams etc.) oder Institutionen (Universitäten, Museen etc.) Finanz-, Sach- und/oder Dienstleistungen zur Verfügung und bekommen dafür die Rechte zur kommunikativen Nutzung des Gesponserten (vgl. Rota und Fuchs 2007, S. 410 f.).

Im Unterschied zum Mäzenatentum ist Sponsoring mit dieser meist vertraglich garantierten Gegenleistung verbunden. „Als Ahnvater der Förderung von Kunst und Kultur gilt der Römer Gaius Clinius Maecenas (70-8 v. Chr.). Als Freund, Helfer und Berater des Kaisers Augustus versammelte und unterstützte er die bedeutendsten Dichter seiner Zeit. Auch wenn Maecenas die Kunstförderung nicht nur uneigennützig betrieben hat:

J. Lies (✉)
FOM Hochschule für Oekonomie & Management, Essen, Deutschland
E-Mail: jan.lies@fom.de

Der aus seinem Namen abgeleitete Begriff ‚Mäzenatentum' kennzeichnet die Förderung der Kultur und des Gemeinwesens durch Personen oder Organisationen aus altruistischen Motiven" (Bruhn 2010, S. 3 und die dort angegebene Literatur).

▶ **Sponsoring** bezeichnet, Finanz-, Sach- und/oder Dienstleistungen von Unternehmen an Einzelpersonen, Gruppen (Vereine, Teams etc.) oder Institutionen (Universitäten, Museen etc.) zur Verfügung zu stellen und dafür die Rechte zur kommunikativen Nutzung des Gesponserten zu erhalten.

8.5.2 Imagetransfer als zentrale Leistung des Sponsorings

Es wird zwischen Sponsor/Sponsorgeber und Sponsornehmer unterschieden. Das Sponsoring ist eine Kommunikationsform, um einen Beitrag zu den Kommunikationszielen des **Sponsorgebers** zu leisten:

- **Imagetransfer:** Es geht beim Sponsoring nicht nur darum, das Engagement des Sponsors zu dokumentieren, indem er Geld gibt, sodass Sponsoring weiter gefasst ist als einfaches Spenden von Geld- oder Sachleistungen. Er setzt auch auf Effekte des Image- oder Markentransfers. So stand der Radsport lange Zeit für Rekorde in Kombination mit Hochleistung, Kondition und Teamplay, die die Sponsoren mit dem Branding von Radsportteams auf sich zu übertragen hofften. Mit den Doping-Skandalen wird dieser Transfer nicht nur unmöglich. Der gegenteilige Effekt ist zu befürchten; Sponsoren ziehen sich zurück.
- **Kommunikationsanlässe:** Mit dem Sponsoring schaffen Sponsoren Kommunikationsanlässe über das Unternehmen, beispielsweise durch die Berichterstattung über den gesponserten Sportverein.
- **Prinzip von Leistung und Gegenleistung:** Das heißt zusammenfassend, dass für die Unterstützung eine Gegenleistung vereinbart wird. Beispielsweise die Verwendung von Markenzeichen, der Auftritt des Gesponserten in den Medien und andere kommunikationsrelevante Aspekte.

8.5.3 Sportsponsoring als häufigste Sponsoringform

Die Umfrage Sponsoringtrends 2010 von BBDO live und der Universität der Bundeswehr unter der wissenschaftlichen Leitung von Prof. Dr. Arnold Hermanns ergibt, dass Sponsoring ein etabliertes Instrument im Kommunikationsmix der Unternehmen ist: 70,9 % der befragten Unternehmen setzen Sponsoring als Kommunikationsinstrument ein. Hierbei entfallen 16 % der Kommunikationsbudgets auf das Sponsoring. Zentrales Sponsoringfeld ist für die befragten Unternehmen nach wie vor das Sportsponsoring, das mit 81,1 % dominiert (vgl. BBDO live 2010, S. 9.). Danach folgt das Kunst-/Kultursponsoring, dessen

8 Disziplinen der PR

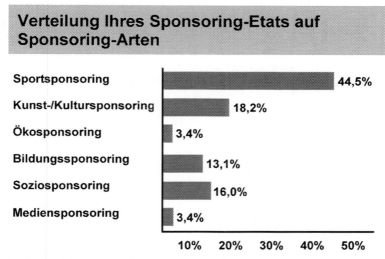

Abb. 8.8 Budget und Einsatz von Sponsoring. (Quelle: BBDO live, 2010, S. 13; $n=419$ befragte Sponsoren)

Einsatz allerdings im Vergleich zu den Vorjahren deutlich zurückgegangen ist. Unverändert ist auch die Budgetverteilung: Mit 44,5 % beansprucht das Sportsponsoring den größten Anteil des Sponsoringbudgets (vgl. Abb. 8.8).

Häufige Sponsoringformen sind (vgl. Bruhn 2013, S. 433; Rota und Fuchs 2007, S. 411):

- Sportsponsoring,
- Kultursponsoring,
- Soziosponsoring,
- Bildungssponsoring,
- Mediensponsoring,
- Ökosponsoring.

Architektur des Sponsorings Die unterschiedlichen Sponsoringformen lassen sich nach Bruhn mit folgenden Kommunikationsträgern und -mitteln kennzeichnen (vgl. Abb. 8.9).

8.5.4 Sponsoring und PR-Theorie

„In gesellschaftsbezogenen PR-Theorien publizistikwissenschaftlicher Provenienz kommt Sponsoring nicht vor. Das ist vor allem darauf zurückzuführen, dass Öffentlichkeitsarbeit nur als Kommunikation (ohne Handeln) definiert und die Werteproblematik weitgehend ausgeklammert wird" (Faulstich 2000, S 223). Dieser Kommunikationsbegriff wird auch

Abb. 8.9 Erscheinungsformen des Sponsorings. (Quelle: mit leichten Änderungen entnommen aus Bruhn 2013, S. 433)

deshalb für problematisch gehalten, wie an anderer Stelle diskutiert wird (siehe die Abschnitte „Image – und Reputation" sowie „Kommunikation" in Lies 2015).

8.5.5 Kritik

Durch die Zunahme des Sponsorings verlagert sich der Wettbewerb um Aufmerksamkeit auf die Gesponserten. Um als Sponsor in den Medien erwähnt zu werden, muss Branding stattfinden. Da das Engagement als Sponsor selbst kein platzgreifendes Medienthema ist, reduziert sich der Sponsoringeffekt im Wesentlichen auf den visuellen Imagetransfer, etwa bei der Trikot- oder Bandenwerbung sowie bei der Personen-PR. Speziell beim Sportsponsoring ergibt sich eine Abhängigkeit von der Leistung des Gesponserten, wie die Entwicklungen im Radsport, beim Tennis und beim Rennsport zeigen. Die Aufmerksamkeit für die gesamte Sportart im deutschen Medienmarkt hängt an wenigen Leistungsträgern wie Boris Becker und Steffi Graf im Tennis oder Michael Schumacher in der Formel 1. Treten diese Zugpferde ab, sinkt das mediale Interesse und mithin die Möglichkeiten zum Imagetransfer. Speziell beim Radsport kommen ethische Probleme hinzu.

Literatur

Avenarius, H. (2000). *Public Relations. Die Grundform der gesellschaftlichen Kommunikation.* Darmstadt.
BBDO live. (2010). *Sponsoring Trends 2010.* Bonn.
Becker, J. (2010). *Das Marketing-Konzept.* München.
Bentele, G. (2001). Der Mann der ersten Stunde, zum Tod von Albert Oeckl. *Public Relations Forum, 2,* 89–91.
Brauner, D., Leitolf, J., Raible-Besten, R., & Weigert, M. (Hrsg.). (2001). *Lexikon der Presse- und Öffentlichkeitsarbeit.* München.
Bruhn, M. (2010) *Sponsoring: Systematische Planung und integrativer Einsatz.* Wiesbaden.
Bruhn, M. (2013). *Kommunikationspolitik – systematischer Einsatz der Kommunikation für Unternehmen.* München.
Burson-Marsteller. (2001). *Der CEO: Wichtigster Faktor für das Unternehmensimage.* Frankfurt a. M.
Burson-Marsteller. (2005). *Imagefaktor CEO, B-M-Information.* Zürich.
DIRK. (1999). *Deutscher Investor Relations Kreis: Investor Relations – im Dialog mit dem Anleger.* o. O.
Deutscher Investor Relations Kreis DIRK. (Hrsg.). (2007). *Institut für Medien- und Kommunikationsmanagement Universität St. Gallen, Corporate Perception on capital markets, qualitative Erfolgsfaktoren der Kapitalmarktkommunikation.* Hamburg.
Ebert, H., & Piwinger, M. (2007). Impression Management: Die Notwendigkeit der Selbstdarstellung. In M. Piwinger & M. Zerfass (Hrsg.), *Handbuch der Unternehmenskommunikation* (S. 205–225). Wiesbaden.
Faulstich, W. (2000). *Grundwissen Öffentlichkeitsarbeit.* München.
Gross, H. (1951). *Moderne Meinungspflege.* Düsseldorf.
Hundhausen, C. (1951). *Werbung um öffentliches Vertrauen. Public Relations* (Bd. 1). Essen.
Kirchhoff, K. R. (2009). Grundlagen der IR. In K. R. Kirchhoff & M. Piwinger et al. (Hrsg.), *Praxishandbuch Investor Relations: Das Standardwerk der Finanzkommunikation* (S. 35–62). Wiesbaden.
Kotler, P., et al. (2007). *Marketing-Management, Strategien für wertschaffendes Handel.* München.
Kunczik, M. (1993/2010). *Public Relations.* Köln.
Lange, R., & Ohmann, M. (Hrsg.). (1997). *Fachlexikon Öffentlichkeitsarbeit.* Frankfurt a. M.
Lies, J. (2015). *Theorien des PR-Managements.* Wiesbaden: Springer Gabler (im Druck).
Mast, C. (2013). *Unternehmenskommunikation.* Konstanz.
Meffert, H., et al. (2012). *Marketing – Grundlagen marktorientierter Unternehmensführung – Konzepte – Instrumente – Praxisbeispiele.* Wiesbaden.
Nessmann, K. (2005). Personen-PR. Personenbezogene Öffentlichkeitsarbeit. In G. Bentele, M. Piwinger, & G. Schönborn (Hrsg.), *Kommunikationsmanagement* (Loseblattwerk 2001ff.), Neuwied, Art. Nr. 3.34.
Nielander, W. A., & Miller, R. A. (1950). *Public Relations.* New York.

Oeckl, A. (1964). *Handbuch der Public Relations. Theorie und Praxis der Öffentlichkeitsarbeit in Deutschland und der Welt*. München.
Oeckl, A. (1994). Die historische Entwicklung der Public Relations. In W. Reineke & H. Eisele (Hrsg.), *Taschenbuch Öffentlichkeitsarbeit* (S. 11–15). Heidelberg.
Palan, D., & Student, D. (2013). Hall of shame. *Manager Magazine, 8,* 38–44.
Porák, V., Achleitner A.-C., Fieseler, C., & Groth, T. (2005) Finanzkommunikation, die Grundlagen der Investor Relations. In B. F. Schmid & B. Lyczek (Hrsg.), *Unternehmenskommunikation* (S. 257–286). Wiesbaden.
Prätsch, J., et al. (2012). *Finanzmanagement: Lehr- und Praxisbuch für Investition, Finanzierung und Finanzcontrolling*. Berlin.
Rota, F., & Fuchs, W. (2007). *Lexikon der Public Relations*. München.
Stiftung Warentest. (2010). Banken im Test: Die Blamage geht weiter. http://www.test.de/Banken-im-Test-Die-Blamage-geht-weiter-4113924-0/. Zugegriffen: 20. Juli 2010.
Szyszka, P. (2004). Produkt-PR und Journalismus. In B. Baerns & R. Juliana (Hrsg.), *Quo vadis Public Relations*? Wiesbaden.
Szyszka, P. (2007). Kommunikation mit dem Kunden: Marken-PR und Produkt-PR als Instrumente der Marktkommunikation. In M. Piwinger & A. Zerfaß (Hrsg.), *Handbuch Unternehmenskommunikation* (S. 741–756). Wiesbaden.
Tomczak, T., Kernstock, J., Esch, F.-R., & Herrmann, A. (2007). *Behavioral Branding: Wie Mitarbeiterverhalten die Marke stärkt*. Wiesbaden.
Zedtwitz-Arnim, G.-V. (1961). *Tue Gutes und rede darüber. Public Relations*. Berlin.

Dr. Jan Lies ist Professor für Unternehmenskommunikation und Marketing an der FOM Hochschule für Oekonomie & Management in Dortmund/Essen.

Prof. Christina Vaih-Baur Professorin für Medienmanagement, Medien- und Kommunikationsdesign, Lehrgebiet PR und Kommunikationsmanagement, an der Macromedia Hochschule für Medien und Kommunikation, Stuttgart.

Anlassbezogene PR

9

Inhaltsverzeichnis

9.1	Change Communications	222

Jan Lies und Beatrix Palt

9.2	Persönlichkeitsabhängige Change Communication	232

Beatrix Palt

9.3	Change Communications – Project-Branding	239

Jan Lies

9.4	Krisenkommunikation und -prävention	248

Jan Lies

9.5	Konfliktmanagement und Mediation	256

Jan Lies

9.6	Issues Management	264

Jan Lies

Literatur 268

Dass der Stellenwert von PR als Managementfunktion in der Praxis seinem theoretischen Potenzial nicht gerecht wird, wurde vorne bereits ausgeführt (vgl. Abschn. 1.4 „Bedeutung von PR als Managementfunktion: praktisch und theoretisch"). Dies ist interessanterweise nicht systematisch der Fall: PR rückt in der Bedeutung für Unternehmen dann an erste Stelle, wenn sie mit pointierten Stakeholder-Ansprüchen konfrontiert werden. Dies ist in Phasen tiefgreifender Veränderungen als „Change Communications" genauso der Fall wie mit der Krisenkommunikation in Phasen, die die Existenz einer Organisation bedrohen können. Auch die Konfliktkommunikation spielt in diesen Phasen eine große Rolle. All diese anlassbezogenen Handlungsfelder sind dem PR-Management zuzurechnen.

9.1 Change Communications

Jan Lies und Beatrix Palt

9.1.1 Was ist Change-Management?... 223
9.1.2 Was ist Change Communications? 224
9.1.3 Was sind weiche Faktoren? 225
9.1.4 Die Aufgaben von Change Communications 227
9.1.5 Welche Faktoren machen Change Communications erfolgreich? 229
9.1.6 Change Communications: Modelle 230
9.1.7 Fazit: Der Unterschied von Change Communications zu anderen Disziplinen 231

> **Leitfragen**
> 1. Was ist Change-Management?
> 2. Was ist Change Communications?
> 3. Was sind weiche Faktoren?
> 4. Welche Aufgaben hat Change Communications?
> 5. Was macht Change Communications erfolgreich?
> 6. Was unterscheidet Change Communications von anderen Kommunikationsdisziplinen?

„Den Wandel kommunizieren" überschreibt Claudia Mast ihr Kapitel Change Communications im Buch Unternehmenskommunikation (Mast 2013, S. 401). „Woher sollen sie (die Mitarbeiter, Anm. d. V.) denn Freude an der Arbeit schöpfen, wenn sie ihr neues Unternehmen als unüberschaubaren und unbekannten Koloss erleben?" (Mast 2013, S. 402).

Der einleitende Kontext dieser Zitate ist für den lernenden Leser möglicherweise missverständlich: Er könnte das Zitat „den Wandel kommunizieren" so deuten, dass mit Change Communications vor allem die Berichterstattung über den Veränderungsprozess gemeint sein könnte. Fehlleitend mag darüber hinaus die dominante Rolle von Emotionen in Verknüpfung mit „Freude" sein, die an erster Stelle jenes Kapitels sehr platzgreifend beschrieben werden. Die Realität der weit überwiegenden Change-Prozesse ist zumindest in den Phasen der Veränderung mit wenig Freude behaftet: eher das Gegenteil ist der Fall.

Dennoch spielen Emotionen im Change-Prozess in der Tat eine wichtige Rolle. Aber die Frage ist, welche besondere Rolle Emotionen im Change zukommt. Ist sie mit der Rolle der emotionalisierenden Kommunikation beispielsweise in der werblichen Kommu-

---

J. Lies (✉)
FOM Hochschule für Oekonomie & Management, Essen, Deutschland
E-Mail: jan.lies@fom.de

B. Palt
FOM Hochschule für Oekonomie & Management, Essen, Deutschland
E-Mail: beatrix.palt@fom.de

nikation vergleichbar, die dem Leser bei der Lektüre in den Sinn kommen könnte? Oder wie sind die dort beschriebenen Emotionen zu verstehen? – Der folgende Beitrag soll die Tiefe des PR- und Kommunikationsmanagements in Veränderungsprozessen nach innen aufzeigen.

9.1.1 Was ist Change-Management?

Um diese Fragen zu beantworten, ist ein tieferer Blick in das Change-Management nötig. Generell umfasst das Konzept eines Managements des Wandels alle geplanten, gesteuerten, organisierten und kontrollierten Veränderungen in den Strategien, Prozessen, Strukturen und Kulturen, um bestimmte Erfolgspotenziale (wieder) zu erschließen.

▶ **Change-Management** umfasst hier alle geplanten, gesteuerten, organisierten und kontrollierten Veränderungen mit dem Ziel, **Erfolgspotenziale** (wieder) zu erschließen. – Das heißt: nicht jeder Wandel, den Management mit sich bringt, ist automatisch „Change". Die Erschließung oder Wiedergewinnung strategischer Erfolgspotenziale mit tiefgreifenden Veränderungen ist das Wesentliche, sodass Widerstandspositionen wahrscheinlich sind (vgl. Lies 2011, S. 2 ff.).

Aber: Es gibt **keine** allseits anerkannte Standarddefinition des Change-Managements. Je nach Autor oder Situation ist etwas anderes mit Change gemeint (Lies 2011, S. 2 ff. und die dort angegebene Literatur). Allgemein aber wird der Steuerung von Veränderungen aufgrund diverser Entwicklungen eine prominentere Rolle in der Unternehmensführung zugeordnet. Dazu gehören beispielsweise:

- **Steigende Dynamik:** Change-Prozesse im Umfeld von Unternehmen nehmen zu (neue Technologien, Globalisierung und andere Einflüsse). Das heißt: Change-Management wird immer weniger zu einem Spezialfall, sondern eine Standardanforderung für Führungskräfte.
- **Wachsende Reaktionszeiten:** Die Reaktionszeit nimmt auf Veränderungen im Umfeld von Unternehmen mit wachsender Komplexität einer Organisation zu.
- **Scheiternde Changes:** Nach neueren Untersuchungen scheitern je nach Studie bis zu 80 % aller Change-Projekte.

Die „klassische" Perspektive von Veränderungsprozessen steht in der Tradition der Managementliteratur und richtet unternehmerisches Handeln im weitesten Sinne an neuen Umfeldbedingungen aus. Change-Management bedeutet „Management von Veränderungsprozessen". Als Vorläufer bzw. heutige Spielarten gelten beispielsweise das Reengineering (die grundsätzliche Neudefinition von Managementprozessen) oder das Lean-Management (die Verschlankung des Managements).

▶ Der entscheidende Unterschied der neueren Change-Literatur: Die Relevanz weicher Faktoren, also die management-hemmenden oder -unterstützenden gruppendynamischen Prozesse mit dem Ergebnis von Widerstand oder Unterstützung wird heute im Gegensatz zur früheren Change-Literatur betont.

Die Literatur lässt sich dabei grob nach „Inside-in" und „Outside-in"-Beiträgen unterscheiden:

- **„Inside-in":** Die Beiträge der „Inside-in-Perspektive" beschäftigen sich mit Optimierungsfragen von Veränderungsprozessen.
- **„Outside-in":** Die Autoren der zweiten Perspektive fragen, wie die soziokulturelle Umfelddynamik auf eine Organisation wirkt.

Wesentlich ist hier: **Beide** Sichtweisen sind für die konzeptionelle Ausrichtung von Change Communications maßgeblich.

9.1.2 Was ist Change Communications?

Unter den Schlagworten „Soft- und Hardfacts" lassen sich die Ansätze sammeln, die Veränderungen in Unternehmen herbeiführen, um die Wettbewerbsfähigkeit zu verbessern oder zu erhalten. Diese lassen sich in zwei archetypische Change-Strategien unterteilen: die Hardfact bzw. E-Strategie und die Softfact bzw. O-Strategie (im Anschluss an Beer und Nohria 2000, S. 133 ff.).

- **Hardfact-Strategien:** Die „Hardfact"-Strategie oder auch „E-Strategie" („economic value") basiert auf Finanzkennzahlen. Harte Faktoren, die letztlich im Shareholder-Value Ausdruck finden („hard approach"). Ökonomische Anreize sind top-down-gesteuert. Es handelt sich oft um drastische Maßnahmen, um betriebswirtschaftliche Kosten zu reduzieren und andere Kennzahlen zu optimieren.
- **Softfact-Strategien:** Entscheider, die dagegen auf „weiche Strategien" oder „O-Strategien" („organizational capability"/„organisatorische Kompetenz") setzen. Sie nehmen an, dass allein der Shareholder-Value dem Unternehmen schadet. In diesem Ansatz geht es darum, eine Unternehmenskultur mit adäquatem Humankapital zu entwickeln, das sich zum Change bekennt („soft approach").

Die meisten Unternehmen, die von Beer und Nohria untersucht wurden, **kombinieren** diese beiden Grundansätze des Changes zu einer dualen Change-Strategie.

▶ Change Communications ist für die Einflussnahme auf weiche Faktoren (Interesse, Relevanz, Widerstände, Unterstützung…) zuständig, während das klassische Change-Management sich auf die harten Faktoren (Prozesse, Strukturen, Ressourcen) konzentriert.

Aber wie soll eine Unternehmensführung eine vertrauensorientierte Change-Kultur mit motivierten Mitarbeitern etablieren, wenn gleichzeitig im Zeichen des Shareholder-Values eine zunächst unbekannte Zahl von Mitarbeitern aus Effizienzgründen entlassen wird? Oder wie soll diese Unternehmensrealität in Zeiten globalisierter Kapitalmarkterwartungen „Freude bei den Mitarbeitern" im Sinne des Eingangszitats von Mast hervorrufen?

- **Erst „harte Fakten", dann „weiche Fakten"?** „Hard approaches" sind auf Dauer nur mit, nicht aber gegen die angestellten Führungskräfte und Mitarbeiter durchzusetzen. Dabei ist es unwahrscheinlich, dass die E-Strategie dem O-Ansatz folgen kann. Denn es ist schwer vorstellbar, wie beispielsweise umfangreiche Entlassungen einen intakten psychologischen Vertrag zwischen Management und Angestellten hinterlassen können.
- **Höchste Erfolgschance: Synchroner Einsatz von O- und E-Strategie.** Die Forschungen von Beer und Nohria haben ergeben, dass der synchrone Einsatz von O- und E-Strategie mit größerer Wahrscheinlichkeit zu einem nachhaltigeren Wettbewerbsvorteil führt als die einfache Aneinanderreihung: Untersuchte Unternehmen haben die konfliktären Ziele klar kommuniziert. Dazu gehört unter anderem, bekannt zu geben, wer welche O- und E-Ziele im Team zu erreichen beabsichtigte.

Das heißt, dass Unternehmenskultur und Shareholder-Value keine unvereinbaren Ziele aus zwei unterschiedlichen Welten sind. An dieses Zwischenfazit schließt Change Communications an.

9.1.3 Was sind weiche Faktoren?

Weiche Faktoren („Softfacts") sind nicht etwa wegen ihrer schwach ausgeprägten Erfolgsrelevanz „weich" – ganz im Gegenteil. Sie sind „weich", weil ihre Konstitution schwer greifbar ist (mehr hierzu in Lies 2003).

▶ **Weiche Faktoren** sind in ihrer Basisstruktur schwer greifbar und werden deshalb als „weiche" Faktoren gekennzeichnet. Sie gelten personenübergreifend als schwer oder gar nicht messbar (Hilfsindikatoren. Widerstand, Akzeptanz…). Sie sind für eine Organisation relevant, wenn sie von Gruppen getragen werden.

Weiche Faktoren sind für Organisationen relevant, weil sie **personenübergreifend** – die Wahrnehmung und Handlung prägen. Weiche Faktoren sind das Ergebnis oft versteckter gruppendynamischer Prozesse. Sie bilden **Wahrnehmungs- und Handlungscluster** in Organisationen. Die Unkenntnis oder Ablehnung eines Veränderungsprozesses durch **einen** Mitarbeiter oder eine Führungskraft lässt sich durch Überzeugung oder Entlassung leicht regeln.

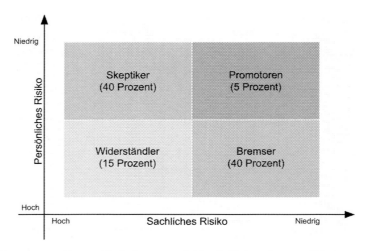

Abb. 9.1 Akzeptanzmatrix von Veränderungsprojekten in Unternehmen auf Basis von Erfahrungswerten. (Quelle: Mohr und Woehe 1998)

Das Problem bei weichen Faktoren ist, dass sie das Verhalten von **Teilgruppen** in einer Organisation prägen. Die **kollektive** Ablehnung eines Veränderungsprozesses macht weiche Faktoren für eine Organisation relevant. Das macht sie für Organisationen so brisant, aber gleichzeitig eröffnen diese gruppengetriebenen Effekte der Kommunikation auch Ansätze, Organisationen zu helfen.

Emotionen im Sinne von Mast spielen hier insofern eine wichtige Rolle, weil sie **wissensbezogen** entstehen, zum Beispiel die Furcht vor dem Ungewissen über Entlassungen in Restrukturierungsprozessen. Daher ist das Wissen oder das angenommene Wissen von Mitarbeitern und Führungskräften über die Konsequenzen eines Veränderungsprozesses für ihre Organisation und/oder sich selbst für Change Communications maßgeblich.

In der Literatur finden sich regelmäßig Listen von Ursachen, die weiche Faktoren für eine Organisation spürbar machen:

- Ängste als spezifische Emotionen/Ursachen.
- Der Wegfall der Grenzen im Wirtschaftsleben.
- Der Abbau von Hierarchien in den Unternehmen.
- Die stetig wachsende Flut an Informationen.
- Entscheidungen müssen ohne vollständige Vorbereitung gefällt werden.
- Das Verfallsdatum von Wissen wird immer kürzer.

Mohr und Woehe unterscheiden im Spannungsfeld zwischen **subjektiver/persönlicher** Risikobewertung einzelner Akteure (persönliche Risiken wie Jobverlust, Statusverlust, weniger Geld, neue Kollegen) und **sachlichen** Risiken (keine Verbesserungen, keine Effizienzsteigerungen etc.) vier prinzipielle Typen von Akteuren in Veränderungsprozessen: Promotoren, Skeptiker, Bremser und Widerständler (vgl. Abb. 9.1).

In der Konsequenz bedeutet diese Strukturierung, dass 95 % der Akteure eines Unternehmens als **potenzielle Gegner** von Veränderungen einzustufen sind. Aber diese Strukturierung ist beeinflussbar.

9.1.4 Die Aufgaben von Change Communications

Change Communication bezeichnet die kommunikative Begleitung von Veränderungsprozessen (Harringer und Maier 2011a, S. 21). Anders als viele andere Kommunikationsdisziplinen versucht Change Communications an mindestens drei Ebenen anzusetzen, die gemeinschaftlich die weichen Faktoren wie beispielsweise einen hierarchie-übergreifenden Widerstand prägen. Diese drei Ebenen machen deutlich, dass es bei vielen Veränderungsprozessen nicht allein oder vorwiegend um Freude im Sinne von Mast gehen kann (vgl. Tab. 9.1).

Information Auf der ersten Ebene geht es um die Informationen, die das Wissen ausmachen, auf dessen Basis Mitarbeiter und Führungskräfte ihre rational geprägten Handlungen ableiten. Information meint hier die Grundausstattung für Verhalten, nämlich den Informationsimpuls oder die Wahrnehmung, dass überhaupt etwas passiert („ein Change ist geplant"). Nachhaltige Change-Prozesse entwickeln sich oft nicht aus dem Führungskräftekreis heraus, sondern sind Vorstandsinitiativen oder gehen auf Beraterimpulse zurück. Im Unterschied zur internen Kommunikation im Tagesgeschäft, der oftmals sogenannten Regelkommunikation, ist ein wesentliches Kennzeichen der Kommunikation in Veränderungsprozessen, die Inhalte neu organisieren zu müssen (dass dies in vielen Organisationen auch eine Herausforderung der Regelkommunikation ist, ist eine andere Frage). Wenn Veränderungsprojekte nicht die eigene Initiative von Führungskräften des Unternehmens sind, ist der Transfer der vorgesehenen Strategie zwischen Vorstand und den Führungskräfteebenen eine Kernherausforderung der internen Kommunikation, womit bereits der edukative Teil der Kommunikation beschrieben wird.

Tab. 9.1 Die Ebenen der Kommunikation am Beispiel von Change Communications

Aufgabe von Change Communications	Teilziel der Kommunikation	Kommunikationsinstrumente
Das Wissen verändern	Information	Informationsmedien und Informationsveranstaltungen
Die Interpretation von Wissen verändern	Edukation	Workshops für Story, Leitbildprozesse, Missions- und Visionsmanagement, Multiplikatormanagement
Die Interpretation von Wahrnehmung verändern	Emotion	Emotionalisierungskampagnen, Teambildungsprozesse, Multiplikator-Management
Ergebnis		Identifikation, Widerstand und andere mentale Dimensionen, die Verhalten bestimmen

Edukation Das Wort Edukation gibt es im Deutschen eigentlich nicht. Es füllt aber abgeleitet aus dem Englischen (Bildung, Ausbildung) den Dreiklang „Information", „Edukation", „Emotion". Diese Ebene 2 ist der edukative Teil, der die rationale Herleitung von Handlung beschreibt. Der „Auslöser" für ein bestimmtes Verhalten wird von mentalen Modellen gesteuert, die im Kurzzeitgedächtnis aktiviert sind. Mentale Modelle steuern wesentlich die Interaktion mit der Umwelt. Im Erfahrungswissen, das Langzeitgedächtnis und Flashbulb-Memory umfasst, sind die mentalen Modelle gespeichert (ausführlicher vgl. Lies 2003 sowie den Abschnitt „PR-Theorien: System-funktionalistische Synthese" in Lies 2015). Diese zweite Ebene beschreibt den Erkenntnisprozess, also die handlungsleitende Interpretation der wahrgenommenen Information aus Ebene 1 („der eingeleitete Change bedeutet X für mich").

Emotion Aber nicht jede Handlung ist nur rational dominiert. Auch wahrnehmungsgetriebene Situationen ohne großartig fakten- oder erfahrungsbasierendes Wissen sind aufgrund der von Mast hervorgehobenen Emotionen für die Handlung bestimmend. Das ist die Ebene 3 der Kommunikation. In **Gruppen** ist es eine Mischung von Information und Emotion, die letztlich zu dem Verhalten führt. Gedanken aus der Kognitionspsychologie konkretisieren diesen Emotionsbegriff weiterführend (siehe Abschn. 9.3 „Change Communications – Project-Branding").

Zusammenfassend gilt dann, wie Schick formuliert: „Für interne Kommunikation besteht das Ziel darin, die Vorgesetzten in die Lage zu versetzen und sie dazu zu bewegen, ihre Kommunikationsaufgaben gegenüber ihren Mitarbeitern richtig wahrzunehmen. Das setzt einerseits voraus, dass die Führungskräfte wissen, was und wie sie mit ihren Mitarbeitern kommunizieren sollen. Andererseits müssen sie motiviert sein, auch in schwierigen Situationen loyal die Linie der Geschäftsleitung zu vertreten" (Schick 2007, S. 136).

Wenn der **rational fundierte** Wissensbestand in den Hierarchien einer Organisation gegenüber einer Veränderungsmaßnahme belastbar negativ ist, wird Change Communications nur schwer den Widerstand auflösen können. Insgesamt ist das Kräftefeld, mit dem sich Organisationen im Change auseinandersetzen müssen, recht groß. Es reicht von der adäquaten Einbindung von Führungskräften, über die Setzung unterstützender Anreize bis zur stetem Vermittlung des Sense of Urgency, also der Notwendigkeit, sich zu verändern (vgl. Lies 2011, S. VIff. sowie Abb. 9.2).

▶ **Change Communications** flankiert Veränderungsprozesse. Sie setzt an mindestens drei Ebenen an, um Wahrnehmungs- und Interpretationsschemata personenübergreifend zu beeinflussen: die Informations-, die Edukations- und die Emotionsebene.

Kurz: Change Communications vermittelt Informationen und berücksichtigt zugleich Emotionen.

9 Anlassbezogene PR

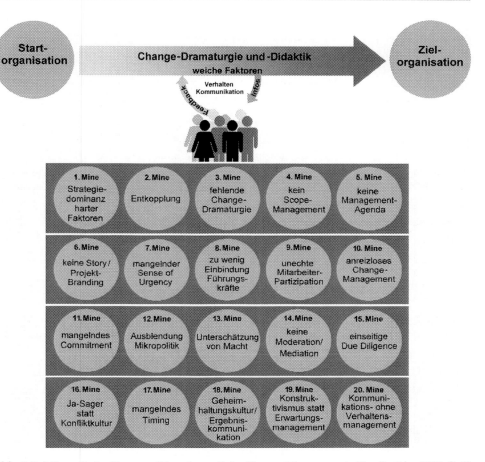

Abb. 9.2 Minen als Auslöser von Eigendynamik im Change-Management. (Quelle: Lies 2011, S. 5)

9.1.5 Welche Faktoren machen Change Communications erfolgreich?

Als Erfolgsfaktoren der Change Communication gelten übereinstimmend (Harringer und Maier 2011b, S. 4):

- Offenheit/Transparenz,
- Führungskräfte-Commitment,
- Sinnstiftung,
- Emotionale
- Ansprache und
- Kontinuität.

Ist die frühe Change Communication noch stark an Modellen, Prozessen und mithin an „harten Faktoren" orientiert, rücken der Mensch und mithin die „weichen Faktoren" in einer sich ausdifferenzierenden Diskussion in den Mittelpunkt. Der Mensch wird beispielsweise als Stakeholder betrachtet (vgl. Deutinger 2013, S. 63–71) oder als Beteiligter, dem Veränderung Unsicherheit bereitet und dem Rituale Sicherheit verschaffen (vgl. Jungaberle in: Harringer und Maier 2011b aus der Perspektive der Ritualforschung, S. 1–13). Dabei werden durch neue theoretische Rahmungen neue Erkenntnisse generiert: So diskutiert beispielsweise Lies, dass Unsicherheiten entstehen, wenn Erfahrungswissen nicht durch Erwartungsmanagement und mithin Vertrauen ersetzt wird und spiegelt damit den traditionellen, konstruktivistischen Ansatz von Change Communications gegen Erwartungsmanagement (Lies 2011, S. 171–179). Ergänzend wird die theoretische Debatte zunehmend durch Veröffentlichungen von Unternehmensbeispielen/Best Practice angereichert.

9.1.6 Change Communications: Modelle

Im frühen Diskurs werden vor allem Modelle entwickelt, in denen zunächst von den drei Phasen des Change (z. B. Unfreeze, Change, Refreeze von Kurt Lewin 1958) ausgegangen wird. Dann wird der Mensch mit seinen Emotionen einbezogen (z. B. The Emotional Change Cycle von Scott/Jaffee) und hinsichtlich der beteiligten Stakeholder differenziert (z. B. Group Response to Change von Drake 1989). Der jüngere Diskurs ist eher praxisorientiert und entwickelt auf der Grundlage von Erfahrungen Erfolgs- und Misserfolgsfaktoren (vgl. z. B. Kotter 1995; Habermann 2010). Vereinzelt wird danach gefragt, was Veränderungen beim Menschen bewirken (Thiessen 2012, S. 175) und welche Kompetenzen für einen erfolgreichen Change förderlich sein könnten (Bliesner et al. 2013, S. 50).

Inzwischen sind zahlreiche Modelle (z. B. nachfolgend zusammengefasst nach Barrett 2002) entstanden, die strategische Mitarbeiterkommunikation für die Praxis handhabbar machen sollen.

> Das Ziel solcher Modelle ist es, Unternehmen eine Orientierung und einen Benchmark zur Verfügung zu stellen.

Nach dem Modell von Barrett (2002), das hier exemplarisch herangezogen werden soll, sollten folgende Elemente in einem spiralförmigen Feedbackverfahren entwickelt und umgesetzt werden:

- **Strategieziele:** Die Strategie- und Kommunikationsziele stimmen überein, werden strukturiert und von der Vision zu zentralen Kommunikationsbotschaften übersetzt.
- **Unterstützendes Management:** Alle Managementlevel übernehmen eine gemeinsame und individuelle Verantwortung, kommunizieren im Sinne eines ‚walking the talk'.
- **Zugeschnittene Botschaften:** Einfache, auf die Zielgruppe zugeschnittene Kommunikation sichert, dass die Beteiligten die Botschaften verstehen und danach handeln können.
- **Effektive Medien**

Das Modell von Barrett lehnt sich explizit an die Beschreibung Kotters an, wonach es unmöglich ist, ein Unternehmen zu verändern, solange die Mitarbeitenden nicht bereit sind Opfer einzugehen, selbst dann nicht, wenn sie mit dem Status quo unzufrieden sind, es sei denn, sie werden davon überzeugt (Barret 2002, S. 219). Dass der Satz: „Die richtige Botschaft zur richtigen Zeit an die richtige Zielgruppe" lediglich „das credo der Regelkommunikation" erfasst, wurde längst erkannt: „…es geht darüber hinaus vielmehr darum, MitarbeiterInnen in die Veränderungsbemühungen zu involvieren und Verhaltensänderungen nachhaltig zu verankern." Allerdings fehlen bislang theoretische Herleitungen, ob, inwieweit und wie diese Verhaltensänderungen überhaupt möglich sind.

9.1.7 Fazit: Der Unterschied von Change Communications zu anderen Disziplinen

Widerstand als Ergebnis subjektiver Risikobewertung und Ursache von Verhalten ist also nicht systematisch mit der Emotionalität wie in der werblichen Kommunikation gleichzusetzen.

Dort werden emotionale Welten aufgebaut, um bestimmte Werteschemata von Marken-Communitys zu bedienen. Dies sind vor allem positive Erlebniswelten. Durch die Relevanzebene der Kommunikation ergibt sich für den Einzelnen eine ganz andere Bedeutung auf der emotionalen Ebene, die durch oft versteckte Gruppendynamik verstärkt wird (mehr hierzu nächster Abschn. 9.3: „Change Communications – Project-Branding"). Darum geht es bei Change Communications erst in der dritten emotionalisierenden Phase. Voraussetzung sind die ersten beiden, die die gruppenbezogenen Verhaltensschemata maßgeblich prägen.

Die Bedeutung aller drei Ebenen führt dazu, dass Change Communications allein mit medialer Kommunikation nicht zu leisten ist. Maßgeblich ist, dass Change Communications im Kern die Konfiguration von personenübergreifender Wahrnehmung mitgestalten kann und muss. Sie beeinflusst so die Basis rational fundierter Emotionalität. So erklärt

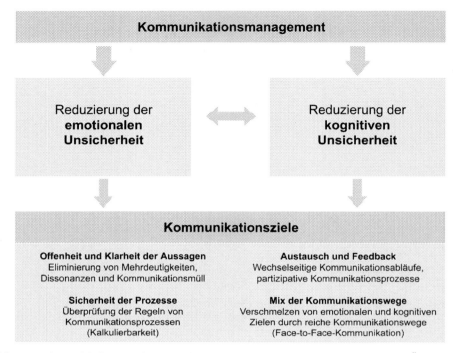

Abb. 9.3 Die zwei Schwerpunkte von Change Communications. (Quelle: mit kleinen Änderungen entnommen aus Mast 2013, S. 420)

und interpretiert, ist folgende Grafik hilfreich, um die Aufgabe von Change Communications zu erfassen (vgl. Abb. 9.3).

Dabei setzt Change Communications bei der Unternehmensleitung an und klärt die Frage, ob die Organisation eine solche Konfiguration überhaupt zulassen will – denn dies beginnt bei den Entscheidern und/oder Führungskräften selbst (siehe nächster Abschnitt).

9.2 Persönlichkeitsabhängige Change Communication

Beatrix Palt

9.2.1	Was ist Persönlichkeit?	233
9.2.2	Persönlichkeit – zwischen Stabilität und Entwicklung	234
9.2.3	Gibt es für Change Communication förderliche und hinderliche charakterliche Eigenschaften?	235
9.2.4	Kategorien mit dem Modell von Costa/McRae	235
9.2.5	Was ist eine persönlichkeitsabhängige Change Communication?	237
9.2.6	Fazit: Persönlichkeit als neue Dimension	239

B. Palt
FOM Hochschule für Oekonomie & Management, Essen, Deutschland
E-Mail: beatrix.palt@fom.de

> **Leitfragen**
> 1. Was ist Persönlichkeit?
> 2. Ist die Persönlichkeit eine statische Größe?
> 3. Gibt es für Change Communication förderliche und hinderliche Eigenschaften?
> 4. Welche Persönlichkeitskategorien lassen sich identifizieren?
> 5. Was ist eine persönlichkeitsabhängige Change Communication?

„Den Menschen mitnehmen" – das ist eine zentrale Aufgabe im Change-Management, da ihn diese nicht nur umsetzen müssen und in der Zielstruktur arbeiten müssen, sondern zudem oftmals Widerstand gegen die Veränderungen leisten. Empfohlen wird in der gängigen Change-Literatur vor allem die Entwicklung einer internen und externen Kommunikationsstrategie, durch die allen Beteiligten adressatengerecht die Vision, Ziele, Maßnahmen sowie Akzeptanz für die anstehende Veränderung kommuniziert werden. Zunächst schien es, als ginge es vor allem um zwei Dinge: um die Berichterstattung über den Veränderungsprozess und um das Entfachen von Emotionen, vor allem von Begeisterung, zumindest jedoch von aktiver Teilnahme und Commitment. Jedoch zeigt die hohe Widerstandsquote in tiefgreifenden Veränderungsprozessen (vgl. voriger Abschn. 9.1 „Change Communications"), dass allein mit Kommunikation weder Commitment noch Emotionen nachhaltig zu ändern sind. Zwar führt die theoretische und praktische Professionalisierung und Ausdifferenzierung der Change Communication – gerade in den letzten Jahren – zu einer deutlichen Steigerung der Akzeptanz (vgl. die Publikationen von Harringer und Maier 2011a, b).

> Erst der Blick in die Persönlichkeitsforschung zeigt, dass die Frage, warum Menschen mehr oder weniger begeistert sind, auch von der Persönlichkeit der Akteure abhängt, das heißt von ihren charakterlichen Eigenschaften.

Im Mittelpunkt des Beitrags stehen daher folgende Fragen: Welche Rolle spielen charakterliche Eigenschaften im Hinblick auf Veränderungsbereitschaft? Lassen sich diese beeinflussen oder verändern, und wenn ja, wie weit und wie? Welche Implikationen ergeben sich daraus für eine persönlichkeitsabhängige Change Communication? Das Ziel ist es, die Rolle der Persönlichkeit für Change Communications sowie Eckpfeiler für eine persönlichkeitsabhängige Change Communication herausarbeiten.

9.2.1 Was ist Persönlichkeit?

Aufgrund wissenschaftlicher Erkenntnisse der Persönlichkeitspsychologie wissen wir um die individuelle charakterliche Disposition von Menschen, die die Frage aufwirft, ob und inwieweit Menschen überhaupt in der Lage sind, mit Veränderungen umzugehen. Dazu soll nachfolgend zunächst geklärt werden, was Persönlichkeit aus Sicht der Persönlichkeitspsychologie ist.

In der Persönlichkeitspsychologie gibt es eine große Vielfalt an Modellen, mit denen sich individuelle Charaktereigenschaften beschreiben lassen. Zwar lässt sich beobachten, dass die Definitionen zur Persönlichkeit, je nach Forschungstradition und -richtung variieren. Übereinstimmend werden jedoch Stabilität und Konstanz als Merkmale von Persönlichkeit beschrieben, und zwar im Sinne eines konstanten Musters „des Fühlens, Denkens und Verhaltens" (Pervin 2000, S. 24).

▸ **Persönlichkeit** gilt übereinstimmend als komplexes, abstraktes Konstrukt. Ihr liegen persönliche Eigenschaften zugrunde (Traits), die stabile oder situativ bedingte Unterschiede im Verhalten beschreiben (vgl. Weinert 2004, S. 132).

Zwei zentrale Fragen verbinden die Persönlichkeitsforschung mit Change Communications:

- Persönlichkeitsforschung ist einerseits hinsichtlich der Frage relevant, ob es Persönlichkeitsmerkmale gibt, die dazu führen, dass Menschen z. B. Veränderungen gegenüber zugeneigt/abgeneigt oder ob sie kommunikationsstark/-schwach sind.
- Andererseits stellt sich die Frage, ob diese Charaktereigenschaften veränderbar oder gar erlernbar sind.

Zur Beantwortung der Fragen bieten sich zwei Ansätze an:

1. Der differenziell-klinische Ansatz, speziell das Fünf-Faktoren-Modell (Big Five) von Costa/McRae, mit dem sich Personen anhand von fünf zentralen Eigenschaften, sogenannten Persönlichkeitsfaktoren, charakterisieren lassen.
2. Es lässt sich parallel ein Diskurs entlang der Frage beobachten, wie sich Persönlichkeit entwickelt bzw. wie sie im Sinne von Professionalisierung ausreift (z. B. das fünfstufige Modell Vom Novizen zum Experten, Dreyfus und Dreyfus 1987).

9.2.2 Persönlichkeit – zwischen Stabilität und Entwicklung

Grundsätzlich wird davon ausgegangen, dass sich persönliche Eigenschaften über das 30. Lebensjahr hinaus weiter entwickeln und verändern, allerdings mit zunehmendem Alter moderater (vgl. Srivastava et al. 2003, S. 1041 ff.) bzw. Stabilität bis etwa zum 55. Lebensalter langsam zunimmt (Asendorpf 2011, S. 145).

▸ Für Change Communication ist die Annahme der Persönlichkeitspsychologie wichtig, dass der Kern unserer Persönlichkeit, unser Charakter bzw. Temperament, in den Grundzügen stabil ist.

In dieser Stabilität könnte eine pädagogische Begrenzung oder Einschränkung der Erlernbarkeit von Change Communications und der Begeisterung für Veränderungsprozesse an sich liegen.

Wie mit Ansatz 2 bereits angedeutet wurde, ist Persönlichkeit aber immer auch eine Dimension, die sich in Abhängigkeit von (Erfahrungs-)Wissen verändert. Mit dem Novizen-Experten-Paradigma (Dreyfuss/Dreyfuss) wird modelliert, wie sich die Persönlichkeit – auch im Erwachsenenalter – entfaltet und sich Potenziale durch Lernen entwickeln lassen können. Das *Novizen-Experten-Paradigma* beschreibt fünf Stufen der Kompetenzentwicklung vom Novizen zum Experten. Daher ist es sinnvoll im nächsten Schritt zu klären, welche Kompetenzen für Beteiligte von Change Communications wichtig sind und diese Kompetenzen mit den Persönlichkeitsmerkmalen abzugleichen.

9.2.3 Gibt es für Change Communication förderliche und hinderliche charakterliche Eigenschaften?

Die Frage, ob es für Change Communication förderliche Eigenschaften gibt, ist bislang nicht explizit untersucht worden. Allerdings wurden jüngst in einer Diskursanalyse in der Forschungsliteratur benannte Kompetenzen für Change Agents identifiziert und kategorisiert (vgl. Tab. 9.2) (Bliesner et al. 2013, S. 50).

Damit wurde eine Grundlage für eine persönlichkeitsorientierte Change Communication geschaffen.

9.2.4 Kategorien mit dem Modell von Costa/McRae

Im nächsten Schritt bietet es sich jedoch an, Redundanzen aus der Liste herauszunehmen, Begriffe zusammenzufassen, Kompetenzen nach Wissen und Fähigkeiten zu trennen (vgl. Definition von Kompetenz der OECD: http://www.oecd.org/pisa/35693281.pdf Abruf am 25.05.2014) und nach den Kategorien der Persönlichkeitsforschung zu kategorisieren: Neurozitismus, Extraversion, Offenheit, Verträglichkeit und Gewissenhaftigkeit. Gemäß dem theoretischen Ansatz von Costa/McRae sind diesen Kategorien Charaktereigenschaften zugeordnet (s. Tab. 9.3):

Bei dieser Zuordnung wird nun einerseits sichtbar, dass es Charaktereigenschaften gibt, z. B. Offenheit, die dazu beitragen, mit Veränderungen leichter umgehen zu können. Denn Offenheit bedeutet auch Offenheit gegenüber Veränderungen und damit Veränderungsbereitschaft, vielleicht, in ausgeprägter Form, sogar Veränderungsfreude. Menschen mit ausgeprägter Offenheit fühlen sich durch Veränderungen inspiriert bzw. treiben diese selbst aktiv an. Demgegenüber gibt es Persönlichkeiten, denen Routine Sicherheit gibt, die durch Veränderungen verunsichert werden. Dann entspringt die Ablehnung gegenüber Veränderungen nicht unbedingt mangelnder oder schlechter Kommunikation, sondern in der Persönlichkeit verankerte Ängste gegenüber Veränderungen führen zur Abwehrhaltung. Diese Abwehrhaltung muss nicht rationalen Ängsten, z. B. einem möglichen Arbeitsplatzverlust entspringen. In der Unternehmenspraxis lässt sich beobachten, dass selbst die Versetzung von einer Abteilung in eine andere, von einem Arbeitsplatz auf einen anderen, manchmal sogar lediglich der Umzug von einem Büro in ein anderes, Ängste und/oder Abwehrhaltung hervorrufen, obwohl rational nachvollzogen werden kann, dass die Veränderung erforderlich ist.

Tab. 9.2 Kompetenzen für Change Agents. (Quelle: Bliesner et al. 2013, S. 50)

Personale Dimension	Soziale Dimension	Kognitiv-methodische Dimension	Sachlich-fachliche Dimension
Gesunde psychische Konstitution	Soziale Sensibilität	Zielkompetenz	Fach- und berufsbezogene Kompetenzen
Selbsterfahrung	Gemeinsinnorientierung	Organisationskompetenz	Fachliches Erfahrungswissen
Mut zur persönlichen Stellungnahme	Soziales Engagement	Prozesskompetenz	Fach- und berufsüber-greifende Kenntnisse
Sympathische und gewinnende Persönlichkeit	Sich und andere motivieren können, aktiv zu sein	Umsetzungskompetenz	Prozesswissen
Glaubwürdigkeit	Beziehungsmanagement	Führungskompetenz	
Loyalität	Kompetenz, Offenheit und Vertrauen herstellen zu können	Beratungskompetenz	
Positive Grundhaltung	Kommunikationskompetenz	Selbstmanagement	
Wahrnehmungs- und Erfahrungsfähigkeit	Kooperationskompetenz	Wissensbezogene Kompetenzen	
Humor	Netzwerkkompetenz	Reflexionskompetenz	
Offene Grundeinstellung Veränderungen gegenüber	Partizipationskompetenz	Problemlösekompetenz	
Partnerschaftliche Grundeinstellung	Kompetenz bezogen auf Interkulturalität	Analytische Kompetenz	
Integrität	Bereitschaft zu globaler Perspektive individuellen Handelns	Antizipatorische Kompetenz	
Emotionale Kompetenz	Kompetenz im Umgang mit Widerständen und Konflikten	Chaoskompetenz	
Umsetzungskompetenz	Kompetenz im Umgang mit Macht	Systemkompetenz	
Frustrationstoleranz	Führungskompetenz	Strategische Kompetenz	
Moralische Kompetenz	Kundenorientierung	Lernkompetenz	
Konstruktiver Umgang mit Vielfalt	Mitarbeiterförderung	Forschungskompetenz	
Globale Perspektive	Anpassungsfähigkeit	Evaluationskompetenz	
Hilfsbereitschaft		Mobilität	
Lernbereitschaft		Akquisitionsstärke	
Verständnisbereitschaft			

Tab. 9.3 Persönlichkeitskategorien. (Quelle: Eigene Zusammenstellung nach McRae & John 1992 und dem Kompetenzprofil nach Bliesner et al. 2013)

Neurozitismus	Extraversion	Offenheit für Erfahrungen	Verträglichkeit	Gewissenhaftigkeit
Besorgt	Aktiv	Künstlerisch	Verständnisvoll	Effizient
Selbstmitleidig	Tatkräftig	Neugierig	Verzeihend	Organisiert
Angespannt	Enthusiastisch	Ideenreich	Großzügig	Planvoll
Empfindlich	Kontaktfreudig	Verständnisvoll	Freundlich	Zuverlässig
Instabil	Kommunikativ	Originell	Sympathisch	Verantwortungsvoll
Stressresistent	Gute persönliche Beziehungen pflegen	Breit interessiert	Vertrauensvoll	Sorgfältig
Frustrationstolerant	Führungskompetenz	Konstruktiver Umgang mit Vielfalt	Umsetzungskompetenz	Zielorientiert
Sachlicher, lösungsorien-tierter Umgang mit Konflikten	Kommunikative Kompetenz	Offenheit gegenüber Veränderungen	Emotionale Kompetenz	
	Kompetenz im Umgang mit Macht	Hilfsbereitschaft	Empathisch	
	Mut		Gute Beziehungen pflegend	
	Entscheidungsstärke			

Darüber hinaus wird durch die persönlichkeitsorientierte Zuordnung sichtbar, dass es sich bei den von Bliesner/Liedtke/Rohn aufgeführten Kompetenzen um eine Mischung aus Charaktereigenschaften, Erfahrungswissen und Expertise handelt. Bezogen auf die Charaktereigenschaften macht die Zuordnung sichtbar, dass unsere Persönlichkeit und mithin unsere Charaktereigenschaften eine persönlichkeitsabhängige Change Communcation erforderlich machen. Allerdings zeigt die Zuordnung auch, dass das Heranziehen weiterer Forschungsdisziplinen notwendig ist, um die Frage klären zu können, ob und inwieweit unsere Persönlichkeit, z. B. durch Expertise-Erwerb und durch Erfahrung ausreift und sich somit ändert/ändern lässt. Diese Frage wird im nächsten Kapitel aufgegriffen, wenn Eckpfeiler einer persönlichkeitsorientierten Change Communication entwickelt werden.

9.2.5 Was ist eine persönlichkeitsabhängige Change Communication?

Die bisherigen Ausführungen zeigen, warum Change Communications als weiteren Erfolgsfaktor die Persönlichkeit berücksichtigen sollte. Nun gilt es, aus diesen Erkenntnissen Implikationen als Eckpfeiler für eine zielgruppengerechte persönlichkeitsabhängige Change Communication zu entwickeln:

- **Die Rolle im Change:** Zunächst gilt es bei einer persönlichkeitsabhängigen Change Communication stärker nach den Akteuren zu unterscheiden: Handelt es sich um Führungskräfte, die für den Change verantwortlich sind, um Change-Agenten, die den Veränderungsprozess vorantreiben oder um Beteiligte, die mitgestalten oder die nicht mitgestalten können, weil ihre Partizipation nicht vorgesehen ist oder sie sich der Mitgestaltung bzw. generell dem Veränderungsprozess entziehen/verweigern? Vor diesem Hintergrund gilt es zu berücksichtigen, dass eine professionelle Change Communication eine notwendige, aber keine hinreichende Voraussetzung dafür sein kann, Menschen im Change ‚mitzunehmen'. Vielmehr spielt auch die Frage eine Rolle, wie der Change so gestaltet werden kann, dass Vorbehalte und Ängste reduziert werden können. Dabei erweist es sich als hilfreich, wenn empathischen Führungskräften der Zusammenhang zwischen Persönlichkeit und dem Verhalten der Beteiligten bewusst ist.

- **Die Persönlichkeit der Beteiligten:** Ob wir Veränderungen gegenüber offen sind und diese als Herausforderung empfinden, ihnen neutral gegenüberstehen oder ihnen mit Abwehr begegnen, hängt nicht zuletzt davon ab, wie stark die zentrale Charaktereigenschaft ‚Offenheit für Erfahrungen' ausgeprägt ist. Auch die Ausprägung unserer kommunikativen, empathischen und enthusiastischen Charakterzüge hängen von unserer Persönlichkeit ab. Vor diesem Hintergrund gilt es zu hinterfragen, welche Persönlichkeiten für Change Communications geeignet sind: Was löst die Veränderung in ihnen aus? Inwieweit sind sie von ihrer Persönlichkeit und ihrer Expertise her in der Lage, einen Change zu gestalten, zu führen und zu kommunizieren? Auch hier gilt es, die Aufgaben in der Change Communication persönlichkeitsabhängig an den Stärken orientiert zu gestalten.

- **Die Möglichkeiten und Grenzen der Erlernbarkeit:** Persönlichkeitsabhängige Change Communication bedeutet zu berücksichtigen, dass sich die Persönlichkeit, das heißt unsere grundlegenden Charaktereigenschaften, nur bedingt ändern lassen. Zwar zeigt ein Blick in andere Disziplinen, z. B. in die Persönlichkeitsforschung der Neurobiologie, dass wir aus positiven und negativen Erfahrungen lernen. Deshalb wird für die persönlichkeitsabhängige Change Communication eine Rolle spielen, welche Erfahrungen bereits mit vorherigen Veränderungsprojekten vorliegen oder aktuell gemacht werden: Denn unser Gehirn verbindet neue Informationen zusammen mit den aktuellen Emotionen (sogenannten neuronalen Erregungsmustern) und vergleicht sie unbewusst mit im Gehirn bereits abgespeicherten Informationen und den damaligen Erregungsmustern (zu den Prozessen im Gehirn und Lernen aus Erfahrung z. B. Roth 2003). Auch ist bekannt, dass professionell strukturierte Vorgaben und eine angenehme Lernumgebung unser Lernen fördern (Brand und Markowitch 2009, besonders S. 81 ff.). Berücksichtigt man darüber hinaus die Plastizität des Gehirns und die Hinweise der Neurobiologie zum Gehirn als Sozialorgan bzw. zur Fähigkeit des Gehirns, sich im sozialen Gefüge und durch soziale Erfahrungen zu strukturieren, neuronale Verschaltungen zu stabilisieren und neue Verschaltungen zu begünstigen, könnte ein Unternehmen im Veränderungsprozess auch als Erfahrungs- bzw. Lernraum angesehen werden (Hüther 2008, S. 47). Dazu bedürfte es allerdings weiterer zielgerichteter Forschungen.

- **Expertise-Erwerb:** Weiterer Forschungen bedarf es auch zu der Frage, welche Rolle Expertise-Erwerb für eine persönlichkeitsabhängige Change Communication spielt. Hier empfiehlt sich ein Blick in die Forschungen der Erziehungswissenschaft, die das

Novizen-Experten-Paradigma der Persönlichkeitspsychologie rezipiert, theoretisch reflektiert und empirisch überprüft (z. B. Gruber et al. 2010). Gemeint ist „die herausragende Leistungsfähigkeit von Personen auf einem bestimmten Gebiet" (Hirschmann et al. 2012, S. 492). Hier wäre es lohnenswert, aktuelle Forschungen zum Expertise-Erwerb und mithin zur Professionalisierung und zur Ausreifung der Persönlichkeit aufzugreifen und hinsichtlich einer persönlichkeitsabhängigen Professionalisierung der handelnden Akteure, vor allem der Führungskräfte und Change-Agents, zu untersuchen.

9.2.6 Fazit: Persönlichkeit als neue Dimension

Die Debatte um eine persönlichkeitsabhängige Change Communication steckt noch in den Kinderschuhen. Der Artikel zeigt den Zusammenhang zwischen Kompetenzen, die im Change-Prozess förderlich sind und Grundzügen der Persönlichkeit, die dazu beitragen, dass Akteure dem Veränderungsprozess gegenüber tendenziell offen sind oder sich dem Change verschließen. Er gibt Hinweise zur begrenzten Erlernbarkeit aber auch auf Lernen aus Erfahrung und zum Expertise-Erwerb.

Eine persönlichkeitsorientierte Change Communication könnte dazu beitragen, zielgruppengerechter zu kommunizieren. Gemeint ist eine persönlichkeitsabhängige Kommunikation, die einerseits nach den Rollen und andererseits nach den Persönlichkeiten differenziert und daraufhin zielgerichtet ihre Change Communication ausrichtet.

Der Beitrag zeigt, dass es nicht darum geht, Change Communications neu zu erfinden, sondern um eine weitere Dimension zu erweitern: die Persönlichkeit. Der Beitrag zeigt allerdings auch, dass für eine Theoriebildung, die über Eckpfeiler hinausgeht und für die Erarbeitung von Hinweisen für die Unternehmenspraxis weitergehende interdisziplinäre Studien erforderlich sind, die die Persönlichkeitspsychologie und die Erziehungswissenschaft einbeziehen.

9.3 Change Communications – Project-Branding

Jan Lies

9.3.1 Marke, Projekte, Change 240
9.3.2 Emotionen im Change 241
9.3.3 Positive und negative Erlebniswelten 241
9.3.4 Die Doppelrolle von Führungskräften im Change 242
9.3.5 Change Communications als kampagnennahe Kommunikation 243
9.3.6 Missions- und Visionsmanagement als Führungsinstrument 244

J. Lies (✉)
FOM Hochschule für Oekonomie & Management, Essen, Deutschland
E-Mail: jan.lies@fom.de

9.3.7 Die Story als Plattform für das Visions- und Missionsmanagement 244
9.3.8 Die Dramaturgie 245
9.3.9 Die kommunikative Klammer 246
9.3.10 Kaskadische Information 246
9.3.11 Multiplikatormanagement 247
9.3.12 Fazit 247

Leitfragen

1. Welche Gemeinsamkeiten und Unterschiede kennzeichnen Produktmarken und Projektmarken in Veränderungsprozessen?
2. Sind der emotionale Begriff der werblichen Kommunikation und der der Emotion im Change identisch?
3. Welche Herausforderungen beinhaltet Project-Branding im Change?
4. Was macht Führungskräftekommunikation im Change zu einer besonderen Aufgabe?
5. Inwieweit ist Change Communications eine kampagnennahe Kommunikationsform?
6. Was ist Visions- und Missionsmanagement? Welche Rolle spielt es?
7. Was ist eine Story im Change-Kontext? Welche Rolle spielt sie?
8. Was ist eine Dramaturgie? Welche Rolle spielt sie?
9. Welche Rolle spielen Logo und Claim im Change?
10. Was ist eine Informationskaskade? Welche Rolle spielt sie im Change?
11. Was ist Multiplikatormanagement? Welche Rolle spielt es?

Branding bedeutet Markenmanagement, also ist Project-Branding als Projekt-Markenmanagement zu verstehen. Was aber hat ein Managementprojekt mit Markengebung zu tun? Dieser Abschnitt zeigt, wie sich das PR- und Kommunikationsmanagement Anleihen von der Markenführung nimmt und sie auf die Führungskräfte- und Mitarbeiterkommunikation überträgt.

9.3.1 Marke, Projekte, Change

Marke und Image sind eng miteinander verknüpft (siehe hierzu Abschnitt „Image – und Reputation" in Lies 2015). Das Produkt ist das, was das Unternehmen herstellt (Absenderperspektive). Die Marke gilt heute als das, was eine Kundengruppe in ihrer Wahrnehmung kauft (Adressatenperspektive). Die Differenz zwischen Produkt und Marke besteht in wahrgenommenen Nutzen oder Werten (vgl. Abschn. 11.1 „Markenkommunikation").

- Die Werteschemata von beworbenen Produkten und Managementprojekten unterscheiden sich maßgeblich. Sie führen zu unterschiedlich gelagerten Emotionen, sodass die emotionalisierende Kommunikation in der werblichen Kommunikation und Change Communications nicht ohne Weiteres vergleichbar sind.

Zu erinnern ist hier also an die psychologischen Markenfunktionen wie Vertrauen, Transparenz und die Identifikationsfunktion. Sie übernehmen eine Abgrenzungs- und Orientierungsfunktion zu anderen Marktleistungen (Dienste/Produkte). Darin unterscheiden sich Produkte und Projekte auf den ersten Blick nicht: Produktmarken werden von Konsumenten akzeptiert; Projektmarken von Führungskräften und Mitarbeitern. Sie akzeptieren die Projekte – oder eben nicht. Und hier ist auch genau der Unterschied: Die Werteschemata im Change sind von denen emotionaler Produktmarkenwelten maßgeblich zu unterscheiden.

9.3.2 Emotionen im Change

Produktmarken adressieren Wertewelten, indem sie emotionale Mehrwerte und dadurch sonst ähnliche Produkte gegeneinander abgrenzen: Erlebniswelten vor allem als Abgrenzungskriterium in Käufermärkten.

Projektmarken tun das auch, beispielsweise um Wiedererkennung in Managementlandschaften mit vielen Projekten zu generieren. Aber: Wichtig ist darüber hinaus die **edukative** Ebene. Die Bedeutung von Projektmarkenwerten ist aufgrund von Erfahrungswerten der Führungskräfte und Mitarbeiter aus dem täglichen Handeln und ihren Berufsroutinen heraus oftmals viel tiefer verankert als schnell aufbaubare und genauso schnell vergessene Emotionswelten in der werblichen Kommunikation.

▹ Die Bedeutung der edukativen Kommunikationsebene spielt für die Emotionen gegenüber Konsumprodukten eine andere Rolle als für die Emotionen von Veränderungsprojekten.

Von daher sind die **rational fundierten Emotionen** auf Basis von Erfahrungswissen auf der einen Seite und emotionale Erlebniswelten auf der anderen Seite, die in der werblichen Kommunikation konstruiert werden, nicht ohne Weiteres miteinander vergleichbar. Denn die persönliche Relevanz ist eine andere.

9.3.3 Positive und negative Erlebniswelten

Oftmals müssen Führungskräfte und Mitarbeiter davon überzeugt werden, dass das, was sie über Jahre in ihren Augen erfolgreich verantwortet und praktiziert haben, durch Neues abgelöst wird. Das provoziert oft Widerstand. Darum ist die Einflussnahme von Change Communications auf die edukative Ebene so wichtig. Es muss letztlich das **Bewusstsein entstehen und wachsen**, dass die Veränderung besser ist, als beim Status quo zu verharren (Sense of Urgency – die Notwendigkeit des Wandels) (vgl. Lies 2011, S. 69).

Mit emotionalisierender Kommunikation der Werbung hat dies im ersten Schritt wenig bis gar nichts zu tun.

Um dies zu erklären, helfen Anleihen aus **kognitionstheoretischen Ansätzen** zur Erklärung von Emotionen. Die Ansätze „untersuchen in Abhebung zum behavioristischen Paradigma Erleben und Verhalten nicht nur anhand äußerlich beobachtbarer und registrierbarer Erscheinungsformen, sondern schenken den kognitiven Prozessen besondere Beachtung, die in Personen bei der Auseinandersetzung mit ihrer Umwelt ablaufen" (Mandl und Reiserer 2000, S. 95). Emotionen werden demnach dann ausgelöst, wenn bisherige Erfahrungen, die in Form kognitiver Schemata abgespeichert sind, durch bestimmte Situationen verletzt werden (Mandl und Reiserer 2000, S. 95).

▶ **Kognitionstheoretische Ansätze** erklären auslösende Momente von Emotionen und zeigen Möglichkeiten auf, sie zu beeinflussen.

Beispiel
Ein Student ist in einer Prüfungssituation mit einer schwierigen Aufgabe konfrontiert. Er findet aber sehr schnell die richtige Lösung. Das heißt: Sein Denkablauf wird unterbrochen und es entsteht eine Erregung, in diesem Fall ein positiver emotionaler Zustand. Je einfacher es ihm fällt, eine Lösung in so einer Situation zu finden, desto geringer ist die Handlungsunterbrechung und desto geringer ist die Emotion. Findet er die Lösung aber nicht, kann er die Denkunterbrechung nicht positiv abschließen, Angst tritt auf. Wiederholt sich dies, steigt der Grad der Hilflosigkeit und das Selbstwertgefühl sinkt.

Übertragen auf die Analyse von Emotionen im Change und in der werblichen Emotion heißt das: Je häufiger Personen mit den Reizen aus werblichen Erlebniswelten konfrontiert werden, je geringer die Handlungsunterbrechung (Kaufvorbereitung, Kaufabschluss), desto weniger stark die Emotion. Anders formuliert: Die Relevanz dafür, die Handlungen zu unterbrechen, ist in Change-Prozessen ungleich höher.

Durch edukative Kommunikation kann versucht werden, die notwendige Handlungsunterbrechung zu minimieren.

Entsprechend gilt es auf der edukativen Ebene, personen**übergreifende** Akzeptanz zu erreichen, indem der Mehrwert der Veränderung gegenüber dem Verharren am Status quo erklärt wird. Das lässt sich nicht nur durch Emotion, sondern vor allem durch Ratio erreichen.

9.3.4 Die Doppelrolle von Führungskräften im Change

Darum gilt es, Change Communications vor allem als relevante Aufgabe von Führungskräften zu kennzeichnen. Dafür sollen hier einige zentrale Instrumente vorgestellt werden (vgl. mehr Lies 2011, S. 81). Es soll deutlich werden, dass die Anforderungen an die Kommunikation, einen Veränderungsprozess zu unterstützen, über die herkömmliche mediale Kommunikation hinausgehen.

Die Rolle von Führungskräften im Change ist schwierig, da diese oft eine Doppelrolle übernehmen sollen oder müssen:

- **Führungskräfte als Betroffene:** Sie sind oftmals Betroffene, da ihr Zuständigkeitsbereich nicht selten verändert wird. Im Extremfall sind sie selbst von Personalabbau betroffen.
- **Führungskräfte als Verantwortliche:** Die Führungskraft als Person oder als Leiter einer Abteilung soll oft gleichzeitig das durchsetzen, was der Veränderungsprozess vorsieht. Hier wird deutlich, dass viel dafür sprechen kann, zuerst nachhaltige Personalentscheidungen zu treffen und erst dann mit den organisatorisch-prozessualen Veränderungen zu beginnen.

Diese Doppelrolle von Führungskräften ist ein Grund dafür, die Geschwindigkeit als einen Erfolgsfaktor von Changes zu kennzeichnen, um zügig mit einer neu zugeschnittenen Zukunftsmannschaft von Führungskräften und Mitarbeitern den Change umzusetzen und gruppendynamischen Prozessen zuvorzukommen.

Für den Idealfall gilt oft: Erst die Change-Strategie formulieren, dann sofort Personalentscheidungen umsetzen und mit der dann feststehenden Mannschaft die Zielstruktur erreichen. Sonst ist es schwierig, Motivation aufzubauen. Oder: Change-Prozesse mit solchen Führungskräften umzusetzen, die Veränderungen des eigenen Verantwortungs- und Aufgabengebiets zu erwarten haben oder deren Mitarbeiter oder deren eigene Position zur Disposition steht, sind nur schwer zum Erfolg zu führen. Entsprechend sensibel und ausgeprägt ist das Kräftefeld, in dem die Kommunikation arbeitet. Sie braucht daher ein klares und belastbares Gestaltungsmandat von der ersten Ebene.

9.3.5 Change Communications als kampagnennahe Kommunikation

Die Veränderungen, die ein Change-Managementprojekt herbeiführen soll, dienen im Kern dem Fortbestand oder der Verbesserung der Organisation. Sie kommen also letztlich auch den Handelnden zugute. Zumindest denen, die bleiben, falls Personalabbau mit der Veränderungsmaßnahme verbunden ist. Dieser Vorteil wird aber aufgrund von begründeten Vorbehalten gegen die geplanten Veränderungen oft überlagert (siehe hierzu die Abb. 9.1 „Akzeptanzmatrix" im Abschn. 9.1).

▶ Change Communications arbeitet dramaturgisch, involvierend und meist interdisziplinär. Sie ist damit eine oft kampagnennahe Kommunikationsform.

Eine zentrale Frage ist daher, wie der Mehrwert für die Organisation als Ganzes plausibel in den Köpfen verankert werden kann. Die Herausforderung, die mit Change Communications verbunden ist, macht diese Disziplin zu einer kampagnennahen Kommunikationsform (siehe Abschn. 11.2 „Kampagne"), indem sie dramaturgisch, involvierend und meist interdisziplinär arbeitet.

9.3.6 Missions- und Visionsmanagement als Führungsinstrument

Zuerst ist auf der Führungskräfteebene eine geteilte Vision (wo wollen wir hin?) und eine Mission (was treibt uns an?) notwendig. Hier werden die Weichen dafür gestellt, welche Relevanz die Veränderung letztlich für wen beinhaltet. Dahinter steckt das Ziel, ein gemeinsames Verständnis auf Entscheiderebene über das Vorgehen im Veränderungsprozess zu etablieren. Gelingt dieser Schritt nicht, wird es der Veränderungsprozess schwer haben, sein Ziel zu erreichen. Denn die Führungskräfte werden nicht in die Lage versetzt, ihre Führungs- und auch Motivationsfunktion gegenüber den Mitarbeitern auszufüllen. Erfahrungswerte dokumentieren, dass die konzeptionelle Konsens- und Durchsetzungsfähigkeit auf Topmanagementebene ein zentrales Problem in Unternehmen von Veränderungsprozessen im Change darstellt.

9.3.7 Die Story als Plattform für das Visions- und Missionsmanagement

Ein Instrument, auf der Führungskräfteebene Konsens über ein Change-Konzept herzustellen, ist die Story. Die Story repräsentiert ein hochverdichtetes gemeinsames Verständnis von Veränderungsprojekten.

Das Verständnis von Inhalt und Umfang von Stories ist nicht einheitlich: Zum Teil wird die Metapher als bildsprachliches Element zum vereinfachten Wissenstransfer betont. Zum Teil geht dem aber zunächst voraus, im Kreis relevanter Führungskräfte und Mitarbeiter ein gemeinsames Verständnis über die Inhalte zu entwickeln. Dieses Ziel steht auch hier im Vordergrund: Das Instrument „Story" sieht zuerst vor, die Idee der Veränderung auf einigen wenigen DIN-A4-Seiten zu fixieren.

▶ Die **Story** verdichtet Aussagen zu Zielen, Aufgaben, Prioritäten und Meilensteinen eines Change-Vorhabens. Sie kann als Instrument zur Teambildung auf Führungsebene verstanden werden.

Dabei geht es darum, dem Veränderungsprozess mit fokussierten Aussagen zu Zielen, Aufgaben, Prioritäten und Meilensteinen ein Fundament zu geben und eine Ausgangsplattform für alle weiteren Kommunikationsmaßnahmen zu schaffen – damit ist dieses Kommunikationsinstrument auch Handlungsleitfaden für das Management. Je nach Projektauftrag ist die Formulierung der Story in Vorstands- und/oder Führungskräfteworkshops eingebettet. Sie folgt unmittelbar aus der Mission.

Dass es bei einer hochkonzentrierten Verschriftlichung oftmals zu Streitigkeiten auf höchster Ebene kommt, ist Ausdruck intensiven Engagements der Beteiligten. – Aber: Ein Erfahrungswert aus Praxisprojekten ist auch hier, dass die Entscheider oft nicht konsens- oder teamfähig sind, wenn es zur verbindlichen und überzeugten Verabschiedung der Story auf dieser Ebene kommen soll. Natürlich dient die Story auch dafür, dass Führungskräfte eine gemeinsame Sprache sprechen. Treten hier Abstimmungsschwierigkeiten auf, lassen sich kognitive Unsicherheiten im Sinne von Mast (s. Abschn. 11.1) bereits auf höchster Ebene nicht so eindämmen, wie es nötig wäre.

Kommt es zu ungelösten Konflikten beim Erstellen der Story, verbleiben Unschärfen bei Zielsetzung, Prioritäten und konkretem Vorgehen des gesamten Veränderungsprozesses auf der Führungsebene, was oftmals zu weitreichenden Problemen für die Veränderungen in der Aufbau- und Ablauforganisation führt. Oder schlicht: Es gibt kein im Konsens verabschiedetes Vorgehen im Change. In so einer Situation hätte ein Change-Agent nur dann Erfolgschancen, wenn sein Mandat vom Topmanagement kommt, um sich gegen Führungskräfte durchsetzen zu können.

9.3.8 Die Dramaturgie

Tiefgreifende Veränderungsprozesse bestehen oftmals aus einer Vielzahl auch schmerzhafter Eingriffe. Am Beispiel der Doppelrolle der Führungskräfte wurde deutlich, dass die Logik der Betriebswirtschaft – erst Restrukturierung mit korrespondierender Personalanpassung im Gleichschritt zu sich ändernden Aufgaben – nur zufällig den Anforderungen des Managements weicher Faktoren entspricht. Aus Sicht der Change Communications ist vor allem die Dramaturgie von Bedeutung.

▶ Die **Dramaturgie** bedeutet im Rahmen von Change Communications, Empfehlungen auszusprechen, wie geplante Change-Strategien aus Kommunikationssicht zu arrangieren sind, ohne in die eigentliche Strategie einzugreifen.

Eng an den griechischen Ursprungsbegriff angelehnt, geht es bei der Dramaturgie um die innere Struktur des Dramas – wobei Drama im Sinne des griechischen Begriffs „Handlung" meint (und nur im Fall des Missglückens des Changes im Sinne von Trauerspiel zu verstehen ist). Die Dramaturgie bezeichnet auf der Bühne den Aufbau eines Spannungsbogens. Auf den Change übertragen und aus Kommunikationssicht interpretiert, geht es wie im Theater um Handlungsaufbau, um die Erzählstruktur und das Bühnenbild.

Change Communications spricht Empfehlungen aus, wie geplante Change-Strategien aus Kommunikationssicht zu arrangieren sind. Es greift also nicht in das klassische Change-Management grundsätzlich ein, nimmt aber gegebenenfalls Einfluss auf die Strategieumsetzung. Hinzu kommt die in der „klassischen Kommunikation" gelernte Formulierung und Verbreitung von Botschaften zusammen mit dem Medienmix, mit dem sie den Veränderungsprozess flankiert.

9.3.9 Die kommunikative Klammer

Tiefgreifende Veränderungsprozesse brauchen Zeit. Zudem bestehen Changes oftmals aus einer Vielzahl von Teilprojekten, die je nach Größe einer Organisation nicht immer auf Anhieb als Teil des Changes sichtbar sind.

> **Logos und Claims** sind emotionalisierende Wiedererkennungselemente und dienen als Klammer für viele Teilprojekte eines platzgreifenden Change-Prozesses.

Beides führt dazu, dass die Kommunikation von Veränderungsprozessen kommunikative Klammern benötigt, um die interne integrierte Kommunikation inhaltlich, prozessual aber auch visuell im Sinne von Wiedererkennbarkeit zu gewährleisten. Man mag an dieser Stelle einwenden, dass kritische Veränderungsprozesse wenig dazu geeignet sind, sie mit emotionalisierenden Logos oder Claims aufzuladen. – Falsch. Es ist lediglich eine Frage der Dramaturgie, wann ich welche internen Adressaten mit emotionalisierender Kommunikation anspreche. Und es besteht auch die Möglichkeit, bewusst Kritik auf Logos zu ziehen, die an geeigneter Stelle in der Dramaturgie in der Versenkung verschwinden, um dann einen Relaunch zu starten.

9.3.10 Kaskadische Information

Um Führungskräfte in ihre oft neue Rolle im Veränderungsprozess zu versetzen, ist kaskadische Information (erst Führungskräfte, dann Mitarbeiter) eine Hilfe.

> Der Informationsvorsprung allein ist im Zuge von Veränderungsprozessen eine Herausforderung, da das Beschaffen relevanter und belastbarer Informationen anders als im gelernten Tagesgeschäft erst organisiert werden muss.

Die Schwierigkeit bei der Arbeit auf der Informationsebene besteht darin, dass Organisationen der längerfristige Fahrplan ihrer Veränderungen und die sich daraus ergebenden Führungs- und Gestaltungsanforderungen an die Führungsmannschaft selbst nicht immer klar ist. Das heißt: Die Informationsebene wird zwar gegebenenfalls bedient, aber die Relevanz ist nicht ganz klar. Dies ist aber nur ein notwendiger Ansatzpunkt von Change Communications. Hinzu kommt, dass das Kommunikationsverständnis auf vielen Chefetagen schon auf der Informationsebene scheitert, weil mit der Bekanntgabe einer Veränderungsmaßnahme oder -strategie vorausgesetzt wird, dass die Beschäftigten sie wie im Tagesgeschäft loyal und zielführend wahrnehmen und danach handeln. Das ist ein Fehler. Entsprechend steht im Change vor allem die zweite Ebene der Kommunikation (Edukation) im Fokus.

9.3.11 Multiplikatormanagement

Je strittiger ein Veränderungsprozess auf Führungskräfteebene ist, desto bedeutender ist der Einsatz von Multiplikatoren – oder Change-Agents in dem Sinne, dass ein Netzwerk von Mitarbeitern in besonderen formalen oder informalen Rollen mit einem Überzeugungs- und Moderatorauftrag versehen wird.

▶ Change-Botschafter haben den Auftrag, mit Argumenten für einen Veränderungsprozess zu werben. Sie treten als Fürsprecher eines Change-Projekts auf.

Daher ist es sinnvoll, möglichst hierarchisch hochgestellte und/oder langjährige Mitarbeiter für diesen Auftrag zu gewinnen, um auch Antagonisten zu überzeugen. Sie treten als Fürsprecher für den Veränderungsprozess auf: in Gremien, im bilateralen Gespräch oder auf internen Großveranstaltungen.

9.3.12 Fazit

Markenkommunikation hat also vordergründig mit der Kennzeichnung von Projekten durch Markenzeichen zu tun. Genau betrachtet geht es im Sinne des heutigen Markenmanagements um ein prozessbezogenes Wertemanagement. Tiefgreifende Veränderungsprozesse in großen Unternehmen dauern eher zwei Jahre als zwei Monate, und zwar bezogen auf die Reorganisation der Abläufe und der damit verbundenen Aufgaben. Damit sind Informations-, Verständnis- und Akzeptanzprozesse sowie das Kulturmanagement im Sinne der Neufindung ungeschriebener Normen und Regeln nicht automatisch bewältigt: Oft gehen sie dann erst los, weil es dann möglich ist, neue Prozesse vorzubereiten und erlebbar zu machen.

Project-Branding im Change …

- … meint einen oft intensiven Prozess, um Wertewelten im Sinne von gelernten Erfahrungsroutinen durch positive Alternativen zu ersetzen.
- … ist zuerst ein edukativer Prozess.
- … muss oft eine adressatenübergreifende (Führungskräfte, Mitarbeiter) Kommunikation leisten.
- … muss oft inhaltlich unterschiedliche Aspekte zusammenfassen (Wiedererkennung).
- … muss in der Ergebnisbetrachtung dann auch Identifikation schaffen.

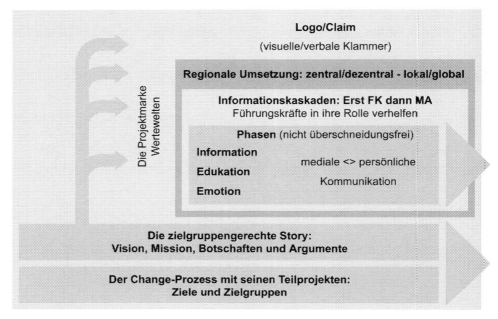

Abb. 9.4 Die Architektur von Project-Branding im Change

Die Kombination aus hoher Relevanz der betroffenen Führungskräfte und Mitarbeiter und der Schnelllebigkeit betont die große Bedeutung der Markenidentität eines Change-Projektes (vgl. Abb. 9.4). So aufbereitet, kennzeichnet die Markenidentität die innere Manifestation der Marke und damit auch das Image, genau wie bei einem Markenprodukt.

9.4 Krisenkommunikation und -prävention

Jan Lies

9.4.1 Gemeinsames Kennzeichen von Krisen 249
9.4.2 Ursachen von Krisen 250
9.4.3 Krisenhafte Verschiebung der Kommunikationsregeln 251
9.4.4 Ziele von Krisenkommunikation und -prävention 252
9.4.5 Wie häufig treten Krisen in Unternehmen auf? 254
9.4.6 Instrumente der Krisenkommunikation 255
9.4.7 Darksites als Instrument der Krisenkommunikation 255

J. Lies (✉)
FOM Hochschule für Oekonomie & Management, Essen, Deutschland
E-Mail: jan.lies@fom.de

9 Anlassbezogene PR

> **Leitfragen**
> 1. Was kennzeichnet Krisensituationen?
> 2. Worauf sind Krisen häufig zurückzuführen?
> 3. Was macht die Krise für die Kommunikation besonders?
> 4. Welches Ziel haben Krisenkommunikation und prävention? Was hat Krisenkommunikation mit Issues Management zu tun?
> 5. Wie häufig treten Krisen auf?
> 6. Welche Instrumente der Krisenkommunikation werden häufig angewendet?
> 7. Was sind Darksites?

Krisen können den Fortbestand einer Organisation beeinträchtigen. Aus Kommunikationssicht haben Krisen daher zumindest einen positiven Aspekt: Es handelt sich um Situationen, in denen auch Topmanager die Kommunikation als gelerntes Instrument akzeptieren und ihr Aufmerksamkeit widmen.

9.4.1 Gemeinsames Kennzeichen von Krisen

Krisen sind aus Organisationssicht dazu geeignet, den Fortbestand einer Organisation zu gefährden. Aus Sicht der Beteiligten und des relevanten Umfelds können sie im Extremfall eine Bedrohung an Leib und Leben darstellen. Kennzeichen von Krisen sind (vgl. auch Herbst 2003, S. 331 f.):

- **Überraschendes Element:** Die meisten Krisen kommen für die betroffene Organisation überraschend (wenn sie sich intern jedoch auch ankündigen können, wie zum Beispiel bei Krisen durch schwächer werdenden Geschäftserfolg).
- **Dynamik:** Das auslösende Krisenmoment setzt oft schnell ablaufende Prozesse in Gang, die Krisen zu Hochgeschwindigkeitsherausforderungen machen.
- **Zeitdruck:** Meistens entsteht durch das auslösende Krisenmoment Handlungsdruck vor dem Hintergrund der Zeitknappheit.
- **Informationsknappheit:** Oftmals besteht aus Kommunikationssicht das Problem, die relevanten Informationen zu organisieren.
- **Emotionalität:** Oftmals sind Krisen durch emotionalisierende Elemente (Katastrophen, Betroffenheit, Schicksale etc.) seitens der Betroffenen Ausnahmesituationen, die mediale Aufmerksamkeit auf sich ziehen.
- **Selbstverstärkung:** Durch Emotionalität Handelnder, Betroffener oder der medialen Begleitung besteht die Gefahr, dass sich die Krise über ihr rationales Ausmaß verstärkt.
- **Aufmerksamkeit:** Emotionalität, Überraschung und Informationsknappheit sorgen wiederum für Aufmerksamkeit – vor allem der Medien, die die Krise entsprechend verschärfen.

9.4.2 Ursachen von Krisen

Krisen können sich aus Konfliktsituationen ergeben. Je nach Organisationstyp sind dabei ganz unterschiedliche Krisenwahrscheinlichkeiten denkbar, sodass sich keine pauschalen Idealverantwortlichkeiten für das Krisenmanagement nennen lassen. Oftmals sind kaufmännische, technische und gegebenenfalls spezielle sicherheitsrelevante Funktionen (Betriebsfeuerwehr, örtliche Krankenhäuser etc.) mit einzubeziehen, da das Prozess- und Kommunikationsmanagement eng kooperieren müssen (vgl. Abb. 9.5).

▹ Die Stäbe für Krisenprävention und -management erfordern je nach Organisation Entscheidungsträger und Fachleute der relevanten Organisationsbereiche.

Beispiele für Krisenszenarien (Anlässe):

- Automobil: Qualitätsprobleme, Rückrufaktionen
- Behörden: Verletzung der Aufsichtspflicht
- Handel: Erpressungsversuche, Rückrufe
- Kliniken: Abrechnungsfehler, ärztliche Kunstfehler, Hygiene
- Pharma: Nebenwirkungen von Medikamenten, unethische Vertriebsmethoden

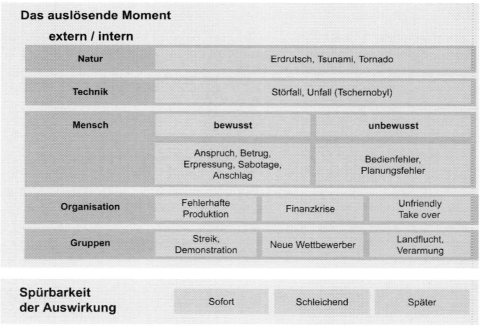

Abb. 9.5 Die Struktur von Krisen

Tab. 9.4 Hauptgründe für Krisen. (Befragt wurden 300 Unternehmen, 243 behördliche Institutionen und 228 Verbände. Quelle: Krisen-Prävention in Deutschland, 12Cylinders Corporate Strategies 2003)

Rang	Krisenhaftes Ereignis	Anteil (%)
1.	Probleme mit Protestgruppen/Aktivisten	44,70
2.	Produktionsausfälle, die Lieferschwierigkeiten verursachen	36,90
3.	Öffentlichkeitswirksamer Betriebsunfall	36,90
4.	Auseinandersetzungen mit Belegschaft, Gewerkschaft, Betriebsrat	28,90
4.	Gerüchte, falsche Tatsachen	28,90
6.	Schwere persönliche Verfehlungen	23,70
7.	Produktmängel, die zu einer Rückrufaktion führen	21,10
8.	Finanzkrise	15,80
9.	Sabotage, Terrorismus	5,30
10.	Drohende feindliche Übernahme	2,60
10.	Sonstige	2,60

Mehrfachnennungen möglich

- Politik: persönliche Verfehlungen
- Non-Profit-Organisationen: falsche Verwendung von Spendengeldern
- Alle: Arbeitsbedingungen, Arbeitsplatzabbau, Finanzkrisen, Managementgehälter, Skandale, Unfälle

Entsprechend der Krisenszenarien finden sich Hinweise darauf, worauf Ursachen von Krisen zurückzuführen sind (vgl. Tab. 9.4).

9.4.3 Krisenhafte Verschiebung der Kommunikationsregeln

Die Merkmale der Krise können aus Sicht des krisenbeauftragten PR- und Kommunikationsmanagers dazu führen, dass sich die Regeln der Kommunikation verschieben. War ein Thema eben noch eher auf der Sachebene unterwegs, gewinnt mit dem Beginn der Krise die emotionale Ebene kurzfristig an Bedeutung (vgl. Abb. 9.6). Daher muss in der aktuen Krise neben den grundlegenden Fakten vor allem symbolisch-relationalen Aspekten Rechnung getragen werden (Schwarz und Löffelholz 2014, S. 1311): Das heißt, nicht nur die sprachlichen Mittel, sondern auch symbolische Akte (Anteilnahme, Gesicht zeigen…) sind für den Vertrauenserhalt von Bedeutung. Die Kombination aus oftmals unstrukturiertem Handlungsbedarf und oft unklarer Handlungskompetenz innerhalb der Organisation, zusammen mit häufig schlagartig zunehmender Emotionalität und dem Medieninteresse machen die Situation oftmals heikel.

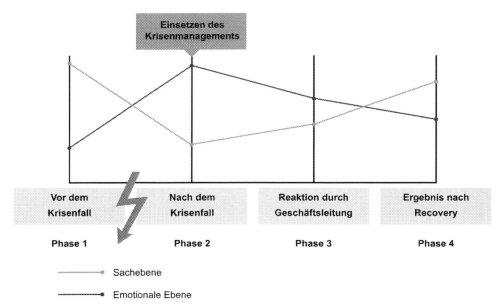

Abb. 9.6 Bedeutungswandel der Informationsebene (Sachebene) und emotionalen Ebene in der Krise. (Quelle: entnommen aus Töpfer 2005, S. 269)

9.4.4 Ziele von Krisenkommunikation und -prävention

Um die Krise selbst möglichst zu verhindern oder ihr Ausmaß einzugrenzen, kann das Issues Management als Frühwarnsystem dienen. In diesem Fall sollten das Issues- und das Krisenmanagement einen durchgängigen Prozess bilden: Issues Management als Krisenradar für die Prävention und das Krisenmanagement zur Bewältigung (vgl. Abb. 9.7).
Ziele:

- Vor der Krise: Krisen möglichst verhindern.
- Im Krisenfall: Schlimmeres verhindern. Die Imagebeschädigung durch falsche oder fehlende Kommunikation ist ein häufiger Fall. Ein Beispiel ist das Unternehmen Vattenfall 2007 (siehe Abschn. 13.3 „Werbung").

Das prozessuale Verständnis macht die Krise zu einer abteilungsübergreifenden Managementaufgabe. Da im Rahmen der Krisenprävention oft nicht klar ist, welcher Bereich des Unternehmens betroffen ist, bietet sich an, im Rahmen von Szenarien Krisenwahrscheinlichkeiten zu identifizieren. Dabei lassen sich Handlungsfelder in der Produktion, im Vertrieb und begleitend Kernprozesse und Verantwortliche für bestimmte Risikobereiche identifizieren, die im Falle eines Falles als definiertes Mitglied eines Krisenstabs benannt werden und erreichbar sein müssen. Sie werden im Rahmen von Übungen und Planungen beauftragt, Krisenpräventions- und Reaktionspläne zu erarbeiten.

9 Anlassbezogene PR

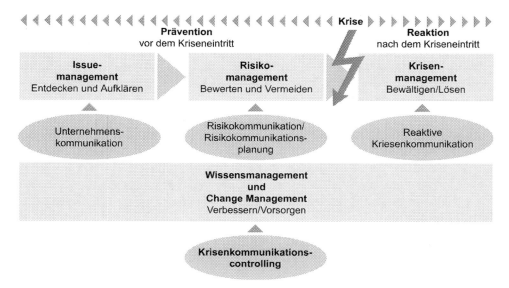

Abb. 9.7 Die Krise als durchgängiger Präventions-, Management- und Kommunikationsprozess. (Quelle: entnommen aus Töpfer 2005, S. 373)

Aus den bisher besprochenen Zielen, Kennzeichen und Verschiebungen der Regeln von und in Krisen lassen sich sechs Faktoren ableiten, um Krisen erfolgreich zu bestehen (vgl. im Folgenden Ditges et al. 2008, S. 58 ff.). Beachtet man sie nicht, führen sie zu typischen Fehlern der Krisenkommunikation (vgl. Puttenat 2009, S. 30 ff.):

- **Zeitfaktor:** In Krisen ist schnell zu handeln. Es gilt, die Meinungsführerschaft zu erhalten, sodass das Prinzip der Schnelligkeit vor der Vollständigkeit gilt.
- **Know-how-Faktor:** In Krisen müssen Fachkenntnis und Entscheidungskompetenz schnell an einem Tisch zusammenkommen, um fundiert und schnell entscheiden zu können. Ein Krisenstab muss diesen Faktor erfüllen, indem ihn Unternehmensleitung und Experten aus betroffenen Unternehmensbereichen hier bestens vernetzt besetzen.
- **Personalfaktor:** Es gilt, die aus Kommunikationssicht relevanten Personen zu definieren, die die kompetente Organisation des Informationsflusses verantworten. Ein verantwortlicher Kommunikationsmanager gehört in den Krisenstab in unmittelbare Nähe der Unternehmensleitung. Hier werden alle Informationen koordiniert, die über die Fachleute im Unternehmen gesammelt werden, die mit der Krise fachlich befasst sind. Zudem gilt es einen Sprecher neben der Unternehmensleitung selbst zu etablieren, im Regelfall der Leiter Unternehmenskommunikation. „Die Krise braucht ein Gesicht" (Ditges et al. 2008, S. 60).
- **Vertrauensfaktor:** Krisen haben das Potenzial, Vertrauen zu zerstören. Schnell, aktiv mit definierten Personen handlungs- und kommunikationsorientiert die Krise zu bewältigen, unabhängig ob eine technische Panne, menschliches Versagen, eine Finanz-

krise oder eine Naturkatastrophe ursächlich ist, hilft oftmals diffuse Ängste, aber auch Spekulationen und Gerüchten zu begrenzen und so Vertrauensschäden abzuwenden.
- **Komplexitätsfaktor:** Krisen führen durch das gesteigerte Interesse unterschiedlicher Stakeholder mit unterschiedlichen Betroffenheiten und dem Handlungsdruck zu einer ansteigenden Komplexität für die Handelnden, die im Kern auf eine wachsende Zahl von möglichen intensivierten Konfliktlinien durch die Krise zurückzuführen ist. Ein „Freund-Feind-Radar" reduziert diese Komplexität. Auch sonst partnerschaftliche Beziehungen zu Kunden, Zulieferern sowie auch Mitarbeitern, die in der Krisenphase nicht unmittelbar betroffen sind, sind mit Information zu versorgen, um diese Beziehungen auch für die Zeit nach der Krise zu stärken. Erste Priorität haben die kritischen Konflikte, deren Ansprüche mit Handlung und Kommunikation möglichst begrenzt werden.
- **Kostenfaktor:** Die wahrnehmungsbezogenen und kommunikativen Kosten von Krisen durch Reputationsschäden sind schwer bezifferbar. Der Anteil, der durch unnötigen Vertrauensverlust aufgrund von fehlender oder zögerlicher Kommunikation entsteht, ist vor einer Krise nicht zu beziffern. Auch nach Krisen lassen sich je nach Fall durch entgangenen Gewinn z. B. aufgrund von Produktionsausfällen, durch Kundenabwanderung, Reparatur- und Investitionskosten, durch Management- und Mitarbeiterfluktuation (z. B. aufgrund von Rücktritten oder „Bauernopfer") oder Markenwertverlusten oft nur grob berechnen. Durch das existenzbedrohende Potenzial und die persönliche Betroffenheit wird die Bedeutung von Krisenkommunikation für die Handelnden besonders spürbar, was im Unternehmensalltag oft nicht oder weniger der Fall ist.

9.4.5 Wie häufig treten Krisen in Unternehmen auf?

Der Aufwand, sich mit einer Planung von Krisenszenarien und Krisenreaktionsplänen vorzubereiten, ist sinnvoll. Denn Krisen sind **keine Seltenheit**, sondern eine Realität in deutschen Unternehmen, wie folgende Studie zeigt (vgl. 12Cylinders Corporate Strategies 2003. 104 ausgefüllte Fragebögen der befragten Organisationen. Auswertung für alle drei Gruppen zusammen auf $n=104$ (38 Unternehmen, 36 Behörden und 30 Verbände) vermutlich nicht repräsentativ, aber hinweisgebend. Anders dort S. 41):

- 90,5 % der befragten Unternehmen, Verbände und Institutionen haben schon einen Krisenfall erlebt.
- 42,3 % sehen sich gegenwärtig in einer krisenhaften Situation.

Auffallend dabei ist, dass solche Krisen, die im kommunikativen Raum entstehen und primär dort wirken, Spitzenreiter unter den Krisen sind (Probleme mit Stakeholdern). Es folgen operative Krisen (Produktionsausfall, Betriebsunfall).

Insgesamt steigt die Wahrscheinlichkeit von Krisen für Organisationen durch folgende Entwicklungen:

9 Anlassbezogene PR

Tab. 9.5 Krisenprävention in Deutschland. (Quelle: 12Cylinders Corporate Strategies, 2003)

Krisen-instrumente	Unternehmen		Behörden		Verbände	
	Mittelwert	Verbreitungsgrad (%)	Mittelwert	Verbreitungsgrad (%)	Mittelwert	Verbreitungsgrad (%)
Kontaktsammlung	3,27	97,4	3,44	88,9	3,33	100
Issues Monitoring	2,53	94,8	3,00	88,9	2,81	90,0
Medientraining	2,82	89,4	2,15	75,1	3,28	83,3
Krisenstab	3,32	89,4	3,39	72,3	2,56	83,3
Krisenplan	2,75	94,9	2,44	63,9	2,12	56,7
Krisenszenario	2,96	86,8	2,33	58,3	2,17	60,0
Textbausteine	2,60	78,9	3,39	62,3	2,10	63,3
Krisenübung	2,48	65,8	2,38	36,1	1,45	36,6

Bewertungsskala gar nicht ausgereift (0) … enorm ausgereift (4)

- Wettbewerb um knappe Ressourcen steigt,
- anspruchsvolle Teilöffentlichkeiten,
- Wettbewerb der Medien und
- schnelle Kommunikationstechnologien.

9.4.6 Instrumente der Krisenkommunikation

Eine nähere Betrachtung der Tools zeigt: Spitzenreiter in allen Organisationen sind die Kontaktsammlung und das Issue Monitoring. Mithin also Instrumente, die nicht spezifisch für die Krisen-PR allein gebraucht werden, sondern auch als Instrumentarium der allgemeinen Presse- und Öffentlichkeitsarbeit dienen.

Spezifische Instrumente wie das Einrichten eines Krisenstabs oder spezieller Trainings und Szenarien sind dagegen nur im Krisenfall anwendbar. Während in den Unternehmen erkannt wurde, dass diese Tools unverzichtbarer Bestandteil eines funktionierenden Krisenmanagements sind (Verbreitungsgrad zwischen 87 und 95%), weisen hier Verbände und Behörden erhebliche Defizite auf (vgl. Tab. 9.5).

9.4.7 Darksites als Instrument der Krisenkommunikation

Die in der Tabelle genannten „Textbausteine" führen zu einem relativ neuen Instrument, das hier erwähnt werden sollte: die Darksites.

Viele Websites enthalten allgemeine Imagethemen oder gar Marketing-Slogans, die im Krisenfall unangemessen und sogar zynisch wirken (Poppen 2007).

Eine Fluglinie, die einen Slogan wie „Mit uns fliegen Sie gut" nicht entfernt, wenn eine ihrer Maschinen abgestürzt ist, muss sich nicht wundern, dass die Presse sie zerreißt.

Darksites sollen derartige Fauxpas verhindern. Ihr Inhalt reduziert sich auf das Firmenlogo, einfache Sprache und Navigation – und allem voran laufend aktualisierte Informationen über die Krise (Helbig und Kretschmer 2006, S. 320).

▶ **Darksites** sind Websites, die präventiv für den Krisenfall angelegt werden. Je nach bestehender Website ergänzen oder ersetzen sie im Krisenfall den Standardauftritt, um angemessen zu kommunizieren.

Mit dem Internet können Kommunikatoren heute blitzschnell agieren, es ist Grundlage zahlreicher Instrumente. Dazu gehören sogenannte Darksites, Websites, die im Krisenfall hochfahren. Sie werden im Idealfall in Nicht-Krisenzeiten aufgebaut und im Ernstfall durch aktuelle, krisenbezogene Informationen ergänzt.

Inzwischen lassen sich Darksites von nahezu jedem Ort der Welt anschalten, (Handy-)Software macht es möglich.

9.5 Konfliktmanagement und Mediation

Jan Lies

9.5.1	Konflikt und Krisen	257
9.5.2	Konflikttypologien	258
9.5.3	Prozess- und Strukturmodell	259
9.5.4	Moderation und Mediation	259
9.5.5	Grundmuster von Konfliktlösungen	261
9.5.6	Prinzipien und Phasen der Mediation	261
9.5.7	Verfahren der Konfliktlösung	262
9.5.8	Fazit: Mediation als trilateral geprägtes Handlungsfeld der Organisationskommunikation	263

Leitfragen

1. Worin besteht das Nahverhältnis von PR- und Konfliktmanagement? Was sind Konflikte? Sind Krisen und Konflikte das Gleiche?
2. Welche Konflikttypen lassen sich unterscheiden?
3. Welche zwei Modellierungsmodelle für Konflikte lassen sich unterscheiden?
4. Welche Grundmuster der Konfliktlösung gibt es?
5. Was ist Mediation?

J. Lies (✉)
FOM Hochschule für Oekonomie & Management, Essen, Deutschland
E-Mail: jan.lies@fom.de

6. Welche Prinzipien kennzeichnen die Mediation?
7. Welche Verfahren der Konfliktlösung lassen sich unterscheiden? Was versteht man hierbei unter dem „Harvard-Konzept"?
8. Worin besteht die Parallele von ADR und verständigungsorientierter Öffentlichkeitsarbeit?

PR- und Konfliktmanagement stehen theoretisch wie praktisch in einem Nahverhältnis. Da dieses Handlungsfeld beispielsweise eine wertvolle Kompetenz der internen Kommunikation darstellt, aber auch als Teil des Krisenmanagements in der PR-Literatur wenig besprochen wird, wird es hier etwas ausführlicher vorgestellt: „Eine wesentliche Schnittstelle besteht im Bereich der Konfliktkommunikation, denn eine zentrale Aufgabe von Öffentlichkeitsarbeit ist die Krisen-PR. In diesem Sinne haben PR folgende Funktionen: einerseits potenzielle Konflikte bzw. Krisen rechtzeitig zu identifizieren bzw. zu vermeiden (PR als Frühwarnsystem) und andererseits aufgetretene Konflikte bzw. Krisen (…) professionell zu managen. In Konfliktsituationen (wie z. B. bei Bürgerprotesten, Anrainerkonflikten) bedient sich PR der Mediation" (Hörschinger und Nessmann 2005, S. 244). „PR braucht Mediation und Mediation braucht PR" (Hörschinger und Nessmann 2005, S. 255).

9.5.1 Konflikt und Krisen

„Ein Konflikt liegt dann vor, wenn zwei Akteure (Personen, Gruppen, Organisationen) durch gegensätzliche oder unvereinbare Handlungen einander hindern oder stören. (…) Konflikte, ob bewusst herbeigeführt oder durch die Situation induziert, sind verdichtete Spannungspunkte. Sie hemmen das zielbezogene Erleben und Handeln der Parteien und zwingen sie, ihre Aufmerksamkeit und Energie darauf zu richten, die Spannung aufzulösen oder zu reduzieren" (Berkel 2005, S. 194 ff.). – Diese Definition zeigt, dass Konflikte auf der bilateralen Ebene zweier Personen auftreten können – beispielsweise zwischen Kollegen einer Hierarchieebene oder zwischen Vorgesetztem und Mitarbeiter. In diesem Fall sind Konflikte eher kein typisches Betätigungsfeld der PR. Anders aber verhält es sich, wenn gruppenbezogene Effekte auftreten, wenn der Konflikt also zwischen einer Gruppe und einer Organisation auftritt: beispielsweise zwischen Mitarbeitergruppen und ihrem arbeitgebenden Unternehmen oder zu einer anderen Stakeholder-Gruppe. Dann wird PR mit ihrem Instrumentarium zu einem normativ wichtigen Disziplin: Denn Konflikte sind zunächst einmal alltägliche Situationen: „Konflikte, so wissen wir aus dem Alltagsleben, gibt es wie Sand am Meer" (Hanschitz 2005, S. 67). Und ob ein Konflikt vorhanden ist, liegt im Auge des Betrachters (vgl. Schmidt 2008, S. 15). Das macht sie wissenschaftlich-theoretisch schwer fassbar: Konflikte an sich sind nichts Eindeutiges und auch in ihrer Lösung janusköpfig (Hanschitz 2005, S. 69). Aber: Besonders gruppengebundene Konflikte, die eskalieren und sich keiner Lösung zuführen lassen, haben das Potenzial, zu einer Krise zu werden (siehe auch die Abschnitte 9.6 „Issues Management" und 9.4 „Krisenkommunikation").

9.5.2 Konflikttypologien

▶ Viele theoretische und praktisch orientierte Reflexionen versuchen Typologien und deren Klassifizierungen auszumachen, die zwar nicht irrelevant sind, aber isolierte Aspekte hervorheben, andere vernachlässigen. Es sind analytische Kategorien, die im Konfliktgeschehen selbst ineinander verheddert sind, die in ihrer Isolierung aber auch wieder in ihrem wechselseitig bedingten Zusammenhang zu sehen sind. (Hanschitz 2005, S. 70)

Mit Duve lassen sich folgende Konflikttypen unterscheiden (vgl. Schmict 2008, S. 15 zitiert Duve et al.: Mediation in der Wirtschaft 2003):

- **Sachkonflikte:** Sie treten auf, wenn unterschiedliche Überzeugungen in sachlichen Fragen auftreten, sodass unterschiedliche Ziele vorliegen.
- **Wert- und Grundsatzkonflikte:** Sie treten auf, wenn zwei unterschiedliche Wertesysteme aufeinander prallen. Hier handelt es sich um schwer zu lösende Konflikte, da Wertüberzeugungen oder Glaubensinhalte Ursache des Konflikts sind.
- **Strategiekonflikte:** Im Gegensatz zum Sachkonflikt wird das gleiche Ziel verfolgt, aber es besteht keine Einigkeit über den Weg zum Ziel.
- **Verteilungskonflikte:** Sie treten auf, wenn keine Einigkeit über die Verteilung wirtschaftlichen Erfolges beziehungsweise Misserfolges, Risiken oder Macht besteht.

Damit sind Konflikte mehrdimensionale Phänomene, die auf das Denken, Fühlen, Wollen und/oder Handeln zurückzuführen sind. Folgende erlebte Unvereinbarkeiten lassen sich herausarbeiten (vgl. Tab. 9.6):

Tab. 9.6 Mehrdimensionalität von Konflikten. (Quelle: Hagen und Lenz 2008, S. 28)

	Erlebte Unvereinbarkeit			
	Denken	Fühlen	Wollen	Handeln
Logischer Widerspruch				
Meinungsdifferenz		X		
Missverständnis				
Fehlwahrnehmung				
Sprachliche Unterschiede			X	
Gefühlsgegensätze				
Mehrdeutigkeit (Ambivalenz)	X			
Gegnerschaft (Antagonismus)				
Unbeabsichtigt beeinträchtigendes Verhalten (Indizent)				
Spannung				
Krise				
Konflikt				

Abb. 9.8 Prozessmodell von Konflikten. (Quelle: Thomas 1992)

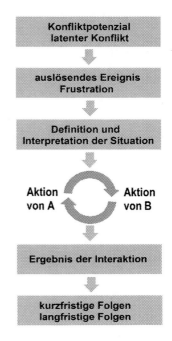

9.5.3 Prozess- und Strukturmodell

Zur Veranschaulichung können Konflikte als Struktur oder als Prozess dargestellt werden (Berkel 2005, S 195 f.).
- **Strukturmodell:** Das Strukturmodell stellt die Einflussparameter eines Konflikts heraus. Es liefert diagnostische Hinweise vor allem Dritten, an welchen Punkten des Konflikts einzuhaken wäre (vgl. Abb. 9.8).
- **Prozessmodell:** Es zeichnet typische Phasen eines Konflikts nach. Das Modell liefert vor allem eine Übersicht über Stand und Verlauf des Konflikts (vgl. Abb. 9.9).

9.5.4 Moderation und Mediation

Die Entwicklung der Mediation begann in den USA in den 1970er Jahren. In der Bundesrepublik ab den 1980er Jahren, vor allem im Familien- und Umweltrecht (Marcard 2004, S. 5 f.). „In allen Rechts- und Verwaltungsbereichen haben sich sowohl die Anzahl wie auch die Dauer rechtlicher Verfahren so erhöht, dass – wenn man nicht von einer Krise des Rechtssystems reden möchte – daraus eine zumindest zeitweilige Überlastung desselben resultiert" (Krainz 2005, S. 9.). Daher sind auf der Suche nach alternativen Verfahren, die die Gerichte im Idealfall entlasten, Alternativen entwickelt worden. Eines davon ist – neben Schiedsgerichten oder Verhandlungslösungen – die Mediation.

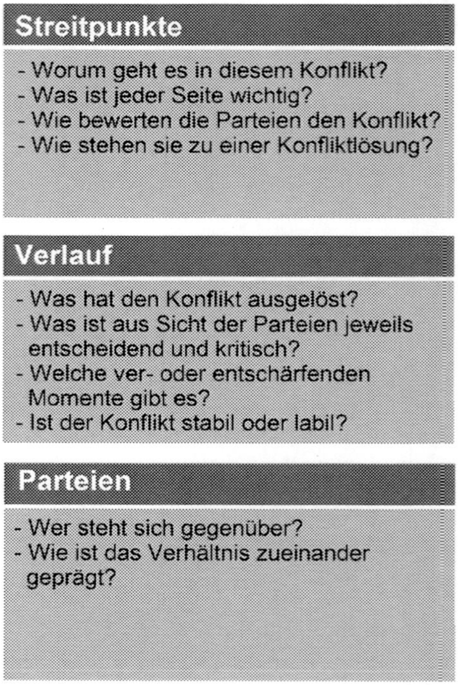

Abb. 9.9 Strukturmodell von Konflikten. (Quelle: Glasl 1990 zitiert nach Berkel 2005, S. 196)

Streitpunkte
- Worum geht es in diesem Konflikt?
- Was ist jeder Seite wichtig?
- Wie bewerten die Parteien den Konflikt?
- Wie stehen sie zu einer Konfliktlösung?

Verlauf
- Was hat den Konflikt ausgelöst?
- Was ist aus Sicht der Parteien jeweils entscheidend und kritisch?
- Welche ver- oder entschärfenden Momente gibt es?
- Ist der Konflikt stabil oder labil?

Parteien
- Wer steht sich gegenüber?
- Wie ist das Verhältnis zueinander geprägt?

▶ „Bei der **Mediation** handelt es sich im Grundsatz um eine Verhandlung zwischen Parteien, die einen Dritten zu ihrer Unterstützung heranziehen" (Duve 1999, S. 85).

Im Gegensatz zu einem Schiedsrichter oder Richter ist ein Mediator nicht dazu berechtigt, den Parteien eine Entscheidung aufzuerlegen. Der Ausgang des Verfahrens wird durch die Parteien bestimmt. Das heißt, die Parteien handeln eigenverantwortlich und, zumindest was die Einigung anbelangt, freiwillig. Das Verfahren ist nicht förmlich" (Duve 1999, S. 85).

Heute gilt die Mediation als die am weitesten verbreitete Methode der alternativen Streitbeilegung. In den USA gilt das Verfahren als akzeptiert. „Wie rasch sich die Mediation ausgebreitet hat, lässt sich daraus ablesen, dass dieses Verfahren vor fünf Jahren nur von einzelnen Gerichten angeboten und vorgeschrieben wurde, heute aber über die Hälfte der 94 Bundesgerichte die Durchführung der Mediation anbietet oder vorschreibt" (Duve 1999, S. 80). Die Mediation hat sich an den amerikanischen Bundesgerichten ebenso wie außerhalb des Gerichtssystems zum vorrangigen ADR-Verfahren (ADR = alternative dispute resolution = alternative Streitlösungsform) entwickelt. Kunczik unterscheidet folgende ADR-Verfahren (1993/2010, S. 372):

- **Negotiation:** Verhandlung ohne Unterstützung eines unparteiischen Dritten.
- **Facilitation**: Verhandlungen mit Unterstützung eines neutralen, verfahrenstechnisch eingreifenden Vermittlers.

- **Mediation:** Verhandlungen mit Unterstützung eines Moderators, der sowohl verfahrens- als auch ergebnisorientiert verfährt und dabei allparteilich ist.
- **Moderation:** Die Beteiligten erarbeiten sich Lösungen selbst. Der Moderator ist neutral, hat aber keine ausgewiesene Konfliktmanagementerfahrung. Der Moderator ist vor allem Prozesssteuerer.
- **Nonbinding Arbitration:** Verhandlungen mit Unterstützung eines neutralen Schiedsrichters, dessen Urteile für die Konfliktparteien jedoch nicht zwingend sind.

9.5.5 Grundmuster von Konfliktlösungen

Folgende Grundmuster der Konfliktbewältigung lassen sich identifizieren. Dabei kann man diese Muster als individuelle Lernprozesse verstehen, in denen aber auch Rückfallpotenzial enthalten ist (vgl. im Folgenden Schwarz 2005, S. 277 ff. sowie Philipp und Rademacher 2002, S. 30 ff.):

- **Flucht:** Die einfachste Form, einem Konflikt zu entgehen, ist zu flüchten. Damit ist der Konflikt nicht gelöst, aber zumindest vorerst aus der Welt.
- **Kampf und Vernichtung:** Jede Konkurrenz, die auf eine Monopolstellung abzielt, arbeitet im Grunde auf dieser Stufe der Konfliktlösung. Im übertragenen Sinne lassen sich mikropolitische Vorgehensweisen wie Rufmord, Mobbing oder Entlassungen hier einordnen.
- **Unterwerfung/Unterordnung:** Den Gegner nicht zu töten, sondern permanent unterzuordnen, ist ein weiteres Grundmuster. Diese historische Betrachtung der Konfliktlösung findet sich heute in Methoden wie Manipulation, Drohung, Überredung oder Bestechung. Voraussetzung und Ergebnis sind, dass der Unterworfene die herbeigeführte Situation anerkennt.
- **Delegation:** Die Streitparteien wenden sich an eine Instanz, die beide Konfliktparteien als Autorität anerkennen. Dieses Grundmuster wird in der Regel angewendet, wenn sich die Parteien nicht im Stande sehen, den Konflikt selbst zu lösen.
- **Kompromiss:** Der Kompromiss ist eine Form der selbstbestimmten oder delegierten Konfliktlösung. „Faule Kompromisse" sind unechte Kompromisse, in dem der Konflikt nur temporär gelöst zu sein scheint, aber latent wohl erhalten bleibt.
- **Konsens:** Erarbeitung der gemeinsamen Synthese. Beide Parteien profitieren von der Lösung.

9.5.6 Prinzipien und Phasen der Mediation

Bei der Mediation wird vor allem das Prinzip der Allparteilichkeit hervorgehoben, eine besondere Form der Neutralität des Mediators. „In Organisationen ist es Aufgabe von Führenden, Konflikte zwischen Mitarbeitern, die diese selbst nicht bewältigen können, so zu moderieren, dass der Arbeitsprozess wieder hergestellt wird. Er kann dabei nur begrenzt

Tab. 9.7 Prinzipien der Mediation. (Quelle: in Anlehnung an Kals und Ittner 2008, S. 9 f.)

Prinzip	Aussage
Freiwilligkeit	Die Teilnehmer nehmen freiwillig und selbstmotiviert an der Mediation teil.
Eigenverantwortlichkeit	Der Mediator steuert das Verfahren. Die Konfliktparteien sind aber für das Ergebnis – für die Entscheidung – verantwortlich.
Chancengleichheit	Die Konfliktparteien sind gleichberechtigt. Die Medianten werden gleich umfangreich informiert.
Win-Win-Lösung	Ideales Ziel der Mediation ist es, dass die Medianten sich durch die Mediation beide besser stellen
Fachliche und soziale Beziehung	In der Mediation wird der Konflikt auf der Sach- und sozialen Beziehungsebene geregelt, da angenommen wird, dass es eine fachliche Beziehung auch nach der Mediation geben wird.
Kooperationsprinzip	Die Idee der Mediaton ist die Kooperation, um zu einer Win-Win-Lösung zu kommen.

neutral bleiben, weil an einer Einigung gelegen ist, die in erster Linie der Organisation dient, erst in zweiter Linie den streitenden Kollegen. (…) Im Unterschied zum Moderator ist der Mediator unabhängig und neutral. Er überlässt den Parteien die Verantwortung, zu einer Einigung zu gelangen" (Berkel 2005, S. 2002). Folgende weitere Prinzipien prägen die Mediation (vgl. Tab. 9.7):

Als Phasenmodell wird die Mediation wie folgt gegliedert (Fischer 2007, S. 24):

- Phase 1: Vorbereitung und Mediationsvertrag
- Phase 2: Informations- und Themensammlung
- Phase 3: Interessenklärung
- Phase 4: Sachklärung und Erörterung der Rechtslage
- Phase 5: Kreative Suche nach Lösungsoptionen
- Phase 6: Bewertung und Auswahl der Optionen
- Phase 7: Vereinbarung und Umsetzung

9.5.7 Verfahren der Konfliktlösung

Die folgende Übersicht zeigt einige Verfahren zur Konfliktlösung. Schematisierend lässt sich kennzeichnen, dass in der Regel mit dem Grad der Formalisierung und Institutionalisierung eines Lösungsverfahrens der ausgeübte Zwang zunimmt, der gleichzeitig zu einer Gewinner-Verlierer-Lösung führt (vgl. Tab. 9.8).

Bei Verhandlungsverfahren wird regelmäßig auf das strategie- bzw. ergebnisgebundene Verhandlungsmodell des Harvard-Konzepts im Anschluss an die Harvard-Professoren Roger Fisher und William Ury (Das Harvard-Konzept. Der Klassiker der Verhandlungstechnik) verwiesen. Die vier zentralen Prinzipien finden sich auch in denen der Mediation wieder:

Tab. 9.8 Ausgewählte Verfahren zur Konfliktlösung. (Quelle: verkürzt aus Kals und Ittner 2008 und die dort angegebene Literatur, S. 12)

	Gerichtsverfahren	Mediation	Verhandlung
Grad der Freiwilligkeit	Unfreiwillig	Freiwillig	Freiwillig
Auswahl des Vermittlers	Keine Wahlmöglichkeit	Parteien wählen Mediator aus	Kein Vermittler
Expertenwissen der dritten Partei	Rechtsexperte	Vermittlungsexperte, je nach Konflikt auch Fach- oder Rechtsexperte	Keine Unterstützung durch dritte Partei
Grad der Formalität	Formalisierter, strukturierter Prozess mit festen Regeln	Kein formales Verfahren, Mediator strukturiert Vermittlung, Parteien können Einfluss auf Verlauf nehmen	Normalerweise nicht formal, wenig bis gar nicht strukturiert
Ergebnis	Entscheidung nach Prinzipien, die durch das Recht vorgegeben sind	Eine für beide Parteien akzeptables Ergebnis bzw. Gewinner-Gewinner-Lösung wird angestrebt	Akzeptables Ergebnis wird gesucht

1. **Beteiligte Menschen von den Problemen trennen:** Die Beziehungsebene soll von der Sacheebene getrennt behandelt werden, nach dem Motto „hart in der Sache, sanft im Umgang".
2. **Konzentration auf Interessen statt Positionen:** Um vernünftige Ergebnisse zu erzielen, müssen Interessen und nicht die Positionen in Einklang gebracht werden
3. **Optionen entwickeln mit Vorteilen für beide:** Es gilt, keine Entweder-oder-Haltung einzunehmen, sondern eine flexible Sowohl-als-auch-Einstellung, die eine ergebnisoffene Verhandlungshaltung bei den Beteiligten erfordert.
4. **Neutrale Beurteilungskriterien zur Ergebnisbewertung entwickeln:** Alle Beteiligten müssen sich auf objektive Kriterien einigen, an denen das Verhandlungsergebnis gemessen werden kann. Die verschiedenen Wahlmöglichkeiten sollen anhand neutraler und objektiver Beurteilungskriterien bewertet werden,

9.5.8 Fazit: Mediation als trilateral geprägtes Handlungsfeld der Organisationskommunikation

Eine Vielzahl von Herausforderungen der Organisationskommunikation ist auf gruppenbezogene Phänomene zurückzuführen: Reputation, Image, Marke und andere zentrale Konstrukte sind über-individuelle Wirkungen, die aber eine einzelpersonenbezogene Haltung und Ursache beinhalten. Dieser individuelle Bezug geht in der Identifikation von Gruppen mit homogenen Wahrnehmungsschemata und Interessen auf, sodass eine Mikro-Meso-Konstellation entsteht. Sie beschreibt die Wirkungsentfaltung von Kommunikation von individuellsynchronisierter Wahrnehmung von Mitgliedern einer Gruppe, wie Mitarbeitern, Kunden oder Anwohnern. In der Krisenkommunikation kommt diese Relevanz der Mikro-Meso-Konstellation der Kommunikationswirkung besonders zum Ausdruck. In der Krisenkommunikation wird im Falle der Einbeziehung eines Dritten mit einer trilateralen Methodik versucht, den Konflikt als mögliche Krisenursache zu lösen. Die Mediation ist dabei eine mögliche Methodik. Kunczik weist darauf hin, dass der Ansatz der verständigungsorientierten Öffentlichkeitsarbeit in der Tradition der ADR-Verfahren steht (1993/2010, S. 372 f.).

9.6 Issues Management

Jan Lies

9.6.1 Definition Issues Management 265
9.6.2 Aufgabe: Krisenradar und aktive Positionierung 265
9.6.3 Issues innerhalb und außerhalb der Organisation 266
9.6.4 Aufspüren von Issues: Scanning und Monitoring 266
9.6.5 Einordnung Unternehmenskommunikation: Image und Issues 268
9.6.6 Fazit 268

Leitfragen

1. Wie lässt sich Issues Management definieren?
2. Welche Rolle spielt es in der Unternehmenskommunikation? Ist das Potenzial von Issues Management mit der Ausrichtung auf Krisenfrühwarnung ausgeschöpft?
3. Wo können aus Organisationssicht Issues auftreten?
4. Welche Methoden und Instrumente sind zu nennen, wenn es um das Aufspüren von Issues geht?
5. Was hat Issues Management mit Imagemanagement zu tun?

Issues Management bildet im Idealfall eine Komponente der integrierten Analyse. „Issues Management verbindet strategisches Management und Public Relations und leistet Beiträge für die Früherkennung von Risiken und Chancen für das Unternehmen, die sich aus der öffentlichen Debatte ergeben können (…)" (Wiedemann und Ries 2007, S. 286. Hier findet sich eine Issues-Definition am Beispiel der Krise, obwohl ausdrücklich auch positive Issues in die Diskussion einbezogen werden.) Issues sind aus Unternehmenssicht Teil des Risikomanagements und der Risikokommunikation (vgl. zum Thema „Risiken" den Abschn. 10.1 „Risikokommunikation – Risikotypen"). Dies kommt in der PR-Literatur allerdings zu wenig zum Ausdruck (vgl. auch Abschn. 12.8 „Kommunikationsstrategie – externe Analyse (Umfeld)").

J. Lies (✉)
FOM Hochschule für Oekonomie & Management, Essen, Deutschland
E-Mail: jan.lies@fom.de

9.6.1 Definition Issues Management

Ob Unternehmen wollen oder nicht, das Erreichen ihrer Ziele wird von den Interessen der Öffentlichkeit beeinflusst. So gelingt es immer mehr Anspruchsgruppen dank eines zunehmend professionellen Einsatzes der Public Relations und der Kommunikationspolitik, die Medien und eine breite Öffentlichkeit für ihr Anliegen zu mobilisieren. Wird die politische Tragweite solcher Themen ignoriert oder unterschätzt, drohen ökonomisch relevante Konsequenzen zum Beispiel in Form von Konsumboykotten oder durch schmerzhafte politische Eingriffe in den unternehmerischen Handlungs- und Entscheidungsspielraum etwa durch Auflagen für Produktion und Vermarktung" (Ries und Wiedemann 2003, S. 15). Entsprechend bezeichnet Issues Management die systematische Auseinandersetzung einer Organisation (in der Regel Unternehmen, aber auch Behörden, Parteien, Verbände etc.) mit den Anliegen seiner Umwelt. Igor Ansoff hat die Diskussion des Issues Managements seit Anfang der 1980er Jahre mitgeprägt und definiert es so: „(…) a strategic issue is a forthcoming development, either inside or outside of the organization, which is likely to have an important impact on the ability of the enterprise to meet its objectives. (1980, S. 133)

▶ Ein **Issue** ist eine Entwicklung innerhalb oder außerhalb der Organisation, die dazu geeignet ist, wichtigen Einfluss auf die Möglichkeiten einer Organisation zu nehmen, ihre Ziele zu erreichen. Im Kontext der PR-Diskussion bezieht sich diese Diskussion auf Themen oder Stakeholder-Ansprüche.

9.6.2 Aufgabe: Krisenradar und aktive Positionierung

Beim Issues Management geht es darum, in der Öffentlichkeit aufkommende, organisationsrelevante Themen frühzeitig zu erkennen und entsprechend zu reagieren. Diese müssen nicht unbedingt negativ sein oder sich krisenhaft entwickeln, auch wenn das Issues Management in Literatur und Praxis im Zuge der Krisenprävention häufig als „Krisenradar" interpretiert wird.

Das Gegenteil kann der Fall sein: Issues sind auch wertvoll, um aktive Positionierungsthemen zu identifizieren und zu besetzen. Ansoff erklärt: „An issue may be a welcome issue, an opportunity to graped in the environment, or an internal strength which can be exploited to advantage. Or it can be an unwelcome external threat, or an internal weakness, which imperils continuing success, even the survival of the enterprise" (1980, S. 133). Hier ist die analytische Verknüpfung mit der Stärken-Schwächen-Analyse ablesbar (siehe Abschn. 12.8 „Kommunikationsstrategie – externe Analyse (Umfeld)"). Von daher beinhaltet ein Issue als „positiver Einfluss" immer eine gewisse Langfristigkeit (vgl. Tab. 9.9).

Tab. 9.9 Die Struktur von Issues. (Quelle: in Anlehnung an Ansoff 1980)

	Positiver Issue		Negativer Issue	
Lokalisierung	Extern: Opportunity	Intern: Strength	Extern: Threat	Intern: Weakness
Zeithorizont	Langfristig		Auch kurzfristig	
Managementebene	Strategisch		Strategisch und operativ	
Strategie	Integration, Nutzbarmachung		*Langfristig*: Abwehr, Umgehung *kurzfristig* Krisenmanagement	

9.6.3 Issues innerhalb und außerhalb der Organisation

Issues müssen nicht unbedingt im **äußeren** Umfeld einer Organisation entstehen (Beispiele: Umweltthemen wie der Unfall im Kernkraftwerk Brunsbüttel im Sommer 2007 als Image-Issue für die gesamte Branche), sondern können auch im Inneren entstehen (Beispiele: kritischer Umgang mit bestimmten Marktsituationen, Gehaltsforderungen, Sicherheitsthemen).

9.6.4 Aufspüren von Issues: Scanning und Monitoring

Ingenhoff und Röttger identifizieren drei Kernbereiche der Issues-Forschung:

Betriebswirtschaft: Frage des Managements strategischer Issues und ihrer Integration in Strategie und Management.
Politik: Beeinflussen der politischen Agenda, Schaffen von gesellschaftlicher Aufmerksamkeit, Agenda-Setting und Lobbying.
Kommunikation: Ausgestalten von Scanning-Prozessen.

▶ Im Zusammenhang mit der Identifikation von Issues tauchen häufig die Begriffe „Scanning" und „Monitoring" auf: Scanning meint dabei „die (mehr oder weniger) ungerichtete Umfeldbeobachtung" (Ingenhoff und Röttger 2007, S. 323). Die so gesammelten Informationen werden gefiltert und verdichtet. Was als relevant für die Organisation qualifiziert ist, wird kontinuierlich und gezielt beobachtet, was dann als „Monitoring" zu verstehen ist.

Zu wesentlichen Instrumenten des „Issues Monitorings" zählen:

- (tägliche) Auswertung des Pressespiegels
- Umfragen
- Fachgespräche/Experteninterviews
- Marktforschung

Beispiel

Spezialisierte Dienstleister bieten heute an, TV, Radio und Internet innerhalb von rund einer Stunde auf gesuchte Schlagworte zu durchsuchen. Dies ist nicht nur für das Krisenmanagement ein hilfreicher Dienst. Auch für die Identifikation von Trends oder imageprägender Berichterstattung kann dies Teil eines Issues Managements sein. Die Abb. 9.10 zeigt ein Testprofil im Rahmen der Krise der Post, ausgelöst durch den Verdacht der Steuerhinterziehung gegen den Vorstandsvorsitzenden Klaus Zumwinkel im Februar 2008. Die Grafik oben links zeigt die täglichen Treffer in ausgewählten Medien. An dem hohen Wert am 15. Februar 2008 mit dem starken Rückgang danach ist der krisenhafte Impuls ablesbar. Die Grafik unten rechts zeigt, welche Sender am intensivsten berichteten. Unten links sind die Treffer mit Sender und Uhrzeit dargestellt. Mit der Auswahl qualitativer Begriffe wie „vorsätzlich" oder „Imageschaden" lassen sich Tendenzaussagen der Berichterstattung ablesen, die in Statistiken per Knopfdruck den relevanten Entscheidern zugänglich gemacht werden können.

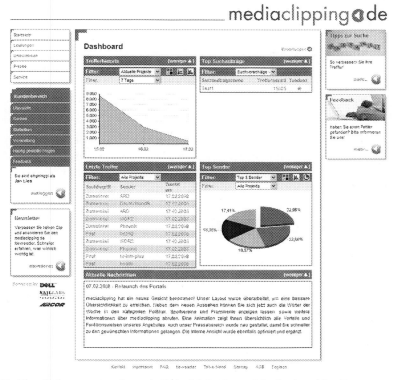

Abb. 9.10 Eine Softwareanwendung als Beispiel für Issues Monitoring. (Quelle: www.mediaclipping.de)

9.6.5 Einordnung Unternehmenskommunikation: Image und Issues

Issues Management kann kein isoliertes Vorgehen der Kommunikationsabteilung meinen (siehe auch die entsprechenden Abschnitte in Kap. 12 zur Kommunikationsstrategie). „Da Issues weder allein von der Kommunikationsabteilung identifiziert werden können, noch durch diese allein zu lösen sind, ist eine abteilungsübergreifende Zusammenarbeit sowohl beim Identifizieren als auch bei der Bearbeitung von Issues notwendig" (Ingenhoff und Röttger 2007, S. 323). Issues können von solcher Bedeutung sein, dass es nicht ausreicht, dass die Kommunikationsabteilung eine strategische Antwort formuliert, sondern zuerst die Unternehmensstrategie eine Antwort geben muss, an die dann die Kommunikationsabteilung anknüpft. Aber „die PR-Literatur zum Thema konzentriert sich im Wesentlichen auf die Verortung des Issues Managements innerhalb des Aufgabenkanons der PR, auf die Bedeutung von Issues im Rahmen des Agenda-Settings sowie auf die (praxisorientierte) Beschreibung und Analyse von Unternehmenskrisen und Krisenkommunikation. Die Einordnung des Issues Managements in den Kontext der Unternehmensführung findet dabei kaum statt" (Geißler 2001, S. 207). Eine Bestandsaufnahme in der Praxis würde aber wohl ergeben, dass das Issues Management nicht an den Stellenwert herankommt, den der Diskussionsumfang in der Literatur vermuten lassen könnte (vgl. hierzu auch Bentele und Rutsch 2001, S. 141 ff.).

9.6.6 Fazit

Wenn Image als Fremdbild von Unternehmen gilt und sich ein positives Image aus relevanten Themen aus Sicht der Zielgruppen generiert und Issues Management letztlich eine Analyse und Definition des strategischen Umgangs mit organisationsrelevanten Themen kennzeichnet, dann ist Issues Management eine wichtige Komponente des Imagemanagements. Denn die Bespielung von Themen, die den Zielgruppen wichtig sind, prägt das Image.

Ein Beispiel zur Anwendung des Issues Managements findet sich im Abschn. 12.8 „Kommunikationsstrategie – externe Analyse (Umfeld)".

Literatur

12Cylinders Corporate Strategies. (2003). *Krisen-Prävention in Deutschland, Vergleichende Studie über Vorhandensein und Anwendung von Krisen-Instrumenten in Unternehmen*. Behörden und Verbänden.

Ansoff, I. (1980). Strategic issue management. *Strategic Management Journal, 1*(1), 131–148.

Asendorpf, J. B. (2011). *Persönlichkeitspsychologie – für Bachelor*. Heidelberg.

Barrett, D. J. (2002). Change communication: Using strategic employee communication to facilitate major change. *Corporate Communications: An International Journal, 7*(4), 219–231.

Beer, M. l., & Nohria, N. (2000). Cracking the code of change. *Harvard Business Review,* Mai/Juni 2000, 133–141.

Bentele, G., & Rutsch, D. (2001). Issues Management in Unternehmen: Innovation oder alter Wein in neuen Schläuchen? In U. Röttger (Hrsg.), *Issues Management, theoretische Konzepte und praktische Umsetzung. Eine Bestandsaufnahme* (S. 141–160). Wiesbaden.

Berkel, K. (2005). Konfliktlösung. In D. Frey, L. von Rosenstiel, & G. Hoyos (Hrsg.), *Wirtschaftspsychologie* (S. 194–204). Weinheim.

Bliesner, A., Liedtke, C., & Rohn, H. (2013). Change Agents für Nachhaltigkeit. *Zeitschrift Führung + Organisation, 01/13*(82), 49–53.

Brand, M., & Markowitsch, H. J. (2009). Lernen und Gedächtnis aus neurowissenschaftlicher Perspektive – Konsequenzen für die Gestaltung des Schulunterrichts. In U. Herrmann (Hrsg.), *Neurodidaktik. Grundlagen und Vorschläge für gehirngerechtes Lehren und Lernen* (S. 69–85). Weinheim.

Deutinger, G. (2013). *Kommunikation im Change. Erfolgreich kommunizieren in Veränderungsprozessen*. Berlin.

Ditges, F., Höbel, P., & Hofmann, T. (2008). *Krisenkommunikation*. Konstanz.

Duve, C. (1999). *Mediation und Vergleich im Prozess*. Köln.

Fischer, S. (2007). *Wirtschaftsmediation im Vergleich*. Saarbrücken.

Geissler, U. (2001). Frühaufklärung durch Issues Management: Der Beitrag der Public Relations. In U. Röttger (Hrsg.), *Issues Management, theoretische Konzepte und praktische Umsetzung. Eine Bestandsaufnahme* (S. 207–216). Wiesbaden.

Glasl, F. (1990). *Konfliktmanagement. Ein Handbuch zur Diagnose und Behandlung von Konflikten für Organisationen und ihre Berater*. Bern.

Gruber, H., Jansen, P., Marienhagen, J., & Altenmüller, E. (2010). Adaptations during the acquisition of expertise. *Talent Development and Excellence, 2*, 3–15.

Habermann, F. (2010). Mythen des Change. Was man von den Disziplinen wie dem Qualitätsmanagement lernen kann. *Zeitschrift Organisation + Führung, 6*(79), 413–419.

Hagen, J. J., & Lenz, C. (2008). *Wirtschaftsmediation*. Wien.

Hanschitz, R.-C. (2005). Konflikte und Konfliktbegriffe. In G. Falk, P. Heintel, & E. E. Krainz (Hrsg.), *Handbuch Mediation und Konfliktmanagement* (S. 63–82). Wiesbaden.

Harringer, C., & Maier, H. C. (2011a). *Change Communications Jahrbuch 2010*. Berlin.

Harringer, C., & Maier, H. C. (2011b). *Change Communications Jahrbuch 2011*. Berlin.

Helbig, R., & Kretschmer, H. (2006). Aus Krisen lernen, heißt siegen lernen. Krisenkommunikation in der Regierungs-PR. In M. M. Köhler, & C. H. Schuster (Hrsg.), *Handbuch Regierungs-PR: Öffentlichkeitsarbeit von Bundesregierungen* (S. 313–322). Wiesbaden.

Herbst, D. (2003). *Unternehmenskommunikation*. Berlin.

Hirschmann, M., Gruber, H., & Degner, S. (2012). Beiträge der Expertiseforschung zur Kompetenzmessung. In G. Niedermair (Hrsg.), *Kompetenzen entwickeln, messen und bewerten* (S. 491–504). Linz.

Hörschinger, P., & Nessmann, K. (2005). PR & Mediation. In G. Falk, P. Heintel, & E. E. Krainz (Hrsg.), *Handbuch Mediation und Konfliktmanagement* (S. 243–258). Wiesbaden.

Hüther, G. (2008). Die Bedeutung sozialer Erfahrungen für die Strukturierung des menschlichen Gehirns. In U. Herrmann (Hrsg.), *Neurodidaktik. Grundlagen und Vorschläge für gehirngerechtes Lehren und Lernen* (S. 41–48). Weinheim.

Ingenhoff, D., & Röttger, U. (2007). Issues Management, ein zentrales Verfahren der Unternehmenskommunikation. In B. F. Schmid, & B. Lyczek (Hrsg.), *Unternehmenskommunikation. Kommunikationsmanagement aus Sicht der Unternehmensführung* (S. 319–350). Wiesbaden.

Kals, E., & Ittner, H. (2008). *Wirtschaftsmediation*. Göttingen.

Kotter, J. P. (1995, erneut veröffentlicht 2007). Leading change. Why transformation efforts fail. *Harvard Business Review, 01*(2007), 96–103.

Krainz, E. E. (2005). Vorwort. In G. Falk, P. Heintel, & E. E. Krainz (Hrsg.), *Handbuch Mediation und Konfliktmanagement* (S. 9–14). Wiesbaden.

Kunczik, M. (1993/2010). *Public Relations – Konzepte und Theorien*. Köln.
Lies, J. (2003). *Wandel begreifen*. Wiesbaden.
Lies, J. (2015). *Theorien des PR-Managements*. Wiesbaden: Springer Gabler (im Druck).
Lies, J. (Hrsg.). (2011). *Erfolgsfaktor Change Communications – klassische Fehler im Change-Management vermeiden*. Wiesbaden.
Mandl, H., & Reiserer, M. (2000). Kognitionstheoretische Ansätze. In J. H. Otto, H. A. Euler, & H. Mandl (Hrsg.), *Emotionspsychologie, ein Handbuch* (S. 95–105). Weinheim.
Marcard, N. (2004). *Das Berufsrecht des Mediators*. Norderstedt.
Mast, C. (2013). *Unternehmenskommunikation*. Konstanz.
McCrae, R. R., & John, O. P. (1992). An introduction to the five-factor model and its applications. *Journal of Personality, 60*, 175–215.
Mohr, N., & Woehe, J. M. (1998). *Widerstand erfolgreich managen. Professionelle Kommunikation in Veränderungsprojekten*. Frankfurt a. M.
Organisation für wirtschaftliche Zusammenarbeit (OECD). (20.07.2005). Definition und Auswahl von Schlüsselkompetenzen. http://www.oecd.org/pisa/35693281.pdf. Zugegriffen: 26. Mai 2014.
Pervin, L. A., Cervone, D., & John, O. P. (2000). *Persönlichkeitstheorien*. New York.
Philipp, E., & Rademacher, H. (2002). *Konfliktmanagement im Kollegium*. Weinheim.
Poppen, M.-O. (2007). Keine Zeit verlieren, www.pressesprecher.com, August 2007.
Puttenat, D. (2009). *Praxishandbuch Krisenkommunikation, von Ackermann bis Zumwinkel: PR-Störfälle und ihre Lektionen*. Wiesbaden.
Ries, K., & Wiedemann, P. M. (2003). Unternehmen im öffentlichen Blickfeld, zur Funktion und Implementierung von Issues Management-Systemen. In M. Kuhn, G. Kalt, & A. Kinter (Hrsg.), *Chefsache Issues Management* (S. 15–31). Frankfurt a. M.
Roth, G. (2003). *Fühlen, Denken, Handeln. Wie das Gehirn unser Verhalten steuert*. Frankfurt a. M.
Schick, S. (2007). *Interne Unternehmenskommunikation*. Stuttgart.
Schmidt, A. J. (2008). *Konflikte managen und Konflikte lösen*. Marburg.
Schwarz, A., & Löffelholz, M. (2014). Krisenkommunikation: Vorbereitung, Umsetzung, Erfolgsfaktoren. In A. Zerfaß, & M. Piwinger (Hrsg.), *Handbuch Unternehmenskommunikation* (S. 1303–1319). Wiesbaden.
Schwarz, G. (2005). *Konfliktmanagement – Konflikte erkennen, analysieren, lösen*. Wiesbaden.
Srivastava, S., John, O. P., Gosling, S. D., & Potter, J. (2003). Development of personality in early and middle adulthood: Set like plaster or persistent change? *Journal of Personality and Social Psychology, 2003*(84), 1041–1053.
Thiessen, C. (2012). Die Menschen und ihre Belange im Change berücksichtigen. *Zeitschrift Führung + Organisation, 3*(81), 174–176.
Thomas, K. W. (1992). Conflict and negotiation processes in organizations. In M. D. Dunette (Hrsg.), *Handbook of industrial and organizational psychology* (S. 651–717). Chicago.
Töpfer, A. (2005). Krisenkommunikation. In B. Schmid, & B. Lyczek (Hrsg.), *Unternehmenskommunikation* (S. 351–398). Wiesbaden.
Weinert, A. B. (2004). *Organisations- und Personalpsychologie*. Weinheim.
Wiedemann, P. M., & Ries, K. P. (2007). Issues Management und Issues Monitoring. In M. Piwinger, & A. Zerfaß (Hrsg.), *Handbuch nternehmenskommunikation* (S. 285–302). Wiesbaden.

Prof. Dr. Jan Lies Professor für Allgemeine Betriebswirtschaft, insbesondere Unternehmenskommunikation und Marketing an der FOM Hochschule für Oekonomie & Management, Essen.

Prof. Dr. Beatrix Palt Professorin für Allgemeine Betriebswirtschaftslehre, Schwerpunkt Organisation, Projektmanagement & Turnaround Management an der FOM Hochschule für Oekonomie & Management, Essen.

Risikokommunikation 10

Inhaltsverzeichnis

10.1 Risikokommunikation – Risikotypen 272
Christian Schicha
10.2 Risikokommunikation – unternehmerische und gesellschaftliche Aufgabe 278
Jan Lies
10.3 Risikokommunikation – Skandalisierung von Missständen 287
Jan Lies
10.4 Risikokommunikation – Whistleblowing 291
Jan Lies
10.5 Juristische Kommunikation (Litigation Public Relations) 297
Jan Lies
Literatur 302

Die Risikokommunikation ist zu einem wichtigen Handlungsfeld des PR-Managements geworden. Es wird aus gesellschaftlicher Sicht befördert, indem heute vielfach die Risikogesellschaft beschrieben wird, die aus einer Technologieentwicklung erwächst, die einerseits leistungsfähiger wird, andererseits aber zum Teil unvorhergesehene Wagnisse produziert, die sie nicht kontrollieren kann. Es wird zudem aus unternehmerischer Sicht geprägt, da zunehmender und steter Wettbewerb einen zum Teil globalen, zum Teil regionalen Innovationsdruck erzeugt, der zu verstärkten unternehmerischen Engagment führen muss. Da jede Innovation auch Risiken birgt, verlangt das Bestehen an Märkten, Risiken einzugehen. Zugleich führen vor allem durch das Internet besser koordinierte und damit mächtigere Stakeholder-Ansprüche dazu, dass der kritische Blick auf unternehmerisches Handeln geschärft und oft (vorschnell) auch artikuliert wird.

Die Risikokommunikation ist anlassbezogen eng mit Change Communications und Konfliktkommunikation verwandt, da jeder Wandel auch Risiken und damit Konfliktpotenziale enthält (siehe die Abschnitte in Kap. 9 „Anlassbezogene PR"). Zudem enthält der Umgang mit Risiken auch eine kulturelle Komponente, da Risiken die Kehrseite von Innovationen sind (vgl. die Abschnitte im Kap. 15 „Unternehmenskultur und Public Relations").

10.1 Risikokommunikation – Risikotypen

Christian Schicha

10.1.1	Merkmale der Risikogesellschaft	273
10.1.2	Unerwünschte Risiken	273
10.1.3	Gewünschte Risiken	274
10.1.4	Risikotypen	274
10.1.5	Kommunikation über Risiken	276
10.1.6	Risikokommunikation	277
10.1.7	Fazit: Risikokommunikation zur Prävention und Minderung von Risiken	278

Leitfragen

1. Wodurch lässt sich die Risikogesellschaft charakterisieren?
2. Wann werden Risiken als Bedrohung wahrgenommen?
3. In welchem Zusammenhang werden Risiken mit positiven Konnotationen verbunden?
4. Welche Risikotypen lassen sich benennen?
5. Wodurch lässt sich die Kommunikation über Risiken charakterisieren?
6. Welche Strategien sollten im Rahmen der Risikokommunikation angewendet werden?

Die Angst vor Risiken ist weit verbreitet, obwohl die Menschen noch nie so sicher gelebt haben wie in modernen hochindustriellen Gesellschaften, in denen auch die Lebenserwartung ständig zunimmt. Dennoch hat sich eine Qualität moderner Risiken herauskristallisiert, die im Eintrittsfall dramatische Dimensionen annehmen kann. Dramatische Störfälle in Atomkraftwerken und Unfälle in Chemieunternehmen sorgten dafür, dass diese als Synonym für die katastrophalen und zum Teil irreversiblen Folgen technischen Handelns in das Bewusstsein der Bevölkerung rückten. Diese Großunfälle sind zum Symbol von Katastrophenphänomenen avanciert, die in der öffentlichen Diskussion für Angst und Unsicherheit sorgten und Zweifel an den Möglichkeiten technischen Handelns offenbarten. Daher ist die Unternehmenskommunikation gefordert, auf diese Entwicklungen zu regieren.

C. Schicha
Mediadesign Hochschule für Design und Informatik, Düsseldorf, Deutschland
E-Mail: c.schicha@mediadesign-fh.de

10.1.1 Merkmale der Risikogesellschaft

Die Risikoproblematik wurde innerhalb der wissenschaftlichen Debatte am prägnantesten durch das 1986 erschienene Buch von Ulrich Beck „Risikogesellschaft" reflektiert. – In der Risikogesellschaft rücken nicht mehr die Naturkatastrophen, sondern die vom Menschen selbst geschaffenen und zu verantwortenden Risiken ins Blickfeld der Debatte. Es hat sich die Auffassung durchgesetzt, dass die mitteleuropäischen Industriegesellschaften weniger von natürlichen Gefahren als von selbst erzeugten Risiken umgeben sind, da Naturkatastrophen in den mitteleuropäischen Breiten in der Regel einen geringeren Stellenwert einnehmen.

▶ Die **Risikogesellschaft** gilt als Gesellschaftsform, die sich mit den Herausforderungen der selbst geschaffenen Vernichtungsmöglichkeit konfrontiert sieht.

Zunächst umfasst der hohe Wirkungsgrad moderner Risiken erhebliche räumliche und zeitliche Ausdehnungen. Atomare, gentechnisch und chemisch erzeugte Risiken unterlaufen klassenspezifische Möglichkeiten, ihnen auszuweichen. Diese Risiken können individuell nicht vermieden werden und sind durch nationale Abkommen nicht zu beseitigen. Insofern sind internationale Kooperationen unverzichtbar, um länderübergreifende Risikophänomene adäquat in den Griff zu bekommen.

Die spezifische Qualität moderner Risiken sieht Beck darin, dass durch neue Technologien irreversible Schäden entstehen können, die auch zukünftige Generationen betreffen werden. Eine Vielzahl der in der Moderne produzierten Risiken (z. B. Radioaktivität, Ozonloch, Boden- Luft-, Wald- und Wasservergiftung) sind der unmittelbaren Wahrnehmung entzogen. Es sind technische Apparaturen erforderlich, um Schäden darzustellen und damit der öffentlichen Diskussion zugänglich machen zu können. Die Bevölkerung ist im Hinblick auf diese Gefahren fremdwissenabhängig. Einige Risiken der Moderne sind wegen der Katastrophenpotentiale unkalkulierbar geworden und werden nicht versichert. Im Katastrophenfall eines nuklearen Unfalls würde der Staat die Haftung für die angerichteten Schäden tragen müssen, da Versicherungen für die Schäden eines atomaren Unfalls nicht aufkommen.

10.1.2 Unerwünschte Risiken

Die Herangehensweise an das Phänomen des Risikos aus einer technokratischen oder versicherungsmathematischen Perspektive erfolgt rein quantitativ und bezieht sich auf das Verhältnis zwischen Eintrittswahrscheinlichkeit und dem potentiellen Schadensausmaß.

Weiterhin spielen psychologische, soziologische und kulturelle Perspektiven bei der Risikodebatte eine zentrale Rolle. Es geht immer auch um subjektive Ängste bei der Wahrnehmung von Risiken (vgl. Hribal 1999). Ein Risiko wird vorwiegend mit negativen Assoziationen verknüpft. Es besitzt ein furchterregendes Katastrophenpotential, gefährdet womöglich zukünftige Generationen und entzieht sich der persönlichen Kontrolle. Die Risikofolgen sind im Schadensfall irreversibel und werden primär mit Opfern assoziiert. Risiken sind zu minimieren und zu kontrollieren. Sie gelten als ungewünschte Faktoren, die vermeintlich oder tatsächlich in Kauf genommen werden müssen, um Stillstand zu vermeiden und Fortschritt zu erzielen.

▶ Das Phänomen des **unerwünschten Risikos** bezeichnet eine Situation der Unsicherheit und wird mit der Möglichkeit eines Schadens oder Verlustes als Folge eines Naturereignisses (z. B. Erdbeben) oder einer Handlung (z. B. Errichtung einer großtechnischen Anlage) verbunden.

Aus der Unsicherheit künftiger Zustände wird aufgrund des potentiellen Eintretens eines Schadens der Wahrscheinlichkeitsfaktor abgeleitet. Dabei ist das Risiko etwas materiell nicht Fassbares. Es ist etwas Zukünftiges und damit Ungewisses, was sich noch nicht ereignet hat und wird stets mit den Kategorien der Eintrittswahrscheinlichkeit und einem potentiellen Schadensausmaß in Verbindung gebracht.

Risikobeschreibungen entscheiden über die Größe und Lokalisierung der Gruppe der Betroffenen, die intergenerative Betroffenheit durch Risiken, die Eintrittswahrscheinlichkeit von Gefährdungen und Katastrophen sowie die Kosten von Risiken. Dazu gehören nicht nur monetäre, sondern auch soziale Kosten, zu denen auch Risikoängste gehören.

10.1.3 Gewünschte Risiken

Im Gegensatz zur negativen Einschätzung von Risiken existiert auch ein positiv bewerteter Risikobegriff.

▶ **Gewünschte Risiken** bezeichnen die Risikofreudigkeit, die mit Begriffen wie Mut, Tatendrang, Durchsetzungsfähigkeit, Gewinn und Innovation in Verbindung gebracht wird, um die potentiellen Chancen riskanter Entscheidungen in den Blickpunkt zu heben und sie damit zu legitimieren.

In diesem Kontext fungiert Risiko als Rohstoff und Produktionsfaktor nach dem Motto „Wer wagt, gewinnt". Das Wagnis gilt insgesamt als subjektiv gewählte Handlungskategorie, bei der eine bewusste Entscheidung gefällt wird, obwohl Schadens- und Verlustmöglichkeiten eintreten können (vgl. Hribal 1999, S. 33). Zentral ist hier der Aspekt der Freiwilligkeit selbst gewählter Risiken. Aber auch in diesem Kontext kann die Grenze zum Leichtsinn bzw. Übermut fließend sein.

10.1.4 Risikotypen

Grundsätzlich ist zwischen objektiven Risiken, bei denen die Eintrittswahrscheinlichkeit mal Schadenshöhe kalkuliert wird und einem subjektiven Risiko zu differenzieren, das die empfundene Bedrohung zum Ausdruck bringt. Dabei werden Risiken mit einem hohen „Gruselfaktor" wie selten vorkommende Schlangenbisse als bedrohlicher wahrgenommen als freiwillig eingegangene Risiken wie eine ungesunde Ernährung. Insgesamt lassen sich folgende Risikotypen klassifizieren:

Kollektive (unfreiwillige) Risiken:
- **Risiko als drohende Gefahr:** Dazu gehören u. a. großtechnische Einrichtungen, Kernkraftwerke und Chemieanlagen.
- **Risiko als schleichende Gefahr:** Als Beispiele fungieren das Waldsterben oder die Verseuchung der Gewässer.
- **Risiko als Schicksalsschlag:** Hierzu werden Naturereignisse wie Erdbeben oder Krankheiten gezählt, denen man nur bedingt ausweichen kann.

Individuelle (z. T. freiwillig gewählte) Risiken:
- **Risiko als Glücksspiel:** Darunter wird z. B. der Handel mit Aktien subsumiert.
- **Risiko als Freizeitspaß:** Hierbei werden riskante Sportarten wie das Bungeespringen ausgeübt.
- **Risiko aus Lust und Bequemlichkeit:** Dazu gehört die „unsolide Lebensweise" in Form ungesunder Ernährung oder mangelnder Bewegung, aus der Krankheiten entstehen können.
- **Risiko und Sucht:** Hierzu wird die Einnahme von Drogen in Form von Alkohol, Zigaretten und Medikamenten gerechnet.
- **Risiken zwischen Wagnis und sinnvollem Handeln:** Hierbei ist eine Kopplung zwischen vermeintlich sinnvollen Tätigkeiten und der riskanten Durchführung gemeint. Als Beispiel fungiert hier das Motorradfahren, das einerseits der Mobilität dient, andererseits erhebliche Unfallrisiken nach sich zieht.
- **Risiken der individuellen Lebensplanung:** Darunter werden biografische Planungsentscheidungen im Hinblick auf die Partnerwahl und Familiengröße subsumiert.

Die hohe Komplexität moderner Risiken erschwert allgemeingültige Handlungsempfehlungen. Grundsätzlich lässt sich konstatieren, dass ein risikoaversives Verhalten umso notwendiger ist, je größer die potentielle Bedrohung ausfällt. Selbst eine geringe Eintrittswahrscheinlichkeit legitimiert keine gravierenden Bedrohungen, sofern von katastrophalen Folgen ausgegangen werden kann. Im Verständnis des „Nachhaltigkeitspostulats", das die Forderung aufstellt, zukünftigen Generationen eine genauso hohe Lebensqualität zu ermöglichen, wie diejenige, die den jetzt lebenden Generationen zur Verfügung steht, sollten Risiken minimiert und Planungsentscheidungen in Wirtschaftsunternehmen mit womöglich irreversiblen potentiellen Konsequenzen von vornherein vermieden werden.

10.1.5 Kommunikation über Risiken

Die Erörterung von öffentlich relevanten Risikothemen stellt für Organisationen ein Problem dar, das zu einer gravierenden Unternehmenskrise führen kann. Die Risikowahrnehmung entsteht aufgrund der intuitiven Beurteilung, persönlicher Erfahrungen und Ängste sowie durch persönliche Kontakte oder Informationen aus der Medienberichterstattung (vgl. Ditges et al. 2008, S. 50). Laien beurteilen Risiken auch aufgrund ihrer subjektiven Wahrnehmung und Alltagserfahrung.

> Für die Unternehmenskommunikation ist es zentral, Ängste gegenüber der Öffentlichkeit abzubauen und ihr Handeln durch eine glaubwürdige und transparente Kommunikationspolitik zu rechtfertigen.

Als Verursacher möglicher Risiken unterliegen sie der Rechenschaftsproblematik. Risiken sind insgesamt Ergebnisse von Entscheidungen, die auch gegenüber der Öffentlichkeit von Seiten der Unternehmenskommunikation transparent gemacht werden müssen, um eine entsprechende Akzeptanz zu erreichen. Nur so kann die wirtschaftliche Überlebensfähigkeit des Unternehmens langfristig gesichert werden. Wenn das Vertrauen und die Zustimmung zerstört sind, ist es schwierig, die Reputation der Organisation wiederherzustellen.

> Es ist es von zentraler Bedeutung, dass mögliche Risiken rechtzeitig erkannt und kommuniziert werden (vgl. Abschn. 9.6 „Issues Management").

Verantwortlichkeiten und Zuständigkeiten im Rahmen des Risikomanagements müssen klar zugeordnet werden können, um angemessen reagieren zu können. Faktische Risiken umfassen zunächst die Themen, die sich durch das unmittelbare Tätigkeitsfeld des Unternehmens ergeben. Dazu gehören die Bereiche Produkte, Produktion, Unfälle, Datenschutz, Logistik und Umweltschutz (vgl. Perrow 1992, S. 57 ff.). Die Markt- und Umweltrisiken beziehen sich auch auf finanzielle Transaktionen, den Verlust von Kundenbeziehungen sowie Verstöße gegen ethische und rechtliche Richtlinien.

> **Risikokommunikation** beinhaltet, mögliche Risiken zu antizipieren, sensibel auf Risikoängste zu reagieren und Maßnahmen zu ergreifen, die bei einem Schadenseintritt zu befolgen sind.

Die Risikoabschätzung stellt demzufolge ein wesentliches Instrumentarium dar, das Risiken identifiziert, quantifiziert und bewertet, um eine Schadensprognose nach dem aktuellen Stand des Wissens in Bezug auf die Wahrscheinlichkeit und das Ausmaß treffen zu können (vgl. Ditges et al. 2008, S. 243).

10.1.6 Risikokommunikation

Die Risikokommunikation von Organisationen wird als zielgerichteter und interessensgeleiteter Austausch zwischen Organisationen und der Öffentlichkeit klassifiziert, um Verantwortung zu dokumentieren. Neben der Einordnung von erwarteten Risiken geht es um Formen des Risikomanagements in Bezug auf Entscheidungen, Maßnahmen und Plänen zur Risikoprävention.

> Risikokommunikation gilt hier als vorbeugender Teilbereich des Krisenmanagements und besitzt die Auflage, dialogorientiert zu argumentieren, um Vertrauen, Glaubwürdigkeit und Transparenz herzustellen. Sie fungiert als vorbeugendes Kommunikationsinstrument, das die Wahrscheinlichkeit eines Schadenseintritts problematisiert (vgl. Ditges et al. 2008, S. 243).

Entsprechende Aktionspläne und Zuständigkeiten sollten frühzeitig vom Unternehmen aus erarbeitet werden. Ein effektives Frühwarnsystem ist in diesem Zusammenhang unverzichtbar, um die negativen Folgen im Schadensfall möglichst gering zu halten (vgl. Ditges et al. 2008, S. 80). Konkret sollte ein Monitoring organisiert werden, das neben der Medienbeobachtung die Anfragen von Kunden und Geschäftspartnern ebenso einbezieht wie die von Regierungs- und Nichtregierungsorganisationen und neuen sozialen Bewegungen, die auch über soziale Netzwerke im Internet kommunizieren.

> Ein Social-Media-Monitoring durch die Identifizierung und das Sreening von Nachrichtenportalen, Foren, News Groups und Blogs ist heute unverzichtbar, um einen Überblick über die öffentliche Debatte zu erlangen.

Zudem sollten auch die rechtlichen Aspekte von Unternehmensentscheidungen kontinuierlich auf den Prüfstand gestellt werden.

Die Aktivitätsphasen der Risikokommunikation durchläuft insgesamt vier Phasen (vgl. Hribal 1999, S. 161 ff.):

1. Prävention (Antizipation und Vorbeugung)
2. Bewältigung (Schadenseindämmung und Rettung von Betroffenen)
3. Reparation (Rechenschaft und Wiedergutmachung)
4. Diskussion (Optimierung des Risikomanagements)

Entscheidend ist also zunächst ein Instrumentarium, das potentielle Risiken mit Hilfe von Experten identifiziert und Kommunikationsstrategien entwickelt. Konkret sind in diesem Zusammenhang einheitliche Botschaften als Handlungsanleitung erforderlich, die Abstimmungsprozesse innerhalb des Unternehmens über die Zuständigkeiten, Sprachregelungen und Wege der Risikokommunikation erfordern. Die Interaktion, bei der auch Wiedergutmachungsfragen im Rahmen der Reparation zu klären sind, richtet sich dabei auf Mitarbeiter, Kunden, Behörden und die breite Öffentlichkeit.

10.1.7 Fazit: Risikokommunikation zur Prävention und Minderung von Risiken

Grundsätzlich kommt es in der Risikokommunikation darauf an, relevante Themen als mögliche Risiken zu identifizieren, sie angemessen zu kommunizieren und kompetent zu argumentieren. Im Rahmen der zielgruppengerechten Vermittlung von Risikoinformationen ist die Analyse und Nachbereitung der Risikokommunikation insgesamt unverzichtbar, um gemachte Fehler zu identifizieren und zukünftig zu vermeiden (Hoffmann 2012, vgl. Möhrle und Hoffmann 2012, S. 33). Nur so kann ein Vertrauen in das Unternehmen gesichert werden, das die Glaubwürdigkeit als Basis für die langfristige Reputation erhält.

10.2 Risikokommunikation – unternehmerische und gesellschaftliche Aufgabe

Jan Lies

10.2.1	Aufgaben der Risikokommunikation	279
10.2.2	Risiko als subjektives Wagnis	280
10.2.3	Risiken in der Stakeholder-Gesellschaft	281
10.2.4	Gesellschaftliche und unternehmerische Risikokommunikation	282
10.2.5	Ein Beispiel für institutionalisierte Risikokommunikation: Das Bundesinstitut für Risikobewertung	283
10.2.6	Fazit: Risikokommunikation als reputationsfördende Kommunikation mit dem Risiko der Imageschädigung	286

Leitfragen
1. Was sind Inhalt und Aufgabe der Risikokommunikation?
2. Was sind Risiken? Welche Ursachen und Folgen haben sie?
3. Warum nehmen Risiken zu?
4. Inwiefern steht Risikokommunikation für unternehmerische und gesellschaftliche Kommunikation zugleich?

J. Lies (✉)
FOM Hochschule für Oekonomie & Management, Essen, Deutschland
E-Mail: jan.lies@fom.de

5. Warum kann man die Arbeit des Bundesinstituts für Risikobewertung als institutionalisierte Form der Risikokommunikation verstehen?
6. Worin besteht das Paradoxon der Risikokommunikation?

▶ Risikokommunikation ist zu einem Zauberwort in der aktuellen Debatte um die Akzeptabilität von technischen und anderen zivilisatorischen Risiken geworden. Während die eine Seite hofft, mithilfe kommunikativer Strategien die von Risiken potenziell betroffenen Bürger davon zu überzeugen, dass es in ihrem Interesse ist, diese Risiken zugunsten des damit verbundenen Nutzens zu akzeptieren, glaubt die andere Seite, dass Kommunikation zu einer Mobilisierung der Bevölkerung und damit zu einer vermehrten Akzeptanzverweigerung führen würde. Die gegensätzliche Erwartung an die Wirkungen der Kommunikation hat viel zur gegenwärtigen Verwirrung über die Funktion und Leistungsfähigkeit des Konzepts „Risikokommunikation" beigetragen. (Renn 1991, S. 193)

▶ **Akzeptabilität** meint die (objektive) Zustimmungsfähigkeit beispielsweise einer Gesellschaft auf Basis eines Sets von Entscheidungskriterien zu einem bestimmten Risiko während Akzeptanz die (subjektiv-individuelle) Zustimmung bedeutet.

10.2.1 Aufgaben der Risikokommunikation

Folgende Arbeitsdefinition lässt sich zur Kennzeichnung von Inhalt und Aufgaben der Risikokommunikation herausarbeiten, die hier bewusst aus der gesundheits- und umweltbezogenen Ursprungsdefinition des Zitatgebers herausgelöst wird, um sie auch auf strategische, finanzielle oder allgemein technische Risikosituationen anwenden zu können: „Risikokommunikation umfasst jeden zielgerichteten Austausch von Informationen über (…) Risiken zwischen Individuen und zwischen interessierten Gruppen. Die Informationen beziehen sich dabei vor allem auf: a) die Höhe des Risikos, b) die Signifikanz und Bedeutung des Risikos und c) Entscheidungen, Handlungen und politische Maßnahmen, die darauf abzielen, die Risiken (…) zu begrenzen und zu regeln." (Covello 1986, S. 172; übersetzt entnommen aus Renn 1991, S. 193) Diese einschlägig mitteilungsorientierte Arbeitsdefinition greift spätestens mit der Einbeziehung von Issues Management in das Handlungsfeld der Risikokommunikation als auch handlungsorientiertes Kommunikationskonzept zu kurz. Zur Einführung und Erklärung von Risikokommunikation mag sie aber dennoch dienlich sein.

Das Ziel der Risikokommunikation ist, zum Aufbau von Vertrauenspositionen und damit zur Reputation beizutragen, indem Unternehmen ihren Umgang mit technischen, gesundheitlichen, umweltpolitischen und anderen Risiken (und Chancen) ihrer Leistungsprozesse transparent machen. Dabei bleibt abzuwägen, wie der aktive Umgang mit solchen Risiken/Chancen erst zur Verunsicherung von Bezugsgruppen führt oder diese Verunsicherung reduziert. Die Reaktionen auf die Atomenergie nach dem Reaktorunglück von Fukushima und der ihr Anfang 2012 folgende geplante Ausstieg aus der Atomenergie in Deutschland, aber nicht in den Nachbarländern, zeigt wie eng Risikokommunikation, Issues-Management, Innovationskommunikation und Konfliktmanagement miteinander verwoben sein können.

„Risikokommunikation kann unterschiedliche Funktionen erfüllen: sie kann den Standpunkt einer der betroffenen Parteien den anderen Parteien deutlich machen. Sie kann die Grundelemente des Denkens in Wahrscheinlichkeiten vermitteln; sie kann auf Einstellungen und Verhaltensweisen einwirken, und sie kann Konflikte über die Zumutbarkeit von Risiken lösen helfen." (Renn 1991, S. 206) Entsprechend umfasst die Risikokommunikation eine große Bandbreite, meist anwendungsorientierter Kommunikation. Dazu gehört (Peters 1994, S. 348 ff.; Seidel 2011, S. 46):

- Aufbau und Einsatz einer internen Risikokommunikation im Rahmen des unternehmerischen Risikomanagements zur Erfassung und Begrenzung betrieblicher Risiken: von forschungs- und entwicklungsbezogenen Risiken, über Produktions- und Vertriebsrisiken bis zu finanziellen und strategischen Risiken im Rahmen eines umfangreichen Risikoberichtwesens, das auch das Issues Management beinhalten kann (vgl. zum Thema „Issues" den Abschn. 9.6 „Issues Management").
- Information mit dem Ziel der Aufklärung der Öffentlichkeit über Risiken, Risikoanalyse und Risikomanagement
- Bessere Information der Öffentlichkeit über Risiken und damit verbundenen Maßnahmen zu ihrer Senkung
- Förderung individueller Maßnahmen zur Risikominimierung
- Verbessertes Verständnis von Werten und Besorgnissen der Öffentlichkeit bei Experten
- Vergrößerung gegenseitigen Vertrauens und der gegenseitigen Glaubwürdigkeit und
- Lösung von Konflikten und Kontroversen

Damit ist die Risikokommunikation eine ziel- und inhaltsbezogene Konzentration und Teil der allgemeinen Unternehmenskommunikation. Sie greift auf die Bandbreite der Kommunikationsinstrumente – von der internen Kommunikation mit Leitbildprozessen zur gemeinsamen Erarbeitung, wie mit Risiken zu verfahren ist, über die Risikoanalyse (Risikoscreening und -monitoring analog zum Verfahren im Rahmen des Issues Managements) bis zur Zielgruppenansprache mit Hilfe der Medienarbeit.

10.2.2 Risiko als subjektives Wagnis

Problematisch für die konkrete Kennzeichnung des Kommunikationsobjekts „Risiko" vor allem aus wissenschaftlicher Sicht ist, dass der Risikobegriff facettenreich diskutiert wird: Das Risiko enthält aus Handlungs- oder Entscheidungssicht ein Wagnis und aus Ergebnissichteine Gefahr. Wagnis heißt, dass Einzelne oder Mehrereentscheiden undhandeln mit der Möglichkeit einer Schadens- und Verlustmöglichkeit für sich selbst und gegenüber Dritten. Hieraus resultiert die Gefahr, in dem Verluste bei einem selbst und oder bei Dritten entstehen (vgl. Hribal 1999, S. 33).

Da Risiken letztlich eine subjektive Bewertungskomponente beinhalten, ist eine standardisierte Risikooperationalisierung schwierig bzw. gar nicht leistbar. Denn im Anschluss an die konstruktivistische Diskussion (vgl. Abschn. 6.3.8 PR-Theorien: Systemtheorien – Merten) ist die individuelle Einschätzung von Risiken wahrnehmungs- und interpretationsabhängig (vgl. Lehmann 2001, S. 20 ff.), sodass eine objektive Definition von Risiken in der Stakeholder-Gesellschaft – deren Teilgruppen annahmegemäß unterschiedliche gruppenbezogene Wahrnehmungs- und Interpretationsschemata zu Grunde liegen – nicht möglich ist.

Folgende typische Risiken lassen sich in Anlehnung an Lehmann (2001, S. 19) unterscheiden, wenn auch eine umfassende Darstellung und Systematisierung aufgrund ihrer Vielfalt problematisch ist:

- **MöglicheUrsachen von Risiken**
  - **(Inter-)kulturelle Risiken** wie Extremsportarten, religiös-weltanschaulich getriebene Anschläge ...
  - **Natürliche Risiken** wie Erdbeben, Tsunamis ...
  - **Technische Risiken** wie Atomenergie, Gentechnik ...
  - **Marktliche Risiken** wie Spekulationsblasen, Käuferboykott ...
  - **Habituelle Risiken** wie Ernährungsgewohnheiten, Fahrverhalten ...
- **Mögliche Folgen von Risiken**
  - Mangel an Verfügbarkeiten bestimmter Ressourcen (Produkte, Materialien ...)
  - Materialschäden (Beschädigungen, Schwächen ...)
  - Unfälle (Betriebsunfälle, Verkehrsunfälle ...)
  - Störungen der Umwelt (Luftbelastung, Klimaauswirkungen ...)
  - Gesundheitliche Beeinträchtigung für Einzelne oder (Teil-)Gesellschaften (Strahlungen, Lärmbelastung ...)
  - Konflikte (interkulturelle Gewalt, Demonstrationen, Boykotts ...)

10.2.3 Risiken in der Stakeholder-Gesellschaft

Der Risikobegriff hat spätestens seit Ulrich Becks, Professor für Soziologie an der Ludwig-Maximilians-Universität München, „Risikogesellschaft" Hochkonjunktur (vgl. Beck 1986; sowie Peters 1994, S. 329). „Mit der Erkenntnis, dass Risiken durch menschliche Entscheidungen beeinflussbar sind, gerieten zahlreiche Risikoquellen, wie die Kernenergie, in Akzeptanzkrisen (...)." (Vgl. Peters 1994, S. 329)

▶ Mit der Risikogesellschaft sind Risiken ein Kennzeichen moderner Gesellschaften.

„Die Risikogesellschaft ist ein neuzeitlicher Typ der Industriegesellschaft, in dem der industrielle Reichtum mit Risiken einhergeht. Im Gegensatz zur ‚klassischen Industriegesellschaft', die ihre Probleme noch in nationalstaatlichen Grenzen lösen konnte (so

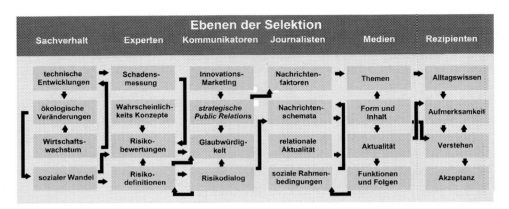

Abb. 10.1 Erweitertes Modell der Risikokommunikation. (Quelle: in enger Anlehnung an Ruhrmann 1991, S. 160 aus Lehmann 2001, S. 95)

die Modellannahme), ist die Risikogesellschaft per se Weltgesellschaft (…): wir leben in einer Weltgefahrengemeinschaft. Nach den Anschlägen vom 11. September 2001 spricht Beck dann auch von einer Weltrisikogesellschaft." (Treibel 2006, S. 248) – „Es steht wohl außer Zweifel, dass sich die Risiken für Industrie- und Handelsunternehmen in jüngster Vergangenheit dramatisch erhöht haben. Wesentliche Einflussfaktoren, die zu dieser signifikanten Verschärfung der Risikosituation beigetragen haben, sind u. a. Entwicklungen wie die zunehmende Deregulierung der Märkte, der verstärkte Einsatz moderner Informations- und Kommunikationstechnologien, der Wandel von Verkäufer- zu Käufermärkten, die zunehmenden Individualisierungstendenzen auf der Nachfrageseite, neue regulatorische Bestimmungen, die wachsende Mündigkeit der Verbraucher, der steigende Preis-, Qualitäts- und Wettbewerbsdruck auf globalisierten Märkten, der Wunsch nach flexiblen und deutlich verkürzten Lieferfristen, die zunehmende Transparenz und Vergleichbarkeit der Leistungsangebote und Preise, die Reduzierung der Produktlebenszyklen, die steigenden Serviceansprüche der Kunden oder die Nachfrage nach vergleichsweise komplexen Systemlösungen. All diese Entwicklungen eröffnen Unternehmen nicht nur einzigartige Chancen, sondern bergen auch immense Risiken." (Erben und Romeike 2003, S. 43)

10.2.4 Gesellschaftliche und unternehmerische Risikokommunikation

Risiken und deren Folgen sind also von unternehmerischer und gesellschaftlicher Relevanz zugleich. Entsprechend lassen sich die Anforderungen des Risikoproduzenten in der Stakeholder-Gesellschaft beleuchten, und es finden sich staatliche Institutionen wie etwa das Berliner Bundesinstitut für Risikobewertung (Bundesministerium für Verbraucherschutz), die stellvertretend für (Teil-)Gesellschaften die gesellschaftliche Risikokommunikation als Institution vertreten. Entsprechend finden sich auch unterschiedliche Definitionen von

Risikomanagement im Sinne einer Steuerung von Risiken und den daraus möglicherweise erwachsenden Gefahren: Was beide Perspektiven verbindet, ist die Einbindung der Risikokommunikation in einen ganzheitlichen Managementansatz zur Steuerung von Risiken und ihren Folgen.

- **Unternehmerische Perspektive:** „Das strategische Risikomanagement bildet die integrative Klammer und das Fundament des gesamten Risikomanagementprozesses. Das strategische Risikomanagement beinhaltet vor allem die Formulierung von Risikomanagementzielen in Form einer ‚Risikopolitik' sowie die Definition der Organisation des Risikomanagements." (Romeike 2003, S. 147 f.) Zu den Zielen gehören dabei nicht nur die originären Unternehmensziele mit der vorangestellten Erhöhung des Unternehmenswertes mit der Sicherung der Unternehmensziele, sondern auch die Optimierung der Risikokosten, zu denen auch die Sicherung der sozialen Ziele gehören, die sich aus der sozialen Verantwortung der Organisation ergeben (Romeike 2003, S. 150). Das heißt, Disziplinen wie Issues Management im Sinne der Früherkennung von Risiken (siehe Abschn. 9.6 „Issues Management"), aber auch Krisenkommunikation als Umgang mit Risiken, die zu Krisen gewachsen sind (siehe Abschn. 9.4 „Krisenkommunikation und. prävention"), gehören in den Managementkreislauf des organisationalen Risikomanagements hinein. „Die Abb. 10.1 unterstreicht die Komplexität von den im Zusammenhang mit Risikokommunikation relevanten Gesichtspunkten und stellt gleichzeitig zentrale Größen der Risikokommunikation vor." (Vgl. Lehmann 2001, S. 94)
- **Gesellschaftliche Perspektive:** „Der Begriff Risikomanagement umfasst Aktivitäten, welche der Minimierung und Bewältigung von Risiken sowie der Operationalisierung der gesellschaftlichen Risikodebatte dienen. Als funktionaler Bestandteil des Risikomanagements erfüllt die gesteuerte **Risikokommunikation** soziale, integrative und kognitive Funktionen, indem sie Beziehungen und Koalitionsmöglichkeiten zwischen den Akteuren ermöglicht und eine Plattform für die sachliche und die gesellschaftliche Reflexion von Risiken bereitstellt." (Hribal 1999, S. 145 f.)

10.2.5 Ein Beispiel für institutionalisierte Risikokommunikation: Das Bundesinstitut für Risikobewertung

Das Bundesinstitut für Risikobewertung (BfR) hat den gesetzlichen Auftrag zur Risikokommunikation (Die folgenden Ausführungen sind verkürzt der Website www.bfr.bund.de des BfR entnommen). Es arbeitet im Geschäftsbereich des Bundesministeriums für Ernährung, Landwirtschaft und Verbraucherschutz zu wissenschaftlichen Themen rund um den gesundheitlichen Verbraucherschutz. Das Institut hat den Auftrag über mögliche, identifizierte und bewertete Risiken zu informieren, die Lebensmittel, Stoffe und Produkte für den Verbraucher bergen können. Der gesamte Bewertungsprozess soll für alle Bürger transparent dargestellt werden. Durch eine umfassende, vollständige und nachvollziehbare Risikokommunikation macht das BfR Wissenschaft für den Verbraucher sichtbar und nutzbar (vgl. Abb. 10.2).

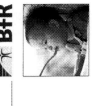

Abb. 10.2 Portrait des Bundesinstituts für Risikobewertung (Auszug). (Quelle: Bundesinstituts für Risikobewertung)

Das BfR versteht sich als Anwalt für den gesundheitlichen Verbraucherschutz, einem Bereich, in dem viele Akteure ihre Stimme erheben. Sein Ziel ist es, gestützt auf seine Risikobewertungen, den gesundheitlichen Verbraucherschutz zu stärken. Dabei bedient sich das Institut der Politikberatung, der nationalen und internationalen Gremienarbeit und der Verbraucherinformation. Ein wichtiger Baustein seiner Risikobewertung sind auch die verschiedenen Formen der Kommunikation über Risiken, die das BfR mittels verschiedener Projekte und Veranstaltungen ausbauen will.

Da Verbraucher höchst unterschiedlich sind, haben sie auch unterschiedliche Ansprüche an Risikokommunikation. Die Kommunikation über Risiken muss demnach zielgruppenspezifisch erfolgen. Erfolgreiche Risikokommunikation kann auch Verhaltensänderungen bei Verbraucherinnen und Verbrauchern bewirken. So zeigte eine BfR-Studie über das Verbraucherverhalten bezüglich Acrylamid in Lebensmitteln, dass sich die Mehrheit der Verbraucherinnen und Verbraucher gut über das Risiko durch Acrylamid informiert fühlt und immerhin etwa 30 % ihre Verzehrgewohnheiten aufgrund der diesbezüglichen Empfehlungen geändert haben (vgl. Abb. 10.3).

Die Arbeit des BfR für den gesundheitlichen Verbraucherschutz zeichnet sich durch ihren wissenschaftlichen, forschungsgestützten Ansatz aus. Auf die gesundheitlichen Bewertungen und Handlungsoptionen des Instituts können die für das Risikomanagement

Abb. 10.3 Risikokommunikation als Thema der Nachrichtenpresse. (Quelle: Spiegel online, 9.12.2002)

Abb. 10.4 Hauptfunktionen der Risikokommunikation. (Quelle: Hribal 1999, S. 174 modifiziert übernommen von Renn und Levine 1999, S. 177)

verantwortlichen Behörden zugreifen. Die Arbeitsergebnisse und Empfehlungen des BfR dienen allen interessierten Kreisen als wichtige Entscheidungshilfe für Maßnahmen. Mit seiner wissenschaftsbasierten Risikobewertung gibt das BfR wichtige Impulse für den gesundheitlichen Verbraucherschutz innerhalb und außerhalb Deutschlands (vgl. Abb. 10.4).

10.2.6 Fazit: Risikokommunikation als reputationsfördende Kommunikation mit dem Risiko der Imageschädigung

Risikokommunikation kann als präventives Vorgehen zur Vermeidung von Krisen und Konflikten verstanden werden, sodass sie als präventive Form der Krisenkommunikation und des Konfliktmanagements aufgefasst werden kann (Fuchs 2007, vgl. Rota und Fuchs 2007, S. 393). Damit birgt sie zugleich immer auch die Gefahr für Unternehmen und andere Institutionen, Imageschäden durch nicht eingetretene Risiken unnötig zu riskieren. Damit ist paradoxerweise Risikokommunikation selbst immer auch ein Risikofaktor, sodass in der Praxis oftmals Risiken von Produkten, Produktionstechniken, Finanztransaktionen und auch politischen Entscheidungen bewusst nicht kommuniziert werden, was dann wiederum das Risiko von Skandalen in sich birgt.

Interessant ist vor diesem Hintergrund, dass die Debatte um die Risikokommunikation im Wesentlichen unter der Überschrift „Krisen" und nicht etwa „Chancen"-Kommunikation geführt wird. Da die Kehrseite von Risiken die Chancen sind, wäre eine positive Interpretation der damit verbundenen Kommunikationsinhalte und daraus folgenden Maßnahmen auch denkbar, findet aber nicht in einem vergleichbaren Ausmaß im Kontext des Issues- und auch Innovationsmanagement sowie des Diversity-Managements statt.

10.3 Risikokommunikation – Skandalisierung von Missständen

Jan Lies

10.3.1 Abgrenzung von Skandalen und Missständen 287
10.3.2 Entstehung und Entwicklung von Skandalen 288
10.3.3 Die Medienabhängigkeit von Skandalen 290
10.3.4 Fazit: Funktionalistische Skandalisierungstheorie 291

Leitfragen
1. Was sind Skandale? Welche Rolle spielen sie im Risikomanagement?
2. Wie lassen sich Entstehung und Entwicklung von Skandalen schematisieren?
3. Wie ist die These zu bewerten, dass Medien Skandale aufdecken?
4. Welche Gemeinsamkeit ergibt sich aus der funktionalistischen Skandalisierungstheorie und der Legitimationsfunktion von Public Relations?

Diverse Unternehmen machen mit Skandalen auf sich aufmerksam, die nachhaltig erfolgskritisch sind. In der Tendenz nehmen sie zu: Zu Beginn der 1959er Jahre gab es pro Jahr einen Skandal mit bundesweiter Bedeutung, in den 60er Jahren waren es drei, in den 70er und 80er sieben bis acht. Heute werden ca. 25 pro Jahr geschätzt (Kepplinger 2009, S. 191). Sie bergen damit ein Risiko in sich, sodass Skandale hier der Risikokommunikation zugeordnet werden. Diese Risiken zu vermeiden, ist damit eine strategische Kompetenz unternehmerischen Handelns und eine Aufgabe der (internen) Risikokommunikation, um eine Kultur des adäquaten Umgangs mit Risiken zu prägen.

10.3.1 Abgrenzung von Skandalen und Missständen

Skandale können als sozialer Prozess mit drei Merkmalen charakterisiert werden (vgl. Hondrich 2002, S. 59):

1. Moralische Verfehlungen (ggf. auch nur angenommene Verfehlungen).
2. Enthüllung der Verfehlung (ggf. auch zeitlich weit nach der Verfehlung).
3. Eigendynamische Empörung.

▶ Das heißt: **Skandale** sind gruppengebundene Phänomene, da Moral und Ethik keine individuellen Größen alleine sind (vgl. hierzu den Abschn. 15.4 „Unternehmenskultur und Ethik").

J. Lies (✉)
FOM Hochschule für Oekonomie & Management, Essen, Deutschland
E-Mail: jan.lies@fom.de

Damit ist das Phänomen Skandal analytisch nicht so ohne Weiteres kennzeichnungsfähig, da in der Stakeholder-Gesellschaft *ein gesellschaftsweiter Standard* für Moral und Ethik erklärungsbedürftig ist.

Grundsätzlich erfordert ein Skandal einen angenommenen oder begangenen Missstand: „Jeder Skandal ist einzigartig. Trotzdem besitzen alle Skandale gemeinsame Merkmale. Es geht immer um einen Missstand – einen Verstoß gegen die herrschende Moral oder das geltende Recht, die einen materiellen und ideellen Schaden bereits hervorrufen oder hervorrufen kann." (Kepplinger 2005, S. 7)

▶ **Missstände** werden als Verstoß gegen Moral (illegitimes Handeln) oder Recht (illegales Handeln) definiert.

Mit dieser Basis gibt es mindestens drei zentrale Betrachtungsperspektiven von Skandalen:

1. Analyse und Rekonstruktion des Verlaufs einzelner Skandale.
2. Analyse der Rolle einzelner Personen oder Organisationen in Skandalen.
3. Analyse der Mechanismen, die zu einem Skandal führten.

Im Folgenden geht es um die Mechanismen, die zu Skandalen führen.

10.3.2 Entstehung und Entwicklung von Skandalen

Die Mechanik mit der Entstehung und Entwicklung von Skandalen kann wie folgt schematisiert werden:

1. **Beginn eines Skandals:** unterschiedliche Personen beurteilen den fraglichen Sachverhalt meist unterschiedlich. Einige halten ihn für einen Missstand, andere Personen nicht. Einige sind von der Schuld eines Akteurs überzeugt, andere bestreiten sie. Einige halten den Missstand für einen Skandal, andere sehen das anders. Je überzeugender die Deutungsmuster derjenigen sind, die den Sachverhalt für einen Skandal halten, und je mehr die Fakten ihre Sichtweise zu bestätigen scheinen, desto stärker gleichen sich ihnen die Sichtweisen anderer Menschen an. Es entwickelt sich eine in dieser Situation allgemein verbindliche Norm. Sind solche Schemata einmal etabliert, erscheinen alle Fakten und Interpretationen, die ihm widersprechen, als falsch oder irreführend, als Über- oder Untertreibung. Die Macht etablierter Sichtweisen erklärt, weshalb hiesige Skandale vom Ausland her betrachtet häufig eher kurios als empörend scheinen: dort haben sich die Normen – die im Umfeld des Skandals gelten – nicht etabliert, weil die Missstände keine herausragenden Themen waren. „Nicht der Missstand macht den Skandal aus, sondern die kollektive Sichtweise." (Kepplinger 2005, S. 25)

2. **Dramatisierung:** jeder Skandal beruht auf Dramatisierung. Es lassen sich sechs Typen von Dramatisierung kennzeichnen.
   - **Skandal-Labeling („Horror-Etiketten"):** Missstände oder Schäden werden mit plakativen Begriffen bezeichnet – „Waldsterben", „Ozonloch", „Datenskandal", „Bestechung aus Tradition"…
   - **Verbrechensassoziationen:** Normverletzungen werden als schwere Kriminalität oder als schwerer Verstoß gegen allgemeine ethische Grundsätze charakterisiert – „Verfassungsbruch".
   - **Worst-Case-Szenarien:** Die Folgen der Skandale werden ausgemalt. Bei der Berichterstattung um Vogel- und Schweinegrippe ist von Pandemien statt Epidemien die Rede. Der Begriff Epidemie als lokale Ausbreitung wird also um die länder- und kontinentübergreifende Ausbreitung einer Pandemie erweitert.
   - **Katastrophen-Collagen:** Missstände und Schäden werden in eine Reihe mit Extremfällen gestellt – Rinderwahnsinn, Schweinepest, Vogelgrippe.
   - **Schuldstapelungen:** Kleinere Brüche, die kaum Konsequenzen nach sich ziehen würden, werden bei der seriellen Skandalisierung als Teil einer Serie von ähnlichen Fällen dargestellt, die aufeinander gestapelt den Eindruck eines großen Missstand hervorrufen, dessen Ursache im Charakter des Akteurs liegen.
   - **Optische Übertreibungen:** Die Berichterstattung um den Brand des Kernkraftwerks in Krümmel des Betreibers Vattenfall im Sommer 2007 wurde von Bildern der Einsatzfahrzeuge der Feuerwehr visualisiert. Die faktische Gefahr war gering.
3. **Koorientierung der Medien:** „Bei jedem Skandal gibt es im Journalismus wenige Wortführer, einige Mitläufer, viele Chronisten und kaum Skeptiker." Die Wortführer recherchieren meist intensiv an der Geschichte, bevor der Fall publik wird. Bei den Wortführern der Standardisierung von Missständen handelt es sich meist nur um höchstens fünf Journalisten. Der Erfolg oder Misserfolg der journalistischen Wortführer hängt vor allem von den Mitläufern und Chronisten ab. Nur wenn Kollegen die Vorgaben der Wortführer aufgreifen, wird aus einem Skandalisierungsversuch ein Skandal. Bei den Mitläufern handelte sich um Journalisten, die meist keine eigenständigen Recherchen vor Ort betreiben. Neben den Mitläufern finden sich zahlreiche Chronisten, die selbst keine Wertungen einbringen, aber durch ihre Berichte über die Vorwürfe anderer der Skandalisierung Glaubwürdigkeit und Gewicht verleihen (Beispiel für Selbstreferenzialität; vgl. Abschnitt „PR-Theorien: Systemtheorie" in Lies 2015). In fast allen Skandalen gibt es im Journalismus Skeptiker, die denen allgemein verbreiteten Sichtweisen misstrauen, sie mit Argumenten und Fakten in Frage stellen und nicht konforme Informationen neutral präsentieren.
4. **Empörung:** „Im Skandal geht es nicht vorrangig um die Richtigkeit der Behauptung, sondern um die dadurch gesteuerten Emotionen." (Kepplinger 2005, S. 58) Viele Skandalberichte vor allem des Fernsehens sind aufgrund ihrer Bilder erregend – Aufnahmen von Wasserkanonen gegen Greenpeace-Aktivisten, von Sanierungsarbeiten in Ganzkörper-Schutzanzügen und von brennenden Tierkadavern untermauern den Skandal. „Solche Bilder sind die direkte Ursache von Ekel, Empörung, Angst und Trauer unter

den Zuschauern." (Kepplinger 2005, S. 59) „Die Art der Reaktionen und ihre Intensität beruht bei allen großen Skandalen auf dem Zusammenwirken einer sachlich scheinbar richtigen Vorstellung mit einer moralisch scheinbar notwendigen Erregung, die beide auf die gleiche Ursache zurückgehen und sich im Verlauf eines Skandals gegenseitig hochschaukeln." (Kepplinger 2005, S. 62)

Mit der Empörung erreicht der Skandalverlauf dann entweder die Handlungskorrektur und/oder Sanktion des Verursachers oder die Phasen beginnen durch Anheizen neu.

10.3.3 Die Medienabhängigkeit von Skandalen

Die Medien übernehmen eine Katalysatorfunktion in der Skandalisierung von Missständen, und es ist zwischen dem Missstand selbst und seiner medialen Interpretation zu unterscheiden. „Die Medien decken keine Skandale auf. Skandale sind keine vorgegebenen Sachverhalte, die man aufdecken und berichten kann, sondern die Folge der öffentlichen Kommunikation über Missstände" (Kepplinger 2005, S. 63). Zum Skandal wird ein Missstand also erst durch die Perspektive, aus der man ihn betrachtet.

Die Missstände selbst sind oft nicht neu, sind meist beweisbar und sachlich fast immer unstrittig. Missstände sind eine notwendige, aber keine hinreichende Voraussetzung für Skandale (Kepplinger 2005, S. 63).

> Die meisten Missstände werden nicht zum Skandal.

Zwischen der Art und Anzahl von Missständen bestehen große Unterschiede. Medien machen Missstände zu Skandalen, indem sie sie anprangern.

Ihr wichtigstes Mittel besteht darin, die Missstände als besonders schwerwiegend und als Folge des Verhaltens von Personen darzustellen, die aus niederen Motiven handeln und sich deren negativen Folgen ihres Handelns bewusst sind. Dies verleiht den Missständen eine moralische Ladung. „Zwischen der Größe eines Missstandes und der Größe eines Skandals besteht keine lineare Beziehung." (Kepplinger 2005, S. 73) Jeder große Skandal muss, damit er sich voll entfalten kann, immer wieder neu angeheizt werden. „Erfolgreiche Skandalierer publizieren ihre Verdächtigungen deshalb nicht auf einmal, sondern verteilen sie auf mehrere Tage und Wochen. Sie positionieren ihre Informationen (…)." (Kepplinger 2005, S. 74) „Ist ein großer Skandal einmal etabliert, eskaliert er oft schnell, weil er zunehmende Eigendynamik entwickelt. Der Motor ist dabei weniger die Substantiierung als die Ausdifferenzierung der Vorwürfe." (Kepplinger 2005, S. 76) Sie werden, bestätigt oder nicht, durch Medienberichterstattung auf immer neue Bereiche ausgedehnt.

10.3.4 Fazit: Funktionalistische Skandalisierungstheorie

Mit der funktionalistischen Skandalisierungstheorie werden Skandale als Lern- und Korrekturinstanz moralischer Verfehlungen interpretiert (vgl. Hondrich 2002, S. 55 ff.), ähnlich wie Öffentlichkeit und Public Relations zum Teil als Legitimations- und Integrationsfunktion pluralistischer Gesellschaften aufgefasst werden (vgl. Abschnitt „PR-Theorien: Systemtheorien – Ronneberger/Rühl" in Lies 2015).

„Der Enthüllungsmarkt der Massenpresse ist zugleich auch ein Empörungsmarkt." (Hondrich 2002, S. 61) Indem die Massenmedien Missstände anprangern, kompensieren sie die Defizite anderer Institutionen der Aufdeckung, Verfolgung und Ahndung von Missständen, z. B. der Polizeibehörden und Staatsanwaltschaften. Die Standardisierung von Missständen durch die Massenmedien ist folglich eine funktionale äquivalente Tätigkeit dieser Institution, und sie ist umso notwendiger, je häufiger die dafür vorgesehenen Kontrollorgane versagen (Funktionalistische Skandaltheorie) (vgl. Kepplinger 2001, S 148).

10.4 Risikokommunikation – Whistleblowing

Jan Lies

10.4.1 Kennzeichen des Whistleblowing 292
10.4.2 Whistleblower und Risikokommunikation 293
10.4.3 Risikokultur und Rechtslage 294
10.4.4 Rechtlicher Rahmen des Risikomanagements 295
10.4.5 Fazit: Whistleblowing als Teil einer kulturgeprägten Corporate Governance 296

> **Leitfragen**
> 1. Was sind Whistleblower?
> 2. Welche Rolle spielen sie im Risikomanagement? Welchem Kräftefeld sind sie in der Unternehmensrealität oft ausgesetzt?
> 3. Welche rechtlichen Eckpunkte hemmen das Risikomanagement mit Hilfe von Whistleblowern?
> 4. Welche rechtlichen Eckpunkte befördern das Risikomanagement?

Wenn man nachhaltiges Risikomanagement so definiert, dass Risiken möglichst stetig im Vorfeld identifiziert werden, um sie mit verändertem Verhalten oder aktiven Gegenmaß-

---

J. Lies (✉)
FOM Hochschule für Oekonomie & Management, Essen, Deutschland
E-Mail: jan.lies@fom.de

nahmen zu vermeiden, dann ist es von der Unternehmenskultur abhängig. Es kann nur auf einer Kultur basieren, „die interne Hinweise auf Risiken freundlich aufnimmt und ermutigt – eine Kultur der Transparenz anstelle einer Kultur des Schweigens." (Rohde-Liebenau 2004, S. 18) Denn oft sind es interne Kompetenzträger – also produktive Mitarbeiter oder Führungskräfte –, die auf Risiken hinweisen können, bevor es zu Risiken und damit zur Krise kommt: sie werden Whistlebowler genannt, eine US-amerikanische Begriffsübernahme. Dies ist in der Unternehmensrealität ein heikler Balanceakt zwischen gelebter Verantwortung eingebettet in die Risiko- und Verantwortungskultur einer Organisation und (personal-)rechtlichen Konsequenzen. Von daher ragt Risikokommunikation ein großes Stück weit in die vom Recht bestimmte Kommunikation hinein (siehe Abschn. 10.5 „Juristische Kommunikation – Litigation Public Relations").

10.4.1 Kennzeichen des Whistleblowing

„Von ‚Whistleblowing' spricht man vor allem dann, wenn Beschäftigte sich aus gemeinnützigen Motiven gegen ungesetzliche, unlautere oder ethisch zweifelhafte Praktiken wenden, die ihnen innerhalb ‚ihres' Betriebes oder ‚ihrer' Dienststelle bekanntgeworden sind. (…) Ins Deutsche lässt sich Whistleblowing (wörtlich: ‚die Pfeife blasen') vielleicht am ehesten mit ‚Alarm schlagen' übersetzen. Whistleblower sind also ‚ethische Dissidenten', das heißt, Personen mit Zivilcourage, die aus gemeinnützigen Motiven die ‚Alarmglocke' läuten, um auf bedenkliche Ereignisse oder Vorgänge in ihrem Arbeits- oder Wirkungsbereich hinzuweisen und auf Abhilfe zu dringen." (Deiseroth 2000, S. 188) Aber: Dieses „Glocke läuten" ist in der Unternehmensrealität oft ein sich entwickelnder Prozess, der sich im Kräftefeld individueller Wahrnehmung, der Loyalität gegenüber Kollegen und dem Arbeitgeber, der Zivilcourage und dem Arbeitsrecht abspielt: Selbst wenn Mitarbeiter einer Organisation zu dem Schluss kommen, dass sie schwere Abweichungen und Missstände wahrnehmen, kann nicht vorausgesetzt werden, dass zu informierende Dritte die Relevanz intellektuell verstehen und ggf. Konsequenzen einleiten. „Whistleblower sind Personen, die grobe Missstände in ihren Organisationen sehen. Solange sie das mit ihren Kollegen oder Vorgesetzten besprechen und versuchen in Ordnung zu bringen, ist noch alles so, ‚wie es sein soll'. Wenn die Organisation nicht reagiert – oder nicht so, wie der Hinweisgeber dies wünscht – kann es sein, dass dieser mit seiner Meldung Hierarchieebenen überspringt: Man spricht von internem Whistleblowing. Das ist in manchen großen Organisationen verboten, nirgendwo gern gesehen und kann zu viel Ärger führen. Geht der Whistleblower aber nach draußen, handelt es sich oft um einen Verstoß gegen den Arbeitsvertrag oder gegen Strafgesetze – und es wird von vielen als Verrat angesehen." (Rohde-Liebenau 2004, S. 2)

10.4.2 Whistleblower und Risikokommunikation

Normativ sind Whistleblower wichtige Stakeholder eines funktionierenden Risikomanagements. Idealerweise sind sie es, die die zunächst interne Risikokommunikation anstoßen, um das vorne genannte Risikomanagement (siehe Kap. 10 „Risikokommunikation") in Gang zu setzen. Das ist aber kein Standard in Unternehmen und anderen Organisationen.

> **Beispiel**
>
> Wenn bei einem Pharmaunternehmen Todesfälle aus dem Apotheken- und Ärztenetzwerk gemeldet werden, die ebenso ein tolerierbarer statistischer Ausreißer sein könnten, die sich beispielsweise durch Grippewellen oder schwüle Sommertage begründen lassen, wird wohl kaum jemand eine möglicherweise vorschnelle, aber in jedem Fall sehr teure Rückrufaktion starten. Sicher lässt sich aufgrund der Vorschriften annehmen, dass es technisch-logistisch möglich ist, ein in Verdacht stehendes Medikament aus den Apotheken und Krankenhäusern zurückzurufen. Ob sich ein „Whistleblower" in so einem heiklen Fall, der oft auch nur Vermutungen anstellen kann – wenn auch kompetent – in das Kräftefeld zwischen betriebswirtschaftlichen und arbeitsrechtlichen Zwängen und ethischen Normen begibt, ist maßgeblich von der Risikokultur der Organisation abhängig.

Whistleblower stoßen in der Unternehmensrealität oft auf folgendes kulturell und rechtlich geprägtes Spannungsfeld (vgl. im folgenden Deiseroth 2000, S. 188 ff.):

1. **Arbeitsvertragliche Pflichten:** Als Arbeitnehmer sind Whistleblower dem Direktionsrecht des Arbeitgebers unterworfen und haben die Anweisungen der Vorgesetzten zu befolgen.
2. **Mitarbeiterloyalität:** Einem Arbeitgeber sei nicht zuzumuten, mit einem Mitarbeiter weiter zusammenzuarbeiten, der sich illoyal verhalte und damit das unabdingbare Vertrauensverhältnis zu seinem Arbeitgeber und seinen Vorgesetzten zerstöre.
3. **Arbeitsklima:** Ein Arbeitnehmer, der Betriebsinterna bewusst oder unbewusst nach außen trägt, beeinträchtigt das Betriebsklima. Er provoziert Konflikte – nach außen und nach innen.
4. **Preisgabe von Informationen:** Das Whistleblowing kann als Verletzung von Betriebsgeheimnissen interpretiert werden. Im Wettbewerb kann sich das negativ für das Unternehmen und seine Beschäftigen auswirken.

10.4.3 Risikokultur und Rechtslage

In einer Stellungnahme zur öffentlichen Anhörung des Deutschen Bundestages des Ausschusses für Ernährung, Landwirtschaft und Verbraucherschutz am 4. Juni 2008 in Berlin wurden die Mängel der bestehenden Rechtslage zum Informantenschutz (Whistleblowing) in Deutschland so zusammengefasst (vgl. Deiseroth 2008, S. 3):

- Mangelnder Rechtsklarheit (Rückgriff auf allgemeine „Grundsätze" und „Prinzipien" mangels hinreichender konkret auf den Informantenschutz und das Whistleblowing bezogener gesetzlicher Regelungen; Rechtsprechung zum Whistleblowing ist für die einzelnen Bürger oder Mitarbeiter nur wenig überschaubar und nicht leicht zugänglich).
- Mangelnde Rechtssicherheit (widersprüchliche Judikatur; Whistleblower-Rechtsprechung des BVerfG wird nicht hinreichend übernommen; verbreitete nachträgliche „Abwägung im Einzelfall" nicht vorhersehbar).
- Mangelndem effektivem Schutz vor Repressalien,
- davon bewirkte Abschreckungseffekte („chilling effects").

„Die für den Whistleblower entstehenden Risiken sind weitestgehend bekannt und gut dokumentiert. Er muss damit rechnen, den massiveren Formen des Mobbings ausgesetzt zu werden und seinen Arbeitsplatz zu verlieren. Außerdem muss man sich vor Augen führen, dass der ganze Prozess für den Whistleblower von den ersten deutlichen Beeinträchtigungen bis zu dem Zeitpunkt, wo er wieder Ruhe gefunden hat, zumindest zwei, in manchen Fällen mehr als fünf Jahre dauert." (Rohde-Liebenau 2004, S. 9) Die rechtlichen Konsequenzen sind für Whistleblower dann ernüchternd: „Ihm wird dann regelmäßig die Verletzung von Betriebsgeheimnissen und arbeitsvertraglicher Treuepflichten vorgeworfen werden, was den Arbeitgeber tatsächlich zur Kündigung berechtigen kann." (Peter und Rohde-Liebenau 2004, Peter und Rohde-Liebenau 2004, S. 616) Transparency International hat im Rahmen der Corporate-Governance-Diskussion im Rahmen der Korruptionsbekämpfung gefordert, die deutschen Gesetze entsprechend zu ergänzen (Von Hein 2008, S. 461).

> **Beispiel**
>
> Zwischen Hochverrat und Zivilcourage – der ehemalige technische Mitarbeiter unterschiedlicher US-amerikanischer Geheimdienste Snowden (vgl. Abb. 10.5) – zuletzt im Auftrag der National Security Agency (NSA) hatte 2013 die Spionageaktivitäten US-amerikanischer und britischer Geheimdienste öffentlich gemacht. Als Computerexperte war Snowden zuletzt Angestellter der Unternehmensberatung Booz Allen Hamilton und arbeitete hier für die NSA. Er hatte den Zeitungen „Guardian" und auch der „Washington Post" Informationen über das Programm Prism überlassen, mit dem die NSA Nutzerdaten von Unternehmen wie Google und Facebook auswerten. Dafür musste er aus den USA flüchten, weil er dort mit Haftbefehl wegen Spionage gesucht wurde. Die

8. November 2013 15:06 Whistleblower Edward Snowden
Auslieferung als Schicksal

Abb. 10.5 Whistleblower Edward Snowden. (Quelle: www.sueddeutsche.de/politik/whistleblower-edward-snowden-auslieferung-als-schicksal-1.1813597)

Vereinigung Deutscher Wissenschaftler (VDW), die Internationale Vereinigung von Anwälten gegen Atomwaffen (IALANA) und Transparency International verliehen ihm im gleichen Jahr den Whistleblower-Preis.

10.4.4 Rechtlicher Rahmen des Risikomanagements

Risikomanagement ist vor allem für kapitalmarktnotierte Unternehmen theoretisch kein optionales Handlungsfeld, nachdem im Prinzip jedes Unternehmen klare Regeln über den Umgang mit Hinweisen und eine Fairnessgarantie für faire Hinweisgeber zu internen Risiken geben sollte. Die hier genannten Rahmenbedingungen sind nur grob angedeutet, um die Problematik einer normativen Risikokommunikation vor dem Hintergrund der auch rechtlich geprägten Unternehmensrealität zu verdeutlichen. Für juristische Details wird auf die Fachliteratur verwiesen.

> Nach § 91 II des Aktiengesetzes hat der Vorstand geeignete Maßnahmen zu treffen, insbesondere ein Überwachungssystem einzurichten, damit den Fortbestand der Gesellschaft gefährdende Entwicklungen früh erkannt werden. Im Falle der Aktiengesellschaft ist diese Verpflichtung vor einigen Jahren auf die gleiche Ebenen, wie das Führen von Handelsbüchern gehoben worden und insbesondere an erhebliche, zivil- und strafrechtliche Haftungsrisiken des Vorstands geknüpft. § 91 Abs. 2 AktG verlangt nichts anderes als ein effektives Risikomanagementsystem. Tatsächlich gehört das Risikomanagement in allen Organisationsformen zu den Grundanforderungen ordentlicher Unternehmensführung. (Rohde-Liebenau 2004, S. 3)

Tab. 10.1 Wesentliche Regelungen des Sarbanes Oxley Act 2002. (Quelle: Rohde-Liebenau 2004, S. 5)

Wesentliche Regelungen	Bedeutung in Deutschland
Verlangt zwingend einen unabhängigen internen Prüfungsausschuss oder Wahrnehmung der Aufgaben durch den Aufsichtsrat	Gilt herkunftsunabhängig für alle Unternehmen, die der US-Börsenaufsicht
Regelt strenge Verantwortung von CEO, CFO und Prüfern sowie deren Unabhängigkeit	unterliegen, und sei es über verbundene Unternehmen, sei es nur über von ihnen eingesetzte Finanzinstrumente
Schützt Mitarbeiter, die anonyme Hinweise auf Missstände geben, umfassend vor Diskriminierung	Whistleblower-Regelungen sind als Konkretisierung der KonTraG-Regeln zum Risikomanagement zu verstehen
In Kraft seit 30.07.2002	Geringen Umsetzungskosten stehen erhebliche Sanktionen gegenüber

„Außergewöhnlich ist aber, dass ein fremdes nationales – nämlich US-amerikanisches Gesetz bereits unmittelbare Auswirkungen in Deutschland hat und das gerade im Bereich des Schutzes von Hinweisgebern: der Sarbanes-Oxley-Act von 2002." (Rohde-Liebenau 2004, S. 5) Den US-amerikanischen sogenannten Sarbanes Oxley Act gibt es seit 2002 (vgl. Tab. 10.1). Dabei handelt es sich um ein Gesetz zur Verbesserung der Transparenz in der Unternehmensberichterstattung und zur Verbesserung der Unabhängigkeit der Prüfer. Es enthält auch wichtige Regeln zum Schutz von Hinweisgebern. Es gilt für alle Unternehmen, deren Aktien an US-amerikanischen Börsen gehandelt werden, sowie für alle Unternehmen, die mit diesen verbunden sind. „In Deutschland gilt dieses Gesetz für ca. 2000 Unternehmen, die Tochtergesellschaften ausländischer Unternehmen miteingeschlossen – also ein wesentlicher Teil unserer Wirtschaft." (Rohde-Liebenau 2009, S. 5)

10.4.5 Fazit: Whistleblowing als Teil einer kulturgeprägten Corporate Governance

Im Thema „Whistleblowing" stoßen im Extremfall die Stakeholder-Ansprüche auf unternehmerisch gelebte Prioritäten in der besonderen Weise, dass die Whistleblower als Angestellte des Unternehmens die externen Stakeholder- Ansprüche in die Organisation hineintragen. – Positiv betrachtet könnte Whistleblowing als Teil einer institutionalisierten Kultur der Corporate Governance interpretiert werden. Corporate Governance als Rahmen der Unternehmensverfassung soll auch opportunistisches Verhalten eingrenzen, das sich effektiv weniger durch Regelwerke, sondern vor allem durch kulturelles Management durchsetzen läßt (vgl. Lies 2010, S. 14). Würde zu Whistleblowing durch das eigene Management einschlägig motiviert, könnte vermutlich das Risiko von Skandalen sich spürbar senken lassen.

10.5 Juristische Kommunikation (Litigation Public Relations)

Jan Lies

10.5.1 Die Kommunikationsrelevanz einer gerichtlichen Auseinandersetzung 297
10.5.2 Anforderungen an die juristische Kommunikation 298
10.5.3 Die Handlungsfelder der Litigation-PR 300
10.5.4 Abwägung von Ansprüchen: legal vs. legitim 301

Leitfragen
1. Inwieweit sind juristische Auseinandersetzungen kommunikationsrelevant?
2. Wie ist Litigation Public Relations zu übersetzen? Welche Dimensionen umfasst sie?
3. Welche Handlungsfelder gehören zur juristischen Kommunikation?
4. Inwieweit können juristische Beratung und PR-Beratung konfliktär sein?

Juristische Auseinandersetzungen können den Ruf eines Unternehmens gefährden. Für die Reputation ist nicht nur entscheidend, dass langwierige Prozesse für eine negative Aufmerksamkeit sorgen können, wenn beispielsweise das Verhalten von Führungskräften oder Skandale juristische Folgen für eine Organisation haben. Ebenso wichtig ist es, „Legalität" und „Legitimität" auseinanderzuhalten. Prominentes Beispiel ist hier der Mannesmann-Prozess, der trotz Einstellung des Verfahrens zu Imageschäden geführt hat (vgl. Abb. 10.6).

10.5.1 Die Kommunikationsrelevanz einer gerichtlichen Auseinandersetzung

Die Kommunikationsrelevanz juristischer Auseinandersetzungen zeigt der prominente Prozess im Zuge der Mannesmann-Übernahme: Vodafone und Mannesmann hatten sich im Jahr 2000 auf die Übernahme geeinigt. Dem Vorstandsvorsitzenden der Deutschen Bank, Josef Ackermann als Mitglied des Aufsichtsrats, und anderen Angeklagten war von der Staatsanwaltschaft Düsseldorf Untreue oder Beihilfe dazu vorgeworfen worden. Die Staatsanwaltschaft erhob 2003 Anklage. Im Kern ging es um 57 Mio € Prämien und Abfindungen, die im Jahr 2000 geflossen waren. Gegen millionenschwere Geldauflagen ist der Düsseldorfer Mannesmann-Prozess im November 2006 eingestellt worden (vgl. Jahn 2006).

Medien kommentierten, dass der Mannesmann-Prozess für den Chef der Deutschen Bank nicht mit einem „Freispruch zweiter Klasse" endete. „Als die Taten begangen wor-

---

J. Lies (✉)
FOM Hochschule für Oekonomie & Management, Essen, Deutschland
E-Mail: jan.lies@fom.de

Abb. 10.6 Die Berichterstattung über den Prozess als Imagefaktor. (Quelle: Focus/www.focus.de, 21. Dezember 2005)

den sein sollen, waren zahlreiche relevante Rechtsfragen (…) ungeklärt. Weder Juristen noch Wirtschaftsprüfer hätten vor fast sieben Jahren von den Zahlungen konkret abgeraten; sogar die Staatsanwaltschaft habe sie für zulässig gehalten. Die verbleibenden Fragen, insbesondere zum ‚subjektiven Tatbestand', ließen sich nicht mehr in einem überschaubaren Zeitraum rechtskräftig klären." (Jahn 2006) Weitere Fragen wie die Vertragsgrundlage, die Anreizwirkung und eines Schadens im Konzern begründeten kein Interesse mehr an der Strafverfolgung. – Diese Botschaften der juristischen Korrektheit wirken inszeniert, um Imageschäden möglichst einzudämmen. Dass diese dennoch spürbar sind, dokumentiert die prozessbegleitende Medienaufmerksamkeit, im Rahmen derer auch das „V-Foto" des Vorstandsvorsitzenden bekannt wurde (vgl. Abb. 10.6 und 10.7).

10.5.2 Anforderungen an die juristische Kommunikation

Juristische Begleitkommunikation kann als Nachbardisziplin der Krisenkommunikation gekennzeichnet werden (O. V. 2007, S. 66), muss aber kein Krisenfall sein. Denn als Kom-

Abb. 10.7 Das „V-Foto" von Josef Ackermann. (Quelle: Frankfurter Allgemeine Zeitung/www.faz. net, 27. Oktober 2006)

munikationsberatung ist sie bereits im Vorfeld juristischer Auseinandersetzungen einzubeziehen. Dies gilt vor allem, wenn eine Organisation selbst die juristische Klärung eines Sachverhalts sucht. Darum ist Litigation (englisch: Gerichtsverfahren, Streitsache) Public Relations nicht nur auf den Prozess an sich zu beziehen, sondern auch auf die Sachverhalte, die zu der möglichen juristischen Prüfung führen. Daher zählt Litigation-PR vor allem zum Reputationsmanagement (vgl. Holzinger und Wolf 2013, S. 18).

Grundsätzlich zu unterscheiden sind hierbei Angriffs- und Verteidigungsmandate: „Bei Angriffsmandaten soll mit Litigation-PR die jurisitische Verfolgung von Ansprüchen unterstützt werden. Bei Verteidigungsmandaten steht dagegen der Schutz der Reputation des Mandanten im Zentrum." (Schmitt-Geiger 2013, S. 294)

Bei beiden Typen der Litigation PR gilt: „Das Kommunikationsteam muss eng und gut mit den Rechtsberatern zusammenarbeiten, damit Konsistenz herrscht zwischen den Kommunikationsmaßnahmen und -inhalten einerseits sowie den juristischen Strategien und Zielen andererseits." (Burson-Marsteller ohne Datum) „Ein geschicktes Zusammenspiel mit den Medien kann durchaus auch dazu führen, dass der Anwalt die Rechercheergebnisse eines „ermittelnden" Journalisten für seinen Fall nutzen kann. Das bedingt allerdings ein ausgeklügeltes System von Geben und Nehmen, das auf einer ganzen Reihe ungeschriebener Gesetze und einem Verhaltenskodex gegenüber Medienvertretern beruht, die ein Litigation-PR-Spezialist kennen und ausnahmslos achten muss." (Holzinger und Wolf 2013, S. 21)

Nister et al. unterscheiden zwei zentrale Adressaten der Litigation-PR: Den „court of justice" und den „court of public opinion" – das Gericht und die öffentliche Meinung (vgl.

zur öffentlichen Meinung den Abschnitt „Basiswissenschaften der PR: Kommunikationswissenschaften" in Lies 2015). „Erschwert wird eine effektive Kommunikation allerdings häufig durch die kulturelle Heterogenität, einen gerade in der Anfangsphase noch oft geringen Kenntnisstand, eine stark diversifizierte Erwartungshaltung und komplexe rechtliche Rahmenbedingungen. Viele (…) Unternehmen neigen dazu, in einer solchen Situation nicht erst zu kommunizieren. Mit fatalen Folgen: Eine Umfrage von DaimlerChrysler (noch vor dem Enron-Skandal durchgeführt) zeigte, dass 60 % der (amerikanischen) Bevölkerung ein ‚no comment' mit einem Schuldeingeständnis gleichsetzen." (Nisters et al. 2005, S. 166)

„Wer Prozess-PR – oder allgemein juristische PR – betreibt, hilft Organisationen wichtige Interessen anzusprechen, die über die rechtlichen Angelegenheiten hinausgehen. (…) Da der Schaden, der außerhalb des Gerichtssaals verursacht werden kann, größer sein könnte als die Lösung rechtlicher Fragen, ist es im Interesse von Unternehmen, juristischen und PR-Rat einzuholen." (Sha 2013, Broom und Sha 2013, S. 168)

> **Beispiel: Der Fall des Bundespräsidenten Christian Wulff**
> Das Landgericht Hannover hat den im Februar 2012 zurückgetretenen Bundespräsident Christian Wulff freigesprochen. Wulff wurde im Kern vorgeworfen, als niedersächsischer Ministerpräsident illegale Zuwendungen des Filmunternehmers David Groenewold angenommen hat – in Höhe von 720 €. Zwei Jahre nach dem Rücktritt als Bundespräsident wurde Wulff juristisch freigesprochen.
>
> Den diversen Chronologien des Wulff-Prozesses, der inzwischen verfilmt wurde, ist zu entnehmen, dass vor allem der Umgang mit Vorwürfen und Medien zum politischen Scheitern des Staatsoberhauptes führten. Das lange Schweigen zu Beginn des Skandals öffnete den Raum für meist spekulative Medienberichte. Anfang 2012 soll Wulff Chefredakteur Kai Diekmann auf der Voicebox gedroht haben.
>
> Diese Beispiele zeigen, dass vor allem juristisch geprägte und beratende Persönlichkeiten auf Litigation-PR achten müssen, indem sie moralisch-ethische oft implizite Ansprüche bedienen.

Der Fall Wulff zeigt in besonderer Weise: „Das krisenauslösende Moment ist oftmals nicht der Gesetzesverstoß per se, sondern die mediale Berichterstattung darüber". (Heinrich 2012, S. 28) Um Litigation-PR erfolgreich zu betreiben, ist also die Beachtung einer Vielzahl von Handlungsfeldern erforderlich, die Litigation-PR auch zu einer Anwendung ethischen Managements macht, wie im Folgenden gezeigt wird.

10.5.3 Die Handlungsfelder der Litigation-PR

Folgende zentrale Handlungsfelder machen Litigation Public Relations zu einer instrumentenübergreifenden Kommunikationsdisziplin, die korrespondierende Projektstrukturen erfordern (in Anlehnung an Burson-Marsteller ohne Datum; vgl. auch Nisters et al. 2005, S. 166 f.):

- **Strategische Kommunikationsberatung und Krisenkommunikation:** Abstimmen der prozessbegleitenden Kommunikation mit der Gesamtstrategie. Formulieren von Argumentarien und Botschaften.
- **Issues Management:** Monitoring von Medienthemen im Rahmen des Prozesses. Aktion und Reaktion.
- **Investor Relations:** Welche kursrelevanten Einflüsse ergeben sich durch den juristischen Prozess?
- **Public Affairs:** Netzwerkbildung mit juristischen und gegebenenfalls politischen Entscheidern.
- **Media Relations:** Formulieren eines Positionenpapiers zum juristischen Brennpunkt. Erklären der juristisch relevanten Rechtslage in einfachen Worten.
- **Interne Kommunikation:** Rollen von Vorständen und Aufsichtsräten festlegen, Sprachregelungen für Führungskräfte bereitstellen, Mitarbeiter über die Eckpunkte des Prozesses informieren.

Maßgeblich ist nicht nur die interdisziplinäre Anforderung an Litigation-PR, sondern auch der Aspekt der Prozesskommunikation im Sinne der zeitlichen Dauer (siehe hierzu zu Abschn. 5.6 „Interne Kommunikation – als Prozesskommunikation").

10.5.4 Abwägung von Ansprüchen: legal vs. legitim

Hinzu kommt ein kulturelles Phänomen in der Rechts- und Kommunikationsberatung: Den Juristen muss es darum gehen, Recht zu bekommen. Es geht um die Verteidigung. Um die rationale Bewertung juristischer Fakten. Um Legalität. – In der Kommunikation geht es um mehr: Es geht um die Frage der Legitimität, also um die Frage, ob die mediale Öffentlichkeit aller Wahrscheinlichkeit nach die moralischen Werte gewahrt sieht und ob vor diesem Hintergrund reputationsschädigendes Skandalisierungspotenzial identifizierbar ist. Und damit geht es bei Litigation Public Relations auch um die Frage nach dem **Emotionspotenzial** der rechtlichen Angelegenheit. Das kann zu einer konfliktären Situation zwischen Rechts- und Kommunikationsberatung führen: Schädigt die Durchsetzung eines rechtlichen Anspruches die Reputation?

> Aus Kommunikationssicht geht es bei Litigation-PR nicht nur um „Legalität" im Sinne der Durchsetzung rechtlicher Ansprüche, sondern auch um „Legitimität" im Sinne der Wahrung von Stakeholder-Ansprüchen.

„Legalität" im Sinne der Durchsetzung rechtlicher Ansprüche und „Legitimität" sind auseinanderzuhalten und gegeneinander abzuwägen, bevor gegebenenfalls die juristische Auseinandersetzung gesucht wird. Dies muss sich der Entscheider, der Litigation Public Relations anstoßen will, bewusst machen, wenn er beide Beratungsdisziplinen an einen Tisch holt.

Literatur

Beck, U. (1986). *Risikogesellschaft. Auf dem Weg in eine andere Moderne.* Frankfurt a. M.: Suhrkamp.
Broom, G. M., & Sha, B.-L. (2013). *Cutlip and Center's ‚Effective Public Relations'*, Essex.
Burson-Marsteller. (ohne Datum). *Litigation Communications. Wenn rechtliche Auseinandersetzungen den guten Ruf gefährden*, Zürich.
Covello, V. T. (1986). Riskcommunication: A review of literature, Risk abstracts, Nr. 4, October 1986 (S. 172–182).
Deiseroth, D. (2000a). *Whistleblowing. Zivilcourage am Arbeitsplatz, Blätter für internationale und deutsche Politik* (S. 188–198).
Deiseroth, D. (2000b). Zur gesetzlichen Neuregelung des Schutzes von Whistleblowern/Informanten, Deutscher Bundestag, Ausschuss für Ernährung, Landwirtschaft und Verbraucherschutz, Ausschussdruckssache 16(10)850-I, 4.6.2008, Berlin.
Ditges, F., Höbel, P., & Hofmann, T. (2008). *Krisenkommunikation.* Konstanz.
Erben, R. F., & Romeike, F. (2003). Komplexität als Ursachesteigender Risiken in Industrie und Handel. In F. Romeike & R. B. Finke (Hsrg.), *Erfolgsfaktor Risiko-Management, Chancen für Industrie und Handel* (S. 43–64). Wiesbaden.
Hein, J. v. (2008). *Die Rezeption US-amerikanischen Gesellschaftsrechts in Deutschland.* Tübingen.
Heinrich, I. (2012). Litigation PR – Kommunikationsmanagement zum Schutz der Reputation im Gerichtssaal der öffentlichen Meinung. In L. Rademacher & A. Schmitt-Geiger (Hrsg.), *Litigation-PR: Alles was Recht ist: Zum systematischen Stand der strategischen Rechtskommunikation* (S. 23–40). Wiesbaden.
Holzinger, S., & Wolf, U. (2013). Im Namen der Öffentlichkeit – Litigation-PR als strategisches Instrument bei juristischen Auseinandersetzungen. Wiesbaden.
Hondrich, K. O. (2002). *Enthüllung und Entrüstung – eine Phänomenologie des politischen Skandals.* Frankfurt a. M.
Hribal, J. (1999a). Public Relations-Kultur und Risikokommunikation. Organisationskommunikation als Schadensbegrenzung. In W. Hömber, H. Pürer & U. Saxer (Hrsg.) *Forschungsfeld Kommunikation.* Konstanz.
Hribal, L. (1999b). Public Relations-Kultur und Risikokommunikation, Organisationskommunikation als Schadensbegrenzung. In W. Hömberg, H. Pürer, & U. Saxer (Hrsg.), *Forschungsfeld Kommunikation* (Bd. 10). Konstanz.
Jahn. (2006). Kein Freispruch zweiter Klasse. *Frankfurter Allgemeine Zeitung, 29.* November 2006.
Kepplinger, H. M. (2005). *Die Mechanismen der Skandalierung, die Macht der Medien und die Möglichkeiten der Betroffenen.* München.
Kepplinger, H. M. (2009). *Publizistische Konflikte und Skandale.* Wiesbaden.
Lehmann, K. (2001). *Public Relations in der Risikokommunikation*: Risiko PR. Düsseldorf.

Lies, J. (2010). Personaler als Zaungäste. *Personal, 5,* 14–15.
Lies, J. (2015). *Theorien des PR-Managements.* Wiesbaden: Springer Gabler (im Druck).
Möhrle, H., & Hoffmann, P. (2012). *Risiko- und Krisenkommunikation.* Berlin.
Nisters., et al. (2005). Litigation-PR. Herausforderungen und Aufgaben prozessbegleitender Kommunikation. *Z Organ Führ,* 165–170.
o. V. (2007). Kommunikation vor dem Gerichtssaal. *Kommunikationsmanager,* IV(2007), 66–67.
Perrow, C. (1992). *Normale Katastrophen. Die unvermeidbaren Risiken der Großtechnik.* Frankfurt a. M.
Peter, G., & Rohde-Liebenau, B. (2004). Whistleblowing – ein neues Thema für die Betriebsratsarbeit. *Arbeitsrecht im Betrieb, 10,* 615–621.
Peters, H. P. (1994). Risikokommunikation in den Medien. In K. Merten, S. J. Schmidt & S. Weischenberg (Hrsg.), *Die Wirklichkeit der Medien* (S. 329–351). Opladen.
Renn, O. (1991). Risikokommunikation – Bedingungen und Probleme eines rationales Diskurses über die Akzeptabilität von Risiken. In J. Schneider (Hrsg.), *Risiko und Sicherheit technischer Systeme* (S. 193–209). Basel.
Renn, O., & Levine, D. (1999). Credibility and Trust in Risk Communication. In R. E. Kasperson & P.-J. M. Stallen (Hrsg.), *Communicating Risks to the Public: international perspectives. Technology, Risk and Society* (Bd. 4, S. 175–218). Dordrecht.
Rohde-Liebenau, B. (2004). Interne Risikokommunikation – ein Merkmal nachhaltigen Managements in: Betriebliches Umweltmanagement (Gonimos Verlag), Rubrik 02.06, seit 11.2004. im Internet auffindbar unter www.risk-communication.de.
Romeike, F. (2003). Der Prozess des strategischen und operativen Risikomanagements. In F. Romeike & R. B. Finke (Hrsg.), *Erfolgsfaktor Risiko-Management, Chance für Industrie und Handel* (S. 43–64). Wiesbaden.
Rota, F. P., & Fuchs, W. (2007). *Lexikon Public Relations.* München.
Ruhrmann, G. (1991). Analyse von Technik- und Risikoberichterstattung. In J. Krüger & S. Rußmohl (Hrsg.), *Technikakzeptanz, Medien und Kommunikationsrisiken* (S. 145–174). Berlin.
Schmitt-Geiger, A. (2013). Litigation-PR – strategische Rechtskommunikation bei Unternehmenskrisen. In A. Thiessen (Hrsg.), *Handbuch Krisenmanagement* (S. 291–304). Wiesbaden.
Seidel, U. M. (2011). Grundlagen und Aufbau eines Risikomanagements. In A. Klein (Hrsg.), *Risikomanagement und Risiko-Controlling* (S. 21–50). Freiburg.
Treibel, A. (2006). *Einführung in soziologische Theorien der Gegenwart.* Wiesbaden.

Links

www.bfr.bund.de
www.risk-communication.de

Prof. Dr. Jan Lies ist Professor für Unternehmenskommunikation und Marketing an der FOM Hochschule für Oekonomie & Management in Dortmund/Essen.

Christian Schicha Professor für Medien- und Kommunikationsmanagement, Mediadesign Hochschule für Design und Informatik, Düsseldorf.

Strategische PR-Ansätze 11

Inhaltsverzeichnis

11.1 Markenkommunikation 306
Jan Lies
11.2 Kampagne 312
Jan Lies
11.3 Stakeholder-Management 320
Jan Lies
11.4 Stakeholder – als Umkehr des Managementprozesses? 324
Jan Lies
11.5 Stakeholder und Marketing 327
Jan Lies
11.6 Integrierte Kommunikation 332
Jan Lies
11.7 Corporate Identity 341
Jan Lies
11.8 Corporate Identity – Heritage Communication 348
Jan Lies
Literatur 354

PR im weiteren Sinne ist eine strategische Kommunikationdisziplin, für die unterschiedliche Ansätze diskutiert werden. Was unterscheidet und was verbindet die folgenden strategischen Ansätze von/mit den bisher vorgestellten PR-Disziplinen wie die Öffentlichkeitsarbeit oder die internationale Kommunikation, aber auch die anlassbezogenen Handlungsfelder des PR-Managements wie Change Communications oder die Krisenkommunikation? – Im Folgenden werden strategische Konzepte vorgestellt, auf die sich die bisherigen PR-Management-Themen konzeptionell beziehen sollten: So wird etwa PR als Corporate Identity mit der Bedeutung authentischer, eigener Werte hervorgehoben, die alles Handeln des Unternehmens prägen sollte. Mit der Markenkommunikation werden dagegen die gemeinsamen Werte von

Zielgruppen hervorgehoben, die die Markenkommunikation zu einem konzeptionellen Soll-Bestandteil des (internen) Kulturmanagements macht, wenn es auch in der Praxis wohl eher von der werblichen, externen Kampagnenkommunikation geprägt sein dürfte.

11.1 Markenkommunikation

Jan Lies

11.1.1	Marken früher und heute	306
11.1.2	Markenführung im Zeitalter von Web 2.0	307
11.1.3	Markenfunktionen	308
11.1.4	Zwischen individuellem Nutzen und sozialem Willen	309
11.1.5	Marke, Werbung und Public Relations	310

Leitfragen
1. Inwieweit hat sich das Markenverständnis verändert und weiterentwickelt?
2. Welche Funktionen erfüllt eine Marke?
3. Inwieweit bilden Marken heute eine Brücke zwischen individuellem Nutzen und kollektiviertem Handeln?
4. Wie lassen sich Marken kommunizieren?

Das Markenverständnis hat sich im Zeitablauf erheblich erweitert. Stand noch vor rund 20 Jahren oft der Kernnutzen im Mittelpunkt, den das Unternehmen definierte, sind heute die Wertewelten von Markengemeinschaften im Zentrum. Die Marke ist für das PR- und Kommunikationsmanagement ein strategischer Ansatz sowie auch ein Instrument für Organisationen, um ihr Leistungsversprechen rational und emotional darzustellen.

11.1.1 Marken früher und heute

Die funktionsorientierte Definition von Marke galt bis in die 1980er Jahre. Ursprünglich war die Marke ein physisches Kennzeichen der Herkunft von Produkten mit einem bestimmten Qualitätskennzeichen (Esch 2013, S. 18). Damit war die Absendersicht der Marke das prägende Element der Markenführung. – Heute wird die Marke eher aus Adressatensicht definiert: „Eine Marke (…) wird dann geboren, wenn sie ein positives, relevantes und unverwechselbares Image bei den Konsumenten aufbauen kann" (Esch 2005, S. 10). Oder: „Eine Marke kann als die Summe aller Vorstellungen verstanden werden, die ein Markenname (Brand Name) oder ein Markenzeichen (Brand Mark) bei Kunden

---

J. Lies (✉)
FOM Hochschule für Oekonomie & Management, Essen, Deutschland
E-Mail: jan.lies@fom.de

hervorruft bzw. beim Kunden hervorrufen soll, um die Waren oder Dienstleistungen eines Unternehmens von denjenigen anderer Unternehmen zu unterscheiden" (Burmann ohne Datum). Burmann et al. betonen in Abgrenzung zur markt-, ressourcen- oder kompetenzbasierenden Sichtweise der Markenentwicklung das nachhaltige Erfolgspotenzial identitätsbasierender Marken, um Selbst- und Fremdbild von Marken stabil zusammenzuführen (Burmann et al. 2012, S. 6 ff.).

Derzeit wird der Begriff Marke für Personen, Produkte, Dienste, Unternehmen und Politiker gleichermaßen genutzt. Ist das aber negativ, weil dies der Verwässerung eines Begriffs gleichkommt oder aber positiv zu bewerten, weil die hilfreichen Funktionen von Marken auch auf andere für Bezugsgruppen entscheidungsrelevante Situationen übertragen werden (vgl. Esch et al. 2005)?

- **Klassische Markendefinitionen** (absenderorientierte Definitionen):
  - Marke als physisches Kennzeichen für die Herkunft eines Markenartikels
  - Marke als Qualitätszeichen
- **Aktuelle Definitionen:**
  - Rechtliche Definitionen:
    - Marke als geschütztes Zeichen gemäß Markengesetz
    - „Als Marke können alle Zeichen, insbesondere Wörter einschließlich Personennamen, Abbildungen, Buchstaben, Zahlen, Hörzeichen, dreidimensionale Gestaltungen einschließlich der Form einer Ware oder ihrer Verpackung sowie sonstige Aufmachungen einschließlich Farben und Farbzusammenstellungen geschützt werden, die geeignet sind, Waren oder Dienstleistungen eines Unternehmens von denjenigen anderer Unternehmen zu unterscheiden." (Markengesetz § 3, vom 25. Oktober 1994, BGBl. I S. 3082, 1995, 156, zuletzt geändert durch Artikel 16 des Gesetzes vom 12. Dezember 2007, BGBl. I S. 2840)
  - Funktionsorientierte Definitionen: Marke als Identifikations- und Differenzierungsfunktion
  - Definitionen aus Gruppen- *und* Absendersicht
    - Marken sind Vorstellungsbilder in den Köpfen der Konsumenten.
    - Sie übernehmen eine Identifikations- und Differenzierungsfunktion und prägen das Wahlverhalten auf Basis von Wertewelten.

11.1.2 Markenführung im Zeitalter von Web 2.0

Im Zeitalter von Web 2.0, das von fast weltweiter kostengünstiger, großer Bandbreite und damit verbundenen Funktionalitäten gekennzeichnet ist, bekommt die kollaborative Markenführung Bedeutung, die mit unterschiedlichen Stichworten wie „Swarmbranding", „Co-Creation" oder auch Content Marketing" (vgl. zum letzten Stichwort den Abschnitt „Old School vs. New School der Public Relations" in Lies 2015) diskutiert wird.

„Markenkommunikation ist für Konsumenten bis heute noch in weiten Strecken ein ‚Über-sich-ergehen-lassen' von Kommunikationsbotschaften bzw. eine Einbahnstraße, ein Monolog von Unternehmen und seinen Zielgruppen. Seit den 1970er Jahren gewinnt die Dialogkommunikation an Bedeutung. (…) Gerade durch die Techniken des Web 2.0 kann der Konsument zum ersten Mal kommunikative Wirksamkeit erzielen. (…) Konsumenten haben einen Raum erhalten, in den sie selber Markeninhalte kreieren und archivieren sowie sich über Marken weltweit austauschen können, ohne dass die Unternehmen als ‚Markeneigentümer', in welcher Form auch immer, beteiligt sind" (Burgold et al. 2009, S. 14). Der Konsument wandelt sich vom passiven Erdulder zum gegebenenfalls aktiven „Prosument" (als Wortkrezung von „Produzent" und „Konsument"), die sich in ihren Formen und auf ihren Plattformen sowie Blogs und Social Media themenbezogen blitzschnell vernetzen, sodass das Bild der Schwarmintelligenz entsteht (vgl. Müller 2009, S. 24). Diese „Intelligenz" ensteht durch synchronisiertes Verhalten von Markeninteressierten, das in gemeinsamer Kritik, aber auch in der Kreation von Marken und Produkten liegt. Sie führt dazu, dass die Bedeutung der Werbung für die Marke schwindet. Stattdessen ist von einer „Wiederentdeckung des Kunden" die Rede (Munzinger und Wenhart 2012, S. 489). Dies manifestiert sich aus Sicht der werblichen Markenkommunikation an neuen Ansprüchen an die Unternehmens- und Markenkommunikation und schlägt sich vor allem an der Missachtung werblicher Markenkommunikation nieder sowie auch an der Mitgestaltung von Markenkommunikation und auch Markenprodukten (vgl. Munzinger und Wenhart 2012, S. 48).

Daher erfordert die Markenführung vor dem Hintergrund von Stakeholder-Ansprüchen auch jenseits der Märkte einen steten Abgleich ihrer Ansprüche mit der Leistungsfähigkeit der Marken eines Unternehmens. Die Abb. 11.1 soll dies verdeutlichen, indem sie diese nicht nur in der Zielfindung berücksichtigt. Zusätzlich gilt es auch Verhaltensanreize einzuführen, die markengerechtes Verhalten fördern:

11.1.3 Markenfunktionen

Die Marke erfüllt eine ganze Reihe von Funktionen, die sich aus individuellen Wahrnehmungs- und Entscheidungsprozessen Einzelner ergeben. Dabei werden diese Funktionen umso wichtiger, je mehr Alternativen und je mehr Informationsreize auf individuelle Entscheider einwirken (in Weiterentwicklung von Esch et al. 2005):

- **Komplexitätssenkung:** Marken senken die Komplexität (technisch, juristisch etc.), Produkte und Dienste durch ein konzentriertes Leistungsversprechen.
- **Halo-Effekt:** Bei einem Halo-Effekt werden zentrale Eigenschaften überbewertet und strahlen auf andere aus (griechisch: hálos – Lichthof). Der Halo-Effekt wird zum Teil als Überstrahlungseffekt bezeichnet und wird in vielen Disziplinen angewendet, wie auch im Marketing: Hier ermöglichen Marken, bestimmte Markenwerte auf alle Produkteigenschaften zu übertragen.
- **Transparenz:** Marken ermöglichen in Märkten mit vielen Produkten und Diensten Zu- und Einordnung.
- **Wiedererkennung:** Marken lassen sich beispielsweise in vollen Supermarktregalen schneller auffinden.

11 Strategische PR-Ansätze

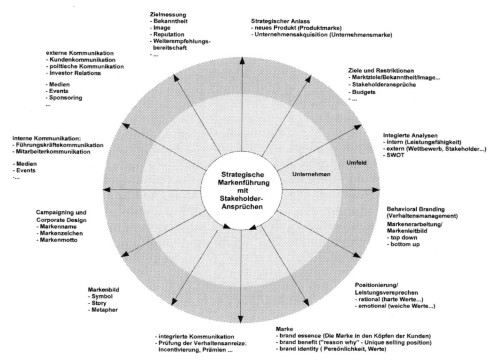

Abb. 11.1 Markenführung und -entwicklung als steter Kreislauf des PR-Managements

- **Differenzierung:** Abgrenzung von ähnlichen Produkten und Diensten.
- **Orientierung:** Damit stiften Marken Orientierung und tragen zur Entscheidungsfindung bei.
- **Identifikation:** Marken bilden Reflektionsflächen für eigene Werte.
- **Vertrauen:** Marken schaffen Vertrauen durch konstante Erfüllung bestimmter Markeneigenschaften.
- **Loyalität:** Beitrag zur Kundenbindung.
- **Preisstabilisierung:** Die Marke baut einen gewissen Preisspielraum auf.
- **Planungssicherheit:** Marken leisten damit einen Beitrag zur Planungssicherheit in Absatz/Vertrieb/Produktentwicklung.

11.1.4 Zwischen individuellem Nutzen und sozialem Willen

Die Definitionen und Markenfunktionen zeigen, dass die Markendefinition heute vor allem aus **Sicht ihrer Zielgruppen** denkt. Die Marke als Managementinstrument verknüpft die Produktpolitik mit gruppenbezogener Kommunikation: „Die Markenführung ist eng mit der Produktpolitik verknüpft. Die Marke dient als Träger von vorteilhaften Assoziationen des Kunden mit konkreten Produktangeboten im Sortiment des Unternehmens" (Kotler et al. 2007, S. 509). Dabei ist die Formulierung „des Kunden" (Einzahl) wichtig.

Denn erfolgreiche Marken erfüllen ihre Funktionen dann, wenn sie gruppenbezogen funktionieren **und** personenbezogen fundiert sind.

▶ Die Differenz zwischen Produkt und Marke besteht in individuell wahrgenommenen Nutzen oder Werten, die aber innerhalb einer Marken**gemeinschaft** gelten.

„Marken zu managen heißt, Assoziationen zu managen. Eine Marke symbolisiert und verspricht dem Kunden das, was er mit ihr assoziiert. Diese Assoziationen entstehen bei kommerziellen (und bei anderen) Marken hauptsächlich durch persönliche Erfahrungen mit dem durch sie markierten Produkt (nicht aber mit der Markierung per se) und durch analoge Erfahrungen und Berichte anderer Personen" (Kotler et al. 2007, S. 511). Das heißt: Wenn ein Nutzer allein diesen funktionellen oder emotionalen Nutzen wahrnimmt, hilft das dem Anbieter wenig. Erst wenn eine **Gruppe** die gleichen entscheidungsrelevanten Werte zugrunde legt, ist eine Marke erfolgreich (vgl. Tab. 11.1).

▶ Die Kraft von Marken entwickelt sich aus gruppendynamischen Prozessen heraus.

Daher wird eine Marke zum Teil auch als „sozialer Wille" bezeichnet. „Markentechnik versteht sich als Führungstechnik, um flüchtige Sozialnetzwerke zwischen Käufern und Produkten zu dauerhaften zwischen Kunden und Marken umzubilden" (Deichsel 1993, S. 46 f.). „Marken führen heißt Massen führen" (Deichsel 1993, S. 75).

▶ Diese Diskussion fand schon statt, weit bevor das Web 2.0 zu Stichworten wie Swarmbranding oder „Co-Creation" führte. Das zeigt, dass die Phänomene des Internets nicht neu sind, sondern nur eine Betonung oder besondere Sichtbarkeit längst bekannter Effekte darstellen.

Genau hier bietet es sich für die PR-Theorie deshalb an, ihre oft unspezifisch geführte Vertrauensdiskussion zu konkretisieren: Welche Modellumgebung so ein kollektiviertes Verhalten individueller Entscheider möglich macht siehe Abschn. 6.4.4 „PR-Theorien: System-funktionalistische Synthese – Lies".

11.1.5 Marke, Werbung und Public Relations

Wie stehen Marken, PR und Werbung zueinander? – Praktisch arbeiten sie im Wettbewerb um knappe Unternehmensressourcen oftmals wettbewerblich und stehen theoretisch konfliktär nebeneinander. Die Rolle von Public Relations als Unternehmenskommunikation variiert hier von Unternehmen zu Unternehmen. „Während PR von den Marketingexperten als ein mögliches Instrument eingestuft wird, verstehen die PR-Abteilungen ihr Wir-

Tab. 11.1 Individuelle und kollektivierte Aspekte einer Marke. (Quelle: in Konkretisierung von Kotler et al. 2007, S. 510 f.)

Markenfunktion		Bezug
Eigenschaften	Die Marke weist bestimmte Eigenschaften auf. Zum Beispiel Mercedes: teuer, haltbar, solide. Organisationen stellen diese Assoziationen als Differenzierungskriterium heraus.	Objektbezug der Marke
Nutzen	Funktionaler oder emotionaler Nutzen: So lassen sich die Eigenschaften des Mercedes „haltbar" mit „Langlebigkeit" und „solide" mit „Sicherheit und Schutz" in Kundennutzen übersetzen.	Individueller Markenbezug
Werte	Der Wert der Marke Mercedes besteht beispielsweise in der Zuverlässigkeit.	Personenübergreifender Bezug
Kultur	Die Marke bedient die Kultur ihrer Markengemeinschaft mit einer bestimmten Produkt- oder Markenkultur. Mercedes-Fahrer sprechen von einer Fahrkultur.	Gruppenbezogener Markenbezug

ken als umfassende Kommunikations- und Managementfunktion in Bezug auf alle denkbaren Stakeholder sowie Shareholder. Und da ist Produkt- und Markenkommunikation nur eines der denkbaren Tools" (Rademacher 2009, S. 75). Besonders deutlich wird dies in der US-amerikanischen Marketingpraxis, in der PR als Presse- und Eventarbeit sehr viel vertriebsnäher praktiziert wird. Dies wird zum Teil in der in Deutschland veröffentlichten Marketingliteratur sehr unreflektiert übernommen, wenn PR als Teil des Kommunikationsmixes im Marketingmix auftaucht. Dies ist für die hiesige Unternehmenspraxis mit dem starken Anteil von PR als Unternehmenskommunikation, interner Kommunikation oder Change Communications mehr als skurril. Auch theoretisch ist diese Verortung fraglich, da das PR-Management eher selten direkt marktorientiert arbeitet, sondern eher die Multiplikatorenansprache sucht.

Aber auch innerhalb der Werbung ist der operative Umgang mit Marken erst noch zu erlernen. Nach arbeitsintensiven Markenbildungsprozessen mit spezialisierten Markenberatungen stellt sich oft die Frage, wie die Marke ihre Funktionen zur Wirkung bringen kann: Eine Marke für die Adressaten authentisch mit Leben zu füllen, sie erlebbar zu machen, sie stetig im Gleichschritt mit ihren Markengemeinschaften zu aktualisieren und sie mit Hilfe der Massenmedien in Szene zu setzen, ist mit dem analytischen Anspruch der Markenentwickler oft nicht vereinbar, die ihrerseits dann korrespondierende Probleme mit der operativen Bearbeitung von Marken in der Werbung haben. Nach langen Diskussionen reduziert sich der Umgang mit der Marke oft auf die Kommunikationsverhinderung: „Don't touch the brand." – Einen aktuellen, erlebnisorientierten Ansatz der Markenführung zu finden, wie ihn Google mit den „Doodles" („Gekritzel") als fast täglich aktuelle Anpassung des Logos praktiziert, gehört zu den aus PR-Sicht wünschenswerten Ausnahmen. Er ist deshalb wünschenswert, weil die Doodles die aktuelle Erlebnisfähigkeit der Marke Google als Suchmaschine unterstützen.

Theoretisch sind Marken aus strategischer Sicht ein wertorientierter Kommunikationsansatz der integrierten Kommunikation. In der Praxis werden Marken zum Teil von der Werbung mit operativ werblichem Akzent geführt, zum Teil aber auch als strategische Positionierungen von Marken- oder Marketingabteilungen. Auf die Frage, wie eine definierte Marke anzuwenden sei, ist aus Sicht des PR- und Kommunikationsmanagements lange klar, dass die Marke nicht allein auf die werbliche Kommunikation zu reduzieren ist: Darum hat sich die Marke zu einem Teil des PR- und Kommunikationsmanagements entwickelt.

Im Sinne von integrierter Kommunikation bespielt die PR diese Wertewelt. Von Pressearbeit über Onlinekommunikation bis Eventkommunikation oder Sponsoring.

11.2 Kampagne

Jan Lies

11.2.1 Kampagnen als zeitlich-dramaturgische Kommunikationsstrategien 313
11.2.2 Versuche zur Weiterentwicklung des Kampagnenbegriffs 313
11.2.3 Zentrale Elemente einer Kampagne 314
11.2.4 Fazit 319

Leitfragen
1. Wie lassen sich Kampagnen kennzeichnen? Was haben sie mit integrierter Kommunikation zu tun?
2. Inwieweit droht der Kampagnenbegriff zu verwässern?
3. Was bedeuten Kampagnenkennzeichen wie Inszenierung und Dramaturgie?

„Wie viele Begriffe und Praktiken der Public Relations ist auch der von der PR verwendete Kampagnenbegriff nicht eindeutig definiert. Insbesondere eine Abgrenzung von Werbe-, Marketing- und PR-Kampagne ist in der Praxis kaum möglich" (Rötger 2001, S. 9). Da die Abgrenzungsdiskussion zwischen den Kommunikationsdisziplinen in den entsprechenden Abschnitten geführt wird, findet sie hier nicht statt. Vielmehr ist hier unter dem Stichwort „Inszenierung" die Frage zu stellen, wie im Sinne der integrierten Kommunikation Instrumente aus unterschiedlichen Kommunikationsbereichen unter dem Dach einer Kampagne eingesetzt werden.

J. Lies (✉)
FOM Hochschule für Oekonomie & Management, Essen, Deutschland
E-Mail: jan.lies@fom.de

11.2.1 Kampagnen als zeitlich-dramaturgische Kommunikationsstrategien

Folgende Definitionen finden sich in der Literatur für den Kampagnenbegriff.

Bentele definiert: „Der Begriff Kampagne bezeichnet gewöhnlich einen zeitlich befristeten, thematisch begrenzten, über das Basisniveau routinemäßiger oder kontinuierlicher Aktivität der Organisation deutlich hinausgehenden, öffentlichen Informations- bzw. Kommunikationsprozess, der der Verwirklichung von meist klar identifizierbaren Zielen dient. Ziele sind z. B. die Herstellung bzw. Erreichung öffentlicher Aufmerksamkeit, die Herstellung, Verbesserung oder Stabilisierung von Images, Glaubwürdigkeit und Vertrauen, Interesse (an Produkten/Dienstleistungen oder der Organisation selbst), die Veränderung von Einstellungen oder auch von Verhalten/Handlungen bei potenziellen Rezipienten von Kampagnen" (2004, S. 307).

Röttger definiert: „Unter PR-Kampagnen werden hier dramaturgisch angelegte, thematisch begrenzte, zeitlich befristete kommunikative Strategien zur Erzeugung öffentlicher Aufmerksamkeit verstanden, die auf ein Set unterschiedlicher kommunikativer Instrumente und Techniken – werbliche Mittel, marketingspezifische Instrumente und klassische PR-Maßnahmen – zurückgreifen" (2001, S. 10.). „Kennzeichen von PR-Kampagnen ist, dass sie Wirklichkeit dramatisch inszenieren – und dies in der Regel in medienadäquater Form" (2001, S. 10.). „Dramaturgisch wohl überlegte, kampagnenförmige Inszenierungen sind immer häufiger nötig, um angesichts des Überangebots an Informationen öffentliche Aufmerksamkeit zu erhalten" (2007, S. 381). Charakteristisch für die meisten Kampagnen ist gerade die Kombination unterschiedlicher Verfahren und Instrumente aus Werbung, Marketing. „Erfolgreiche Kampagnenkommunikation ist zugleich integrierte Kommunikation" (2007, S. 382).

11.2.2 Versuche zur Weiterentwicklung des Kampagnenbegriffs

> Kampagnen sind in einem bestimmten institutionellen Rahmen dramaturgisch angelegte, thematisch begrenzte, zeitlich befristete kommunikative Strategien zur Erzeugung von Aufmerksamkeit, zur Schaffung von (Problem-)Bewusstsein zur Vorbereitung von Entscheidungen oder zur Mobilisierung von Unterstützung, die auf ein Set unterschiedlicher Instrumente und Techniken aus Werbung, Marketing und PR zurückgreifen. (Longchamp 2005, S. 3)

Diese Definition reiche nach Longchamp **nicht** aus, um auch neuere Entwicklungen im Kampagnengeschehen richtig zu erfassen. „Die klassische politische Kampagne ist nicht mehr nur da, um zu mobilisieren oder um Entscheidungen zu ermöglichen, sondern wird bisweilen zur eigentlichen Themenkampagne" (2005, S. 3). „Politische, wirtschaftliche und kulturelle Akteure, die in einem hohen Maße der massenmedialen Öffentlichkeit ausgesetzt sind, betreiben permanent irgendeine Kampagne. Sie sind damit die eigentlichen Adressaten von Campaigning" (2005, S. 3). „Campaigning (…) ist eine dynamische Form der Öffentlichkeitsarbeit. Sie ist zielorientierte Kommunikation, die bestrebt ist, optimale Wirkungen im Sinne des vorgegebenen Zieles zu erreichen" (2005, S. 3). „Campaigning hat eben nicht eine einzige Entscheidung, ein einziges verkanntes Problem oder ein einziges Verhalten vor Augen. Campaigning ist übergreifend. Campaigning ist ein Instrument der Prozesssteuerung für Politik, Wirtschaft und Kultur (…)" (2005, S. 3). Damit wäre der Kampagnenbegriff verwässert, da er von integrierter, konzeptioneller oder strategischer Kommunikation *nicht mehr zu unterscheiden* ist.

Diese Problematik findet sich auch bei Metzinger, der mit dem Ansatz des Business Campaigning über den kommunikations- oder disziplinenbezognen Managementansatzes hinausgeht. Er setzt die Begriffe „Unternehmen" und „Kampagne" synonym, da jede Kampagne ein Unternehmen (als Vorhaben) sei (vgl. Metzinger 2002, S. 4). Damit führt der Beitrag in eine frühe betriebswirtschaftliche Debatte um die Abgrenzung von Betrieb (= von der Wirtschaftsordnung unabhängige Institution zur Leistungserzeugung), Unternehmung (= Institution in der Wirtschaftsordnung der Marktwirtschaft zur Leistungserzeugung) und Unternehmen (= Vorhaben, evtl. ein Projekt oder Standort) (Freiling und Reckenfelderbäumer 2010, S. 41). Sie wird hier nicht weiter verfolgt, und diese Begriffe werden synonym verwendet.

Metzinger betont den überbauartigen Charakter von Kampagnen, der Fachdisziplinen der Kommunikation und Unternehmensführung mit Hilfe einer „Leitidee" verbindet und die Feldarbeit zur Umsetzung integriert. Als eine Facette des Business Campaigning wird das Element der *Intervention* von Kampagnen hervorgehoben, die als direkte Eingriffe in Prozesse und Zustände auf ein bestimmtes Ziel hin definiert werden. Als Beispiele nennt er Preissenkungen oder Reorganisationen (vgl. Metzinger 2004, S. 34 f.), sodass das Business Campaigning vom ideen- und prinzipiengesteuerten (strategischen) Management nicht mehr zu unterscheiden ist.

11.2.3 Zentrale Elemente einer Kampagne

Im Anschluss an Bentele und Röttger wird hier der zeitlich geschlossene und dramaturgische Kampagnenbegriff diskutiert, der durch eine gemeinsame Idee oder Story zu einem bestimmten Ziel beiträgt.

- **Kritik am Kampagnenbegriff Benteles:** Der bei Bentele vorherrschende **Öffentlichkeitsbegriff**, der auch in der obigen Diskussion angewendet wird, ist einmal mehr zu kritisieren und ist für den Standardfall durch Teilzielgruppen oder ähnliche Eingrenzung zu konkretisieren. Kampagnen sind im Idealfall adressatenspezifisch angelegt. Im Rahmen der internen Kommunikation sind beispielsweise Mitarbeiter oder Führungskräfte die Adressaten von Kampagnen. Bei der Vertriebskommunikation steht beispielsweise nur die Händlerkommunikation im Fokus und dennoch sind die prägenden Kampagnenmerkmale erfüllt.
- **Kritik am Kampagnenbegriff von Röttger:** Das Merkmal **Strategie** ist vermutlich nicht per se als Kampagnenmerkmal zulässig. Der Beitrag zum Aufbau und zum Erhalt von Erfolgspotenzialen im Sinne des managementorientierten Strategiebegriffs ist im

Fall von Image- oder Produkteinführungskampagnen sicher erfüllt. Eine Werbekampagne für ein kleineres Produkt wäre aber eine unechte Strategie (siehe Abschn. 12.3–12.8 „Kommunikationsstrategie").

Die Frage ist, ob nicht die durchgängige (Kommunikations-)Idee die in beiden Definitionen mit den Stichworten „dramaturgisch" oder „Thema" anklingen, ein wesentliches Merkmal von Kampagnen ist.

Auch bei Avenarius wird die Bedeutung der Idee deutlich (vgl. Tab. 11.2), obwohl der Kampagnenbegriff bei ihm tendenziell im allgemeinen PR-Konzept aufgeht, wie folgendes PR-Kampagnenschema zeigt (vgl. Abschn. 12.1 „Kommunikationskonzept und -briefing") (Avenarius 2000, S. 198 f.):

Tab. 11.2 PR-Kampagnenschema von Avenarius. (Quelle: mit leichten Änderungen aus Avenarius 2000, S. 198 f.)

Abfolge der Planung		Arbeitsschritte und Instrumentarium zur Erarbeitung
1.	Analyse	
1.1	Problemstellung/Ziele des Auftraggebers	Recherchen, Aufbau eines Problemarchivs, Datenbanken
1.2	Lösungsvorschlag	Argumentationskatalog der Organisation/des Auftraggebers
1.3	Stärken/Schwächen der Organisation/des Auftraggebers	Organisationsinterne Interviews, Imageuntersuchungen
1.4	Teilöffentlichkeiten = betroffene/interessierte Publika	Lebensweltforschung und andere Formen der Felduntersuchungen
1.5	Akzeptanz und Widerstände für beziehungsweise gegen Lösungsvorschlag	Inhaltsanalyse der Presse, demoskopische Befragungen
1.6	Prognose/Szenarien auch zu den Rahmenbedingungen des Problems	Wissenschaftliche Studien oder Befragungen, eigene Überlegungen
2.	Strategische Planung	
2.1	Kommunikative Zielsetzung	Image- oder Meinungskampagne; bei Meinungskampagne über
		Aufklärungskampagne (Wissen, Bewusstsein, Vorstellungen von neuen Sachverhalten)
		Akzeptanzkampagne (Meinungen und Einstellungen)
		Kampagne zur Verhaltensänderung
		Kampagne für einen kulturellen Wandel
2.2	Zeithorizont	

Tab. 11.2 (Fortsetzung)

2.3	Positionierung im Meinungsmarkt	Formulieren der zentralen Aussage der Botschaft, Pre-Tests der Inhalte
2.4	Zielgruppen=Adressaten der PR-Aktionen	Markt- und Meinungsforschung
2.5	Interne Zielgruppen	Interne Interviews und Befragungen
2.6	Multiplikatoren der eigenen Botschaft der gegnerischen Botschaft	Feldstudien
2.7	Meinungsführer innerhalb einer Zielgruppe oder Teilöffentlichkeiten	Feldstudien
3.	Das Kampagnenkonzept	
3.1	Die zentrale PR-Idee	Gegen Findung und Machbarkeitsprüfung; bei Images: Überprüfung der korrekten Corporate Identity
3.2	Medienstrategie	
3.2.1	Die Medienauswahl (=Werbeträger): Pressemedien, orale Medien, Aktionsmedien, Schaumedien, Vorbilder (zum Beispiel Stars, VIPs), Internet	Mediaanalysen
3.2.2	PR-Instrumente (=Werbemittel): Reden und Statements, Pressekontakte, Publikationen, Anzeigen, Spots, Placements, Veranstaltungen und Aktionen	Mediaanalysen
4.	Umsetzung	
4.1	Redaktion	Inhalte aufbereiten und Texten
4.2	Maßnahmenplanung	Abfolge und Gewichtung der PR-Instrumente; ihre Einsatzplanung
4.3	Kostenplanung	
4.4	Organisationsplanung	Einsatz einer/mehrerer Agenturen, Einsatz eigener Kräfte
5.	Kontrolle	
5.1	Absenderbefragung	Gespräche mit Auftraggeber
5.2	Ergebniskontrolle/Handlungsauswertung	Resonanz auf den Einsatz der PR-Instrumente, insbesondere Medienresonanzanalyse
5.3	Erfolgskriterien und Erfolgskontrolle	Reaktionsbeobachtungen, Meinungsbefragungen

Da das Kampagnenschema von Avenarius eher ein allgemeines Konzeptschema ist, werden im Folgenden die herausragenden Merkmale von Kampagnen mit dem Fokus auf Story/Idee, Inszenierung und Dramaturgie beschrieben (vgl. Abb. 11.2).

11 Strategische PR-Ansätze

Abb. 11.2 Merkmale von Kampagnen. (Quelle: Lies 2011, S. 20)

Zielorientierung auf konzeptioneller Basiss

- Das Konzept folgt dem allgemeinen Managementkreislauf (Ist-Analyse, Soll-Analyse, Abweichungsanalyse, Maßnahmen zur Senkung der Abweichung, Erfolgskontrolle – siehe Abschn. 12.1 „Kommunikationskonzept und -briefing").
- Die Planungs- und Entscheidungsgrundlage ergibt sich aus den Analysen der Organisations-/Unternehmensstrategie.
- Das PR-Konzept leistet die intellektuelle und verschriftlichte Verknüpfung von Analyse sowie Handlungsbedarf (Ist-Soll, Abweichung: Kommunikationsbedarf) und formuliert die Kommunikationsziele, die sich letztlich aus den Unternehmenszielen ableiten.
- Das Konzept beschreibt die (Soll-)Positionierung (=verdichtet Kommunikationsinhalte und Kernbotschaften in Abgrenzung zu Wettbewerbern), die Kommunikationsstrategie (Weg zum Ziel, Phasen, Dramaturgie), die Maßnahmen, die Evaluierung (Messung) sowie die Kosten.

Story und Idee

- Die Story fixiert die **Idee** der Kampagne, die alle ihre Instrumente (z. B. Website, Plakate, Events…) prägen.
- Dabei geht es darum, dem Kampagnenansatz mit **fokussierten Aussagen** zu Zielen, Aufgaben, Prioritäten und Meilensteinen ein Fundament zu geben und eine Ausgangsplattform für alle weiteren Kommunikationsmaßnahmen zu schaffen.
- Die Story zieht sich wie ein roter Faden durch den Kampagnenverlauf und macht die Idee von Ansatz, Aufbereitung und Umsetzung deutlich.
- Sie bildet die **inhaltliche Klammer** für den Kampagnenzeitraum, gibt Hinweise zur Dramaturgie, zur Inszenierung und gegebenenfalls Phasenbildung der Kampagne und findet sich in Form von Kernbotschaften in allen Maßnahmen der Kampagne wieder.

Dramaturgie

- An den griechischen Ursprungsbegriff angelehnt, geht es bei der Dramaturgie um **die innere Struktur des Dramas** – wobei Drama im Sinne des griechischen Begriffs „Handlung" meint (vgl. auch Herbst 2003, S. 167 ff.).
- Es geht also nicht um den Ausdruck des Tragischen oder Schicksalhaften, sondern Drama steht für die geordnete Verbindung von Inhalten und Emotionen. „Die Dramaturgie beschreibt die Struktur, die jeder guten Geschichte zurunde liegt." (Gundlach 2007, S. 85)
- Die Dramaturgie beinhaltet im Theater auch die Erzählstruktur und formt damit auch die Szenen und das „Bühnenbild" (siehe nächsten Absatz: Inszenierung).
- Auf die Kampagne übertragen und aus Kommunikationssicht interpretiert, geht es wie im Theater um Handlungsaufbau: Abgeleitet aus der Story wird festgelegt, ob und welche Teilziele innerhalb bestimmter Kampagnenphasen zu verfolgen sind.
- Die Dramaturgie bezeichnet auf der Bühne den **Aufbau eines Spannungsbogens**.
- Die dramatische Denkweise integriert künstlerische, kommunikative, didaktische und auch managementlogische Aspekte in psychologisch wirksame Abläufe (vgl. Gundlach 2007, S. 85).
- Denkbar – aber zielabhängig – ist, sich **didaktisch** dem Kommunikationsziel zu nähern, sodass beispielsweise zuerst Informations-, dann Edukations- und schließlich Emotionsziele verfolgt werden, die aufeinander aufbauen könnten und in **Phasen** akzentuiert werden. Diese Phasen sind geprägt durch Teilziele der Kommunikation, sind also stets durch die dort eingesetzten Instrumente in Kombination mit deren Zielbeiträgen abgegrenzt (siehe die Abschn. 9.1–9.3 zu „Change Communications").

Inszenierung

- Der Begriff Inszenierung, aus der Bedeutung des Theaters abgeleitet, meint die **Vorbereitung, Gestaltung und Umsetzung einer Handlung** innerhalb eines gegebenen Rahmens als Bühnenstück.
- Inszenierung ist die Umsetzung eines Drehbuchs als bewusste Gestaltung von Begegnungssequenzen, Szenarien und Handlungsabläufen, ist also eng mit der Dramaturgie verwoben.
- Es geht auch um den Charakter und die Tonalität der Kampagne. Hier sind Aspekte wie die Authentizität der Kommunikation wichtig (welche Haltung nimmt beispielsweise der Kommunizierende gegenüber dem Adressaten ein?).
- Übertragen auf die Kampagne geht es hier auch darum, den zeitlichen Rahmen festzulegen, innerhalb dessen die Kampagne stattfindet, und es geht darum, Kommunikationsanlässe zu schaffen.
- Zur Frage der Inszenierung gehört auch, geeignete Kommunikationsdisziplinen festzulegen: Welche Beiträge können Werbung, Marketing und PR leisten?

Abb. 11.3 Kampagne der Tierschutzorganisation PETA …. (Quelle: http://www.peta.de/img/mdb/gloeckler_72.jpg)

> **Die kommunikative Klammer**
> - Kampagnen beanspruchen Zeit. Zudem bestehen sie charakteristischerweise aus einer Vielzahl von Teilprojekten, die für die Adressaten allein über die inhaltlichen Botschaften im Informationswettbewerb nicht sichtbar sind.
> - Beides führt dazu, dass Kampagnen kommunikative Klammern benötigen, um die interne integrierte Kommunikation inhaltlich, prozessual, aber auch visuell im Sinne von **Wiedererkennbarkeit** zu gewährleisten und im Sinne von integrierter Kommunikation gemeinschaftlich zu arbeiten.
> - Kampagnen brauchen instrumentenübergreifende visuelle und verbale Elemente wie Logo, Claim, Bilderwelten und Wording, um die inhaltliche Botschaft besser zu transportieren.

11.2.4 Fazit

Kampagnen wenden idealerweise die Prinzipien der **integrierten Kommunikation** an und sind damit ein gut geeignetes Vorgehen für diese Form der Nutzung von Synergieeffekten, weil sie oft **disziplinenübergreifend** arbeiten. Sie können strategisch sein, sind oftmals aber auch lediglich **unechte Strategien,** da sie zum Teil „nur" Konzeptgebung für die Anwendung und Umsetzung von disziplinen- und instrumentenübergreifender Kommunikation darstellen. Es gibt nichtsdestoweniger auch **disziplinengebundene** Kampagnen wie Werbekampagnen, die beispielsweise „nur" als Werbung in Tageszeitungen stattfinden. Die geplante werbliche Kommunikation im lokalen Radio und in Tageszeitungen anlässlich der Eröffnung eines Friseursalons als Service in einem großen Kaufhaus ist aus Sicht des Kaufhausbetreibers ein Beispiel für eine unechte Werbekampagne. Ein sequenziell geplantes Aneinanderreihen von Werbeschaltungen allein reicht nicht aus, um eine Kampagne zu kennzeichnen, da weder die gemeinsame Idee noch die dramaturgische Klammer als Definition von Kampagne erfüllt sind (vgl. Abb. 11.3 und 11.4).

Abb. 11.4 … für die sich der Modeschöpfer Harald Glööckler und andere Prominente engagieren. Die Kampagne geht über die Bilder hinaus, indem Glööckler auch in den Medien gegen Mode mit Pelzen Position bezieht und auch seine Kollektionen pelzfrei sind. (Quelle: http://www.peta.de – Jens Koch/action press PLUS für PETA)

11.3 Stakeholder-Management

Jan Lies

11.3.1 Der Stakeholder-Begriff 321
11.3.2 Die Diskussionsperspektiven des Stakeholder-Begriffs 322
11.3.3 Fazit 323

J. Lies (✉)
FOM Hochschule für Oekonomie & Management, Essen, Deutschland
E-Mail: jan.lies@fom.de

Leitfragen

1. Was sind Stakeholder?
2. Was macht den Stakeholder-Begriff für PR-Manager interessant?
3. Warum kann es „den" Stakeholder-Value nicht geben?
4. Inwieweit steht der Stakehoder-Begriff für die ungeklärten Kommunikationsprozesse und -wirkungen in Gruppen?

Organisationskommunikation wird in diesem Buch im Sinne der Beeinflussung **wahrnehmungsrelevanter** Prozesse verstanden. Stakeholder sind Gruppen, die aufgrund solcher Prozesse ihre Ansprüche entwickeln und artikulieren. Darum ist Stakeholder-Management eine **adressatenorientierte** Formulierung von Public Relations. Relevant sind Stakeholder für Organisationen, da sie in der Lage sind, ihre Ansprüche zu koordinieren und so die Kraft entfalten, sie gegenüber Organisationen durchzusetzen. – Aber wie organisieren sie sich eigentlich, wenn es sich dabei um Gruppen handelt, deren Mitglieder sich oftmals gar nicht kennen?

11.3.1 Der Stakeholder-Begriff

Der Stakeholder-Begriff erwächst aus der Managementdiskussion, gemäß derer Handlung oder Nicht-Handlung von Unternehmen sich vor allem an den Interessen der Stock- oder Shareholder auszurichten haben. „Die Stakeholder-Idee ist täuschend einfach. Sie besagt, dass in Ergänzung zu den Anteilseignern weitere Gruppen existierten, gegenüber denen Unternehmen Verantwortung tragen: jene Gruppen, die einen Anspruch („stake"; Anm. d. V.) gegenüber den Aktionen des Unternehmens haben" (Freeman und Reed 1983, S. 89). Dabei geht es um solche Ansprüche, die Relevanz oder Einfluss auf geplante Vorhaben einer Organisation haben oder nehmen können. Mit Blick auf das Standford Research Institute, das den Stakeholder-Begriff 1963 geprägt hat, bezeichnet er solche Gruppen, ohne deren Unterstützung eine Organisation nicht existieren könne (vgl. Freeman und Reed 1983, S. 91). So entsteht der Begriff der „strategischen Anspruchsgruppe". Mit ethischen Normen und Werten – wie die Stakeholder-Ansprüche nachfolgend interpretiert werden – hat dies zunächst zwingend nichts zu tun.

Freeman und Reed unterscheiden zwei Stakeholder-Gruppen:

- **Stakeholder im weiteren Sinne:** Demnach sind Stakeholder im **weiteren Sinne** all jene, die ein Unternehmen beeinflussen oder von einem Unternehmen beeinflusst werden. Zu ihnen gehören Interessengruppen, Protestbewegungen oder Gewerkschaften.
- **Stakeholder im engeren Sinne:** Stakeholder **im engeren Sinne** sind solche, von denen ein Unternehmen **systematisch** abhängig ist. Zu ihnen gehören (potenzielle) Mitarbeiter, Zulieferer, Kunden, aber auch die Shareholder und andere mehr (1983, S. 91).

Tab. 11.3 Stakeholder-Gruppen differenziert nach Macht und Wille zur Machtausübung. (Quelle: Achleitner zitiert nach Oertel 2000)

Macht-potenzial	Hoch	Anspruchsgruppen	Strategische Anspruchsgruppen
	Gering	Bezugsgruppen	Interessengruppen
		Gering	Groß
		Wille zur Machtausübung	

Es wurden in diversen Studien Indikatoren präsentiert, die die Erfolgsrelevanz und damit die Mächtigkeit dieser Gruppen dokumentieren (vgl. Herrmann-Pillath und Lies 2001). Oertel unterscheidet nach Achleitner Stakeholder nach ihrem **Machtpotenzial** und ihrem **Willen zur Machtausübung**, sodass Stakeholder „strategische Anspruchsgruppen" werden, wenn sie über viel Machtpotenzial und einen großen Willen zur Machtausübung verfügen (vgl. Tab. 11.3). Es sind lediglich Bezugsgruppen, wenn diese beiden Merkmale gering ausgeprägt sind (vgl. Oertel 2000).

11.3.2 Die Diskussionsperspektiven des Stakeholder-Begriffs

Interessant ist für Theorie und Praxis gleichermaßen, dass in der Literatur mit dem Stakeholder-Begriff oftmals **zwei Ebenen aus zwei Perspektiven** gleichzeitig diskutiert werden (s. Tab. 11.4): Die zwei Ebenen betreffen zum einen den Prozess der handlungsbildenden Ebene („**Anspruch**sgruppe") und darüber hinaus den der Transaktionsebene (Kauf/Nichtkauf; Unterstützung/Boykott), also die eigentliche (Re-)Aktion der Stakeholder. Diese Ebenen werden – oft ohne es aktiv zu formulieren – aus zwei Perspektiven diskutiert: aus der des individualistischen Handelns (**Akteur**) und aus der gruppenbezogenen Handlungsanbahnung (**Gruppe**).

Tab. 11.4 Perspektiven der Stakeholder-Diskussion. (Quelle: entnommen aus Lies 2003)

Ebene 1 Anspruchsebene	Ein Kunde, der seinen Nutzen überprüft. Ein Mitarbeiter, der unzufrieden ist.	Eine sich formierende Bürgerbewegung. Die Herausbildung von Marken-Communities
Ebene 2 Handlungsebene	Eine Bank, die die Kreditlinien kürzt. Ein hoch qualifizierter Mitarbeiter, der zur Konkurrenz wechselt.	Käuferboykott („Teuro"; Brent-Spar/Tankstellen) Der „Trend" von der Quarzuhr zum Chronografen.
	Perspektive 1 Akteursperspektive	Perspektive 2 Gruppenperspektive

Diese Perspektiven werden aber vermischt, sobald einzelne Akteure, die individuell entscheiden („**Die** Hausbank" (vgl. Janisch 1993), als Beispiel sonst gruppengebundener Stakeholder („**Die** Umweltschützer") bezeichnet bzw. von Gruppen/Communitys gar nicht unterschieden werden. Gerade hierin stecken aber wichtige Fragen: Dies wird besonders deutlich, wenn in der Diskussion um den Share- und Stakeholder-Value individuelle Nutzenkalküle einfach auf die Sicht einer Stakeholder-Community übertragen werden und ihr Machtmechanismus gar nicht mehr problematisiert wird (vgl. z. B. Figge und Schaltegger 1999; Oertel 2000. Erstere unterscheiden zwar einen organisationsbezogenen und einen stakeholder-bezogenen Value-Begriff, blenden aber die Frage nach der Synchronisierung von „Nutzenüberschüssen" innerhalb der Stakeholder-Gruppe aus.).

11.3.3 Fazit

Die unausgesprochene Annahme, dass die Nutzenmaßstäbe in der Betrachtung der Shareholder vergleichbar sind, ist in der Tradition der klassischen Entscheidungs- und Kapitalmarkttheorie nachvollziehbar. Es geht anlegerübergreifend um die meist kurzfristige Steigerung des Aktienwertes. Damit verbunden sind theoretische Modellannahmen wie vollständige Information, fehlende Präferenzen – also homogenes Risikoverhalten – und rationale Entscheidung, die die Basis für homogene Gruppenentscheidungen bilden (ausführlicher hierzu Lies 2003).

Dieses Vorgehen ist in der Diskussion um Stakeholder aber kaum haltbar: Gerade die Annahme von **verschiedenen** Anspruchsgruppen beinhaltet gerade **unterschiedliche Nutzenmaßstäbe,** die **nur innerhalb** bestimmter Gruppen einander gleichen. Wie dies vor sich geht und warum hier eine Gruppe X mit den Ansprüchen 1 und dort eine Gruppe Z mit den Ansprüchen 2 entsteht und diese sich auch noch derart koordinieren, dass sie diese Ansprüche offenbar kraftvoll durchzusetzen verstehen, ist eine hoch interessante Frage, die in der PR-Literatur viel zu wenig diskutiert wird. Das wird besonders deutlich, wenn von „der Öffentlichkeit" die Rede ist und gleichzeitig „die Stakeholder" thematisiert werden, ohne sich zu fragen, wer denn „die Öffentlichkeit" eigentlich ist (vgl. beispielsweise Karmasin 2007).

Als Fazit gilt: Es kann streng genommen nicht „den" Stakeholder-Value geben. Zumindest nicht ohne gruppenbezogene Koordinations- und Konsolidierungsüberlegungen. Dies wiederum macht den Sinn der genannten „öffentlichen Kommunikation" als eine undifferenzierte Massenansprache zweifelhaft, wenn mit der Stakeholder-Diskussion doch klar ist, dass Haltung, Botschaften und deren Aufbereitung insgesamt unterschiedlich sind, die Einflussnahme mit Hilfe von PR- und Kommunikationsmanagement auf diese Gruppe deshalb unspezifisch wird.

11.4 Stakeholder – als Umkehr des Managementprozesses?

Jan Lies

11.4.1 Der Strukturwandel von Unternehmen 324
11.4.2 Unternehmenskommunikation als Legitimationsfunktion 325
11.4.3 Kritik 325
11.4.4 Fazit 327

> **Leitfragen**
> 1. Welche Bedeutung kommt laut Karmasin Stakeholdern durch den Strukturwandel von Unternehmen zu? Was bedeutet dies für das private Unternehmen? Was heißt das für den Managementprozess?
> 2. Welche Funktion hat Unternehmenskommunikation?
> 3. Welche Kritik ist an dieser Interpretation des Stakeholder-Ansatzes zu üben?

Im vorigen Abschnitt wurde vorgeschlagen, Stakeholder-Management als eine adressaten-orientierte Formulierung von Public Relations aufzufassen. Karmasin geht weiter und spricht gar von einer „Umkehr des strategischen und operativen Planungs- und Kontrollprozesses" (vgl. im Folgenden Karmasin 2007, S. 72). Hier wird die Frage gestellt, welche Mechanismen diese These belegen.

11.4.1 Der Strukturwandel von Unternehmen

Zunächst wird die Interpretation des Stakeholder-Ansatzes von Karmasin kurz skizziert: Um die Bedeutung von Stakeholdern zu erklären, setzt er an der Beobachtung der Veränderungen in der Gesellschaft an. „Der Prozess der Konvergenz und der Wandel von Organisation und Produktion führen im Zuge dieses Strukturwandels dazu, dass fast jede Unternehmung von Information abhängt, Wissen produziert und reproduziert, mit Öffentlichkeit operiert und auch dieser Öffentlichkeit ausgesetzt ist und von ihr abhängt." Dies führe zu einem veränderten Charakter von Unternehmen. „Es gibt keine ‚privaten' Unternehmungen mehr, obwohl es privates Eigentum an Mitteln der Produktion und Distribution gibt" (Karmasin 2007, S. 74). Unternehmen seien durch das Verhältnis von Organisation und Gesellschaft geprägt. „Organisationskommunikation wird als Umgang mit der durch die Organisation selbst erzeugten Öffentlichkeit verstanden" (Karmasin 2007, S. 78). Im Ergebnis liegt laut Karmasin ein Strukturwandel vor, der zu einer Doppelrolle von Unternehmen führt:

J. Lies (✉)
FOM Hochschule für Oekonomie & Management, Essen, Deutschland
E-Mail: jan.lies@fom.de

- Unternehmen als Produzenten von Sozialkapital (Ökonomie der Aufmerksamkeit, Organisation als Teil der Öffentlichkeit, Legitimation),
- Unternehmen als Produzenten von Realkapital (Ökonomie der Kommunikation und Produktion).

Diese Doppelrolle führe in der Mediengesellschaft für die Unternehmensführung dazu, reales und soziales Kapital strategisch und operativ gestalten zu müssen. „Es geht also nicht nur um den öffentlichkeitswirksamen und imageträchtigen Transport der Stellung der Organisation in der Gesellschaft (…), sondern um kommunikative Restrukturierung der Organisation bzw. um eine Reorganisation der Kommunikation" (Karmasin 2007, S. 75). Der Stakeholder-Ansatz sei eine Plattform für die Aushandlung der Interessen von Anspruchsgruppen, in deren Mittelpunkt die Kommunikation mit den Anspruchsgruppen stehe. Stakeholder-Kommunikation bestimme sich nicht mehr über die Grenze „innen-außen", sondern über die Frage „legitim-illegitim". „Transparenz und proaktive Kommunikation sind diesen Prozessen dominante Leitmotive und nicht die Bewirtschaftung strategischen Vorsprungswissens. (…). Damit stehen am Beginn des Managementprozesses nicht die Fragen nach den Möglichkeiten und den Potenzialen der Unternehmung, sondern jene nach den Ansprüchen der Anspruchsgruppen" (Karmasin 2007, S. 78 f.).

11.4.2 Unternehmenskommunikation als Legitimationsfunktion

Karmasin fasst die Legitimationsfunktion von Unternehmenskommunikation zusammen: „Widersprüche, Konflikte und konfligierende Interessen treten in der Medienkultur im Kontext von Kommunikation (…) hervor. Sie müssen daher zuerst im Kontext von (zumeist) öffentlicher Kommunikation bearbeitet werden und zwar auch dann, wenn die Ursachen für die Konflikte ‚nur' ethisch und nicht auch schon ökonomisch herleitbar scheinen. Aufgabe des Managements ist (…) die Organisation von kommunikativen Prozessen, die der Kommunikation von Ansprüchen und ihrer Umsetzung in die quasi-öffentliche Wertschöpfungsveranstaltung Unternehmen dienen" (Karmasin 2007, S. 84). Dies führe zu Reputation, was dann auch wieder wirtschaftlich vorteilhaft sei. „Normatives Ziel ist die Integration der Organisation in die Gesellschaft bzw. die Rückkehr der Gesellschaft in die Organisation" (Karmasin 2007, S. 78).

11.4.3 Kritik

Wenn man die Kritik auf die kommunikationstheoretischen Aspekte des Beitrags konzentriert, ergeben sich – zurückhaltend formuliert – einige Fragen: Doppelt fraglich ist, wie der Legitimitätsanspruch des Stakeholder-Ansatzes überhaupt zustande kommt. 1. Grundlegend ist unklar, wie Stakeholder ihre Ansprüche durchsetzen können. Karmasin kennzeichnet das Koordinationsmodell von Zielgruppen als „geschlossen" und Stakeholder-Gruppen als „offen", erklärt dabei aber nicht, was genau damit gemeint sein mag, wenn er Lieferanten, Wettbewerber genauso wie Medien oder wirtschaftliche Sektoren als Stakeholder kennzeichnet. – Ursprünglich waren Stakeholder auf Basis von Erfahrungswerten in der Lage, ihre Ansprüche durchzusetzen. Ausgangspunkt hierfür waren Beobachtungen, dass diese Durchsetzungskraft vorhanden ist und darum Anspruchsgruppen strategische Relevanz bekommen konnten. Die Durchsetzungsstärke ist daher ein Definitionskriterium. Ob diese legitim oder illegitim ist, weil ethisch korrekt oder nicht, war dabei keine hervorstechende Fragestellung. Wenn nun aber Karmasin die gesellschaftliche Legitimation zum Maßstab macht, entzieht er seinem Ansatz selbst die empirische Grundlage, was für das PR- und Kommunikationsmanagement zur Frage der Relevanz seiner Ausführungen führt. 2. Weiter ist zu diskutieren, woher der ethisch-moralische „öffentlich" anerkannte Reinheitsgrad der Stakeholder-Ansprüche als Leitstern für unternehmerisches Handeln rührt. Der Öffentlichkeitsbegriff ist in dem Beitrag unklar: Vermutlich formt sich „die Öffentlichkeit" doch gerade aus unterschiedlichen Stakeholder-Gruppen, wenn Karmasin damit die „Medien", „die Mitarbeiter" und „den öffentlichen Sektor" kennzeichnet. Interessanterweise sind dies doch Gruppen, die sich mittels **unterschiedlicher** Ansprüche als beobachtbarer Raum in einer Teilgesellschaft herausbilden, die dann aber gemeinsam als „Öffentlichkeit" **eine** moralische Instanz bilden? Oder was ist unter „öffentlich" zu verstehen, wenn sich Öffentlichkeit „spezifisch in Bezug auf die Organisation in einem Prozess der Interaktion und des Dialogs mit den Anspruchsgruppen" ergibt? Unterliegt der Autor nicht einem Zirkelschluss, wenn er zu Stakeholdern gleichermaßen Medien, Lieferanten und Wettbewerber zählt? Letztlich ist doch jedes Unternehmen auch einmal Lieferant oder Wettbewerber und jeder Bürger auch mal Mitarbeiter oder Unternehmer, je nach Kontext der Betrachtung.

Damit bleibt unklar, worin die Integrationsfunktion der Kommunikation mit Wettbewerbern, Kunden, dem öffentlichen Sektor usw. eigentlich liegen soll. Wer wird wo hinein integriert? Und warum? Karmasin sieht die Stakeholder mit unterschiedlichem Informationsbedarf ausgestattet: „Während Zielgruppen selektiv und einseitig mit Informationen versorgt werden, verlangt Stakeholder-Kommunikation nach Dialog" (Karmasin 2007, S. 82). – Nun sind aber Kunden und Mitarbeiter auch im Sinne des marketingtheoretisch geprägten Begriffs Zielgruppen, mit denen durchaus Dialog betrieben wird und wurde, und zwar genau mit den „Kommunikationsmodellen" der Legitimation wie Karmasin sie beschreibt. Der Unterschied von Ziel- und Dialoggruppe besteht vor allem in der Identifikation und Abgrenzung, woraus dann Unterschiede in Art und Inhalt der Ansprache erfolgen. Wie aber lässt sich daraus jenseits der normativen Theorie eine Kommunikationsmethodik herleiten, die mit der Bereitschaft verbunden ist, Rollen und Standpunkte anzupassen, wie es der Dialogbegriff oft meint (siehe die Abschnitte „Öffentlichkeit, Teilöffentlichkeit, Zielgruppe" sowie „Kommunikation – und Dialog" in Lies 2015)?

11.4.4 Fazit

So wünschenswert die ethischen Aspekte der Interpretation des Stakeholder-Ansatzes durch Karmasin aus normativer Sicht sein mögen (wobei der damit verbundene Unternehmensbegriff hier nicht diskutiert wird): Sein Beitrag dokumentiert stellvertretend (siehe ähnlich auch die Abschnitte zu den normativen PR-Theorien in Lies 2015), wie viele ungeklärte Fragen die PR-Diskussion zu klären hat. Er wirft in der Tradition der normativen PR-Theoretiker mehr Fragen auf, als Antworten gegeben werden. Man muss angesichts des ethisch-normativen Anspruchs **Rückschritte** dieses Diskussionsbeitrags festhalten: Andere Beiträge haben mit der Differenzierung von Stakeholder-Gruppen die Durchsetzbarkeit ihrer Ansprüche skizziert und deutlich gemacht. Aus Organisationssicht gilt zuerst: Es geht nicht um Integration, sondern um Durchsetzung von Interessen. Ob dies dann dialogisch und mit Kompromissen möglich oder sinnvoll ist und ob die Annäherung dann zu Konsenspositionen auch an anderer Stelle in der Gesellschaft führt, ist dabei zunächst offen. Hier aber fällt die Darlegung des „öffentlichen Dialogs" wieder auf einen normativen und spezifizierten Selbstzweck zurück. Ziele, Strukturen, Prozesse, Anreize und auch Koordinationsmechanismen „strategischer Gruppen" von sonst nicht weiter zusammenhängenden Teilgesellschaften bleibt die PR einmal mehr schuldig.

11.5 Stakeholder und Marketing

Jan Lies

11.5.1	Marketing als marktorientierte Kommunikation	328
11.5.2	Die mikroökonomische Heimat des Marketings	328
11.5.3	Kommunikationsannahmen der Mikroökonomie	329
11.5.4	Theoretische Kritik am Marketing	330
11.5.5	Fazit	331

Leitfragen

1. Was ist Marketing? Mit welcher Ausrichtung wäre PR als Teil des Marketings zu interpretieren?
2. Welcher theoretischen Heimat ist „Marketing" zuzuordnen? Welche Indizien lassen sich hierfür nennen?
3. Welche Modellannahmen für die Kommunikation sind aus dieser theoretischen Heimat herauszulesen?
4. Welche Kritik ist aus theoretischer Sicht am Marketing zu üben?
5. Was bedeutet das für die Stakeholder-Diskussion im Marketing?

J. Lies (✉)
FOM Hochschule für Oekonomie & Management, Essen, Deutschland
E-Mail: jan.lies@fom.de

Die Marketingliteratur hat im Wesentlichen die Stakeholder als Zielgruppen anerkannt. Wie ist diese pragmatische Vorgehensweise einer einstmals marktorientierten Unternehmensphilosophie, bei der der Markt im Mittelpunkt steht, eigentlich theoretisch erklärt worden?

11.5.1 Marketing als marktorientierte Kommunikation

Marketing leitet sich aus dem englischen „market" ab. Schon der Begriff Marketing dokumentiert also, wie wichtig der Markt für das Marketing ist (Homburg 2012, S. 2). Oftmals wird Marketing auch mit marktorientierter Unternehmensführung übersetzt (Meffert et al. 2012, S. 12 f.).

▶ Das **Marketing** lässt sich als Unternehmensführungsphilosophie interpretieren, die die Ausrichtung aller Entscheidungen an den Erfordernissen der Abnehmer bzw. Käufer betont.

Entsprechend wäre PR, die das Marketing im Marketingmix einsortiert, als vor allem **marktorientierte** Kommunikation zu verstehen. Die enge Ausrichtung des Marketings am Markt wurde aber im Zeitablauf aufgegeben oder zumindest erweitert und durch die Aufnahme weiterer Zielgruppen wie beispielsweise Stakeholdern jenseits des Marktes geöffnet, was aber theoretisch problematisch ist (siehe Abschn. 13.1 „Marketing").

11.5.2 Die mikroökonomische Heimat des Marketings

Was ist hieran problematisch, da dies doch der Praxis entspricht? Hierzu ist ein Blick in die Modellwelt von Marketing und damit der Mikroökonomie als das Teilgebiet der Volkswirtschaft nötig, das das Verhalten von Wirtschaftsakteuren wie Haushalten und Unternehmen untersucht (vgl. Lies 2012, S. 43).

▶ Das Marketing hat eine mikroökonomische theoretische Basis.

Die mikroökonomische Fundierung des Marketings tritt nicht immer offensichtlich zutage. Man kann aber dennoch sagen, dass es zumindest eine (mikro)ökonomische Basis haben muss. Denn das Marketing bedient sich des Werkzeugkastens der klassischen Ökonomie. Die Marketingliteratur diskutiert häufig die Konsumentensouveränität, Preisabsatzfunktionen oder Preiselastizitäten. Für diese Konstrukte wird der ideale Modellraum der klassischen Ökonomie benötigt. Sonst ließe sich nicht so ohne Weiteres von Preis- auf Mengenkombinationen schließen, wie dies bei Preisabsatzfunktionen oder auch Preiselastizitäten im Ideal der Fall ist. Das Marketing ist also argumentativ in der Nähe der klassischen Mikroökonomie angesiedelt (vgl. Tab. 11.5).

Tab. 11.5 Kommunikationsrelevante Annahmen der klassischen Ökonomie

Konstrukt	Modellumgebung
Akteur – Homo oeconomicus; der Modellmensch der Ökonomie	Individualistisch, souverän agierende Akteure, Anpasserverhalten.
Klassische Transaktionen: dyadisch	In der Analyse stehen der einzelne Akteur bzw. seine Transaktionen mit einem Transaktionspartner. Dies wird am Marktbegriff deutlich, auf dem laut Definition Angebot und Nachfrage zusammentreffen. Eine punktuelle, abschlussorientierte Transaktionsanalyse, die aus Sicht der Kommunikation reinterpretationsbedürftig ist.
Informationsverständnis	Unendlich schnell, vollständig – perfekt.
Rationalkalkül	Der Homo oeconomicus handelt rational, ist perfekt informiert und kennt alle Handlungsoptionen.

11.5.3 Kommunikationsannahmen der Mikroökonomie

Das führt den PR-Manager zu der Frage, welches Kommunikationsverständnis mit den Modellannahmen der (klassischen) Mikroökonomie und damit auch dem Marketing modelliert wird. Am deutlichsten wird dies mit der Betrachtung des „Homo oeconomicus", dem Modellmenschen der Ökonomie.

▶ Der Modellmensch der Ökonomie heißt **Homo oeconomicus** Er ist annahmegemäß perfekt informiert, er handelt nach individuellen Nutzenmaßstäben, er ist stets bestrebt, sein verfügbares Budget zu optimieren und er reagiert unendlich schnell.

Kommunikation wird damit aber **nicht** völlig ausgeblendet, wie man meinen könnte. Im Gegenteil: Der Preis ist das zentrale Koordinationsinstrument und damit auch Kommunikationsinstrument im Sinne einer gezielten und bewussten Wissensfreisetzung und Information. Kommunikation wird also sehr wohl untersucht: Es interessiert aber das Wirkungs**ergebnis**, nicht die Wirkungs**weise**.

Daran zeigt sich die Lücke zur realen Kommunikation besonders deutlich, die inhaltlich nicht perfekt ist – weder mit Blick auf den Informationsgehalt, noch auf die Informationsgeschwindigkeit oder die Informationswahrnehmung. Die Kritik wird hier bewusst aus Kommunikationssicht geübt. Der Leser muss sich aber der Erklärungsziele der ökonomischen Klassik bewusst sein. Es ging im Kern darum, grundlegende Mechanismen der Wirtschaft modellhaft zu erklären, sodass es durchaus plausibel ist, zu abstrahieren. Hier geht es darum, die kritischen Modellannahmen transparent zu machen, um sie später derart zu erweitern, dass die Modellideen im Kern ihre Gültigkeit behalten können. (Zur Übersicht von „renovierungsbedürftigen" Annahmen der Klassik vgl. auch Lies 2003).

11.5.4 Theoretische Kritik am Marketing

Allein die Forderung des Marketings nach der priorisierten Ausrichtung unternehmerischer Aktivitäten am Kundennutzen muss den kritischen Leser fragen lassen, mit welchen Grundannahmen gearbeitet wird (vgl. Homburg 2012, S. 497; Meffert et al. 2012, S. 14 f.).

Inkompatible Annahmen von wissenschaftlicher Basis und Anwendung im Marketing Der Kunde kann in diesem Fall entweder gar nicht perfekt informiert und präferenzfrei sein oder optimierte Haushaltspläne liegen offenbar nicht vor, wie dies mikroökonomisch angenommen wird. Denn wenn die Akteure der Marketingtheorie Freiheitsgrade haben, die unerschlossene Nutzenpotenziale ermöglichen, sind die Akteure entweder von diesem Optimum entfernt oder nicht vollständig informiert. Das ist mit dem präferenzfreien und perfekt informierten Homo oeconomicus, der unendlich schnell reagiert, streng genommen nicht vereinbar. Da nun aber das Marketing mit mikroökonomischen Werkzeugen hantiert, muss es auch Annahmen liefern, warum es dieses Instrumentarium überhaupt gebraucht.

PR im Marketingmix Als Strukturierung von Marketinginstrumenten wird oftmals der Marketingmix verwendet. Häufige und übliche Komponenten des Marketingmix lauten Produktmix, Distributionsmix, Konditionenmix und Kommunikationsmix. Im Kommunikationsmix findet sich dann in vielen namhaften Büchern der Marketingliteratur Public Relations einsortiert. Diese unreflektierte Einordnung ist insofern bemerkenswert, als dass Public Relations nur in den seltensten Fällen marktorientiert arbeitet. Pressearbeit oder interne Kommunikation beispielsweise sind anerkannte und zentrale Instrumente der Public Relations, sind aber **nicht** marktorientiert, wenn man die Kommunikationsinhalte und wichtigsten Adressaten als Kriterium der Marktorientierung annimmt. Diese Beobachtung allein wäre eine Diskussion wert: In den USA arbeiten PR-Abteilungen beispielsweise mit Presseinstrumenten, die viel eher dem deutschen Marketingverständnis unterliegen.

> Von daher ist die Einordnung der Public Relations im Kommunikationsmix skurril. Dass das Marketing oftmals eine absatzmarktbezogene Kommunikation vor Augen hat, ändert im Kern nichts an dem hier formulierten Kritikpunkt. Auch Produkt-PR bedient sich bewusst anderer Ziele und Kanäle als beispielsweise die Werbung. (Siehe mehr hierzu in den Abschn. 1.3 „Corporate Communications vs. Marketingkommunikation" sowie 8.2 „Produkt-PR".)

Jedoch unternimmt die Marketingliteratur vielfach Versuche, sich selbst durch Ergänzungen zu erweitern, um damit auch Zielgruppen wie Medien, Politik oder Umweltgruppen zu berücksichtigen, was aber zu einer Fundamentalkritik führt.

Umfeldorientierung des Marketings – Stakeholder Unisono, so scheint es, hat die Marketingliteratur die Öffentlichkeits- oder Umweltorientierung eingeführt und damit die Stakeholder eingebunden (vgl. in Vertretung vieler Meffert et al. 2012, S. 17). Hier aber liegt ein **logischer Defekt**, da sich das Marketing damit ins theoretische Absurdum führt. Diese Behauptung ist natürlich eine böse Provokation: Wenn aber das Marketing die Bedeutung von Öffentlichkeiten oder Umwelten anerkennt, stellt sie automatisch den Marktbegriff in Frage, der definitionsgemäß der gedachte Ort von Angebot und Nachfrage ist. Der Markt formuliert den maßgeblichen Raum für nutzenstiftende Transaktionen einer Organisation im Sinne der gesetzten Ziele. Mit dem Preis-Mengen-Mechanismus hat die Mikroökonomie einen Sanktionsmechanismus modelliert, der die Anspruchsgrundlage des Stakeholders „Kunde" klar beschreibt. Sobald aber die Relevanz irgendwelcher Dritter – die explizit **nicht** am Markt tätig sind – als Anspruchsgruppe anerkannt wird, ist der Marktbegriff für Theorie und Praxis wertlos geworden, solange ihr Steuerungsmechanismus unklar ist. Denn wo hört dieser Einfluss auf und wo beginnt er? Und worin besteht der Einfluss genau? Was heißt denn eigentlich „Ort des Zusammentreffens von Angebot und Nachfrage?" Wie kommt denn eine Transaktion – beispielsweise der Kauf eines Autos – zum Abschluss, wenn Dritte einen im Marketing nicht näher definierten Einfluss auf sie haben? Wo ist der Mehrwert der Marktbetrachtung, wenn plötzlich Dritte die Musik machen? Und wie funktioniert die Preis-Absatz-Funktion, wenn eigentlich ein Transaktionsergebnis und nicht ein Transaktionsprozess angenommen wird? Wie sind Stakeholder in das Marketingmodell zu integrieren? Und wie koordinieren sich die Stakeholder, die zwar gemeinschaftlich handeln, aber anders als der einzelne, klassische Marktteilnehmer offensichtlich anderen Kriterien folgen als dem Preis?

11.5.5 Fazit

Eine einfache begriffliche Aufnahme der Stakeholder in das Marketingmodell ist ohne das Angebot einer Modellwelt mit einem Sanktionsmechanismus zur Durchsetzung ihrer Ansprüche so nicht zulässig. Die Diskussion einer in sich geschlossenen – wenn auch sehr reduzierten Modellwelt, wie die Mikroökonomie sie liefert – bleibt das Marketing schuldig. Streng genommen brechen der Marktbegriff und damit auch das Marketing in sich zusammen, weil es nun gerade den Markt für so wichtig hält. Einen Versuch für eine Modellwelt mit erweiterten Annahmen, die die Stakeholder-Idee mit dem Marketing kompatibel macht, hat der Autor an anderer Stelle unternommen (Lies 2013 und vgl. den Abschnitt zur system-funktionalistischen Synthese in Lies 2015).

11.6 Integrierte Kommunikation

Jan Lies

11.6.1 Definition integrierte Kommunikation 333
11.6.2 Umfeldbetrachtung: Steigende Bedeutung integrierter Kommunikation 333
11.6.3 Betrachtung der internen Strukturen: Warum ist integrierte
       Kommunikation wichtig? 333
11.6.4 Konzeptionelle Ansätze integrierter Kommunikation 335
11.6.5 Dimensionen integrierter Kommunikation 336
11.6.6 Integrierte Kommunikation und Public Relations 336
11.6.7 Integrierte Kommunikation und One-Voice-Policy 338
11.6.8 Kritik und Fazit 339

Leitfragen

1. Was ist integrierte Kommunikation?
2. Umfeldbetrachtung: Warum ist die Diskussion der Integration für die Unternehmenskommunikation wichtig?
3. Betrachtung der internen Strukturen: Warum ist die Diskussion der Integration für die Unternehmenskommunikation wichtig?
4. Welche Ansätze integrierter Kommunikation lassen sich nennen?
5. Welche Dimensionen der integrierten Kommunikation gibt es?
6. Wie verhalten sich Public Relations und integrierte Kommunikation zueinander?

Pressearbeit, Eventkommunikation, Corporate Publishing, Mobile PR, Onlinekommunikation, Werbung, (Multi-Channel-)Marketing PR-Management – die Vielzahl der Kommunikationsdisziplinen findet sich zum Teil auch institutionell in Unternehmen als Abteilungen und Teams mit zum Teil auch dezentralen Budgets. Zugleich scheint die Vernetzung unterschiedlicher Dialoggruppen mit steigenden Ansprüchen zuzunehmen, während sich knapper werdende Kommunikationsetats auf immer mehr Kanäle verteilen. Diese Entwicklungen führen dazu, dass Unternehmenskommunikation immer effizienter arbeiten muss. Effizienz meint dabei vor allem konsistente Kommunikation über alle Kommunikationskanäle hinweg, was unter dem Dach der integrierten Kommunikation seit etwa Mitte der 1990er Jahre diskutiert wird.

J. Lies (✉)
FOM Hochschule für Oekonomie & Management, Essen, Deutschland
E-Mail: jan.lies@fom.de

11.6.1 Definition integrierte Kommunikation

Integrierte Kommunikation bezeichnet die Absicht, Kommunikations **inhalte** auf unterschiedliche Kanäle **systematisch so zu verteilen, um für unterschiedliche** Zielgruppen ein zielkonsistentes Bild zu generieren.

> Der Maßstab für die integrierte Kommunikation sind im Idealfall die Inhalte, Botschaften und Merkmale der Wiedererkennbarkeit, die kommunikationskanalübergreifend aus der Unternehmensstrategie abgeleitet werden. Das Ziel ist dabei, auch zielgruppenübergreifend stimmig zu kommunizieren, da immer mit Überschneidungen der Zielgruppen zu rechnen ist.

11.6.2 Umfeldbetrachtung: Steigende Bedeutung integrierter Kommunikation

Die Situation für die Kommunikationspolitik war über Jahrzehnte durch relativ stabile Bedingungen gekennzeichnet. Das hat sich geändert. Folgende Faktoren im Umfeld von Organisationen sorgen dafür, dass die Bedeutung integrierter Kommunikation zunimmt (vgl. Bruhn 2009, S. 1 f.):

- Verschärfte Kommunikationsbedingungen, die sich insbesondere durch steigenden Kommunikationswettbewerb und Informationsüberlastung kennzeichnen lassen, stehen einer zunehmenden Kommunikationsvielfalt in Unternehmen gegenüber.
- Gleichzeitig stellen viele Anspruchsgruppen – allen voran die Kunden – immer neue Anforderungen an Unternehmen.

Hinzu kommen mehr Kommunikationskanäle vor allem durch neue Technologien, die zu Online- und Mobilkommunikation, aber auch eine zunehmende Erlebnisorientierung zugunsten von Events, die die herkömmlichen Kommunikationsinstrumente ergänzen.

11.6.3 Betrachtung der internen Strukturen: Warum ist integrierte Kommunikation wichtig?

Die Realität der Unternehmenskommunikation vieler Unternehmen alterniert: Sie reicht von der perfekten Integration von Kommunikationsinhalten und -kanälen bis zu weitgehend voneinander isoliert arbeitenden Kommunikationskanälen wie beispielsweise Werbung, Markenmanagement, Investor Relations, Pressearbeit, interne Kommunikation. Zum Teil kommen noch Unterschiede in regionalen Strukturen hinzu (z. B. Zentrale vs. Regional- und Filialstruktur bei Finanzdienstleistern u. a.).

Abb. 11.5 RWE klagt gegen die Energiewende. (Quelle: http://www.spiegel.de)

Dies ist oftmals durch historisch gewachsene Organisationsstrukturen erklärbar. „Wenn die Verantwortlichen jetzt nicht beginnen, ihre Kommunikationsstränge zu ordnen und ihre Botschaften aufeinander abzustimmen, werden sie in der neuen Medienwelt schon bald ein Desaster erleben: Kundenmagazine, Mitarbeiterzeitungen, Internetportale, Vertriebsnewsletter, Corporate Books, Business-TV, Investor-Relations-Kommunikation, Geschäftsberichte und vieles mehr bedürfen einer sinnvollen Bündelung, die über provinzielle Bereichs- und Abteilungsinteressen, Erbhöfe der Kommunikationsfürsten aus PR und Marketingkommunikation, hinausgeht." (Hasenbeck 2005, S. 21) „Das klassische Kommunikationsdefizit besteht in Unternehmen in der Abstimmung zwischen der internen und der externen Kommunikation. Es entsteht, wenn die Mitarbeitenden über die geplanten Maßnahmen der Marktkommunikation (z. B. Mediawerbung, Pressearbeit) nicht informiert werden" (Bruhn 2009, S. 15).

Beispiel

Unternehmen der Energiewirtschaft wie RWE 2013 klagen gegen die Energiewende und energiepolitische Maßnahmen, die die Bundesregierung nach der Atomkatastrophe von Fukushima 2011 auf den Weg gebracht hatte (vgl. Abb. 11.5). Das Energiekonzept vom 28. September 2010 und die Beschlüsse zur Beschleunigung der Energiewende vom Sommer 2011 beschreiben den Weg dorthin mit insgesamt etwa 180 Einzelmaßnahmen. So gab der Hessische Verwaltungsgerichtshof der Klage von RWE statt und erklärte das dreimonatige Abschalten des Atomkraftwerks Biblis nach der Atomkatastrophe von Fukushima für rechtswidrig. Auch eine Verfassungsklage hatte RWE eingereicht. Was etwa aus Gründen der Rechts- und Planungssicherheit nachvollziehbar sein mag, droht die Kampagne, die RWE seit 2008 durchführt, indes unglaubwürdig zu

11 Strategische PR-Ansätze   335

Abb. 11.6 Ein PR-Motiv im Rahmen der Kampagne von RWE VoRWEggehen. (Quelle. www.vorweggehen.de)

machen: RWE positioniert sich als innovativer Konzern und gibt vor, „voRWEggehen" zu wollen (vgl. Abb. 11.6). Im Logo, auf den Websites und auch unter www.vorweggehen.de wird dann die Story eines zukunftsgewandten Unternehmens erzählt, deren Glaubwürdigkeit mit den oben genannten Verhalten leidet.

11.6.4 Konzeptionelle Ansätze integrierter Kommunikation

Die „integrierte Kommunikation" kennzeichnet diverse Ansätze, eine zersiedelte Ist-Kommunikation zusammenzuführen. Faktisch besteht Kommunikation oft aus Konzept- und Überzeugungsarbeit. In großen Organisationsstrukturen ist sie oft – wenn überhaupt – von einem sanften Annäherungsprozess geprägt, um auf dezentrale Verantwortlichkeiten und Erfolgsträger Rücksicht zu nehmen.

Die Zielgruppen von „integrierter Kommunikation" als **Zusammenführungsprozess** sind in der Organisation selbst oftmals Kommunikationsentscheider und deren Vorgesetzte (Topmanagement). Außerhalb der Organisation sind es in der **Ergebnisbetrachtung** all die Adressaten, die Unternehmenskommunikation erfasst (Kunden, Medien, Investoren, Mitarbeiter …). (Weitere Ansätze siehe Bruhn 2009, S. 80 ff.) Folgende Ansätze geben eine Idee, wie umfangreich die Diskussion der integrierten Kommunikation in der Literatur geführt wird (vgl. zum Beispiel Mast 2008, S. 47 ff.):

- **Bruhn:** Integration ausgehend von einer Leitidee als Ausgangspunkt einer strategischen Positionierung.
- **Gronstedt:** Integration ausgehend von vernetzten Stakeholder-Gruppen.

- **Herbst:** Integration ausgehend von einem Selbstverständnis mit Steuerung von Verhaltensweisen im Rahmen der Corporate Identity.
- **Zerfaß:** Integration ausgehend vom strategischen Führungsauftrag der Unternehmensleitung.
- **Marketingmix:** Integration unterschiedlicher Marktbearbeitungsinstrumente, darunter auch der Kommunikationsmix.

11.6.5 Dimensionen integrierter Kommunikation

Die integrierte Kommunikation will im Ergebnis …

- inhaltlich (thematische Verbindung aller Kommunikationsmittel),
- formal (Abstimmung aller Kommunikationsmittel durch einheitliche Gestaltungskriterien),
- zeitlich (koordinierter Einsatz der Kommunikationsetats) und
- prozessual (entlang von Managementprozessen; siehe den Abschn. 5.6 „Interne Kommunikation – Prozesskommunikation")

eine gemeinschaftliche Kommunikation erreichen.

Diese Formen der integrierten Kommunikation können sowohl horizontal, vertikal, funktional oder instrumentell angelegt sein, um ein einheitliches Erscheinungsbild bei den relevanten Zielgruppen zu erreichen. Dabei wird häufig der Prozessgedanke der Kommunikation vernachlässigt (siehe Abschn. 5.6 „Interne Kommunikation – als Prozesskommunikation), da strategische Richtung, konzeptionelle Herangehensweise, Festlegung von Dramaturgie und Botschaften sowie Instrumentenset in der Praxis keinen Zeitpunkt kennzeichnen, sondern meist aus diversen Arbeits- und Abstimmungsprozessen bestehen. Diese gilt es in den Fokus der integrierten Kommunikation zu rücken.

11.6.6 Integrierte Kommunikation und Public Relations

„Integrierte Kommunikation" stellt eher einen strategisch-konzeptionellen Anspruch oder auch eine gezielte Initiative dar. Anders als bei Public Relations findet man hierzu meist keine strategisch und/oder operativ tätige Abteilung. Vielmehr orientiert sich eine Abteilung Unternehmenskommunikation, die beispielsweise die interne und externe Kommunikation verantwortet, am Anspruch der integrierten Kommunikation und versucht, alle oder eine Auswahl der Dimensionen der integrierten Kommunikation zu erreichen. Als Untereinheit mag es als Teil oder neben der Abteilung Unternehmenskommunikation eine Markenkommunikations- und eine PR-Abteilung geben. Dabei wird Public Relations zum Teil auf die Pressearbeit reduziert und wird als eine Unterabteilung der Unternehmenskommunikation geführt. Genauso denkbar ist, dass das PR- und Kommunikationsmanagement als verantwortlicher Unternehmensbereich existiert und darunter ein Team Pressearbeit tätig ist. Alle diese Strukturen arbeiten im Idealfall mit dem Prinzip der integrierten Kommu-

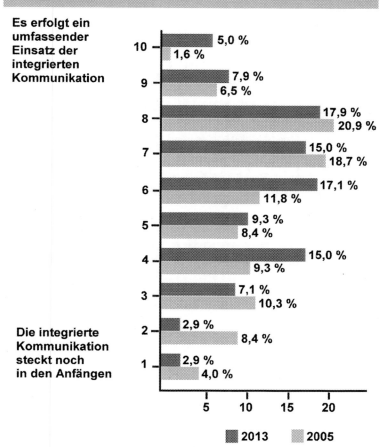

Abb. 11.7 Status der Umsetzung integrierter Kommunikation 2013 im Vergleich zu 2005. (Quelle: Bruhn et al. 2014; – N = 138 Marketingabteilungen von Unternehmen, Angaben in Prozent, S. 18)

nikation, um, wo nötig, ein gemeinschaftliches Bild gegenüber unterschiedlichen Adressaten zu steuern. Auch hier gilt: Dies ist eine Tendenzbeschreibung. Mit den Institutionen wie der Leitung „Information Koordination" bei der BASF oder auch Chefredakteuren in PR-Agenturen, die die gemeinsame „Handschrift" des Hauses sichern, ist zum Teil auch eine *Institutionalisierung* von integrierter Kommunikation zu beobachten (vgl. Abb. 11.7).

Der Status der Einbeziehung gibt jeweils Mittelwerte an und zeigt so nicht, dass es je nach Branche erhebliche Unterschiede gibt (vgl. Abb. 11.8). So ist die Verpackung bei der Verbrauchs- und Gebrauchsgüterherstellern deutlich stärker in die integrierte Kommunikation einbezogen als in anderen Branchen (vgl. Bruhn et al. 2014, S. 50). Das soll hier aber im Detail nicht weiter interessieren: Wichtig ist, dass die integrierte Kommunikation

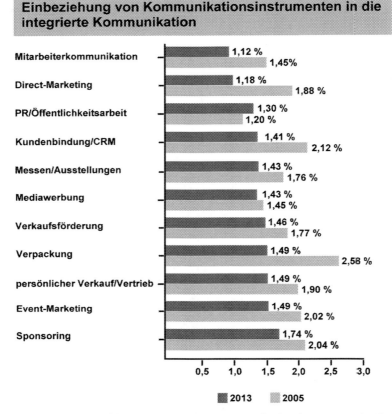

Abb. 11.8 Status der Einbeziehung ausgewählter Kommunikationsinstrumente in die integrierte Kommunikation 2013 im Vergleich zu 2005. (Quelle: Bruhn et al. 2014; Durchschnittswerte auf einer Skala von 1=„ja", vollständig bis 4=„nein" überhaupt nicht; N=138 Marketingabteilungen von Unternehmen, Angaben in Prozent, S. 49)

nicht systematisch gelebt wird. Dies zeigt sich nicht nur mit Hilfe solcher Umfragen, sondern wird besonders deutlich an beobachteten Verhaltensweisen von Unternehmen, die nicht zu Kommunikationsinhalten passen.

11.6.7 Integrierte Kommunikation und One-Voice-Policy

Die sogenannte One-Voice-Policy – also die Unternehmenspolitik, mit einer Stimme zu sprechen – kann als plakativ formulierte politische Formel verstanden werden, die integrierte Kommunikation umzusetzen. Interessanterweise wird das aktuell von vielen Praktikern mit unterschiedlichen Argumenten kritisch kommentiert: So formuliert Christof Erhart, tätig als Kommunikationsverantwortlicher in unterschiedlichen Unternehmen: „Im Prinzip gleicht die Idee der ‚One-Voice-Policy' dem Versuch den Klang eines Symphony-Orchesters dadurch zu verbessern, dass man alle Instrumente dazu zwingt, exakt die

Abb. 11.9 Deklaration für einen Kurswechsel in der Meinungslandschaft I Dek 21. (Quelle: fischer-Appelt relations 2010, Homburg 2012)

gleichen Noten mit den gleichen Einsätzen zu spielen. Das Ergebnis ist (…) enttäuschend. Man nimmt dem kommunikativen Klangkörper die Tiefe, Vielfalt und Echtheit. Was für das Orchester gilt, gilt auch für das internationale Kommunikationsmanagement. Es braucht eine Partitur mit unterschiedlichen Stimmen, (…) die dann von einem Dirigenten zur Aufführung gebracht wird. Wie der Dirigent für die richtigen Einsätze, den Takt und die Harmonie sorgt, so muss der Kommunikationsmanager Zeitpunkte, Inhalte, Personen und Abläufe orchestrieren" (Ehrhart 2003, S. 28).

Ähnlich bringt sich die führende Hamburger PR-Agentur Fischer-Appelt mit ihrer Deklaration 21 in die Diskussion ein (Fischer-Appelt relations 2010). „Unternehmen sind vielstimmig. Und das ist auch gut so", heißt es in These 7. Die One-Voice-Policy führe zu Einsilbigkeit, Langeweile und einer molochartigen Außenwahrnehmung. Bis zu „no Voice" sei es nur ein kleiner Schritt, heißt es in These 8. Dennoch erkennt Fischer-Appelt die Notwendigkeit zur Kommunikationsharmonie an und fordert die „Kommunikationsprokura" für die Kommunikationsabteilungen – also das vertragliche Recht der kommunikativen Vertretung des Unternehmens durch Kommunikationsabteilungen nach außen (vgl. Abb. 11.9).

11.6.8 Kritik und Fazit

Die Kritik der Praxis an der One-Voice-Policy erscheint sich weniger an dem Ansatz der integrierten Kommunikation selbst als vielmehr der Umsetzungspraxis zu entzünden. In der Praxis bedeutet One-Voice-Policy wohl mindestens dreierlei, wobei dies Erfahrungswerte sind und kein empirisch gesicherter Standard:

a. Die aufwändigen Freigabeprozesse von oft bis ins Detail abgestimmten Soll-Botschaften.
b. Die Eingrenzung des Kommunikationsmandats der Pressesprecher auf diese oft reduzierten Botschaften.
c. Die Repräsentation von Unternehmen durch stromlinienförmige Pressesprecher ohne echte und/oder markante Sprecherpersönlichkeit.

Die Kritikpunkte mögen Erfahrungswerte aus der Kommunikationspraxis mit vor allem konservativen Unternehmenskulturen sein. Konzeptionell zwingend folgt diese Praxis aber weder aus dem Anspruch der integrierten Kommunikation, noch aus der hieraus abgeleitete „One-Voice-Policy". Es geht vielmehr um eine verbindliche, *rahmengebende Kommunikation*, die die Verbreitung stimmiger Botschaften sicherstellt, deren standortspezifische Anpassungen vor Ort erfolgen können und sollen (vgl. hierzu Kap. 6 „Public Relations als internationale Kommunikation", die die Balance zwischen Zentralisierung und kulturspezifischer Anpassung betonen). „One-Voice-Policy" meint „eine Stimme für die *jeweilige* Bezugsgruppe" und nicht „eine Stimme für *alle* Bezugsgruppen". – So arbeiten auch die beiden hier zitierten kritischen Beiträge die Notwendigkeit von Orchestrierung oder Kommunikationsharmonie heraus. Das heißt als Fazit, dass trotz dieser Kritik der Ansatz der integrierten Kommunikation im Sinne der widerspruchsfreien kanalübergreifenden Kommunikation entlang interpretierbarer Soll-Botschaften unstrittig zu sein scheint, deren Bedeutung von allem in der Krisenkommunikation von Bedeutung ist. Hier ist die Konzentration von Kommunikation in möglichst einer Person oder einem Team zur Sicherung der sachlich richtigen Information für die Maximierung der Glaubwürdigkeit wichtig.

Problematisch ist dagegen, dass mit der One-Voice-Policy gleichzeitig die *Gefahr der unauthentischen Unternehmenskommunikation* betont und die *Notwendigkeit der Vielstimmigkeit* eines Unternehmens gefordert wird. Diese Punkte erscheinen weitergehende Diskussion zu erfordern:

- Die Gefahr der *Unauthentizität* ist normativ oder konzeptionell *nicht* mit der One-Voice-Policy zu verbinden. Hier scheint vielmehr das oftmals *schwache Mandat von Kommunikationsabteilungen* ursächlich zu sein, das im Ergebnis zu einer insgesamt eher konstruktivistischen Kommunikation führt (siehe hierzu den Abschnitt der PR-Theorien: Merten in Lies 2015) und zu vom Management abgekoppelt arbeitenden PR-Abteilungen führt (vgl. Abschn. 1.4 „Bedeutung von PR als Managementfunktion: praktisch und theoretisch"). Diese Diskussion führt bis zu der Etablierung künstlicher Marken, deren Leistungsversprechen ein Unternehmen letztlich nicht einlösen kann und bis zur Installation konturloser Unternehmenssprecher reicht, deren glattes Profil keine eigene Persönlichkeit mehr durchlässt.

- Der Aspekt der Vielstimmigkeit der Unternehmenskommunikation ist zweischneidig: Wenn Vielstimmigkeit bedeutet, die Interpretationsspielräume innerhalb gegebener Soll-Botschaften auszuschöpfen, entspricht sie der Idee der integrierten Kommunikation als Rahmenkommunikation und trägt der bezugsgruppenspezifischen Anpassung Rechnung. Wenn Vielstimmigkeit aber die Forderung nach möglichst großen Freiheitsgraden im Rahmen einer Konzernkommunikation beinhaltet, ist dies mit Blick auf die Markenführung vor dem Hintergrund der oben genannten Argumente der integrierten Kommunikation kritisch zu sehen.

11.7 Corporate Identity

Jan Lies

11.7.1	Die inhaltliche Diskussion um Corporate Identity	342
11.7.2	Die Positionierung von CI in der Organisationskommunikation	342
11.7.3	Corporate Identity, Corporate Design, Corporate Communications und Image	344
11.7.4	Der CI-Prozess	345
11.7.5	Die Interpretation von „Corporate"	346
11.7.6	Corporate Identity als Mehrwert für Organisationen	347
11.7.7	Kritik	347

Leitfragen

1. Was bedeutet Corporate Identity? Was ist ihr Fundament?
2. Wie hängen Corporate Identity, Selbstverständnis, Corporate Communications und Image miteinander zusammen?
3. Welcher Prozess liegt Corporate Identity im Sinne der integrierten Kommunikation zugrunde? Inwieweit lässt er sich mit der Evaluation von Kommunikation kombinieren?
4. Was symbolisiert der Corporate-Begriff mit seiner Voranstellung vor unterschiedliche Kommunikationsbegriffe?
5. Wie hängen Corporate Identity und Unternehmensabgrenzung miteinander zusammen?

„Die Diskussion über Corporate Identity wird international bereits seit Jahrzehnten geführt. In Deutschland war der Höhepunkt der inhaltlichen Auseinandersetzung über Fra-

---

J. Lies (✉)
FOM Hochschule für Oekonomie & Management, Essen, Deutschland
E-Mail: jan.lies@fom.de

gestellungen der Corporate Identity in den 1980er Jahren (…); nach wie vor wird das Thema aber intensiv und zum Teil kontrovers diskutiert (…)" (Bruhn 2009, S. 64 und die dort angegebene Literatur). Heute trifft man auf eine verwirrende Diskussion angesichts vieler Definitionen und Beschreibungen: „Man könnte die Liste von Definitionen beinahe beliebig verlängern und käme zu immer neuen Varianten und Deutungsgebungen" (Faulstich 2000, S. 117).

11.7.1 Die inhaltliche Diskussion um Corporate Identity

Die Corporate Identity (CI) bedeutet aus konzeptioneller Perspektive die strategisch geplante und operativ eingesetzte Selbstdarstellung und Verhaltensweise eines Unternehmens nach innen und außen (vgl. Rota und Fuchs 2007, S. 83). Damit ist aber eine sehr weit reichende Begriffsdefinition gewählt, die eine **Differenzierung von Corporate Communications** kaum noch möglich macht. Ist Corporate Identity ein Teil von Corporate Communications oder umgekehrt?

Bruhn listet Interpretationen von Corporate Identity auf, die als Hilfsmittel zur Ausgestaltung der strategischen Unternehmensplanung, als allgemeine Unternehmensstrategie, als eine Basisstrategie des Marketings, als Hilfsmittel zur Formulierung von Unternehmensgrundsätzen, als geplante Vorgehensweise zur Realisierung eines Soll-Zustands und als Aufgabe der Öffentlichkeitsarbeit interpretiert werden (Bruhn 2009, S. 65 und die dort angegebene Literatur).

> Die CI-Diskussion ist so breit angelegt, dass heute kein gemeinsames Verständnis zu diesem Begriff identifizierbar ist.

Mit Blick auf die Interpretationen von Corporate Identity stellt Bruhn fest: „Bei diesen vielen partikularistischen Ansätzen gibt es – überspitzt formuliert – zwischenzeitlich scheinbar kaum ein Führungsproblem, das nicht mit Hilfe von Corporate Identity gelöst werden könnte" (2009, S. 65). Bei einer Gesamtwürdigung zieht er das Fazit, „dass die Corporate-Identity-Diskussion eher weggeführt hat von dem Bemühen, die integrierte Kommunikation in Wissenschaft und Praxis umzusetzen (…). Die Diskussion war für die integrierte Kommunikation insgesamt sogar eher schädlich, da sie zu sehr ‚abgehoben', ‚ideologisch überfrachtet' und zum Teil ohne inhaltliche Substanz geführt wurde" (2009, S. 68).

11.7.2 Die Positionierung von CI in der Organisationskommunikation

Bruhn und Rota und Fuchs verstehen Corporate Identity als übergeordneten Begriff von Corporate Communications: „Umgesetzt wird die Corporate Identity auf der operativen Ebene durch die Corporate Communication, das Corporate Design und das Corporate Behaviour" (Rota und Fuchs 2007, S. 83.).

▶ Die Über- und Unterordnungsdiskussion von Corporate Communications und Corporate Identity wird nicht überzeugend geführt, scheint bislang keine allgemeine Anerkennung zu finden und ist damit nicht hilfreich.

Diesem Vorschlag zur Hierarchisierung der Disziplinen wird daher hier nicht gefolgt (siehe mehr zur Sortierung dieser Begriffe in den Abschn. 1.1 „Architektur zentraler Kommunikationsbegriffe", 3.2 „Aufgabenfelder der PR" sowie 1.3 „Corporate Communicationsvs. Marketingkommunikation"). Hier wird CI auf die Ebene von PR im engeren Sinne gesetzt, weil sie auf der taktischen und operativen Ebene die PR im weiteren Sinne unterstützt. Auch diese Zuordnung ließe sich intensiv diskutieren (siehe Abschn. 12.2 „Kommunikationskonzept und -strategie").

Vielmehr geht es im Sinne der von Bruhn geführten Diskussion nicht darum, nach Über- oder Unterordnungsverhältnissen Ausschau zu halten. Die Frage ist doch, **wie** Corporate Identity einen neuen oder anderen Beitrag als andere Kommunikationsansätze leistet, um ein geschlossenes und konsistentes Bild einer Organisation kommunikationsdisziplinenübergreifend nachhaltig zu verankern und zu transportieren.

Darum empfiehlt es sich, den Begriff CI von seinem Kernbegriff her zu diskutieren: **Der authentischen, gelebten Unternehmensidentität**.

▶ Corporate Identity geht davon aus, dass ein Unternehmen eine Einheit darstellt, die von außen wie eine Persönlichkeit mit einer unverwechselbaren Identität wahrnehmbar ist und die aus der Persönlichkeitspsychologie übernommen worden ist (vgl. im Folgenden Erke 2002, S. 253 ff.).

Die Persönlichkeit meint eine überdauernde Gesamtheit aller individuellen Merkmale. Dazu gehören physische Präsenz, die kommunikative Haltung, soziale Merkmale, individuelle Auffassungen und anderes mehr.

Herbst versteht unter Corporate Identity ein Mosaik, „in dem alle Steine vorhanden sein müssen, damit ein komplettes Vorstellungsbild des Unternehmens bei seinen Bezugsgruppen entsteht" (2003, S. 78).

▶ Der Kern der Corporate Identity umfasst das Selbstverständnis mit der Kultur, der Mission und der Vision.

Diese Kernmodule der CI (vgl. Abb. 11.10) beantworten Fragen wie (vgl. ähnlich Herbst 2003, S. 78):

- Wer sind wir? (Selbstverständnis)
- Welche Normen und Werte halten uns zusammen und welche ungeschriebenen Gesetze prägen unser Handeln? (Kultur)
- Wer wollen wir sein? Wo wollen wir hin? (Vision)
- Was treibt uns an? (Mission)

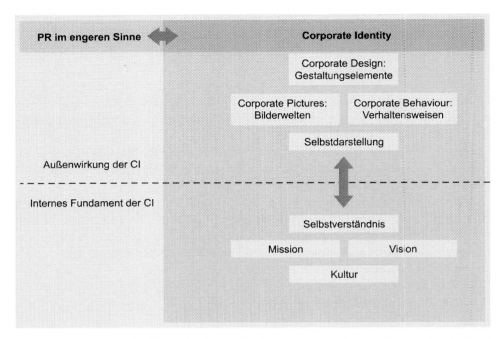

Abb. 11.10 Module und Wirkung der CI. (Quelle: in Weiterentwicklung von Rota und Fuchs 2007, S. 84)

Weitergehende Fragen sind dann:
- Wie werden wir gesehen? (Ist-Image)
- Wie wollen wir gesehen werden? (Soll-Image)

Hier muss man anfügen, dass die Unternehmensrealität oft eine andere ist als der hier formulierte Idealanspruch und -prozess. Führungskräfte verlangen gerne, eine Soll-Identität zu entwickeln. Dies mag man als verständlichen Führungsauftrag bezeichnen. Faktisch ist hier aber ein oft nicht lösbarer Konflikt zur Ist-Kultur angelegt. Das Bewusstsein, mit Hilfe von CI-Prozessen die Kultur nur langsam im Sinne der Soll-Kultur beeinflussen zu können (wenn überhaupt), scheint nicht sehr ausgeprägt zu sein. Dass für diese Beeinflussung der Ist-Kultur das Verhalten von Führungskräften ein Erfolgsfaktor ist, schließt sich diesem Erscheinungsbild an.

11.7.3 Corporate Identity, Corporate Design, Corporate Communications und Image

Die Frage danach, wie wir von Dritten wahrgenommen werden **wollen**, legt die Corporate Identity in der Tiefenstruktur einer Organisation an. Dies findet Ausdruck in den folgenden Modulen der Selbstdarstellung:

- Corporate Pictures (Mit welchen Bilderwelten treten wir authentisch auf?)
- Corporate Behaviour (Welche Verhaltensweisen prägen uns tatsächlich?)
- Corporate Design (Welche Gestaltungselemente prägen uns?)

Während Corporate Pictures und Corporate Design eher instrumentell zu verstehen sind, womit konkrete Arbeiten und „Kommunikationsprodukte" verbunden sind, hat Corporate Identity hier eher einen rahmengebenden, konzeptionellen, taktischen Anspruch, der die strategischen Vorgaben von Corporate Communications umsetzt.

Corporate Behaviour als Klammer für die Verhaltensweisen kann instrumentellen Charakter haben im Sinne von Workshops und Trainings. Es kann aber auch eine rahmengebende und normative Beschreibung für ein bestimmtes Soll-Verhalten sein.

▶ **Corporate Identity** ist im Idealfall ein aus der Tiefenstruktur einer Organisation heraus entwickelter Ansatz für die integrierte Kommunikation.

Diese Kennzeichnungsvorschläge werden aber nicht einheitlich gehandhabt. Zum Teil wird mit diesen Begriffen auch operativ die Entwicklung eines Leitbilds („CI-Prozess") oder eine operativ tätige Abteilung („Corporate Communications") beschrieben.

Um eine nachhaltige und authentische CI zu entwickeln, ist das Bewusstsein des PR- und Kommunikationsmanagers von Bedeutung, dass sich die CI-Module aus einem durchgängigen Prozess entwickeln lassen. Er beginnt am **unternehmensinternen Fundament**: das Selbstverständnis mit der Kultur sowie der Mission und der Vision. Entsprechend basiert die Corporate Identity auf dem Selbstverständnis mit den vier Merkmalen Wechselseitigkeit, Kontinuität, Konsistenz und Individualität (vgl. Rota und Fuchs 2007, S. 82):

- **Wechselseitigkeit:** Integration und gegenseitige Beeinflussung von Kernmodulen wie Selbstverständnis, Kommunikationsstrategie, Gestaltung etc.
- **Kontinuität:** Langfristige kulturgebundene und authentische Fortentwicklung der CI-Module.
- **Konsistenz:** Das in sich schlüssige Ineinandergreifen der CI-Module.
- **Individualität:** Die Betonung und Instrumentalisierung der nutzbaren Komponenten, die das Unternehmen von anderen abgrenzt.

▶ Die **Corporate Identitiy** kann als strategischer Ausgangspunkt einer einheitlichen Kommunikationspolitik im Sinne der integrierten Kommunikation verstanden werden.

11.7.4 Der CI-Prozess

In Anlehnung an Hering/Schuppener/Sommerhalder bzw. Kaplan/Norton kann folgender CI-Prozess zugrunde gelegt werden, der die aktuelle Diskussion der Evaluation mit der CI-Diskussion verbindet (vgl. Abb. 11.11):

Abb. 11.11 Der CI-Prozess – Ableitung von Strategie und Umsetzung aus der Vision. (Quelle: Hering et al. 2004, mit leichten Veränderungen, S. 45)

- Grundwerte: Auf Basis welcher Werte arbeiten wir?
- Mission: Was treibt uns an?
- Vision: Wo wollen wir hin?
- Strategie: Wie gehen wir planvoll vor („Unser Spielplan")?
- Strategische Maßnahmen: Welche Maßnahmen ergreifen wir?
- Persönliche Ziele: Was muss ich tun?

Ausgehend von Kernfragen, die die CI prägen, lässt sich die Verbindung zur (Kommunikations-)Strategie und ihren Maßnahmen anlegen und festlegen, was jeder Einzelne tun muss, um sie zum Erfolg zu führen. Dies mündet dann wieder in die Frage nach Key Performance Indicators (KPI) als Beiträge der Kommunikation zum Unternehmenserfolg (siehe Abschnitt „Evaluation – Balanced Scorecard und KPI" in Lies 2015).

11.7.5 Die Interpretation von „Corporate"

▶ Corporate Identity (CI) und Corporate Design (CD) stehen in einer spannungsgeladenen Beziehung zueinander. CD war in der Anfangsphase der CI-Diskussion das, was letztlich mit dem Schlagwort CI in Verbindung gebracht wurde. Im weiteren Verlauf der CI-Diskussion wurde der ‚CD-zentrierte Ansatz' zunächst durch das Plädoyer für einen integrierten Kommunikationsansatz abgelöst, der ein ganzheitliches ‚CI-Mix' in den Mittelpunkt stellt. In einer dritten Phase Entwicklungsstufe fand CI dann eine Akzentuierung als umfassendes Managementkonzept statt, bei dem u. a. die Entwicklung der Unternehmenskultur einen wichtigen Stellenwert einnimmt (Wiedmann 2009, S. 339).

Die Voranstellung des Begriffs „Corporate" („Unternehmen") symbolisiert den integrierten Anspruch an die Module der Corporate Identity.

Der Begriff „Corporate" signalisiert den Bezug zum gesamten Unternehmen (oder allgemein zur Organisation). Durch die Voranstellung symbolisiert er eine Kommunikationsmarkenfamilie, um deutlich zu machen, dass der Gedanke der integrierten Kommunikation mit unterschiedlichen Kommunikationsdisziplinen gelebt werden soll.

11.7.6 Corporate Identity als Mehrwert für Organisationen

CI leistet mit der Summe seiner charakteristischen Merkmale und Eigenschaften, dass es im Sinne von Markenkommunikation die eigene Organisation von anderen abgrenzt.

Denn je stärker die Individualität ist, desto stärker ist die Unternehmenspersönlichkeit und damit die Abgrenzung zu anderen Unternehmen. Damit leistet CI einen Beitrag zur verbesserten Orientierung der Zielgruppen und im Idealfall auch einen Beitrag zur vereinfachten Kaufentscheidung.

11.7.7 Kritik

Werner Faulstich kritisiert das CI-Konzept scharf, wonach PR zur Stabilisierung von Systemen da sei und die **Identifizierbarkeit von Strukturen** durch Dritte zu sichern habe. Zwei Systeme agieren miteinander **besser**, weil sie durch Öffentlichkeitsarbeit ihre Strukturen kennen: Annäherung zweier Systeme durch **Kenntnis** und Einstellung auf Tiefenstrukturen und nicht etwa durch **Anpassung** (Strukturhomologie – vgl. Abschn. 5.3.5. „PR-Theorien: Systemtheorien – Faulstich"). Vor diesem Hintergrund schreibt Faulstich: „Das Corporate-Identity-Konzept ist für eine Wissenschaft der PR unbrauchbar, weil es als theorieloses Modell arbiträr (=nach Ermessen, Anm. d. Autors) erscheint, auf Pseudo-Identität ausgerichtet ist, sich auf den Austausch von Informationen beschränkt und das Hauptaugenmerk auf Präsentationen, Darstellung, Wirkung legt" (Faulstich 2000, S. 237). Dabei unterstellt Faulstich, dass CI vor allem dazu dient, „Pseudo-Identitäten" oder „PR-Realitäten" herstellen zu wollen.

Die obige Diskussion gibt dieser Kritik bezogen auf die langfristige Untauglichkeit von Pseudo-Identitäten Recht. Aber die Ermessenskritik lässt sich auf viele Bereiche des PR- und Kommunikationsmanagements beziehen, ebenso wie die Theorielosigkeit.

Negativ interpretiert lässt sich wohl jede Form von Kommunikation unprofessionell einsetzen, aktiv missbrauchen oder wissenschaftlich zerlegen.

Positiv interpretiert und selektiert aus den diversen Beiträgen, ist CI in dem hier vorgestellten Sinne jedoch ein wichtiges Modul des integrierten Wahrnehmungsmanagements, in dem es Kommunikationsinhalte, -techniken und auch Verhalten von innen heraus **nachhaltig** entwickelt.

In diesem positiven Sinne prägt CI alle Kommunikationsformen unter dem Dach der Organisationskommunikation. CI bedient idealerweise also die verbesserte Identifizierbarkeit von Strukturen im Anschluss an Faulstich. Diese Strukturen zu definieren, zu beschreiben, zu priorisieren und gemeinsam zu verabschieden, ist die Voraussetzung für seinen Modellvorschlag.

11.8 Corporate Identity – Heritage Communication

Jan Lies

11.8.1	Wachstum und Wurzeln	349
11.8.2	Heritage Communication, Unternehmensgeschichte, History Marketing	349
11.8.3	Verankerung von Heritage Communication	350
11.8.4	Potenziale von Heritage Communication	351
11.8.5	Stellenwert von Heritage Communication	353
11.8.6	Fazit	353

Leitfragen
1. Was bedeutet Heritage Communication? Welchen Kommunikationsdisziplinen ist dieser Ansatz zuzurechnen?
2. Welcher Zusammenhang kann zwischen Heritage Communication, History Marketing und Unternehmensgeschichte nachgezeichnet werden?
3. Welche kommunikativen Potenziale beinhaltet Heritage Communication?
4. Wie könnte Heritage Communication in der Organisation verankert werden?
5. Welcher branchenbezogene Stellenwert ist zu diagnostizieren?

Heritage Communication ist ein Ausdruck für die Prägung und Instrumentalisierung von Traditionswerten in der Unternehmenskommunikation. Heritage Communication wird hier der CI-Diskussion zugeordnet, da es im Kern um die betonte Bearbeitung und Herausstellung von Traditionswerten geht. Die Eröffnung der 100. Filiale eines Möbelhauses, das Jubiläum eines Handwerkers, das Retrodesign in der Automobil- oder Möbelbranche und die Eröffnung des Firmenmuseums gehören gleichermaßen zur Heritage Communication.

J. Lies (✉)
FOM Hochschule für Oekonomie & Management, Essen, Deutschland
E-Mail: jan.lies@fom.de

11.8.1 Wachstum und Wurzeln

Bühler und Dürig identifizieren ein „neues Phänomen" in der Unternehmenskommunikation (vgl. Bühler und Dürig 2008, S. 9): History Marketing, Vintage bzw. Heritage Public Relations oder Heritage Communication. „Allen gemein ist die Tatsache, dass sie der Historie einen hohen Stellenwert für den Erfolg eines Unternehmens, einer Institution einräumen. Sie empfehlen, das Thema fest in einer Organisation zu integrieren (…)" (Bühler und Dürig 2008, S. 19). Das Ziel von Heritage Communication rückt den Ansatz in die Nähe von *Markenkommunikation* (als Plattform für Wertekommunikation) bzw. *Corporate Identity* (aus der Kultur abgeleitete Markenkommunikation): „Mit Hilfe von Heritage Communication gelingt es, ein klares unverwechselbares und glaubhaftes Bild von Organisationen zu zeichnen" (Bühler und Dürig 2008, S. 13).

▶ **Heritage Communication** (heritage: Erbe; cultural heritage: Kulturbesitz) instrumentalisiert die Historie eines Unternehmens in der Kommunikation: nach innen und außen. Dabei leistet es nach außen einen Beitrag zur Markenprägung und nach innen zur Fundierung der Marke.

11.8.2 Heritage Communication, Unternehmensgeschichte, History Marketing

Inwieweit dieses Phänomen tatsächlich neu ist, bleibt zu diskutieren: Berghoff dokumentiert, dass die *Unternehmensgeschichte* mit dem „Bedürfnis von Firmen und Unternehmen nach Selbstdarstellung und Selbstvergewisserung seit dem 19. Jahrhundert eine steigende Zahl von Biografien und Festschriften" schuf (vgl. Berghoff 2004, S. 359).

Inwieweit mit diesen Instrumenten der Selbstdarstellung durch Unternehmensgeschichte auch eine von Tradition geprägte Markenkommunikation – also: die Verankerung historischer Werte als Maßstab aktuellen Handelns – wird bei Berghoff folgendermaßen diskutiert. Zur konzeptionellen Verankerung in der Organisationskommunikation heißt es: „(…) erfolgreiches Wachstum braucht Wurzeln. Und diese Verankerung, das Geschichtsbewusstsein, ist ein derzeit noch häufig unterschätzter Wert, in dem großes Potenzial für die Kommunikation und das Profil von Organisationen steckt. Geschichte, Herkunft und Traditionen eines Unternehmens oder einer Institution stellen einen Schatz dar, der im wahrsten Sinne des Wortes bei vielen Institutionen in Archiven schlummert (…)" (Bühler und Dürig 2008, S. 12).

Das heißt: Zumindest die Idee von Heritage Communication ist keinesfalls neu. Auch Beiträge zum „History Marketing" gehen in diese Richtung. So schreibt Schug: „Das History Marketing kultiviert das einzig zeitlose Alleinstellungsmerkmal, auf das sich Unternehmen und Marken beziehen können: Ihre Geschichte. Das History Marketing nutzt Geschichte zusätzlich als Teil der Zukunftsperspektiven eines Unternehmens. Denn sichtbar gemachte Geschichte hat einen einfachen Effekt: Die Zielgruppen lernen, dass ein Unternehmen seit Jahrzehnten in einer Branche Erfahrungen gesammelt hat (…). Das History Marketing verbindet die Retrospektive mit der Zukunftsperspektive" (Schug 2003, S. 22 f.).

▶ **History Marketing** wird hier als ein Teil von Heritage Communication verstanden: Die Geschichte als Thema der (marktorientierten) Kommunikation.

▶ Es ist also per se kein zielgruppenspezifisches Instrument, das – um es überspitzt auszudrücken – nur bei nostalgisch gewordenen Rentnern wirkt. Je nach Anlass und Maßnahme können unterschiedliche Zielgruppen begeistert werden. (…) History Marketing dient der Ansprache diverser interner und externer Zielgruppen. (…) Die Zielgruppe des History Marketings hängt grundsätzlich von den Kommunikationszielen eines Unternehmens, dem historischen Anlass und der Maßnahme ab. (Schug 2003, S. 30)

Als ein neuer Aspekt von Heritage Communication könnte in Abgrenzung zu Unternehmensgeschichte und History Marketing wie folgt herausgearbeitet werden:

- **Unternehmensgeschichte:** Der Rahmen (Initialzündung der Unternehmensgründung, Erfolgsgeschichte, Werte des Gründers…) für Heritage Communication.
- **Heritage Communication:** Der Corporate-Identity-Prozess mit besonderer Betonung von Tradition zur inneren Fundierung von Kultur und damit der Markenkommunikation.
- **History Marketing:** Die marktorientierte Anwendung (Firmenjubiläum in der Werbung, Retro-Design für Produkte etc.) von Heritage Communication.

11.8.3 Verankerung von Heritage Communication

Bühler und Dürig kennzeichnen Heritage Communication als strategische Führungsaufgabe und passen den Corporate-Identity-Prozess entsprechend an mit der Formulierung von Kernwerten (Core Values). Diese setzen sich aus Heritage Values und Current Values zusammen (vgl. Abb. 11.12 und 11.13).

- **Heritage Values:** Tradierte, historische Werte, die die Organisation bereits seit Langem lebt und ihre spezifische Corporate Identity bilden.
- **Current Values:** Aktuelle Werte, die durchaus noch nicht verankert sein müssen, aber sinnvoll für die Weiterentwicklung erscheinen.

▶ Aktuelle Werte ändern sich im Gegensatz zu historischen Werten, vor allem in Zeiten des Wandels. (Bühler und Dürig 2008, S. 57)

„Um die eigene Geschichte wirkungsvoll zum Aufbau einer starken Corporate Identity nutzen zu können, reicht es nicht, Werte durch historische Meilensteine „auszugraben" und diese anschließend kommunikativ zu kommunizieren" (Bühler und Dürig 2008, S. 59). Vielmehr sollen sie mittels formulierter Werte und Grundsätze sowie von Leitlinien „systematisch in die jeweilige Organisation hineinzutragen und zu verankern" (Bühler und Dürig 2008, S. 60).

11 Strategische PR-Ansätze

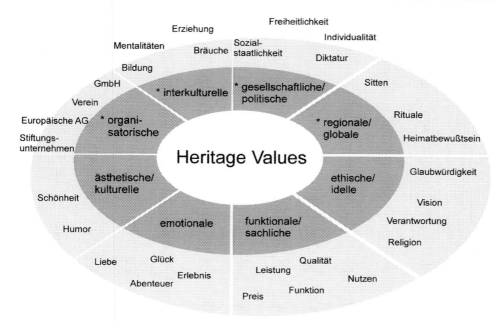

* organisatorische, interkulturelle, politische/gesellschaftliche, regionale, globale Einflussfaktoren gelten auch für die aktuellen Werte

Abb. 11.12 Einflussfaktoren auf Heritage Values. (Quelle: entnommen aus Bühler und Dürig 2008, S. 58)

* organisatorische, interkulturelle, politische/gesellschaftliche, regionale, globale Einflussfaktoren gelten auch für die aktuellen Werte

Abb. 11.13 Einflussfaktoren auf Current Values. (Quelle: entnommen aus Bühler und Dürig 2008, S. 59)

Tab. 11.6 Die zehn Potenziale von Heritage Communication

1. Integration und Orientierung	Vor allem personengebundene emotionalisierende Aktivitäten, die Werte, Traditionen und Tugenden transportieren, beinhalteten Identifikationspotenzial und dienten damit der Orientierung und Integration, beispielsweise in internationalen Konzernen.
2. Information und Organisation	Die Vermittlung historischen Wissens richtet sich zuerst an die Mitarbeiter, die dann als Botschafter und Multiplikator für externe Zielgruppen dienen.
3. Identifikation	Wer die eigenen Wurzeln kennt, kann auch ein unverwechselbares und glaubwürdiges Profil gestalten. Erfolge und Erfahrungen der Organisationsgeschichte als in die Gegenwart kopierbares Potenzial.
4. Imageprofilierung und Stabilisierung	Kommunikation auf Basis der Organisationsgeschichte ist eine Konstante und wird intern stabilisierend.
5. Emotionale Aufladung und Verankerung	Historische Figuren wie Gründer und Managerpersönlichkeiten, die für Erfolge stehen und Zitate hinterlassen haben, können in einer großen Bandbreite von Themen Ansätze für Emotionalisierung bieten.
6. Kreative Lösungsansätze	Der Blick in die Vergangenheit als Reise durch den Fortschritt und bietet so Potenziale für neue Lösungsansätze.
7. Kontaktsicherung	Auch fachthemenspezifische Ausstellungen als Kontaktplattform zu ausgewählten Bezugsgruppen.
8. Alarm- und Korrektursystem	Die Geschichte als Sammelbecken von Erfahrungen: vergangene Erfolge wiederholen, frühere Fehler vermeiden – ein kritischer Aspekt, da sich Umweltbedingungen schnell ändern.
9. Harmonisierung	Soziale Leistungen einer Organisation Herleitung und als Ergebnis seiner Entwicklung zur Stärkung der Glaubwürdigkeit.
10. Krisenprävention und -bewältigung	Da Geschichte nicht ungeschehen gemacht werden kann, ist die Verknüpfung von Issues Management (siehe Abschn. 9.6) und Heritage in Bezug auf eigene kritische Themen der Vergangenheit eine Möglichkeit, sich auf hierin schlummernde Krisen aktiv vorzubereiten.

Analog findet sich im History Marketing der Hinweis, dass es „selbst zuallererst einer strategisch angelegten Öffentlichkeitsarbeit bedarf. Unternehmensarchivare oder Unternehmenshistoriker müssen ihren Rückhalt ausbauen und die Entscheider im Unternehmen in ihre Arbeit stärker integrieren. (…) Es muss ein historisches Bewusstsein bei den Unternehmen und deren Entscheidern geschaffen werden" (Schug 2003, S. 28).

11.8.4 Potenziale von Heritage Communication

Versteht man Heritage Communication als Teil des Kultur- und Markenbildungsprozesses, lassen sich mit Bühler und Dürig zehn Potenziale von Heritage Communication (vgl. Tab. 11.6) herausarbeiten, die dieser Ansatz für die Kommunikation beinhaltet (Berghoff 2004, S. 14 ff.; Bühler und Dürig 2008, S. 34 ff.):

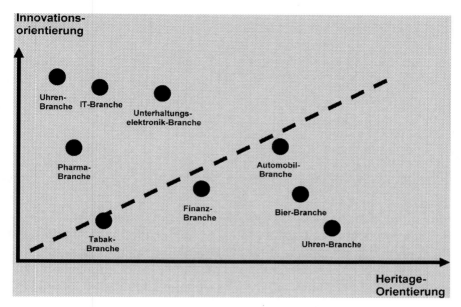

Abb. 11.14 Innovations- und Heritageorientierung nach Branche. (Quelle Linxweiler und Linxweiler 2008, S. 87)

11.8.5 Stellenwert von Heritage Communication

Als Beispiele für Heritage Communication sei Hansaplast mit seiner Jubiläumsdose, Henkel mit seiner Prilblume aus den 70er Jahren oder aktuelle Fahrzeuglinien im Retrodesign (etwa der „neue Käfer" von Volkswagen) genannt. Auch das Feiern von Jubiläen ist eine zunehmende Anwendung von Heritage Communication oder die Einrichtung von Firmenmuseen (Porsche-Museum, Museum für Lackkunst der BASF). Dabei muss je nach Branchenhintergrund die „richtige Balance" zwischen Tradition und Innovation gefunden werden. Hinweise hierauf gibt die Abb. 11.14:

11.8.6 Fazit

Im Grunde ist Heritage Communication mit der aktuellen Diskussion eine akzentuierte Anwendungsdiskussion von Corporate Identity, um damit einen Beitrag zur Markenkommunikation zu leisten. Die aktuellen Beiträge betonen dabei die historischen Werte, Entwicklungen und Erfahrungen: Wer sind wir? Was verbindet uns? Was treibt uns an? – Das sind Kernfragen, auf die im relevanten Fall auch Antworten mit Blick auf die Historie gegeben werden. Man könnte auch sagen, dass Heritage Communication eine Kulturmanagementempfehlung ausspricht mit geschichtsorientierter Akzentsetzung. Der wesentliche Unterschied besteht in der Betonung der Historie und seiner einschlägigen Dokumentation und Übersetzung in die aktuelle Zeit.

Literatur

Avenarius, H. (2000). *Public Relations: Die Grundform der gesellschaftlichen Kommunikation.* Darmstadt.

Bentele, G. (2004). Kampagne. In I. Sjurts (Hrsg.), *Gabler Lexikon Medienwirtschaft* (S. 307–309). Wiesbaden.

Berghoff, H. (2004). *Moderne Unternehmensgeschichte.* Paderborn.

Bruhn, M. (2009). *Integrierte Unternehmens- und Markenkommunikation, strategische Planung und operative Umsetzung.* Stuttgart.

Bruhn, M., Martin, S., & Schnebelen, S. (2014). *Integrierte Kommunikation in der Praxis, Entwicklungsstand in deutschsprachigen Unternehmen.* Wiesbaden.

Bühler, H., & Dürig, U.-M. (2008). *Tradition kommunizieren, Das Handbuch der Heritage Communication.* Frankfurt a. M.

Burgold, F., Sonnenburg, S., & Voß, M. (2009). Masse macht Marke: Die Bedeutung von Web 2.0 für die Markenführung. In S. Sonnenburg (Hrsg.), *Swarm Branding, Markenführung im Zeitalter von Web 2.0* (S. 9–18). Wiesbaden.

Burmann, C. (ohne Datum). Marke. In *Gabler Wirtschaftslexikon.* Stichwort: Marke. http://wirtschaftslexikon.gabler.de

Burmann, C., Halaszovich, T. & Hemmann, F. (2012). *Identitätsbasierte Markenführung; Grundlagen – Strategie – Umsetzung – Controlling.* Wiesbaden.

Deichsel, A. (1995). Die Marke als sozialer Wille. In D. Reigber (Hrsg.), *Social Networks, neue Dimensionen der Markenführung* (S. 46–94).

Erhart, C. (2003). Kommunikation weltweit – von Dirigenten und Dompteuren. In Pressesprecher, Magazin für Öffentlichkeitsarbeit und Kommunikation, Nr. 1/2003, S. 26–28.

Erke, H. (2002). Psychologische und symbolische Aspekte der Corporate Identity: Das Unternehmen als Persönlichkeit und Idee. In K. Birkigt, et al. (Hrsg.), *Corporate Identity. Grundlagen, Funktionen, Fallbeispiele* (S. 251–280). München.

Esch, F.-R. (2005). *Moderne Markenführung, Grundlagen, innovative Ansätze, praktische Umsetzungen.* Wiesbaden.

Esch, F.-R. (2013). *Strategie und Technik der Markenführung.* Wiesbaden.

Esch, F.-R., Wicke, A., & Rempel, J. E. (2005). Herausforderungen und Aufgaben des Markenmanagements. In F.-R. Esch (Hrsg.), *Moderne Markenführung. Grundlagen, innovative Ansätze, praktische Umsetzungen* (S. 3–60). Wiesbaden.

Faulstich, W. (2000). *Grundwissen Öffentlichkeitsarbeit.* München.

Figge, F., & Schaltegger, S. (1999). *Was ist Stakeholder-Value? Vom Schlagwort zur Messung.* Lüneburg.

Fischer-Appelt relations. (2010). *Deklaration für einen Kurswechsel in der Meinungslandschaft I Dek 21.* Hamburg.

Freeman, R. E., & Reed, D. L. (1983). Stockholders and Shareholders: A new perspective on Corporate Governance. *California Management Review, 25*(3), 88–106.

Freiling, J., & Reckenfelderbäumer, M. (2010). *Markt und Unternehmung: Eine marktorientierte Einführung in die Betriebswirtschaftslehre.* Wiesbaden.

Gundlach, A. (2007). Gelungene Geschichten – Grundzüge der Eventdramaturgie. In O. Nickel (Hrsg.), *Eventmarketing, Grundzüge und Erfolgsbeispiele* (S. 81–96). München.

Hasenbeck, M. (2005). Chancen neuer Medienwelten in der Unternehmenskommunikation. In L. Dörfel (Hrsg.), *Strategisches Corporate Publishing. Konzept, Tools, Innovationen* (S. 19–31). Berlin.

Herbst, D. (2003). *Unternehmenskommunikation.* Berlin.

Hering, R., Schuppener, B., & Sommerhalder, M. (2004). *Die Communication Scorecard.* Bern

Herrmann-Pillath, C. & Lies, J. (2001b). Stakeholderorientierung als Management sozialen Kapitals in unternehmensbezogenen Netzwerken, Wittener Diskussionspapiere, Heft 84, Juli 2001, Witten.

Homburg, C. (2012). *Marketingmanagement – Strategie – Istrumente – Umsetzung – Unternehmensführung*. Wiesbaden.
Janisch, M. (1993). *Das strategische Anspruchsgruppenmanagement. Vom Shareholder-Value zum Stakeholder-Value*. Bern
Karmasin, M. (2007). Stakeholder-Management als Grundlage der Unternehmenskommunikation. In M. Piwinger & A. Zerfaß (Hrsg.), *Handbuch Unternehmenskommunikation* (S. 70–85). Wiesbaden.
Kotler, P., Keller, K. L., & Bliemel, F. (2007). *Marketing-Management, Strategien für wertschaffendes Handeln*. München.
Lies, J. (2003). *Wandel begreifen*. Wiesbaden.
Lies, J. (2011). Definition und Merkmale von PR-Kampagnen. In R. Spiller, et al. (Hrsg.), *PR-Kampagnen* (S. 13–24). Konstanz.
Lies, J. (2013). *Public Relations als Machtmanagement, systemfunktionalistische Synthese der Evolutionsökonomik*. Wiesbaden.
Lies, J. (2015). *Theorien des PR-Managements*. Wiesbaden: Springer Gabler (im Druck).
Linxweiler, R., & Linxweiler, J. (2008). Ganzheitliche Gestaltung der Heritage Communication. In H. Bühler & U.-M. Dürig (Hrsg.), *Tradition kommunizieren, Das Handbuch der Heritage Communcation* (S. 86–97). Frankfurt a. M.
Longchamp, C. (2005). Campaigning – Das Potenzial für Praxis, Lehre und Forschung, Referat anlässlich der Jahrestagung 2005 der Schweizerischen Gesellschaft für praktische Sozialforschung und des Forschungsinstituts gfs Bern vom 16. November 2005, Bern.
Mast, C. (2008). *Unternehmenskommunikation*. Stuttgart.
Meffert, H., et al. (2012). *Marketing – Grundlagen marktorientierter Unternehmensführung – Konzepte – Instrumente – Praxisbeispiele*. Wiesbaden.
Metzinger, P. (2004). *Business Campaigning, Was Unternehmen von Greenpeace und amerikanischen Wahlkämpfern lernen können*. Berlin.
Müller, R. C. (2009). Von der Markentechnik zum kollaborativen Branding. In S. Sonnenburg (Hrsg.), *Swarm Branding, Markenführung im Zeitalter von Web 2.0* (S. 19–26). Wiesbaden.
Munzinger, U., & Wenhart, C. (2012). *Marken Erleben Im Digitalen Zeitalter: Markenerleben messen, managen, maximieren*. Wiesbaden.
Oertel, C. (2000). Stakeholder-Orientierung als Prinzip der Unternehmensführung. In P. W. Meyer & A. Meyer (Hrsg.), *Arbeitspapier zur Schriftenreihe Schwerpunkt Marketing* (Bd. 108). München.
Rademacher, L. (2009). *Public Relations und Kommunikationsmanagement: Eine medienwissenschaftliche Grundlegung*. Wiesbaden.
Rota, F. P., & Fuchs, W. (2007). *Lexikon Public Relations*. München.
Röttger, U. (2001). Campaigns for a better world? In U. Röttger (Hrsg.), *PR-Kampagnen. Über die Inszenierung von Öffentlichkeit* (S. 9–24). Wiesbaden.
Röttger, U. (2007). Kampagnen planen und steuern: Inszenierung in der Öffentlichkeit. In M. Piwinger & A. Zerfaß (Hrsg.), *Handbuch Unternehmenskommunikation* (S. 381–396). Wiesbaden.
Schug, A. (2003). *History Marketing – ein Leitfaden zum Umgang mit Geschichte in Unternehmen*. Bielefeld.
Wiedmann, K.-P. (2009). Corporate Identity und Corporate Design. In M. Bruhn, F.-R. Esch, & T. Langner (Hrsg.), *Handbuch Kommunikation* (S. 337–355). Wiesbaden.

Prof. Dr. Jan Lies Professor für Allgemeine Betriebswirtschaft, insbesondere Unternehmenskommunikation und Marketing an der FOM Hochschule für Oekonomie & Management, Essen.

Kommunikationskonzept und -strategie 12

Inhaltsverzeichnis

12.1 Kommunikationskonzept und -briefing 358
Jan Lies
12.2 Kommunikationskonzept und -strategie 363
Jan Lies
12.3 Kommunikationsstrategie – integrierte Analyse 377
Jan Lies
12.4 Kommunikationsstrategie – interne Analyse (Leistungsangebot) 384
Jan Lies
12.5 Kommunikationsstrategie – interne Analyse (Leistungswahrnehmung) 392
Jan Lies
12.6 Kommunikationsstrategie – externe Analyse (Markt) 402
Jan Lies
12.7 Kommunikationsstrategie – externe Analyse (Kunden) 414
Jan Lies
12.8 Kommunikationsstrategie – externe Analyse (Umfeld) 416
Jan Lies
Literatur 422

Der Strategiebegriff wird heute geradezu inflationär verwendet: Er hat vor allem einen langfristigen Charakter. Strategien sind zudem planvolles Handeln. Strategien sollten konzeptionell hergeleitet werden und zeigen den Weg zum Ziel auf. Damit wären Strategien, Pläne und Konzepte ähnliche und damit austauschbare Begriffe. – Im Folgenden wird diese unnötige Verwässerung von an sich klaren Begriffen reklamiert und mit der St. Galler-Managementlehre der Vorschlag gemacht, Strategien als Sicherung und/oder Erschließung nachhaltig erfolgskritischer Potenziale zu verstehen, deren Vorgehensweise zur Erschließung methodisch über Konzepte erarbeitet werden. Konzepte sind also Methoden zur Herleitung von Handlungsplänen, die strategischen Charakter haben können, aber nicht haben müssen. So kann Kommunikation strategisch sein, wenn sie zum Beispiel mit Positionierungskampagnen nachhaltig zum Unternehmenserfolg beiträgt. Kommunikation kann auch konzeptionell sein, sofern sie mit Hilfe des Kommunikationskreislaufs planvoll hergleitet und umgesetzt wird. Beides muss aber nicht unbedingt so sein.

12.1 Kommunikationskonzept und -briefing

Jan Lies

12.1.1 Definition: PR-Konzept 358
12.1.2 Der Regelkreis der Konzepterstellung 359
12.1.3 Methodik und Inhalte des Regelkreises 360
12.1.4 Ziel und Aufgabe 361
12.1.5 Briefing und Re-Briefing 361

Leitfragen
1. Was ist ein PR-Konzept? Welche Aufgabe hat es?
2. Welchem allgemeinen Managementprinzip folgt das PR-Konzept? Welche Teile enthält es im Idealfall? Was ist der Unterschied zwischen Aufgabe und Ziel? Was ist der Unterschied zwischen Aufgabe und Strategie?
3. Inwieweit ist der Regelkreis methodisch und inhaltlich kritisch zu betrachten?
4. Was ist der Unterschied zwischen Ziel und Aufgabe?
5. Was ist ein Briefing?

In diesem Abschnitt werden die Anforderungen konzeptioneller PR-Arbeit skizziert. Bei der Lektüre sollte die Struktur **wissenschaftlichen Arbeitens** im Hinterkopf sein. Mit der einleitenden Fragestellung und der Zielsetzung der Arbeit, Ist-, Soll- und Abweichungsanalyse sowie dem Fazit ist das Vorgehen von Konzept, Managementkreislauf und der wissenschaftlichen Arbeit strukturell vergleichbar.

12.1.1 Definition: PR-Konzept

Das PR-Konzept ist die Basis und Planung der Kommunikationsarbeit.

▶ Das **PR-Konzept** leistet im Idealfall die intellektuelle und verschriftlichte Verknüpfung von Analyse (Ist- und Soll-Analyse), formuliert den Kommunikationsbedarf (Abweichungsanalyse, Vergleich von Soll und Ist) sowie die Kommunikationsziele (was sollen Strategie und Maßnahmen erreichen?), benennt die Strategie (Weg zum Ziel, Phasen, Dra-

---

J. Lies (✉)
FOM Hochschule für Oekonomie & Management, Essen, Deutschland
E-Mail: jan.lies@fom.de

12 Kommunikationskonzept und -strategie

maturgie), die Maßnahmen, konkretisiert Evaluierungsmöglichkeiten (Messung) sowie die Kosten.

Das Konzept folgt damit **methodisch** – wie viele andere Planungsaufgaben – dem allgemeinen **Managementkreislauf** (Ist-Analyse, Soll-Analyse, Abweichungsanalyse, Maßnahmen zur Senkung der Abweichung, Erfolgskontrolle), der in jedem betriebswirtschaftlichen Grundlagenbuch nachlesbar ist.

> „Zusammengefasst ist PR-Konzeptionsmethodik für sich genommen nichts anderes als Planungsmethodik und damit ein Verfahren zur systematischen Organisation von Kommunikationsaktivitäten." (Szyszka und Dürig 2008, S. 49)

Das PR-Konzept ist im Idealfall die definierte Basis der Kommunikationsarbeit – ob für die Planung der Arbeit einer Unternehmensabteilung oder einer Agentur, die im Auftrag einer Organisation tätig wird.

12.1.2 Der Regelkreis der Konzepterstellung

Jürg Leipziger, Gründer der in den 1990er führenden PR-Agentur Leipziger & Partner (Agentur 1970–2011), schlägt als Richtschnur für die Konzepterstellung einen Regelkreis vor, der den Gedanken des Managementkreislaufs aufgreift, und wie folgt aussieht (vgl. Abb. 12.1):

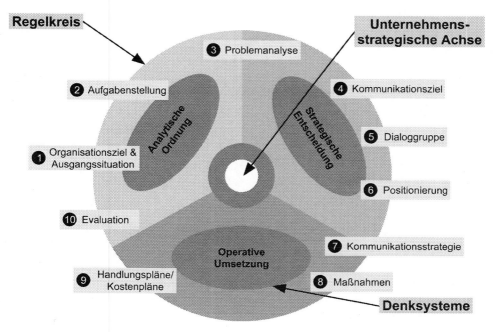

Abb. 12.1 Der Regelkreis der Kommunikation. (Quelle: Leipziger 2004, S. 16)

Tab. 12.1 Die Fragen, die PR-Konzepte beantworten sollten. (Quelle: Leipziger 2004, S. 20)

Denksystem	Arbeitsschritt	Fragestellung
Analytische Ordnung	1. Organisationsziel & Ausgangssituation	Wie sieht der kommunikative Kontext vor dem Hintergrund der Organisationsziele aus?
	2. Aufgabenstellung	Welche kommunikativen Probleme sind zu lösen?
	3. Problemanalyse	Was fördert die Problemlösung, was behindert sie?
Strategische Entscheidung	4. Zielsetzung	Was soll mit Kommunikation erreicht, bewirkt und verändert werden?
	5. Dialoggruppen	Was soll angesprochen, integriert, aktiviert, neutralisiert werden?
	6. Positionierung	Welches Meinungsbild soll vermittelt werden?
	7. Strategie	Wie funktioniert generell der Meinungsbildungsprozess?
Operative Umsetzung	8. Maßnahmen	Welche Instrumente, Aktivitäten sollen zu welchem Zweck und in welchem Kontext eingesetzt werden?
	9. Planung	Wo, wann, in welchem Umfang, mit welcher Häufigkeit und zu welchem Preis findet der Mitteleinsatz statt?
	10. Evaluation	Wie wird der Erfolg überprüft?

Der Regelkreis unterscheidet drei Denksysteme:

1. Die analytische Ordnung,
2. die strategische Entscheidung und
3. die operative Umsetzung.

Dabei sind die Denksysteme um die unternehmensstrategische Achse gruppiert, auf die sie jeweils Bezug nehmen müssen. Jedes Denksystem beantwortet zentrale Fragen, die im Rahmen der Konzeptarbeit für die Kommunikationstreibenden entstehen und die letztlich die Strategie der Organisation unterstützen müssen (vgl. Tab. 12.1).

Ein weiteres Konzeptschema von Horst Avenarius findet sich im Abschn. 11.2 „Kampagne".

12.1.3 Methodik und Inhalte des Regelkreises

Der Regelkreis wird hier vorgestellt, weil er **methodisch** das konzeptionelle Arbeiten in der Übersicht gut darstellt. Inhaltlich ist vor allem die Verwendung des Strategiebegriffs problematisch, da nach diesem Regelkreis jedes Konzept strategisch ist, was so pauschal formuliert nicht stimmt. Dies soll hier aber erstmal ausgeblendet sein (mehr hierzu im Kap. 12 „Kommunikationskonzept und -strategie").

Gelungen ist mit dem Regelkreis die stete Erinnerungshilfe in Form der „unternehmensstrategischen Achse". Denn allgemein gilt: Die Kommunikationsziele müssen sich letztlich immer aus den Unternehmenszielen ableiten lassen, was in der Praxis oftmals nicht einfach ist. Das zeigt beispielsweise auch die Diskussion der PR-Evaluation, wenn es um die verlässliche Identifikation und Zuordnung von KPI, Werttreibern und Erfolgsfaktoren geht, was bis heute kaum praxistauglich gelungen ist (siehe die Abschnitte zur Evaluation in Lies 2015).

12.1.4 Ziel und Aufgabe

Grundsätzlich beschreibt ein **Ziel** einen Zustand, den es zu erreichen gilt. Die **Aufgabe** beschreibt den Weg, dorthin zu gelangen. Die Strategie, so heißt es oft, kennzeichnet den längerfristig angelegten Plan, das Ziel zu erreichen, kann also mehrere Aufgaben mit Maßnahmen enthalten. Dass diese Definition nicht ausreicht, zeigt der folgende Abschnitt über die Kommunikationsstrategie.

> **Beispiel**
> - Die Ist-Analyse ergibt: Der Kühlschrank ist leer.
> - Unser Ziel: Kühlschrank auffüllen.
> - Die Aufgabe: Einkaufen gehen.
> - Unsere Strategie: Discounter aufsuchen.

Im Kommunikationskonzept sind Aufgabe und Ziel nicht zu verwechseln, was aber schnell passiert. Mehr zur Diskussion von Zielen siehe im Abschnitt „Kommunikationsziele" in Lies 2015.

12.1.5 Briefing und Re-Briefing

Ausgangspunkt der Konzepterstellung sollte ein Briefing sein, in dem derjenige, der ein PR-Konzept erarbeiten lässt, die beauftragte Kommunikationsabteilung oder die Agentur über die relevanten Rahmenbedingungen und Soll-Ziele aus Organisationssicht informiert. „Das Wort Briefing kommt ursprünglich aus dem militärischen Sprachgebrauch; dort bezeichnet es die Lagebesprechung. Briefings waren bereits in den 20er Jahren des letzten Jahrhunderts in der Marketing-, Werbung- und PR-Branche als Informationstreffen etabliert. (…) Ein Briefing enthält alle Informationen, Fakten und Hintergründe, die zum Beispiel die Agentur für die Lösung einer Aufgabenstellung benötigt" (Rota und Fuchs 2007, S. 44 f.).

> ▸ Die Funktion des Briefings ist die gründliche und umfassende Information von Seiten des Auftraggebers über alle Fakten, Hintergründe und Meinungen, die im Zusammenhang mit der gesuchten Problemlösung für den Konzeptioner von Bedeutung sein können (Dörrbecker und Fissenewert-Goßmann 1996, S. 26).

In der Praxis ist die Briefing-Qualität sehr unterschiedlich: Sie reicht von „nicht vorhanden" bis „hoch professionell" im Sinne der Abdeckung von Informationen, deren Bedarf sich beispielsweise aus der Bearbeitung des Regelkreises der Kommunikation ergibt. Im Idealfall folgt das Briefing also dem skizzierten Konzeptkreislauf. Dann finden sich darin nicht nur kommentierte Studienauszüge oder andere relevante Analysen (Ist- und Soll-Analyse), die das Briefing begründen und gegebenenfalls Hinweise auf mögliche Handlungsfelder liefern.

Dies sind vor allem in Ergänzung zu den obigen Schritten (vgl. Rota und Fuchs 2007, S. 45 f.):

- **Ziel:** Was will der Auftraggeber erreichen?
- **Strategie:** Briefings decken als Richtschnur auch Hinweise zur Unternehmensstrategie ab, zu der das PR-Konzept passen muss und die es zu flankieren gilt. So reicht das Briefing bis zu schon bereits aktiven oder geleisteten Kommunikationsaktivitäten, die das Konzept berücksichtigen muss, und schließt auch erreichte Kommunikationserfolge ein, an die es anzuknüpfen gilt, bzw. markiert Kommunikationsdefizite, die beseitigt werden sollen.
- **Aufgabe:** Gibt es Soll-Anforderungen, die den Weg zum Ziel eingrenzen? Handelt es sich beispielsweise um einen Konzeptauftrag, der sich nur auf eine bestimmte Kommunikationsdisziplin (Werbung, Pressearbeit, Online …) zu konzentrieren hat oder ist die Aufgabenlösung offen angelegt?
- **Situationsanalyse:** Informationen zum Unternehmen, zum Umfeld, zu Produkten, Märkten usw., die für die Kommunikation maßgeblich sind. Zum Teil gehört die Analyse zum Auftrag hinzu, zum Teil gehört die Analyse nicht zum Auftrag. Zum Teil liegen bestimmte Analysen vor, die aber aus Sicht des Auftragnehmers bestimmte Informationen nicht abdecken. Dann gilt es zwischen Auftraggeber und -nehmer zu besprechen, wie die Informationslücke geschlossen wird.
- **Timing:** Zu welchen Terminen sind welche Lösungsvorschläge oder Umsetzungen zu leisten?
- **Budget:** Welche Budgetgrenzen sind zu beachten?

Zum Teil wird auch die Auffassung vertreten, dass das Briefing die Soll-Analyse beinhaltet. Dies ist jedoch kritisch zu hinterfragen, da die auftragsgebundene Soll-Analyse von der vor allem kompetenzgetriebenen Soll-Analyse abweichen kann. Das heißt: Der Analyseteil sollte vor allem dann im Konzept vom Briefing getrennt werden, wenn der Auftragnehmer zu dem Ergebnis kommt, dass die Informationslage mehr oder andere Informationen erfordert als vom Auftraggeber angenommen wird.

Da Briefings oft nicht den oben erläuterten Anforderungen entsprechen, machen die beauftragte Kommunikationsabteilung oder die Agentur häufig vom sogenannten **Re-Briefing** Gebrauch. Dort ergänzen und konkretisieren sie das Briefing so, wie sie den Auftrag verstanden haben: Dies wird in der Diskussion mit dem Auftraggeber gegebenenfalls mit erneuten Nachschärfungen als schriftliche Aufgabenstellung verabschiedet (vgl. Pflaum und Linxweiler 1998, S. 58 f.).

12.2 Kommunikationskonzept und -strategie

Jan Lies

12.2.1 Die Kennzeichnung des Begriffs „strategisch" 364
12.2.2 Strategie im Kontext des St. Galler Management-Modells 364
12.2.3 Die Strategiemerkmale von Kommunikationskonzepten 365
12.2.4 Strategieschulen 366
12.2.5 Strategietypen 366
12.2.6 Strategischer Ansatz 368
12.2.7 Strategische Planung, taktisches Vorgehen, operative Umsetzung 370
12.2.8 Das Kommunikationsobjekt als Strategiemerkmal 371
12.2.9 Strategieakzente sortiert nach dem Schwerpunkt der Wirkung 372
12.2.10 Fazit 375

> **Leitfragen**
> 1. Was ist eine Strategie?
> 2. Was kennzeichnet eine Strategie im Sinne des St. Galler Management-Modells?
> 3. Was ist der Unterschied zwischen einer echten und einer unechten Kommunikationsstrategie?
> 4. Wie lassen sich Strategien strukturieren? Was sind originäre und derivative Erfolgsfaktoren? Wie ist Kommunikation hier einzuordnen?
> 5. Was ist ein „strategischer Ansatz"?
> 6. Wie lassen sich Strategie, Taktik und Operation unterscheiden? Wie hängen diese Begriffe zusammen?
> 7. Inwieweit entscheidet das Kommunikationsobjekt, ob eine echte Strategie vorliegt?
> 8. Welche Wirkungsakzente der Kommunikation lassen sich unterscheiden?

Wann ist Kommunikation strategisch? Diese Frage wird in der PR-Literatur oft sehr kurz oder gar nicht diskutiert (vgl. auch den Abschnitt „Kommunikationsziele" in Lies 2015; vgl. auch Bentele und Nothaft 2007, S. 371 ff. und Szyszka und Dürig 2008, S. 47). – Wenn die Strategie ein Plan ist, der formuliert, was getan werden muss, um übergeordnete Organisationsziele zu erreichen, ist doch scheinbar jedes Konzept strategisch? – Grundsätzlich gilt hier: **Nicht** jedes Kommunikationskonzept ist strategisch, aber jede Strategie sollte konzeptionell abgesichert werden.

J. Lies (✉)
FOM Hochschule für Oekonomie & Management, Essen, Deutschland
E-Mail: jan.lies@fom.de

12.2.1 Die Kennzeichnung des Begriffs „strategisch"

Der Blick in die Literatur führt zu einer geradezu verwirrenden Vielfalt von dem, was alles strategisch sein soll. Hier wird daher zunächst eine Eingrenzung vorgenommen: „Kommunikationsstrategien sind bedingte, mehrere Planungsperioden umfassende, verbindliche Verhaltenspläne für Kommunikationsinstrumente von Unternehmen mit Bezug auf ausgewählte Planungsobjekte (z. B. Marken, Produkte, Leistungen, Unternehmen)" (Bruhn 2013, S. 243). So definiert Manfred Bruhn Kommunikationsstrategien. Das PR-Konzept verknüpft idealerweise Analyse und Kommunikationsbedarf/Ist-Wahrnehmung mit den daraus abgeleiteten Kommunikationszielen, benennt die Strategie und Maßnahmen und konkretisiert die Evaluierungsmöglichkeiten. Worin besteht also der Unterschied? Sind damit Strategie und Konzept nicht das Gleiche? – Da sehr häufig von diesem Strategieverständnis die Rede ist, aus Managementsicht aber ein wesentlicher Aspekt fehlt, wird im Folgenden die Auffassung entwickelt, dass zwischen **echten und unechten** Strategien zu unterscheiden ist. Um die Frage zu beantworten, wann eine Kommunikationsmaßnahme strategisch ist, müssen zwei Dinge klar sein: Der Strategiebegriff selbst und die Bezugsgröße der Strategie.

12.2.2 Strategie im Kontext des St. Galler Management-Modells

Der Begriff Strategie stammt aus dem Militär. Er lässt sich auf die griechischen Begriffe „stratos" (Heer) und „agein" (führen) zurückführen. „Strategos" wurden ab ca. 550 v. Chr. Heerführer genannt (Kreikebaum 1997, S. 17).

Zur Klärung des Strategiebegriffs in der Unternehmensführung wird auf die Managementliteratur verwiesen. Dort gilt das sogenannte **St. Galler Management-Modell** als eine wichtige Leitlinie für die strategische Unternehmensleitung.

Dieses Modell haben die Professoren Hans Ulrich und Knut Bleicher entwickelt. Es beschreibt einen **ganzheitlichen Managementansatz** mit der normativen, der strategischen und operativen Ebene. Dabei kennzeichnet das **strategische Management** den Aufbau, die Pflege und Nutzung von **Erfolgspotenzialen** (Bleicher 2002, S. 7.). Diese Ebenen sind als ineinandergreifende und nicht als separierte Systeme zu verstehen.

▶ **Erfolgspotenziale** sind allgemein die internen und externen **Voraussetzungen**, um Erfolg zu erwirtschaften. Erfolgsfaktoren werden hier als bewährte Erfolgspotenziale definiert.

Kernkompetenzen gehören dazu, die Marktposition, Kosten- und Qualitätsvorteile. Was im Einzelnen noch dazu gehört, beherrscht eine breit angelegte Diskussion. Wichtig ist hier, dass in den **Voraussetzungen** wichtige Merkmale wie „langfristig", „weichenstellend", „unternehmenspolitisch" oder „übergeordnet" angelegt sind. Das Merkmal „strategisch" ergibt sich also aus der **nachhaltig** konzeptionellen Bedeutung für den Zukunftserfolg der Organisation. Die Bandbreite dessen, was strategisch ist, grenzt sich daher stark ein.

▶ **„Strategisch"** ist Management dann, wenn es dem **Aufbau**, der Pflege und der Nutzung von **Erfolgspotenzialen** gilt. Erfolgspotenziale sind allgemein die internen und externen **Voraussetzungen**, um Erfolg zu erwirtschaften.

Die hier formulierte Reklamation des herkömmlichen Strategiebegriffs ist daher deutlich (vgl. Bürker 2013, S. 39): Statt eines Strategiebegriffs, der oft vor allem am Planungscharakter festgemacht wird und damit in die Nähe des Konzeptionsbegriffs gerät bzw. durch den Langfristigkeitscharakter geprägt ist, der in Zeiten des Hyperwettbewerbs (Globalisierung, Technisierung, Tempo, Kundenmacht, Brutalisierung…) kraftlos wird (Scheuss 2012, S. 342), wird der Strategiebegriff an nachhaltige Faktoren gebunden, die Unternehmen im Wettbewerb bestehen lassen.

12.2.3 Die Strategiemerkmale von Kommunikationskonzepten

Das heißt, Kommunikationskonzepte haben zwei Strategiewesensmerkmale, die man als „echte Kommunikationsstrategie" und „unechte Kommunikationsstrategie" bezeichnen könnte. Der Echtheitscharakter ergibt sich dabei aus der **Bezugsgröße** der Strategie:

- **Echte Kommunikationsstrategie – Kommunikation als Beitrag für das strategische Management:** Wenn Kommunikation strategisches Management unterstützt im Sinne von Aufbau, Erhalt und Pflege der Erfolgspotenziale, haben sie **strategischen** Charakter im Sinne des strategischen Managements.
- **Unechte Kommunikationsstrategie – Konzepte als Strategiegeber für Kommunikationsmaßnahmen:** Konzepte sind methodische oder planvolle Vorgehen, die insofern eine „übergeordnete" Vorgehensweise für ein Kommunikationsprogramm darstellen und einen Rahmen für Kommunikationsmaßnahmen bilden. Bentele/Nothaft sprechen von „binnenstrategischen Merkmalen" (2007, S. 371). Dieses planvolle, geordnete und oft langfristige Handeln wird zum Teil auch als „strategisch" gekennzeichnet. Das heißt aber noch lange nicht, dass dieses planvolle Handeln im Sinne von
  1. einen Beitrag zur Unternehmensstrategie leistet.

Das **notwendige** Kennzeichen von einer Strategie ist **nicht**, alle Fragen zu durchlaufen, die in einem Managementkreislauf oder im Regelkreis gestellt werden (vgl. Leipziger 2004, S. 19). Dieser Kreislauf ist eine übliche Planungsmethodik, die hilfreich ist, eine Strategie strukturiert herzuleiten. Aber trotzdem kann eine Strategie auch ohne diese **Methodik** entstehen (vgl. auch Szyszka und Dürig 2008, S. 47).

> **Beispiel**
>
> Der Autohersteller BMW bietet Bobbycars in seinen Verkaufsräumen an und plant hierfür eine groß angelegte Werbekampagne. Ist dies strategisch? – Ja, wenn diese Kampagne als systematische Heranführung junger Familien an die Marke BMW betrieben wird und sich als ein Modul der Zielgruppenansprache versteht. Denn so verstanden, geht es um die Sicherung des Zukunftserfolgs mit Pflege und Ausbau der Kernkompetenz. – Handelt es sich bei den Bobbycars jedoch um eine befristete Aktion im Rahmen des Merchandisings, geht es auch nicht um das Management von Erfolgspotenzialen, sodass das notwendige Strategiekriterium nicht erfüllt ist. Es läge also eine unechte Strategie vor.

12.2.4 Strategieschulen

Mintzberg et al unterscheiden zehn sogenannte Strategieschulen, deren Akzente facettenreich, deren Abgrenzung damit diffus und Strategiebegriff inhaltlich verwässert: diese Schulen grenzen sich inhaltlich durch ganz unterschiedliche Aspekte ab (siehe Tab. 12.2): Sie werden hier dennoch genannt, um exemplarisch zu zeigen, wie beliebig der Strategiebegriff zum Teil verwendet wird.

Die Schulen reichen von der Art der Strategieentwicklung, über die spezifischen Kontexte, innerhalb derer es sich zu etablieren gilt, bis zur Frage, an welchen Hebeln Strategien ansetzen. Dabei erscheinen die Abgrenzungen nicht überschneidungsfrei, wie die Zuordnung der Wertkette Porters zur Positionierungsschule stellvertretend zeigt. Zudem sind Begriffe wie Design- oder Positionierungsschule aus PR-Sicht sicher problematisch, da diese Vokabeln mit anderen Historien besetzt sind (vgl. Mintzberg et al. 2007, S. 125). Verwirrend ist sicher auch, was alles als Strategie verstanden wird, was hier aber nicht weiter problematisiert wird (vgl. Tab. 12.2). Dennoch mag es aufgrund des „Ritts durch die Vielzahl dessen, was in der Literatur unter dem Stichwort „Strategie" diskutiert wird, zur Orientierung dienen, wenn man sich jeweils den Bezug zu Erfolgspotenzialen im Sinne des St. Galler Management-Ansatzes überlegt.

Aufgrund der Beliebigkeit der in der Strategiesafari verwendeten Begriffe bleibt der Autor daher bei der – freilich vereinfachten, aber dafür klaren – Bindung des Strategiebegriffs an *langfristige Erfolgspotenziale*.

12.2.5 Strategietypen

Eine Systematik wichtiger Strategiearten könnte nach Bea/Haas so aussehen. Die Strategien zeigen die Bandbreite der Erfolgsfaktoren, auf die sie sich beziehen (vgl. Tab. 12.3):

Zwei Gründe sind aus Sicht des Kommunikationsmanagements maßgeblich dafür, dass so eine Übersicht als **Orientierungsbeitrag**, aber nicht als abschließende Struktur zu verstehen sein sollte: Erstens die ungeklärten originären und zweitens die ungeklärten derivativen Erfolgsfaktoren:

Tab. 12.2 Strategieschulen. (Quelle: Mintzberg et al. 2007)

Prädiskriptive Schulen		
Designschule	Strategieentwicklung als konzeptioneller Prozess	Art Methodik der Entwicklung(wie zum Beispiel SWOT oder andere strategische Werkzeuge)
Planungs-schule	Strategieentwicklung als formaler Prozess	Art der internen Durchführung (als definierter Prozess wie der Regelkreislauf im Anschluss an SWOT
Positionierungs-schule	Strategieentwicklung als analytischer Prozess	Art des priorisierten Ansatzpunktes (als angestrebter Marktanteil wie bei Porter oder andere Potenziale wie bei PIMS – proft impact of market strategies), Wertschöpfungskette Porters
Deskriptive Schulen		
Unternehmer-schule	Strategieentwicklung als visionärer Prozess	Art des Initiators (wie hier die Vision als strategischer Leitstern des Unternehmensleiters)
Kognitive Schule	Strategieentwicklung als mentaler Prozess	Art der Entstehungsgeschichte (Strategieentwicklung und -durchsetzung geplant, ideologisch, im Konsens …)
Lernschule	Strategieentwicklung als sich herausbildender Prozess	Art der Aneignung der Teilnehmer einer Organisation (Lernen, Wissen aufbauen)
Machtschule	Strategieentwicklung als Verhandlungsprozess	Art der Unternehmenspolitik (Machtverteilung zur Durchsetzung z. B. bei Stakeholdern oder anderen Netzwerken)
Kulturschule	Strategieentwicklung als kollektiver Prozess	Art des internen Umfeldes, in dem sich die Strategie bewähren muss (Widerstände gegen Innovationen)
Umwelt-schule	Strategieentwicklung als reaktiver Prozess	Art der Ursache der Strategie (die Organisation in ihrer Umwelt)
Konfigurations-schule	Strategieentwicklung als Transformationsprozess	Art der internen Strukturen, Prozesse und des Spirits, auf die neue Strategien treffen

- **Ungeklärte originäre Erfolgsfaktoren:** Da nicht abschließend analysiert und diskutiert ist, was alles zu den originären (= ursprünglichen) Erfolgsfaktoren gehört, kann auch keine abschließende Übersicht über Strategietypen existieren.
- **Ungeklärte derivative Erfolgsfaktoren:** Die Systematik oben zeigt, dass Kommunikationsstrategien gar nicht erscheinen. Warum eigentlich? Obwohl Aspekte wie Marke oder Positionierung durchaus als Erfolgsfaktoren gelten, müsste hier eine Diskussion anschließen, inwieweit Kommunikation selbst ein **originärer** Erfolgsfaktor ist und in die Systematik aufzunehmen wäre. Oder muss vielmehr überlegt werden, ob Kommunikation bei **jedem** der oben angeführten Beispiele einen Erfolgsbeitrag leisten kann. So entspricht beispielsweise eine leistungsbasierende Differenzierungsstrategie (siehe Tab. 12.3) aus Kommunikationssicht einer Positionierungsstrategie mit Markenwerbung nach außen und z. B. einer Kulturwerte- und Innovationsstrategie nach innen. Überträgt man diese Argumentation auf die anderen Strategiebeispiele, könnte man zu dem Schluss kommen, dass Kommunikation ein derivativer (= abgeleiteter) Erfolgsfaktor ist und originäre Erfolgsfaktoren systematisch unterstützt. Von daher wäre Kommunikation implizit in der Tabelle enthalten – und zwar als flankierende oder derivative Dimension für die originären Erfolgsfaktoren.

Tab. 12.3 Arten von Strategien. (Quelle: mit leichten Ergänzungen aus Bea und Haas 2004, S. 168)

Ansatzpunkt der Strategie	Strategie
I. Entwicklungsrichtung	1. Wachstumsstrategie
	2. Stabilisierungsstrategie
	3. Desinvestitionsstrategie
II. Produkt-Markt-Kombinationen (Ansoff)	1. Marktdurchdringungsstrategie
	2. Marktentwicklungsstrategie
	3. Produktentwicklungsstrategie
	4. Diversifikationsstrategie
III. Organisatorischer Geltungsbereich	1. Unternehmensstrategie
	2. Geschäftsbereichsstrategie
	3. Funktionsbereichsstrategie
IV. Ansatzpunkte für Wettbewerbsvorteile (Porter)	1. Kostenführerschaftsstrategie
	2. Differenzierungsstrategie
	3. Nischenstrategie
V. Geltungsbereich für Funktionen	1. Beschaffungsstrategie
	2. Produktionsstrategie
	3. Absatzstrategie
	4. Finanzierungsstrategie
	5. Personalstrategie
	6. Technologiestrategie
VI. Regionaler Geltungsbereich	1. Lokale Strategie
	2. Nationale Strategien
	3. Internationale Strategie
	4. Globale Strategie
VII. Grad der Eigenständigkeit	1. Autonomiestrategie
	2. Kooperationsstrategie
	3. Netzwerkstrategie
	4. Integrationsstrategie

12.2.6 Strategischer Ansatz

Konzepte, die von der Analyse direkt zu den Maßnahmen führen (siehe Konzeptionskreislauf), fehlt oftmals ein „strategischer Ansatz". Was ist damit gemeint, wenn in der Praxis davon die Rede ist, einen *„strategischen Ansatz"* für ein Kommunikationsproblem aufzuzeigen, beispielsweise im Rahmen eines strategischen Kommunikationskonzepts? – In der Mathematik bezeichnet ein Ansatz die Umsetzung einer Textaufgabe in eine mathematische Form (Duden).

▷ Im übertragenden Sinne geht es mit dem strategischen Kommunikationsansatz darum, einen **Lösungsweg** und/oder besser: eine **Lösungsidee** aufzeigen (vgl. zum strategischen Ansatz als „die entscheidende Idee" Forthmann 2008,

S. 73), der zu der **grundlegenden Sicherung oder Erschließung eines langfristigen Erfolgspotenzials führt.**

▶ **Oder hier genauer: Welcher/e Erfolgsfaktor/en stellt der Ansatz in den Mittelpunkt?**

Damit hat der strategische Ansatz eines Kommunikationskonzepts, einer Kampagne oder auch darüber hinaus allgemein für Lösungswege im Management die Aufgabe ....

- ... den *Hebelpunkt* für den oder die erfolgsrelevanten Beiträge des (Kommunikations-)konzepts zu verdeutlichen.
- ... die *Stoßrichtung* des vorgelegten Konzepts zu *plakatieren* und das Verständnis für die Wirkweise zu schärfen.
- ... einen *inhaltlichen Rahmen* um die konzeptionell dann folgenden Maßnahmen zu legen.
- ... eine *Prüfinstanz* für das vorgelegte Konzept anzubieten, ob die entwickelten Maßnahmen überhaupt zum Ansatz passen oder vielleicht beliebig sind.

> **Beispiel**
>
> Der Trainer beschließt, mit seiner Fußballmannschaft nach der Halbzeit seine Angriffsstrategie beizubehalten und sie nicht auf „defensiv" zu schalten. Statt aber mit wechselnden Angriffsketten zu arbeiten, um die gegnerische Mannschaft auszuspielen, wird die Taktik umgestellt: jetzt wird in definierten Dreierteams der Angriff über die Flügel gespielt. Die Strategie bleibt also „Angriff", die Taktik aber verändert sich.

Der strategische Ansatz beschreibt also konzentriert die Idee der Strategie und kann auch in Form eines Mottos oder Claims die Durchsetzung oft komplizierter strategischer Mechanismen befördern, indem der plakative Ansatz sie versucht, *einfach* darzustellen.

> **Beispiel**
>
> „Wir schlagen dem Existenzgründer als strategischen Ansatz vor, eine Corporate Identity zu entwickeln." Ist das ein strategischer Ansatz? Nein, denn eine Corporate Identity (CI) meint vielleicht eine geplante Vorgehensweise der Kommunikation (vgl. Abschn. 11.7 Corporate Identity). Nach den hier verwendeten Begriffen handelt es sich bei der CI zunächst um eine Methodik, also eine strukturierte Vorgehensweise, zum Beispiel zur Herleitung von Inhalten und dauerhaften Durchsetzung mit Hilfe des Leitbildprozesses. Ob damit auch die Sicherung und/oder Erschließung langfristiger Erfolgspotenziale verbunden ist, ist eine noch zu beantwortende Frage. Der strategische Ansatz bestünde also darin, aufzuzeigen, worin die *besondere Sicherung des langfristigen Erfolgspotenzials der CI bestehen könnte*: Erst wenn die CI in besonderer Weise

dazu beiträgt, durch Identifikation die Motivation in besonderer Weise zu beflügeln, indem beispielsweise die Mitarbeiter des Existenzgründers an besonderen Fortbildungsevents im Ausland teilnehmen, die wiederum zu einer ausgeprägten interkulturellen Verhandlungskompetenz zum Beispiel mit Zulieferern im Ausland führen, ist die Frage nach dem strategischen Ansatz mit „Ja" zu beantworten. Die Annahme dabei ist, dass die Motivation zu Wissensvorsprüngen gegenüber dem Wettbewerb führen, die dem Existenzgründer besondere Marktchancen erschließen.

12.2.7 Strategische Planung, taktisches Vorgehen, operative Umsetzung

Unterschieden werden in der Managementplanung die Bereiche Strategie, Taktik und Operation, die zum Teil auf das PR- und Kommunikationsmanagement übertragen werden. Dabei wurde mit der Diskussion des Strategiebegriffs mit dem Hinweis auf unechte Strategie bereits angemerkt, dass diese Strukturierung nur mit den obigen Einschränkungen aus Sicht des Managements funktioniert:

- **Taktik:** Aus dem Griechischen übersetzt das auf genaueren Überlegungen basierende Vorgehen und Verhalten. Anwenden bzw. Konkretisieren von Strategie in Form von Teilzielen und Handlungsfeldern mit Vorgaben für die operative Umsetzung. Man könnte die Taktik auch treffend als „situative Anpassung" zur Umsetzung einer Strategie bezeichnen.
- **Operation:** Aus dem Lateinischen übersetzt das konkrete Handeln.

Beispielsweise ist der in der Tab. 12.4 genannte Bezug als jeweiliger Rahmengeber für die nachgeordneten Ebenen zu verstehen. Denn im Sinne der Strategiedefinition gibt es auch eine „innere" Strategie für eine Pressekonferenz. Auch das Kriterium der Zeit ist weder hinreichend noch notwendig, um eine Strategie von Taktik zu unterscheiden.

Output, Outcome, Outflow Es deutet sich die Diskussion an, die Ebenen „operativ", „taktisch", „strategisch" mit der Evaluationsdiskussion zu verknüpfen (vgl. Abschnitt „Evaluation – Output, Outcome, Outflow" in Lies 2015). Dabei entspricht....

- operativ = Output,
- taktisch = Outcome,
- strategisch = Outflow.

Als Denkhilfe ist diese Zuordnung als durchaus hilfreich zu bewerten, wenn sie auch nach den hier vorgestellten Kennzeichnungen nicht automatisch vollständig korrekt ist. – Vor allem die Outcome-Ebene mit der Evaluationsfrage, welche direkten Veränderungen bei Zielgruppen eingetreten sind, stimmt nicht systematisch mit der Taktikebene überein, da

Tab. 12.4 Strategie, Taktik, Operation

	Hierarchieebene	Ziele	Bezug	Problemstruktur	Zeithorizont
Strategische Planung	Unternehmensleitung, erste Führungskräfteebene	Rahmenbedingungen zur Erschließung und Sicherung von Erfolgspotenzialen	Konzern, Unternehmen	Offen und unspezifisch	Eher langfristig
Taktisches Vorgehen	Bereichsleitung, Teamleitung	Bereichsziele, die die Funktionsträger mit instrumentellen bzw. persönlichen Zielen umsetzen	Bereich (Gewichtung und Gestaltung von interner Kommunikation, Presse, Gewichtung Marketingmix)	Umsetzungsvorgabe für Operation	Eher mittelfristig
Operative Umsetzung	Manager, Referent, Sachbearbeiter	Ziele für einzelne Projekte, Instrumente bzw. Personen, die sie erreichen sollen	Instrument (Pressekonferenz, Imagebroschüre, Fotoshooting …)	Umsetzung der Taktik in Handlung	Eher kurzfristig

diese hier allgemeiner vorgestellt wurde. – Ein Beispiel: So kann auch das Feld der Print- oder Medienarbeit als taktisches Instrument bewertet werden, das beispielsweise eine Kanalausweitung zur besseren Zielgruppenabdeckung bezweckt, ohne in diesem Kontext auf konkrete Verhaltensveränderungen in den Fokus nehmen zu müssen.

12.2.8 Das Kommunikationsobjekt als Strategiemerkmal

Der Plancharakter einer Strategie erfordert, die zentralen kommunikationsrelevanten Eckpunkte bei der Entwicklung in Abhängigkeit der Situation der Organisation festzulegen. Von daher empfiehlt es sich, den Managementkreislauf einer Konzeption (siehe Abschn. 12.1 „Kommunikationskonzept und -briefing") zu durchlaufen. Ausgehend von der Unternehmensstrategie mit ihren Zielen identifiziert er folgende Eckpunkte einer Kommunikationsstrategie und schließt im Idealfall mit ihrer Erfolgskontrolle ab (siehe Abb. 12.2 sowie in Anlehnung und Weiterentwicklung an Bruhn 2013S. 245 ff.):

- **Das Ziel und das Objekt:** Welches ist das **Bezugs**objekt, mit dem die Kommunikation ihre Organisation unterstützt, um Erfolgspotenziale zu erschließen oder zu sichern? Produktmarkenstrategien, Positionierungsstrategien für das gesamte Unternehmen, Markteintritts- oder Preisstrategien auf Produkt- oder Unternehmensebene, sind nur ein paar ausgewählte Strategien, die dies im Prinzip leisten könnten.

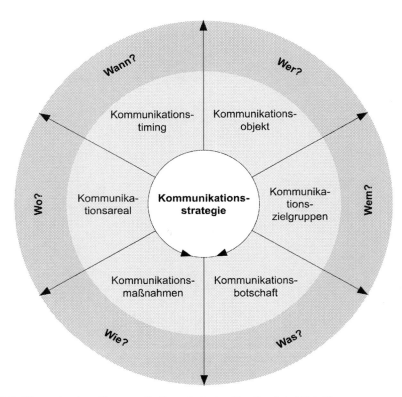

Abb. 12.2 Elemente einer Kommunikationsstrategie. (Quelle: Inhaltlich übernommen von Bruhn 2013, S. 246)

- **Die Adressaten:** Wen soll die Strategie erreichen? Handelt es sich um eine weitgehend gleichartige Zielgruppe wie beispielsweise ein bestimmtes Kundensegment oder die Analysten einer bestimmten Branche oder gilt es, die Adressaten genauer aufzuschlüsseln wie zum Beispiel die Kunden eines Produkts in unterschiedlichen Ländern?
- **Die Story, die Botschaft, die Dramaturgie:** Welche durchgehende Geschichte prägt die Strategie? Welche Erfolgs- oder Zukunftsgeschichte mit welchen zentralen Inhalten ist zu formulieren, die eine bestimmte Haltung notwendig machen? Wie grenzt sich das Strategieobjekt von anderen ab? Wie ist es positioniert?
- **Maßnahmen, Einsatzgebiet und Timing:** Welche Kommunikationsmaßnahmen sind auszuwählen? Inwieweit bedürfen sie einer Bündelung zeitlicher Befristung und Taktung im Sinne einer Kampagne? Sind diese räumlich zu begrenzen oder anzupassen wie beispielsweise bei der internationalen Kommunikation?

12.2.9 Strategieakzente sortiert nach dem Schwerpunkt der Wirkung

Je nach Kommunikationsziel lassen sich unterschiedliche Kommunikationswirkungsebenen identifizieren, die einzeln oder nacheinander erreicht werden sollen. Dabei ist die Zuordnung zu den Wirkungsebenen der Kommunikation (Information, Edukation, Emotion) eher als Schwerpunkt und nicht als Ausschlusskriterium der übrigen Ebenen zu verstehen (zu den drei Wirkungsebenen siehe genauer im Abschn. 9.1 „Change Communications"):

- **Informationsebene:** Hier geht es um Wahrnehmungsziele, wie die Bekanntheit des Kommunikationsobjekts (Leitfragen des Adressaten: Was passiert überhaupt?)
- **Edukationsebene:** Hier geht es nicht nur um Wahrnehmung, sondern auch um intellektuelle Wirkungen, wie Verständnis, Verstehen oder Relevanzerkennung (Leitfrage des Adressaten: Was bedeutet das, was da passiert?)
- **Emotionsebene:** Hier geht es um die emotionale Verarbeitung des verstandenen oder unverstandenen Kommunikationsobjekts (Leitfrage des Adressaten: Wie empfinde ich das, was dort passiert?)

So funktioniert beispielsweise eine Motivationsstrategie von Mitarbeitern oder den Händlern in der Vertriebsstruktur nicht ohne Information. Oftmals ist es im Rahmen einer Strategie sinnvoll, die drei Ebenen nacheinander zu takten.

Beispiel: Vom Kaffeehandel zum Kaffeehaus

In einem fiktiven Beispiel vertreibt ein Kaffeeanbieter über seine Filialstruktur bisher vor allem abgepackte Kaffeesorten. Dies ist sein Kerngeschäft. Seine Erfolgsfaktoren sind vor allem die Kaffeeexpertise (Sortenauswahl, Einkauf, Rösten, Lagerung…), die Einkaufsmacht und auch seine flächendeckende Filialstruktur. Um eine Kommunikationsstrategie herzuleiten, ist es notwendig, von der Unternehmensstrategie aus zu denken. Nur wenn die Erfolgspotenziale klar sind oder zumindest Annahmen hierzu getroffen werden, ist es im Sinne der Strategiedefinition überhaupt möglich, Kommunikation mit strategischem Anspruch zu konzeptionieren:

- **Ist-Unternehmensstrategie:** Geröstet-abgepackter Kaffeeverkauf über Filialstruktur an vorwiegend konservative Konsumenten mittlerer und älterer Jahrgänge.
- **Strategisches Unternehmensziel (bisher):** Marktanteil von 30 % im Verkauf von geröstet-abgepackten Kaffee halten.

Marktanteile, Umsatz und Gewinn des Anbieters sind jedoch rückläufig und trotzdem boomen gleichzeitig jene Kaffeeanbieter, die vor allem Kaffee zum Mitnehmen („coffee to go") oder vor Ort („coffee to stay") anbieten. Das möchte der Kaffeeanbieter nicht hinnehmen. Er hatte bereits nachhaltig in seine Vertriebsstruktur eingegriffen. Unter dem Motto „Wöchentlich eine neue Erlebniswelt" finden sich im häufigen Wechsel neue Angebote in seinen Filialen, die ursprünglich aber nichts mit seinem Kerngeschäft zu tun haben. Sie sind allein als Impulse für den Kaffeeabsatz gedacht. Im Sinne der Definitionen war dies also ein taktisches Vorgehen, da die Themenwelten das Kerngeschäft Kaffeeverkauf treibt oder treiben sollte. Die Gewinne der „Themen-Welten" sind, so die

Annahme hier, eher unbedeutend. Wäre dies von nachhaltigem und spürbarem Erfolg gewesen, hätte dies eine Portfolioausweitung bedeutet und hätte einen strategischen Charakter bekommen, wenn dieses erweiterte Portfolio als (neues) Kerngeschäftspotenzial gewertet würde:

- **Markt-/Kundentaktik:** „Jede Woche eine neue Welt" – Impulse für den Kaffeeverkauf generieren.
- **Taktisches Unternehmensziel:** Jede Woche eine neue Aktion; ein letztlich vertriebsgetriebenes Vorgehen.

Der Kaffeehandel überlegt aufgrund dieser fehlgeschlagenen Stabilisierungsstrategie und aufgrund seiner eher konservativen Wahrnehmung, zusätzlich auch zu einem **Kaffeehaus** vor allem für Senioren zu werden, um auch von dem Kaffeehaus-Boom zu profitieren und gleichzeitig seine Filialstruktur noch besser zu nutzen. Das strategische Ziel lautet, das Kaffeesegment „to stay" zusätzlich zu erschließen. Es müsste mit Ausmaß und Zeitbezug konkretisiert werden. Die Unternehmensstrategieanpassung oder -erweiterung lautet:

- **Strategisches Unternehmensziel:** Den Kaffeeabsatz innerhalb von zwei Jahren um 30 % zu steigern mittels Kaffeehausabsätzen.
- **Taktisches Unternehmensziel:** Die Verweildauer in dem gleichen Zeitraum um einen bestimmten Prozentsatz erhöhen.

Dabei ist hier die Annahme, dass der ausgeschenkte Kaffee in der Filiale und der geröstet verpackte Kaffee letztlich den gleichen Markt beschreibt. Das heißt: Das Kerngeschäft „Kaffee für zu Hause" will der Kaffeehandel also um das strategische Geschäftsfeld „Coffee to stay" erweitern. Dafür werden die Filialen so umgebaut, dass sie zum Verweilen einladen; eine operative Maßnahme neben vielen anderen. Um gleichzeitig weitere Impulse für den klassischen Handel von Kaffee zu generieren, werden mit jedem „to stay-Getränk" auch kleine, aufgebrühte Probierportionen für besondere Sorten ausgeschenkt, die die Kunden geröstet und abgepackt mit nach Hause nehmen können.

Erst jetzt in der Vorher-Nachherbetrachtung der Unternehmensstrategie und den damit verbundenen strategischen Zielen ist klar, inwieweit die Kommunikation des Kaffeeanbieters strategisch ansetzt:

- **Kommunikationsstrategie:** Das Kaffeehaus als „Kaffeekomplettanbieter" zu positionieren: „Das Kaffeehaus für zu Haus. Und außer Haus – to stay, to go, at home."
- **Kommunikationstaktik:** Vor allem bei Senioren die Bekanntheit als Kaffeehaus zu steigern.
- **Operations:** Großflächige Werbung, Flyer, Events,

Über die Stufen Strategie, Taktik und Operations hinweg wirkt eine unterstützende Kampagne, dessen Dramaturgie die gemeinsame Klammer der Instrumente bildet und in der Abb. 12.3 nicht zum Ausdruck kommt:

12 Kommunikationskonzept und -strategie

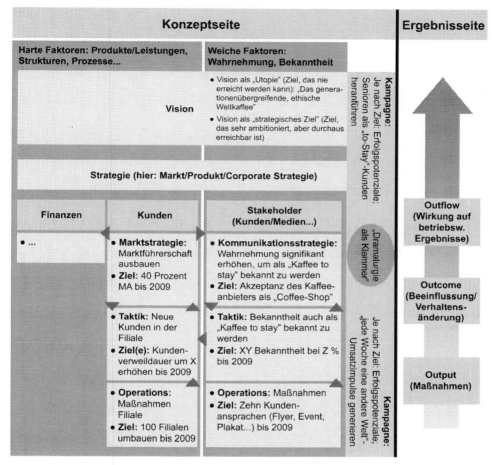

Abb. 12.3 Kommunikationsstrategien von der Unternehmensseite aus herleiten – so entstehen integrierte Vorgehensweisen zur Optimierung harter und weicher Faktoren

- **Kampagne:** In drei Stufen die mittlere und gehobene Altersklasse an das neue Kaffeehaus des Kaffeehandels heranzuführen. Erst informieren, dann erklären, wie vorteilhaft es für Kunden ist, vor Ort den Kaffee auch zu probieren und zu genießen und dann emotionalisieren (z. B. die Senior-Kaffeehaus-Community).

12.2.10 Fazit

- Kommunikationsstrategien sind von der Unternehmens- oder allgemein Organisationsstrategie mit ihren Erfolgspotenzialen zu denken, um die Zielhierarchien auf strategischer, taktischer und operativer Kommunikationsebene füllen zu können.

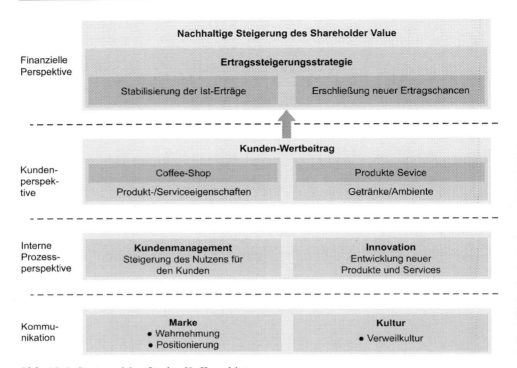

Abb. 12.4 Strategy-Map für den Kaffeeanbieter

Mit Blick auf die Evaluation der Kommunikation (siehe die Abschnitte „Evaluation" in Lies 2015) wird auch der Beitrag der internen Kommunikation zu dieser Strategie deutlich: So bildet der Aufbau einer Verweilkultur in der ehemals reinen Verkaufsfiliale durch die Mitarbeiter einen wichtigen Beitrag zum Gelingen. Diese erfordert Aufmerksamkeit für die Kunden an den Kaffeetischen und bedeutet eine andere kulturelle Ausrichtung als möglichst schnell möglichst viele Passanten an der Theke abzufertigen: Geschwindigkeit dort in Kombination mit Gemütlichkeit an den Tischen (vgl. Abb. 12.4).

Die Wertbeiträge der Kommunikation mit Hilfe der Darstellung von Werttreiberbäumen lassen sich beispielhaft an der Absatzstruktur in den Filialen darstellen. Das strategische Ziel ist, den Gewinnbeitrag der Filialen als Coffee-Shop zu steigern (Outflow). Entsprechend gilt es aus Kommunikationssicht, die Akzeptanz (Oucome) der Filialen auch als Kaffeehaus zu steigern, wofür grundlegend die Bekanntheit des erweiterten Angebots notwendig ist (Output). Ob dies auch tatsächlich eine grundsätzliche Verhaltensveränderung der Kunden bedingt, ist fraglich. Denn es kann plausibel unterstellt werden, dass der Außerhauskonsum von Kaffeeprodukten auch schon vor der Strategieänderung des Anbieters präsent war – nur eben bei den erfolgreichen Wettbewerbern. Von daher ist zu diskutieren, ob Verhaltensveränderungen per se als Indikator für strategische Kommunikation zu werten sind (vgl. Abb. 12.5).

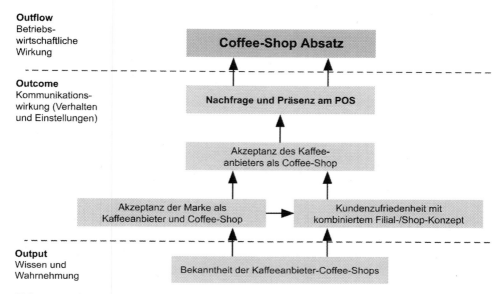

Abb. 12.5 Ein beispielhafter Value-Link (Wertreiberbaum) für den Kaffeeanbieter

12.3 Kommunikationsstrategie – integrierte Analyse

Jan Lies

12.3.1 Integrierte Analyse und Marktforschung 378
12.3.2 Unternehmen, Strategie und Analyse 379
12.3.3 Die integrierte Analyse 381
12.3.4 Die Grenzziehung von „innen" und „außen" 382
12.3.5 Die ausgewählten Analysemethoden 382
12.3.6 Fazit 383

Leitfragen

1. Worin besteht der Unterschied zwischen Marktforschung und integrierter Analyse?
2. Wofür sind strategische Analysen wichtig?
3. Was bedeutet integrierte Analyse? Welche Perspektiven umfasst sie?
4. Warum ist die Grenzziehung zwischen „intern" und „extern" aus Kommunikationssicht problematisch?
5. Welchen Vorteil bietet die Stärken-Schwächen-Analyse im Rahmen der integrierten Analyse?

J. Lies (✉)
FOM Hochschule für Oekonomie & Management, Essen, Deutschland
E-Mail: jan.lies@fom.de

Die folgenden Abschnitte geben einen Einblick in strategische Analysemethoden, die vor allem aus der allgemeinen Management- und Marketingliteratur bekannt sind. Als steter Merkposten sollte dabei der Ansatz der **integrierten Kommunikation** im Hinterkopf bleiben. Hier wird vorgeschlagen, das neue St. Galler Management-Modell als Kontext für Unternehmen anzunehmen, sodass eine Stakeholder-Umgebung zu einer mehrdimensionalen Analyse im Sinne einer integrierten Analyse führt.

12.3.1 Integrierte Analyse und Marktforschung

Der Maßstab für die integrierte Analyse ist die integrierte Kommunikation. Entsprechend facettenreich sind die Fragestellungen, die mit der integrierten Analyse verbunden sein können. Dies zeigt bereits ein Blick in die Marktforschung, deren Aufgabe sich im Zeitablauf ausgeweitet hat und trotzdem „nur" den marktbezogenen Teil der integrierten Analyse repräsentiert.

„In den letzten Jahren hat sich die Rollenverteilung zwischen Marketing und Marktforschung zunehmend verändert. Da Marktforschung früher lediglich ein reiner Datenlieferant war, auf deren Basis dann Marketingentscheidungen vorbereitet und getroffen wurden, begleitet sie das Marketing heute kontinuierlich, von der Produktentwicklung bis zur Kommunikation. (…) Je nachdem, auf welche Marketinginstrumente sich die Marktforschungsaktivitäten beziehen, lassen sich

- Produktforschung,
- Preisforschung,
- Kommunikationsforschung und
- Vertriebsforschung

unterscheiden." (Schnettler und Wendt 2006, S. 270 f.)

Eine Übersicht über Informations- und Entscheidungsbedarf im Marketing entlang der Dimensionen Produkt-, Preis-, Distributions- und Kommunikationspolitik im Marketingmix könnte sich wie in Tab. 12.5 darstellen. Sie kennzeichnet die Arbeitsfelder der Marktforschung (Schnettler und Wendt 2006, S. 274 und die dort genannte Literatur):

Da in diesem Buch PR als Teil des Marketings nur im engeren Sinne des PR-Begriffs aufgefasst wird, im weiteren Sinne aber die strategische Organisationskommunikation meint (siehe Abschn. 1.1 „Architektur zentraler Kommunikationsbegriffe" und die dort angegebenen Abschnitte), sind mit der integrierten Analyse Betrachtungsperspektiven verbunden, die über den Entscheidungs- und Informationsbedarf der Tab. 12.5 hinausgehen. Um beantworten zu können, welcher Informationsbedarf mit integrierter Analyse gedeckt wird, dient der genauere Blick auf den Strategiebegriff.

Tab. 12.5 Entscheidungs- und Informationsbedarf der Marktforschung. (Quelle: Schnettler und Wendt 2006)

	Entscheidungsbedarf	Informationsbedarf
Produktpolitik	Produktstrategie	Lebenszyklusanalyse
	Produktgestaltung	Produktkonzeptentwicklung
	Markenpolitik	Produktkonzepttest
		Test vorhandener Produkte
		Markennamenentwicklung
		Markennamentest
		Produktvergleich gegen Mitbewerber
Preispolitik	Finden des richtigen Marktpreises	Kostenanalyse
	Verwendung der preispolitischen Instrumente	Profitanalyse
		Preiselastizität-/Absatzfunktionsanalyse
		Preisvergleiche mit Wettbewerbern
Distributionspolitik	Angestrebte Produktpositionierung	Motivforschung
		Mediaanalyse
	Einsatz der Kommunikations-instrumente und ihrer Ausprägung	Werbewirkungsforschung/Copy-Test – Die Copy-Strategie legt fest, welche Botschaften Werbung vermitteln soll. Der Copy-Test probiert diese mittels Testverfahren aus, bevor die Werbung eingesetzt wird. (Vgl. mehr Schnettler und Wendt 2006, S. 257 ff.)
		Imageanalysen
		Wettbewerbsanalysen
		PR-Erfolgskontrolle
		Verkaufsförderungsforschung
Kommunikationspolitik	Auswahl strategischer Alternativen (zum Beispiel direkter oder indirekter Vertrieb)	Standortanalyse
	Auswahl distributionspolitischer Instrumente und ihrer Ausprägung	Vertriebskanalanalyse
		Außendienststruktur/Verkaufs-bezirksanalyse

12.3.2 Unternehmen, Strategie und Analyse

Im neuen St. Galler Management-Modell (siehe genauer: „PR-Theorien: Systemtheorien – Unternehmensmodell und Kommunikation" in Lies 2015) bedeutet **Strategie** die **systematische** Auseinandersetzung mit den **Grundlagen** für den **langfristigen** Erfolg. Eine Umfrage des Instituts für Management- und Wirtschaftsforschung hat folgende Priorität strategischer Planung ergeben (IMWF et al. 2007. Online-Umfrage mit 170 antwortenden Fach- und Führungskräften. Die Ergebnisdokumentation gibt keinen Aufschluss darüber,

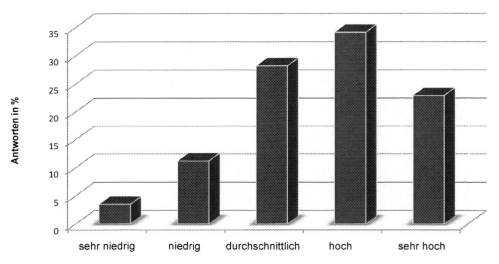

Abb. 12.6 Priorität strategischer Planung. (Quelle: IMWF et al. 2007, S. 11)

ob der Begriff der strategischen Planung konkretisiert wurde, S. 11): Die Umfrage zeigt (siehe Abb. 12.6), dass fast 60 % der befragten Fach- und Führungskräfte der strategischen Planung eine hohe Priorität einräumen, sodass die Bedeutung strategischer Analyse für die Konzeptarbeit nicht zu unterschätzen ist.

Um Strategien herleiten zu können, gilt es, bekannte Analyseinstrumente wie beispielsweise der Marktforschung zu einer integrierten Analyse zusammenzuführen:

- **Wertschöpfung:** Es müssen der Fokus der Wertschöpfung definiert und der Ausschnitt der Wertschöpfungskette bestimmt werden, der bearbeitet werden soll – gegebenenfalls zusammen mit Dritten in einem Wertschöpfungsnetzwerk.
- **Kernkompetenzen:** Die der Wertschöpfung zugrunde liegenden Kernkompetenzen sind festzulegen und auf- bzw. auszubauen.
- **Leistungserstellung, -angebot und -wahrnehmung:** Es müssen das Leistungsangebot und der damit verbundene Nutzen bekannt sein und definiert werden.
- **Stakeholder:** Es gilt, Klarheit über die relevanten Stakeholder und deren Anliegen zu schaffen. Dazu gehört im Sinne des Marketings, Zielgruppen und ihre Märkte als Adressaten zu identifizieren. Im Sinne der „klassischen PR" geht es dabei beispielsweise darum, verletzte Vertrauenspositionen relevanter Stakeholder-Gruppen jenseits des Marktes zu identifizieren und/oder relevante Entwicklungen im (teil-)gesellschaftlichen Umfeld zu beobachten.

Tab. 12.6 Integrierte Analyse zur Herleitung einer gemeinsamen Entscheidungsplattform. (Quelle: in Anlehnung an Bruhn 2013, S. 137)

Analysemethoden	Kompetenzanalyse Portfolioanalyse…	Wettbewerbsanalyse Benchmarking…	Imageanalyse Positionierungsanalyse…	
Felder	Leistungserstellung	Leistungsangebot	Leistungswahrnehmung	
A. Interne Analyse: Stärken und Schwächen				
C. SWOT-Analyse (Stärken-Schwächen-/Risiken-Chancen-Analyse)				
B. Externe Analyse: Chancen und Risiken				
Felder	Markt	Kunde	Wettbewerb	Umfeld
Analysemethoden	Lebenszyklusanalyse Gap-Analyse …	Zielgruppenidentifikation Kundenstrukturanalyse Means-End-Analyse …	Konkurrenzanalyse …	Issues Management …

12.3.3 Die integrierte Analyse

Die Situationsanalyse oder Ist-Analyse dient aus Sicht des PR- und Kommunikationsmanagements dazu, den Kommunikationsstatus zu erfassen. In Anlehnung und Weiterentwicklung zu Bruhn wird hier der Ansatz der **integrierten Analyse** am Beispiel von gemeinsamer Produktentwicklung, Marketing und Unternehmenskommunikation mit Hilfe eines fiktiven Produkts diskutiert, um hieraus eine gemeinsame Entscheidungsplattform herzuleiten.

Die integrierte Analyse besteht in Anlehnung an Bruhn aus drei zentralen Perspektiven (siehe Tab. 12.6):

- **A:** Der **internen Analyse** mit den Analysefeldern Leistungserstellung, Leistungsangebot und Leistungswahrnehmung;
- **B:** der **externen Analyse** mit Markt, Kunden, Wettbewerb und Umfeld;
- **C:** der sich daraus generierenden **Stärken-Schwächen-** (interne Ergebnisse) sowie Risiken-Chancen-Analyse (externe Analyse) als Zusammenschau der vorangegangenen Einzelanalysen.

Hintergrund für diesen **integrierten** Ansatz ist, dass es wenig sinnvoll erscheint, auf der einen Seite eine intensive Diskussion über die Notwendigkeit integrierter Kommunikation zu führen, die auch den Marketingmix als Ansatz der integrierten Kommunikation bewertet (siehe Abschn. 11.6 „Integrierte Kommunikation"), dann aber die Arbeit einer Kommunikationsabteilung isoliert zu analysieren (vgl. Bruhn 2013, S. 133 ff.). Gerade weil Strategien in der Praxis oftmals separiert auf Kompetenzinseln entwickelt werden – hier das Marketing, dort die Produktentwicklung und wieder woanders die Unternehmenskommunikation –, muss bereits in der Analyse über Kompetenzbereiche hinweg die Entscheidungsbasis ermittelt werden.

Im Anschluss an die Diskussion des Strategiebegriffs gilt: Keine Kommunikationsstrategie ohne Unternehmensstrategie (Behrens 2008, S. 15). Das heißt, idealerweise **flankiert** die strategische Kommunikationsanalyse die strategische Analyse eines Managementvorhabens, da die Bezugsgröße der Kommunikation die Kernleistung ist (hier wird vereinfachend angenommen, dass diese Kernleistung in der Produkterstellung besteht – mehr zur Komplexität der Messung von Kommunikation siehe in den Abschnitten „Kommunikationsziele" sowie zur „Evaluation" in Lies 2015). Das heißt nicht, dass ein PR- und Kommunikationsmanager in der Praxis jede Analyse selbst betreiben muss. Ihm muss aber klar sein, wo Wahrnehmungsrelevanz entsteht. Und das kann sehr unterschiedlich mit Blick auf die oftmals sehr pauschale „Imageanalyse" eines Unternehmens ausfallen: so kann die Corporate Governance angesichts von Gehälter- und Bestechungsskandalen namhafter Unternehmen im Jahr 2007 genauso dazugehören, wie die Beförderungspraxis von Personal in Behörden oder die Arzneimittelforschung und -zulassung. Je nach Tätigkeitsfeld der Organisation. Von daher sind folgende Analysemethoden als Stellvertreter für viele Analyseziele zu werten.

12.3.4 Die Grenzziehung von „innen" und „außen"

Die erste Problematik der Vorstellung einer integrierten Analyse ist, dass kaum eine **interne** bewertende Leistungsanalyse **ohne** Berücksichtigung relevanter Dritter (Stakeholder, Kunden) sinnvoll ist. – Was hilft einem Unternehmen ein technisch perfektes Produkt, wenn es die Kunden aufgrund bestimmter subjektiv bedeutender (Marken-)Werte ablehnen? Darum dient die Tab. 12.6 zur Verdeutlichung, wo eine Analyse **ansetzt**. Eine Vernetzung von Innen- und Außensicht ist aber erforderlich.

12.3.5 Die ausgewählten Analysemethoden

Die einzelnen Analysemethoden, die in den folgenden Abschnitten je Perspektive vorgestellt werden, sind beispielhaft zu verstehen. Die Diskussion verfügbarer Methoden ist weitaus größer, die beispielsweise die Marketingliteratur und die betriebswirtschaftliche Führungsliteratur bereitstellen. So mag eine **Stärken-Schwächen-Analyse** die **Zusammenschau** der internen und externen Analyse genauso leisten, wie auch als **einzelnes** Analyseinstrument beispielsweise bei der Betrachtung der Kernkompetenzen dienen (vgl. Abb. 12.7). Hier geht es darum, eine Übersicht zu vermitteln, wie intensiv die Vorbereitungen auf eine integrierte strategische Kommunikation sein können, die in dem folgenden fiktiven Beispiel auch zu Anpassungen des Produktes führen wird.

Im Folgenden wird kurz das fiktive Beispiel eines Fitnessgetränkeherstellers angerissen, das in den Abschn. 12.3–12.8 „Kommunikationsstrategien" immer wieder herangezogen wird. Die hier nur kurz angedeuteten Ergebnisse dieser fiktiven Analyse werden in den folgenden Abschnitten ausgeführt.

Einführung und Übersicht des Beispiels Ein Unternehmen, das Fitnessgetränke herstellt, analysiert seine Arbeit, um hieraus eine strategische Anpassung der Leistungen herzuleiten, die es gegebenenfalls mit einem entsprechenden (Produkt-)Kommunikationsprogramm unterstützen will (vgl. Tab. 12.7).

12 Kommunikationskonzept und -strategie

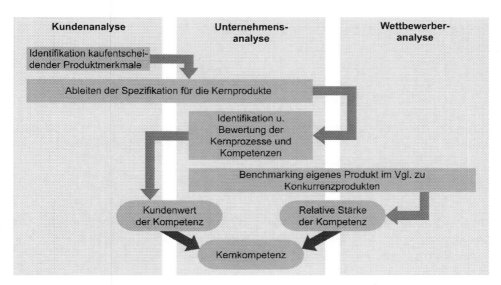

Abb. 12.7 Integrierte Analyse am Beispiel der Kernkompetenzen. (Quelle: Rudorfer 2001, S. 25)

- **A: Interne Analyse** – Die eigene Beurteilung der **Kompetenzen** ergibt gute Werte bei Produktion und Entwicklung. Bei Marketing und Vertrieb fällt die eigene Beurteilung dagegen schlechter aus. Nach einem Abgleich mit den **Kaufmerkmalen aus Kundensicht** und den dafür notwendigen internen **Arbeitsprozessen** ergibt sich eine **Positionierungsschwäche,** die durch eine Analyse der **Leistungswahrnehmung** bestätigt wird. Dabei zeigt sich eine Imageschwäche, obwohl Produktqualität und -eigenschaften im Vergleich zum Wettbewerb gut abschneiden (siehe folgende Abschnitte 12.4 und 12.5 „Kommunikationsstrategie – interne Analyse").
- **B: Externe Analyse** – Das Fitnessprodukt im Abgleich mit dem eigenen Portfolio und mit dem relevanten Markt zeigt, dass es sich um ein Questionmark-Produkt handelt. Die Analyse bestätigt dem analysierten Produkt Entwicklungspotenzial, um zu einem „Star" im Portfolio des Anbieters zu werden.
- **C: Stärken-Schwächen-Analyse** – Die Stärken-Schwächen-Analyse ist als integrierte Analyse angelegt, indem sie eine interne Analyse der Ressourcen (Stärken und Schwächen/**S**trength and **W**eaknesses) mit der Umfeldanalyse (Risiken und Chancen/**T**hreats and **O**pportunities) verbindet. Durch die Abkürzung der englischen Begriffe heißt sie auch kurz „SWOT-Analyse". Die Schlagworte in den vier Feldern werden mit den Analysen in den folgenden Kapiteln gefüllt. Die Punkte deuten an, dass es sich hier nur um Beispiele für weitere Analysen handeln kann.

12.3.6 Fazit

Das angenommene Unternehmensmodell basiert mit der Systemtheorie auf einer Modellumgebung, die auch in der kommunikationswissenschaftlichen PR-Diskussion eingesetzt wird.

Tab. 12.7 Die Stärken-Schwächen-Analyse. (Quelle: in starker Vereinfachung von Ansoff 1980, S. 146)

	Stärken/Strengths	Schwächen/Weaknesses
Interne Analyse	Produktqualität	Markenschwäche…
	Produktentwicklung…	
	Chancen/Opportunities	*Risiken/Threats*
Externe Analyse	Das eigene Produkt als Questionmark	Das identifizierte Issue „Gesundheitsbewusstsein und Partykultur"…
	Identifizierte Issues „Co-Branding", „Essgewohnheiten" sowie „Klimawandel"…	

Durch die Tradition des Konzepts „integriertes Management", in der das neue St. Galler Management-Modell steht, besteht mit der Umfeldorientierung eine gedankliche Nähe zum Stakeholder-Konzept, sodass die Diskussion der Kommunikation hier anschließen kann. Entsprechend umfassend sind die Analyseinstrumente zur Herleitung von Strategien anzulegen, die bisher vor allem im Marketing oder Public Relations bekannt sind, aber einem systemtheoretischen Unternehmen erst im Sinne der integrierten Analyse gerecht werden.

12.4 Kommunikationsstrategie – interne Analyse (Leistungsangebot)

Jan Lies

12.4.1 Analyse der Ressourcen: Kernkompetenzen 385
12.4.2 Einbeziehung der Kundenperspektive 387
12.4.3 Bewertung der Kernkompetenzen im Abgleich mit Kundenbewertung 389
12.4.4 Fazit 391

Leitfragen

1. Was leistet die interne Analyse? Worauf richtet die Wertschöpfungskette ihren Fokus? Was ist das Benchmarking? Warum ist es wichtig?
2. Was ist Competence Deployment? Was sagt es aus? Warum erfolgt dies in der internen Analyse? Was ist ein Scoring-Modell?
3. Was ist eine relative Kompetenzstärke? Was ist eine Portfoliomatrix? Was leistet sie?

Die interne Analyse (Leistungserstellung und Leistungsangebot) wird hier im Kontext einer integrierten Analyse vorgestellt. Die Beispiele in diesem Abschnitt sind instrumentell

---

J. Lies (✉)
FOM Hochschule für Oekonomie & Management, Essen, Deutschland
E-Mail: jan.lies@fom.de

einzeln denkbar, sollten aber immer im Kontext einer strategischen Gesamtanalyse verstanden werden, um ein integriertes Vorgehen der relevanten Abteilungen wie beispielsweise Organisationskommunikation, Marketing und Produktentwicklung vorzubereiten.

Die folgenden Analyseschritte skizzieren ein mögliches Vorgehen, um die **internen Leistungen** (Leistungserstellung und -angebot; siehe Tab. 12.6 und Abb. 12.7 in Abschn. 12.3 „Integrierte Analyse") zu bewerten und sie anschließend der Bewertung von Stakeholdern (hier: Kunden) gegenüberzustellen.

12.4.1 Analyse der Ressourcen: Kernkompetenzen

In einem ersten Schritt geht es grundlegend darum, die eigene Leistung zu bewerten, und zwar losgelöst von der Meinung Dritter. – Was leistet eine Organisation? Welche Wertaktivitäten hat die eigene Organisation zu bieten (**Wertschöpfungskette**)? Welche Ausstattung wie Maschinen, Personal, Wissen etc. bringen wir mit (**Ressourcenanalyse**)? – Am Beispiel eines Unternehmens gilt: „Dazu müssen die Kompetenzen ermittelt werden, die ‚hinter' den Produkten und Produktfamilien stehen und nicht von den Kunden wahrgenommen werden" (Hinterhuber 2004, S.123).

Wertschöpfungskette Mit dem Konzept der Wertschöpfungskette nach Michael E. Porter (Value Chain, Wertkette, Leistungskette) sollen die Wertschöpfungsstufen im betrieblichen Gütererstellungsprozess ermittelt und visualisiert werden. „Zur systematischen Durchleuchtung einer Unternehmung bzw. einer strategischen Geschäftseinheit hat Porter das Diagnoseinstrument der Wertschöpfungskette entwickelt" (Kreikebaum 1997, S. 137). Jedes Glied in der Kette leistet einen zu bestimmenden Beitrag in der Wertschöpfung und erhöht den Wert des Produkts oder der Dienstleistung. „Die Unternehmensanalyse ist bei Porter vom Wertkettengedanken geprägt. Er gliedert das Unternehmen (bzw. die Wertschöpfungskette) in miteinander verknüpfte Einheiten, die ‚Wertaktivitäten'" (Eschenbach 2003, S. 218). Der Zweck der Analyse ist, alle Aktivitäten im Hinblick auf ihren Beitrag zur Befriedigung von Kundenbedürfnissen zu untersuchen. Dabei ist ein Produkt nicht einfach eine Aneinanderreihung technischer Schritte, sondern eine vernetzte Darstellung von Aktivitäten, die die Wertschöpfung des eigenen Unternehmens zeigt: zum Teil auch eingebettet in die gesamte Wertschöpfungskette hinweg, sofern das Unternehmen als Teil einer unternehmensübergreifenden Wertschöpfung arbeitet.

Mit Hilfe der Wertkette lässt sich der gesamte Prozess der Leistungserbringung durchleuchten. Zu fragen ist für jedes Kettenglied, inwieweit sich ein Wettbewerbsvorteil mit Blick auf Kostenvorteile oder Differenzierung ergibt. Der Differenzierungsgedanke zeigt, wie relevant dieses Analyseinstrument für den PR- und Kommunikationsmanager ist, um zielgerechte Kommunikationsthemen zu identifizieren. Porter unterscheidet primäre und unterstützende Aktivitäten: Zu den primären Wertaktivitäten zählen die physische Herstellung des Produkts, der Verkauf sowie der Kundendienst. Unterstützende Aktivitäten bilden den Rahmen, wie die Technologieentwicklung, Personal und Führung (vgl. Abb. 12.8).

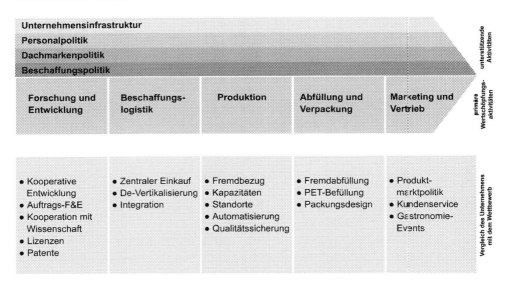

Abb. 12.8 Die Wertschöpfungskette in Anlehnung an Porter. (Quelle: in enger Anlehnung an Hinterhuber 2004)

Beispiel

Ein Unternehmen, das Fitnessgetränke herstellt, analysiert seine Wertschöpfungskette und zieht dabei auch erste Vergleiche zum Wettbewerb. Dabei ergibt sich eine Value-Chain, in der beispielsweise die Forschung und Entwicklung (hier z. B. die ernährungswissenschaftlichen Erkenntnisse), die Produktionsprozesse und -techniken (nährstoff- und ressourcenschonende Produktionstechnik), aber auch die Produkt- und Markenpolitik zentrale Kettenglieder bilden (siehe Abb. 12.8), da sie wichtige Wertschöpfungsbeiträge vor allem beim Wettbewerb leisten. Das Produktmarkenmanagement wird dabei als primäre Wertschöpfung identifiziert, da sie eine Einheit mit dem Produktmarketing bildet. Die Dachmarkenpolitik arbeitet dagegen eher als Rahmen für das gesamte Produktportfolio (sekundäre Wertschöpfung), das neben Fitnessgetränken auch Ökogetränke enthält, die von der gemeinsamen Markenumgebung profitieren.

Stärken-Schwächen-Analyse Um diese Kernleistungen zu bewerten, können die Fachleute im Unternehmen selbst im Rahmen von Workshops und/oder durch Unternehmensberatungen eine Bewertung vornehmen. Die Ergebnisse werden in einem **Profil** abgebildet (siehe Abb. 12.9, linker Teil, hellgraue Linie).

Benchmarking Um die Kernleistung einer Organisation bewerten zu können, ist darüber hinaus auch ein von den Experten des Hauses, der internen Konzernforschung oder auch von Unternehmensberatern eingeholter Vergleich mit relevanten Wettbewerbsleistungen notwendig. Dies ist streng genommen bereits auch eine externe Analyse, da für diesen Vergleich ein Blick auf den Markt notwendig ist, den die Mitbewerber prägen. Nur so ist die eigene Leistungsfähigkeit vergleichbar (siehe Abb. 12.9, linker Teil, dunkelgraue Linie).

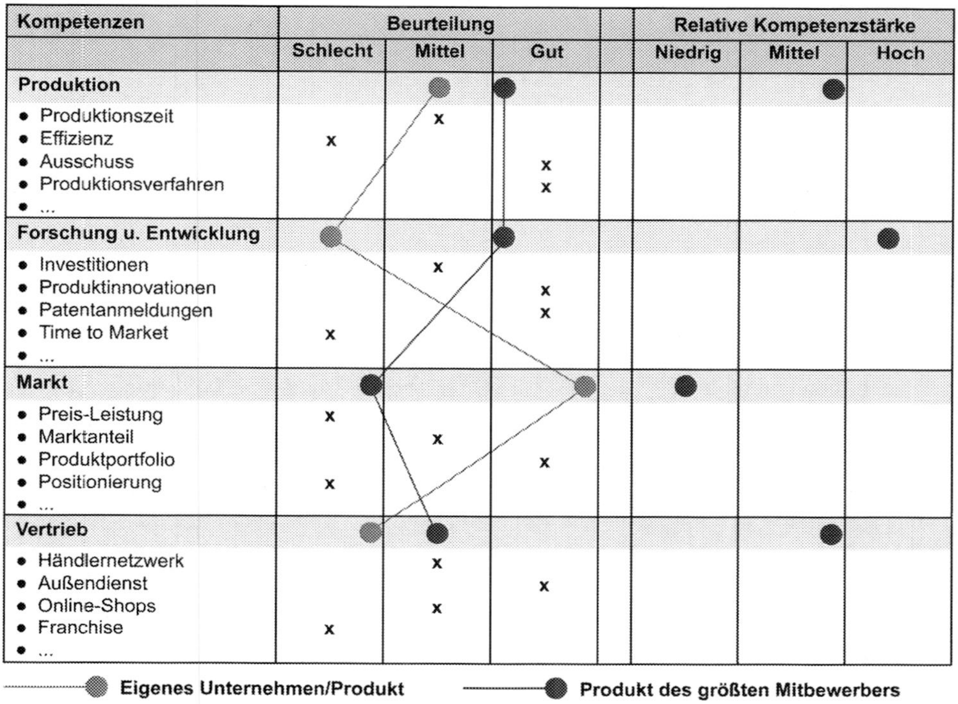

12 Kommunikationskonzept und -strategie

Kompetenzen	Beurteilung			Relative Kompetenzstärke		
	Schlecht	Mittel	Gut	Niedrig	Mittel	Hoch
Produktion		●	●			●
• Produktionszeit		x				
• Effizienz	x					
• Ausschuss			x			
• Produktionsverfahren			x			
• ...						
Forschung u. Entwicklung	●		●			●
• Investitionen		x				
• Produktinnovationen			x			
• Patentanmeldungen			x			
• Time to Market	x					
• ...						
Markt		●		●		
• Preis-Leistung	x					
• Marktanteil		x				
• Produktportfolio			x			
• Positionierung	x					
• ...						
Vertrieb		●	●			●
• Händlernetzwerk		x				
• Außendienst			x			
• Online-Shops		x				
• Franchise	x					
• ...						

┄┄┄● **Eigenes Unternehmen/Produkt**   ┄┄┄● **Produkt des größten Mitbewerbers**

Abb. 12.9 Selbstbewertung: Stärken-Schwächen-Analyse der Unternehmenskompetenzen und Vergleich mit dem Wettbewerb. (Quelle: in enger Anlehnung an Hinterhuber 2004, S. 124)

Verglichen wird die **eigene** Leistung mit Wettbewerbern, die Standards (= Benchmarks) setzen, um Verbesserungspotenziale zu ermitteln. In der Praxis wird hierfür oftmals der „gefühlte" Branchenführer oder auch nur der spürbarste Wettbewerber ausgewählt. Zum Teil wird auch mit ausgewählten Durchschnittswerten einer Vielzahl starker Wettbewerber gearbeitet. Hierfür ist ein gutes Branchenwissen erforderlich. So entsteht die **relative Kompetenzstärke**. Die Anordnung der Punkte kennzeichnet die selbst geschätzte Kompetenzstärke relativ zum Wettbewerb (siehe Abb. 12.9, rechter Teil, graue Punkte – schematisiert. Genaue Zahlenwerte interessieren zur Skizzierung des Vorgehens hier nicht.).

12.4.2 Einbeziehung der Kundenperspektive

Das **Competence Deployment** basiert auf dem Vorgehen des sogenannten **Quality Function Deployment** (QFD). QFD ist eine Methode der Qualitätssicherung, die eng mit dem Japaner Yoji Akao verbunden ist und die er 1966 vorstellte. Ziel des Verfahrens ist die Konzeption, das Erstellen und der Verkauf von Produkten und Dienstleistungen, die der Kunde wirklich wünscht. „QFD kann sinngemäß übersetzt werden als ‚das in Stellung bringen' (deployment) der Qualitätsfunktionen (quality functions) eines Produktes entsprechend der von den Kunden geforderten Qualitätseigenschaften." (Hinterhuber 2004, S. 125) Einmal mehr entlehnt das Management hier militärische Begriffe. Dort bedeutet „deployment" die zielgerichtete Aufstellung von Truppen. QFD ist eine Methode zur kundenorientierten Gestaltung von Produkten und Prozessen mit Hilfe von Korrelationsmatrizen.

Instrumentell basiert QFD auf einem **Punktbewertungsverfahren** oder **Scoring-Modell**. Die Herausforderung besteht darin, eine sprechende und hinweisgebende Kriterienauswahl zu treffen.

Beispiel

Ein Unternehmen stellt Fitnessgetränke auf Basis von pflanzlichen Produkten her. Durch die Gegenüberstellung von Kaufkriterien und Produktmerkmalen in einer Korrelationsmatrix werden die kaufentscheidenden Kriterien ermittelt (siehe Abb. 12.10). Eine Kundenbefragung ergibt, dass hier Preis, Produkteigenschaften, Produktqualität, Lieferzeiten/Verfügbarkeit, Image sowie Service/Beratung die wichtigsten Merkmale einer Kaufentscheidung sind. Die Bedeutung dieser Merkmale haben die Kunden gewichtet. Produkteigenschaften und -qualität sind mit je 25 % die wichtigsten Kaufkriterien. Die Pünktchen über der Score-Zeile deuten an, dass sich diese Merkmale aus komplexeren Abfragen ergeben, die hier nicht tiefer gehend betrachtet werden. So mögen hinter dem Image bestimmte Positionierungserwartungen stehen.

Der Zusammenhang zwischen bestimmten Kaufentscheidungsmerkmalen und Produkteigenschaften ist nicht selbstverständlich und wird perfekterweise ebenfalls erfragt, bei-

Kaufentscheidende Merkmale \ Produkteigenschaften	Gewichtung in %	Innovationen	Fitnessfördernd	Geschmacksrichtungen	Packungsgrößen	Verfügbarkeit im Handel	Herstellungskosten	...
Preis	15	9	3	3	9	3	9	
Produkteigenschaften	25	3	9	9	9	3	9	
Produktqualität	25	3	9	9	3	1	3	
Lieferzeit, Verfügbarkeit	15	3	1	3	3	9	3	
Image	15	3	1	3	1	3	9	
Service, Beratung	5	1	9	9	3	9	9	
...								
Score		3,8	5,7	6,3	5,1	4,6	6,6	
Ranking		6	3	2	4	5	1	

Zusammenhang:
9 = stark
3 = mittel
1 = schwach

Abb. 12.10 Gegenüberstellung von Kaufkriterien und Produktmerkmalen. (Quelle: in enger Anlehnung an Hinterhuber 2004, S. 126)

spielsweise durch ein Marktforschungsinstitut oder die eigene Marketingabteilung. So mag eine Kundenbefragung zur Produktqualität im Rahmen des fiktiven Beispiels eines Fitnessgetränks ergeben, dass vor allem fitnessfördernde Eigenschaften und die Geschmacksrichtung die wahrgenommene Qualität prägen, weniger aber seine Verfügbarkeit im Handel. – Ersatzweise und um die Komplexität solcher Analysen zu senken, ist aber denkbar, dass das Heranziehen bestehender Studien, Analysen oder Plausibilitätsüberlegungen die Bewertung des Zusammenhangs zwischen Kaufmerkmal und Produkteigenschaft ergeben. Damit steigt dann vermutlich die Fehlerwahrscheinlichkeit der Analyse.

Die Gewichtungen der Kaufmerkmale (Prozent) multipliziert mit der Stärke des Zusammenhangs mit den entsprechenden Produktmerkmalen ergibt einen Punktwert je Produkteigenschaft, die ein Ranking bilden und der jeweiligen Eigenschaft einen Punktewert (Score) zumessen. Je höher der Punktwert, desto wichtiger ist die Eigenschaft aus Kundensicht und desto höher die Platzierung im Ranking.

12.4.3 Bewertung der Kernkompetenzen im Abgleich mit Kundenbewertung

Diese Punktwerte werden nun mit den notwendigen Kompetenzen und Prozessen in einer weiteren Korrelationstabelle in Zusammenhang gebracht (siehe Abb. 12.11): Mit diesen

Unternehmenskompetenzen / Produkteigenschaften	Score	Marke	Forschung/ Entwicklung	Vertrieb	Produktion	Marketing	...
Innovationen	3,8	3	9	1	3	1	
Fitnessfördernd	5,7	9	3	1	1	1	
Geschmacksrichtungen	6,3	9	3	1	3	3	
Packungsgrößen	5,1	3	9	3	9	9	
Verfügbarkeit im Handel	4,6	9	9	3	9	9	
Herstellungskosten	6,6	9	9	3	3	3	
...							
Score		235	217	65	143	136	
Ranking (Kundenwert)		1	2	5	3	4	

Zusammenhang:
9 = stark
3 = mittel
1 = schwach

Abb. 12.11 Gegenüberstellung von Produkteigenschaften und Unternehmenskompetenzen. (Quelle: in enger Anlehnung an Hinterhuber 2004, S. 126)

beiden Matrizen können Organisationen systematisch die Zusammenhänge zwischen kaufentscheidenden Produktmerkmalen, Produkteigenschaften und unternehmerischen Kompetenzen und Prozessen bestimmen. Die jeweiligen Kompetenzen sind mit Hilfe von Fachleuten aus dem Unternehmen zu bestimmen und sind hier bereits durch die Wertkette von Porter bekannt.

Die Relevanz des Zusammenhangs zwischen Produkteigenschaften und unternehmerischen Kompetenzen ist nun intern zu ermitteln: Gegebenenfalls muss der Ersteller hierfür Experteninterviews oder auch Workshops durchführen, um die wichtigsten Kompetenzen zu identifizieren, um sie in den Zusammenhang mit den Produktmerkmalen zu stellen. Dabei werden analog zu oben die Zusammenhänge mit 9 = stark, 3 = mittel und 1 = schwach gekennzeichnet.

Beispiel

Im fiktiven Beispiel des Fitnessgetränkeherstellers sind die Kompetenzen und Prozesse Marketing, Marke und Produktentwicklung maßgeblich. Diese drei Kompetenzen haben also den höchsten Kundenwert. Im Vergleich zur **eigenen** Stärken-Schwächen-Analyse der Kernkompetenzen tauchte die Marke als eigene wahrgenommene Kompetenz gar nicht auf, sodass die Analyse unter Einbeziehung der Kunden bereits einen möglichen wichtigen Hinweis geliefert hat, woran das Unternehmen arbeiten muss.

Portfoliomethode Jetzt gilt es, die **selbst** bewerteten (relativen) Kompetenzstärken und -schwächen mit den Kaufentscheidungsmerkmalen **und** den damit zusammenhängenden Unternehmenskompetenzen abzugleichen. Dafür dient hier die Portfoliomethode. Der Portfolioraum wird in diesem Beispiel mit den Achsen „relative Kompetenzstärke" und „Kundenwert" bezeichnet, um die Kompetenzen mit den Kundenwerten abzugleichen (siehe Abb. 12.12):

- **1. Quadrant: Kompetenzstandards.** Kompetenzen mit niedrigem Kundenwert und relativ geringen Kompetenzstärken werden als „Standards" bezeichnet. Diese Kompetenzen mögen für das Basisgeschäft erforderlich sein, aber Herausragendes ist weder aus Kundensicht noch aus Unternehmenssicht in diesem Bereich festzustellen.
- **2. Quadrant: Kompetenz-Gaps.** Hier sind schwache eigene relative Kompetenzen diagnostiziert worden, denen aber die Kunden hohe Werte beimessen. Das sind Kompetenzlücken, da der Wettbewerb als besser eingeschätzt wird. Im fiktiven Beispiel ist das die Marke, die bei der ursprünglichen Stärken-Schwächen-Analyse gar nicht explizit auftaucht, aber – geplant oder ungeplant – unter dem Punkt „Positionierung" verdeckt ist. Erst die von Kunden recht stark gewünschten Produkteigenschaften „fitnessfördernd" oder „Geschmacksrichtungen" haben die Bedeutung der Marke zu Tage gefördert, da beispielsweise die Forschung und Entwicklung selbst hier relativ geringe Zusammenhänge sieht und auch sonst keine starken Zusammenhänge aus ernährungswissenschaftlich-technischer Sicht zu finden gewesen sein mögen.
- **3. Quadrant: Kompetenzpotenziale.** Hier verfügt das Unternehmen über starke Kompetenzen im Vergleich zum Wettbewerb, denen die Kunden aber niedrige Bedeutung

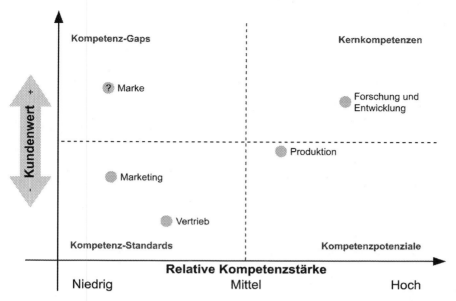

Abb. 12.12 Die Portfoliomethode zur Gegenüberstellung von relativen Kompetenzstärken und Kundenwerten. (Quelle: in enger Anlehnung an Hinterhuber 2004, S. 128)

beimessen, wie hier der Produktion. Dies mag eng mit der Marke/Positionierung zusammenhängen, was in der Praxis beispielsweise zu Effekten wie dem „over-engineering" führen kann.
- **4. Quadrant: Kernkompetenzen.** Hier sind starke eigene relative Kompetenzen festgestellt worden, bei denen das Unternehmen marktführend ist und denen auch vom Kunden hohe Bedeutung beigemessen wird.

Eine Kernkritik ist, dass die Grenzziehung zwischen den Quadranten nicht exakt bestimmbar ist: Ab welchem Marktanteil gehört ein Produkt oder ein Unternehmen in welchen Quadranten? Das Trennkreuz bestimmen Mittelwerte aus den in die Betrachtung einbezogenen Analyseobjekten. Wenn beispielsweise eine relevante Größe fehlt und daher (unbewusst) in der Betrachtung unbeachtet bleibt, ist die gesamte Quadrantenzuordnung möglicherweise verzerrt. Hieraus abgeleitete Prioritäten für strategische Maßnahmen können so auf einer falschen Entscheidungsbasis entstehen. Hinzu kommt, dass in jeder Phase auch unterschiedliche Ausnahmesituationen auftreten können, für die diese Standardisierung gar nicht hilfreich ist.

12.4.4 Fazit

Die Analyse der Ressourcen mit der Identifikation der Kernkompetenzen hat eine im Vergleich zum Wettbewerber relative Stärke von Produktion sowie Forschung und Entwicklung ergeben. Marketing und Vertrieb schnitten in der internen Bewertung eher schwach ab. In der Analyse der Kundenbewertung ergab sich, dass sie den Kaufentscheidungsmerkmalen „Produkteigenschaften" und „Produktqualität" einen hohen Wert beimessen, die durch bestimmte Produktmerkmale bedient werden. Dies kann eine Chance sein, aber auch ein Risiko: Im Abgleich mit den dafür notwendigen unternehmerischen Prozessen wurden Forschung und Entwicklung als Kernkompetenzen ermittelt. Die Marke wurde dagegen als Kompetenzlücke identifiziert, sodass hier ein erster denkbarer Ansatz für die strategische Kommunikation durch integrierte Analyse vorliegt.

12.5 Kommunikationsstrategie – interne Analyse (Leistungswahrnehmung)

Jan Lies

12.5.1 Analyse der Leistungswahrnehmung 393
12.5.2 Das semantische Differential 394
12.5.3 Positionierungsanalyse 395
12.5.4 Potenziale für eine Positionierungsstrategie 399
12.5.5 Fazit 401

Leitfragen

1. Was unterscheidet die interne Analyse der Leistungserstellung von der Analyse der Leistungswahrnehmung?
2. Welche Methoden stehen für die Analyse der Leistungswahrnehmung zur Verfügung?
3. Was ist ein semantisches Differential? Was ist ein Polaritätenprofil? Was leisten diese?
4. Was ist eine Positionierung?

Die interne Analyse (Leistungswahrnehmung) wird hier im Kontext einer integrierten Analyse vorgestellt. Die Beispiele in diesem Abschnitt sind instrumentell separiert denkbar, sollten aber immer im Kontext einer **strategischen Gesamtanalyse** verstanden werden, um ein integriertes Vorgehen der relevanten Abteilungen wie beispielsweise Organisationskommunikation, Marketing und Produktentwicklung vorzubereiten.

Im vorigen Abschnitt wurden Analyseschritte skizziert, um die **internen Leistungen** (Leistungserstellung und -angebot; siehe Tab. 12.6 und Abb. 12.7 zur integrierten Analyse) zu bewerten und sie anschließend der Bewertung von Stakeholdern (hier: Kunden) gegenüberzustellen.

J. Lies (✉)
FOM Hochschule für Oekonomie & Management, Essen, Deutschland
E-Mail: jan.lies@fom.de

12.5.1 Analyse der Leistungswahrnehmung

Die Analyse der Leistungswahrnehmung hat die Aufgabe, die **subjektive Wahrnehmung** bei den Kunden abzufragen (vgl. Bruhn 2013, S. 166 f.). Dies ist vermutlich die Analyse, die als Standard bei Kommunikationsprojekten angenommen wird. Durch die integrierte Analyse wird deutlich, dass hier der umfassende Charakter vorgeschlagen wird.

Bezogen auf die konkrete Wahrnehmungsanalyse wird hier im Stillen vorausgesetzt, dass die Kunden überhaupt bekannt sind. Das ist durchaus nicht selbstverständlich. Besonders beim Beispiel eines Fitnessgetränkeherstellers könnte etwa der dazwischengeschaltete Handel dazu führen, dass zunächst erst die relevanten (End-)Kunden identifiziert werden müssen. Diese Schwierigkeit wird hier aber ausgeblendet. Es geht um die Darstellung von Analyseinstrumenten, deren Anwendung situationsabhängig ist. Grundsätzlich bieten sich hier die **Befragungstechniken** an, die die empirische Sozialforschung erprobt.

> **Beispiel**
>
> Ein Hersteller von Fitnessgetränken will ermitteln, wie seine Leistungen vom Kunden wahrgenommen werden. Eine Abfrage von 1000 Kunden ($n=1000$) ergibt folgendes Profil: Die Zuordnung je Zeile bestimmt sich aus der Mehrzahl der Antworten je Merkmal, die hier nicht im Detail gezeigt wird (vgl. Tab. 12.8).

Was leistet so eine Abfrage? – Es zeigt sich zunächst die Bedeutung der integrierten Analyse, die die interne **und** externe Beurteilung der Leistung umfasst: Ein Nahrungsmittel mag aus Sicht von Ernährungswissenschaftlern Bestnoten erhalten. Es mag auch aus Sicht des eigenen Produktmanagements gut ausfallen. Das heißt noch lange nicht, dass die Kunden es auch mögen und kaufen oder andere Stakeholder-Gruppen keine Ansprüche entwickeln.

Maßgeblich ist hier, sich die Auswahl der **richtigen** Kriterien zu überlegen, die abgefragt werden sollten. Bereits diese Herleitung der richtigen Kriterien kann eine Zielgruppenabfrage notwendig machen: Denn relevante Kriterien aus Sicht einer Organisation können von dem abweichen, was eine Zielgruppe für relevant halten mag.

> **Beispiel**
>
> Als Grafik aufbereitet, zeigt die Befragung von 1.000 Kunden folgende Einschätzung der Merkmale des Fitnessgetränks (die Adjektive in der Abb. 12.13 sind nur in Kombination mit den Merkmalen der Tab. 12.8 verständlich): Die Produktqualität und die Produkteigenschaften bewerten die Kunden herausragend gut. Preis, Lieferzeit und Image fallen dagegen ab.

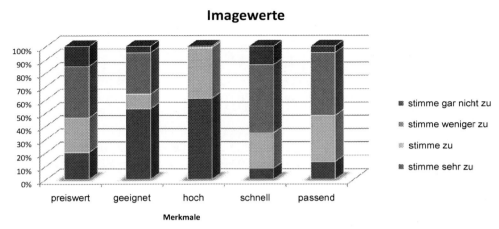

Abb. 12.13 Merkmale einer Produktimageabfrage

Tab. 12.8 Beispiel der Ergebnisse einer Kundenbefragung

Anbieter		Stimme sehr zu	Stimme zu	Stimme weniger zu	Stimme gar nicht zu
Preis	Preiswert	201	263	387	149
Produkteigenschaften	Geeignet	530	111	311	48
Produktqualität	Hoch	609	379	3	9
Lieferzeit, Verfügbarkeit	Schnell	83	264	514	139
Image	Passend	132	348	473	47
$n = 1000$					

Diese Ergebnisabfrage führt zu Folgeproblemen: Es ergibt sich vor allem die Frage, was denn das Image **„geeignet"** macht. Hinweisgebend mag sein, dass die Produktqualität hoch, die Bepreisung aber als wenig geeignet wahrgenommen wird. Was steckt dahinter? Hierzu sind weitergehende Analysen notwendig.

12.5.2 Das semantische Differential

Das sogenannte **semantische Differential** ist ein Skalierungsverfahren, um Einstellungen auf Basis von Befragungen zu messen, das hier zur vertiefenden Imageermittlung genutzt wird: Auskunftspersonen, wie beispielsweise Kunden, werden gebeten, auf einer Skala anzugeben, inwieweit sie einer bestimmten Eigenschaft eines Produkts, eines Dienstes oder eines anderen Untersuchungsgegenstands zustimmen.

Das semantische Differential geht auf Osgood, C. E./Suci, G. J./Tannenbaum, P. H. (Measurement of Meaning 1957) zurück und ist in der Imageanalyse weit verbreitet.

Das Differential besteht aus einer Anzahl von zweipoligen Bewertungs- oder Ratingskalen, das meist sieben Stufen enthält. Dabei zielen die einzelnen Bewertungsmerkmale typischerweise **nicht** auf eine **unmittelbare** Befragung ab, wie: „Halten Sie Produkt/ Dienst X für das geeignete Produkt, um den Nutzen Y abzudecken?" – Es werden vielmehr Abfragepole gebildet, die der Kunde mit dem Produkt **in Verbindung** bringt. Hieraus wird das relevante Image hergeleitet.

Als besonders sensible Schritte der Analyse sind folgende Aspekte zu beachten:

- Die Identifikation und Eingrenzung der imagerelevanten Punkte.
- Die Übertragung auf Assoziationsbegriffe.
- Die Formulierung der Begriffspaare.

Die Bandbreite der abzufragenden Punkte kann das Produkt selbst, die Konditionen, den Vertrieb und das produzierende Unternehmen umfassen und sollte alle relevanten Themenbereiche abdecken, die situationsabhängig relevant sind.

Durch das Verbinden der angekreuzten Einschätzungen entsteht ein Eigenschaftsprofil, das auch **Polaritätenprofil** genannt wird.

Beispiel

Ein Unternehmen stellt einen Fitnessdrink her, der aus ernährungswissenschaftlicher Sicht Bestnoten bekommt. Er gleicht nach starken körperlichen Belastungen Mineralverluste aus. Er ist ressourcenschonend mit Hilfe von Niedrigenergie-Produktionsverfahren hergestellt und umweltfreundlich verpackt. Die Basis ist pflanzlich und aus dem heimischen Anbau.

Es ist wichtig, sich deutlich zu machen, dass hier die **absolute** Wahrnehmung untersucht wird. Die Aussagekraft dieser absoluten Abfrage ist begrenzt. Maßgeblich ist für die Ableitung von strategischen Maßnahmen ein **Vergleich** mit den Leistungen von Wettbewerbern. Die Zuordnung der Analysen zu **„intern"** zeigt, dass auch die Grenzziehung diskussionsbedürftig ist. Da letztlich die **eigene** Marktleistung das Analyseobjekt betrifft, wird es hier der internen Analyse zugeordnet.

12.5.3 Positionierungsanalyse

Die Positionierung stellt im Ergebnis eine klare, besondere und gewünschte Wahrnehmung bei relevanten Adressaten dar. Damit gibt die Analyse der Positionierung Antwort auf drei Fragen:

- **Gewünscht:** Welche relevanten Dimensionen prägen die gewünschte Wahrnehmung bei relevanten Adressaten?
- **Besonders:** Welche Dimensionen prägen die Wahrnehmung, sodass sie über den Durchschnitt hinausgeht?
- **Klar:** Welche Merkmale prägen die Dimensionen, die sie aus Sicht der Adressaten leicht identifizierbar und wiedererkennbar machen?

Zu unterscheiden ist dabei, wie das Produkt (oder die Organisation insgesamt) derzeit positioniert ist (Ist-Positionierung) und wie es idealerweise positioniert sein sollte. Hier wird eine sehr verkürzte Form der Positionierungsanalyse skizziert und auf imagerelevante Merkmale von Beispielprodukten reduziert.

Ist-Positionierungsanalyse Die erste relevante Frage hier lautet: Wie nehmen die Kunden das Produkt im **Vergleich** zum Wettbewerb wahr? Die **absolute** Imageanalyse wie in der vorigen Analyse ist hierfür als vorbereitender Schritt zu verstehen. Eine direkte Vergleichsabfrage mit relevanten Produkten oder Diensten von Wettbewerbern sollte durchgeführt werden, um hinweisgebende Ergebnisse zu erfragen.

Diese erste Abfrage konkretisiert mit einigen Punkten das oben als „geeignet" bezeichnete Image.

> **Beispiel**
>
> Insgesamt sind in dem fiktiven Beispiel 1.000 Konsumenten (n) befragt worden, welche Eigenschaften sie dem Fitnessgetränk F1 zuordnen (siehe Abb. 12.14) und wie sie das Wettbewerbsgetränk (siehe gestrichelte Linie) einschätzen. Dabei finden sich klare Ausschläge bei der Preiswahrnehmung und dem Attribut „Frische" zu Gunsten des Wettbewerbsprodukts. Weitere Tendenzen sind im Imageprofil ablesbar.

Darüber hinaus gilt es nun, die gleiche Abfrage von Produkteigenschaften im direkten Wettbewerbervergleich durchzuführen (vgl. Abb. 12.15). Im Vergleich ergebe eine Abfrage bei Kunden folgende Ergebnistabellen für den Anbieter selbst (Tab. 12.9 Anbieter) sowie vom Wettbewerber (Tab. 12.10 Wettbewerb 1).

Es gilt nun, den Vergleich der Abfrage darzustellen, um sich ein Bild des eigenen Fitnessgetränks relativ zum Wettbewerb zu machen.

Methodisch könnte hierfür ein **Datennetz** zur vergleichenden Abbildung dienen. Dafür werden die Zustimmungswerte (stimme sehr zu; stimme zu) in den Tabellen jeweils addiert und für die summierten Werte Punkte von 1 bis 10 vergeben, um ein Ranking der betrachteten Merkmale zu erstellen (siehe Tab. 12.11 und 12.12). – Dabei könnten die vergebenen Rankings mit einem Faktor korrigiert werden, der beispielsweise die Bedeutung jedes Faktors aus Kundensicht bewertet, was eine weitere Abfrage oder zumindest Plausibilitätsüberlegung erfordern würde.

12 Kommunikationskonzept und -strategie

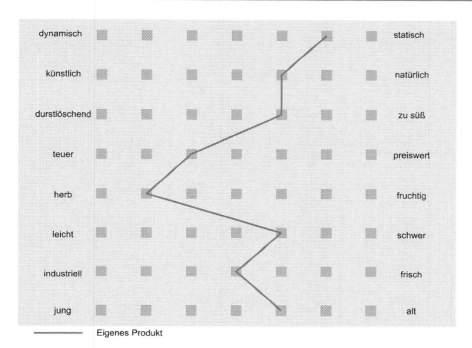

Abb. 12.14 Polaritätenprofil zur Imagebewertung

Das Datennetz zeigt, wie sich ausgewählte Merkmale des Anbieters im Vergleich zu einem Wettbewerber verhalten. Dabei markieren die durch die fette schwarze Linie verbundenen Punkte (siehe Abb. 12.16), dass die Stärken des Anbieters bei den wahrgenommenen Produkteigenschaften und der Produktqualität liegen.

Soll-Positionierungsanalyse Die Kundenbefragung eignet sich auch, um Hinweise zur Soll-Positionierung zu ermitteln. Dabei sollte jedoch nicht nur der Markt, sondern auch das Umfeld (Issue-Analyse) berücksichtigt werden. Im Abschnitt „Issues Management" wird erklärt, dass auch die Umfeldeinflüsse neue Trends prägen können, die für Marktleistungen maßgeblich sind oder sein können. Hier geht es zunächst um die vom relevanten Markt gewünschte Soll-Positionierung.

> **Beispiel**
>
> Die Umfrage bei 1000 Kunden habe folgende häufigste Nennungen bei der Frage nach wichtigen Soll-Positionierungskriterien für ein Erfrischungsgetränk ergeben:
>
> Aus dieser Soll-Positionierung ist ein Hinweis ablesbar, der zeigt, dass das „passende Image" mit Merkmalen wie „gesund", „natürlich" und „erfrischend" aufgeladen werden könnte. Hier ist der Wettbewerb bereits stark, wie die Analysen zeigen.

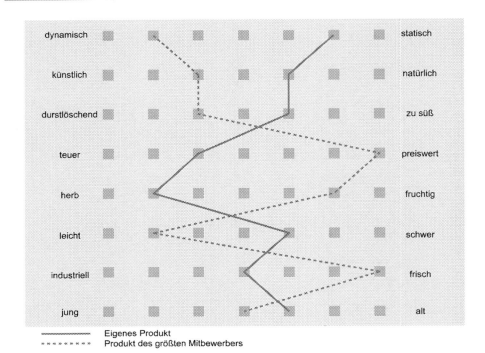

Abb. 12.15 Polaritätenprofil zur Imagebewertung im Vergleich

Tab. 12.9 Ergebnisse einer vergleichenden Kundenbefragung – Anbieter

Anbieter		Stimme sehr zu	Stimme zu	Stimme weniger zu	Stimme gar nicht zu
Preis	Preiswert	201	263	387	149
Produkteigenschaften	Geeignet	530	111	311	48
Produktqualität	Hoch	609	379	3	9
Lieferzeit, Verfügbarkeit	Schnell	83	264	514	139
Image	Passend	132	348	473	47

$n = 1000$

Tab. 12.10 Ergebnisse einer vergleichenden Kundenbefragung – Wettbewerb 1

Wettbewerb 1		Stimme sehr zu	Stimme zu	Stimme weniger zu	Stimme gar nicht zu
Preis	Preiswert	624	267	84	25
Produkteigenschaften	Geeignet	64	426	356	142
Produktqualität	Hoch	24	288	582	106
Lieferzeit, Verfügbarkeit	Schnell	103	687	163	47
Image	Passend	213	622	89	76

$n = 1000$

12 Kommunikationskonzept und -strategie

Tab. 12.11 Selektierte und bepunktete und Werte der Kundenbefragung – Anbieter

Anbieter	Positiv	Punkte
Preis	464	4
Produkteigenschaften	641	6
Produktqualität	988	9
Lieferzeit, Verfügbarkeit	347	3
Image	480	4

Tab. 12.12 Selektierte und bepunktete und Werte der Kundenbefragung – Wettbewerber 1

Wettbewerber 1	Positiv	Punkte
Preis	891	8
Produkteigenschaften	490	4
Produktqualität	312	3
Lieferzeit, Verfügbarkeit	790	7
Image	835	8

$n = 1000$

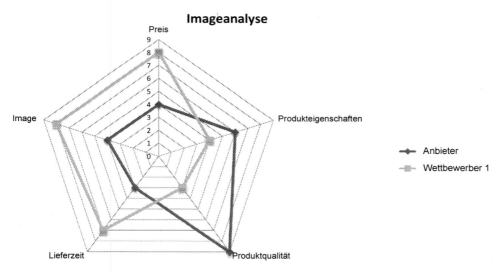

Abb. 12.16 Das Datennetz zur Darstellung zentraler Imagewerte

12.5.4 Potenziale für eine Positionierungsstrategie

Dennoch scheint das Imageprofil (vgl. Abb. 12.15) dafür im Wettbewerbervergleich durchaus Potenzial zu bieten: So wird das Fitnessgetränk als herb und doch als zu süß im Vergleich zum Wettbewerb wahrgenommen. Gleichzeitig wird dem Produkt Frische

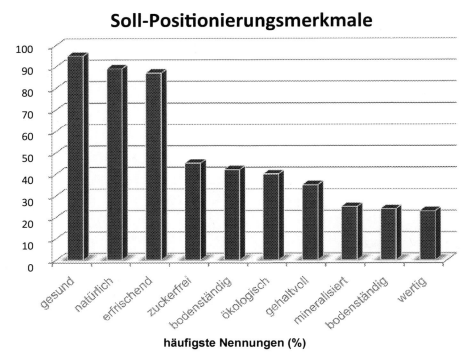

Abb. 12.17 Soll-Positionierungsmerkmale als Ergebnisse einer Kundenbefragung

und Natürlichkeit in der Ist-Wahrnehmung bescheinigt, was der Soll-Wahrnehmung gut entspricht. Gleichzeitig gibt es eine deutliche Lücke zwischen Ist- und Soll-Positionierung bei den Merkmalen Statik/Dynamik. Integrierte Maßnahmen seitens des Produkt- und Kommunikationsmanagements, um beispielsweise den Süßegehalt des Getränks zu reduzieren und kommunikativ auf herbe und natürliche Frische zu setzen, scheinen auf Basis dieser Umfragen Erfolg versprechend zu sein. Dies begründet sich auch deshalb, da das Produkt des Anbieters bei der Produktqualität solider positioniert ist als beim Wettbewerb.

Durch die auch wertige Soll-Wahrnehmung (siehe Abb. 12.17) in Kombination mit der teilgesellschaftlichen Bedeutung des Themas Gesundheit (s. Abschn. 12.8 „Kommunikationsstrategie – externe Analyse (Umfeld)") ist anzunehmen, dass durchaus auch Marktpotenzial für relativ hochpreisige Produkte vorhanden ist, sofern die Kunden die Produktqualität als stimmig werten. Das heißt: Eine Preissenkung wird hier aufgrund der von Kunden bestätigten Qualitätswahrnehmung nicht erwogen. Die im Imageprofil als „statisch" bezeichnete Ist-Wahrnehmung könnte im Sinne eines „bodenständigen und qualitätsverbundenen" Images bearbeitet werden.

Das nun konkretisierte Image mit dem bedeutenden Merkmal „passender Preis" zeigt im zweidimensionalen Produktpositionierungsschema folgende abgeleitete Stoßrichtung

12 Kommunikationskonzept und -strategie

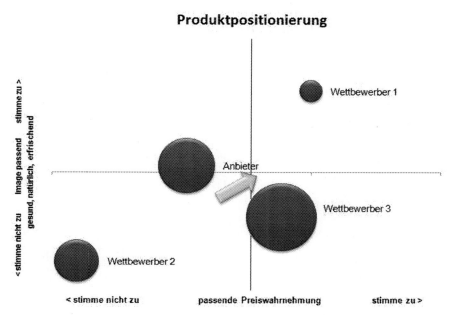

Abb. 12.18 Stoßrichtung einer Produktpositionierungsstrategie im zweidimensionalen Raum

für das Fitnessgetränk, die der Pfeil symbolisiert. Die Größe der Kreise stellt die Produktumsätze dar (s. Abb. 12.18).

12.5.5 Fazit

Die interne Analyse der Leistungswahrnehmung scheint Raum für eine Positionierungsstrategie zu bieten. Es ergab sich eine deutliche Lücke zwischen Ist- und Soll-Positionierung bei einer gleichzeitig starken Kundenwahrnehmung in Bezug auf die Produktqualität im Vergleich zum Wettbewerb. – Was aber bisher noch gar nicht in Betracht gezogen wurde, ist die Marktsituation des Produkts. Sie aber kann maßgeblich dafür sein, ob der Stoß in die Wahrnehmungslücke Erfolgspotenzial bietet.

12.6 Kommunikationsstrategie – externe Analyse (Markt)

Jan Lies

12.6.1 Branchenstrukturanalyse 403
12.6.2 Produktstruktur- und Kundenanalysen/ABC-Analyse 403
12.6.3 Portfolioanalyse 406
12.6.4 Lebenszyklus: Unternehmen, Marken, Produkte 409
12.6.5 Gap-Analyse 410
12.6.6 Produkt-Markt-Matrix 411
12.6.7 Fazit 412

> **Leitfragen**
> 1. Was leistet die externe Analyse des Marktes? Wozu gehören die sogenannten Five Forces? Was ist damit gemeint?
> 2. Was leistet eine Produkt- bzw. Kundenstrukturanalyse? Was ist eine ABC-Analyse?
> 3. Was leistet eine Portfolioanalyse im Rahmen der Marktanalyse?
> 4. Was leistet die Lebenszyklusanalyse?
> 5. Was leistet die Gap-Analyse?
> 6. Was leistet die Produkt-Markt-Matrix?

Die externe Analyse (Markt) wird hier im Kontext einer integrierten Analyse vorgestellt. Die Beispiele in diesem Abschnitt sind instrumentell einzeln denkbar, sollten aber immer im Kontext einer strategischen Gesamtanalyse verstanden werden, um ein integriertes Vorgehen der relevanten Abteilungen wie beispielsweise Organisationskommunikation, Marketing und Produktentwicklung vorzubereiten.

Interne Analyse Im vorigen Abschnitt wurden Analyseschritte skizziert, um die internen Leistungen (Leistungserstellung und -angebot; siehe Tab. 12.6 und Abb. 12.7 zur integrierten Analyse) zu bewerten und sie anschließend der Bewertung von Stakeholdern (hier: Kunden) gegenüberzustellen.

Externe Analyse Zur externen Analyse gehören alle relevanten Kontexte, die den Erfolg der Organisation (hier: des Unternehmens) prägen. Dazu gehört der Markt genauso wie das Umfeld. Mit den Wettbewerbern und der Kundensicht wurden also bereits Teile der externen Analyse einbezogen.

J. Lies (✉)
FOM Hochschule für Oekonomie & Management, Essen, Deutschland
E-Mail: jan.lies@fom.de

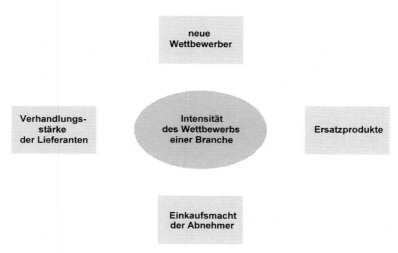

Abb. 12.19 Die Five Forces nach Porter. (Quelle: in Anlehnung an Porter 1997, S. 26)

12.6.1 Branchenstrukturanalyse

Zur Analyse der Branchenattraktivität differenziert Michael E. Porter fünf grundlegende Wettbewerbskräfte (Five Forces) (1997, S. 26 f.). Sie erklären die Wettbewerbsintensität einer Branche (vgl. Abb. 12.19). Zu diesen Kräften zählt er:

1. Bedrohung durch neue Konkurrenten,
2. Druck durch Ersatzprodukte,
3. Einkaufsmacht der Abnehmer,
4. Verhandlungsstärke der Lieferanten und
5. Rivalität unter bestehenden Unternehmen.

Diese Faktoren gilt es durch Plausibilitätsüberlegungen und/oder tiefer gehende Analysen zur Ausarbeitung einer Strategie und die dafür notwendige Kommunikation zu prüfen. Ein mögliches Instrument hierfür ist die Portfolioanalyse, um beispielsweise die eigene Marktposition gemessen an ausgewählten Erfolgskriterien im Vergleich zu starken Wettbewerbern festzustellen. „Porters Betrachtungen weisen hauptsächlich qualitativen Charakter auf. Der Leser steht vor dem Problem, selbst Wege zur Operationalisierung finden zu müssen." (Eschenbach et al. 2003, S. 228) Im Folgenden wird eine Auswahl möglicher Anwendungen bekannter Analyseinstrumente vorgestellt.

12.6.2 Produktstruktur- und Kundenanalysen/ABC-Analyse

Die Produkt- oder auch Kundenstrukturanalyse fragt nach der relativen Bedeutung bestimmter Produkte oder Kunden für das eigene Unternehmen.

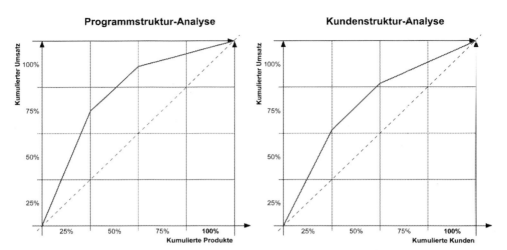

Abb. 12.20 Konzentrationskurven zur Darstellung der Kunden- und Produktstruktur. (Quelle: vgl. in Vertretung in vieler Bruhn 2013, S. 155)

Es lassen sich zwei Strukturanalysen hervorheben, die je nach gewünschter Zielgröße sich als Umsatz-, Gewinn- oder Deckungsbeitragsstrukturanalysen darstellen lassen (vgl. Bruhn 2013, S. 154). Die Frage ist dabei, welche Produkte oder Kunden das Hauptgeschäft tragen bzw. dominieren:

- Die Produkt- bzw. Programmstrukturanalyse oder
- die Kundenstrukturanalyse.

An sogenannten **Konzentrationskurven** lässt sich im zweidimensionalen Raum ablesen, welche Produkte bzw. welche Kunden wie viel Prozent des Geschäfts tragen. So lassen sich Aussagen zur Dominanz von Kunden oder Produkten herleiten, die für die Kommunikation wiederum aussagen, welche Prioritäten in der Ansprache zu setzen sind (vgl. Abb. 12.20).

Im Rahmen der **ABC-Analyse** gilt eine definierte Kundengruppe mit dem höchsten Umsatzanteil als A-Kunden. Kunden mit definierten geringeren Umsatzanteilen sind entsprechend die B- und C-Kunden. Vergleichbare Aussagen lassen sich für Produkte treffen. Auf diese Weise lassen sich Key-Accounts, also wichtige Kunden, identifizieren, was aus Kommunikationssicht wichtig für den Stellenwert der jeweiligen Adressaten ist. So lassen sich beispielsweise die Kernzielgruppen von Kundenbindungsprogrammen herleiten.

> **Beispiel**
>
> Ein Getränkehersteller unterhält zwei Produktlinien: Fitness- und Ökogetränke. Um die A-, B- und C-Kunden herauszufiltern, bildet der Hersteller ein Ranking seiner Produkte. Je nach Analyseziel kann er dabei Umsatz, Deckungsbeitrag oder andere

Produkte	Umsatz in Mio Euro	Ranking Produkte	Kumulierte Produktanzahl	Ranking Umsatz	Kumulierter Umsatzanteil
Fitness1	1,2	Fitness4	0,03	4	0,27
Fitness2	3,2	Fitness2	0,07	3,2	0,48
Fitness3	2	Fitness3	0,10	2	0,61
Fitness4	4	Fitness1	0,13	1,2	0,69
Fitness5	0,5	Fitness5	0,17	0,5	0,72
Fitness6	0,22	Fitness10	0,20	0,45	0,75
Fitness7	0,41	Fitness7	0,23	0,41	0,78
Fitness8	0,2	Fitness9	0,27	0,41	0,81
Fitness9	0,41	Öko5	0,30	0,27	0,82
Fitness10	0,45	Öko6	0,33	0,26	0,84
Fitness11	0,15	Fitness6	0,37	0,22	0,86
Fitness12	0,12	Öko2	0,40	0,21	0,87
Fitness13	0,05	Fitness8	0,43	0,2	0,88
Fitness14	0,07	Fitness18	0,47	0,2	0,90
Fitness15	0,1	Fitness21	0,50	0,17	0,91
Fitness16	0,14	Fitness22	0,53	0,16	0,92
Fitness17	0,1	Fitness11	0,57	0,15	0,93
Fitness18	0,2	Öko3	0,60	0,15	0,94
Fitness19	0,1	Fitness16	0,63	0,14	0,95
Fitness20	0,1	Fitness12	0,67	0,12	0,96
Fitness21	0,17	Fitness15	0,70	0,1	0,96
Fitness22	0,16	Fitness17	0,73	0,1	0,97
Öko1	0,02	Fitness19	0,77	0,1	0,98
Öko2	0,21	Fitness20	0,80	0,1	0,98
Öko3	0,15	Öko4	0,83	0,1	0,99
Öko4	0,1	Fitness14	0,87	0,07	0,99
Öko5	0,27	Fitness13	0,90	0,05	1,00
Öko6	0,26	Öko1	0,93	0,02	1,00
Öko7	0,02	Öko7	0,97	0,02	1,00
Öko8	0,01	Öko8	1,00	0,01	1,00
Summe	15,09	Summe		15,09	

Abb. 12.21 Beispiel einer ABC-Analyse: Produkte, Umsätze, Ranking und kumulierte Umsatzanteile

Erfolgsgrößen heranziehen. Die Abb. 12.21 und 12.22 zeigen die angenommenen Umsätze für die beiden Produktlinien. Sie werden in die Rangfolge nach der Höhe ihres Umsatzes gebracht. Für die kumulierten Umsatzanteile werden die addierten Umsätze jeweils durch den Gesamtumsatz dividiert. Der kumulierte Umsatzanteil wird dem „kumulierten Produktanteil" gegenübergestellt: also addierte Anzahl der Kunden je Zeile (hier könnten bei der alternativen Kundenstrukturanalyse z. B. Getränkegroßhändler oder Reformhäuser für die Ökogetränke gewählt werden) dividiert durch die Anzahl der Produkte (bzw. der Gesamtkunden).

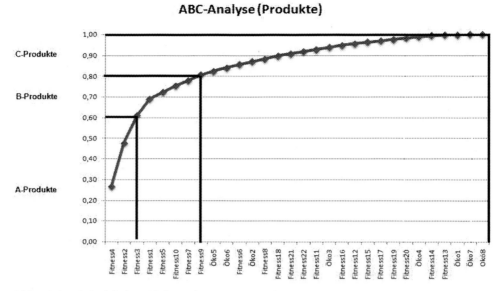

Abb. 12.22 Beispiel einer ABC-Analyse: Konzentrationskurve

Die umsatzbestimmte Rangfolge der Produkte des Anbieters (Abb. 12.21) zeigt, dass das bisher analysierte Produkt F1 ein B-Produkt des Herstellers ist.

12.6.3 Portfolioanalyse

Als Rahmengeber für Kommunikationsstrategien ist die aus dem Marketing bekannte und auf die Boston Consulting Group zurückgehende Strukturierungsmethode für Organisationen hilfreich (vgl. in Vertretung vieler Kotler et al. 2007, S. 96 ff.); Wenn sie auch nicht allumfassend sein kann: Sie kann doch zu einem situationsabhängigen Kommunikationsverständnis beitragen und deutlich machen, dass Strategien vom Kontext der Organisation aus zu denken sind, in dem sie tätig sind (vgl. Abb. 12.23).

Diese Vier-Felder-Matrix strukturiert Organisationseinheiten, Produkte oder andere Portfolios einer Organisation mit Hilfe des relativen Marktanteils. Sie gibt Auskunft, wie stark mein eigenes Produkt oder mein eigener Standort im Vergleich zu anderen ist, und zwar mit Hilfe von Attraktivitätsindikatoren wie hier dem Marktwachstum in Prozent pro Jahr. Diese Eckdaten geben Hinweise, wie eine Organisation beispielsweise mit ihren Produkten oder Unternehmensbereichen strategisch umgeht. Der Lebenszyklus ist hier (streng genommen mit anderen Achsenmaßstäben) zur Veranschaulichung neben die Portfoliodarstellung gelegt.

- **Cows:** Cows haben einen hohen Marktanteil, erzielen aber keine Wachstumsraten mehr. Sie haben ihren Lebenszyklus durchlaufen, befinden sich in der Reifephase und tragen oftmals den gegenwärtigen Geschäftserfolg. Sie gilt es zu melken und zu erhalten.

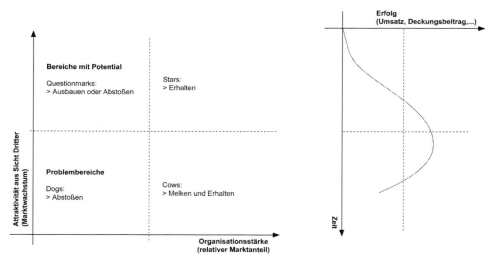

Abb. 12.23 Die Portfolioanalyse (*links*) und Lebenszyklusanalyse zur Kennzeichnung kommunikationsrelevanter Standardsituationen. (Quelle: Ähnlich siehe Wöhe 2010)

- **Stars:** Sie wachsen stark bei relativ großen Marktanteilen. Ihr Wachstum erfordert Investitionen, sodass sie, anders als die Cows, das Zukunftsgeschäft repräsentieren.
- **Questionmarks:** Sie gelten im Prinzip als Nachwuchsbereiche oder -produkte. Sie haben zwar ein starkes Wachstum(-spotenzial), aber ihr aktueller Marktanteil ist zu gering. Hier sind aus Kommunikationssicht expansive Ziele zu verfolgen oder – bei negativen Prognosen für die Zukunft – Austrittsstrategien zu vollziehen.
- **Dogs:** Problemprodukte oder -bereiche entwickeln sich, wenn sie am Ende des Lebenszyklus angekommen sind. Sie werden abgestoßen. Für die Kommunikation kann das bedeuten, „Exitstrategien" zu entwickeln.

Beispiel

Ein Unternehmen, das Fitnessgetränke herstellt, hat fünf umsatzstärkere Produkte, die in dieser Analyse zugrunde gelegt werden. Die jeweiligen Marktanteile sind der Abb. 12.24 zu entnehmen. Der relative Marktanteil ergibt sich, indem sein Marktanteil durch den Marktanteil des jeweils stärksten Konkurrenten dividiert wird. Dadurch ergeben sich Werte über eins, wenn die eigene Unternehmung einen höheren Marktanteil hat als der stärkste Konkurrent bzw. Werte unter eins, wenn die eigene Unternehmung einen niedrigeren Marktanteil als der stärkste Konkurrent hat.

Die Portfolioanalyse wird in der Abb. 12.25 dargestellt. Die Achsen bilden das durchschnittliche relative Marktwachstum und den durchschnittlichen relativen Marktanteil. Die Größe der Bälle ergibt sich aus dem jeweiligen Umsatz des Produkts (s. Abb. 12.24). Durch den jeweiligen Marktanteil in Kombination mit dem erwarteten Marktwachstum ergibt sich, ob die Produkte als Star, Questionmark, Cow oder Dog eingeschätzt werden:

Produkte	Eigener Marktanteil %	Marktanteil des größten Wettbewerbers %	relativer Marktanteil %	Marktwachstum %	Umsatz in Mio Euro	Umsatzanteil
Fitness1	5,5	10	0,55	7,5	1,2	0,11
Fitness2	7	3	2,33	10,5	3,2	0,29
Fitness3	7	4	1,75	2	2	0,18
Fitness4	3	4	0,75	11,5	4	0,37
Fitness5	3	4	0,75	1,2	0,5	0,05
			1,23	6,54	10,9	

Abb. 12.24 Beispiel einer Portfoliomatrix

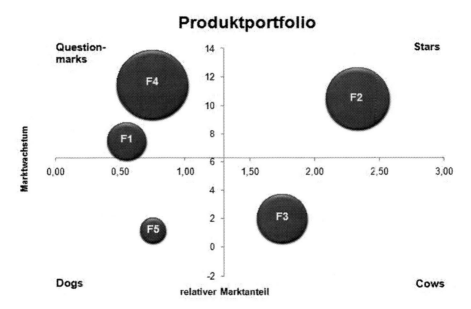

Abb. 12.25 Beispiel einer Portfolioanalyse

- **Stars:** Der Star des Anbieters ist das Produkt F2. Ein hoher Marktanteil und ein ordentliches Wachstum sichern diese Position. Es wird sich laut Prognosen zu einer attraktiven Cow entwickeln.
- **Cow:** Eine gemessen am Umsatz kleine Cow bildet F3. Sie wird, wo möglich, erhalten, um von ihrer Marktpositionierung zu profitieren.
- **Questionmarks:** Die Sorgenkinder sind die Produkte F1 und F4. Letzteres steht im Brennpunkt des Unternehmens. Denn es trägt den höchsten Umsatzanteil mit großen Wachstumsraten. Aber: Analysen haben ergeben, dass dieses Wachstum ohne weitere Maßnahmen künftig nicht haltbar ist. Im Folgenden wird versucht, die kritische Situation des Produktes F4 mit Hilfe von Maßnahmen zu verbessern.
- **Dog:** Das Produkt F5 hat seine Karriere gemacht und wird demnächst vom Markt genommen.

12 Kommunikationskonzept und -strategie

Beispiel

Es wird hier angenommen, dass das bisher betrachtete Produkt das Fitnessgetränk F1 ist. Es handelt sich also um ein Questionmark-Produkt. Wäre F1 ein Dog wie F5 gewesen, wären die identifizierten Positionierungspotenziale in der internen Analyse aufgrund der Marktposition möglicherweise kaum realisierbar gewesen (s. Abschn. 14.5 „Kommunikationsstrategie – interne Analyse (Leistungswahrnehmung)"). So aber stützt die externe Marktanalyse den bisherigen Befund und räumt einer Positionierungsstrategie Chancen ein, um F1 von einem Questionmark zu einem Star zu entwickeln. Die Lebenszyklus-Analyse gibt Hinweise, was dies mit der Portfolioanalyse zu tun hat (siehe zur Gegenüberstellung die Abb. 12.22 in diesem Abschnitt).

12.6.4 Lebenszyklus: Unternehmen, Marken, Produkte

Diese Standardsituationen, die der Lebenszyklus abbildet, gelten nicht nur für Unternehmen, sondern sind auch auf andere Organisationsformen übertragbar: Ob politisches Programm, Umweltschutzprojekt oder soziale Initiative. Objekte durchlaufen letztlich alle einen Lebenszyklus.

Bezogen auf die Kommunikation für Unternehmen oder Leistungen (Produkte, Dienste) liefert der Lebenszyklus gegebenenfalls in Kombination mit weiteren Analysemethoden Hinweise für die inhaltliche Ausrichtung und budgetäre Gewichtung (vgl. Abb. 12.26).

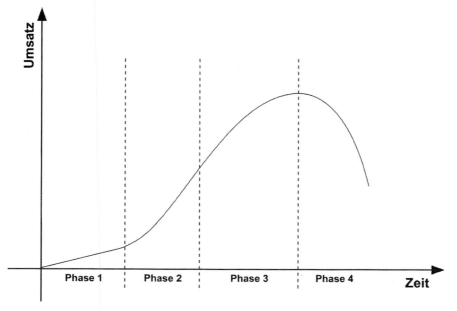

Abb. 12.26 Der Lebenszyklus. (Quelle: in Anlehnung an Bruhn 2013, S. 148, stellvertretend für viele)

Phase 1: Entwicklungsphase/Questionmarks Hier entwickelt ein Unternehmen den Markt für sein Produkt. Anfangsinvestitionen mit hohen Kosten prägen diese Phase. Bezogen auf die Portfoliomatrix handelt es sich bei diesen Produkten oder Diensten um Questionmarks. Das Unternehmen muss entscheiden, ob sich die Marktposition verbessern lässt oder ob es vom Markt zu nehmen ist.

Phase 2: Wachstumsphase/Stars Die Umsätze mit dem Produkt oder dem Dienst steigen, aber auch in die Sicherung der Marktposition muss investiert werden. Sie tragen die Zukunft des Unternehmens.

Phase 3: Reifephase/Cows Das Marktwachstum lässt nach. Im Idealfall sind die Cows stark positioniert und prägen das Ist-Geschäft. Aber es gilt auch: Der Wettbewerb nimmt zu. Wenn möglich, sorgen Unternehmen dafür, ihre Cows im Markt zu halten.

Phase 4: Rückgangsphase/Dogs Die Produkte können ihre Position nicht halten. Schwindende Umsätze und Deckungsbeiträge prägen diese Phase. Über kurz oder lang zieht das Unternehmen sie vom Markt zurück. Aus Kommunikationssicht sind gegebenenfalls Exitstrategien zu begleiten: Beispielsweise werden Kunden über die Einführung eines Nachfolgeprodukts informiert.

Eine Kernkritik an diesem Instrument ist, dass im Zeitablauf **vorher** nicht bekannt ist, in welchem Abschnitt eines Lebenszyklus sich ein Objekt befindet. Diese Kritik gilt für Unternehmen genauso wie für andere Objekte. Ähnliches gilt für die Vier-Felder-Matrix der Portfolioanalyse.

Der Lebenszyklus ist **keine** unbeeinflussbare Schicksalskurve, sondern lässt sich beispielsweise mit Hilfe von Kommunikation beeinflussen. Entsprechend ist die integrierte Kommunikation keine einmal umgesetzte und allzeit gültige Marschrichtung, sondern folgt strategischer Analyse, Planung und dem Kommunikationscontrolling (vgl. Michael 2002, S. 50 f.). Am Beispiel der Markenkommunikation gilt: „Mit der erfolgreichen Einführung einer Marke ist die Arbeit nicht getan. Marken durchlaufen Zyklen, die vom Aufbau zum Ausbau, von der Kundenbindung zur Revitalisierung reichen. Jede Station des Zyklus verlangt den Einsatz von Kommunikationspaketen in unterschiedlichem Mix" (Michael 2002, S. 51).

12.6.5 Gap-Analyse

Die Gap-Analyse ist eine Methodik, um zu erarbeiten, inwieweit eine Lücke (= gap) zwischen der angestrebten Zielgröße und der tatsächlich gemessenen Zielerreichung besteht.

Die Gerade in Abb. 12.27 zeigt die Soll-Entwicklung: beispielsweise in Bezug auf die Umsatz- und/oder Gewinnentwicklung eines bestimmten Produkts bis zum Ende eines Zeitpunkts 4 (z. B. zum Ende des vierten Quartals eines Jahres). Die unterste Linie zeigt den prognostizierten Umsatz- oder Gewinnverlauf, wenn man das Produkt sich selbst überlassen würde.

12 Kommunikationskonzept und -strategie

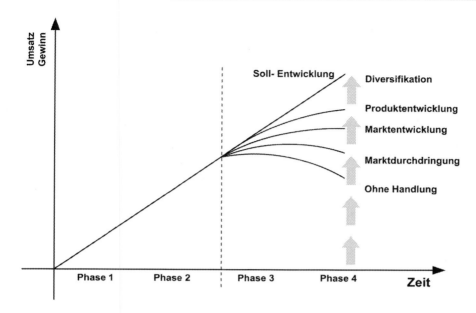

Abb. 12.27 Differenzierte Gap-Analyse. (Quelle: zurückgehend auf Ansoff 1957, siehe zum Beispiel Meffert et al. 2012, S. 272 ff. i. V. für viele)

Eine Kernkritik der Gap-Analyse ist, dass zu einem bestimmten Messzeitpunkt (wie hier Phase 3) Vergangenheitswerte in die Zukunft gespiegelt werden.

Beispiel

Die Positionierung des Fitnessgetränks eines Herstellers wurde im Rahmen der internen Ressourcenanalyse für schwach gehalten (siehe Abschn. 12.4 interne Analyse). Die Gap-Analyse zur Umsatzentwicklung ergibt zu einem Zeitpunkt in Phase 3, dass sich der Umsatz abschwächen werde, wenn keine Maßnahmen ergriffen werden (siehe untere Linie in Abb. 12.27).

12.6.6 Produkt-Markt-Matrix

Aus dem Marketing sind mit der Produkt-Markt-Matrix von Igor Ansoff (1957) Grundstrategien des Wachstums bekannt (vgl. Abb. 12.28):

Märkte/Produkte	vorhandene	neue
vorhandene	Marktdurchdringung	Marktentwicklung
neue	Produktentwicklung	Diversifikation

Abb. 12.28 Die Produkt-Markt-Matrix. (Quelle: nach Ansoff 1957)

- **Marktdurchdringung/Penetrationsstrategie:** Mit diesem Ansatz soll versucht werden, mittels vorhandener Produkte mehr Marktanteile zu gewinnen.
- **Marktentwicklung:** Hier geht es um die Frage, ob sich mit vorhandenen Produkten neue Märkte erschließen lassen.
- **Produktentwicklung:** Man könnte aber auch in vorhandenen Märkten und damit durch Kundenbeziehungen neue Produkte platzieren.
- **Diversifikation:** Als vierte Möglichkeit sieht die Produkt-Markt-Matrix vor, neue Produkte in neuen Märkten zu platzieren. Hier sind keine Synergieeffekte nutzbar.

Die Zielgrößen sind dabei unternehmensabhängig: Umsatz, Gewinn und Absatz auf der strategisch-betriebswirtschaftlichen Unternehmensebene können als Zielgröße ebenso zugrunde gelegt werden, wie Bekanntheit oder andere Kommunikationsziele.

> **Beispiel**
>
> Das zuvor untersuchte Produkt des Fitnessgetränkeherstellers soll mit Hilfe der identifizierten Merkmale neu positioniert werden. Es handelt sich also im Sinne der Produkt-Markt-Matrix um eine Marktdurchdringungsstrategie. Die Abfrage der Bekanntheit bei Kunden und Fachmedien zu einem Zeitpunkt 2 fiel entsprechend der Kurve aus (siehe Abb. 12.28). Durch eine Bewertung der Kommunikationsmaßnahmen des Wettbewerbs wird prognostiziert, dass sich die Bekanntheit im Gegensatz zur bisherigen Entwicklung abschwächen wird (vgl. Abb. 12.29).

Darum werden Gegenmaßnahmen auch mit Hilfe der Kommunikation getroffen. Diese Maßnahmen sind beispielhaft hier angeführt und ergeben sich nicht unmittelbar aus den Analysen, sondern sind bestenfalls plausibel. Hier geht es darum zu zeigen, wie sie im Anschuss an eine Analyse hergeleitet und zur Einflussnahme auf Analyseergebnisse eingesetzt werden könnten (s. Abb. 12.30).

12.6.7 Fazit

Die Marktanalysen geben Hinweise zur Marktsituation eigener Produkte im Vergleich zu Wettbewerbsprodukten. Das Produkt des Fitnessgetränkeherstellers hat sich als entwicklungsfähiges Questionmark-Produkt erwiesen, mit dem nach bisherigen Untersuchungen eine Marktdurchdringungsstrategie unternommen werden soll. Dies bildet den relevanten Rahmen für den PR- und Kommunikationsmanager.

12 Kommunikationskonzept und -strategie

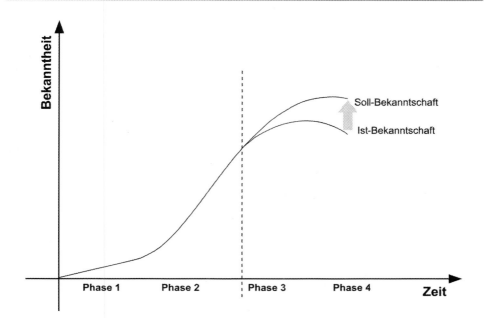

Abb. 12.29 Gap-Analyse in Bezug auf die Bekanntheit

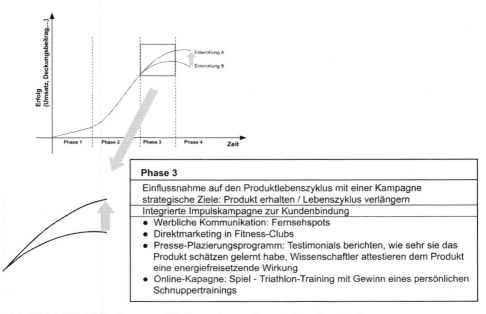

Abb. 12.30 Die Maßnahmen zur Einflussnahme aufgrund einer Gap-Analyse

12.7 Kommunikationsstrategie – externe Analyse (Kunden)

Jan Lies

12.7.1 Kundenanalyse: Means-End-Analyse 414
12.7.2 Das Laddering im Rahmen von Means-End 415
12.7.3 Fazit 416

Leitfragen
1. Was leistet die Kundenanalyse?
2. Was ist unter Means-End-Analyse zu verstehen?
3. Was bedeutet Laddering? Warum ist diese Methode vor dem Hintergrund des Markenmanagements hilfreich?

Die externe Analyse (Kunden) wird hier im Kontext einer integrierten Analyse vorgestellt. Die Beispiele in diesem Abschnitt sind instrumentell einzeln denkbar, sollten aber immer im Kontext einer strategischen Gesamtanalyse verstanden werden, um ein integriertes Vorgehen der relevanten Abteilungen wie beispielsweise Organisationskommunikation, Marketing und Produktentwicklung vorzubereiten.

Interne Analyse In den Abschnitten zuvor wurden Analyseschritte skizziert, um die internen Leistungen (Leistungserstellung und -angebot; siehe Tab. 12.6 und Abb. 12.7 zur integrierten Analyse) zu bewerten und sie anschließend der Bewertung von Stakeholdern (hier: Kunden) gegenüberzustellen. Mit den Wettbewerbern und der Kundensicht wurden also bereits Teile der externen Analyse einbezogen.

Externe Analyse Darüber hinaus wurde der Markt analysiert. Zur externen Analyse gehören aber alle relevanten Kontexte, die den Erfolg der Organisation (hier: des Unternehmens) prägen. Hier folgt nun die Kundenanalyse.

12.7.1 Kundenanalyse: Means-End-Analyse

Die hier angedeutete Kundenanalyse greift nur einen von vielen Analyseansätzen heraus. Dabei wird hier eine Methode angerissen, die den Zusammenhang zwischen Wahrnehmung, Interpretation und Handlung von Konsumenten deutlich macht. Denn diese Prozesskette spielt auch bei anderen Diskussionen der Kommunikation eine wichtige Rolle

---

J. Lies (✉)
FOM Hochschule für Oekonomie & Management, Essen, Deutschland
E-Mail: jan.lies@fom.de

(siehe etwa die Abschn. 11.1 „Markenkommunikation" sowie „PR-Theorien: Systemfunktionalistische Synthese" in Lies 2015).

Die Means-End-Theorie stützt sich auf den Ansatz, dass Kunden sich bei der Auswahl für ein Produkt heute – je nach Produkt oder Dienst – nicht nur am **Grundnutzen** orientieren, sondern an der Bedienung **individueller Wertewelten** (vgl. Bruhn 2013, S. 152 f.). Die Means-End-Theorie zeigt Zusammenhänge zwischen der Positionierung eines Produkts oder Dienstes und den damit identifizierten persönlichen Wertewelten. Sie geht auf Reynolds, T. J./Gutman, J. zurück (vgl. Reynolds und Gutman 1988, S. 11 ff.).

12.7.2 Das Laddering im Rahmen von Means-End

Das Laddering bezeichnet dabei eine Interviewstruktur, um den Zusammenhang von Wahrnehmung und Bedeutung (Interpretation) zu analysieren, um so Handlungshinweise (Kaufentscheidung) zu erfragen. So sollen Wirkungszusammenhänge von Produkteigenschaften, über wahrgenommenen Nutzen bis hin zu Wertehaltungen, aufgedeckt werden. Standardfragen lauten in etwa: „Warum ist das bedeutend für Sie?", „Warum ist das wichtig für Sie?"

- **Bottom-up-Laddering:** Versucht mit Fragen von Nutzen auf Werte zu schließen.
- **Top-down-Laddering:** Versucht mit Fragen von Werten auf Nutzen zu schließen.

Beispiel

Ein Unternehmen stellt Fitnessgetränke auf Basis von pflanzlichen Produkten her. Mit Hilfe des Bottom-up-Laddering versucht der Hersteller herauszubekommen, welche Wertewelten das Produkt bedient oder bedienen könnte. So mag ein Interview mit einer maßgeblichen Anzahl von Kunden (andere Stakeholder zu anderen Themen wären als Analyseziel genauso möglich) ergeben, dass das ressourcenschonend hergestellte Getränk auf pflanzlicher Basis besonders eine Lebensqualität bedient, die in eine Gesellschaft mit stark ausgeprägter Fitnesskultur passt und gleichzeitig einen gefühlten Beitrag zum Umweltschutz leistet. Weitere Zusammenhänge zwischen Eigenschaften, Nutzen und Werten siehe Abb. 12.31, die in diesem Fall das skizzierte Beispiel der Interviewergebnisse darstellt.

Für das hier analysierte Fitnessgetränk ist diese Abfrage eine wichtige Bestätigung, wenn etwa die Befragung einer hinreichend großen Zahl von Konsumenten ergibt, dass sie einen Zusammenhang zwischen einem erfrischenden und natürlich produzierten Produkt mit einer gewissen Lebensqualität herstellen.

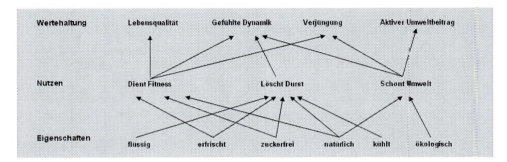

Abb. 12.31 Die Means-End-Theorie mit Hilfe des Bottom-up-Laddering. (Quelle: in Anlehnung an Bruhn 2013, S. 154)

12.7.3 Fazit

Das Ergebnis des Laddering untermauert die Stärke des Fitnessprodukts, indem die befragten Kunden einen Zusammenhang zwischen dem erfrischenden Charakter mit Lebensgefühl und Dynamik und dem ökologischen Merkmal mit dem Umweltschutzgedanken herstellen. Dies wird hier als Chance identifiziert, um es im Rahmen einer Positionierungsstrategie stark zu machen.

12.8 Kommunikationsstrategie – externe Analyse (Umfeld)

Jan Lies

12.8.1 Umfeldanalyse 417
12.8.2 Scanning und Monitoring 418
12.8.3 Fazit 421

Leitfragen

1. Was leistet die Umfeldanalyse? Was ist Issues Management?
2. Was bedeuten in diesem Zusammenhang Scanning und Monitoring?

Die externe Analyse (Umfeld) wird hier im Kontext einer integrierten Analyse vorgestellt. Die Beispiele in diesem Abschnitt sind instrumentell einzeln denkbar, sollten aber immer im Kontext einer strategischen Gesamtanalyse verstanden werden, um ein integriertes

---

J. Lies (✉)
FOM Hochschule für Oekonomie & Management, Essen, Deutschland
E-Mail: jan.lies@fom.de

Vorgehen der relevanten Abteilungen wie beispielsweise Organisationskommunikation, Marketing und Produktentwicklung vorzubereiten.

Interne Analyse Im vorigen Abschnitt wurden Analyseschritte skizziert, um die internen Leistungen (Leistungserstellung und -angebot; siehe Tab. 12.6 und Abb. 12.7 der integrierten Analyse) zu bewerten und sie anschließend der Bewertung von Stakeholdern (hier: Kunden) gegenüberzustellen. Mit den Wettbewerbern und der Kundensicht wurden also bereits Teile der externen Analyse einbezogen.

Externe Analyse Zur externen Analyse gehören nicht nur Markt und Kunden, sondern alle relevanten Kontexte, die den Erfolg der Organisation (hier: des Unternehmens) prägen. Daher widmet sich dieser Abschnitt der Umfeldanalyse, die hier mit dem Issues Management angerissen wird (siehe auch Abschn. 9.6 „Issues Management").

Interessanterweise findet man in der PR-Literatur zwar eine ausführliche Diskussion des Issues Managements, die aber den Kontext zum strategischen Management nicht systematisch sucht und kaum mit entsprechenden Beispielen ausgestattet ist (vgl. Geissler 2001; Will 2001). Und dies, obwohl Igor Ansoff diesen Ansatz (Strategic Issues Management 1980) bereits in den 1980er Jahren prägte und der unter dem Stichwort „strategische Planung" häufig im Marketing zitiert wird.

12.8.1 Umfeldanalyse

Als Umfeldanalyse wird hier das Issues Management einbezogen, von dem gefordert wird, dass es in das strategische Management gehört (vgl. Will 2001, S. 103 ff.). Es bezeichnet die systematische Auseinandersetzung einer Organisation mit den Anliegen ihrer Umwelt. Das Ziel ist, organisationsrelevante Themen frühzeitig zu erkennen und entsprechend zu reagieren. Hier wird zudem die Auffassung vertreten, dass Issues nicht nur **negativ** im Rahmen der Krisenprävention zu interpretieren sind. Sie sind auch wertvoll, um aktive Positionierungsthemen zu identifizieren und zu besetzen. Als Instrumente sind Auswertungen des Pressespiegels, Umfragen, Fachgespräche/Experteninterviews oder allgemein die Marktforschung üblich.

> **Beispiel**
>
> Ein Fitnessgetränkehersteller betreibt systematisches Issues Management. Dazu geht er dreistufig vor:
> Stufe 1: Themensichtung und -filterung (Scanning)
> Stufe 2: Themenmonitoring und -bewertung (Monitoring)
> Stufe 3: Issues Management

12.8.2 Scanning und Monitoring

In den einzelnen Stufen geschieht Folgendes:

- **Stufe 1: Scanning.** In der ersten Stufe betreibt das Unternehmen das stetige Scannen eines bestimmten Mediensets nach relevanten Themen. Diese werden danach durchsucht, ob darunter ein wichtiges Themenfeld ist, das im Rahmen eines gezielten Monitorings genauer verfolgt werden soll (zu diesen Begriffen siehe Abschn. 9.6 „Issues Management").
- **Stufe 2: Monitoring.** Für das Monitoring bereits identifizierter Themenfelder wertet das Unternehmen ein Set definierter Tageszeitungen (lokal, national), Wirtschaftsmedien, Magazine (Nachrichten, Lifestyle) sowie einige Fachzeitschriften (Nahrungs- und Genussmittel, Gesundheit/Fitness, Sport) quantitativ aus. Dazu betreibt das Unternehmen eine quantitative und qualitative Medienresonanzanalyse, mit der es nicht nur die eigene Abdruckserfolgsquote ermittelt, sondern stetig ein Set von Themen beobachtet. Die gesuchten Schlagworte umfassen also nicht nur den eigenen Unternehmensnamen und die Produktmarken, sondern auch für wichtig erachtete Themenfelder. Sie erstrecken sich dabei auf Getränkeherstellung und -konsum genauso wie auf die positionierungsrelevanten Themenfelder Gesundheit und Ökologie.

Im Beispiel des Getränkeherstellers ergibt das Themenmonitoring folgende Ergebnisse zu den Feldern Gesundheit, Ernährung und Umwelt, die gezielt mit ausgewählten Schlagworten in den Medien verfolgt werden.

Die Abb. 12.32, 12.33 und 12.34 dokumentieren jeweils das Ergebnis der quantitativen Medienresonanzanalyse (Nennungen der Schlagwörter und erzielte Auflagen). Dies ist als

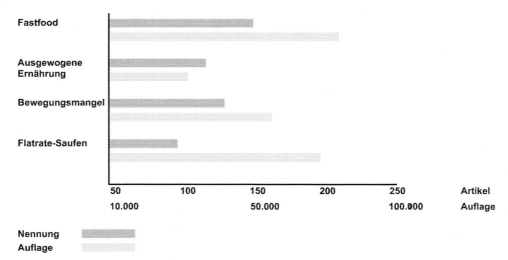

Abb. 12.32 Medienresonanzanalyse: Top-4-Themen des Monitorings Gesundheit

12 Kommunikationskonzept und -strategie

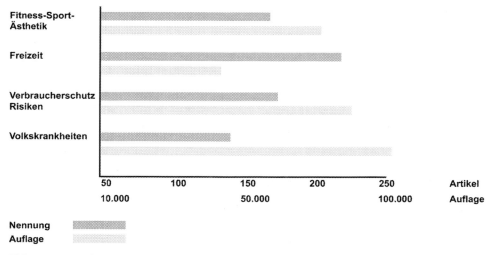

Abb. 12.33 Medienresonanzanalyse: Top-4-Themen des Monitorings Ernährung

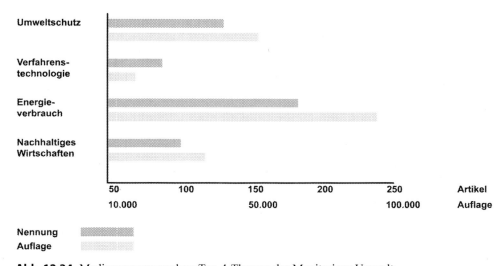

Abb. 12.34 Medienresonanzanalyse: Top-4-Themen des Monitorings Umwelt

Beispielauswahl aus weiteren relevanten Scanning- und Monitoring-Vorgängen zu verstehen, für die sich das Unternehmen entschieden hat.
- **Stufe 3: Issues Management.** Diese Themen der ausgewerteten Medienresonanzanalyse werden von einem 10-köpfigen Expertengremium aktualisiert und gesichtet, das aus internen und externen Fachleuten besteht. Ihr Auftrag ist, den Pressespiegel monatlich zu sichten und einzuschätzen, ob sie Issues für die Bereiche Produktentwicklung, Vertriebspotenziale sowie Krisenpotenzial identifizieren. Die Herausforderung besteht dabei darin, die Inhalte der gesammelten Artikel aus den Themenfeldern Gesundheit, Ernährung und Umwelt gegebenenfalls zu relevanten Issues zu kombinieren. Daher ist hierzu ein

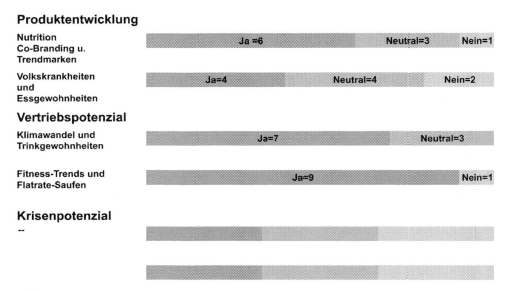

Abb. 12.35 Identifizierte Issues eines Expertengremiums (Einschätzung der Experten: ja, nein, neutral)

10-köpfiges Expertengremium unterschiedlicher Disziplinen zuständig. – Potenzielle Issues werden gesammelt. Sie gehen in den Umlauf und werden von allen Mitgliedern des Gremiums kommentiert. Jedes Gremiummitglied gibt seine Einschätzung ab, ob das identifizierte Thema ein Issue für eine oder mehrere der drei Fachabteilungen Produktmanagement, Vertrieb und Kommunikation sein kann – wenn möglich mit Handlungsempfehlung. Dort ist dann zu entscheiden, ob und wie weiter vorzugehen ist.

Es wird angenommen, dass das Gremium in dieser dritten Stufe vier Issues identifiziert (siehe Abb. 12.35). Je zwei Issues stellt es für den Bereich Produktentwicklung und Vertrieb fest. Dabei seien drei Chancen und ein Risiko als Issues herausgearbeitet worden. Issues mit echtem Krisenpotenzial wurden in diesem Beispiel nicht entdeckt.

Im Folgenden werden die herausragenden Issues mit Relevanz für Produktentwicklung und Vertrieb kurz beispielhaft beschrieben:

Issues für die Produktentwicklung
- **Co-Branding/Trendmarken:** In der Konsum- und Ernährungsbranche ist das Co-Branding für viele Produkte zum Erfolg geworden. Marken nutzen dabei ihre Strahlkraft und verstärken sich gegenseitig. Dies scheint aus Sicht des Getränkeherstellers zum jetzigen Zeitpunkt eine Chance zu sein, da das Unternehmen und seine Produkte selbst von dynamisch positionierten Produkten profitieren könnten und gleichzeitig andere aus seiner Qualitätswahrnehmung Nutzen ziehen können. Die Frage, die die Produktentwicklung im Kern beantworten muss, ist, ob ein Kombinationsprodukt zum Beispiel mit namhaften Herstellern von Zutaten oder auch mit den Regionalmarken der Anbauregionen von Basiszutaten glaubwürdig identifizierbar ist.

- **Volkskrankheiten/Essgewohnheiten:** Ein etwas schwächer ausgeprägtes Issue (siehe Abb. 12.32) ergibt sich zu der Frage, ob ein Fitnessgetränk einen Gegenpunkt zu jenen Volkskrankheiten setzen kann, die sich aus ungesunden Essgewohnheiten ergeben. Auch hier sind zuerst die Lebensmittelchemiker und Ernährungswissenschaftler in der Produktentwicklung gefordert, nach Ansatzpunkten zu suchen.

Issues mit Vertriebspotenzial
- **Klimawandel/Trinkgewohnheiten:** In den letzten Sommern gab es recht lange sonnenintensive und heiße Phasen. Vor allem in Südeuropa stieg die Zahl der Hitzetoten, besonders unter älteren und kranken Menschen. Auch in Deutschland war dies ein Thema. Bekannt ist, dass das Durstempfinden älterer Menschen nachlässt. Die alternde Bevölkerung, die steigende Zahl gesundheitsbewusster Senioren und die Klimaerwärmung mit der Konsequenz intensiverer Sommer zeichnen einen Trend auf, der für einen bisher eher „statisch" wahrgenommenen Fitnessgetränkehersteller ein interessantes Geschäftsfeld umreißt. Dies ist ein Issue, mit dem der Vertrieb umzugehen hat.
- **Fitnesstrends/„Flatrate-Saufen":** Zu einem häufigen Bestandteil junger Partyszenen ist in den letzten Jahren das sogenannte „Flatrate-Saufen" geworden. Gegen eine Eintrittspauschale dürfen die Gäste so viel trinken, wie sie wünschen. Gleichzeitig ist der Getränkemarkt in Bewegung gekommen. Es haben sich beispielsweise unterschiedliche alkoholhaltige Mischgetränke („Alkopops"), koffeinhaltige Getränke (z. B. Redbull) entwickelt und auch alte Marken (z. B. Jägermeister) wurden belebt. Dieser Trend hat Märkte geprägt und ist derzeit ein klares Risiko, da er an diesem fiktiven Beispielunternehmen bisher vorbeigezogen ist. Da dieser Trend für Bewegung im Markt gesorgt hat, ist dies zunächst ein Risiko, aus dem eine Krise erwachsen könnte.

12.8.3 Fazit

Mit dem Issues Management bildet die Umfeldanalyse einen Teil der strategischen Analyse, die wertvolle Empfehlungen für das strategische Management herleiten kann. Das Issues Management wird in der Literatur zu kurz diskutiert, wenn es auf Krisenprävention oder Agenda-Setting konzentriert wird.

Die Umfeldanalyse mit dem Issues Management hat hier zwei Themen identifiziert, die die Konkretisierung bzw. Bestätigung der in den vorangegangenen Analysen identifizierten Positionierungsschwäche lösen könnte (siehe Abschn. 12.5 „Kommunikationsstrategie – interne Analyse (Leistungswahrnehmung)"). Dies könnte als ein umfeldgetriebener Beitrag wirken, um eine Marktdurchdringungsstrategie zu starten, die im Rahmen der Marktanalyse angelegt wurde, um das Produkt von einem Questionmark zu einem Star zu entwickeln.

Die Analysebeispiele enden hier und verbleiben auf der Basis von Zwischenfazits. Die Produktentwicklung und der Vertrieb haben nun in weiteren Analysen zu prüfen, inwieweit sie die Issues für relevant halten. Denkbar ist, dass sie sie nutzen, um das betrachtete Fitnessgetränk zu „entzuckern" oder andere geeignete Maßnahmen zu ergreifen, um es als „frisches, natürliches und gesundes" Premium-Fitnessgetränk neu zu akzentuieren. Die ermittelte Wahrnehmung von „Statik" könnte als „Verlässlichkeit und Grundsolidität" positiv aufgeladen werden. Der Premium-Gedanke liegt nahe, da das Wettbewerbsprodukt günstig über den Preis verkauft wird, was zu einem Qualitätsprodukt nicht unbedingt passt. Entsprechend konzipierte Kommunikationsstrategien könnten dann so auf den Lebenszyklus Einfluss nehmen, wie dies im Rahmen der Marktanalyse angedeutet wurde.

Literatur

Ansoff, I. H. (1957). Strategies for diversification. *Harvard Business Review, 35*(2), 113–124.
Ansoff, I. (1980). Strategic issue management. *Strategic Management Journal, 1*(1), 131–148.
Bea, F. X., & Hass, J. (2004). *Strategisches Management*. Stuttgart.
Behrens, F. (2008). Strategie. In P. Szyszka & U.-M. Dürig (Hrsg.), *Strategische Kommunikationsplanung* (S. 15–18). Konstanz.
Bentele, G., & Nothaft, H. (2007). Konzeption von Kommunikationsprogrammen. In M. Piwinger & A. Zerfaß (Hrsg.), *Handbuch Unternehmenskommunikation* (S. 357–380). Wiesbaden.
Bleicher, K. (2002). In S. Schwendt & D. Funck (Hrsg.), *Integrierte Managementsysteme: Konzepte, Werkzeuge, Erfahrungen* (S. 1–24). Heidelberg.
Bruhn, M. (2013). *Kommunikationspolitik - systematischer Einsatz der Kommunikation für Unternehmen*. München.
Bürker, M. (2013). *Die unsichtbaren Dritten: Ein neues Modell zur Evaluation und Steuerung von Public Relations im strategischen Kommunikationsmanagement*. Wiesbaden.
Dörrbecker, K., & Fissenewert-Goßmann, R. (1996). *Wie Profis PR-Konzeptionen entwickeln*. Frankfurt a. M..
Eschenbach, R., et al. (2003). *Strategische Konzepte, Management-Ansätze von Ansoff bis Ulrich*. Bern.
Forthmann, J. (2008). Pressearbeit mit Plan – die erfolgreiche PR-Strategie. In J. Forthmann (Hrsg.), *Praxishandbuch Public Relations, mehr Erfolg für Kommunikationsexperten* (S. 63–90). Weinheim.
Geissler, U. (2001). Frühaufklärung durch Issues Management: Der Beitrag der Public Relations. In U. Röttger (Hrsg.), *Issues Management, theoretische Konzepte und praktische Umsetzung. Eine Bestandsaufnahme* (S. 207–216). Wiesbaden.
Hinterhuber, H. (2004). *Strategische Unternehmensführung, I. strategisches Denken*. Berlin.
IMWF, Institut für Management- und Wirtschaftsforschung, et al. (2007). *Potenzialanalyse strategische Planung*. Hamburg.
Kotler, P., Keller, K. L., & Bliemel, F. (2007). *Marketing-Management, Strategien für wertschaffendes Handeln*. München.
Kreikebaum, H. (1997). *Strategische Unternehmensplanung*. Stuttgart.
Leipziger, J. (2004). *Konzepte entwickeln*. Frankfurt a. M.
Lies, J. (2015). *Theorien des PR-Managements*. Wiesbaden: Springer Gabler (im Druck).
Meffert, H., et al. (2012). *Marketing - Grundlagen marktorientierter Unternehmensführung - Konzepte - Instrumente - Praxisbeispiele*. Wiesbaden.
Michael, B. (2002). Wenn die Wertschöpfung weiter sinkt, stirbt die Marke. In H. Albach & C. Weiser (Hrsg.), *Zeitschrift für Betriebswirtschaft, Ergänzungsheft, 2/2002* (S. 35–56). Wiesbaden.
Mintzberg, H., et al. (2007). *Strategy Safari, eine Reise durch die Wildnis des strategischen Managements*. Wien.
Pflaum, D., & Linxweiler, R. (1998). *Public Relations der Unternehmung*. Landsberg.

Porter, M. E. (1997). *Wettbewerbsstrategie: Methoden zur Analyse von Branchen und Konkurrenten*. Frankfurt a. M.

Rota, F. P., & Fuchs, W. (2007). *Lexikon Public Relations*. München.

Rudorfer, W. (2001). *Eine Methode zur Qualifizierung von produzierenden Unternehmen für Kompetenznetzwerke, Lehrstuhl für Montagesystemtechnik und Betriebswissenschaften der Technischen Universität München*. München.

Scheuss, R. (2012). *Handbuch der Strategien – 220 Konzepte der weltbesten Vordenker*. Frankfurt a. M.

Schnettler, J., & Wendt, G. (2006). *Marketing und Marktforschung, Lehr- und Arbeitsbuch für die Aus- und Weiterbildung*. Berlin.

Szyszka, P., & Dürig, U.-M. (2008). Einführung. In P. Szyszka & U.-M. Dürig (Hrsg.), *Strategische Kommunikationsplanung*. Konstanz.

Reynolds, T. J., & Gutman, J. (1988). Laddering theory, method, analysis and interpretation. *Journal of Advertising Research, 28*(1), 11–31.

Will, M. (2001). Issues Management braucht Einbindung in das strategische Management. In U. Röttger (Hrsg.), *Issues Management* (S. 103–124). Wiesbaden.

Wöhe, G. (2010). *Einführung in die Allgemeine Betriebswirtschaftslehre*. München.

Prof. Dr. Jan Lies Professor für Allgemeine Betriebswirtschaft, insbesondere Unternehmenskommunikation und Marketing an der FOM Hochschule für Oekonomie & Management, Essen.

13 PR-nahe Kommunikationsdisziplinen

Inhaltsverzeichnis

13.1 Marketing 426
Jan Lies und Christina Vaih-Baur
13.2 Content Marketing 429
Michael Bürker
13.3 Werbung 445
Jan Lies und Christina Vaih-Baur
13.4 Werbung – Advertorial 453
Jan Lies und Michael Kleinjohann
Literatur 457

PR arbeitet in einem Umfeld benachbarter Disziplinen, die zum Teil als Teilaufgaben der PR gelten, zum Teil PR als Teil dieser Nachbardisziplinen verstehen und auch im Wettbewerb um knappe Kommunikationsbudgets stehen. Einen Standard für die Ordnung oder das Zusammenwirken unterschiedlicher Kommunikationsdisziplinen gibt es nicht. Es gibt aber durchaus methodische Unterschiede, die zu Unterschieden und Gemeinsamkeiten führen: Methodisch arbeiten PR und Werbung beispielsweise unterschiedlich und seitens der Zielsetzung ergänzend. Normativ aber sollten sie als Teil der integrierten Kommunikation geführt werden. Das führt zu der Frage, ob die PR tatsächlich ein Teil des Marketings sein kann und sein sollte, wie das mit dem Marketingmix vorgeschlagen wird. Dass diese Zuordnung der Realität vieler Unternehmen widerspricht, wird in vielen Lehrbüchern nicht einmal erwähnt.

13.1 Marketing

Jan Lies und Christina Vaih-Baur

13.1.1 Im Marketing: Einteilung der PR im Kommunikationsmix 426
13.1.2 Organisatorische Zuordnung und mögliche Folgen 427
13.1.3 Die Kritik der Kommunikationswissenschaft am PR-Begriff des Marketings 427
13.1.4 Die Öffnung des Marketingbegriffs 427
13.1.5 Fazit: Die Kritik an der Kritik 428

> **Leitfragen**
>
> 1. Wie ist der PR-Begriff im Marketing zu verorten? Wie ist er im Marketing zu bewerten?
> 2. Welche Folgen kann die organisatorische Zuordnung der PR zum Marketing für die PR-Arbeit haben?
> 3. Wie ist die Kritik der Kommunikationswissenschaft am Marketing zu bewerten?
> 4. Inwieweit findet eine Annäherung von PR und Marketing statt?

Es findet eine konzeptionelle und instrumentelle Annäherung und damit Durchmischung von PR und Marketing statt. Dies ist aus praktischer Sicht ein Dokument der integrierten Kommunikation. Aus strategischer und theoretischer Perspektive ist diese Annäherung allerdings nicht ganz so einfach zu bewerkstelligen, wie dieser Abschnitt zusammen mit den weiterführenden Hinweisen aufzeigt.

13.1.1 Im Marketing: Einteilung der PR im Kommunikationsmix

Das Marketing betrachtet PR als ein Element im Kommunikationsmix und ordnet sie daher neben der Werbung, der Verkaufsförderung, dem Sponsoring etc. ein. Eine Kernkritik an dieser Form der Strukturierung muss sein, dass PR nur in **wenigen** Fällen überhaupt marktorientiert arbeitet, wie beispielsweise in der Produkt-PR oder in der Händlerkommunikation.

Ansonsten ist ein wesentliches Merkmal der PR, eben gerade **nicht** den Markt, sondern andere Stakeholder zu adressieren. Zudem scheint diese instrumentelle Zuordnung im Widerspruch zu der strategischen PR-Dimension zu stehen, die das Marketing sich selbst, aber auch der PR zum Teil zuspricht (vgl. hierzu auch die Abschnitte 1.2 „Aufga-

---

J. Lies
FOM Hochschule für Oekonomie & Management, Essen, Deutschland
E-Mail: jan.lies@fom.de

C. Vaih-Baur
MHMK Macromedia Hochschule für Medien und Kommunikation, Stuttgart, Deutschland
E-Mail: c.vaih-baur@mhmk.org

benfelder der PR", 1.3 „Corporate Communications vs. Marketingkommunikation", 11.5 „Stakeholder und Marketing" sowie „PR-Theorien: Funktionalistische Ansätze – Bruhn" in Lies 2015).

▶ Da Public Relations in den wenigsten Fällen mit direktem Marktbezug arbeitet, ist die Einordnung in den Kommunikationsmix diskussionsbedürftig.

13.1.2 Organisatorische Zuordnung und mögliche Folgen

Ist die PR in der Marketingabteilung eines Unternehmens angesiedelt, so ist in der Praxis der PR-Verantwortliche hierarchisch dem Marketingverantwortlichen untergeordnet. Diese Konstellation stellt sich für beide Akteure oftmals als kontraproduktiv heraus, da sich in diesem Fall die PR-Ziele den Marketingkriterien unterordnen müssen. Im Marketing dominieren aber oft Zielsetzungen (z. B. kurzfristige Verkaufserfolge), die in der Regel nicht mit den eher langfristig orientierten und oft nicht einfach messbaren Zielsetzungen in der PR harmonieren (z. B. Reputation). Das birgt Konfliktpotenzial und führt schnell zu kontraproduktiven Impulsen für das, was PR leisten könnte.

13.1.3 Die Kritik der Kommunikationswissenschaft am PR-Begriff des Marketings

Romy Fröhlich schreibt bezüglich der Einordnung der PR in den Marketingmix: „Eine solche Einordnung der PR zu und unter das Marketing beschränkt den Funktionszusammenhang von PR auf Wirtschaftsunternehmen und dort wiederum auf Marktkommunikation. Diese Marketingsicht auf PR greift zu kurz: (…) Tatsache (…) ist, dass auch Non-Profit-Organisationen wie z. B. staatliche Hochschulen, humanitäre Einrichtungen oder öffentliche Ämter und Behörden PR betreiben" (Fröhlich 2008, S. 101 f.).

PR im Marketingmix könne zum Beispiel Öffentlichkeitsarbeit für Organisationen wie Hochschulen oder Umweltschutzverbände außerhalb des kommerziellen Bereichs nicht treffend charakterisieren. Zudem würde PR im Rahmen ihrer organisationspolitischen Funktion nicht erkannt. Die interne Kommunikation für Mitarbeiterinformation oder Lieferanten würde nicht als Bestandteil der PR erfasst.

13.1.4 Die Öffnung des Marketingbegriffs

Es findet eine Öffnung des Marketingkonzepts statt, die im positiven Sinn zu einer Erweiterung des Marketingverständnisses führt, im negativen Sinn aber zu einer Verwässerung: Der ursprüngliche Ansatz der „Ausrichtung aller Unternehmensaktivitäten am Kundennutzen" wurde bereits in den 1960er Jahren erweitert (Zur marktorientierten Führung vgl. z. B. Meffert 1999; Meffert et al. 2012, S. 876 ff. Zur Ausweitung des Marketingbegriffs vgl. Kotler und Levy 1969 und hierzu auch Kunczik 1993/2010, S. 58 f.). Kotler beschreibt eine Entwicklung von Marketing 1.0 bis Marketing 3.0 (vgl. 2010, S. 3 ff.):

- **Marketing 1.0:** Produktzentrierung mit dem Ziel der Absatzmaximierung.
- **Marketing 2.0:** Konsumentenzentrierung angesicht „smarter" werdender Konsumenten.
- **Marketing 3.0:** Menschenzentierung mit der Werteorientierung, aus der die Balance von Gewinnmaximierung und gesellschaftlicher Verantwortung folgt.

Ein Indiz für diese Entwicklung ist auch die Stakeholder-Diskussion. Sie ist in fast allen Marketinglehrbüchern enthalten, obwohl diese aber oftmals gerade nicht „am Markt" zu finden sind. Weitergehende Ansätze wie das gesellschaftsorientierte Marketing sind in der Diskussion.

▶ Von daher kann man sagen, dass sich die **Ideen von Marketing und PR einander annähern** – zumindest in der theoretischen Diskussion.

In der Praxis der integrierten Kommunikation werden etwa die Zielsetzungen und Inhalte beider Systeme aufeinander abgestimmt. Viele Kampagnen beinhalten nicht nur Instrumente der PR, sondern auch der Werbung, des Sponsorings etc. Diese Annäherung führt aber auch nur zu einer Abgrenzungsdiskussion von Marketing und PR und aus theoretischer Sicht zu **konzeptionell-logischen Problemen** des Marketings (siehe Abschn. 11.5 „Stakeholder und Marketing").

13.1.5 Fazit: Die Kritik an der Kritik

Insgesamt ist aus praktischer Sicht eine Annäherung unterschiedlicher Kommunikationsverständnisse notwendig. Praktisch gesprochen, ist die schwierige Abgrenzung von PR und Marketing ein Ausdruck der Notwendigkeit für integrierte Kommunikation. Theoretisch ist eine belastbare Abgrenzungsdiskussion nicht immer möglich oder sinnvoll. So gilt es, die Thesen von Fröhlich sehr aufmerksam und vorsichtig aufzunehmen. Denn sie sind genauer zu diskutieren:

- Die kritisierte Beschränkung auf Wirtschaftsunternehmen ist so nicht haltbar und bedürfte der Erklärung. Denn auch NPOs (Non-Profit-Organisationen) haben Märkte – lediglich die **Erfolgsziele und -kennziffern** sind andere.
- Marketing hatte **ursprünglich** zum Ziel, Organisationsstrukturen vom Markt her zu denken, beispielsweise als Gegenantwort auf eine produktions- oder finanzwirtschaftlich orientierte Organisationsausrichtung. Mit der Öffnung des Marketings beispielsweise um den Stakeholder-Begriff ist diese enge Perspektive aber erweitert worden, sodass auch die Kritik des Marktbezugs nicht greift (s. Abschn. 13.5 „Stakeholder und Marketing").

- Marketing versteht oftmals **Mitarbeiter als Kunden** und dehnt den Marktbegriff auf Personalmärkte aus, die bereits im Inneren des Unternehmens beginnen. Es kann damit sehr wohl Aussagen zur „internen Kommunikation" der PR-Diskussion treffen.

> Die **unbeantwortete Frage** ist aber, **welche** nicht marktlichen Koordinationsmechanismen greifen, wenn von Zielgruppen außerhalb der Märkte die Rede ist.

Hier bleiben aber letztlich alle Disziplinen – Marketing und Kommunikationswissenschaft – Antworten schuldig. Die Konzeption von PR als Machtmanagement ist ein Versuch, hierauf zu antworten. (Vgl. Lies 2012 – hier wird eine Modellumgebung für die Wirkung von Kommunikation skizziert bzw. in diesem Buch der Abschnitt „PR-Theorie – System-funktionalistische Synthese".)

13.2 Content Marketing

Michael Bürker

13.2.1	Was ist Content Marketing?	430
13.2.2	Content Marketing: Neuer Wein in alten Schläuchen?	431
13.2.3	Die Ziele von Content Marketing	434
13.2.4	Instrumente von Content Marketing	435
13.2.5	Wie werden Content (Marketing) Strategien entwickelt?	440
13.2.6	Wie wird Content Marketing umgesetzt?	442
13.2.7	Wie kann die Wirkung von Content Marketing gemessen werden?	442

Leitfragen

1. Was ist Content Marketing?
2. Was ist neu am Content Marketing?
3. Welche Ziele verfolgt Content Marketing?
4. Welche Instrumente werden im Content Marketing eingesetzt?
5. Wie werden Content (Marketing)-Strategien entwickelt?
6. Wie wird Content Marketing umgesetzt?
7. Wie kann die Wirkung von Content Marketing gemessen werden?

Spätestens mit dem Medienwandel und den veränderten Mediennutzungsgewohnheiten durch Internet und Social Media hat die Glaubwürdigkeit der klassischen Werbung spür-

---

M. Bürker (✉)
MHMK Macromedia Hochschule für Medien und Kommunikation, München, Deutschland
E-Mail: m.buerker@mhmk.org

bar abgenommen. Die Abwehrhaltung sowie das Ausweichverhalten der Rezipienten haben dagegen zugenommen. Die potenziellen Kunden haben sich gegen Werbung weitgehend immunisiert. Dadurch hat Werbung an Effizienz verloren und ist im Ergebnis zu teuer geworden. In der Folge haben Marketing- und Werbeverantwortliche vermehrt nach Strategien gesucht, Aufmerksamkeit und Relevanz bei ihren Zielgruppen durch eigene Medienprodukte und direkte Kommunikation aufzubauen.

Eine dieser Strategien ist das Content Marketing: Rezipienten, die sich für ein Unternehmen und seine Produkte interessieren, sollen mit Inhalten so überzeugt werden, dass sie irgendwann zu Kunden werden. Damit nähert sich die Marketingkommunikation methodisch der PR an, deren journalistisch geprägter Ansatz auf Themen basiert. (vgl. Abschnitt „Methodologien, Methodik und Methoden der PR" in Lies 2015).

13.2.1 Was ist Content Marketing?

Während klassische Marketinginstrumente die Aufmerksamkeit der Konsumenten direkt auf das Produkt lenken, liegt der Fokus beim Content Marketing vielmehr auf dem Publizieren von Medieninhalten. Weil dabei vor allem journalistische Arbeitsweisen und -techniken eingesetzt werden, sprechen manche Autoren – vor allem im amerikanischen Raum – auch von *Brand* oder *Branded Journalism* (vgl. DVorkin 2012).

- Content marketing is a marketing technique of creating and distributing relevant and valuable content to attract, acquire, and engage a clearly defined and understood target audience – with the objective of driving profitable customer action. (Content Marketing Institute) (Budde 2013)

- Beim klassischen **Outbound-Marketing**, z. B. Werbeanzeigen, steht das Produkt im Mittelpunkt und die Botschaften werden gestreut (Push-Strategie). Beim Content oder Inbound-Marketing dagegen liegt der Fokus auf dem Kunden, der von den Themen einer Marke oder eines Produktes angezogen werden soll (Pull-Strategie).

Dabei erklären Empfänger vorab ihr Einverständnis, dass Unternehmen mit ihnen Kontakt aufnehmen dürfen (Opt-in-Verfahren). Dafür werden in der Regel Bestell- bzw. Anmeldeformulare benutzt.

Ein zentraler Begriff, der häufig im Zusammenhang mit Content Marketing genannt wird, ist das *Storytelling* (vgl. Profilwerkstatt 2013, S. 6, 9). Damit wird das Erzählen von Geschichten als Stilmittel der Kommunikation und Medienproduktion zusammengefasst. Dabei stehen z. B. Kunden oder Mitarbeiter eines Unternehmens im Mittelpunkt, die eine, häufig persönlich geprägte, Geschichte aus ihrem Leben schildern, die über geeignete Content-Marketing-Instrumente des Unternehmens medial verbreitet wird. Inhalt bzw. Plot der Geschichte müssen dabei nicht zwingend einen inhaltlichen Bezug zum Unternehmen aufweisen.

Tab. 13.1 Ziele von Content Marketing im B2C- und B2B-Kontext. (Quelle: Content Marketing Institute)

B2C Content Marketing ($n=324$)	B2B Content Marketing ($n=1416$)
77% Customer Retention/Loyalty	79% Brand Awareness
75% Customer Acquisition	74% Customer Acquisition
74% Brand Awareness	71% Lead Generation
66% Engagement	64% Customer Retention/Loyalty
61% Website Traffic	64% Thought Leadership
52% Lead Generation	63% Engagement
50% Sales	60% Website Traffic

In nordamerikanischen Unternehmen nutzen mittlerweile 86% der B2C-Marketer und 91% der B2B-Marketer Content Marketing. Zu den am häufigsten eingesetzten Instrumenten zählen: Social Media, Beiträge auf eigenen und fremden Websites, E-Mail-Newsletter, Blogs, Videos, Case Studies, Whitepapers, Webinare/-casts und In-Personen-Events. Damit werden in erster Linie folgende Ziele verfolgt (siehe Tab. 13.1) (vgl. Content Marketing Institute 2013a, S. 3, 5, 8, b, S. 3, 5, 8):

> **Beispiele**
>
> Ein spektakuläres Beispiel für Content Marketing ist die Stratos-Kampagne von Red Bull. Am 14. Oktober 2012 ist Felix Baumgartner als erster Mensch aus 39 km Höhe auf die Erde gesprungen, hat im freien Fall die Schallmauer durchbrochen und dabei zwei Weltrekorde aufgestellt. Nach Schätzungen wurde dabei eine weltweite Öffentlichkeit von mehreren Hundert Millionen Menschen erreicht. Das Video auf YouTube wurde über 350 Mio. Mal angeklickt. 7,1 Mio. Deutsche verfolgten den Sprung auf n-tv. Das waren rund 20% Einschaltquote zur besten Sendezeit. Das Budget der Kampagne umfasste rund 50 Millionen Euro (vgl. o. A. 2012). Dabei kontrollierte Red Bull die Berichterstattung über die eigenen Kommunikationskanäle: die Webseite Redbull.com, das Magazin „Red Bulletin" und den Sender „ServusTV" (Abb. 13.1).

Weitere, häufig erwähnte Beispiele für erfolgreiches Content Marketing sind Coca-Cola (Abb. 13.2) und im deutschsprachigen Raum Schwarzkopf (Abb. 13.3).

Nicht nur diese prominenten Beispiele zeigen, dass mittlerweile auch im deutschsprachigen Raum erheblich in Content Marketing investiert wird (vgl. Abb. 13.4). Insbesondere größere Unternehmen planen, ihre Budgets weiter zu erhöhen (vgl. Sturm 2013).

13.2.2 Content Marketing: Neuer Wein in alten Schläuchen?

Kritiker sprechen im Zusammenhang mit Content Marketing von altem Wein in neuen Schläuchen. So stellen sie in Frage, ob es sich beim Content Marketing tatsächlich um

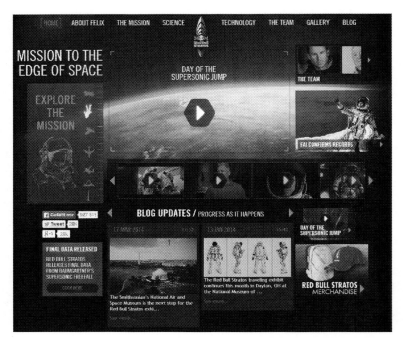

Abb. 13.1 Internetseite der Stratos-Kampagne von Red Bull. (Quelle: http://www.redbullstratos.com)

eine neue Kommunikationsstrategie handelt. Schließlich sei das „Eingehen auf Informations- und Unterhaltungsbedürfnisse […] der Nutzer" seit jeher eine wichtige Voraussetzung für den gesamten Bereich des Corporate Publishing gewesen (vgl. Liebert 2013, S. 19). Auch Themen in den Mittelpunkt zu stellen ist nicht neu: „Content is King" unter diesem Titel hat Bill Gates bereits 1996 einen Essay verfasst, der Inhalte zum Werttreiber und Maßstab für Erfolg in den Medien macht (vgl. Bailey 2014).

Eine weitere Kontroverse dreht sich um den Einsatz der Medienkanäle: Die einen Autoren definieren Content Marketing als „zielgruppenspezifische Ansprache via On- und Offlinemedien" (vgl. Monington West 2013). Die Gegenseite argumentiert, dass der Begriff des Content Marketing vorwiegend im Kontext digitaler Medien verwendet werde, da er in seiner ursprünglichen Bedeutung vor allem als Instrument zur Kundengewinnung im Web verstanden wird (vgl. Blogwerk 2013, S. 4). Dritte wiederum plädieren für einen Kompromiss und ordnen Content Marketing strategisch „irgendwo an der Schnittstelle zwischen Online-PR […], klassischer PR […], klassischem und Online-Marketing […] und dem Vertrieb […]" (vgl. Fuderholz 2012, S. 339) ein. Denn das Hauptmerkmal von Content Marketing sei das Liefern von Inhalten – über welches Medium, sei mit Blick auf die Definition des Begriffes, nicht ausschlaggebend (vgl. O. A. 2013b, S. 19). Allerdings seien die digitalen Medien aufgrund ihrer formalen, technologischen Eigenschaften prädestiniert, diesem Anspruch gerecht zu werden (vgl. Liebert 2013, S. 19).

Während es sich bei klassischer Werbung (Anzeigen, Radio- und TV-Spots, Plakate) und redaktioneller Werbung (Advertorials, Product Placements) um *Paid Content* handelt,

Abb. 13.2 Startseite der Marke Coca-Cola. (Quelle: http://www.coca-cola-deutschland.de)

zielt Content Marketing auf das Verdienen von Aufmerksamkeit (*Earned Content*) durch Inhalte auf eigenen Medien. Dabei nutzen Unternehmen das eigene Corporate Publishing (*Owned Content*), bezahlte Veröffentlichungen auf anderen Medienplattformen (*Paid Content*), von anderen erstellte Inhalte (*Earned Content*) und viral verbreitete Öffentlichkeit (*Shared oder Social Content*).

Dafür werden in erster Linie Onlinekanäle wie Website, E-Mail-Newsletter, Facebook, Twitter und YouTube, aber auch Printmedien wie Kundenmagazine und Jahrbücher eingesetzt. Bei der Nutzung von Social-Media-Plattformen kommt die Weiterverbreitung von Inhalten durch Bewertungen (*Likes*), Kommentare (*Comments*) und Empfehlungen (*Shares*) der Nutzer (*Social Content*) hinzu: Durch diesen viralen Multiplikatoreffekt werden veröffentlichte Inhalte immer weiter verbreitet und weiteren potenziellen Kunden zugänglich gemacht.

Dieses Umgehen der Gatekeeper-Funktion des Journalismus und das Verschwimmen der Grenzen zwischen Journalismus und PR, insbesondere durch die Zusammenarbeit zwischen Werbekunden und Verlagen, werden kritisch betrachtet (vgl. Selbach et al. 2013).

Abb. 13.3 Startseite der Marke Schwarzkopf. (Quelle: http://www.schwarzkopf.de)

13.2.3 Die Ziele von Content Marketing

Ziel des Content Marketing ist es, mit relevanten Informationen – ob informierend, beratend oder unterhaltend – das Interesse von Website-Besuchern zu wecken und so Interaktionen zu beginnen, um sie auf längere Sicht auch von Produkten und Leistungen zu überzeugen. Idealerweise werden die Rezipienten von Interessenten zu Konsumenten oder, beispielsweise über die Verbreitung von Inhalten in sozialen Netzwerken, zu Multiplikatoren von Unternehmens-, Produkt- oder Markenbotschaften.

Im digitalen Kontext erfordert der in der Regel kostenlose Content stets eine Gegenleistung: Interessenten erklären sich explizit mit der Kontaktaufnahme einverstanden (Opt-in-Verfahren) und werden so zu Leads.

▶ Das Gewinnen von Leads ist eine Vorstufe der Kundengewinnung.

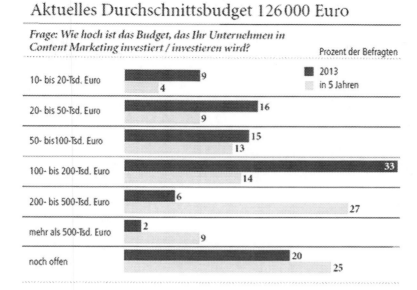

Abb. 13.4 Budgets für Content Marketing. (Quelle: Studie Content Marketing 2013. In: Sturm, Horizont 12/2013)

Prinzipiell ist Content Marketing geeignet, alle generischen Kommunikationsziele zu verfolgen:

- Wecken von Aufmerksamkeit.
- Herstellen von dauerhaften Kontakten zu Zielgruppen.
- Erhöhen der Markenbekanntheit.
- Profilieren des Markenimage
- Aufbau von Themen- und Kompetenzführerschaft.
- Verbessern des Pagerank (Suchmaschinenoptimierung).
- Aktivieren der Zielgruppen (Engagement).
- Virale Verbreitung von Marken-Themen und -Botschaften.
- Steigern der Kauf- und Empfehlungsbereitschaft.
- Gewinnen von Lead-Adressen.
- Gewinnen neuer Kunden.
- Verkauf von Produkten.
- Pflege der Kundenbeziehungen.
- Erhöhen der Kundenbindung bzw. -loyalität.

13.2.4 Instrumente von Content Marketing

Durch die Auswahl der Kommunikationsinstrumente und -maßnahmen werden die Mittel festgelegt, mit denen die Informationen von Unternehmen zu ihren Rezipienten gelangen und die Unternehmen ihre Ziele erreichen sollen. Dabei sind die Themen und Inhalte auf die Nutzungsgewohnheiten der Zielgruppen und die spezifischen Funktionen der Medien abzustimmen. Zu letzteren zählen in erster Linie:

- Information und Wissen (1)
- Entspannung und Unterhaltung (2)
- Bewertung und Kommentierung (3)
- Vernetzung und Verbreitung (4)
- Feedback und Interaktion (5)

Die in Klammern genannten Zahlen kennzeichnen bei den folgenden Instrumenten die Funktion, die sie vorrangig erfüllen:

- **E-Mailings (1, 4, 5):** Mit E-Mails lassen sich ausgewählte Personen direkt ansprechen.
- **Newsletter (1, 2):** Längst enthalten Newsletter – ob in elektronischer Form oder im Printformat – nicht mehr nur die neuesten Informationen aus dem Unternehmen. Vielmehr entscheiden die Nutzer inzwischen in vielen Fällen selbst, welche Inhalte sie in regelmäßigen Abständen erhalten möchten (s. Abb. 13.5). Über seine Service-Website bietet der Hersteller von Wasch- und Reinigungsmitteln seinen Besuchern die Möglichkeit, unterschiedliche Newsletter zu den Bereichen „Magazin", „Ratgeber", „Markenwelt" oder „Unterhaltung" zu abonnieren. Das Abschicken des ausgefüllten Formulars stellt in diesem Fall den Prozess des Opt-ins dar.
- **Studien (1):** Mit Studien und Umfragen können Unternehmen ganze Themengebiete besetzen oder neu auf die Medien- und Publikumsagenda setzen. So lassen sich komplexe Sachverhalte oder bestimme Vorgehensweisen erläutern und begründen. Darüber hinaus verwenden Journalisten Zahlenmaterial gerne als Grundlage für ihre Berichterstattung.
- **Whitepaper (1):** Whitepaper dienen als praxisorientierte Einführung in neue Themen und werden entweder auf der eigenen Website oder über entsprechende Onlineplattformen wie Slideshare oder Scribd zum Download angeboten.
- **Fachbücher (1):** Mit Fachbüchern, ob E-Book oder Print, können Unternehmen auf seriöse Weise komplexe Themen besetzen. So können sie Kompetenz zeigen und sich als Experten zu bestimmten Themen positionieren – bis hin zur Wahrnehmung als Themen- und Kompetenzführer.
- **Checklisten (1):** Checklisten leisten konkrete Hilfestellung beim Umsetzen von Projekten. Sie bieten damit hohen Nutzwert für ihre Anwender.
- **Unternehmensmagazin (1, 2):** Unternehmensmagazine erscheinen in regelmäßigen Abständen und können sich – je nach Branche – als Fachmagazin an eine Zielgruppe mit beruflichem Bezug (B2B) wenden, oder als Verbrauchermagazin an die Endverbraucher (B2C).

Bereits im Jahr 1987 veröffentlichte der Spielzeughersteller LEGO sein Unternehmensmagazin „Brick Kicks" – damals noch als Printformat. Das offizielle Magazin des „LEGO Builders Club" enthielt unter anderem Tipps zum Einsatz bestimmter Steine (vgl. Abb. 13.6).

Abb. 13.5 Newsletter-Formular von Henkel Lifetimes. (Quelle: http://www2.henkel-lifetimes.de/register.php?pid)

- **Fanpages (1–5):** Durch Unternehmensseiten im sozialen Netzwerk Facebook können Nachrichten, Geschichten und Veranstaltungen aus Unternehmen gepostet werden. Sie werden bei allen Fans auf deren Timeline angezeigt. Die Meldungen können durch Likes bewertet, mit Kommentaren versehen und durch Shares weiterverbreitet werden.
- **Twitter (1, 3–5):** Über den Micro-Blogging-Dienst Twitter können Meldungen mit bis zu 140 Zeichen an die eigenen Follower verbreitet werden. Oft werden diese Tweets genutzt, um auf Blogs oder Websites mit mehr Content zu verweisen. Durch Favorisieren, Retweeten und Antworten können Tweets beantwortet, bewertet, kommentiert oder empfohlen werden.
- **Weblogs (1–5):** Blogs (Kurzform für Web-Logbuch) präsentieren Informationen in Form eines Tagebuchs oder Journals in umgekehrt chronologischer Abfolge. Sie kennzeichnen sich oft durch eine sehr subjektive Sicht der Blogger. Besucher von Blogs

Abb. 13.6 Unternehmensmagazin „Brick Kicks" von Lego. (Quelle: http://www.miniland.nl/LEGOclub/brick%20kicks/nummer%201/1.jpg)

können direkt Kommentare einstellen. Alle Beiträge und Kommentare zu einen bestimmten Thema lassen sich als Thread verfolgen. Durch Permalinks können andere Internetseiten direkt auf einzelne Blogbeiträge verweisen. Durch weitere Funktionen wie Track- und Pingbacks, Tagclouds, Snippets und Blogrolls können Interaktionen gefördert, sichtbar gemacht und kommentiert werden.

Durch ihre subjektive Form eignen sich Blogs besonders gut zum Einsatz von Storytelling, wie die Abb. 13.7 zeigt.

Speziell für seine deutschen Kunden hat der Schweizer Versicherer Helvetia ein Unternehmensblog eingerichtet. Die Inhalte weisen keinerlei Unternehmens- oder Produktbezug auf, sondern beschränken sich ausschließlich auf persönliche Erfahrungen und die Erzählungen der portraitierten Personen.

- **Apps (1, 2):** Mit Apps bieten Unternehmen kleine Programme und Anwendungen für mobile Endgeräte wie Smartphones und Tablets. Durch entsprechende grafische Gestaltung sind sie zur Information und Wissensvermittlung, als Service oder zur Unterhaltung geeignet.
- **Podcasts (1, 3, 4):** Audiobeiträge, die auf Internetseiten angeboten werden. Das können RatgeberiInformationen, Interviews oder Vorträge sein.

13 PR-nahe Kommunikationsdisziplinen

- **Webvideos/Videocasts (1, 3, 4):** Vorträge, Interviews, Diskussionen oder Veranstaltungen werden in Form von Videos im Internet übertragen. Prominentestes Beispiel in Deutschland ist die wöchentliche Video-Botschaft von Bundeskanzlerin Angela Merkel.
- **Webinare/Screencasts (1, 3, 4):** Webinare sind vor allem für Einführungen und Schulungen geeignet. Bei Live-Streams erhalten Teilnehmer die Möglichkeit zu interagieren und Fragen zu stellen. So bietet der Software-Hersteller Microsoft Fachkräften Webcasts zur Erklärung der eigenen Produktpalette an (vgl. Abb. 13.8).
- **E-Learnings/Tutorials (1):** Über E-Learnings bzw. Tutorials vermitteln Unternehmen Wissen zu Branchenthemen oder den eigenen Produkten. Sie können als Video, Vortrag, Webinar oder Simpleshow aufbereitet sein. Oft sind Lern-Checks angeschlossen, mit deren Hilfe Nutzer das Erlernte überprüfen können (vgl. Fuderholz 2013, S. 341 ff.).
- **Communities (1–5):** Unternehmen können auf Netzwerkplattformen (z. B. Facebook, Xing, LinkedIn) oder der eigenen Website-Communities für Kunden, Mitarbeiter; Alumnis usw. aufbauen. Dort können sie Mitglieder regelmäßig mit Informationen versorgen, Services anbieten oder zum Austausch anregen.

Abb. 13.7 Helvetia Blog. (Quelle: http://www.helvetia.com/de/blog/de/2013/08/kundenportrait-evabajer.html)

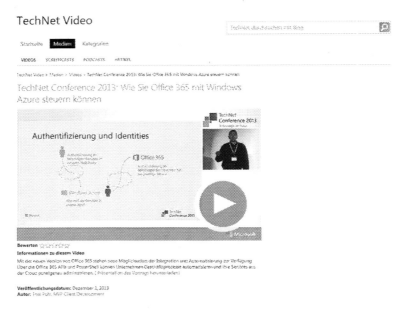

Abb. 13.8 Webcast von Microsoft. (Quelle: http://technet.microsoft.com/de-de/video/Dn536002)

13.2.5 Wie werden Content (Marketing) Strategien entwickelt?

Die Grundlage für die Umsetzung von Content Marketing ist die Festlegung von Zielen, Zielgruppen, Botschaften und Inhalten. Und schließlich müssen Instrumente bzw. Maßnahmen definiert werden, mit deren Hilfe die Inhalte den Rezipienten vermittelt werden sollen (vgl. Liebert 2013, S. 20). Unverzichtbar ist außerdem, Effektivität und Effizienz der durchgeführten Maßnahmen im Rahmen der Evaluation zu messen und zu bewerten.

Die Ziele des Content Marketing werden – wie bei allen Kommunikationsstrategien und -maßnahmen aus den übergeordneten, strategischen Unternehmenszielen abgeleitet. Das können wirtschaftliche, marktliche, politische oder soziale Ziele sein. Sie bestimmen den angestrebten Wertschöpfungsbeitrag des Content Marketings. Im Falle des Absatzmarketings sind dies meist das Gewinnen und Binden von Kunden. Daraus lassen sich wiederum die Kommunikationsziele ableiten: Aufbau medialer Kontakte, Gewinnen von Aufmerksamkeit, Vermitteln relevanter Produktinformationen wie Kundennutzen und Differenzierungsmerkmale sowie Kaufbereitschaft bei potenziellen Neukunden. Bei bestehenden Kunden sind dies Sichern bestehender Kommunikationskontakte, Bestätigen positiver Erfahrungen, Bekanntheit für neue Produkte und Empfehlungs- und Loyalitätsbereitschaft.

> Dreh- und Angelpunkte jeder Content-Strategie ist die intelligente Verknüpfung der Zielgruppenthemen mit den Kommunikationskanälen.

Für welche Inhalte interessieren sich die Zielgruppen? Welche Themen bieten Neuigkeits- und Nutzwert? Wie lassen sie sich unterhaltend und emotional aufbereiten? Und wie können die Kommunikationskanäle und -instrumente multimedial und im Zeitablauf verknüpft werden? Im Ergebnis müssen die eigenen Inhalte in der Konkurrenz gegen Mitbewerber und klassische Redaktionen bestehen können.

Dafür gilt es, die Rezipienten möglichst genau zu analysieren. Wessen Unterstützung benötigt das Unternehmen? Wer genau ist die Zielgruppe? Im Unterschied zur klassischen Marketingzielgruppe kommen dabei nicht nur demografische Merkmale zum Tragen, sondern individuelle Themeninteressen und spezifische Informationsbedarfe müssen bestimmt werden. Ein Unternehmen aus dem B2B-Bereich beispielsweise, das mit Content Marketing potenzielle Geschäftskunden erreichen möchte, muss mit Blick auf Hierarchien, Funktionen und Aufgabenfeldern in einem Unternehmen differenzieren, welche Mitarbeiter zu welchem Zeitpunkt welche Informationen benötigen und entsprechende Inhalte abrufen.

Die Perspektive der Zielgruppen gilt es mit den eigenen Themen- und Kompetenzschwerpunkten abzugleichen. Je besser es gelingt, die eigenen Stärken herauszuarbeiten, umso effektiver wird die Differenzierung zu Mitbewerbern in der Vorstellungswelt der eigenen Zielgruppen.

Fuderholz nennt als Beispiel für die unterschiedlichen thematischen Schwerpunkte innerhalb einer Zielgruppe die Rollen von Abteilungsleitern und Topmanagern beim Bau eines neuen Bürogebäudes: Während der Abteilungsleiter mit dem Einrichten der Büros betraut ist, steht für das Management Kosten- und Zeitplanung im Mittelpunkt. Im Anschluss an die erfolgreiche Zielgruppenbestimmung entsteht im Rahmen des *Involvierungszyklus* eine Matrix, „die Zielpersonen und Entscheidungs- und Kaufprozess aufeinander abbildet: In welchem Stadium der Entscheidung will welche Person welche Informationen haben" (vgl. Fuderholz 2012, S 341).

Im ersten Schritt zur Erarbeitung der Inhalte muss das Unternehmen sich auf eine *Main Story* festlegen, die es mithilfe von Content Marketing kommunizieren möchte. Allerdings geht es hierbei weniger um das Erzählen einer Geschichte im wörtlichen Sinne, sondern vielmehr um die allgemeine Positionierung eines Unternehmens in der Öffentlichkeit. Ein Beispiel hierfür ist ein Unternehmen für ökologisches Bauen, das im Rahmen des Content Marketings eine Expertenstellung einnimmt und über seine Inhalte signalisiert: „Ich bin dein Spezialist für Green Buildings" (Vgl. Fuderholz 2012, S 342).

Die *Story Map* definiert den Ablauf der Main Story. Die Teilschritte lauten: Zuhören, Mitreden und abschließend Akzente setzen. Das Zuhören stellt den wichtigsten Abschnitt da: Durch seine zunächst passive Rolle gewinnt der Kommunikator Zeit, um die für sein Vorhaben geeigneten Kanäle zu bestimmen. Besonders wenn es sich um soziale Netzwerke handelt, ist Zuhören der einzige Weg, um Stimmungen und Strömungen zu identifizieren. Insgesamt folgt der Aufbau der Story Map der Logik eines Party-Gesprächs: „Erst zuhören, dann mitreden, dann erst die Stimmungskanone geben. So entstehen Sympathien und bleiben erhalten" (Vgl. Fuderholz 2012, S 342).

Aus Main Story und Story Maß lassen sich schließlich Themen als Stories ableiten – ganz im Sinne des Storytelling: Wer sind die Helden, wer ihre Freunde, wer ihre Gegner? Welcher Konflikt wird im Verlauf der Geschichte gelöst? Welche Schwierigkeiten, Hindernisse und Verwicklungen treten auf? Wann dreht sich das Blatt? Wie löst sich am

Ende der Knoten der Geschichte? Dieses Muster gibt jeder Story ihren roten Faden und Spannungsbogen, den die Rezipienten sofort erkennen können.

Beinahe alle journalistischen Genres sind zur Präsentation von Content geeignet: Reportage, Interview, Glosse, Portrait, Essay, Feature. Die dafür zuständigen Personen müssen neben redaktionellem Know-how auch Übersetzerfähigkeiten mitbringen. Sie sollen Informationen so darstellen, dass die Empfänger sie gut verstehen und gerne rezipieren.

13.2.6 Wie wird Content Marketing umgesetzt?

Wenn die Content-Marketing-Strategie steht, werden die Themen den unterschiedlichen Medienplattformen zugeordnet. Dieses *Kanalmanagement* erfordert eine je nach Kanal spezifische Aufbereitung der zu veröffentlichenden Informationen (vgl. Fuderholz 2012, S 342). So ist bei einer crossmedialen Verwertung beispielsweise zu beachten, dass Onlinenhalte im Hinblick auf die Nutzerfreundlichkeit kürzer gehalten sind als Printveröffentlichungen im Unternehmensmagazin.

Da die Lieferung und Aufbereitung dieser Informationen – beispielsweise durch die Auslagerung redaktioneller Kompetenzen an eine Agentur – selten an einem Arbeitsplatz gebündelt sind, muss ein *Redaktionsplan* erstellt werden, der die Zuständigkeiten klar regelt. Eng damit verknüpft, bietet sich für die Planung von Content-Marketing-Maßnahmen auch das Einführen eines *Ressourcenplans* an (vgl. Tab. 13.2). Dieser beinhaltet zum Beispiel die Kosten- und Zeitplanung für die Zusammenarbeit mit externen Partnern (vgl. Fuderholz 2012, S. 243).

13.2.7 Wie kann die Wirkung von Content Marketing gemessen werden?

Wer die Erreichung der Ziele im Content Marketing prüfen und die entsprechenden Strategien weiterentwickeln möchte, kommt um eine aussagekräftige und verlässliche Messung und Bewertung der Ergebnisse nicht herum. Das Tracking und Controlling des Content Marketings ist integraler Bestandteil des Managementprozesses von der Analyse über Konzeption/Planung und Umsetzung bis zum Controlling.

Doch obwohl die Voraussetzungen für die Evaluation von Kommunikation in Internet und Social Web besonders „besonders gut" sind, und „die Bedeutung der Erfolgskontrolle strategischer Onlinekommunikation durchweg erkannt" wird, so werden sie „außer im Bereich der Website-Auswertungen in der Praxis kaum umgesetzt" (Zerfaß und Pleil 2012, S. 72).

Um Content-Marketing-Maßnahmen zu evaluieren, müssen zunächst Methoden, Tools und Kennzahlen definiert werden (vgl. Heltsche 2012, S. 6). Dafür kann das Wirkungsstufen-Modell der Deutschen Public-Relations-Gesellschaft (DPRG) und des Internationalen Controller Vereins (ICV) (vgl. Tab. 13.3) herangezogen werden (vgl. Heltsche 2012, S. 6).

Tab. 13.2 Einfacher Redaktions- und Ressourcenplan für das Content Marketing – Beispiel mit fiktiven Daten

Veröffentlichung	Kommunikationskanal	Thema	Format	Redakteur
KW 38	Facebook	Tag der Offenen Tür	Event-Seite	Schulze
KW 39	Website	Event-ankündigung	Slider auf der Startseite	Müller
KW 40–47	Twitter	Tag der Offenen Tür	Count down	Schulze
KW 41	Presse	Journalisten-Einladung	Presse-mitteilung	Maier
KW 47	Magazin	Nachbericht	Titelgeschichte	Maier
Termin (…)	(…)	(…)	(…)	(…)

Tab. 13.3 Einfache Matrix für das Kommunikationscontrolling im Content Marketing mit Key Performance Indicators (KPI). (Quelle: in Anlehnung an das Wirkungsstufen-Modell von DPRG und ICV)

Kanal	Website	Corporate Publishing	Presse	Social Media
Interner Output	Updates	Ausgaben	Pressemitteilungen	Posts/Tweets
Externer Output	Page Impressions	Abonnenten	Veröffentlichungen	Fans, Follower
	Visits		Reichweite	Likes, Shares
	Unique User		Meinungstenor	Anteil positiver Kommentare
	Downloads			
http://www.mydrive.ch/	http://www.mydrive.ch/	http://www.mydrive.ch/	http://www.mydrive.ch/	http://www.mydrive.ch/
Direkter Outcome	Wahrnehmung der Themen			
	Erinnerung an Kommunikationskontakte			
	Verstehen der Botschaften			
	Kompetenzzuschreibung			
Indirekter Outcome	Zuschreibung von Themen- bzw. Kompetenzführerschaft			
	Veränderungen Meinungen/Einstellungen zu Themen			
	Veränderungen bei Image-, Reputations- und Markenwerten			
	Kaufbereitschaft	Bewerbungsbereitschaft	Investitions-bereitschaft	
Outflow (ROI)	Zusätzlicher Absatz und Umsatz durch Kontakte	Zusätzliche Bewerbungen durch Kontakte	Zusätzliche Beteiligungen durch Kontakte	Akzeptanz („licence to operate")

Die Effekte und Evaluation sind danach auf der *Output*- und *Outcome*-Ebene zu verorten. Unter dem *Output* sind angebotene und realisierte Kontakte in den einzelnen Kommunikationskanälen zu verstehen, unter *Outcome* die Wirkungen bei den Nutzern. Die am häufigsten eingesetzten Messinstrumente sind Inhaltsanalysen und Webtracking-Verfahren (vgl. Heltsche 2012, S. 6).

Bei der Evaluation von Social Media hat sich die Fachwelt bislang auf keine Konventionen einigen können. Die Definition der Metriken fällt – je nach Kommunikationskanal – sehr unterschiedlich aus. Grundsätzlich können Effizienz und Effektivität von Content Marketing in den sozialen Medien anhand von Kennzahlen auf drei unterschiedlichen Ebenen gemessen werden.

Auf *Kontext- und Netzwerkebene* kann die Reichweite abhängig vom jeweiligen Medium an konkreten Zugriffszahlen abgelesen werden. Views bei YouTube, Fans bei Facebook oder Follower bei Twitter geben beispielsweise Aufschluss darüber, wie beliebt die eigenen Inhalte im Vergleich zum Angebot von Wettbewerbern sind, die im gleichen Netzwerk vertreten sind (vgl. Heltsche 2012, S. 7).

Im Rahmen der *Nutzerebene* wird die Aktivität und Affinität der Nutzer mit Blick auf bestimmte Angebote und Themen gemessen. Entsprechende Metriken für die Aktivität können in diesem Fall die Anzahl der Kommentare sein, Retweets bei Twitter oder auch Likes bei Facebook. Mit Blick auf den Faktor Affinität zu einem bestimmten Thema sind demografische Merkmale, Einstellungen der Nutzer oder auch ihre inhaltliche Involviertheit aussagekräftige Metriken (vgl. Heltsche 2012, S. 8).

Auf der *Inhaltsebene* wird die Qualität von Inhalten evaluiert. Hierbei wird z. B. das Kommunikationsvolumen zu einem bestimmten Thema ermittelt. Diese Kennzahl wird auch als *Buzz* bezeichnet. Auch der Anteil der Unternehmensnennungen im Vergleich zur Konkurrenz (*Share of Buzz*), Tonalitäten und die Positionen einzelner Akteure können auf der Inhaltsebene gemessen werden (vgl. Heltsche 2012, S. 8).

Doch erst die Verknüpfung von Messergebnissen auf Output,- Outcome- und Outflow-Ebene in allen Kommunikationskanälen ermöglicht Aussagen über die Leistungsfähigkeit und Wertschöpfungsbeiträge des Content Marketings. Messungen, die sich auf Kontakte (z. B. Page Impressions, Visits, Downloads, Fans und Follower) und Engagement (z. B. Registrierungen, Likes, Shares und Kommentare) beschränken, lassen Wirkungen bei den Zielgruppen sowie Wertschöpfungsbeiträge im Content Marketing unberücksichtigt. Sie können allenfalls Hinweise auf Attraktivität, Relevanz und Akzeptanz der angebotenen Themen sowie die inhaltliche Steuerung des Content Marketings geben.

Wie weit das Content Marketing noch davon entfernt ist, sein Potenzial zu heben, zeigen die Ergebnisse einer vergleichenden Inhaltsanalyse der Internetseiten von 232 marktführenden Unternehmen: Danach werden in den meisten Fällen weder relevanter Content oder messbare Inhalte angeboten, noch echte Interaktionen ausgelöst (vgl. Fuderholz 2013, S. 2). Dass noch erheblicher Entwicklungsbedarf für Content Marketing besteht, zeigen auch die drei von nordamerikanischen Unternehmen am häufigsten genannten Herausforderungen: die Produktion von ausreichend, zielgruppenaffinem und abwechslungsreichem Content (vgl. Content Marketing Institute 2013a, S. 17, b, S. 15).

13.3 Werbung

Jan Lies und Christina Vaih-Baur

13.3.1	Propaganda, Reklame, Werbung und Public Relations	445
13.3.2	Die Abgrenzungsdiskussion von Public Relations und Werbung	446
13.3.3	Gemeinsamkeiten von Public Relations und Werbung	447
13.3.4	Unterscheidung der Begriffe Public Relations und Werbung	448
13.3.5	Ein aktuelles Beispiel zur Glaubwürdigkeitsdiskussion	449
13.3.6	Fazit	452

Leitfragen

1. Inwieweit ist die Kennzeichnung von Begriffen wie Werbung und Reklame zeitgeistgetrieben?
2. Mittels welcher Kriterien lässt sich die Abgrenzungsdiskussion von Werbung und PR führen?
3. Welche Gemeinsamkeiten weisen PR und Werbung auf?
4. Welche Unterschiede weisen PR und Werbung auf?
5. Was ist vom Merkmal der Glaubwürdigkeit als belastbares Abgrenzungskriterium zu halten?

Dieser Abschnitt zeigt auf, wie schwierig eine exakte Abgrenzungsdiskussion zwischen Kommunikationsdisziplinen zu führen ist. Maßgeblich ist dafür aus theoretischer Sicht, dass sich Werbung und PR des identischen Basismechanismus „Kommunikation" bedienen. Hinzu kommt eine doppelte Dynamik: Erstens die stete Neu- und Weiterentwicklung von Kommunikationsinstrumenten und zweitens deren Wahrnehmung bei den Adressaten. Darüber hinaus überlagert die Diskussion der Standesvertreter der unterschiedlichen Kommunikationsdisziplinen mit der Frage nach der Leitdisziplin die Abgrenzungsdebatte.

13.3.1 Propaganda, Reklame, Werbung und Public Relations

„Unter dem Oberbegriff **Werbung** für alle Versuche, große Menschenmengen zu beeinflussen, unterscheidet man zwischen **Propaganda**, die für geistige Werte, Ideen, für Ziele der öffentlichen Sphäre wirbt, und **Wirtschaftswerbung** für Waren und Dienstleistungen, für absatzwirtschaftliche Ziele" (Noelle-Neumann 1971, S. 304). So strukturierte Elisabeth Noelle-Neumann im Jahr 1971 Werbung, Propaganda und Wirtschaftswerbung.

J. Lies
FOM Hochschule für Oekonomie & Management, Essen, Deutschland
E-Mail: jan.lies@fom.de

C. Vaih-Baur
MHMK Macromedia Hochschule für Medien und Kommunikation, Stuttgart, Deutschland
E-Mail: c.vaih-baur@mhmk.org

Dieses Zitat dokumentiert, wie zeitgeistgetrieben diese Begriffe sind. Denn heute würde man sich befremdet fragen, wie die Autorin zu solch einer Abgrenzung findet.

Ein weiteres Zeitdokument liefert Noelle-Neumann bei der Rückbetrachtung des Begriffs Reklame: „Im volkstümlichen Sprachgebrauch hält sich bis heute für Wirtschaftswerbung auch die Bezeichnung **Reklame**, die vor dem ersten Weltkrieg noch wertfrei gebraucht wurde, aber inzwischen einen so negativen Beigeschmack von Übertreibung, Aufdringlichkeit und Unehrlichkeit bekommen hat, dass sie in der Fachsprache nicht mehr zu verwenden ist. Die Bezeichnung ist lediglich erhalten geblieben, wo sie im Firmennamen fixiert ist" (Noelle-Neumann 1971, S. 304; Kursivsetzung entfernt.). Als Beispiel nennt sie die „Deutsche Städte Reklame", die es so heute nicht mehr gibt.

Durch die zeitgeistgetriebene Bedeutung von Begriffen wie Werbung einerseits und die instrumentellen Überschneidungen mit anderen Disziplinen andererseits ist die Abgrenzungsdiskussion auf praktischer und theoretischer Ebene schwierig. „Zweifellos am schwierigsten ist die Grenze zwischen Werbung und Öffentlichkeitsarbeit zu ziehen. Darüber sind seit vielen Jahren sachliche und leider auch einige nicht ganz sachliche Dispute geführt, zahllose Seiten von Papier beschrieben und in Dokumentationen gestapelt worden mit einem Ergebnis, das wohl nicht sehr weit über Null liegt." Das schrieb Albert Oeckl bereits 1976 (S. 74 f.).

Wo steht die Abgrenzungsdiskussion zwischen Werbung und Public Relations heute? – Noch 1994 schrieb Müller-Vogg (1994, S. 201): „Die häufige Gleichsetzung von Werbung und Öffentlichkeitsarbeit hat damit zu tun, dass die im Grunde erst in der Nachkriegszeit aus den Vereinigten Staaten von Amerika importierte Öffentlichkeitsarbeit lange Zeit als Variante der in Deutschland viel länger etablierten Werbung angesehen wurde." Bei Mast ist 2013 zu lesen: „Werbung wirkt (…) aufgrund der klar erkennbaren Absicht, beeinflussen und verkaufen zu wollen, weniger glaubwürdig als PR" (2013, S. 17). Auch Bentele schlägt in diese Kerbe: „Da einfach gestrickte Werbung immer unglaubwürdiger und damit unwirksamer wird, da gleichzeitig journalistisch produzierte Information über Produkte und Dienstleistungen für viele glaubwürdiger ist als Werbung, haben sich mehr und mehr finanzielle Mittel in den PR-Bereich verlagert" (1994, S. 133). Helfen diese Beiträge dem Leser wirklich weiter?

13.3.2 Die Abgrenzungsdiskussion von Public Relations und Werbung

Schauen wir uns zur Beantwortung dieser Frage die Bandbreite der Diskussion an (vgl. Kunczik 1993/2010, S. 34 ff.). Literatur und Praxis liefern eine ganze Reihe von Abgrenzungskriterien, die die Tab. 13.4 in der Übersicht zusammenfasst. Sie reicht von methodisch-prozessualen Abgrenzungsversuchen, über inhaltliche und instrumentelle Unterschiede, über Differenzen in der Zielsetzung und den Zielgruppen bis hin zum ständischen Streit über den Führungsanspruch der jeweils eigenen Disziplin. Dabei zeigen bereits Kriterien wie die Bekanntheit und Sympathie, wie diskussionsbedürftig solche Abgrenzungsversuche sind (vgl. Tab. 13.4).

Tab. 13.4 Die Abgrenzungsdiskussion von Werbung und PR

Basisprozesse			Ständige Diskussion
PR und Werbung bedienen sich identischer Basisprozesse: (medialer) Kommunikation(sprozesse)			PR als versteckte Werbung Manipulation Frage nach der Leitdisziplin
Inhaltliche Abgrenzung? Botschaften	*Instrumentelle Abgrenzung?* Anzeigen Plakate Poster …	*Als Leitdisziplin?* Integrierte Kommunikation Marketing PR …	
Von der Zielsetzung? Von der Zielgruppe? Vom Zeithorizont?			
Werbung: eher Kaufimpulse, eher Markt, eher kurzfristig			
PR: eher Bekanntheit, Sympathie, Vertrauenswürdigkeit, auch Markt, aber vor allem Multiplikatoren wie Medien und andere Anspruchsgruppen, eher langfristig			

13.3.3 Gemeinsamkeiten von Public Relations und Werbung

Um die Unterschiede deutlich zu machen, ist es erforderlich, die Diskussion genauer zu führen. Zunächst wird hier auf häufig genannte Gemeinsamkeiten hingewiesen:

- **Ziele und Aufgaben:** PR und Werbung haben im weitesten Sinne die gleiche Aufgabe: Die Beeinflussung durch Kommunikation. Dies kann, muss aber nicht, identische Ziele beinhalten. Man könnte für beide Disziplinen formulieren, dass sie zum Ziel haben, auf Einstellungen, Meinungen und Verhalten von Zielgruppen einzuwirken.
- **Basisprozesse:** Blickt man zunächst auf die Basisprozesse, die Werbung und Public Relations zugrunde liegen, ist grundsätzlich festzuhalten: Beide Disziplinen betreiben grundsätzlich Kommunikation. Autoren wie Avenarius sehen daher keinen prinzipiellen Unterschied zwischen Werbung und PR. Seine vierte Prämisse lautet: „[D]ie operativen Felder der geplanten Kommunikation [sind] beliebig" (Avenarius 2000, S. 5). Man muss Mast an dieser Stelle widersprechen: Es lässt sich per se keine Abgrenzungsdiskussion über den Vertrauensbegriff führen, da der normative Anspruch an das Instrument bestehen mag, mit der Kommunikationsrealität aber nicht in Einklang steht. Zudem kann Werbung nicht unterstellt werden, ohne Vertrauen auszukommen oder gar „vertrauenszerstörend" zu sein, da dies auch der Kaufentscheidung nicht dienlich wäre. Hier muss eine exaktere Diskussion stattfinden.
- **Aufgaben und Zielgruppen:** Was die Auswahl der Zielgruppen angeht, ist hier ebenso eine weitere Gemeinsamkeit festzuhalten. Viele Werbeagenturen haben sich auf Marken-PR und Produkt-PR spezialisiert. Diese Aufgaben nehmen genauso auch PR-Agenturen wahr, sodass sich auch eine Zielgruppenüberschneidung ergibt. Natürlich gibt es auch Unterschiede in den Zielgruppen, die im anschließenden Gliederungspunkt genannt werden.
- **Instrumente:** Auch instrumentell gibt es viele Gemeinsamkeiten: Als Kommunikationsmittel setzen sowohl die Werbung als auch die PR etwa Anzeigen, Broschüren

oder Websites ein. Bei Begriffen wie der „Imagewerbung" wird deutlich, wie beide Disziplinen ineinandergreifen. Es ist zu beobachten, dass instrumentell die Linien zwischen Werbung und Public Relations verwischen. Hybridinstrumente wie Imagewerbung oder auch Advertorials machen eine instrumentelle Abgrenzung von PR schwierig. Auch eine argumentenstarke Zuordnung von Disziplinen wie Markenmanagement zu PR oder Werbung fällt schwer. „Die Übergänge zwischen Werbung und PR sind fließend: Advertorials z. B. sind Hybridprodukte aus PR und Werbung. Ganze Seiten in Magazinen oder Zeitungen werden dort von der Werbung gekauft und mit Artikeln gefüllt, die aussehen sollen, als ob die Redaktion sie geschrieben hätte. Allerdings ist die inhaltliche Ausrichtung klar: positive Informationen über ein Produkt oder die Dienstleistungen eines Unternehmens. Es ist eine besondere Art der Werbung, die jedoch nach Nicht-Werbung aussieht" (Mast 2013, S. 17). Imagewerbung oder Unternehmenswerbung sind die Disziplinen, die die Grenzen verwischen lassen. Bei beiden gelten die Abgrenzungskriterien wie Ziele oder Zielgruppen nicht. Als Erschwernis kommt hinzu, dass beide Bereiche – PR und Werbung – immer wieder neue oder zumindest vorgeblich neue Instrumente entwickeln, deren Zuordnung jeweils aufs Neue zu führen ist. Dazu gehört der PR-Begriff selbst, dies zeigt der Begriff Reklame und dies dokumentieren Begriffe wie das Advertorial oder die Imagewerbung.
- **Integrierte Kommunikation:** Werbekampagnen werden zudem durch Öffentlichkeitsarbeit unterstützt und umgekehrt, was sich nicht nur inhaltlich, sondern auch instrumentell äußern kann, indem beispielsweise konzertierte Werbung und Medienarbeit angestrengt werden (mehr hierzu im Abschn. 11.6 „Integrierte Kommunikation").

13.3.4 Unterscheidung der Begriffe Public Relations und Werbung

Obige Kriterien sind aber nicht so zu verstehen, dass sie systematisch die Gemeinsamkeiten von PR und Werbung kennzeichnen. Bereits an der Zielsetzung lassen sich genauso Unterschiede herausarbeiten, die unterschiedliche Methodiken von PR und Werbung verdeutlichen.

- **Unterschiedliche Zielsetzungen:** Die klassische Produktwerbung zielt im Kern darauf ab, tendenziell eine kurzfristige Kaufhandlung herbeizuführen. Die Zielgruppen sind in diesem Fall marktnah, also Kunden und potenzielle Kunden. Aber: Bereits bei der Unternehmenswerbung ist dieses Kriterium nicht mehr trennscharf.
- **Zeithorizont:** Damit gibt es einen zweiten Hinweis zur Abgrenzung. Werbung ist tendenziell kurzfristiger angelegt als Public Relations, wo längere Zeithorizonte erforderlich sind, wenn beispielsweise auf der edukativen und emotionalen Ebene mit Zieldimensionen wie Reputation, Identifikation und Verständnis gearbeitet wird. Natürlich lassen sich ähnlich weit reichende Ziele und Zeithorizonte auch in der werblichen Kommunikation finden.

- **Steuerungsfähigkeit der Kommunikationsinhalte:** Öffentlichkeitsarbeit habe typischerweise **keine** direkte Einflussnahme auf eine Handlung, heißt es oft. Gemeint ist hiermit die direkte Einflussnahme auf Zielgruppen am Markt. Auch hier ist genauer hinzuschauen: Ausgeblendet wird hierbei zum Beispiel das Ziel, Journalisten konkret zur Berichterstattung über ein bestimmtes Thema zu bewegen. Das ist direkte Einflussnahme auf die Zielgruppen am Meinungsmarkt. Auch die politische Kommunikation oder die interne Kommunikation haben oft konkrete und direkte Ziele zur Handlungsbeeinflussung. Die Prozesse der Einflussnahme im Vergleich von Pressearbeit und Werbung unterscheiden sich maßgeblich: Bei der Werbung muss der Platz in den Medien bezahlt werden. Die Werbebotschaften werden dafür unverändert übermittelt. PR aber versucht idealerweise, mit Hilfe von Informationen (Pressemitteilung, Pressekonferenz etc.) die Medien mittels Nachrichtenwerten (Antworten auf die W-Fragen: Wie? Was? Wann? Warum? Wo?) zu überzeugen, Inhalte und Argumente aufzugreifen und zu veröffentlichen. Entsprechend hat PR oft keine direkte Kontrolle über die verbreiteten Inhalte. Aus diesem Grundprinzip rührt die normative These vieler kommunikationswissenschaftlicher Beiträge, dass journalistische Medien glaubwürdiger seien.
- **Zielgruppen und Wirkung:** Von daher wirkt PR indirekt und spielt am Beispiel der Medienarbeit „über Bande", indem Journalisten, Politiker oder andere Multiplikatoren adressiert werden. Zu den **klassischen** Zielen der PR gehören die Vermittlung von Informationen, damit sich die Bezugsgruppen ein eigenes Urteil bilden können, zudem das Schaffen von Vertrauen, der Aufbau von Beziehungen und Reputation. Produktwerbung dagegen kauft Flächen in den Medien, um die Zielgruppen zu erreichen und zum Kauf zu motivieren.
- **Unterschiedliche Märkte:** Entsprechend ist eine einfache und gebräuchliche Abgrenzung die der Kernzielmärkte: PR richtet sich an den **Markt der Meinungen**. Werbung an den Markt der Waren und Dienstleistungen.

Folgende Abgrenzungsübersicht (vgl. Tab. 13.5) von PR und Werbung gibt Fröhlich (2008, S. 103):

13.3.5 Ein aktuelles Beispiel zur Glaubwürdigkeitsdiskussion

Kehren wir zurück zu der These von Mast und Bentele, wonach Werbung aufgrund der klar erkennbaren Absicht, beeinflussen und verkaufen zu wollen, weniger glaubwürdiger sei als PR. – Gerade weil die Instrumente von PR und Werbung eben nicht systematisch und eindeutig der einen oder anderen Disziplin zuzuordnen sind, muss der Leser diese These kritisch hinterfragen.

Zudem ist aber auch **innerhalb** der Disziplin kritisch die Frage nach der gelebten Glaubwürdigkeit zu stellen (siehe hierzu vor allem den Abschn. 15.4.2 „Unternehmenskultur und Ethik – Integritätsstrategien").

Tab. 13.5 Abgrenzungskriterien von Werbung und PR. (Quelle: entnommen aus Fröhlich 2008)

Werbung …	Public Relations …
Ist im Wesentlichen produkt- und dienstleistungsbezogen	Ist auf natürliche oder juristische Personen verschiedenster Art ausgerichtet
Soll verkaufen helfen; beeinflusst das Kaufverhalten	Soll Verständnis und Vertrauen aufbauen und pflegen; beeinflusst Imagevorstellungen
Dient der Information und der Koordination des Marktes	Wendet sich an die breite Öffentlichkeit oder unterschiedlichste Kreise der Bevölkerung (Zielgruppen)
Ist eine Funktion des Verkaufs und untersteht meist der Verkaufsleitung eines Unternehmens oder arbeitet eng mit ihr zusammen	Gehört zu den Führungsfunktionen einer Organisation
Wirkt ganz überwiegend einseitig auf den/die intendierte/n Käufer/in	Wirkt zweiseitig in Richtung Öffentlichkeit und nach innen
Soll Marktanteile gewinnen	Soll Sympathieanteile gewinnen
Ist in ihrer Wirkung eher kurzfristig angelegt	Ist in ihrer Wirkung eher langfristig angelegt

Beispiel

Ein Unternehmensporträt, wie das von Vattenfall, kann zu den anerkannten PR-Instrumenten gezählt werden, da es entsprechend der zuvor diskutierten Kriterien beispielsweise keine direkte Kaufabsicht und auch nicht unbedingt einen direkten Marktbezug hat. Im Idealfall rührt es aus Leitbildprozessen und spiegelt authentisch das Selbstverständnis wider (siehe Abb. 13.9).

Wie ist die Glaubwürdigkeit der PR am Beispiel dieses Porträts zu bewerten? – Der Unfall im Atomkraftwerk Krümmel und die Kommunikationspolitik des Betreibers Vattenfall führten im Sommer 2007 zu Schlagzeilen, wobei zeitweise mehr die Kommunikationspolitik als der Unfall selbst im Zentrum der Aufmerksamkeit stand. Zur Erinnerung hier kurz ein Rückblick auf das, was geschah (siehe auch Abb. 13.10):

Abb. 13.9 Unternehmensporträt von Vattenfall. (Quelle: http://www.vattenfall.de, Januar 2008)

Abb. 13.10 Krisenkommunikation als Medienthema. (Quelle: Focus online, Juli 2007)

Chronologie der Ereignisse (Focus online, Juli 2007)
28. Juni 2007: Reparaturarbeiten im KKW Brunsbüttel verursachen einen Kurzschluss, der eine automatische Schnellabschaltung auslöst. In Hamburg fallen daraufhin Hunderte von Ampeln aus, Züge bleiben stehen. Knapp zwei Stunden später gerät ein Transformator auf dem Gelände des AKW Krümmel durch einen Kurzschluss in Brand. Der Meiler wird vom Netz genommen.
29. Juni 2007: Es wird bekannt, dass es am Vortag auch in Brunsbüttel einen Brand gab. Vattenfall habe erst mit einem Tag Verzögerung mitgeteilt, dass beim Herunterfahren des Reaktors eine Turbine heißgelaufen sei.
11. Juli 2007: Bundesumweltminister Sigmar Gabriel (SPD) wirft dem Unternehmen mangelnde Kooperation bei der Aufklärung der Störfälle vor.
13. Juli 2007: Die Pannenserie beschäftigt den Kieler Landtag. Der Deutschlandchef von Vattenfall wird entlassen.

Natürlich muss man einwenden, dass die Kommunikation von Vattenfall einen Extremfall von Unglaubwürdigkeit darstellt im direkten Vergleich des eigenen Anspruchs auf die Rolle für Umwelt und Gesellschaft und dem tatsächlichen Gebaren.

Die Frage ist aber, ob zumindest in der Tendenz nicht in vielen oder gar allen Kommunikationsdisziplinen eine bestimmte Lücke zwischen kommunizierten Inhalten und realem Verhalten angenommen werden muss. Der Beweis bleibt zu erbringen, dass PR ein pauschales Plus an Glaubwürdigkeit gegenüber Werbung im Sinne der These von Mast aufzuweisen hat. Die Antithese kann mit Blick auf das hier gezeigte Beispiel an dieser Stelle genauso lauten: Viele Beiträge zur PR haben den normativen Charakter, der bis heute bei den Autoren der PR-Beiträge in den 1950er und 1960er Jahren kritisiert wird, bis heute nicht maßgeblich weiterentwickelt.

13.3.6 Fazit

Eine durchgängige, trennscharfe Diskussion von PR und Werbung ist nicht möglich. Klassische Werbung, Marke, Online, Pressearbeit, Öffentlichkeitsarbeit arbeiten in vielen Organisationen nebeneinander, deren Grad der Verzahnung alterniert, was oft vor allem auf historisch gewachsene Zuständigkeiten zurückzuführen ist.

In Theorie und Praxis wird die Abgrenzungsdiskussion von PR und Werbung geführt, seit es den PR-Begriff in Deutschland gibt. In der Praxis mag die Bedeutung daher rühren, dass in den Organisationsstrukturen nach Leitdisziplinen gesucht wird, da Kommunikation mit oftmals unterschiedlichen Zielsetzungen (Werbung, Presse, Marke, Online etc.) betrieben wird – auch wenn der theoretische Anspruch an die Integration von Kommunikationsinstrumenten und -disziplinen unstrittig ist. Letztlich geht es bei der praktischen Diskussion um den Führungsanspruch oftmals schlicht um die Etathoheit und damit der Gestaltungskompetenz. Das gilt für die Wirklichkeit vieler Kommunikationsabteilungen und gilt auch für Agenturen.

Umso wichtiger ist es, die Diskussion um die integrierte Kommunikation aufmerksam zu verfolgen, damit die möglichen Beiträge der synergetischen Kommunikation zum Organisationserfolg ausgeschöpft werden können.

13.4 Werbung – Advertorial

Jan Lies und Michael Kleinjohann

13.4.1	Was sind Advertorials?	453
13.4.2	Sonderwerbeformen am Beispiel von „Wetten dass …?"	454
13.4.3	Die Promostory auf RTL, VOX, Super RTL und n-tv als Beispiel für Sonderwerbeformen von IP-Deutschland	456
13.4.4	Sonderwerbeformen bei Zeitungen, Zeitschriften und in der digitalen Kommunikation	456
13.4.5	Kritik	457

Leitfragen

1. Was ist ein Advertorial oder ein Infomercial? Welche Formate gibt es?
2. Inwieweit ist die Sendung „Wetten dass …?" ein Beispiel für die werbliche Durchmischung mit Sonderwerbeformen?
3. Was ist die sogenannte Promostory?
4. Inwieweit finden Advertorials auch bei Zeitungen, Zeitschriften und auch digital Anwendung?
5. Wie sollten PR-Manager mit diesen Instrumenten umgehen?

In Zeiten, in denen die Rezipienten von immer mehr Werbung in allen Medien angesprochen werden, gelingt es Werbungtreibenden immer schwerer, mit ihrer Kommunikationsbotschaft durchzudringen. Werbagenturen sehen deshalb häufig einen kreativen Ausweg darin, Anzeigen oder Werbung in redaktionsähnliche Formen und Formate zu verpacken. Im „look and feel" der Redaktion will dieses „trojanische Pferd" dabei die Stärke und das Umfeld des redaktionellen Inhalts und dessen Akzeptanz beim Rezipienten ausnutzen.

13.4.1 Was sind Advertorials?

Ein Advertorial ist die **redaktionelle Aufmachung** einer Werbeanzeige, die den Anschein eines redaktionellen Beitrags erwecken soll (vgl. Mast 2013, S. 17 f.). Der Begriff stammt aus dem Englischen und ist die Kopplung der beiden Worte **Adver**tisement = Anzeige/Werbung und Edi**torial** = Redaktion (vgl. Abb. 13.11).

J. Lies
FOM Hochschule für Oekonomie & Management, Essen, Deutschland
E-Mail: jan.lies@fom.de

M. Kleinjohann
ehem. Professor an der MHMK Macromedia Hochschule für Medien und Kommunikation, Hamburg, Deutschland
E-Mail: mkleinjohann@freshmademedia.de

In 3 Schritten zu Ihrem Advertorial

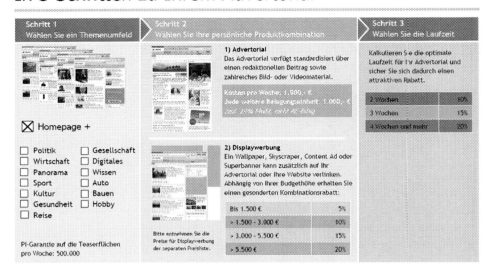

Abb. 13.11 Ein Advertorial am Beispiel Rheinische Post (2014). (Quelle: http://www.rp-media.de)

Advertorials finden sich in ihrer ursprünglichen Bedeutungsform in Zeitschriften und Zeitungen und bei Onlinemedien. Im Fernsehen werden Advertorials in der Regel als Infomercials bezeichnet. Die von den Werbungtreibenden gesuchte Nähe zur Redaktion oder dem Programm führt gerade beim Fernsehen zu einer inzwischen unüberschaubaren Vielfalt von sogenannten „Sonderwerbeformen". So bieten die beiden großen TV-Werbezeitenvermarkter SevenOneMedia und IP-Deutschland entsprechend folgende Arten von TV-Werbung auf, die über die klassische Spotwerbung innerhalb der klassischen Werbezeitenblocks hinausgehen und im direkten redaktionellen Programmumfeld platziert sind. Eine Auswahl in Tab. 13.6 (vgl. http://www.sevenonemedia.de, http://www.ip-deutschland.de):

13.4.2 Sonderwerbeformen am Beispiel von „Wetten dass ...?"

Ein prominentes Beispiel für eine On-Air-Promotion mit starkem Advertorial-Charakter ist die Sendung „Wetten dass ...?" des ZDF. Wer kritisch hinschaut, stellt fest, dass dieses eigentlich redaktionell anmutende Show-Konzept durchsetzt ist mit Promotion: Showmaster und Werbeikone Thomas Gottschalk und seine Gäste auf dem Sofa lutschen die von Gottschalk beworbenen Haribo-Gummibärchen. Und die vermeintlich redaktionell ausgewählten Gäste sind mit ganz gezielten Promotionabsichten anwesend: Sänger, Musiker, Comedians und Tanzgruppen mit einer neuen CD oder dem Start einer Tournee,

Tab. 13.6 Redaktionsnahe Sonderwerbeformen. (Quellen: http://www.sevenonemedia.de, http://www.ip-deutschland.de, Juni 2008)

Instrument	Beschreibung
Abdikativ	Sponsorenhinweis zum Ende einer gesponserten Sendung
Bill-Board	Allgemeiner Begriff für ein Sponsoringelement
	Closer: Sponsorelement, das nach dem Ende des gesponserten Programmformats geschaltet wird, wie zum Beispiel „diese Sendung wurde Ihnen präsentiert von …"
	Opener: Sponsorelement, das vor Beginn des gesponserten Formats geschaltet wird, wie zum Beispiel „spannende Unterhaltung wünscht …"
	Reminder: Hinweis auf den Sponsor im Anschluss an die Werbeinseln, wie zum Beispiel „Jetzt weiterhin viel Spaß mit …"
Crawl	Bauchbinde – gestaltetes Laufband im unteren Drittel des Bildschirms, das in der Regel Textinformationen enthält, beispielsweise bei n-tv die Nachrichten- und Werbedurchmischung
Logomorphing	Das Sender- oder Sendungslogo verwandelt sich in das Logo des Werbenden und/oder umgekehrt
Split-Screen	Zeitgleiche Ausstrahlung von Werbung und Programm; eindeutige optische Trennung und eine Kennzeichnung der Werbung sind erforderlich
	Diary: Beim Diary ist der Spot als Split-Screen in einen redaktionellen Rahmen eingebettet und wird 15 bis 18 Mal am Tag ausgestrahlt – jeweils vor Werbetrenner und Werbeblock
	7 × 7: Mit 49 Frequenzen pro Woche – sieben Mal am Tag, sieben Tage die Woche – erreicht diese neue Werbeform einen hohen Werbedruck. Der 7 × 7 Split Screen ist direkt vor dem Programm platziert
Spotpremiere	Zuschauer erfahren Hintergründe zur Entstehung des Spots und können sich in Making-of-Sequenzen ein Bild vom Dreh des Spots machen. Die Spotpremiere hat eine Gesamtlänge von 120 bis 150 Sekunden
Titelpatronat	Integration eines Marken- oder Produktnamens in den Titel eines Programms: zum Beispiel die McChart Show bei (ProSieben) und die Nutella-Geburtstagsshow bei RTL
Vertikales Sponsoring	Das vertikale Sponsoring umfasst einen kompletten Programmtag oder eine spezielle Veranstaltung wie die „Oscar-Nacht" oder „Halloween" mit Einbindung des Sponsors in das Programm

Autoren und Schriftsteller mit neuen Büchern, Schauspieler und Regisseure zum Start von Filmen. Auch das ZDF selbst betreibt geschickte Eigenwerbung für eigene Formate, wenn beispielsweise für den Zweiteiler „Gustloff" die Schauspieler Kai Wiesinger und Heiner Lauterbach auf dem roten Sofa bei Gottschalk mitwetten. Dass die „Wetten-dass …?"-Superfan-Publikumsfrage gesponsert wird von „E wie einfach" oder ein prominenter Sportler den neuesten Audi als potenziellen Zuschauergewinn ins Studio fährt, ist dabei schon fast nebensächlich stattfindende Promotion.

13.4.3 Die Promostory auf RTL, VOX, Super RTL und n-tv als Beispiel für Sonderwerbeformen von IP-Deutschland

Die Promostory ist ein weiteres Format, das die Firma IP-Deutschland vermarktet mit dem Ziel, Werbung im redaktionellen Format aufzubereiten. Folgender Auszug aus der Produktbeschreibung macht dies deutlich: „Die Promostory, früher bekannt als Infomercial, gibt Ihnen mindestens 90 Sekunden Zeit für Ihre eigene kleine Sendung: redaktionell gestaltet, aber mit werblicher Aussage. Das bietet Raum für ganz ausführliche Informationen über Ihre Marke, Ihre Dienstleistung oder Ihre Promotionaktion – ideal bei hohem Erklärungsbedarf! Die Platzierung Ihrer Sendung wird individuell nach Zielgruppengesichtspunkten durch die IP Deutschland koordiniert. Die Produktion übernehmen wir gerne – TV-Programm ist schließlich unser Geschäft. (…) Ihre Markenwelt wird als Teil des Programms wahrgenommen. (…) Ihre Werbung wird glaubhaft, da redaktionell aufbereitet" (IP-Deutschland 2008).

Ein Beispiel für eine von IP-Deutschland vermarktete Promostory ist das „Krombacher Regenwaldprojekt". In diesem redaktionsähnlich aufgemachten Spot-Beitrag erklärt Günter Jauch in Studioatmosphäre die Arbeit und die Erfolge der „Regenwald-Stiftung" der Bierbrauerei Krombacher. Nebenbei werden in diesem Spot in einem vermeintlich unwerblich wirkenden Umfeld quasi natürlich Bier und Krombacher-Trinken thematisiert.

13.4.4 Sonderwerbeformen bei Zeitungen, Zeitschriften und in der digitalen Kommunikation

Gerade bei Zeitschriften – aber auch bei Zeitungen – haben Advertorials eine lange Tradition und erfreuen sich aktuell wachsender Beliebtheit. Die lokalen Abonnementzeitungen veröffentlichen ebenso wie die überregionalen Qualitätszeitungen sogenannte „Sonderveröffentlichungen" oder „Specials" zu speziellen Themenkomplexen. Entweder finanziert ein Exklusivsponsor diese Publikation komplett („Urlaub in Abu Dhabi") oder gezielt akquirierte und redaktionell bedachte Anzeigenkunden („Golfen an der Ostsee", „Wellnessurlaub auf den Nordseeinseln").

Auch bei den Verlagen von hochauflagigen Publikumszeitschriften und kleinauflagigen Special-Interest-Titeln sind Advertorials beliebte Akquiseinstrumente und publizistische Bestandteile. So bietet beispielsweise die Burda Community Network GmbH (BCN), die Vermarktungseinheit des Burda-Verlags, für fast jeden seiner Titel von „Amica" bis „young" Promotionanzeigen als „redaktionell gestaltete Anzeigen, die sich am visuellen Erscheinungsbild der Zeitschrift orientieren". (http://www.burda-community-network.de, Mai 2008) Der Heinrich-Bauer-Verlag offeriert Werbepartnern neben „Bookletsponsoring", „Event-Sponsoring", „Heft-im-Heft-Sponsoring" sogar im redaktionellen Herzen seiner Fernsehzeitschriften, dem TV-Programmteil, „Programmsponsoring" an: „Der Sponsor wird mit seinem Logo und einem entsprechenden Texthinweis (… wird präsentiert von …) in das Listing (Tagesübersicht im Programmteil) und auf der jeweiligen Highlightseite (Präsentation des Tagestipps nach Rubriken unterteilt) des Programmtages im direkten Umfeld integriert" (http://www.bauermedia.com/programmsponsoring.0.html, Mai 2008).

Gerne werden auch mehrere Seiten oder Heftteile („Strecken"), Booklets oder Sonderhefte als Advertorials eingesetzt – beispielsweise zu großen Messen wie die Internationale Automobil-Ausstellung (IAA) („Zeitschrift X präsentiert mit Werbepartner Y die Highlights der Messe") oder aus saisonalen Anlässen („Suchen Sie mit Werbepartner X die Osterhasen in diesem Heft", „Amica Weihnachtsspecial 2007").

Ob auf großen Portalen oder Websites für spezielle Zielgruppen – auch im Internet erfreuen sich Advertorials großer Beliebtheit. Der häufig branchenexklusive Sponsor wird beispielsweise über Banner oder redaktionelle Teaser mit Logo eingebunden. Als Kunde liefert er Bild- und Textmaterial, die Redaktion baut die Promotions passend zum Thema und zur Optik der Site.

13.4.5 Kritik

Das Advertorial oder die Promotion zählt zu den Kommunikationsinstrumenten oder Werbeformen, die nicht eindeutig der Werbung oder der Public Relations zuzuordnen sind.

Sie sind deshalb medienrechtlich besonders sensibel zu behandeln, denn laut deutschem Presserecht muss eine klare Trennung von redaktionellem Inhalt und Werbung vorgenommen werden. Das Advertorial oder die Promotion muss als Anzeige oder Werbung gekennzeichnet sein.

Auch aus kommunikationsstrategischer Sicht – insbesondere aus Sicht der Unternehmenskommunikation – sind Advertorials kritisch zu betrachten. Zu oft fällt die manipulative Absicht von Advertorials den Rezipienten auf, verärgert diese, da sie sich um echte Redaktion bzw. Nachricht oder Unterhaltung betrogen fühlen. Die als vermeintlich geschickt geplante Werbung wirkt somit kontraproduktiv. Für Sender bzw. Verlag und Absender der Kommunikation bedeutet dies dann gegebenenfalls Glaubwürdigkeitsverlust.

Literatur

Avenarius, H. (2000). *Public Relations, die Grundform der gesellschaftlichen Kommunikation*. Darmstadt.

Bailey C. (2014). Content is king by Bill Gates. http://www.craigbailey.net/content-is-king-by-bill-gates. Zugegriffen: 17. März 2014.

Bentele, G. (1994). Öffentliches Vertrauen, normative und soziale Grundlagen für Public Relations. In W. Armbrecht & U. Zabel (Hrsg.), *Normative Aspekte der Public Relations* (S. 131–158). Opladen.

Blogwerk. (2013). *Content Marketing*. Whitepaper, Zürich.

Budde, L. (2013). Content-Marketing-Beispiele: So gelingt der Kampagnen-Erfolg. http://t3n.de/news/content-marketing-beispiele-487875/. Zugegriffen: 17. März 2014.

Content Marketing Institute. (2013a). B2B Content Marketing: 2013 Benchmarks, Budgets, and Trends-North America. http://contentmarketinginstitute.com/wp-content/uploads/2012/11/b2bresearch2013cmi-121023151728-phpapp01-1.pdf. Zugegriffen: 17. März 2014.

Content Marketing Institute. (2013b). B2C Content Marketing: 2013 Benchmarks, Budgets, and Trends-North America. http://contentmarketinginstitute.com/wp-content/uploads/2012/11/b2cresearch2013cmi-121113201300-phpapp02.pdf. Zugegriffen: 17. März 2014.

DVorkin, L. (2012). Inside Forbes. The birth of brand journalism and why it's good for the news business. http://www.forbes.com/sites/lewisdvorkin/2012/10/03/inside-forbes-the-birth-of-brand-journalism-and-why-its-good-for-the-new-business/. Zugegriffen: 17. März 2013.

Fuderholz, J. (2012). Content Marketing. In Braun (Hrsg.), *Digitaler Dialog. Professioneller Kundenkontakt mit Social Media, E-Mail und Mobile*. Waghäusel.

Fuderholz, J. (2013). Content Marketing Studie. http://www.tbnpr.de/content-marketing-studie/. Zugegriffen: 17. März 2014.

Fröhlich, R. (2008). Die Problematik der PR-Definitionen. In G. Bentele, R. Fröhlich, & P. Szyszka (Hrsg.), *Handbuch der Public Relations* (S. 95–109). Wiesbaden.

Heltsche, M. (2012). *Social Media im Kommunikations-Controlling. Monitoring und Evaluation* (communicationcontrolling.de Dossier Nr. 6). Berlin.

Kotler, P., & Levy, S. (1969). Broadening the concept of marketing. *Journal of Marketing, 38*, 10–15.

Kotler, P., et al. (2010). *Marketing 3.0: From Products to Customers to the Human Spirit*. Hoboken.

Kunczik, M. (1993/2010). *Public Relations – Konzepte und Theorien*. Köln.

Liebert, T. (2013). Corporate Publishing, Content Marketing – oder was? Organisations- bzw. Unternehmensmedien zwischen bewährten Kommunikationsmustern und neuen Herausforderungen. In G. Bentele, M. Piwinger, & G. Schönborn (Hrsg.), *Kommunikationsmanagement. Beitrag 5.71* (S. 1–36). Neuwied.

Lies, J. (2012). *Public Relations als Machtmanagement, die systemfunktionalistische Synthese der Evolutionsökonomik*. Wiesbaden.

Lies, J. (2015). *Theorien des PR-Managements*. Wiesbaden: Springer Gabler (im Druck).

Mast, C. (2013). *Unternehmenskommunikation*. Konstanz.

Meffert, H. (1999). *Marktorientierte Unternehmensführung im Wandel. Retrospektive und Perspektiven des Marketings*. Wiesbaden.

Meffert, H., et al. (2012). *Marketing – Grundlagen marktorientierter Unternehmensführung – Konzepte – Instrumente – Praxisbeispiele*. Wiesbaden.

Monington West. (2013). Facit Research-Studie: Bedeutung von Content Marketing nimmt zu. http://www.cpmonitor.de/news/detail.php?rubric=News&nr=23155. Zugegriffen: 17. März 2013.

Müller-Vogg, H. (1994). Werbung und PR: Unterschiede und Gemeinsamkeiten, Zusammenwirken. In G. Kalt (Hrsg.), *Öffentlichkeitsarbeit und Werbung, Instrumente, Strategien, Perspektiven* (S. 201–208). Frankfurt.

Noelle-Neumann, E. (1971). Propaganda. In E. Noelle-Neumann & W. Schulz (Hrsg.), *Publizistik, Fischer Lexikon* (S. 304–311). Frankfurt.

O. A. (2012). Coup für Red Bull: Baumgartners Sprung war ein Marketing-Erfolg. http://www.spiegel.de/wirtschaft/unternehmen/fuer-red-bull-war-der-sprung-von-baumgartner-gutes-marketing-a-861439.html. Zugegriffen: 17. März 2014.

O. A. (2013a). Content marketing. Puncturing the hype and getting practical. http://www.absatzwirtschaft.de/content/marketingstrategie/news/90-prozent-der-unternehmen-mit-einer-content-marketing-strategie-sehen-messbare-wirkung;81119. Zugegriffen: 17. März 2013.

O. A. (2013b). Paid/Owned/Earned. Wer hat den Lead? In CP-Monitor (Hrsg.), *Magazin für Corporate Communications, Ausgabe 1/2013* (S. 18–25). Hamburg.

Profilwerkstatt. (2013). Die Zukunft der PR ist Content Marketing. Unternehmen setzen auf ihre eigenen Storys. Erfolgreiche Öffentlichkeitsarbeit für kleine und mittlere Unternehmen mit Owned Media. Whitepaper. http://profilwerkstatt.medialivedesk.com/files/2013/04/White_Paper_PR.pdf. Zugegriffen: 17. März 2014.

Selbach, D, Wittrock, O. & Janßen, A. (2013). Content Marketing – Auftragsarbeiten. http://www.journalist.de/aktuelles/meldungen/content-marketing-auftragsarbeiten.html?utm_source=CleverReach&utm_medium=email&utm_campaign=12-08-20. Zugegriffen: 17. März 2014.

Sturm, A. (2013). Exklusivstudie: Budgets für Content Marketing werden deutlich steigen. http://www.horizont.net/aktuell/marketing/pages/protected/Exklusivstudie-Budgets-fuer-Content-Marketing-werden-deutlich-steigen_113795.html. Zugegriffen: 17. März 2014.

Zerfaß, A., & Pleil, T. (2012). Strategische Kommunikation im Internet und Social Web. In A. Zerfaß & T. Pleil (Hrsg.), *Handbuch Online-PR* (S. 39–82). Konstanz.

Links

http://www.bauermedia.com/programmsponsoring.0.html.
http://www.burda-community-network.de.
http://www.ip-deutschland.de – IP-Solutions – Special Ads Produktübersicht, 2008.
http://www.sevenonemedia.at.

Prof. Dr. Michael Bürker Professur Medienmanagement, Lehrgebiet PR und Kommunikationsmanagement, an der Macromedia Hochschule für Medien und Kommunikation, München.

Dr. Michael Kleinjohann ehem. Professor für Medienmanagement an der Macromedia Hochschule für Medien und Kommunikation, Hamburg.

Prof. Dr. Jan Lies Professor für Allgemeine Betriebswirtschaft, insbesondere Unternehmenskommunikation und Marketing an der FOM Hochschule für Oekonomie & Management, Essen.

Prof. Dr. Christina Vaih-Baur Professorin für Medienmanagement, Medien- und Kommunikationsdesign, Lehrgebiet PR und Kommunikationsmanagement, an der Macromedia Hochschule für Medien und Kommunikation, Stuttgart.

Sinne und Gestaltung als PR-Kompetenzen

Inhaltsverzeichnis

14.1 Multisensuelle Markenführung 462
Christina Vaih-Baur
14.2 Gestaltung als PR-Kompetenz 467
Christof Breidenich und Ralf Spiller
14.3 Corporate Design als Identitätsstifter 474
Christof Breidenich und Hans Scheurer
14.4 Bildkommunikation 480
Christian Schicha und Christina Vaih-Baur
14.5 Verpackung 489
Christina Vaih-Baur
14.6 Kreativitätstechniken und PR-Management 493
Jan Lies
Literatur 499

PR erfordert in seiner strategisch-methodisch-instrumentellen Bandbreite nicht nur klassische Managementkompetenzen, wie die konzeptionelle Strategieentwicklung oder ihre Anwendung mit den strategischen PR-Ansätzen. Hinzu kommen besondere psychologische Kompetenzen wie die emotionale Intelligenz, um sich auf relevante Zielgruppen einstellen zu können. Darüber hinaus ist die Gestaltung zunehmend von Bedeutung, wenn man nur an die Rolle des Bildes im PR-Management, aber auch die Rolle von Markenstil oder Verpackungen denkt. Auch die kreative Kompetenz, um Aufmerksamkeit zu erzielen, gehört zu den besonderen PR-Kompetenzen.

14.1 Multisensuelle Markenführung

Christina Vaih-Baur

14.1.1 Das Bedürfnis nach sinnlichen Reizen nimmt zu 463
14.1.2 Wie sich PR-Instrumente sinnlich-stimmig konzipieren lassen 463
14.1.3 Wann ist ein Kommunikationsinstrument sinnlich stimmig? 465
14.1.4 Vorsicht vor dem Overkill an Sinnesreizen 466
14.1.5 Fazit 467

> **Leitfragen**
> 1. Was ist multisensuelle Markenführung? Was hat sie mit integrierter Kommunikation zu tun? Warum sollte die Markenführung alle Sinne der Zielgruppen ansprechen?
> 2. Wie lässt sich eine Marke multisensuell stimmig gestalten? Welche Faktoren lassen sich für ein Modell multisensueller Markenkommunikation identifizieren?
> 3. Wann ist ein Kommunikationsinstrument sinnlich stimmig?
> 4. Ist multisensuelle Kommunikation gleichbedeutend mit der gleichgewichtigen Bedienung aller Sinne?

Jeder Mensch nimmt stets mit allen Sinnen wahr. Er sieht, er hört, er riecht, er schmeckt. Auch klassische Instrumente der Pressearbeit adressieren nicht nur das Sehen, wie man meinen könnte. Denn Journalisten lesen eine Pressemappe nicht nur. Sie nehmen sie auch in die Hand und fühlen das Papier (Haptik = Tastsinn). Darüber hören sie die O-Töne von Vorständen auf CD-ROMs oder in Podcasts. Zu den neueren Instrumenten zählen die Brandsounds. Auf Pressekonferenzen spricht die wahrgenommene Olfaktorik (= Geruchswahrnehmung) im Raum die Nase und die zuständigen Regionen im Gehirn der Teilnehmer an. Der anschließend offerierte Imbiss kann vom gustatorischen System (Gustatorik = Geschmackssinn) entweder als positiv oder negativ beurteilt werden und bleibt im Gedächtnis haften. In Erweiterung des watzlawick'schen Axioms gilt: Wir können nicht nicht mit allen Sinnen wahrnehmen. Auch wenn der Großteil der Einflüsse unbewusst registriert und gespeichert wird.

C. Vaih-Baur
MHMK Macromedia Hochschule für Medien und Kommunikation, Stuttgart, Deutschland
E-Mail: c.vaih-baur@mhmk.org

14.1.1 Das Bedürfnis nach sinnlichen Reizen nimmt zu

Aus diesem Grund entwickelte sich eine neue Form der **integrierten Kommunikation** in der Markenführung: Die gesamte Unternehmenskommunikation sollte **sinnlich** abgestimmt sein.

▶ **Multisensuelle Markenführung** bedeutet, mit Kommunikation **alle** Sinnesorgane des Menschen anzusprechen. Es ist eine Dimension der integrierten Kommunikation.

Dann gelingt es, die anvisierten Zielpersonen emotional positiv zu „stimmen" und angenehme Emotionen mit der Marke zu speichern.

Ein Grund für das zunehmende Bedürfnis nach sinnlicher Stimmigkeit auf der Unternehmensseite rührt aus der Tatsache (vgl. Vaih-Baur 2007, S. 15 ff.), dass es immer schwieriger erscheint, mittels den herkömmlichen Instrumenten der Unternehmens- und Markenkommunikation einen Differenzierungsvorteil gegenüber Konkurrenzunternehmen zu erlangen. Wird ein Unternehmen als Marke geführt, so kann es durch eine sinnliche Faszinationskraft klar gegenüber anderen Marken abgegrenzt werden.

Dieser emotionale, ästhetische bzw. semantische Mehrwert einer Marke ist eng verbunden mit wahrnehmungsbezogenen Dimensionen wie Akzeptanz, Identifikation oder Vertrauen der Anspruchsgruppen, die einen Beitrag für ihre Loyalität zu dieser Marke leisten. Insbesondere in Zeiten des schnellen Wandels ist Loyalität ein beachtliches Gut und eine erstrebenswerte Handlungsweise der Anspruchsgruppen.

Die multisensuell abgestimmte Marke bietet eine Reihe von Vorteilen (vgl. Abb. 14.1), zum Beispiel:

- Die emotionale Bindung der Anspruchsgruppen an die Marke wird gesteigert.
- Eine Übereinstimmung von beabsichtigtem und tatsächlichem Eindruck der Marke wird erhöht.
- Eine schnelle Wiedererkennung der Marke wird durch die Verankerung relevanter multisensueller Eindrücke gesichert.
- Durch Aktivierung von Stimmungen und Erinnerungen wird die Marke intensiv, oftmals unbewusst erlebt.

14.1.2 Wie sich PR-Instrumente sinnlich-stimmig konzipieren lassen

Die harmonische Einschätzung von PR-Instrumenten kann durch eine professionelle, sinnliche Realisierung der **Markenidentität** erreicht werden. Die Gestaltungsmittel müssen dabei zum Charakter der Marke passen. Sie müssen sich wechselseitig verstärken. Gemeinsam tragen sie dazu bei, dass die Marke eine Bedeutung vermittelt, die möglichst viele Personen verstehen sollten. Die Kontexte der Konsumenten bestimmen wesentlich die Rezeption der sinnlichen Zeichen.

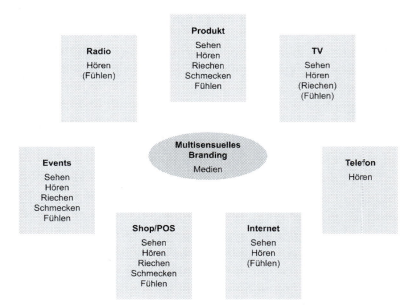

Abb. 14.1 Medien und multisensuelles Branding. (Quelle: Kastner 2008, vereinfachte Darstellung, S. 74)

Als adäquates Mittel ist ein gut durchdachtes **Markenleitbild** zu nennen, das als oberste Briefingebene für alle am PR-Prozess Beteiligten genutzt werden kann. Das Markenleitbild wird üblicherweise mit visuellen Bildern realisiert, kann aber auch in schriftlicher Form und multisensuell angefertigt werden. Insgesamt muss es sich dazu eignen, eine präzise Vorstellung von der **Psyche und Physis** des Unternehmens bzw. der Marke bei den Mitarbeitern im eigenen Unternehmen und bei den beauftragten PR-Experten zu erzeugen.

In einem kreativen, individuellen Prozess können die einzelnen PR-Instrumente sinnlich abgestimmt werden. Aus der Empirie resultiert das **Modell für die Erzeugung von Stimmigkeit im Produktdesign** (Vaih-Baur 2007, S. 178 ff.), das sich auch dazu eignet, Kommunikationsinstrumente sinnlich stimmig zu gestalten. Es fasst 16 Faktoren zusammen, die als Handlungsanweisung in der Praxis eingesetzt werden können (vgl. Abb. 14.2).

Exemplarisch werden zwei Faktoren der Abbildung kurz erläutert: Die Erwartungshaltung sowie die Erfahrungen der Zielgruppe:

- **Erwartungshaltung der Zielgruppe**: Hervorzuheben ist, dass die Erwartungshaltung der Anspruchsgruppen bei der jeweiligen Marke umfassend analysiert werden muss. Sie haben gegenüber einer Marke eine spezifische emotionale (= gefühlsbezogene), kognitive (= auf Erkenntnis beruhende) und auch somatische (= körperliche) Erwartung, die bei der Gestaltung der Kommunikationsinstrumente zu berücksichtigen ist.
- **Erfahrungen der Zielgruppe**: Des Weiteren ist es von Bedeutung, dass die eingesetzten sinnlichen Parameter immer an den Erfahrungen und Kenntnissen der Menschen anknüpfen sollten. Diese Erfahrungen stellen im Gehirn spezifische neuronale Netze dar und können als Schema bezeichnet werden. Konzepte, die mit bestimmten subjek-

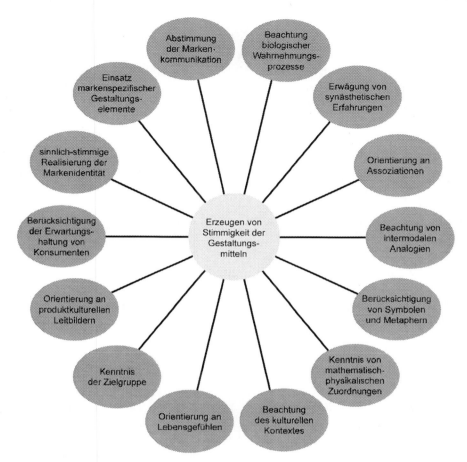

Abb. 14.2 Modell für die Erzeugung von Stimmigkeit bei Marken. (Quelle: Vaih-Baur 2007, S. 178)

tiven Schemata bzw. inneren Bildern korrespondieren, werden rasch und unbewusst erkannt, danach eingeordnet und als in sich stimmig oder nicht stimmig empfunden.

14.1.3 Wann ist ein Kommunikationsinstrument sinnlich stimmig?

Ob das Zusammenwirken der multisensuellen Gestaltungsmittel bei Kommunikationsmaßnahmen als harmonisch eingeschätzt wird, ist vor allem abhängig von den Werten und den Bedeutungen der Marken bzw. der kombinierten Gestaltungsmittel, die zu einem bestimmten Zeitpunkt in der Gesellschaft bestehen und von den Menschen in der Alltagskultur gelebt werden. Die kollektive Bedeutungszuschreibung von sinnlichen Gestaltungsmitteln und Marken verbindet die Menschen auch als Zielgruppe (siehe hierzu die kollektiven mentalen Modelle im Abschnitt „PR-Theorien: System-funktionalistische Synthese – Lies" in Lies 2015). Die Empfindung von Stimmigkeit ist dabei ein zeitlich begrenztes Phänomen, da sich Zielgruppenkonfigurationen nicht anhand von stabilen Daten erfassen lassen. Zielgruppen, die eine Marke als stimmig empfinden, sind also flüchtige Erscheinungen.

Für eine kommunikationstheoretische Untersuchung gilt, dass die Gestaltungsmittel dann als stimmig zueinander empfunden werden, wenn

- die entsprechenden Zeichen bzw. Zeichensätze die **gleichen** Informationen und Bedeutungen oder
- die durch die Zeichen bzw. Zeichensätze transportierten Informationen und Bedeutungen einen **jeweils anderen**, kanalspezifischen Aspekt der Markenidentität enthalten.

14.1.4 Vorsicht vor dem Overkill an Sinnesreizen

Zu betonen ist, dass ein multisensuell stimmig gestaltetes PR- bzw. Markenkonzept **nicht** zwangsläufig alle fünf Sinne des Menschen **gleichermaßen** ansprechen muss. Im Einzelfall ist zu prüfen, **welche** Sinne sich als adäquat erweisen. Eine Reizüberflutung kann sich negativ auf die Markenakzeptanz auswirken. Viele Menschen reagieren abweisend auf den Overkill von Sinnesreizen. Eine Tendenz zur zurückhaltenden Gestaltung ist daher zu beobachten.

Einen Überblick über die **akustische** Markenführung vermittelt die Übersicht nach Kosfeld (2004).

- **Soundlogo**: Das Soundlogo ist eine ca. zwei- bis fünfsekündige, markante Tonfolge, mal instrumental (so wie bei der Deutschen Telekom) oder als gesprochene oder gesungene Fassung des Markennamens und -slogans („Sat.1 – powered by emotion"). Wie die Bezeichnung andeutet, handelt es sich beim Soundlogo um das akustische Pendant zum visuellen Markenzeichen. Es dient der Markierung von Kommunikationsmaßnahmen. Das Soundlogo eröffnet (indikativ) und/oder schließt eine audio(-visuelle) Kommunikationsmaßnahme ab (abdikativ).
- **Brand Theme**: Ein Brand Theme ist ein speziell für die Marke komponiertes oder exklusiv lizenziertes Musikstück, das das akustische Erscheinungsbild einer Marke über einen längeren Zeitraum und über verschiedene Medien hinweg bestimmt.
- **Commercial Song**: Der Commercial Song ist ein Musikstück, das abhängig vom Kommunikationsanlass zeitlich begrenzt die akustische Präsentation der Marke prägt, etwa als Song in einem Werbespot. In dieser Rolle als Soundtrack erfüllt der Commercial Song verschiedene Funktionen: Er transportiert die Tonality einer Marke oder Kampagne, wird dramaturgisch eingesetzt, um Spannung zu erzeugen, trägt narrative Züge oder zielt auf eine primär emotionale Wirkung beim Zuhörer.
- **Ambient Sound**: Ambient Sound bezeichnet einen Klangteppich, der in realen (auf Messen und Ausstellungen oder am Point-of-Sale) und medial vermittelten Räumen (in der Telefonschleife, als klanglicher Hintergrund einer Website) eingesetzt wird. Der Ambient Sound erfüllt zunächst eine doppelte Funktion: Er überdeckt ein akustisch unattrak-

tives Umfeld (z. B. die Büro- und Messekulisse) und grenzt einen räumlichen Zusammenhang ab. Darüber hinaus verkürzt der Ambient Sound ein zeitliches Intervall, etwa eine Ladeoperation im World Wide Web oder die Wartezeit bei einer Telefonauskunft.
- **Interactive Sound**: Der Interactive Sound umfasst alle akustischen Signale, die Handlungen einleiten, steuern oder strukturieren. Auf einer Website sind das die akustischen Rückkoppelungen auf Nutzerbewegungen und Navigationsaktionen.

14.1.5 Fazit

Dem Anspruch vieler Menschen an ästhetischen Erfahrungen im Alltagsleben muss grundsätzlich ein hoher Stellenwert beigemessen werden. Sinnliche Erlebnisse tragen dazu bei, die Lebensqualität zu erhöhen. Ebenso dem menschlichen Verlangen, über eine Vielzahl von sinnlichen Erlebnissen aktiviert zu werden. Aus Sicht des PR- und Kommunikationsmanagements bedeutet dies die Chance, die integrierte Kommunikation multisensuell zu verstehen. Denn Zielpersonen nehmen die Botschaften meist über unterschiedlichste Kommunikationsmittel wahr. Es findet quasi eine **Konditionierung** statt: Je öfter eine Person eine Marke in unterschiedlichsten Instrumenten wahrnimmt, desto mehr Inhalte und Verhaltensmuster lernt sie über die Marke. Sie wird also zunehmend mit der Marke vertraut. Folglich nimmt die Akzeptanz der Marke zu. Die Stimmigkeit der Gestaltungsmittel wird dabei schrittweise angeeignet. Multisensuelle Markenführung bedeutet also eine konsequente Weiterentwicklung von Kommunikationskanälen.

14.2 Gestaltung als PR-Kompetenz

Christof Breidenich und Ralf Spiller

14.2.1	PR als mehrdimensionale Kommunikationsdisziplin	468
14.2.2	Medien als Kommunikationsinstrument und Botschaft zugleich	468
14.2.3	Die Form unterstützt den Transport des Inhalts	469
14.2.4	Kommunikations-, Medien- und Servicedesign	469
14.2.5	Typografie: Zwischen PR- und Gestaltungskompetenz	470
14.2.6	Visuelle Reize und inhaltliche Botschaften	471
14.2.7	Die Kulturabhängigkeit von visueller Kommunikation	471
14.2.8	Fazit	472

C. Breidenich (✉) · R. Spiller
MHMK Macromedia Hochschule für Medien und Kommunikation, Köln, Deutschland
E-Mail: c.breidenich@mhmk.org

R. Spiller
E-Mail: r.spiller@mhmk.org

> **Leitfragen**
> 1. Warum spielt Gestaltung in der PR eine wichtige Rolle?
> 2. Warum sind die Medien Kommunikationsinhalt und -kanal zugleich?
> 3. Inwieweit unterstützt Gestaltung den Transport inhaltlicher Botschaften?
> 4. Was ist Kommunikations- und Servicedesign?
> 5. Warum steht Schrift als Bindeglied zwischen Inhalt und Form?
> 6. Welche Bedeutung kommt der Gestaltung im Vergleich zu Inhalten aus Wahrnehmungssicht zu?
> 7. Was ist unter kultureller Codierung zu verstehen?

Ein Schwerpunkt der Diskussion über die Grundlagen von Public Relations betrifft ihre Basisprozesse. Unterscheiden lassen sich für die PR zentral die Text- und Begriffskommunikation sowie die visuelle Bildkommunikation. Dabei unterstützt die Form von Inhalten den Kommunikationsprozess, sodass die Gestaltungskompetenz zu einer wichtigen Expertise der Unternehmenskommunikation wird.

14.2.1 PR als mehrdimensionale Kommunikationsdisziplin

Ein PR-Verantwortlicher arbeitet traditionell primär mit Sprache. So gilt die Pressearbeit (vgl. hierzu den Abschn. 2.1 „Media Relations") traditionell als Kernkompetenz der PR.

Geplante Kommunikation zwischen Unternehmen und Institutionen findet jedoch auf vielfältige Weise statt. Wenn Unternehmensinteressen an ein öffentliches Publikum gerichtet werden, benötigt man immer multimediale Instanzen zur Aufmerksamkeitsgenerierung bei der Zielgruppe. Dies geschieht häufig durch einen vielfältigen Mix aus Texten, Begriffen, Bildern, Filmen, Sounds oder interaktiven Anwendungen (vgl. hierzu den Abschn. 14.1 „Multisensuelle Markenführung"). Darauf begründet sich die Bedeutung der Medien schlechthin: Medien dienen immer als Vermittler von Inhalten.

14.2.2 Medien als Kommunikationsinstrument und Botschaft zugleich

Alltagssprachlich wird der Medienbegriff zwar auf Fernsehen, Radio oder Internet reduziert, in Gestaltungszusammenhängen wird er aber in erweitertem Bedeutungshorizont gebraucht. Medien transportieren Inhalte, und diese sind immer Auslöser für Erkenntnisse oder Anschlusshandlungen der Menschen. Und das ist nicht nur bei den aktuellen Massenmedien der Fall.

▶ Der Medientheoretiker Marshall McLuhan konstituierte einen breiten Medienbegriff, der allen Gestaltungshandlungen zugrunde liegt.

Der breite Medienbegriff bedeutet, dass er Kleidung und Zahlungsmittel, Waffen und Autos, elektrisches Licht und Sprache ebenso zu den Medien zählt, um allen dann einen entscheidenden Aspekt hinzuzufügen: „Das Medium ist die Botschaft." Damit ist grundsätzlich festgestellt, dass es sich immer um mindestens zwei Kommunikationsebenen handelt: Um den Inhalt und um die Form.

> Ob das Licht nun bei einem gehirnchirurgischen Eingriff oder einem nächtlichen Baseballspiel verwendet wird, ist vollkommen gleichgültig. Man könnte behaupten, dass diese Tätigkeiten in gewisser Weise der ‚Inhalt' des elektrischen Lichts seien, da sie ohne elektrisches Licht nicht sein könnten. Diese Tatsache unterstreicht nur die Ansicht, ‚dass das Medium die Botschaft ist', weil eben das Medium Ausmaß und Form des menschlichen Zusammenlebens gestaltet und steuert. (McLuhan 1994, S. 23)

14.2.3 Die Form unterstützt den Transport des Inhalts

Medien operieren also durch Inhalt und Form. Der Begriff Public Relations impliziert dabei einen Beziehungsstatus zu einem Zielpublikum. Dieser kann nur stattfinden, wenn das Ziel in ansprechender Art und Weise anvisiert wird. Dies geschieht immer dann, wenn die Anschlussfähigkeit der Zielgruppe gewährleistet ist. Oder umgangssprachlich formuliert: Der Fisch muss den Köder erkennen. Die Form muss den Inhalt so transportieren, dass dessen Bedeutung erkannt wird.

> Inhalt und Form entscheiden beide über den Grad des Kommunikationsgehaltes.

Dabei könnte man den Inhalt in das Verantwortungsfeld der PR und die Form in die des Designs übertragen. So viele Überschneidungen es auch gibt: Inhalte sind eben so wenig ohne formale Bedingungen erkennbar, wie jegliche Form inhaltslos existieren kann. Damit umfasst die PR auch gestalterische Kompetenzen, die man aber wissenschaftstheoretisch wie auch in der Praxis dem Design (Gestaltung) als eigene Kompetenz zuordnen könnte.

14.2.4 Kommunikations-, Medien- und Servicedesign

Kommunikationsdesign oder – wie gegenwärtig häufiger verwendet – Mediendesign ist dort angesiedelt, wo Prozesse der Verbreitung, Erfassung und Archivierung von Inhalten erreicht werden sollen. Das heißt, im Kommunikationsdesign wird zwar ein Medium, wie ein Plakat, eine Broschüre oder ein Monitor eingesetzt, dieses dient aber nur als Träger von Botschaften und Inhalten.

Die verwandten Disziplinen *Produkt-*, *Industrie-* oder *Modedesign* beschäftigen sich im Gegensatz dazu mit der Materialität der Dinge und deren dreidimensionaler Ausdehnung. Dabei muss das Ziel selbstverständlich auch die kommunikative Ausrichtung auf einen Benutzer sein.

Trotz alledem ist Kommunikationsdesign vordergründig durch die Reduktion von abstrakten, mehr oder weniger zurückgenommenen, Materialien wie Papier oder Interface deutlich dichter auf die bild- oder textsprachliche Dimension von Kommunikation ausgerichtet.

Bilder und Texte können mehr oder weniger konkrete Botschaften vermitteln. Dabei liegt es im Wesen des Designs immer mit einem größeren Abstraktionsgrad zu operieren, als es beispielsweise die Logik eines erklärenden Textes darlegt. Die Vermittlung über Bilder und Begriffe erfolgen im Design stets in mehrdeutiger, rhetorisch vielfältig ausgelegter Art und Weise. Dabei spielen gute Gestalter immer mit Mehr- oder Uneindeutigkeit. Diese Vorgehensweise ist dem erklärenden Text fremd.

Die eindeutig logische Beschreibung von Zuständen und Dingen oder im Falle der PR, von zielgerichteter Unternehmenskommunikation, kann durch Designstrategien um entscheidende Aspekte seitens der Aufmerksamkeitsgenerierung und visuellen Brisanz gesteigert werden.

14.2.5 Typografie: Zwischen PR- und Gestaltungskompetenz

Die *Typografie* beschäftigt sich mit der visuellen Gestaltung von Schrift. Somit ist sie als Bindeglied zwischen formaler und inhaltlicher Bedeutung maßgeblich. Schrift hat immer eine visuelle und eine inhaltliche Komponente. Die beiden Ebenen können sich unterstützen, oder aber bewusst konterkarieren (vgl. Abb. 14.3).

Designer beschäftigen sich also nicht ausschließlich mit den formalen Bedingungen von Kommunikation. Allein die Wahl des Mediums formt den Inhalt ja schließlich mit. Ebenso treten formale Bedingungen bei PR-Inhalten per se immer auf.

▶ Wenn man die Unterscheidung stärker herausarbeiten möchte, dann gilt: Bei der PR liegt der Schwerpunkt auf der inhaltlichen, beim Design auf der formalen Seite, wobei die Medienauswahl ein gemeinsames Kompetenzfeld beschreibt.

Studien beweisen, dass Design als PR-Instrument funktioniert (vgl. Deutscher Markenverband, Die Schönheit des Mehrwerts, 2010; Value of Design Factfinder report auf: www.designcouncil.org.uk/Documents/Documents/Publications/Research/TheValueOf-DesignFactfinder_Design_Council.pdf). Produkte und Dienstleistungen erlangen Identität durch treffende Gestaltung, Unternehmen können auf diese Weise ihren Wert steigern. Auch deren Kommunikationsmittel in Print und Internet sind hervorragende Beispiele für ein Designbewusstsein mit Öffentlichkeitswirkung.

DÜNN **FETT**

DÜNN FETT

Abb. 14.3 Abbildung der Typografie von Dünn und Fett als Gegensatzpaare: Inhalt und Form unterstützen oder konterkarieren sich

Bekannt ist, dass man nicht nicht kommunizieren kann (vgl. zum Watzlawick'schen Axiom den Abschnitt „Kommunikation – und Handlung" in Lies 2015), woraus sich, in Anbetracht der vorangegangenen Ausführungen ergeben muss, dass man ebenso nicht nicht gestalten kann.

14.2.6 Visuelle Reize und inhaltliche Botschaften

PR setzt sich mit zielgerichteter Kommunikation aus Absichten eines Inhaltsträgers (Unternehmen, Institution, Partei) und einem mehr oder weniger definierten Publikum auseinander. Das Kalkül eines Inhaltes trifft auf mehr oder weniger aufmerksame Zielgruppen, denen eine Botschaft vermittelt werden soll. Die Sensibilisierung von Aufmerksamkeit ist ein Resultat der menschlichen Wahrnehmung.

> Unser kognitives System reagiert auf visuelle und auditive Reize viel schneller, als auf Bedeutungszusammenhänge, die aus gelesenen Texten oder Begriffen resultieren.

Töne, Farben und Bilder wirken stark immersiv (von lateinisch „immersio" = eintauchen). Bekannte visuelle Strukturen, wie Gesichter, Kombinationen von Bildern, oft wiederkehrende Klänge, verständliche Erzählungen und eingängige Zeichen motivieren uns, Inhalte zu akzeptieren und für unsere Wahrnehmung zuzulassen.

Komplizierte und uneindeutige Bild- und Textkombinationen, unharmonische Töne, übertriebene Textmengen und beliebige Zeichenkombinationen verhindern dagegen den Verständnisgehalt bei einem Adressaten. Somit ist es immer die Aufgabe des Designers, Bedeutung mittels grundlegender Gestaltungsparameter hinsichtlich der Auffassungsgabe eines Rezipienten zu erstellen. Dabei ist immer der Rezipient entscheidend.

> Man spricht von kultureller oder erlernter Codierung der Wahrnehmungshorizonte der Menschen, wenn wir versuchen, Bedeutung zu vermitteln.

14.2.7 Die Kulturabhängigkeit von visueller Kommunikation

Design bedeutet daher immer, die Bedingungen der Wahrnehmung in unterschiedlichen Kontexten, wie Kultur, Bildung, Erziehung oder spezifischen Wünschen zu beachten.

Wahrnehmung konstituiert sich nicht durch Eindeutigkeit, sondern ist abhängig von der immanenten Prägung des Subjekts. „(…) die Wirkung der Projektion eines Bildes auf die Netzhaut ist nicht im Sinne einer Telefonverbindung zu einem Rezeptor zu verstehen. Sie wirkt vielmehr wie eine Stimme, welche zu den vielen Stimmen bei einer heftigen Diskussion in einer großen Familie hinzukommt, wobei der schließlich erreichte Konsens über zu unternehmende Aktionen nicht Ausdruck dessen ist, was die Familienmitglieder im Einzelnen vorgebracht haben." (Maturana und Varela 1987, S. 178) Die Anschlussfähigkeit

Abb. 14.4 Bilder von drei Gegenständen, die wie Gesichter wirken

der Wahrnehmung muss die Voraussetzung jeglicher zielgerichteter Kommunikation sein. Darin ist Design der PR sehr nahe und der Kunst sehr fern (vgl. Abb. 14.4).

Zufällige Kommunikation: überall Gesichter! Der Mensch interpretiert die Dinge der Außenwelt, gemäß seiner erlernten oder kulturellen Erfahrung. Das heißt: Geplante Kommunikation von Unternehmen kann nicht allein zielabhängig sein. Vielmehr muss der Kontext der Zielumgebung berücksichtigt werden. Dies führt zu der Bedeutung der interkulturellen Kommunikation (vgl. Abschn. 6.4 „Internationale Kommunikation – Theorierahmen").

Die Navigationsstruktur von interaktiven Anwendungen gestattet dem User eine nahezu unendliche Anzahl von Möglichkeiten des Abrufs von Inhalten. Je intuitiver, einfach verständlich und anschlussfähig die Navigation ist, desto länger wird sich der User mit den präsentierten Inhalten beschäftigen (vgl. Abb. 14.5).

14.2.8 Fazit

PR und Kommunikationsdesign sind untrennbar verbunden, wenn man bedenkt, dass Texte und Bilder sowohl eine inhaltliche als auch eine formale Konsistenz in der Kommunikation bedeuten. Die soziale Vernetzung unserer Welt bildet ein kommunikatives Szenario, welches komplexe Inhalte, multimediale Darstellungen und ubiquitäre Distribution zusammenbringt. Komplexität und Massenmedien führen zur Re-Formatierung etablierter Disziplinen, wie Journalismus, Recht, Wirtschaft und natürlich auch Gestaltung und Kommunikation schlechthin.

Gestalterisch zu arbeiten bedeutet zunehmend, komplexe mediale und gesellschaftliche Strukturen mit in den Gestaltungsprozess einzubeziehen. Offene Schnittstellen im Internet ermöglichen es uns, auf komplexe Daten zuzugreifen. Die Aufgabe des Designers ist es, aus verschiedenen, zum Teil abstrakten Datenströmen eine anschauliche Gestaltung zu kreieren. Dies kann sowohl einmalig, als auch mit sich ständig aktualisierenden Datei-

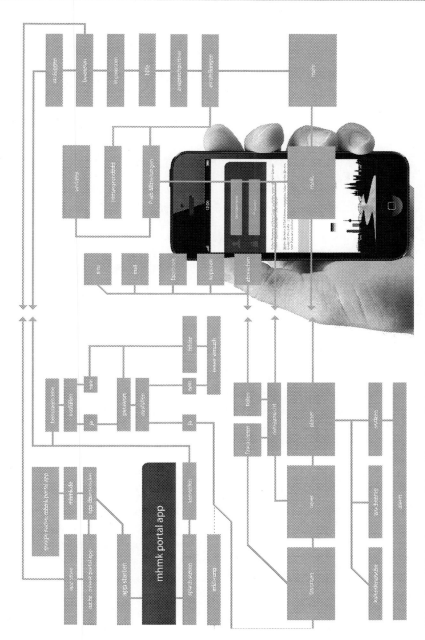

Abb. 14.5 Klickschema – geleitete Kommunikation: Touchscreen-Konzept einer interaktiven Anwendung zu komplexen Inhalten. (Quelle: Grobe et al. 2013)

en geschehen. Dabei ist es unerheblich, um welches digitalisierte Medium (Bild, Text, Sound, Film) es sich handelt.

Design und PR wirken in diesen Fällen ganzheitlich im Sinne einer *integrierten Kommunikation*. Botschaften werden auf diese Weise auf verschiedenen Wahrnehmungsebenen deutlicher wahrgenommen und bleiben länger im Gedächtnis. Starke Marken werden so aufgebaut.

14.3 Corporate Design als Identitätsstifter

Christof Breidenich und Hans Scheurer

14.3.1 Wie schafft man Identitäten und was bewirken diese? 475
14.3.2 Visuelle Kommunikation mit Zeichen 476
14.3.3 Corporate Design (CD) im Zusammenhang mit Corporate Identity 477
14.3.4 Welche medialen Kanäle werden im CD bespielt? 477
14.3.5 Identität und Innovation 478
14.3.6 Fazit 479

Leitfragen

1. Wie schafft man Identitäten und was bewirken diese?
2. Visuelle Kommunikation mit Zeichen
3. Corporate Design (CD) im Zusammenhang mit Corporate Identity
4. Welche medialen Kanäle werden im CD bespielt?
5. Identität und Innovation

Public Relations vermitteln sich durch unterschiedliche Kommunikationsformen- und Prozesse, bei denen Bilder (reale und virtuelle) eine wesentliche Rolle spielen. Visuelle Kommunikation hat hier die Aufgabe, hinsichtlich spezifischer Ziele, Inhalte und Absichten zu vermitteln. Dabei wirken unterschiedliche mediale Ausdrucksformen als ästhetische Qualitäten, die sich auf die Wahrnehmung der Menschen ausrichten: Bild (statisch und bewegt), Typografie, Ton, Objekt und Aktion vermischen sich im Idealfall zu einem wiedererkennbaren und eindeutigen medialen Konstrukt, welches eine Identität schafft.

C. Breidenich (✉) · H. Scheurer
MHMK Macromedia Hochschule für Medien und Kommunikation, Köln, Deutschland
E-Mail: c.breidenich@mhmk.org

H. Scheurer
E-Mail: h.scheurer@mhmk.org

14.3.1 Wie schafft man Identitäten und was bewirken diese?

Identität und Differenz ist ein Gegensatzpaar in der Ästhetik, von griechisch „Wahrnehmung", bezieht sich hier nicht nur auf die Wahrnehmung des Schönen, sondern auf alles (auch das Hässliche), was unsere Sinne erkennen. Im Unterschied zur technischen Kommunikation, liegt in der Ästhetik der Hauptaugenmerk auf der Bedeutung und Erkenntnis des Wahrgenommenen und nicht auf dem Transport von Information (elektrische Impulse bei Telefonen oder digitale Codes im Internet). Bedeutung kann nicht transportiert werden.

> Bedeutung kommt erst zutage, wenn der Wahrnehmende eigene Erfahrungen und Erlerntes mit Informationen abgleicht und diese interpretiert.

Ästhetik ist hier der Vorgang, wie Wahrgenommenes durch die Kognition eines Individuums Bedeutung erlangt, das sowohl theoretisch als auch praktisch beim Gestalten mit Bildern, Symbolen oder Typografie, eine wichtige Rolle spielt.

Prinzipiell erscheint uns alles, was wir wahrnehmen, als Differenz des Gezeigten und des Gemeinten. Auch eine noch so genaue Ausarbeitung von Bildern oder Texten scheitert im Kommunikationsgefüge von Angebot und Erkenntnis an einer eindeutigen Vermittlung: Eins- zu-Eins-Übertragung von Bedeutung ist niemals möglich – auch in der sprachlichen Vermittlung nicht, die eindeutiger erscheint, aber semantischen, persönlichen, sozialen, kulturellen Auslegungsoptionen unterliegt. Der Empfänger filtert immer das Dargebotene durch seinen individuellen Erfahrungsschatz, welcher im Idealfall ein möglichst hohes Anschlusspotential bereitstellt (Bazon 2002, S. 416).

> Kommunikation funktioniert aus Sicht der angewandten Gestaltung immer über Differenzen von Dargebotenem und Erkenntnis. Diesen Zustand nennt man „Ästhetik der Differenz", im Gegensatz zur „Ästhetik der Identität", die eine eindeutige Übertragung von Gesendetem und Empfangenem darstellt. Letztere ist nur in der technischen, nicht aber in der menschlichen Kommunikation möglich.

Der Identitätsbegriff der Ästhetik beinhaltet also nicht nur eine persönlichkeitsbestimmte Komponente wie etwa das Selbstverständnis der Unternehmenspersönlichkeit der „Corporate Identity", sondern einen Prozess der Abgleichs der Stimmigkeit von Wahrgenommenem und Gemeintem (vgl. zur unternehmerischen Identität den Abschnitt „Reputationsmanagement und Reputationsmodelle" in Lies 2015).

Wie können wir effizient kommunizieren, wenn das, was wir in der Wahrnehmung der anderen tun, nicht identisch mit dem ist, was wir meinen. Auch im Bereich der PR funktionieren Botschaften ja stets nur, wenn die Adressaten verstehen, was die Intention des Produzenten ist. Ist das nicht der Fall, treten Missverständnisse auf.

Abb. 14.6 Ein Grundzeichen, aber vier unterschiedliche Bedeutungen. (Quelle: Breidenich 2010)

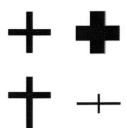

14.3.2 Visuelle Kommunikation mit Zeichen

Trotz dieser offenkundigen Tatsache sprechen wir von identitätsschaffenden Logos, Bildern oder Texten. Wie ist das möglich? Ein Blick in die Semiotik (Lehre von den Zeichen) zeigt, dass Zeichen auf unterschiedlichen Ebenen kommunizieren, auch dann, wenn zeichenhafte Abbildungen nicht das zeigen, was sie bedeuten. Dieser Widerspruch äußert sich besonders deutlich in der Vermittlung von Bedeutung durch Symbole.

▶ Ein Symbol bildet nicht das ab, was es bedeutet, erfüllt aber trotzdem seine Absicht, indem der Rezipient aus seiner Betrachtung eine Interpretation ableiten kann.

Beispiel „Rotes Kreuz": Die Evidenz der Symbolik des Roten Kreuzes wird international als *Erste Hilfe*, bzw. *medizinische Versorgung* interpretiert (vgl. Abb. 14.6).

Eine ebenso eindeutige Kommunikationsleistung erfolgt über Zeichen, die als Abbilder das zeigen, was sie bedeuten: z. B. das Flugzeug mit nach rechts oben gerichtetem Bug, das Flugreisende als Zeichen für den Abflugbereich kennen.

▶ Hier spricht man von einem ikonischen Zeichen, dessen Bedeutung durch Abbildhaftigkeit auf ein **startendes Flugzeug** verweist.

Ikonische und symbolische Zeichen tauchen in fast allen Bereichen der visuellen Kommunikation auf: Logos, Piktogramme, Infografiken, Computer-Icons, Fotografien, Animationen und Filmen. Diese sind entweder wirksam und funktionieren, da es eine gesellschaftliche Übereinkunft (bei Symbolen) gibt oder eine eindeutige Abbildhaftigkeit (Ikonizität), die zeigt, was gemeint ist.

Bei Vorläufern heutiger identitätsstiftender Gestaltung fällt die starke und eindrucksvolle Wirkkraft historischer Identitäten in unterschiedlichen Variationen auf. Bei Identitäten kann es sich beispielsweise um Personen (Fürsten, Herrscher, Politiker), um gesellschaftliche Zugehörigkeit (Stände, Verbände, Unternehmen, Subkulturen), um nationale oder regionale Identitäten (Staaten, Vereine, Städte) oder um Ereignisse (Epochen, Zeitgeschehen) handeln. Wer kennt nicht ein Zeichen für einige der hier genannten Beispiele? Allen gemeinsam ist eine gestaltete Modellhaftigkeit, die durch Unverwechselbarkeit zu Unterscheidungen führt.

14.3.3 Corporate Design (CD) im Zusammenhang mit Corporate Identity

Corporate Design wird im Allgemeinen neben Corporate Communication und Corporate Behaviour als ein Teil der Corporate Identity definiert. Hierbei werden sämtliche Kommunikationsaktivitäten unter einem strategischen und integrierten Konzept im Unternehmen zusammengeführt (s. Bruhn 2013, 85 ff.; Faulstich 2000, S.115 ff.). Die Priorität beim Corporate Design liegt dabei in den formalen Mitteln einer eigenständigen Visualität sämtlicher Gestaltungsmittel, die sich in eine verbindliche Unternehmenskultur einfügen.

Design als Erfolgsfaktor für den Wert von Unternehmen und Marken ist bereits oft thematisiert worden (Deutscher Markenverband, Die Schönheit des Mehrwerts, 2010).

> Wenn Gestaltung als integriertes Element für die Identität hinzugezogen wird, spricht man also von **verkörperter** Gestaltung.

Dabei bilden Gestaltungselemente nicht nur eine äußere Form oder etwa die Verschönerung verschiedener Kommunikationsprodukte, sondern bilden das entscheidende visuelle Rückgrat für Wiedererkennbarkeit und Qualität nach außen und innen. Gestaltung steht hier für:

- Reduktion von Komplexität (alle Kommunikationskanäle müssen verständlich für den Adressaten bespielt werden).
- Operative Integration (Disziplinen und Medien der Kommunikation als Einheit).
- Vertrauen und Nachvollziehbarkeit (Glaube an Marken und Authentizität der Botschaften).

Dazu dienen Bild- und Textwelten, Geschichten und Handlungen genauso wie Funktionalität von interaktiven Angeboten (E-Commerce) oder Glaubwürdigkeit von Haltungen und Statements zu Diversity, Nachhaltigkeit, globalem Kommerz oder politischen Ansichten.

14.3.4 Welche medialen Kanäle werden im CD bespielt?

Medienkonvergenz und interaktives Handeln in den digitalen Medien haben eine große Auswirkung auf das Corporate Design. Neben den generellen Konstanten der visuellen Kommunikation, wie Logo oder interne und externe Print- und Internetprodukte, spielen vielfältige Komponenten eine gewichtige Rolle.

- **Bildmarke und Logotype**: Visuelle Repräsentation in Bild- und/oder typografischer Form. Zentrale Identität inmitten von zeichenhaften Elementen, die von Schwestermarken, Produktserien bis hin zu Piktogrammserien und komplexen Zeichengefügen reichen können. Man kann unterscheiden in formale Brisanz (Farbkombination, Exklusivität der Schrift, Zeichenhaftigkeit, Auffälligkeit und Irritation, Komplexität, Minimalismus, Narration)

- **Typografie:** Einheitliche Schriftfamilien und aufeinander abgestimmte Schriften mit spezifischen Ausprägungen für Kampagnen, Schriftstücken in Print und Web in Verbindung mit Bildsprache und Gestaltungsraster. Dabei kann man auf bestehende Schriften (dann stellt sich die Frage nach den Lizenzen) oder aber auf neue und damit auf exklusive Schriften zurückgreifen.
- **Interfaces (Web, Social Media):** Die Vielfalt und die Spezifikationen ändern sich schnell und führen zur Anpassung des CDs. Der Personal Computer spielt längst nicht mehr die Hauptrolle. Mobile Endgeräte fordern anpassungsfähiges Design. Ubiquitious Computing bringt Interfaces an immer mehr Stellen des Alltags: Medienräume, Uhren, Brillen, Kleidung, Fahrzeuge und Augmented Reality („erweiterte Realität" – bezeichnet die Fusion von tatsächlicher, beobachteter Realität und einer erweiterten computergenerierten Wirklichkeit) stehen mehr und mehr im Fokus des CD.
- **Druck:** Interne und externe Printprodukte, Akzidenzen und Werbung, Geschäftsberichte und Beschriftungen im öffentlichen Raum, Corporate Publishing, Magazine und Verpackungen – das Feld der Printprodukte ist riesig und wird es auch bleiben.
- **Produkt:** Güter und Produkte bilden oft eine der wichtigsten Kommunikationskanäle. Materialien, Herstellungsweisen und eine Form, die auf die Funktion verweist, führen im Idealfall zu Vertrauen und Kaufentscheidungen.
- **Ton (solitär/eingebunden):** Entweder sind Töne solitär (Geräusche, Jingles, Musik in Radio oder Podcast) oder aber eingebunden in Bewegtbild, wie Animationen, Clips, Games, Interfaces oder Filme und
- **Bewegtbild:** Durch mobile vernetzte Geräte steigt die Notwendigkeit der audiovisuellen Komponenten im CD immer mehr.
- **Ausstellung, Präsentation, Event, POS:** Die Gestaltung von Messeständen, innovativen öffentlichen Verkaufspunkten, Konferenzen und Präsentationen sowie internen und externen Veranstaltungen werden von den dreidimensionalen Gestaltungselementen, als auch vom Verhalten der Menschen und der Beziehung zum Kunden geprägt.
- **Raum, Umgebung:** Corporate Architecture ist ein weites Feld und thematisiert die Gestaltung von Gebäuden und Räumen für Produktion, Verkauf und Verwaltung. Eng verwandt ist die Disziplin mit dem vorherigen Aufzählungspunkt.
- **Services:** Die Gestaltung von *unsichtbaren* Dingen bezeichnet man als Service-Design. Dazu gehören Kundenkontakte, Dienstleistungen und alle Verbindungen zu Stakeholdern im breiten Feld der Kontaktpunkte, die ein Unternehmen, eine Organisation oder eine Marke bietet.

14.3.5 Identität und Innovation

Design beeinflusst und prägt die Identität. Deren Wesensmerkmal ist, dass sie keineswegs statisch ist und sein soll. Unternehmen kämpfen ständig mit den Anforderungen, einerseits auf eine glaubhafte Tradition zu setzen, andererseits herausfordernde Innovationen

Abb. 14.7 Die Entwicklung des IBM Logos (und dessen Vorgänger) von 1888 bis zum bahnbrechenden Entwurf von Paul Rand im Jahr 1972. (Quelle: http://www-03.ibm.com/ibm/history/exhibits/logo/logo_1.html)

zu erkennen und auszubilden, um nicht rückständig und statisch zu werden. „…lässt sich die Spannweite des Identitätsbegriffs ablesen, der sich vom Pol der (statischen) Konstanz bis zum Pol des (dynamischen) Wandels erstreckt. Gegenüber der Präsenz in der Vorstellungswelt der anderen gibt es die Eigenvorstellung, das Selbstbild, das mit dem Bild der anderen nicht übereinstimmen braucht." (Bonsiepe 2009, S.74) Man muss also zwei entscheidende Faktoren bezüglich der Identitätskonstruktion eines Unternehmens, einer Institution oder eines Produktes beachten: Eigen- und Fremdwahrnehmung und Konformismus und Innovation.

Im Corporate Design kommt es immer wieder zur Durchführung eines Redesigns, um durch Änderung den zeitgemäßen Anforderungen Stand zu halten (siehe: http://www.neatorama.com/2008/02/07/the-evolution-of-tech-companies-logos/) Redesign zeigt die zweigliedrige Problematik sehr schön: Beibehaltung einer visuellen Tradition und damit Erkennbarkeit unter Erneuerung minimaler Gestaltungskomponenten, wie leichte Farb- oder Formänderungen zur ästhetischen Aktualisierung und Auffrischung (vgl. Abb. 14.7).

14.3.6 Fazit

Wenn Design in eine ganzheitliche Unternehmenskommunikation integriert wird, dann sollen die Ergebnisse dazu dienen, Unverwechselbarkeit und Identität für eine Marke, Dienstleistung oder Organisation zu repräsentieren. Corporate Design wird oftmals aber lediglich als Handapparat zur Perfektionierung des visuellen Auftritts gesehen. Tatsächlich verändern Medienkonvergenz und interaktives Handeln in den digitalen Medien das Corporate Design nachhaltig ebenso wie die Mediennutzung und -sozialisation der relevanten Zielgruppen. Dabei spielt zunehmende Visualisierung eine nicht unwesentliche Rolle. Das Design eines Unternehmens, die Visualisierung seiner Botschaften und Kommunikationsinhalte ist damit ein relevantes Element strategischer Kommunikation.

14.4 Bildkommunikation

Christian Schicha und Christina Vaih-Baur

14.4.1	Bilder und Texte	481
14.4.2	Bildfunktionen	483
14.4.3	Bilder als Imageries	483
14.4.4	Bildmanipulation	486
14.4.5	PR-Bilder	488
14.4.6	Fazit: Bilder unterstützen Text	488

Leitfragen

1. Welche Vorteile bieten Bilder im Gegensatz zu Texten bei der Aufnahme von Informationen?
2. Welche Bildfunktionen lassen sich aufzeigen?
3. Was sind „Imageries"?
4. Welche Strategien werden bei der politischen Kommunikation eingesetzt?
5. Wodurch lassen sich Bilder manipulieren, und wie sollte dies kenntlich gemacht werden?
6. Worauf sollte bei der Auswahl und dem Einsatz von PR-Bildern im Rahmen der Unternehmenskommunikation geachtet werden?

Die Bedeutung von Bildkommunikation nimmt zu – nicht nur in der Organisationskommunikation, sondern generell. Dies dokumentiert beispielsweise die Entwicklung der Gestaltung von Tageszeitungen wie der Frankfurter Allgemeinen Zeitung, die erst seit Oktober 2007 ein farbiges Frontseitenfoto regelmäßig zulässt (vgl. Abb. 14.8). Bilder werden als Beweis ebenso verwendet wie zur Provokation und können auch werblich oder manipulativ eingesetzt werden. Sie besitzen ein hohes Wirkungspotenzial, da die visuelle Wahrnehmungsfähigkeit der Sprachentwicklung vorausgeht. Sofern die Aufmerksamkeit für ein Bild erlangt worden ist, werden bekannte Figuren und Muster wahrgenommen und interpretiert, die dann in den individuellen Erfahrungshorizont des Betrachters überführt werden. Der Fokus richtet sich in der Regel stärker auf die emotional ansprechenderen vi-

---

C. Schicha
Mediadesign Hochschule für Design und Informatik, Düsseldorf,
Deutschland
E-Mail: c.schicha@mediadesign-fh.de

C. Vaih-Baur
MHMK Macromedia Hochschule für Medien und Kommunikation, Stuttgart,
Deutschland
E-Mail: c.vaih-baur@mhmk.org

Abb. 14.8 Heute selbstverständlich: die FAZ mit Farbfotos auf der Titelseite (seit 2007). (Quelle: www.spiegel.de, 24. September 2007)

suellen Signale, sodass das gesprochene Wort einen geringeren Stellenwert bei der Wahrnehmung der Informationen erhält.

14.4.1 Bilder und Texte

Bilder, gleich welcher Art, stellen heute in fast allen Medien einen Großteil der Inhalte dar. Nahezu jeder Text in einem Medium ist mit mindestens einem Foto, einer Zeichnung oder einer Grafik versehen.

Diese Bedeutungszunahme von Visualisierungen lässt sich auf ein paar wichtige Erkenntnisse zurückführen: Gut ausgewählte Bilder sind imstande, die Aufmerksamkeit für die behandelten Themen zu wecken. Denn das Auge des Betrachters muss erstmal auf die Informationen gelenkt werden, damit sie überhaupt entdeckt werden. Es scheint so, dass nur die Botschaften, die in der Flut von Sinneseindrücken auffallen, überhaupt noch wahrgenommen werden.

▶ Bilder aktivieren den Leser stärker als Texte (Picture-Priority-Effect). Von der Betrachtungszeit einer Anzeige entfallen 76 % auf das Bild.

Ein wesentlicher Grund für die zunehmende Bedeutung von Bildern ist, dass sie im Vergleich mit Texten wesentlich leichter wahrgenommen, verarbeitet und gespeichert werden können. „Bilder aktivieren uns stärker als Texte – deshalb beachten wir Bilder vor Texten (Bilddominanz, Fachleute nennen dies den **Picture-Priority-Effect**). (…) Von der Betrachtungszeit einer Anzeige entfallen 76 % auf das Bild, 16 % auf die Überschrift und acht Prozent auf den Text." (Herbst 2007, S. 163)

Das Bild genießt also Priorität bei der Selektion von Reizen. Durch die affektive Wirkung der Visualisierung fällt den Rezipienten die Distanz zu ihnen schwer. Es wird den Zuschauern die Illusion vermittelt, dass sie sich durch die visuelle Präsentation als Augenzeugen selbst ein Bild machen können, quasi selbst in das Geschehen involviert sind. Bilder sind Momentaufnahmen. Durch sie werden Gegenstände festgehalten und gebannt. Sie fangen einen Augenblick in Zeit und Raum ein, der unwiederbringlich verloren ist.

Ein einzelnes Bild kann also oftmals mehr aussagen als ein ganzer Satz oder eine Textpassage. Es ist ferner festzustellen, dass viele Jugendliche und junge Erwachsene kaum längere Artikel von Anfang bis Ende z. B. in Zeitungen und Zeitschriften, aber auch im Internet lesen. „Bilder werden im Vergleich zu Texten immer wichtiger. (…) Nur noch 20 % der Leser einer Zeitung lesen einen Artikel über den ersten Absatz hinaus. Die Hälfte der Jungen in Deutschland und ein Viertel der Mädchen lesen überhaupt nichts mehr (…)" (Herbst 2007, S. 162).

Kommunikatoren sind folglich gezwungen, ein Großteil der Informationen durch geeignete Bilder zu transportieren und den Betrachter zum Lesen einzuladen.

Bilder sprechen den Rezipienten auf eine sehr emotionale Weise an. Sie können äußerst positive persönliche Wirkungen und Gefühle erzeugen. Gerade diese emotionale Komponente in der Kommunikation ist besonders bedeutsam, um qualitative Kommunikationsziele zu erreichen.

Im Gegensatz zu Texten verfügen Bilder über eine Reihe von Vorteilen (vgl. Herbst 2012, S. 17):

- Sie fallen schneller auf.
- Sie werden fast automatisch wahrgenommen.
- Sie werden vor den Texten fixiert.
- Sie werden schnell verarbeitet.
- Sie übermitteln Gefühle subtiler.
- Sie sind glaubwürdiger und anschaulicher.
- Sie informieren platzsparend.
- Sie sind verständlicher.
- Sie vermitteln räumliche Vorstellungen.

Die Rezipienten bauen sich mit der Hilfe visueller Darstellungen einen Erfahrungshorizont auf, der ihnen Orientierung ermöglicht. Bilder werden entschlüsselt, verglichen und eingeordnet.

> Die Logik der Texte unterscheidet sich von der Logik der Bilder, da die Textlogik argumentativ und die Bildlogik assoziativ verlaufen.

Bild und Text sind deshalb aber nicht zwingend konkurrierende menschliche Ausdrucksformen, da sie sich wechselseitig aufeinander beziehen können und demzufolge für die Erfassung des Gesamtkontextes voneinander abhängig sind (vgl. Müller 2014, S. 13 ff.).

14.4.2 Bildfunktionen

Die Verwendung von Bildern nimmt eine Einbettung in einem spezifischen medialen Kontext vor (Darstellungsfunktion). Sie wird als Beweis für Tatsachen genutzt (Belegfunktion) und kann auch für Prozesse der strategischen Aufmerksamkeitsgenerierung für kommerzielle Zwecke (Werbefunktion) genutzt werden (vgl. Ballensiefen 2009, S. 185 ff.).

Zudem lassen sich weitere Bildfunktionen aufzeigen:

- **Informationsfunktion**: Bilder liefern zusätzliche oder ergänzende Informationen zum Textteil.
- **Erlebnisfunktion**: Bilder vermitteln das Gefühl, ein Ereignis miterleben zu können (Augenzeugenillusion).
- **Emotionalisierungsfunktion**: Bilder können Gefühle und Stimmungen eindringlicher produzieren als Texte.
- **Dekorierende Funktion**: Bilder können zur Steigerung der Attraktivität von Texten beitragen.
- **Repräsentative Funktion**: Sie erfolgt durch die Abbildung von relevanten Hauptpersonen und Objekten.
- **Erläuterungsfunktion**: Hier dienen Bilder der Veranschaulichung von Inhalten.

Durch die Aufnahme von Bildeindrücken lässt sich insgesamt eine hohe Aufmerksamkeit generieren. Sie werden ohne große mentale Anstrengungen aufgenommen und verarbeitet und besitzen einen hohen Wiedererkennungswert (vgl. Geise 2011, S. 54).

14.4.3 Bilder als Imageries

Bilder sind folglich besonders **verhaltenswirksam**, wenn sie sogenannte innere Bilder („Imageries") ansprechen. Sie stellen stark verfestigte und dominierende visuelle Vorstellungen dar, die sich spontan im Gedächtnis einstellen und den Rezipienten stark aktivieren (vgl. Kroeber-Riel 1996, S. 40 ff.).

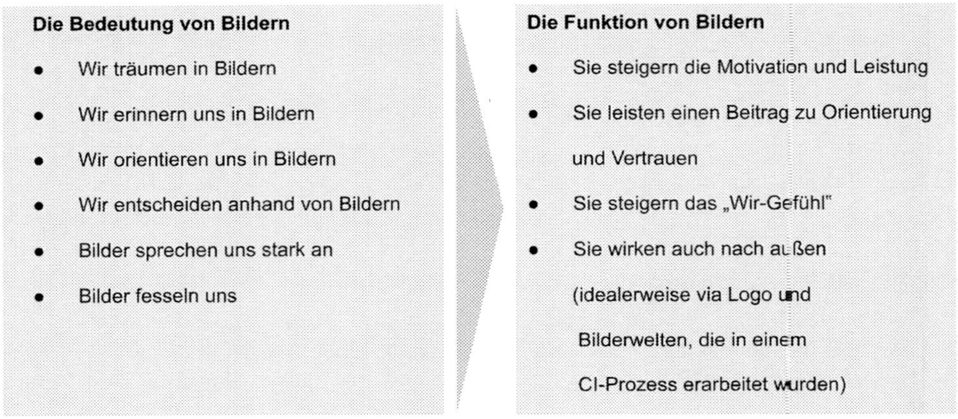

Die Bedeutung von Bildern	Die Funktion von Bildern
• Wir träumen in Bildern	• Sie steigern die Motivation und Leistung
• Wir erinnern uns in Bildern	• Sie leisten einen Beitrag zu Orientierung und Vertrauen
• Wir orientieren uns in Bildern	
• Wir entscheiden anhand von Bildern	• Sie steigern das „Wir-Gefühl"
• Bilder sprechen uns stark an	• Sie wirken auch nach außen
• Bilder fesseln uns	(idealerweise via Logo und Bilderwelten, die in einem CI-Prozess erarbeitet wurden)

Abb. 14.9 Die Bedeutung von Bildern in der Unternehmenskommunikation. (Quelle: in Anlehnung an Herbst und Scheier 2004)

Das Ziel der Unternehmenskommunikation muss es also sein, solche inneren, lebendigen Bilder des Unternehmens bei den Bezugsgruppen zu erzeugen bzw. an bereits existierende innere Bilder anzuknüpfen.

Dies gelingt, indem ein in sich stimmiges Bildkonzept als Bestandteil des Corporate Designs entwickelt und über einen längeren Zeitraum in sämtlichen kommunikativen Maßnahmen eingesetzt wird. Stimmige Bildkonzepte weisen z. B. charakteristische Farben und Farbharmonien sowie Formen oder Strukturen auf. Sie können sich aber auch vorrangig auf Personen (Mitarbeiter), auf Motive aus der Natur, aus dem Sport oder aus der Kunst etc. konzentrieren (vgl. Abb. 14.9).

Beispiel: Die Bildkommunikation der Deutschen Bank

Die Deutsche Bank engagiert sich seit mehr als 25 Jahren für zeitgenössische Kunst. Unter dem Motto „Kunst am Arbeitsplatz" erwirbt sie internationale Gegenwartskunst und präsentiert sie in Bankgebäuden und Ausstellungen auf der ganzen Welt. Außerdem können die Bilder in sämtlichen unternehmenseigenen Medien eingesetzt werden (vgl. Abb. 14.10 und 14.11).

Mit über 53.000 Werken gilt die Sammlung Deutsche Bank als weltweit größte und bedeutendste Corporate Collection. Sie besitzt zahlreiche Skulpturen und Plastiken in ihrer Unternehmenskollektion. Bekannte Beispiele sind die Granitskulptur „Kontinuität" des Schweizers Max Bill vor dem Frankfurter Hauptsitz der Bank oder die Kartonskulptur von Erwin Heerich im Büro des Vorstandsvorsitzenden.

Darüber hinaus unterstützt die Deutsche-Bank-Stiftung den künstlerischen Nachwuchs, indem sie z. B. den Jugend-Kunst-Preis und mehrere Stipendienprogramme und Wettbewerbe organisiert. Aus diesem reichhaltigen Fundus kann die Deutsche Bank ihre einzigartige Bilderwelt erzeugen und in der externen und internen Kommu-

Abb. 14.10 Egon Schiele (1890–1918) Liegendes Mädchen mit roter Bluse, 1908. Aquarell und Bleistift auf Papier. (Quelle: Sammlung Deutsche Bank)

Abb. 14.11 Skulptur von Anish Kapoor im Londoner Hauptsitz der Deutschen Bank. (Quelle: Sammlung Deutsche Bank)

nikation zielbewusst einsetzen. Die Werte der Deutschen Bank, wie kulturelle Vielfalt und ganzheitliche Bildung, können durch ihre anspruchsvolle Bilderwelt eindrucksvoll kommuniziert werden.

> **Beispiel: Politische PR durch Bilder**

In der Politikvermittlung tragen ritualisierte Gestaltungskonventionen von visuellen Präsentationselementen, Embleme für wiederkehrende Sendungssegmente, die immer gleichen Bilder politischer Akteure in den Fernsehnachrichten und im Wahlkampf, unterstützend dazu bei, Politik verständlich zu machen. Insbesondere die Formen der symbolischen Politikinszenierung kommen dabei als komplexitätsreduzierender Faktor zum Ausdruck. Bilder vorfahrender Limousinen bedeutender Staatenlenker und händeschüttelnde Politiker gehören zum Standardprogramm von politischen Informationssendungen. Spezifische Schlüsselbilder reduzieren komplexe politische Sachverhalte auf ein Foto, das auf einen breiteren Zusammenhang verweist. Kriterien sind hierbei die Personalisierung, aber auch Symbole und Stereotype, die seit Jahrzehnten kontinuierlich die Medienberichterstattung prägen (vgl. Petersen und Schwender 2009). Sie sind wirkungsmächtiger als verbale Äußerungen und vermitteln gestische Botschaften sowie emotionale Werte. Indem solche Pressefotos millionenfach um die Welt geschickt werden, dokumentieren sie einerseits politisches Handeln und werden andererseits selbst zum Instrument der Politik. Politiker wissen sehr genau um ihre Wirkungsmacht und versuchen derartige Schlagbilder als fokussierte Dokumente ihres erfolgreichen Tuns zu inszenieren. Dabei kommen sie der Bildästhetik und den Sehgewohnheiten der Rezipienten entgegen.

14.4.4 Bildmanipulation

Es liegt nahe, der Fotografie eine höhere Objektivität zuzuschreiben, als der Malerei. Die Kamera leistet eine Übertragung der Realität des Objektes mit Hilfe des Objektivs, so dass schließlich ein fertiges Foto entsteht.

- Bilder bieten kein authentisches Abbild der Welt. Schon die Auswahl des Motivs, die Bildgestaltung und der gewählte Bildausschnitt hängen von den jeweils subjektiven Präferenzen, Interessen und Sachzwängen des Fotografen ab.

Ein Bildausschnitt wird aus einem breiten Zusammenhang gerissen. Die Perspektive der Aufnahme, der Blickwinkel und der Zeitpunkt spielen eine wichtige Rolle bei der Auswahl. Auch die Dreidimensionalität des realen Gegenstandes kann durch die Fotoaufnahme nicht abgebildet werden. Gleichwohl kann gegebenenfalls von einer Ähnlichkeit zwischen dem Bild und dem abgebildeten Objekt gesprochen werden. Die Fotoaufnahme verweist auf ein Referenzobjekt, das eine spezifische Bedeutung besitzt. Im Fall sogenannter realistischer Bilder kann es also einen unmittelbaren Wirklichkeitsbezug geben, der das Aussehen des Gegenstandes in einer ähnlichen Form einfängt.

Das Misstrauen gegenüber dem Wahrheitsgehalt der Fotografie hat eine lange Tradition. Neben dieser Fundamentalkritik an der Bilderflut im Allgemeinen steht auch die Bildmanipulation im Besonderen im Zentrum der Kritik.

▶ Unter einer **Manipulation** wird eine Form der Beeinflussung verstanden, bei der der Beeinflussende andere Personen zu seinem eigenen Vorteil beeinflusst und Einflussmethoden wählt, die für andere nicht durchschaubar sind.

Sie ist also eine Verhaltensbeeinflussung zu fremdem Nutzen. Die Manipulation von Bildmaterial bedeutet die mit einer Täuschungsabsicht verbundene intentionale Veränderung von Informationen durch Auswahl, Zusätze oder Auslassungen.

Aus einer journalistischen Perspektive lassen sich kommerzielle Interessen, persönliche Profilierung, die Erfüllung von (scheinbaren) Rezeptionsbedürfnissen sowie die mangelnde oder oberflächliche Recherche aus Aktualitätsdruck benennen, die dazu führen können, Bilder zu manipulieren. Insgesamt lassen sich folgende Techniken aufzeigen, die Bildmanipulationen ermöglichen:

- Löschen bzw. Einfügen von Bildelementen,
- die strategische Wahl der Perspektive des Aufnahmestandpunktes,
- „Optimierung" durch Helligkeit, Schärfe, Kontrast,
- Fotoverwendung aus anderen Kontexten,
- falsche Beschriftung,
- Ästhetisierung,
- Fotokombinationen,
- Fotomontage,
- gestellte Aufnahmen,
- Retusche,
- digitale Bearbeitung.

Kombinationen dieser Punkte sind natürlich möglich. Fotos werden schließlich ebenso wie Texte redigiert. Häufig gilt, dass Bildmanipulationen nur durch eine Gegenüberstellung von Original und Kopie erkennbar sind (vgl. Schreitmüller 2005, S. 30). Dabei gilt: Bildmotive werden durch Informanten, Rechercheure, Reporter, Fotografen, Journalisten, Agenturen, Cutter, Redakteure und Verleger ausgewählt und gegebenenfalls bearbeitet. Diese bringen ihre Interessen und Sichtweisen ein und können dadurch ein Bild sukzessiv in der Form verändern, dass der Betrachter manipuliert wird.

▶ Bildmanipulationen sollen für den Leser erkennbar sein. Die Selbstverpflichtung zur Kennzeichnung durch das Wort "Montage" oder ein Zeichen, welches den Buchstaben "M" enthält, ist bereits gängige Praxis.

Insgesamt sind die Grenzen zwischen Retusche und unerlaubter Bearbeitung schwer zu ziehen, und es wird nicht immer benannt, welche konkreten Ergänzungen bei visuellen Motiven vorgenommen worden sind. Die Veränderung des Bildausschnittes oder die Verdunklung des Fotos gelten nicht als Montage, und die Verknüpfung von unterschiedlichen Motiven zu einem Bild wird vielfach nicht kenntlich gemacht. Insofern sind weitere Ausdifferenzierungen von Montagehinweisen erforderlich, um dieses Problem zu lösen.

14.4.5 PR-Bilder

Bilder verfügen in den Kommunikationsdisziplinen über unterschiedliche Funktionen. Während journalistische Fotos und Filme nach authentischen und neutralen Abbildungskriterien erstellt werden sollten, werden Visualisierungen in der Werbung primär dafür genutzt, um durch den Einsatz positiver Bilder die Konsumenten zum Produktkauf zu motivieren. Bei der PR steht der Imagegewinn des Unternehmens im Mittelpunkt des Interesses. Der Gebrauch von Bildern gehört auch hier zum täglichen Handwerk für die Presse- und Öffentlichkeitsarbeit. Unternehmen und Organisationen haben die Wirkungsmacht visueller Darstellungen für ihre Darstellung nach innen und außen längst erkannt. Journalisten sind permanent auf der Suche nach geeigneten Visualisierungen zu Unternehmen, Produkten, Führungskräften, Logos und Grafiken und nutzen dieses Material für ihre eigenen Berichte (vgl. Deg 2012, S. 146). PR-Kampagnen ohne Bilder, die Emotionen erzeugen, sind nicht vorstellbar (vgl. Spiller et al. 2011, S. 19). Die kreative Inszenierung von Bildern stellt schließlich die stärksten Träger von Botschaften und Emotionen dar (vgl. Meyer 2007, S. 174).

Die Verbreitung von PR-Bildern in Imagebroschüren, Geschäftsberichten und Presseinformationen kann positiv dazu beitragen, die Reputation und das Image des Unternehmens zu beeinflussen (vgl. Lobinger 2012, S. 100 ff.). Sie wirken durch emotionale Botschaften und Assoziationen, geben der Organisation ein Gesicht. Die visuelle Pressearbeit ist insgesamt ein wichtiger Baustein für den Erfolg des Unternehmens (vgl. Herbst 2012, S. 23).

14.4.6 Fazit: Bilder unterstützen Text

Es hat sich gezeigt, dass Bilder als visuelle Informationsträger von Sachverhalten ein hohes Wirkungspotenzial besitzen. Die suggestive Kraft der Bilder kann dazu führen, dass eine kritische Distanz gegenüber den angebotenen Motiven verloren geht. Das gilt vor allem dann, wenn den Rezipienten die Kompetenz fehlt, die visuelle Logik von Bildbearbeitungen zu entschlüsseln und dadurch die inszenierende und manipulierende Wirkungskraft als solche nicht erkennen.

PR-Bilder, die für Journalisten gemacht worden sind, sollten zuverlässig sein. Es ist hilfreich, wenn die Entstehungsbedingungen der Dokumente transparent gemacht werden und die Quellen überprüfbar benannt werden. Nur so kann die Pressearbeit mit Bildern im Rahmen der Unternehmenskommunikation effektiv und glaubwürdig agieren.

14.5 Verpackung

Christina Vaih-Baur

14.5.1 Definition von Verpackung 489
14.5.2 Welche Funktionen übernimmt eine Verpackung? 490
14.5.3 Arten von Verpackungen 491
14.5.4 Einordnung der Verpackung in die Unternehmenskommunikation 492
14.5.5 Fazit: Verpackungen als imageprägendes Element der
       Unternehmenskommunikation 492

Leitfragen
1. Was ist eine Verpackung?
2. Welche Funktionen übernimmt eine Verpackung?
3. Welche kommunikativen Aufgaben erfüllt eine Verpackung?
4. Welche Rolle spielt die Verpackung in der Unternehmenskommunikation?

Die Bedeutung von Verpackungen geht weit über ihre Schutzfunktion für Produkte hinaus. Wenn man an die typische Coca-Cola-Flasche, die Flasche von Odol oder auch das Nutella-Glas denkt, wird bereits deutlich, dass die Verpackung auch über ihre werbliche Informationsfunktion hinausgeht. Sie ist Teil des Imagebildungsprozesses und gehört damit zur PR im weiteren Sinne.

14.5.1 Definition von Verpackung

Unter einer Verpackung ist prinzipiell die äußere Umhüllung eines Produkts zu verstehen. Aus Produktionssicht besteht sie aus Packmitteln und Packhilfsmitteln und beinhaltet das Packgut. Packmittel bestehen beispielsweise aus Papier, Wellpappe, Kunststoff, Metall oder Glas. Aktuell besteht ein Fokus von Forschungen in der Industrie, in Hochschulen oder anderen Zentren auf die Entwicklung von Packmitteln aus erneuerbaren, möglichst biologisch abbaubaren Stoffen. Auch bei den sogenannten Packhilfsmitteln steht das Thema Nachhaltigkeit im Fokus der Produktion. Zu den Packhilfsmitteln gehören etwa Klebebänder und -stoffe, Einlagen aus Papier oder Kunststoff oder auch Schaumstoffe. Das fertig verpackte Produkt wird als Packung oder Packstück bezeichnet (vgl. Vaih-Baur 2010, S. 9).

C. Vaih-Baur
MHMK Macromedia Hochschule für Medien und Kommunikation, Stuttgart, Deutschland
E-Mail: c.vaih-baur@mhmk.org

Produkte wie Lebensmittel, Kosmetika oder Arzneimittel werden abhängig von ihrer Beschaffenheit und gewünschten kommunikativen Wirkung, beispielsweise verpackt in:

- Faltschachteln oder Kartons,
- Beuteln (Papier oder Kunststoff),
- Bechern,
- Dosen,
- Flaschen,
- Schalen,
- Tuben,
- Siegelrandbeuteln
- Ampullen, Fläschchen,
- Blistern,
- Kartuschen,
- Aerosoldosen,
- Eimern, Kanistern,
- Fässern etc. (vgl. Koppelmann 2001, S. 505; Neue Verpackung 2008, S. 84, 132–133).

14.5.2 Welche Funktionen übernimmt eine Verpackung?

Eine Verpackung kann verschiedenste Funktionen aufweisen. Es lassen sich folgende Funktionen unterscheiden (vgl. Hansen et al. 2001, S. 180–193; Koppelmann 2001, S. 671–672; Neue Verpackung 2008, S. 132–133):

- Schutzfunktion,
- Dimensionierungsfunktion,
- Kommunikationsfunktion,
- Informationsfunktion,
- Gebrauchsunterstützungsfunktion,
- Rationalisierungsfunktion,
- Umweltschutzfunktion.

Von Interesse ist im Kontext von PR als Unternehmenskommunikation die Kommunikationsfunktion, die im Folgenden näher betrachtet wird.

Aus kommunikationstheoretischer Sicht ist eine Verpackung mehr als eine reine Schutzhülle von Dingen. Sie repräsentiert das Produkt nach außen. Ohne Verpackungen wäre viele Produkte nackt und gesichtslos. Erst deren aufwändige und oftmals kostspielige Hülle macht sie zum begehrenswerten Gut.

> Eine Verpackung hat die Aufgabe, die positiven Produktleistungen, Bestandteile und Inhaltsstoffe von Waren hervorzuheben.

Selbstverständlich soll die Verpackung das Produkt von Konkurrenzangeboten differenzieren und dabei den Konsumenten zum Kauf animieren. Eine markenspezifische und sinnlich ansprechende Ästhetik sollte dabei den Kunden auf das Angebot aufmerksam machen. Wichtig ist hierbei der Einsatz von stimmigen Zeichen und Codes in der Verpackungsgestaltung, denn nur so erkennt ein Konsument die erwünschten Markenwerte. Die Verpackung hat insbesondere bei Luxuswaren wie teuren Parfums oder Kosmetika, aber auch bei Uhren einen hohen ästhetischen Anspruch. Sie spielt hier eine wichtige Rolle, da sie die symbolische Bedeutung dieser Produkte ganz besonders unterstützt. Sie dient der Markenidentifikation und der Etablierung eines anvisierten Images. Zudem dient die Verpackung auch der Selbstdarstellung der Konsumenten. Durch die Verwendung einer bestimmten Marke zeigt der Konsument der Umwelt seine Werte und Einstellungen.

▸ Die Verpackung ist somit ein zentrales Medium, um die Zugehörigkeit eines Produktes zu einer Marke bzw. zu einem Markenunternehmen aufzuzeigen (vgl. Vaih-Baur 2010, S. 20).

14.5.3 Arten von Verpackungen

Eine Verpackung kann viele Aufgaben erfüllen. Daher gibt es unterschiedliche Bezeichnungen. Üblicherweise wird hierbei dem Begriff Verpackung ein entsprechendes Bestimmungswort vorangestellt, um einen spezifischen Verwendungszweck oder eine Eigenschaft der Verpackung aufzuzeigen. Es kann z. B. untergliedert werden nach der Anzahl der Umläufe in Einweg- oder Mehrwegverpackung oder nach der Eigentumsart in Leih-, Miet- oder Pfandverpackung (Vaih-Baur 2010, S. 12).

Kotler unterscheidet im Hinblick auf Konsumgüter verschiedene mehrstufig zusammen gesetzte Arten von Verpackungen (vgl. Kotler und Bliemel 2001, S. 764):

a. Die Grundverpackung stellt das unmittelbare Produktbehältnis dar. Sie wird aus unterschiedlichsten Materialien und Formen gebildet. Eine Parfumflasche, in der ein Duft abgefüllt ist, ist z. B. eine Grundverpackung.
b. Die Außenverpackung ist das Material, das die Grundverpackung schützend umhüllt. Sie wird vor der Produktverwendung entfernt. Im Falle eines Parfums ist dies beispielsweise eine Pappschachtel oder eine Kunststoffbox. Sie bietet einen weiteren Schutz und Platz für die Markierung oder Werbebotschaften.
c. Die Versandverpackung ist die für die Lagerung, Kennzeichnung und den Transport nötige Verpackung. Beispielsweise werden Parfumflaschen in einem Karton mit Wellpappe mit 20 Einheiten verschickt.
d. Zudem stellt die Etikettierung ein Teil der Verpackungsgestaltung dar. Ein Etikett erfüllt nicht nur Dekorationszwecke auf der Grund- und Außenverpackung. Es dient vielmehr auch der Information und Sicherheit. Es kann unterschiedliche Formen aufweisen und nur den Markennamen oder auch umfangreichere, z. T. auch gesetzlich

vorgeschriebene Angaben enthalten. Neben dem Marketingaspekt, den ein schön gestaltetes Label für eine Marke innehat, werden die formbaren Aufkleber auch für den Fälschungs- und Manipulationsschutz eingesetzt. Die Weiterentwicklung der Drucktechnik ermöglicht es hier, neue Funktionen in das Etikett zu integrieren. Ein Beispiel sind hierfür sind sogenannte Shrink Sleeves, das sind Schrumpfetiketten, die unter Hitzeeinwirkung über Kunststoffflaschen gezogen werden (vgl. Vaih-Baur 2010, S. 14).

14.5.4 Einordnung der Verpackung in die Unternehmenskommunikation

Die Gestaltung einer Verpackung ist im Corporate Design eines Unternehmens verankert. Das Corporate Design und die Führung der Marken ist Bestandteil der Unternehmenskommunikation, die sich an der Identität des Unternehmens und den identifizierten Stakeholdern orientiert. Zahlreiche Markenunternehmen bauen ihre gesamte Kommunikationsstrategie auf eine spezifische, markenrechtlich geschützte Verpackungsgestaltung auf. Hierzu gehört z. B. das Unternehmen Coca Cola. Die klassische Coca-Cola-Glasflasche ist Ausgangspunkt für unterschiedlichste kommunikative Maßnahmen. Ein anderes klassisches Beispiel stellt die Verpackung der berühmten Nivea-Dose vom Unternehmen Beiersdorf dar. Am Beispiel der Marke Persil ist zu erkennen, dass die bedeutenden Gestaltungsmerkmale der Packung in den letzten Jahrzehnten nur gering verändert wurden (vgl. Abb. 14.12). Der Farbcode grün-weiß-rot blieb immer erhalten. 1973 wurde die grüne Wortmarke in rote Buchstaben verwandelt. Seit Mitte der 80er Jahre wird die Verpackungsgestaltung durch das grüne "Energiegeld" erweitert und bis heute fortlaufend erneuert (vgl. Morwind et al. 2005, S. 629).

Ein aktuelles Beispiel, das jüngere Zielgruppen anspricht, sind die Tüten von der Modemarke Abercrombie und Fitch. Hierauf sind die Wortmarke sowie ein halbnacktes (männliches) sehr durchtrainiertes Modell abgebildet. Diese Verpackung spiegelt die Markenwerte von Abercrombie und Fitch deutlich wieder: Nur schöne, sportliche und schlanke junge Menschen tragen diese Mode.

14.5.5 Fazit: Verpackungen als imageprägendes Element der Unternehmenskommunikation

Verpackungen sind mehr als der Transport- und/oder Hygieneschutz eines Produkts. Sie sind Teil des Kaufprozesses und der Imagebildung zugleich, der nicht zu unterschätzen ist: Der Anteil der „Instore-Decisions" – also der Entscheidungen für oder gegen den Kauf eines Produktes, die erst im Laden getroffen werden – betragen 40 bis 70 %, je nach Konsumenten, Produkten und Situation, in der die Konsumenten einkaufen (vgl.

Gröppel-Klein 2006, S. 674). Damit übernimmt die Verpackung eine wichtige Rolle im Wahrnehmungsprozess und ist Teil der Marketingkommunikation, sofern sie zur Kaufentscheidung beiträgt und wird Teil des Imagebildungsprozesses, indem die Verpackung das Leistungsversprechen komprimiert, das Hersteller und gegebenenfalls Handel für das Produkt geben.

14.6 Kreativitätstechniken und PR-Management

Jan Lies

14.6.1 Management und Kreativität 493
14.6.2 Kreativitätstechniken 495

> **Leitfragen**
> 1. Was hat Kreativität mit Management zu tun? Schließt planvolles Handeln des Managements die Kreativität aus?
> 2. Welche Beispiele für Kreativitätstechniken lassen sich nennen?

Es heißt oft, dass Kommunikation im Allgemeinen oder Public Relations im Speziellen auch eine kreative Funktion habe. Diese Kreativität ist vor allem dann wichtig, wenn es um die Umsetzung von Strategien auf der taktischen und operativen Ebene geht. „Kreativität im Rahmen der Öffentlichkeitsarbeit heißt, angesichts bestimmter Zielvorstellungen und einem komplexen Geflecht von einschränkenden Bedingungen – von der Forderung nach Wirtschaftlichkeit bis zur juristischen Absicherung – Lösungen für vielfältige Kommunikationsaufgaben zu finden. (…) Für die Organisation oder Institution geht es also darum, für ein kreatives Potenzial innerhalb ihrer Öffentlichkeitsarbeit zu sorgen, die Bedingungen zu schaffen, dass es sich entfalten kann, und es zu fördern." (Neske 1977, S. 206)

14.6.1 Management und Kreativität

„Das lateinische Wort ‚creatio' (die Schöpfung), beziehungsweise ‚creare' (etwas erzeugen, schöpfen) ist die Wurzel des deutschen Wortes ‚Kreativität' (…). Als einer der Pioniere der modernen Kreativitätsforschung gilt Joy Paul Guilford (1897–1987), der 1949

J. Lies
FOM Hochschule für Oekonomie & Management, Essen, Deutschland
E-Mail: jan.lies@fom.de

Präsident der American Psychological Association wurde, und sich ab den 1950er Jahren nicht nur mit Intelligenz, sondern auch mit Kreativität intensiv beschäftigte. Er arbeitete an der Definition und Messbarmachung der Kreativität." (Boos 2007, S. 6 f.) Wissenschaftler halten fest, dass kreatives Denken von folgenden Aspekten geprägt wird (vgl. Boos 2007, S. 7):

- In alle Richtungen denken,
- themenübergreifend Ideen sammeln,
- auf vorschnelle (Selbst-)Kritik verzichten,
- Altbewährtes in Frage stellen und
- alle Ideen zulassen – auch scheinbar widersinnige oder unrealisierbare.

▶ „**Kreativität** ist die menschliche Eigenschaft, neue Problemlösungen für bereits bekannte oder neue Aufgabenstellungen zu erzeugen (produktive Kreativität), um völlig neue ordinäre Ideen hervorzubringen (expressive Kreativität)." (Boos 2007, S. 7)

Die Definition der Kreativität zeigt, dass sie zur Problemlösung beitragen und damit grundsätzlich das Management unterstützen kann:

- **Methodik zur Maßnahmenentwicklung**: Kreativität ist zunächst eine Kompetenz, um im Entwicklungsprozess von Lösungsmöglichkeiten schneller und besser zu Maßnahmenvorschlägen zu gelangen. Ob die vorgeschlagenen Maßnahmen aus Wirkungssicht selbst kreativ sind, ist dann eine zweite Frage.
- **Bessere Wirkung durch Kreativität**: Kreativität kann darüber hinaus als Methodik der entwickelten Maßnahmen verstanden werden, indem sie die Wirkung der Lösungsbeiträge auf den drei Kommunikationswirkungsebenen – Information, Edukation, Emotion – verbessert. Beispielsweise für eine spezifische Kommunikationsmaßnahme auf Informationsebene oder eine Kampagne, die alle drei Ebenen umfasst (Boos 2007, S. 11 ff.).
- **kreativitätsfördernd**:
  - geistige Beweglichkeit
  - aktives Problembewusstsein
  - Mut
  - Allgemeinbildung
  - Fachwissen
  - Humor
  - Sicherheit
  - Freiraum
  - körperliche und geistige Fitness
  - Lebenserfahrung
  - Selbstvertrauen

- **kreativitätshemmend**:
  - Angst
  - Denkverbote
  - Zeitdruck
  - Perfektionismus
  - Aggressivität
  - falsche Technik
  - mangelnde Umsetzung
  - Schlafmangel

14.6.2 Kreativitätstechniken

Im Folgenden werden diese Kreativitätstechniken vorgestellt:

- Brainstorming
- Brainwriting Pool
- Kartenmethode
- 6-3-5-Methode
- Mindmapping

Brainstorming: „Das Brainstorming ist eine der ältesten und am häufigsten eingesetzten Kreativitätstechniken. Alex Osborn (1888–1966) gilt als Erfinder dieser Methode, die den Synergieeffekt nutzt, der sich einstellt, wenn die Suche nach Ideen und Problemlösungen nicht von Einzelpersonen, sondern einer Gruppe erfolgt." (Boos 2007, S. 31 f.) Er formulierte die Grundsätze des Brainstormings bereits in den 1930er Jahren (vgl. Boos 2007, S. 32):

- **Einführung**:
  - Zu einem Brainstorming werden ca. fünf bis zwölf Personen eingeladen.
  - Der Moderator erläutert Grundlagen und Regeln: Es handelt sich um ein gruppenbezogenes Instrument mit Moderator und Protokollführer.
  - Das Brainstorming ist besonders geeignet, um den ersten Einstieg in ein Problemfeld zu finden.
  - Der Moderator gibt das Ziel des Brainstormings bekannt: Zum Beispiel könnte der Auftrag anlässlich der Einführung eines neuen Produkts lauten, Ideen für die werbliche Kommunikation zu entwickeln.
  - Wichtigste Regel: Alle Ideen sind erlaubt. Die Teilnehmer nennen sie, und sie werden am Flipchart gesammelt.
  - Es findet keine negative Kritik an geäußerten Ideen statt.
- **Ideensammlung**:
  - Nach der Einführung sind alle Teilnehmer gefordert, ihre spontanen Eingebungen, Ideen und Einfälle mündlich zu äußern.

- Der Moderator sorgt dafür, dass jeder zu Wort kommt, dass keine Ideen verloren gehen und dass nicht unerträglich durcheinander geredet wird.
- Die Wortbeiträge werden vom Protokollanten oder vom Moderator am Flipchart notiert, sodass alle Teilnehmer vor Augen haben, welche Ideen bereits im Raum stehen.
- **Auswertung**:
  - In dieser dritten Stufe des Brainstormings werden die Ideen gesichtet, strukturiert, bewertet und priorisiert. Diesen Prozess leitet der Moderator.
  - Nach dieser Meinungsbildung können nun konkret Problemlösungen auf Basis der gesammelten Ideen entwickelt werden.

Brainwriting Pool: Der Brainwriting Pool ist eine schriftliche Form des Brainstormings. Sie kann während eines Meetings oder auch als Bestandteil des Brainstormings eingesetzt werden:

- **Einführung**:
  - Wie beim Brainstorming. Gegebenenfalls wird das Brainstorming mit dem Brainwriting Pool fortgesetzt.
  - Jeder bekommt einen Bogen Papier oder Karteikarten.
- **Ideensammlung**:
  - Jeder wird aufgefordert, seine Idee mit einem Stichwort zu formulieren oder mit einem kurzen Satz zu erklären und auf dem Bogen Papier zu notieren. Alternativ: Es wird je ein Gedanke je Karteikarte notiert.
  - Fällt einem Teilnehmer nichts mehr ein, legt er Papier bzw. Karteikarte in die Mitte des Tisches (Brainwriting Pool) und nimmt sich das Blatt eines anderen Teilnehmers aus dem Pool.
  - Nun kann entweder mit der Brainwriting-Pool-Methode weitergearbeitet werden, oder es schließt sich ein erneutes Brainstorming an.
- **Auswertung**: wie beim Brainstorming

Kartenmethode: Auch diese Methode ist eine schriftliche Form des Brainstormings. Hier notieren die Teilnehmer ihre Ideen stichwortartig auf Karten und heften sie an eine Pinnwand. Das hat den Vorteil, dass auch Teilnehmer, die nicht gerne vor großen Gruppen das Wort ergreifen, ihre Beiträge beisteuern (vgl. im Folgenden Noack 2005, S. 54 f.):

- **Einführung**:
  - Wie beim Brainstorming.
  - Das zentrale Thema und/oder Unterthemen werden an einer Pinnwand notiert, sodass es alle vor Augen haben.
  - Jeder bekommt eine Anzahl vor Karten (Karteikarten, DIN-A-5 Zettel oder Ähnliches).
- **Ideensammlung**:
  - Es liegt beim Moderator, ob er die Themenstellung gliedert und beispielsweise Unterthemen festlegt oder ob er das Kernthema an der Pinnwand notiert.

- Die Teilnehmer werden aufgefordert, in einem vorgegebenen Zeitraum von beispielsweise zehn Minuten, ihre Ideen auf ihren Karten/Zetteln stichwortartig zu notieren.
- Der Moderator sammelt sie nach Ablauf der Frist ein und heftet sie an die Pinnwand.
• **Auswertung**:
- Dann werden Karten mit ähnlichen oder gleichen Beiträgen zusammengehängt, sodass Cluster mit ähnlichen Ideen entstehen.
- Je nach Thema und Ideen können nun Rangfolgen oder andere Bewertungen stattfinden und beispielsweise Lösungsschritte mit den Teilnehmern erarbeitet werden.

6-3-5-Methode: Diese Methode ist eine Variante des Brainwritings, die als schnelles und unkompliziertes Instrument arbeitet. Der Name leitet sich aus der Methode ab: Sechs Personen entwickeln drei Ideen in fünf Minuten (vgl. im Folgenden Boos 2007, S. 48 ff.).

• **Einführung**:
- Es werden sechs Teilnehmer eingeladen (im Idealfall).
- An die Teilnehmer wird ein vorbereitetes Blatt Papier ausgeteilt, auf dem sich jeweils eine Blankotabelle befindet. Diese besteht aus drei Spalten und sechs Zeilen.
- Der Moderator erklärt, um welche Thematik es bei dem Treffen geht.
• **Ideensammlung**:
- Der Moderator fordert die Teilnehmer auf, in der ersten Reihe der Tabelle jeweils eine Idee als Lösung der Problemstellung zu notieren.
- Hierfür bekommen sie eine Zeitvorgabe (etwa fünf Minuten).
- Danach geben sie ihr Blatt an ihren jeweiligen Nachbarn weiter.
- Dieser fügt nun in der nächsten Zeile drei Ideen hinzu, die sich aus den Einfällen seines Vorgängers ableiten, daran anknüpfen oder ganz eigene Ideen darstellen können.
- Dieser Vorgang wird insgesamt fünfmal wiederholt, sodass alle Teilnehmer ihre Ideen zur Problemlösung in den vorbereiteten Zeilen beisteuern.
• **Auswertung**:
- Nachdem alle Teilnehmer ihre Lösungsbeiträge notiert haben, werden die vollständig ausgefüllten Tabellen an alle Teilnehmer verteilt.
- Sie werden gebeten, die aus ihrer Sicht beste Lösung anzukreuzen oder Punktwerte beziehungsweise Schulnoten zu vergeben.

Mindmapping: (Vgl. im Folgenden Boos 2007, S. 36 ff.) Hierbei geht es methodisch darum, ein zentrales Thema mit Hilfe von Baumstrukturen in relevante Themen und Zusammenhänge zu gliedern (vgl. Abb. 14.13). Der Vorteil der Mindmap, also die Erstellung einer „Gedanken-Landkarte", beruht darauf, „dass Wissen bildhaft strukturiert und auf verschiedenen Ebenen abgebildet wird. Als ihr Erfinder gilt der britische Psychologe und Mentaltrainer Tony Buzan." (Boos 2007, S. 36) „Da Denkprozesse keine linearen Vorgänge sind, entspricht Mindmapping in besonderem Maße dem menschlichen Denken. Als Arbeitstechnik kann sie unter Aktivierung der Leistung beider Hemisphären des Gehirns die assoziativen Strukturen individuellen

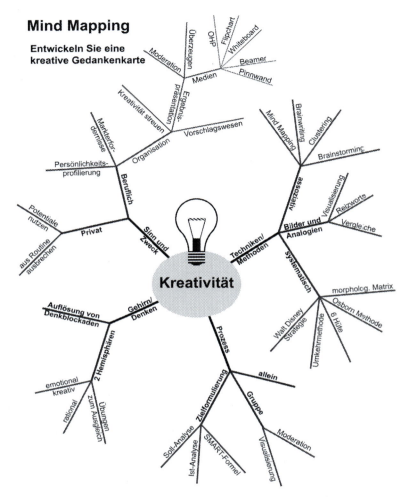

Abb. 14.13 Mindmapping. (Quelle: in Anlehnung an Noack 2005, S. 62 f.)

Denkens greifbar machen (Noack 2005, S. 60 f.). Es kann „zwischen verschiedenen Gedankengängen hin und her gesprungen werden, Gedanken können sich gegenseitig inspirieren und all dies in organischer Form gefördert und gesichert werden." (Noack 2005, S. 60 f.)

Diese Struktur einer Mindmap kann helfen,

- relevante Themenfelder zu erfassen,
- wichtige Zusammenhänge herauszufiltern und
- mit Hilfe von Themen und Zusammenhängen neue Ideen zu entwickeln.

- **Thema definieren**:
  - Zum Mindmapping werden Einzelpersonen oder Kleingruppen eingeladen.
  - Bevor das eigentliche Mindmapping beginnt, muss das Problem mit Hilfe von Kernbegriffen beschrieben werden.
  - Auf einem großen Blatt Papier oder auf einem Flipchart wird ein oder werden mehrere Kernbegriffe notiert, die die Problemstellung zentral beschreiben.
  - Den Begriff oder die Begriffe haben dann die Teilnehmer vor Augen.
  - Der Moderator formuliert für die Teilnehmer, worin das Ziel des Mindmappings besteht und stellt die notierten Schlagworte vor. Es kann allein um die Strukturierung von Wissen gehen, aber auch die Ideenentwicklung für Maßnahmen entlang dieser Strukturen.
- **Gemeinsam das Thema strukturieren**:
  - Mit den in der Einführung notierten Kernbegriffen startet nun die Kleingruppe.
  - Wie bei der Entwicklung von Entscheidungsbäumen, werden von diesen Kernbegriffen mit Hilfe von Ästen Themen notiert, die die Gruppe spontan mit dem Kernbegriff verbindet.
  - So entsteht nach und nach ein Geäst, das zentrale Unterthemen aufzeigt, die mit dem Kernbegriff in Verbindung stehen.
- **Auswertung**:
  - Es entsteht relativ schnell eine Vielzahl von Themen, die zusammen mit dem Kernbegriff einen verästelten Baum bilden.
  - Je nach Zielsetzung ist nun nach Systematisierungen zu suchen: Wichtigkeit, Problemlösungen, neue Ideen.

Literatur

Ballensiefen, M. (2009). *Bilder machen Sieger – Sieger machen Bilder. Die Funktion von Pressefotos im Bundestagswahlkamp 2005*. Wiesbaden.

Bazon, B. (2002). Strategien der Ästhetik. In Gesammelte Schriften (Hrsg.), 1991 – 2002, *Ästhetik des Unterlassens, Kritik der Wahrheit – wie man wird, der man nicht ist*. Köln.

Bonsiepe, G. (2009). *Entwurfskultur und Gesellschaft: Gestaltung zwischen Zentrum und Peripherie*. Basel.

Boos, E. (2007). *Das große Buch der Kreativitätstechniken*. München.

Bruhn, M. (2013). *Kommunikationspolitik. Systematischer Einsatz der Kommunikation für Unternehmen*. München.

Deg, R. (2012). *Basiswissen Public Relations. Professionelle Presse- und Öffentlichkeitsarbeit*. Wiesbaden.

Faulstich, W. (2000). *Grundwissen Öffentlichkeitsarbeit*. München.

Geise, S. (2011). *Vision that matters. Die Funktions- und Wirkungslogik Visueller Politischer Kommunikation am Beispiel des Wahlplakates*. Wiebaden.

Grobe, P., Kugler, P., & Thum, L. (2013). Semesterarbeit zum Thema Mobile Applikation im Studiengang Medien- und Kommunikationsdesign, MHMK Macromedia Hochschule für Medien und Kommunikation, Campus Köln (betreut durch Oliver Schwarz).

Gröppel-Klein, A. (2006). Point-of-Sale-Marketing. In Zentes (Hrsg.), *Handbuch Handel* (S. 674–692). Wiesbaden.
Hansen, U., Hennig-Thurau, T., & Schrader, U. (2001). *Produktpolitik*. Stuttgart.
Herbst, D. (2007). *Public relations*. Berlin.
Herbst, D. (2012). *Bilder, die ins Herz treffen. Pressefotos gestalten, PR-Bilder auswählen*. Bremen.
Herbst, D., & Scheier, C. (2004). *Corporate Imagery – Wie Ihr Unternehmen ein Gesicht bekommt*. Berlin.
Kastner, S. (2008). *Klang macht Marken*. Wiesbaden.
Koppelmann, U. (2001). *Produktmarketing. Entscheidungsgrundlagen für Produktmanager*. Berlin.
Kosfeld, C. (2004). Sound Branding – eine strategische Säule erfolgreicher Markenkommunikation. In D. M. Boltz & W. Leven (Hrsg.), *Effizienz in der Markenführung* (S. 44–57). Hamburg.
Kotler, P., Keller, K. L., & Bliemel, F. (2007). *Marketing-Management, Strategien für wertschaffendes Handeln*. München.
Kroeber-Riel, W. (1996). Bildkommunikation. *Imagerystrategien für die Werbung*. München.
Lies, J. (2015). *Theorien des PR-Managements*. Wiesbaden: Springer Gabler (im Druck).
Lobinger, K. (2012). *Visuelle Kommunikationsforschung. Medienbilder als Herausforderung für die Kommunikations- und Medienwissenschaft*. Wiesbaden.
Maturana, H., & Varela, F. (1987). *Der Baum der Erkenntnis: Die biologischen Wurzeln des menschlichen Erkennens*. Bern.
McLuhan, M. (1994). *Die magischen Kanäle: Understanding Media*. Dresden.
Meyer, J.-U. (2007). *Kreative PR*. Konstanz.
Morwind, K., Koppenhöfer, J. P., & Nüßler, P. (2005). Markenführung im Spannungsfeld zwischen Tradition und Innovation: Persil – Da weiß man, was man hat. In H. Meffert, C. Burmann, & M. Koers (Hrsg.), *Markenmanagement. Identitätsorientierte Markenführung und praktische Umsetzung* (S. 621–647). Wiesbaden.
Müller, M. G. (2014). *Grundlagen der visuellen Kommunikation*. Konstanz.
Neske, F. (1977). *PR-Management*. Gernsbach.
Neue Verpackung. (2008). *Neue Verpackung. Branche im Fokus*. Heidelberg.
Noack, K. (2005). *Kreativitätstechniken. Schöpferisches Potenzial entwickeln und nutzen*. Berlin.
Petersen, T., & Schwender, C. (2009). *Visuelle Stereotype*. Köln.
Schreitmüller, A. (2005). *Alle Bilder lügen. Foto-Film-Fernsehen-Fälschung*. Konstanz.
Spiller, R., Vauh-Baur, C., & Scheurer, H. (2011). *PR-Kampagnen*. Konstanz.
Vaih-Baur, C. (2007a). *Multisensuelles Produktdesign. Über die Stimmigkeit der Gestaltungsmittel bei Marken*. Stuttgart.
Vaih-Baur, C. (2007b). Sinnlich stimmig. In *designreport 9/07* S. 68–70.
Vaih-Baur, C. (2010). Die Verpackung als Marketinginstrument – Anforderungen und Funktionen. In C. Vaih-Baur & S. Kastner (Hrsg.), *Verpackungsmarketing*. Frankfurt a. M.

Links

www.designcouncil.org.uk/Documents/Documents/Publications/Research/TheValueOfDesignFactfinder_Design_Council.pdf. Zugegriffen: Dez. 2013.
www.german-design-council.de/fileadmin/Bilder/Design_Deutschland/Documents/Studie_Die_Schoenheit_des_Mehrwertes.pdf. Zugegriffen: Dez. 2013.
http://www.german-design-council.de/fileadmin/Bilder/Design_Deutschland/Documents/Studie_Die_Schoenheit_des_Mehrwertes.pdf.
http://www.designcouncil.org.uk/Documents/Documents/Publications/Research/TheValueOfDesignFactfinder_Design_Council.pdf. Zugegriffen: Dez. 2013.

http://www-03.ibm.com/ibm/history/exhibits/logo/logo_1.html. Zugegriffen: 28. Feb. 2014.
http://www.neatorama.com/2008/02/07/the-evolution-of-tech-companies-logos/. Zugegriffen: 28. Feb. 2014.
www.deutsche-bank.de.
www.deutsche-bank-stiftung.de.
www.spiegel.de.

Dr. Christof Breidenich stellv. Studiengangleiter Medien- und Kommunikationsdesign, Lehrgebiet Designmanagement, Mediendesign, an der Macromedia Hochschule für Medien und Kommunikation, Köln.

Prof. Dr. Jan Lies Professor für Allgemeine Betriebswirtschaft, insbesondere Unternehmenskommunikation und Marketing an der FOM Hochschule für Oekonomie & Management, Essen.

Dr. Hans Scheurer Professur Medienmanagement, Lehrgebiet PR und Kommunikationsmanagement an der Macromedia Hochschule für Medien und Kommunikation, Köln.

Prof. Dr. Christian Schicha Professor für Medien- und Kommunikationsmanagement, Mediadesign Hochschule für Design und Informatik, Düsseldorf.

Prof. Dr. Ralf Spiller Akademischer Direktor Campus Köln, Professur Medienmanagement, Lehrgebiet PR und Kommunikationsmanagement, Macromedia Hochschule für Medien und Kommunikation, Köln.

Prof. Dr. Christina Vaih-Baur Professorin für Medienmanagement, Medien- und Kommunikationsdesign, Lehrgebiet PR und Kommunikationsmanagement, an der Macromedia Hochschule für Medien und Kommunikation, Stuttgart.

Unternehmenskultur und Public Relations 15

Inhaltsverzeichnis

15.1 Unternehmenskultur 504
Jan Lies
15.2 Diversity Management und Public Relations 508
Jan Lies
15.3 Unternehmensethik und Kodizes 514
Christian Schicha
15.4 Unternehmenskultur und Ethik 522
Michael Kleinjohann und Jan Lies
15.5 Unternehmenskultur und Ethik – auch eine Frage der Rechtsform 528
Jan Lies
15.6 Unternehmenskultur und Ethik – Integritätsstrategien 533
Jan Lies
15.7 Innovation und Public Relations 542
Jan Lies

Literatur 548

In diesem Buch wird betont, dass PR und Unternehmenskommunikation nicht auf Kommunikation als „geplante Mitteilungshandlung" zu reduzieren ist. Viele Unternehmen und andere Organisationen leben in der Tat auch einen weiter gefassten Kommunikationsbegriff, indem die Prägung der Unternehmenskultur ein wesentlicher Teil der internen Kommunikation und damit auch der PR ist. Leitbildprozesse sind hier ein zentrales Instrument, um Einfluss auf die Unternehmenskultur zu nehmen, die sich nicht exakt steuern, aber eben doch prägen lässt. Damit wird PR-Management zu einem Teil von Behavioral Economics, den verhaltenswissenschaftlichen Wirtschaftswissenschaften, indem es das Verhalten von Organisationen prägt. Dabei stehen oft Fragen wie der Umgang mit ethischen Fragen im aktuellen Vordergrund. Aber auch die Frage, wie sich Unternehmen „innovationsoffen" aufstellen, gehört hierzu.

15.1 Unternehmenskultur

Jan Lies

15.1.1 Public Relations und Organisationskultur 504
15.1.2 Definition: Unternehmenskultur 505
15.1.3 Die Kulturebenen 505
15.1.4 Fazit: Aufgabe und Gestaltungsmöglichkeiten der Kultur 506

> **Leitfragen**
> 1. Welche Rolle sollte PR in Bezug auf die Organisationskultur spielen?
> 2. Was ist Unternehmenskultur?
> 3. Welche Kulturebenen lassen sich unterscheiden?
> 4. Welche Aufgaben hat Unternehmenskultur? Was hat sie mit Reputation zu tun und was ist bei ihrer Gestaltung zu berücksichtigen?

„Welche Normen und Werte halten uns zusammen und welche ungeschriebenen Gesetze prägen unser Handeln?" – So lautet eine Frage, die im Rahmen der Corporate Identity bearbeitet wird. Diese Normen und Werte sind ein prägendes Element der Unternehmenskultur. Was hat dies mit PR- und Kommunikationsmanagement zu tun?

15.1.1 Public Relations und Organisationskultur

Bereits in den ersten Diskussionsbeiträgen zu Public Relations in Deutschland findet sich die Bedeutung der Unternehmenskultur für das PR- und Kommunikationsmanagement.

Carl Hundhausen schreibt 1951: „Auch die Unternehmung hat Eigenschaften, die ihr Wesen ausmachen, Eigenschaften zwar von ‚längerer Dauer', die aber auch dem Wandel der Entwicklung unterliegen. (…) Eine der wesentlichsten Aufgaben (…) liegt nun darin, die Eigenschaften der Unternehmung so zu entwickeln, dass ihr Verhalten und ihre Haltung nach außen (selbstverständlich auch nach innen!) die klare und ruhige Linie der gesunden Entwicklung aufweist, durch die sich eine geschlossene Persönlichkeit auszeichnet. Eine der wesentlichsten Aufgaben, ja die **wesentlichste Aufgabe**, von Public Relations ist: die von der obersten operativen und dirigierenden Leitung der Unternehmung festgelegte Haltung der Unternehmung zu interpretieren und verständlich zu machen, damit aus dem Echo dieser Haltung eine weitere Förderung und Festigung der Unternehmung nach innen und außen kommt. (…) Es kommt weniger auf die Interpretation an, sondern auf

J. Lies
FOM Hochschule für Oekonomie & Management, Essen, Deutschland
E-Mail: jan.lies@fom.de

das **Wesen** der Unternehmung und auf ihre Eigenschaften (…). Public Relations im echten Sinne sollte **gestaltendes Element** sein, ist aber häufig nur unterrichtende Interpretation" (Hundhausen 1951, S. 31 f.; Fettsetzung durch den Verfasser).

Dieses Zitat könnte angesichts der Kommunikationsrealität vieler Organisationen genauso auch heute noch gelten, da interne Kommunikation oftmals über die „unterrichtende Interpretation" nicht hinauskommt und damit ihre Möglichkeiten als Führungsaufgabe nicht ausschöpft (siehe die Abschnitte zur Internen Kommunikation in Kap. 5).

15.1.2 Definition: Unternehmenskultur

Der Kulturbegriff (von lateinisch cultura: „Ackerbau", „Pflege des Bodens" hat sich in ganz unterschiedliche Zusammenhänge hineinentwickelt: Kulturboden, Kulturtasche, Pflanzenkultur, Kulturgesellschaft, Unternehmenskultur. Das verbindende Element ist das Gemeinschaftliche, das diese Begriffe prägt. So bildet auch jede Organisation eine spezifische Kultur heraus, die das Verhalten der Organisation maßgeblich bestimmt – gewollt oder ungewollt. „Kultur ist der Stoff, der Unternehmen zusammenhält" (Goffee und Jones 1997, S. 41). Kultur ist für Unternehmen verhaltensbestimmend und damit auch eine wichtige Basis für eine belastbare Abgrenzungsdiskussion im Sinne von Positionierung, Alleinstellungsmerkmalen und Marke.

▶ Kultur ergibt sich aus dem Zusammenspiel von Werten, Normen, Denkhaltungen und Paradigmen. Die Wirkung von Unternehmenskultur: Sie ist verhaltensbestimmend und damit relevant für Image und Reputation. Zu unterscheiden sind sichtbare Ebenen (Verhalten) und unsichtbare Ebenen (konvergente Handlungsschemata, Werteverbundenheit).

Kultur ergibt sich aus dem Zusammenspiel von Werten, Normen, Denkhaltungen und Paradigmen, die die Mitarbeiter teilen: was das Zusammenleben in der Organisation sowie das Auftreten nach außen hin prägt.

Entsprechend ist Kultur **niemals einheitlich** innerhalb eines Unternehmens. Das Topmanagement teilt und prägt oft ganz andere Werte als die Mitarbeiter im Vertrieb oder in der Produktion am Fließband. Von daher ist Kultur eher als gemeinsame Richtschnur des Handelns und weniger als verbindliche, exakte Gemeinsamkeit zu begreifen.

15.1.3 Die Kulturebenen

Edgar Schein (1995, S. 29 ff.) unterscheidet Kulturebenen, die sich nach dem Grad der Sichtbarkeit differenzieren: „Diese Schichten reichen von den ohne Weiteres sichtbaren, spürbaren und offenkundigen Erscheinungsformen bis hin zu tief verwurzelten, unbewussten Grundprämissen, die ich als Essenz der Kultur definiere."

Jürgen Bolten (2001, S. 16 ff.) unterscheidet in diesem Zusammenhang die Oberflächen- und Tiefenstruktur von Kultur. Dabei kennzeichnet er die Oberflächenstruktur (Perceptas) als die wahrnehmbare und beschreibbare Ebene. Die Tiefenstrukturen (Konceptas) werden dagegen von gemeinschaftlichen gruppenbezogenen Wahrnehmungs- und Interpretationsschemata geprägt.

Merkmale von Kultur sind (vgl. Lies 2003, S. 161 ff.):

- **Wahrnehmung Dritter:** Wie nehmen **Dritte** das Handeln und den Auftritt einer bestimmten Organisation wahr?
- **Konvergentes Handeln:** Wie **verhalten** sich bestimmte Akteure bestimmter Netzwerke im Vergleich zu anderen?
- **Handlungsbestimmende Merkmale: Warum** handeln die Akteure einer bestimmten Organisationseinheit so?

Hier aus abgeleitet, ergibt sich eine Vielzahl von Kulturfunktionen aus Managementsicht, die sich zum Teil in der Marke als Werkzeug zur Imageprägung niederschlagen (Buß 2012, S. 181 f.): Identifikationsfunktion, Integrationsfunktion, Differenzierungsfunktion, Mobilisierungsfunktion, Legitimationsfunktion, Steuerungsfunktion und die Komplexitätssenkungsfunktion.

15.1.4 Fazit: Aufgabe und Gestaltungsmöglichkeiten der Kultur

Die Kultur ist die interne Basis, aus der letztlich die langfristige und authentische Außenwahrnehmung erwächst. „Kultur macht verlässlich: Mitarbeiter, Kunden, Lieferanten und andere Kommunikationspartner können aufgrund der Kultur auf das künftige Verhalten des Unternehmens schließen" (Herbst 2003, S. 79 f.). Von daher ist Unternehmenskultur als ein zentrales Element des Reputationsmanagements zu begreifen (siehe Abschnitt „Vertrauen – und Reputation" in Lies 2015).

Sind Veränderungen der Unternehmenskultur notwendig, beispielsweise in Change-Prozessen, kann die interne Kommunikation an vielen Stellen Einfluss nehmen. Ansatzpunkte gibt es viele: Indem sie die Vision oder Mission aktualisiert, auf das Verhalten von Führungskräften Einfluss nimmt, die Führungsleitlinien oder Anreizmechanismen verändert (vgl. Abb. 15.1).

Es gilt aber zu berücksichtigen, dass Kultur sich nicht auf Anweisung der Unternehmensleitung „mal eben" verändern oder neu formulieren lässt. „Wer sein eigenes Gewohnheitsverhalten reflektiert, weiß, wie schwer es ist, neue Verhaltensweisen einzuüben, selbst dann, wenn die verstandesmäßige Einsicht vorhanden ist" (Schick 2007, S. 123 f.).

15 Unternehmenskultur und Public Relations

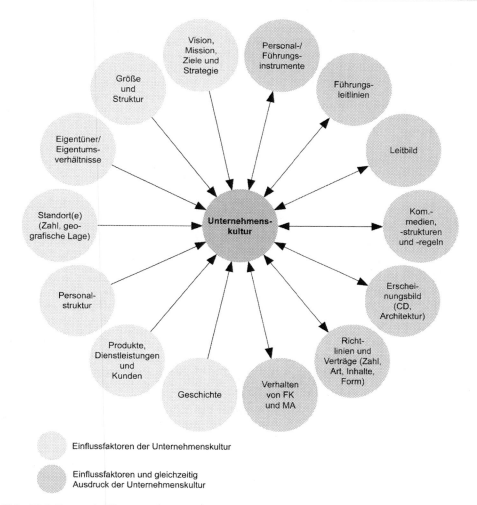

Abb. 15.1 Prägende Elemente der Unternehmenskultur. (Quelle: Schick 2007, S. 123)

15.2 Diversity Management und Public Relations

Jan Lies

15.2.1	Der Begriff Diversity – Vielfalt	508
15.2.2	Bandbreite von Diversity-Management-Initiativen	509
15.2.3	Diversity Management in der Unternehmensführung	510
15.2.4	Diversity als Kultur-, Issues-, Wissens- und Reputationsmanagement	513
15.2.5	Fazit: Diversity – zuerst eine Herausforderung von interner Kommunikation und Kulturmanagement	513

Leitfragen

1. Woher rührt der Begriff Diversity?
2. Welche Attribute kennzeichnen Diversity-Initativen? Welche Zielgruppen lassen sich finden?
3. In welche Managementbereiche reicht Diversity Management hinein?
4. Inwieweit ist Diversity Management als Kultur-, Issues-, Wissens- und Reputationsmanagement zu interpretieren?

Diversity Management zeichnet sich als neu akzentuiertes Betätigungsfeld der PR ab, dessen Herausforderungen sich im Kräftefeld von Unternehmenskultur, der Erfahrungen aus dem Umgang mit Stakeholder-Ansprüchen und auch aus Change Communications ergeben. Diese spezielle Facette erscheint im Sinne der Nutzbarmachung der Vielfalt an den Integrationsgedanken der klassischen PR-Diskussion anzuknüpfen.

15.2.1 Der Begriff Diversity – Vielfalt

„Der Begriff Diversity stammt aus dem englischen und wird eigentlich mit ‚Vielfalt' übersetzt. Als Konzept steht Diversity (mit großem D) aber für die Vielfältigkeit und Unterschiedlichkeit von Lebensstilen und -entwürfen, die die Gesellschaft charakterisieren" (Fager 2006, S. 1). In der US-amerikanischen Human-Rights-Bewegung entstanden, sollte durch die bewusste Förderung und Respektierung von Unterschiedlichkeit Antidiskriminierungsarbeit gesellschaftlich verankert werden. „Diversity is not about the others – it is about you": Damit soll die komplexe Zusammensetzung der eigenen Identitäten, die Zugehörigkeit zu verschiedenen Gruppen thematisiert und bewusst gemacht werden. Denn aus diesem Bewusstsein heraus kann Wertschätzung für sich und die anderen entstehen" (Fager 2006, S. 1).

J. Lies
FOM Hochschule für Oekonomie & Management, Essen, Deutschland
E-Mail: jan.lies@fom.de

Die aus „Vielfalt" erwachsenden Herausforderungen für das Management von Organisationen findet sich in der wirtschaftswissenschaftlichen Literatur als Diversity Management wider: „Das aus dem lateinischen stammende (lat. diversitas) Diversität kann mit Verschiedenheit, Unterschiedlichkeit, Mannigfaltigkeit eines Systems an Strukturen und Elementen übertragen werden. Auf den Kontext des hier vorzustellenden Managementkonzepts bezogen, bedeutet Diversity Diversität, Heterogenität, Verschiedenartigkeit der Belegschaft, aber sehr häufig wird der Begriff der Vielfalt verwendet" (Kaiser 2008, S. 14). Von daher wäre es auch gerechtfertigt, Diversity Management als politische PR-Diskussion zu kennzeichnen. Diversity (Diversität) beschreibt Verschiedenartigkeit von Gruppen innerhalb einer Organisation und zielt auf die Auswirkungen ab, die sich aus Unterschieden und Gemeinsamkeiten beispielsweise von Mitarbeitern einer Organisation ergeben. „Die Verschiedenartigkeit oder Vielfalt bezieht sich dabei auf Merkmale von Menschen, z. B. Alter, Geschlecht, sexuelle Orientierung, Herkunft, Religion, soziale Schicht etc. Kulturelle Diversität greift die Verschiedenheit bei Kultur auf, sei es hinsichtlich Nation, Region, ethnischer Gruppe oder auch Religion. Auch Unternehmens-, Branchen- und Berufskulturen fallen unter diese Rubrik" (Köppel et al. 2007, S. 5).

15.2.2 Bandbreite von Diversity-Management-Initiativen

„Die Form und Qualität von Diversitätsmanagementkonzepten hängt (…) davon ab, inwiefern sich Organisationen als Teil von Gesellschaften begreifen, in denen sie auch Verantwortung wahrnehmen (müssen) und inwiefern sie daraus eine Chance für die nachhaltige Entwicklung ihres Bestandes ableiten" (Hofmann 2012, S. 33). So allgemein diese Kennzeichnung ist, so breit sind die Initiativen, die zu Diversity gerechnet werden: Initiativen zur Bindung von Wissen an eine Organisation mit Bezug zu einer wachsenden Anzahl von älteren Mitarbeitern („Alters-Diversity"), die in den Ruhestand gehen, Frauennetzwerke („Gender Diversity") bis hin zum Verständnis von Diversity als ein Teil der Corporate Social Responsibility: Diversity wird hier zu dem Teil eines umfassenden Konzeptes von sozial verantwortlichem Handeln eines Unternehmens im Kontext der Corporate Social Responsibility als Reflex auf bestimmte Stakeholder-Gruppen, die mit unterschiedlichen Interessen Ausdruck relevanter Gruppen und der Vielfalt einer pluralistischen Gesellschaft sind.

Folgende relevanten Attribute (vgl. Tab. 15.1) lassen sich für Organisationen – sicher nicht abschließend – aufzählen, wenn es um Ansatzpunkte für Diversity Management geht (vgl. im Folgenden Schaffner 2006).

Tab. 15.1 Ausgewählte Bezugspunkte der Vielfalt. (Quelle: Amstutz und Müller 2013 sowie Schaffner 2006)

Attribute der Vielfalt	Zielgruppen für Diversity-Initiativen
- Alter	- Trainees
Geschlecht	Umschüler
Körperliche Merkmale	Gewerbliche Mitarbeiter
Ethnizität	Kaufmännische Mitarbeiter
Sexuelle Orientierung	Tarifliche Mitarbeiter
Herkunft	Außertarifliche Mitarbeiter
Rasse	Wissenschaftliche Mitarbeiter
Sprache	Nichtwissenschaftliche Mitarbeiter
Familienstatus Kinder	Frauen
Ausbildung/Bildung	Allein erziehende Frauen/Männer
Religion	Mitarbeiter in Elternzeit
Kultur	Schwerbehinderte
Kompetenzen	Mitarbeiter nach Nationalitäten
Wissen	Mitarbeiter nach Religionsgruppen
Beruf	Mitarbeiter nach Altersstruktur
Weltanschauung	Rentenanwärter
Standort	Mitarbeiter in Elternzeit
Abteilung	Wehr- und Ersatzdienstleistende
Rolle	Mitarbeiter in Altersteilzeit
Seniorität	Rentner
Funktion	
Aufgabengebiete	
Erfahrung	
Organisationskultur	
Organisationsstruktur	
Ablauforganisation	
Abteilungskultur	

15.2.3 Diversity Management in der Unternehmensführung

Wie die obigen Attribute zeigen, führt Diversity Management zu zum Teil bekannten, zum Teil aktualisierten Anforderungen für unterschiedliche Bereiche des Managements – vor allem Personalentwicklung und Unternehmensentwicklung, aber auch Kulturmanagement und Corporate Social Responsibility. Entsprechend ist eine Vielzahl ökonomischer Argumente mit Diversity verbunden: Von der Teamentwicklung, über die Personalgewinnung als Aspekt des Employer Branding bis zur Reputation (Amstutz und Müller 2013, S. 365).

Im Kern ist das Management von Vielfalt mit dem Teammanagement *bereits etablierter Teil des Personalmanagements*, indem unterschiedliche und sich gegenseitig ergänzende Charaktere und Kompetenzen die Leistung erfolgreicher Teams bestimmt (Team-Diversity). Im Einzelnen lassen sich folgende Managementbereiche aufzeigen (vgl. Tab. 15.2), die

Tab. 15.2 Managementbereich, die sich zu Diversity Manangement zählen lassen

Managementbereich	Inhaltliche Aspekte
Personalmarketing	Karriereworkshops für Top-Hochschulabsolventen/innen
	Kooperation mit technischen Hochschulen
	Internationale Ausrichtung der Personalbeschaffung
Personalmarketing Integrationskonzepte	Projektteamzusammensetzung
	Einarbeitungspläne
	Interkulturelle Programme
	Projektorganisationsformen
	Cross-Divisionale Projektteamzusammensetzung
	Cross-Kulturale Projektteamzusammensetzung
Mitarbeiternetzwerke	Frauennetzwerke
	Familiennetzwerke
	Expertennetzwerke
Mentoring	Mentoring kennzeichnet Formen des Wissenstransfers, bei denen erfahrene Mitarbeiter als Mentor ihr Fach- und Erfahrungswissen oder an oft definierte unerfahrene Mitarbeiter weitergeben:
	Divisionales Mentoring
	Cross-Divisionales Mentoring
	Cross-Mentoring mit anderen Unternehmen
Flexible/ariable Arbeitszeitmodelle	Teilzeitarbeit
	Teilzeit während Elternzeit
	Telearbeit
	Heimarbeit/Homeoffice
	Auf Langzeitkonten angesparte Guthaben für eine verlängerte bezahlte Auszeit nutzen
	Sabbaticals (Teilzeit- oder Auszeitmodelle bei angepassten Bezügen)
	Job Sharing
	Unbezahlte Freistellung in familiären Ausnahmesituationen oder Beurlaubungskonzepte
	Ampelkonten
	Altersteilzeit
	Teilautonome Arbeitsgruppen
	Flexipools
	Arbeit auf Abruf
Vereinbarkeit von Beruf und Privatleben (Life-Work-Balance)	Kostenfreie Vermittlung für Kinderbetreuung
	Kindernotbetreuung
	Betreuung von pflegebedürftigen Menschen
	Betriebskindergärten
	Beratung und Programme für Mitarbeiter vor und in der Elternzeit
Förderung von Frauen in Führungspositionen	Förderung von Frauen in Management- und Executive-Positionen
	Führungspositionen identifizieren, die in reduzierter Vollzeit wahrgenommen werden können

Tab. 15.2 (Fortsetzung)

Managementbereich	Inhaltliche Aspekte
Gesundheitsmanagement/ Gesundheitsförderung	Gesundheitscheck für Führungskräfte
	Betriebsärztlicher Dienst
	Betriebssportgemeinschaften
	Präventionsangebote
	Bildschirmarbeitsplätze
	Sozialberatung
Beratungsprogramme	Für persönliche oder berufliche Krisen- und Konfliktsituationen
	In Fällen von Diskriminierung, Mobbing oder sexueller Belästigung
	Geschulte Fachkräfte beraten Mitarbeiter telefonisch bei ihren Personalangelegenheiten
	Interne Berater unterstützen die Führungskräfte bei nicht alltäglichen Personalfragen
Personalentwicklung/ Seminarprogramme/ Mitarbeiterqualifizierung	Integration neuer Mitarbeiter
	Sensibilisierungsmaßnahmen
	Mentoringprogramme
	Wiedereinstiegsprogramme
	Coaching-Modelle
	Zielgruppenspezifische Maßnahmen
Outplacement im Change	Eine berufliche Neuorientierung für Mitarbeiter, deren Arbeitsplätze durch Umstrukturierungen weggefallen sind und die nicht im Unternehmen weiterbeschäftigt werden können

sich zu Diversity Management zählen lassen (leicht angepasst entnommen aus Schaffner 2006).

Allgemein formuliert könnte man sagen „Diversity Management leitet sich als ein handlungsorientiertes Konzept zum Umgang mit Diversität in all ihren Facetten ab".

▶ Ziel von Diversity Management ist es, Motivation und Kreativität der Mitarbeiter durch die Nutzung verschiedener Hintergründe zu steigern sowie die Strategie des Unternehmens zu unterstützen.

Cultural Diversity Management fokussiert dabei die Handhabung von kultureller Heterogenität, die insbesondere im Globalisierungsprozess von Unternehmen eine Rolle spielt" (Köppel et al. 2007, S. 5). Dies führt zu einer recht unspezifizierten Bandbreite dessen, was mit Vielfalt im Einzelfall gemeint ist und steht zum Teil im Widerspruch zum Trend der Standardisierung beispielsweise im Dienstleistungsmanagement. Hier stehen die Trends Diversity und Standardisierung auch kulturell gegebenenfalls im Widerspruch, da der Faktor Mensch im Leistungsprozess bei der Erstellung von Dienstleistungen im Vergleich zur Produkterstellung ein hoher Anteil zukommt.

15.2.4 Diversity als Kultur-, Issues-, Wissens- und Reputationsmanagement

Insgesamt zeichnen sich als Schwerpunkte des Diversity Managements ein *kulturbezogener und ein wissensgeprägter Managementschwerpunkt* ab, der an die Stakeholder-Diskussion dann anknüpft, wenn sie auf gruppenbezogene gemeinschaftliche Werte und Interpretationen abzielen:

- Es ist *Kulturmanagement*, wenn es darum geht, interne und/oder externe Stakeholder mit unterschiedlichen Werten, Nutzen und Interpretationsschemata an eine Organisation zu binden und damit auch *Konflikt(-präventations-)management*.
- Es ist *Issues Management*, wenn es darum geht, sich abzeichnende Herausforderungen im Sinne der Alters-Diversity rechtzeitig zu erkennen.
- Es ist *Wissensmanagement*, wenn es darum geht zu verstehen, wie Menschen mit unterschiedlichen Hintergründen sich verstehen und motiviert zusammen arbeiten können und wollen.
- Es ist *Innovationsmanagement*, wenn unterschiedliche Kompetenzen und Kreativität zu einer innovationsoffenen Unternehmenskultur führen.
- Es ist *Reputationsmanagement*, wenn damit gleichzeitig soziales Engagement verbunden ist wie etwa die Förderung von Kindergärten.

Hierin zeigt sich das strategische Potenzial von Diversity als langfristig erfolgskritischer Beitrag für eine Organisation. Dabei geht es auch darum, menschliche Vielfalt als etwas Positives für Organisationen zu begreifen. Denn darin kann im Anschluss an das Issue Management ein hohes Potenzial für gesellschaftliche und/oder ökonomische Entwicklung liegen. So wird Vielfalt zum Teil als erstrebenswertes Ziel bei der Personalentwicklung, in der Kommunalverwaltung und auch als gesamtgesellschaftliches Konzept verstanden, das dazu beiträgt, Minderheiten und marginalisierte Gruppen gesellschaftlich einzubinden, ohne dass sie ihre Eigenheiten verlieren oder aufgeben müssen. (…) „Diversity berücksichtigt aber auch Gemeinsamkeiten, die Menschen in bestimmten Gruppenstrukturen in ganz unterschiedlichen Zusammenschlüssen zusammenhalten. (Fager 2006, S. 1).

15.2.5 Fazit: Diversity – zuerst eine Herausforderung von interner Kommunikation und Kulturmanagement

Diversity Management ist in seinen Facetten oftmals aus bestehenden Managementkonzepten bekannt. In seiner Bandbreite reicht es vor allem in Personal- und Unternehmensentwicklung, aber auch in Kultur-, Issues-, Wissens- und Reputationsmanagement hinein. Damit berührt es oftmals zuerst die Anforderungen von Change Communications als Herausforderung der internen Public Relations, wenn die Einführung und Durchsetzung von

Diversity Widerstände oder mangelnde Akzeptanz auslöst. Um diese Form von Diversity zu praktizieren, rückt der *wissensbezogene* Kulturbegriff in den Vordergrund, den man auch als Klammer für die Identifikation von Kulturelementen, deren Normen und Werte sonst als „unsichtbare" Regeln der Zusammenarbeit in Organisationen gelten.

15.3 Unternehmensethik und Kodizes

Christian Schicha

15.3.1	Zur Notwendigkeit einer Unternehmensethik	515
15.3.2	Zur Reichweite der Verantwortung in Wirtschaftsunternehmen	515
15.3.3	Aufgaben der PR-Ethik	516
15.3.4	PR-Ethik im Diskurs	517
15.3.5	Ethische Herausforderungen durch neue Medien	518
15.3.6	PR-Kodizes	519
15.3.7	Zentrale Eckpunkte der Kodizes im Vergleich	520
15.3.8	Fazit	521

Leitfragen
1. Was spricht für die Notwendigkeit einer Unternehmensethik?
2. Welche unterschiedlichen Verantwortungshorizonte lassen sich in Wirtschaftsunternehmen aufzeigen?
3. Worin liegen die konkreten Aufgaben einer PR-Ethik?
4. Welche Akteure sollten nach dem Modell einer diskursiven PR-Ethik an Debatten teilnehmen?
5. Worin liegen die ethischen Herausforderungen, die sich durch die neuen Medien ergeben haben?
6. Welche Aufgaben haben PR-Kodizes?
7. Welche ethischen Leitlinien sind in den PR-Kodizes verankert?

Wirtschaftsunternehmen stehen im Blickpunkt des öffentlichen Interesses und unterliegen einer permanenten Dauerbeobachtung durch die Medien. Ein schlechtes Image oder ein Skandal kann die Reputation nachhaltig zerstören und damit auch die Existenz des Unternehmens gefährden. Insofern ist es von zentraler Bedeutung, dass sich die Unternehmen ihrer gesellschaftlichen Verantwortung bewusst sind und diese auch offen kommunizieren.

C. Schicha
Mediadesign Hochschule für Design und Informatik, Düsseldorf, Deutschland
E-Mail: c.schicha@mediadesign-fh.de

15.3.1 Zur Notwendigkeit einer Unternehmensethik

Es wird von Unternehmen erwartet, dass sie sich ihrer gesellschaftlichen Verantwortung bewusst sind und neben den ökonomischen Gewinnzielen auch ökologische und soziale Ansprüche beachten und kommunizieren.

> Eine zentrale Aufgabe der Unternehmensethik besteht darin, Nebenwirkungen wirtschaftlichen Handelns vorausschauend zu antizipieren und sich mit Fragen der Güterabwägung bei konkurrierenden normativen und ökonomischen Ansprüchen auseinanderzusetzen.

Es soll im Sinne einer praktischen Handhabung dargelegt werden, wie ökonomische und moralische Normen in der unternehmerischen Praxis miteinander vereinbart werden können. Aufgrund der negativen Effekte, die das Unternehmen verursachen kann, trägt es die Verantwortung für sein Handeln oder Unterlassen, auch wenn die negativen Konsequenzen etwa im Bereich der Luftverschmutzung oder bei der Lagerung von Abfällen erst für zukünftige Generationen zum Tragen kommen werden.

> Die angewandte Ethik besitzt die Aufgabe der Reflexion und Steuerung in Fällen moralisch fragwürdiger Entwicklungen.

Dort geht es um eine offene Debatte mit Argumenten und Begründungen, um im Rahmen eines diskursiven Verfahrens Kriterien bereitzustellen und konkrete Probleme zu lösen (vgl. Schicha und Brosda 2010).

> Die **Unternehmensethik** soll einen systematischen Beitrag zur Beurteilung potenzieller moralischer Verfehlungen leisten und sich dabei auf ein philosophisch fundiertes Kategoriensystem beziehen, das normative Kriterien für den angemessenen Umgang mit kommunikativen Inhalten formuliert und klare Verantwortungszuschreibungen vornimmt.

Mehr zur Wechselwirkung von Moral und Ethik siehe Abschn. 15.4 „Unternehmenskultur und Ethik".

15.3.2 Zur Reichweite der Verantwortung in Wirtschaftsunternehmen

Die Übernahme von Verantwortung stellt die Erfüllung von Ansprüchen dar, Versprechen für eine öffentliche Bezugsgruppe zu halten. Nicht nur der Staat (Legalität) und der Markt (Wettbewerb) sind für die Einhaltung von ethischen Regeln zuständig, sondern auch die Unternehmen selbst. Hierbei lassen sich unterschiedliche Verantwortungsstufen voneinander trennen.

- **Stufe 1:** Zunächst ist der einzelne Beschäftigte auf allen Ebenen im Unternehmen eigenständig verantwortlich für sein Handeln (individualethische Verantwortung).
- **Stufe 2:** Auf einer weiteren Stufe können Unternehmen sich durch die Vorgaben von Selbstkontrollinstanzen wie dem PR-Rat (Avenarius und Bentele 2009) eigene Richtlinien geben, die ein verantwortliches kommunikatives Handeln des Unternehmens festschreiben (Gruppenverantwortung). Weiterhin existieren firmeninterne Unternehmensleitlinien, Führungsgrundsätze, Unternehmensverfassungen und Geschäftsgrundsätze, die z. T. bereits in den Arbeitsverträgen ihrer Beschäftigten normative Leitlinien vorgeben (vertragliche Verantwortung).
- **Stufe 3:** Schließlich gibt es eine Reihe von Verbraucherschutzorganisationen, die als Anwälte der Kunden klassifiziert werden. Dabei reicht das Spektrum von den Verbraucherzentralen über Greenpeace bis hin zu Food-Watch („Watchdog"-Verantwortung).

> In der Praxis kommt es nicht darauf an, ethische Werte zu setzen, sondern Entscheidungsprozesse bei konkreten Handlungsalternativen zu organisieren.

Dabei ist zu differenzieren, ob Unternehmen Verantwortung nur dann signalisieren, wenn sie sich daraus einen Nutzen im Verständnis eines Tauschgeschäftes erhoffen oder ein grundlegendes proaktives gesellschaftliches Eintreten zeigen, das weit über die Befolgung von Gesetzen hinausgeht. Nur dann wird dokumentiert, dass sich Unternehmen neben ihren wirtschaftlichen Aufgaben auch ihrer sozialen Verantwortung innerhalb der Gesellschaft stellen. Derartiges Agieren geschieht in der Regel nicht uneigennützig, sondern dient auch als strategisches PR-Instrument, um die Akzeptanz des Unternehmens nach innen und außen zu sichern.

15.3.3 Aufgaben der PR-Ethik

Die PR-Ethik richtet ihren Blick auf die Auftragskommunikation von Wirtschaftsunternehmen, Verbänden und Non-Profit-Organisationen. Hier spielen in ethischen Debatten abstrakte Kategorien wie Glaubwürdigkeit, Vertrauen, Wahrhaftigkeit und Transparenz als ethische Leitbilder eine zentrale Rolle.

> Dass eine PR-Ethik grundsätzlich erforderlich ist, wird weder in der Berufspraxis, noch in der Wissenschaft bestritten, da die Presse- und Öffentlichkeit vielfach als Profession angesehen wird, die mit unlauteren, manipulativen, unglaubwürdigen und unseriösen Methoden arbeitet.

Es wird unterstellt, dass in vielen Fällen Informationen zurückgehalten werden, Schönfärberei betrieben oder zu spät kommuniziert wird und die geforderte Transparenz demzufolge ausbleibt. Vielmehr gebe es eine zu beobachtende Diskrepanz zwischen Informationen und Fakten. Hinhaltetaktiken und Ablenkungsmanöver seien an der Tagesordnung.

Insofern hält sich das Vertrauen in die PR-Arbeit in der Regel in Grenzen. Gleichwohl besitzen die PR-Fachleute die Aufgabe, als Mittler zwischen den Organisationen, für die sie arbeiten und den Teilöffentlichkeiten, an die Informationen vermittelt werden, so zu kommunizieren, dass wechselseitiges Verständnis, Akzeptanz und Vertrauen erreicht werden können (vgl. Förg 2004).

> In diesem Zusammenhang darf aber nicht übersehen werden, dass die Öffentlichkeitsarbeiter in erster Linie ihrem Unternehmen, für das sie arbeiten, verpflichtet sind. Dennoch hat die Öffentlichkeit den Anspruch, umfassend und wahrheitsgemäß informiert zu werden.

Im Gegensatz zum Journalismus besitzt die auf die Selbstdarstellung zentrierte PR aber nicht in erster Linie die Aufgabe, von einem unabhängigen Standpunkt zu berichten und eigene Recherche zu betreiben.

Als bezahlte Auftragskommunikation kommt der Unternehmenskommunikation die Aufgabe zu, die Reputation des Unternehmens kontinuierlich und systematisch zu stärken. Insofern ist Öffentlichkeitsarbeit ein interessensgeleitetes Unterfangen, das Ziele verfolgt, die dem Unternehmen oder der Organisation nützen. Dies gilt auch für die Kommunikation von Non-Profit-Organisationen, neuen sozialen Bewegungen oder politischen Parteien, da ein positives Image durch eine glaubwürdige Unternehmenskommunikation in diesen Bereichen die Spenden- oder Wahlbereitschaft positiv beeinflussen kann. Insofern kann festgehalten werden, dass Öffentlichkeitsarbeit klaren Zielen und Vorgaben entspricht, die vom Auftraggeber vorgegeben werden. Dennoch gibt es grundsätzliche normative Kategorien, die die Unternehmenskommunikation einzuhalten hat. Dazu gehört die professionelle Vermittlung von Informationen, die den Tatsachen entsprechen. Es kommt darauf an, ein positives Image zu kreieren, das nicht nur kurz-, sondern auch mittel- und langfristig dem Unternehmen nachhaltig nützt.

15.3.4 PR-Ethik im Diskurs

Sofern ein diskursives Modell einer Unternehmensethik vorausgesetzt wird, kann davon ausgegangen werden, dass es Handlungsspielräume des unternehmerischen Verhaltens gibt, die nicht vollkommen durch die Sachzwänge des Marktes, des Wettbewerbs und des Preissystems determiniert sind. Das Ziel besteht schließlich darin, durch seine Konzeption einer diskursiven Verantwortungsethik im Unternehmen zu einer Versöhnung von ökonomischer und ethischer Vernunft zu gelangen. Es geht idealtypischerweise darum, dass möglichst alle Betroffenen in unternehmerische Entscheidungsprozesse mit einbezogen werden und die Möglichkeit erhalten, ihre Interessen und Argumente in die Debatte einzubringen.

▶ In der Praxis ist das Modell einer diskursiven PR-Ethik jedoch nur sehr eingeschränkt umsetzbar.

Der Informationsstand ist in der Regel eher so ausgerichtet, dass die PR-Fachleute mehr Kenntnisse über die Zustände ihrer Organisation haben als die Öffentlichkeit.

▶ Ein authentisches Auftreten der Öffentlichkeitsarbeit im Verständnis einer ungefilterten und transparenten Darlegung aller Zahlen, Daten und Fakten kann nicht von der Unternehmenskommunikation erwartet werden.

Das was kommuniziert wird, sollte jedoch den Tatsachen entsprechen. Der wertschätzende Respekt von dem Standpunkt des Anderen ist dabei ebenso unverzichtbar, wie die grundsätzliche Dialogorientierung der Debatte sowie ein Manipulationsverbot. Faktisch handelt es sich im Rahmen der Unternehmenskommunikation also immer um Diskurse, die interessensgeleitet sind. Sofern hierbei zwischen dem Unternehmen und der Öffentlichkeit wechselseitiges Verständnis für die jeweiligen Positionen erreicht werden kann, hat die PR ihr Ziel erreicht. Die unterschiedlichen Interessen auf beiden Seiten sollten schließlich in den Dialog einfließen. Der Öffentlichkeitsarbeit kommt dabei primär eine koordinierende, vermittelnde und moderierende Funktion zu.

15.3.5 Ethische Herausforderungen durch neue Medien

Es ist für Unternehmen wichtig, öffentliche Debatten, die auch über die neuen Medien geführt werden, nicht nur zu begleiten, sondern sich daran auch konstruktiv und glaubwürdig zu beteiligen (vgl. Zerfaß und Pleil 2012). Dabei kann im Internet ein offener Personenkreis an der Debatte mitwirken. Konsumenten und Kunden werden zu Produzenten von Interneteinträgen. In Blogs privater Nutzer oder neuer sozialer Bewegungen können Werbekampagnen und Pressemitteilungen kritisch kommentiert werden. Diese Debatten können auch anonym ohne Angabe eines Impressums geführt werden. Extrem imageschädigend kann ein sogenannter Shitstorm sein. Wenn z. B. ein Unternehmen seine Produkte anpreist und unzufriedene Kunden ihre Kritik über verschiedene Onlineforen generieren, kann dies einen erheblichen Imageschaden zur Folge haben, der die Reputation nachhaltig negativ tangieren kann.

▶ Für die Unternehmen ist es von zentraler Bedeutung, derartige Prozesse kontinuierlich zu beobachten, zu kommentieren und gegebenenfalls zu korrigieren.

Der wechselseitige Austausch mit Kritikern durch eine transparente Kommunikationspolitik ist hierbei von zentraler Bedeutung, um verlorenes Vertrauen im Rahmen eines offenen Dialoges zurück zu gewinnen und aktiv an der Anschlusskommunikation mitzuwirken. Die Erfassung und Analyse der öffentlichen Bewertung von Unternehmensaktivitäten stellt eine zentrale Aufgabe für die Unternehmenskommunikation dar. Aufgrund der Vielfalt und Unübersichtlichkeit der virtuellen Artikulationsmöglichkeiten ist es fast unmöglich, dieser Aufgabe adäquat nachzukommen. Die User verfügen über zahlreiche Nutzungsebenen und Kooperationsmöglichkeiten im Web 2.0. Sie können Artikel und Bewertungen publizieren, diese mit anderen Nutzern teilen und bewerten, sich vernetzen und kooperieren. Insofern bestehen zahlreiche Möglichkeiten des Informations-, Identitäts- und Beziehungsmanagements. Bewertungsplattformen und soziale Netzwerke bieten die Möglichkeit der Partizipation. Soziale Bewegungen in Form von Parteien, Bürgerinitiativen und Selbsthilfegruppen sowie Medienselbstkontrollinstanzen und jeder einzelne Bürger können sich über ihre Netzwerke in zahlreichen Kanälen austauschen und somit einen erheblichen Einfluss auf die öffentliche Wahrnehmung ausüben.

15.3.6 PR-Kodizes

Die Eigeninitiative von Medienselbstkontrollinstanzen, wie dem Deutschen Rat für Public Relations, ist auch darauf zurückzuführen, dass eine Verrechtlichung durch die Legislative vermieden werden soll. Selbstkontrolle wird der Fremdkontrolle durch den Staat vorgezogen. Aufgrund der negativen historischen Erfahrung mit staatlicher Kontrolle in Deutschland stellt die Medienselbstkontrolle die bessere Alternative der Regulation dar. Gleichwohl ist wichtig, dass Sanktionen wie Rügen eine breitere öffentliche Resonanz erfahren und die Beschäftigten in der Werbung und der Öffentlichkeitsarbeit profunde Kenntnisse über die Instanzen bereits im Rahmen ihrer Ausbildung erhalten. Zudem sollte die Selbstkontrolle bei Verfehlungen gegenüber den eigenen Richtlinien aktiv werden und nicht nur öffentliche Einreichungen begutachten (vgl. Baum et al. 2005).

PR-Kodizes besitzen die Aufgabe, ein Regelwerk zu entwickeln, das konkrete Normen für die PR-Arbeit vorgibt. Dadurch soll ein Instrumentarium geschaffen werden, das Leitlinien aufzeigt und potentielles Fehlverhalten in den Fokus rückt.

> Durch **Kodizes** werden Maßstäbe aufgezeigt, an denen sich der Berufsstand orientieren sollte, um berechtigten Ansprüchen auf der Basis konkreter Wertvorstellungen und kulturunabhängiger Moralprinzipien gerecht zu werden.

So taucht die Unantastbarkeit der Menschenwürde als fundamentaler Maßstab in zahlreichen Kodizes auf. Gleichwohl ist dieser Begriff nicht leicht zu operationalisieren. Insofern sind hier immer Einzelfallentscheidungen bei konkreten Konflikten im Rahmen der Unternehmenskommunikation erforderlich, um moralisch angemessene Handlungen zu bewerkstelligen. Die Glaubwürdigkeit der Unternehmenskommunikation steht dabei stets im Fokus der öffentlichen Aufmerksamkeit. Es wird erwartet, dass offen und ehrlich über die Unternehmenspolitik informiert wird. Dies allein ist bereits ein zentraler ethischer Standard, den es zu beachten gilt. Insofern ist es wichtig, ein entsprechendes Regelwerk zu dokumentieren, das auch der Unternehmenskommunikation Richtlinien gibt, wie ein angemessenes ethisches Handeln in dieser Profession zu bewerkstelligen ist.

Im Kontext der Unternehmenskommunikation haben sich eine Reihe von Kodizes herausgebildet, in denen Leitlinien für das ethisch angemessene Verhalten im Rahmen der Presse- und Öffentlichkeitsarbeit entwickelt worden sind (vgl. Avenarius und Bentele 2009). Dazu zählen zunächst generalisierbare deontologische Normen, die sehr allgemein gehalten sind, wie die Achtung der Menschenrechte und der Wahrheit, der Erwerb von Vertrauen sowie das Recht auf freie Meinungsäußerung. Zu den Kodizes gehören die Code d'Athenes, der Code de Lisabonne sowie die Grundsätze der Deutschen Public Relations Gesellschaft. Diese Kodizes sind den PR-Praktikern nach wie vor kaum bekannt (vgl. Förg 2004) (zu den Kodizes in der Übersicht vgl. Abschn. 15.4 „Unternehmenskultur und Ethik").

15.3.7 Zentrale Eckpunkte der Kodizes im Vergleich

Beim Blick auf die konkreten Inhalte lässt sich aufzeigen, dass die Code d'Athenes als internationale ethische Richtline für die Öffentlichkeitsarbeit, die Menschenrechte und die Menschenwürde als zentrale Wertbasis für die PR-Fachleute reklamieren. Darüber hinaus wird ein freier Informationsfluss ebenso postuliert wie ein Agieren, das Vertrauen in die Presse- und Öffentlichkeitsarbeit ermöglicht. Weiterhin wird gefordert, dass Versprechungen und Verpflichtungen eingehalten werden. Dabei sollte die Wahrheit anderen Ansprüchen untergeordnet werden. Informationen, die keinen eindeutigen Quellennachweis besitzen, sollten nicht verbreitet werden. Jegliche Formen der Manipulation sind untersagt. Der Code de Lisbonne pocht im Rahmen allgemeiner beruflicher Verhaltensregeln ebenfalls darauf, die „Allgemeine Erklärung der Menschenrechte" zu respektieren. Dabei wird insbesondere der Grundsatz der Meinungsäußerungsfreiheit sowie der Presse- und Medienfreiheit hervorgehoben. Aufrichtigkeit, moralische Integrität und Loyalität werden als zusätzliche ethische Kategorien formuliert. Spezifische Verhaltensnormen gegen Auftrag- und Arbeitnehmern verweisen u. a. auf Diskretion. Das Berufsgeheimnis ist zu respektieren. Vertrauliche Informationen dürfen nicht ohne Zustimmung weitergegeben werden. Jegliche Form der Täuschung wird untersagt. Es existieren DRPR-Richtlinien für den Umgang mit Journalisten, die den angemessenen Umgang mit Pressegeschenken und Einladungen thematisieren. Zusätzliche Richtlinien erörtern die Kontaktpflege im politischen Raum und postulieren ein Transparenzgebot der eigenen Rolle und der Auftraggeber sowie die Redlichkeit in Bezug auf vertrauliche Informationen. Weitere normative Vorgaben beziehen sich darauf, nur relevante Informationen zu verbreiten, die über einen Neuigkeitswert verfügen. Grundsätzlich sollten Irreführungen der Öffentlichkeit vermieden werden. Schleichwerbung ist grundsätzlich untersagt (vgl. Deutscher Rat für Public Relations (2007). Die Kodizes haben insgesamt die Aufgabe, normative Leitlinien der Profession systematisch zu erfassen und zu kommunizieren.

> 2012 ist ein Deutscher Kommunikationskodex vom Deutscher Rat für Public Relations (vgl. Deutscher Rat für Public Relations 2012) herausgegeben worden, bei dem erneut Zielwerte wie Transparenz, Integrität, Fairness, Wahrhaftigkeit, Loyalität und Professionalität für PR- und Kommunikationsfachleute sowie das Verbot der Schleichwerbung formuliert worden sind.

Hierbei wird explizit auf die Verantwortung bei der beruflichen Qualifikation dieser Berufsgruppe verwiesen. Die entsprechenden Leitbilder sind demzufolge auch in der Aus- und Fortbildung zu vermitteln.

15.3.8 Fazit

Die Beachtung ethischer Leitlinien stellt für Wirtschaftsunternehmen im Rahmen der Unternehmenskommunikation neben der Gewinnmaximierung eine wesentliche Kategorie dar, um langfristig am Markt existieren zu können. Nur durch eine nachhaltige Reputation, die auf einer breiten öffentlichen Akzeptanz basiert, ist das Unternehmen langfristig überlebensfähig. Insofern ist eine professionelle Kommunikationspolitik von zentraler Bedeutung, die dazu beiträgt, dass das Unternehmen Akzeptanz und Vertrauen besitzt. Eine glaubwürdige und transparente Öffentlichkeitsarbeit kann konstruktiv dazu beitragen, dass dieses Ziel erreicht werden kann. Diskursive Strukturen, die dazu führen, dass die berechtigten Anliegen und Kritikpunkte der Öffentlichkeit ernst genommen werden, sind hierfür eine wichtige Voraussetzung.

Wenn Unternehmen auf Kritik nicht angemessen und frühzeitig reagieren, kann dies verheerende Folgen für ihre Akzeptanz und ihren wirtschaftlichen Erfolg nach sich ziehen. Insofern ist eine proaktive, transparente und ehrliche Unternehmens- und Produktpolitik durch PR unverzichtbar, um langfristig am Markt erfolgreich zu sein. Wenn Unternehmen Fehler machen, kann dies ebenfalls nur durch eine offene und verantwortungsvolle Kommunikationspolitik korrigiert werden.

15.4 Unternehmenskultur und Ethik

Michael Kleinjohann und Jan Lies

15.4.1	Grundbegriffe Ethik und Moral	523
15.4.2	Ethik, Kultur, Image	523
15.4.3	Ethik und Public Relations	524
15.4.4	PR-Kodizes	524
15.4.5	Der Rat für Public Relations	526
15.4.6	Fazit	527

Leitfragen
1. Was ist Ethik? Was ist Moral? Worin besteht der Unterschied?
2. Wie stehen ethisches Handeln, Kultur und Image zueinander?
3. Womit beschäftigt sich die Ethik der PR und auf welchen Ebenen arbeitet sie?
4. Welche PR-Kodizes gibt es? Wie ist ihre Wirksamkeit einzuschätzen?

Die Ethikdiskussion spielt in der PR-Literatur eine ebenso strukturelle wie aktuelle Rolle. „PR stehen im Ruf des Trickreichen und Ruchlosen. (…) Als interessengeleitete Kommunikation stehen sie (…) grundlegend unter Generalverdacht. Gemeint ist hier eine Interessensbindung im engeren Sinn, die auf Persuaion zur Interessendurchsetzung zielt – auch jenseits einer diskursiven Ethik. Statt sich auf den Dialog um das bessere Argument einzulassen und auf Konsens zu setzen, spielt Macht als Medium der Interessendurchsetzung eine entscheidende Rolle. Dies ist das Grundmodell der Propaganda" (Rademacher 2010, S. 280). Die Thematik erwächst aus dem permanenten Konfliktpotenzial, dass der PR einerseits als Ziel der Aufbau von Vertrauen zugeschrieben wird, andererseits gleichzeitig auftragsgebundene Kommunikation ist. Allerdings ist dieses Konfliktpotenzial nur dann relevant, wenn Kommunikationstreibende gegen die Regel verstoßen, dass ihr Handeln langfristig den vertrauensbildenden Werten ihrer Zielgruppen entsprechen soll.

M. Kleinjohann (✉)
ehem. Professor an der MHMK Macromedia Hochschule für Medien und Kommunikation, Hamburg, Deutschland
E-Mail: mkleinjohann@freshmademedia.de

J. Lies
FOM Hochschule für Oekonomie & Management, Essen, Deutschland
E-Mail: jan.lies@fom.de

15.4.1 Grundbegriffe Ethik und Moral

Die Diskussion von Unternehmenskultur und Ethik der PR gestaltet sich aufgrund der grundsätzlich komplexen Auseinandersetzung mit Ethik und Moral sowie der großen Bandbreite der Diskutanten insgesamt schwierig. So beschäftigen sich nicht nur Philosophen, Historiker und Juristen, sondern auch Ökonomen, Journalisten, Werber, Medien- und Kommunikationswissenschaftler mit der Ethik und der Moral von Kommunikation, Public Relations und Medien.

Scherer unterscheidet Ethik und Moral so: „Ethik ist die systematische und kritische Reflexion über die Rechtfertigung von Handlungen, Normen und Werten. (…) Die Moral umfasst die Normen und Grundsätze, an denen Menschen oder soziale Gruppen ihre Handlungen ausrichten. Die Moral sagt noch nichts darüber aus, ob diese Normen und Grundsätze gut oder schlecht bzw. ob die Handlungen allgemein gerechtfertigt sind. Erst die Ethik leistet eine solche kritische Reflexion" (Scherer 2007, S. 14).

> **Moral** umfasst die Normen und Grundsätze, an denen Menschen oder soziale Gruppen ihre Handlungen ausrichten. Die Moral ist aber nicht wertend in dem Sinne, ob die Normen und Grundsätze im gesellschaftlichen Zeitgeist als gut oder schlecht zu bewerten sind. Das erst leistet die Ethik mittels einer kritischen Reflexion.

Besondere Bedeutung kommt dabei der Moral als Steuerungsressource zu. Denn der permanente Konflikt zwischen **Moral** und anderen Steuerungsgrößen der Gesellschaft wie materielle Belohnung, Gewaltsanktion, Erleben eigener Entfaltung und Teilhabe sowie Reputation ist systemimmanent und systematisch erwünscht, produktiv zu nutzen (Funiok 2007, S. 81).

15.4.2 Ethik, Kultur, Image

Kultur ergibt sich aus dem Zusammenspiel von Werten, Normen, Denkhaltungen und Paradigmen, die die Mitarbeiter teilen. Dazu gehören auch moralische Werte (Ehrlichkeit, Offenheit, Ehrenhaftigkeit, Maßgerechtigkeit etc.), die im Abgleich mit den im Zeitgeist geltenden Maßstäben zur Ethik führen. Werte sind also gewünschte Zustände, die mit Hilfe von Normen verwirklicht werden, indem diese Übertretungen sanktionieren, einen verpflichtenden Rahmen setzen (Funiok 2007, S. 42–51).

Die Ethik ist damit so etwas wie „gesellschaftskonformes Handeln" – so schwierig sich diese Definition mittels des Gesellschaftsbegriffs angesichts der nicht vorhandenen Massengesellschaft auch konkretisieren lässt. Man müsste viel genauer in Teilgesellschaften hineinschauen. Dies sei der Vereinfachung wegen hier zulässig. Das heißt: Moral und Ethik sind prägend für die (Organisations-)Kultur und damit auch für die ethisch-moralische Diskussion des PR-Berufsstandes.

Wenn sich Kultur aus dem Zusammenspiel von Werten, Normen, Denkhaltungen und Paradigmen ergibt und zu diesen Werten auch die moralischen Werten zählen, sind Moral und Ethik prägend für die (Organisationskultur).

Die aktuelle Diskussion um die Gehälter von parlamentarischen Abgeordneten und Topmanagern mit ihrem Image gehören also genauso in die auf Ethik basierende Imagediskussion wie die Rolle von Moritz Hunzinger in der PR-Branche.

15.4.3 Ethik und Public Relations

Entsprechend lassen sich Ethik und PR folgendermaßen beschreiben: „Eine Ethik der Public Relations beschäftigt sich mit dem moralisch-sittlichen Handeln von PR-Praktikern und den Normen, die diesem Handeln zugrunde liegen (…). Konkret widmet sie sich z. B. Fragen von Offenheit (Transparenz) und Geheimhaltung, Wahrheit bzw. Lüge, Objektivität, Präzision oder dem Verschweigen von Information von Unternehmensinformationen, den Problemen und Grenzen der Beeinflussung von Politikern (z. B. beim Lobbying), der Vergabe von Geschenken an Journalisten, das Anbieten von Wirkungsgarantien etc" (Bentele 2008, S. 566 f.).

Die ethische Diskussion von PR kann dabei aus den unterschiedlichen Perspektiven der an PR Beteiligten und von PR Betroffenen stattfinden – als Teil einer Ethik der Medien, der Ethik der PR-treibenden Unternehmen, der Ethik des PR-Berufsstandes oder aus ethischer Sicht des adressierten Publikums. Die Ethik der Public Relations arbeitet in Fortentwicklung von Bentele auf drei Ebenen (vgl. Bentele 2008):

1. **Den ethischen Rahmen formulieren und Verstöße ahnden:** Werte, Normen und Handlungsempfehlungen ausarbeiten, formulieren und als Richtschnur bereitstellen (Kodizes).
2. **Argumentationsschemata zur Güterabwägung anbieten:** Eine Entscheidungshilfe zur Güterabwägung von Kommunikationstreibenden ausarbeiten und formulieren, um konfliktäre Situationen lösen zu helfen. Beispielsweise um als PR-Agentur zwischen Kommunikationsauftrag und gesellschaftlichem Anspruch sensibilisiert zu sein und gegebenenfalls Aufträge abzulehnen.
3. **Strategien zur Verankerung von ethisch-orientiertem Handeln ausarbeiten:** Corporate Citizen, Corporate Sustainability und andere mehr (siehe Abschn. 15.4.2 „Unternehmenskultur und Ethik – Integritätsstrategien")

15.4.4 PR-Kodizes

Vor dem Hintergrund der ethischen Rahmengebung für Kommunikationstreibende hat die PR-Branche diverse Kodizes entwickelt, die als praktische Richtschnur für ethisches Verhalten dienen. Ein Mehrwert dürfte sich vorrangig für die Absender ergeben, indem sie sich zu ethischem Handeln bekennen, zweitrangig für die Adressaten, die mit ethisch korrekter PR konfrontiert werden (vgl. Tab. 15.3).

Tab. 15.3 Übersicht nationaler und internationaler PR-Kodizes und Richtlinien. (Quelle: entnommen aus Bentele 2008, S. 570)

Kodex	Wann durch welche Organisation verkündet beziehungsweise verabschiedet
International	
Code d'Athènes (auch Code d'Ethiques)	1965 von der CERP, der europäischen Dachorganisation nationaler PR-Berufsverbände, verabschiedet
	1966 von der Deutschen Public Relations Gesellschaft (DPRG) angenommen
	1968 von der International Public Relations Association (IPRA) in etwas veränderter Fassung als „internationale ethische Richtlinien für Öffentlichkeitsarbeit" übernommen
Code de Lisbonne: der europäische Kodex professionellen Verhaltens in der Öffentlichkeitsarbeit	1978 von der CERP angenommen
	1980 von der DPRG in reduzierter Fassung übernommen. 1991 abermals in veränderter, aber immer noch reduzierter Fassung von der DPRG bekräftigt
ICO International Professional Charter, auch Rome Charter	1991 durch das International Commitee of Public Relations Consultancies Associations (ICO) in Rom verabschiedet
	1995 von der Deutschen Gesellschaft Public Relations Agenturen (GPRA) übernommen
Declaration of Principles (Global Protocol on Ethics in Public Relations)	2002 von der Global Alliance, dem internationalen Verband der PR-Verbände, in Rom beschlossen
Deutschland	
Grundsätze der Deutschen Public Relations Gesellschaft	1964 von der Mitgliederversammlung der DPRG angenommen
Grundsätze für GPRA-Agenturen	von der GPRA 1995 verkündet
die sieben Selbstverpflichtungen eines DPRG-Mitglieds	1991 von der Ethikkommission der DPRG ausgearbeitet, 1995 als einer der ethischen Maßstäbe des Berufsstandes in die DPRG-Leitlinien übernommen
DRPR-Richtlinien:	
Richtlinie für den Umgang mit Journalisten	1997 vom Deutschen Rat für Public Relations (DRPR) verabschiedet
Richtlinie für die Handhabung von Garantien	1999 vom DRPR verabschiedet
Richtlinie zur Kontaktpflege im politischen Raum	2003 vom DRPR verabschiedet
Richtlinie zur ordnungsgemäßen Ad-hoc-Publizität	2003 vom DRPR verabschiedet
Richtlinie über Product Placement und Schleichwerbung	2003 vom DRPR verabschiedet

Die gemeinhin als unverzichtbar angesehenen Elemente der PR-Ethik finden sich in den sieben ethischen Grundsätzen, wie sie Avenarius analog zum hippokratischen Eid in Ichform formulierte (Avenarius 1994, S. 302):

1. Mit meiner Arbeit diene ich der Öffentlichkeit. Ich bin mir bewusst, dass ich nichts unternehmen darf, was Öffentlichkeiten zu irrigen Schlüssen und falschem Verhalten veranlasst. Ich habe wahrhaftig zu sein.
2. Mit meiner Arbeit stehe ich in den Diensten eines Auftrag- oder Arbeitgebers. Ich verpflichte mich, ein redlicher Anwalt seiner Interessen zu sein und ihn vor Schaden zu bewahren.
3. Mit meiner Arbeit bin ich in das Wirken einer Organisation eingebunden. Ich stehe loyal zu ihren Zielen und ihrer Politik, solange sich beide mit der Würde des Menschen, seinen Grundrechten und mit darauf gründendem Recht und Gesetz vereinbaren lassen. Sonst habe ich Konsequenzen zu ziehen.
4. Eine Organisation, die es durch ihr Kommunikationsverhalten an Achtung für Menschen und Fairness zu anderen Organisationen fehlen lässt, werde ich, falls ich für sie arbeite, nach Kräften zu Korrekturen anhalten. Nötigenfalls werde ich den Auftrag zurückgeben.
5. Ich informiere nach bestem Wissen und Gewissen. Gegenüber Journalisten und anderen Trägern öffentlicher Verantwortung wende ich keine unlauteren Mittel an. Ich verleite sie nicht zur Vorteilsannahme.
6. Die Unabhängigkeit und Freiheit meiner Gesprächspartner werde ich achten und daher ihnen gegenüber keine Machtmittel einsetzen. Ich enthalte mich insbesondere jeder Nötigung.
7. Öffentlichkeitsarbeit sehe ich als eine notwendige Aufgabe an, um Vertrauen zu schaffen, Öffentlichkeit herzustellen und gegebenenfalls auch das eigene Verhalten zu überprüfen. Ich werde daher dem Ansehen meines Berufsstandes absichtlich keinen Schaden zufügen.

15.4.5 Der Rat für Public Relations

Als Organ der freiwilligen Selbstkontrolle der Public-Relations-Branche wurde der Deutsche Rat für Public Relations (DRPR) eingerichtet. Er stellt in seiner Aufgabe eine analoge Institution dar, wie benachbarte Kommunikationsbranchen dies auch geschaffen haben und nutzen (vgl. Gedruckte Medien: Deutscher Presserat; Werbung: Deutscher Werberat). Die Träger des „Rates für Public Relations" sind:

- Deutsche Public Relations Gesellschaft,
- Gesellschaft Public Relations Agenturen,
- Bundesverband deutscher Pressesprecher,
- Deutsche Gesellschaft für Politikberatung.

Der Auftrag des Rates ist, kommunikatives Fehlverhalten gegenüber Öffentlichkeiten zu ahnden. Er spricht öffentliche Rügen und Mahnungen aus, erlässt Verhaltensrichtlinien und nimmt zu kommunikativen Fehlentwicklungen in der Öffentlichkeit Stellung. Seinen Urteilen liegen PR-Kodizes, Verhaltensrichtlinien und die Kodizes anderer Kommunikationsberufe zugrunde. Der PR-Rat handelt grundsätzlich öffentlich.

Bezüglich der Effizienzdiskussion von Selbstverpflichtungsinstrumenten wie Kodizes formuliert der DRPR in der Broschüre anlässlich seines 20-jährigen Bestehens: „Die Sanktionsmöglichkeiten von Räten werden nicht selten mitleidsvoll belächelt. Bei dem Begriff Sanktionen erwartet man in der Regel schmerzhafte Bestrafungen, wie sie in normalen Gerichtsverfahren zustande kommen. Was bewirken schon verbale Verurteilungen? Über bloße Sprüche, so heißt es, lache man nur. Und in der Tat gibt es solche Reaktionen gerade von Gescholtenen: Da diktierte einmal ein gerügter Agenturchef einer Studentin in ihre Recherche, er sei durch die Rüge erst richtig bekannt geworden. ‚Das hat für Aufsehen gesorgt. Ich habe vermehrt Anfragen gehabt.' Moritz Hunzinger reagierte ähnlich überspannt. Nach der Rüge sagte er den Medien, er lache darüber: ‚Es ist mir egal. Es ist auch meiner Belegschaft egal. Die lachen sich tot.' Solche Reaktionen beeindrucken den PR-Rat jedoch nicht. Aber sie zeigen, wie scharf die Waffe des öffentlichen Rügens offenbar inzwischen geworden ist. Nur noch wenige lässt sie wirklich gleichgültig. Rügen sind durch die Gefahr, eine Imageschädigung herbeizuführen, für davon Betroffene heutzutage eine nicht zu unterschätzende Sanktion, die sie in der Regel vermeiden wollen" (DRPR 2007).

Zum anderen hat die Rüge des Deutschen Rates für Public Relations gegen Moritz Hunzinger im September 2007 verdeutlicht (vgl. Bentele 2008, S. 565), dass moralisch-ethische Normen Maximen des Kommunikationstreibenden sein sollten und sind (vgl. Abb. 15.2).

15.4.6 Fazit

Die Branche geht zwar selbstkontrollierend mit dem Rat für Public Relations über die einfache Formulierung von nur selbstverpflichtenden Kodizes hinaus.

Die Effizienz von Kodizes ist aber diskussionsbedürftig. Provokant formuliert könnte man sagen, dass sie ähnliche Effizienzmechanismen bieten wie das Schild in der Gemeinschaftsküche, dass jeder sein Geschirr selbst wegzuräumen habe: In der Routine des Tagesgeschäfts wird der moralische Hinweis übersehen, vor allem wenn sich das dreckige Geschirr stapelt. Darum ergänzen führende PR-Institutionen die Kodizes um Sanktionsmechanismen. Das zeigen beispielsweise die Rügen.

Noch besser wäre es aber, mit brancheneigener PR-Expertise Einfluss auf die Politik zu nehmen und Unternehmenskulturen zu fördern, die im Sinne eines Integritätsmanagements am wirksamsten sind.

Abb. 15.2 Die Rüge als Instrument der Selbstkontrolle. (Quelle: www.pr-journal.de 2008)

15.5 Unternehmenskultur und Ethik – auch eine Frage der Rechtsform

Jan Lies

15.5.1	Ethik, Wirtschaftskriminalität und Skandale	529
15.5.2	Kapitalgesellschaften und Ethik	530
15.5.3	Unternehmensgründer und Ethik	531
15.5.4	Integritätsmanagement als Implementierung von Ethik	532

J. Lies
FOM Hochschule für Oekonomie & Management, Essen, Deutschland
E-Mail: jan.lies@fom.de

15 Unternehmenskultur und Public Relations

Leitfragen

1. Inwieweit begünstigen Führungskräftekulturen unethisches Handeln?
2. Inwiefern ist ein Zusammenhang von Unternehmensrechtsform, Kultur und Ethik am Beispiel einer Kapitalgesellschaft herleitbar?
3. Inwieweit bieten kleine und mittelständische Unternehmen bessere Voraussetzungen für ethisches Verhalten?

Dieser Abschnitt zeigt auf, dass Kapitalgesellschaften tendenziell eine Kultivierung unethischen Verhaltens bedeuten. Als Ausgangspunkt wird hier eine Studie gewählt, die dokumentiert, wo unethischem Handeln in Organisationen kultureller Spielraum eingeräumt wird.

15.5.1 Ethik, Wirtschaftskriminalität und Skandale

Eine Studie von PriceWaterhouseCoopers und der Martin-Luther-Universität dokumentiert Zusammenhänge zwischen Unternehmenskultur und unethischem Handeln am Beispiel der Wirtschaftskriminalität (vgl. Tab. 15.4): „Ein bedenkliches Ergebnis ist, dass vor allem bei Tätern aus dem Senior- und Topmanagement nicht nur häufiger kulturelle bzw. klimatische Gründe genannt wurden, sondern ein hoher Anteil der Wirtschaftsstraftaten auch auf kollusives Zusammenwirken (= geheime, betrügerische Verabredung, um zum Nachteil anderer zu handeln, Anm. d. V.) mit externen oder internen Mittätern zurückgeführt wird. Nach den Berichten der befragten Unternehmen konnten Täter aus den höheren Unternehmensrängen häufiger als andere Unternehmensangehörige auf eine hausinterne Unterstützung vertrauen" (PriceWaterhouseCoopers und Martin-Luther-Universität 2007, S. 41).

Ob sich hier mit der öffentlichen Debatte um Bestechung und auch durch die zunehmende Etablierung von Compliance-Programmen ein Umdenken abzeichnet, ist unklar, wenn man sich die Vergleichsstudien 2007 und 2009 (vgl. Abb. 15.3) anschaut (PriceWaterhouseCoopers und Martin-Luther-Universität 2009, S. 41):

Einerseits nimmt sowohl die externe Zusammenarbeit und Verschleierung sowie auch die interne Zusammenarbeit bei Delikten ab. Andererseits wird eine zunehmende unzureichende Kontrolle bescheinigt.

Tab. 15.4 Ursachengruppen und Täter in unterschiedlichen Positionen (in %). (Quelle: PriceWaterhouseCoopers und Martin-Luther-Universität 2007; Wirtschaftskriminalität 2007, Sicherheitslage der deutschen Wirtschaft, S. 41, mehrfache Antworten möglich)

Interne Unternehmensangehörige in Deutschland (%)	Senior/ Topmanagement	Mittleres Management	Andere Beschäftigte	Alle Täter
Individuelle Gründe	56	38	40	41
Unternehmenskultur	18	12	11	12
Kollusives Zusammenwirken	42	20	15	16
Mangelnde Kontrollen	33	26	36	33

Abb. 15.3 Gründe für Delikte (in %). (Quelle: PriceWaterhouseCoopers und Martin-Luther-Universität 2009; Wirtschaftskriminalität 2009, Sicherheitslage der deutschen Wirtschaft, S. 46, mehrfache Antworten möglich)

Das heißt: Vor allem Führungskräftekulturen in den eher anonymen Kulturen von Großunternehmen sind dafür geeignet, im Extremfall kriminelles Verhalten – oder weniger extrem: unethisches Handeln – zu fördern. Viele Schlagzeilen (siehe Abb. 15.4) aus dem Jahr 2007 machen deutlich, dass es einen Zusammenhang zwischen Kultur, Handlung und Image gibt, der auch durch die Rechtsform begünstigt zu werden scheint.

▶ Vor allem Führungskräftekulturen in Kapitalgesellschaften sind geeignet, unethisches Handeln zu fördern.

15.5.2 Kapitalgesellschaften und Ethik

Einen Hinweis für die Ursache dieser Studienergebnisse liefert Scherer: Großunternehmen sind überwiegend als Kapitalgesellschaften organisiert und werden durch die Renditeziele geprägt, die sich am Kapitalmarkt erzielen lassen. „Die wertorientierte Unternehmensführung hat sich inzwischen zum bestimmenden Paradigma in der Betriebswirtschaftslehre entwickelt. Im Zentrum stehen dabei allerdings nicht ethische oder soziale Werte, vielmehr wird die Leistung des Managements nach finanziellen Kenngrößen beurteilt. Getrieben wird diese Entwicklung insbesondere von Seiten des Kapitalmarktes: Die Investoren haben ein besonderes Interesse an einer hohen Rendite und möchten, dass die Manager ihre Anstrengungen daran ausrichten" (Scherer 2007, S. 19).

▶ Die Orientierung an Kapitalmarktzielen führt zu einer strukturellen Benachteiligung nicht monetärer Werte und schwächt so die Kultur ethischen Handelns.

Der Neue Markt dokumentiert diese Thesen im Rückblick: An der Vielzahl der Skandale lässt sich ablesen, dass trotz strengster Auflagen für Neuemissionen eine Kapitalgesellschaft Kulturvernichtung in diesem Sinne bedeutet. Denn die Handlungsanreize, die das internationale Renditestreben setzt, lassen wenig Spielraum für Werte jenseits monetärer

Abb. 15.4 Die Siemens-Affäre. (Quelle: www.focus.de, 16. November 2006)

Erfolge. Zumindest solange nicht, wie der kurzfristige Markterfolg vor dem (sehr) langfristigen steht. Zwar gehört die Absicherung der Risiken aus unethischem Handeln zu den Erfahrungswerten, die nach der Mannesmann-Übernahme in die Corporate-Governance-Diskussion mündete. Doch zu einer von innen heraus getriebenen Orientierung an nicht monetären Werten hat dies nicht geführt. „Die Führung großer Unternehmen steuert das ethische Verhalten der Organisationsmitglieder vorwiegend mittels Incentives und formaler Regeln. Soziale und ethische Orientierungen werden zumeist über einen Compliance-Ansatz in den Unternehmen verankert" (Scherer 2007, S. 19).

15.5.3 Unternehmensgründer und Ethik

„In vielen kleinen und mittleren Betrieben spielen die Werthaltungen des Eigentümers oder Gründers eine große Rolle. Familienunternehmen stehen nicht unmittelbar unter dem Druck des Kapitalmarktes. Aus diesem Grund fällt es den Eigentümerunternehmern leichter als den angestellten Managern, bestimmte soziale und ökologische Werte jenseits der bloßen Gewinnerzielung zu verfolgen" (Scherer 2007, S. 20). Die Verankerung der Ethik im Unternehmen geschieht hier weniger durch Kodizes und formale CSR-Instrumente, durch explizite Gebote und Verbote, sondern viel häufiger durch die von den Eigentümern vorgelebte und in der Organisation internalisierte Unternehmenskultur.

Zudem ist plausibel anzunehmen, dass die soziale Kontrolle im persönlichen Umfeld eines kleinen oder mittelständischen Unternehmens stärker ausgeprägt ist als im anonymeren Umfeld von Großunternehmen. Hierzu bietet die Diskussion um Sozialkapital interessante Einblicke. (Siehe beispielsweise Dasgupta/Serageldin 2000 und die dort genannte Literatur)

15.5.4 Integritätsmanagement als Implementierung von Ethik

Diese Diskussion vor dem Hintergrund der zuvor genannten Studie führt zu der Empfehlung: „Die Implementierung der Unternehmensethik in der Unternehmenspraxis muss in erster Linie als Integritätsmanagement betrieben werden. Die bloße ‚Compliance' (englisch: „Selbstverpflichtung, Befolgung" – hier gemeint: Gesetze und freiwillige Kodizes zu befolgen, Anm. d. V.) mittels Unternehmenskodizes und organisatorischen Regeln reicht zur Verankerung ethischer Orientierungen im Unternehmen nicht aus" (Scherer 2007, S. 19). Vielmehr sei ein Integritätsmanagement notwendig, zu dem in Anlehnung an Scherer folgende Elemente gehören:

- Wertekommunikation (nach außen und nach innen),
- Vorgesetzte leben Werte vor,
- öffentliche Selbstverpflichtung auf ethische Mindeststandards,
- Beurteilung von Führungskräften und Mitarbeitern nicht nur nach ihrem ökonomischen Erfolg und nach ethischen Mindeststandards,
- ökonomische, soziale und ökologische Berichterstattung (zertifiziert) und
- Dialogverpflichtung im Konfliktfall mit aktiver Einbeziehung auch staatlicher Aufsichtsbehörden.

Zu ergänzen ist: Es fehlen politische Rahmenbedingungen für eine ethische Unternehmenskultur in dem Sinne, Kleinunternehmen und den Mittelstand zu fördern, um so systematisch die soziale Kontrolle durch das Umfeld von Unternehmen zu erhöhen und ethisches Handeln in der Tendenz zu fördern. Ein Steuersystem, das tendenziell kleinere Unternehmen begünstigt, wäre also auch vor dem Ethikhintergrund sinnvoll.

15.6 Unternehmenskultur und Ethik – Integritätsstrategien

Jan Lies

15.6.1	Strategien zur Verankerung ethischen Handelns..........................	533
15.6.2	Strategien zur Verankerung ethischen Handelns..........................	535
15.6.3	Corporate Governance	536
15.6.4	Corporate Citizenship und Corporate Social Responsibility	537
15.6.5	Corporate Sustainability	538
15.6.6	Greenwashing und Labeling als Kommunikationsinstrument?	540
15.6.7	Fazit...	541

Leitfragen

1. Was ist Integritätsmanagement? Welche Elemente sind einem solchen Management zuzurechnen?
2. Welche Strategien zur Verankerung ethischen Handelns lassen sich nennen?
3. Was ist unter „Corporate Governance" zu verstehen? Was hat dies mit Integritätsmanagement zu tun? Inwieweit besteht ein Zusammenhang mit Corporate Communications?
4. Was ist unter „Corporate Citizenship" und „Corporate Social Responsibility" zu verstehen? Handelt es sich dabei um neue Ansätze?
5. Was ist unter „Corporate Sustainability" zu verstehen?

In diesem Abschnitt wird die Auffassung entwickelt, dass Ansätze wie Corporate Citizenship und Corporate Social Responsibility in Verbindung mit der Corporate-Governance-Diskussion zuerst als Strategien zur **Implementierung von Integrität** zu begreifen sind und erst in zweiter Linie als Image- oder Positionierungsansätze dienen können.

▸ **Integrität** wird hier allgemein als wirtschaftsethische Haltung verstanden, in der Unternehmenspraxis und moral-ethisch vorherrschende Werte und Normen übereinstimmen.

15.6.1 Strategien zur Verankerung ethischen Handelns

Die Elemente des Integritätsmanagements, die in diesem Abschnitt vorgestellt werden, sind nicht neu. Jedoch findet ihre Diskussion nicht systematisch statt, um sie zuerst zu einer Grundlage authentischen Handelns von Organisationen zu entwickeln. „Das The-

---

J. Lies
FOM Hochschule für Oekonomie & Management, Essen, Deutschland
E-Mail: jan.lies@fom.de

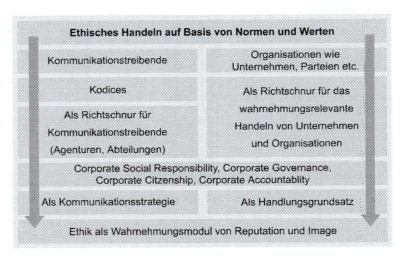

Abb. 15.5 Der strukturelle Zusammenhang von Ethik, Handlung und Kommunikation

ma Unternehmensethik tritt in der Wirtschaft inzwischen unter vielen Labels auf: Corporate Social Responsibility, Corporate Citizenship, Corporate Sustainability, Corporate Accountability sind nur einige Beispiele für Konzepte und Instrumente, die in der Praxis gebräuchlich sind und häufig aus den USA nach Deutschland importiert werden" (Scherer 2007, S. 13 f.).

- Corporate Social Responsibility, Corporate Citizenship, Corporate Sustainability, Corporate Accountability bilden in der Kommunikationsrealität vor allem Strategien für das Imagemanagement. Sie werden aber nicht systematisch als Teil eines Integritätsmanagements aufgefasst.

Für den PR- und Kommunikationsmanager ist die Kopplung der ethischen Diskussion an Strategien wie Corporate Social Responsibility (CSR) doppelt wichtig: Denn wer eine Kommunikationsinitiative zum CSR oder Sustainability als Auftrag annimmt, muss verstehen, ob diese beim Auftraggeber kulturell – also nachhaltig in der Tiefenstruktur einer Organisation – verankert ist und damit einen Handlungsgrundsatz repräsentiert oder als Initiative hierzu einen Beitrag leisten soll (Abb. 15.5).

Ist dies nicht der Fall, ist eine solche Initiative auf Effekthascherei ausgelegt. Am Beispiel Enron (siehe Abb. 15.6 – die Pleite ist wohl einer der größten Skandale überhaupt) wird im Extremfall deutlich, dass CSR dort als unethisch angesehen werden muss. „Die Tatsache (…), dass die Skandalfirma Enron über viele Jahre lang als Musterknabe in Sachen CSR gehandelt wurde, muss uns stutzig machen. Es ist nicht auszuschließen, dass sich näher besehen viele dieser CSR-Maßnahmen als reine PR-Instrumente erweisen und dass sich hinter den errichteten Imagefassaden unethische und sozial unverantwortliche Praktiken verbergen, die sich einer oberflächlichen Analyse anhand von Fragebögen und Selbstauskünften nur allzu leicht entziehen" (Scherer 2007, S. 14).

Abb. 15.6 Der strukturelle Zusammenhang von Ethik, Handlung und Kommunikation

15.6.2 Strategien zur Verankerung ethischen Handelns

Folgende Übersicht kennzeichnet grob zentrale Strategien zur Verankerung ethischen Handelns in Organisationsstrukturen, die als Module einer Integritätsstrategie interpretierbar sind:

- **Corporate Governance (CG):** Corporate Governance wird zum Teil als Unternehmensverfassung bezeichnet. Es geht darum, eine unabhängige, wert- und erfolgsorientierte Unternehmensführung zu gewährleisten und die Steigerung des Unternehmenswertes zu sichern. Im Kern ist CG eine unternehmens- und kapitalmarktrechtliche Diskussion (Schwalbach und Schwerk 2006, S. 1).
- **Corporate Social Responsibility (CSR):** Corporate Social Responsibility kennzeichnet die gesellschaftliche Verantwortung von Unternehmen und die grundsätzliche Auseinandersetzung des Handelns von Organisationen und ihrer gesellschaftlichen Verantwortung – unabhängig davon, ob das Handeln zur Betriebstätigkeit gehört oder darüber hinaus reicht. Inhaltlich reichen CSR-Beiträge von Umweltthemen über Soziales bis zur Wirtschaft. Betriebskindergärten und Gesundheitskampagnen finden sich unter CSR-Initiativen genauso wie Energiesparansätze oder die Förderung von Kunst, Kultur und Sport. Ein Merkmal von CSR ist, dass es freiwillig ist und mehr ist als die Einhaltung gesetzlicher Vorschriften (BDA 2005, S. 6).
- **Corporate Citizenship:** Für das gesellschaftliche Engagement von Unternehmen hat sich der Begriff Corporate Citizenship eingebürgert (Loew 2006, S. 1). Als Module des Corporate Citizenships gelten das Corporate Giving und das Corporate Volunteering.
- **Corporate Sustainability:** Nachhaltigkeitsstrategien, bei denen unternehmerisches Handeln so stattfindet, dass sie die Möglichkeiten künftiger Generationen nicht beeinträchtigen.

Diese Disziplinen werden im Folgenden näher vorgestellt. Dabei gilt es, diese Ansätze zuerst als Teil eines Integritätsmanagements im obigen Sinne zu verstehen und nicht zuerst als Positionierungsansatz zur Einflussnahme auf die Wahrnehmung Dritter.

15.6.3 Corporate Governance

„Corporate Governance setzt kapitalmarktbezogene Rahmenbedingungen für die gute Haushaltsführung in Unternehmen" (Strenger 2001).

So definiert, sieht dies auf den ersten Blick nicht nach einer Dimension des Reputationsmanagements aus. Und dennoch zeigen beispielsweise die Erfahrungen am Neuen Markt, dass genau hier ein zentraler Hebel zur Verankerung von Reputation in Organisationen liegt. Wird Corporate Communications zur Außenrepräsentation eines Unternehmens als Ganzes verstanden, dann ist Corporate Governance ein Teil davon, „weil die Organisation der Unternehmensleitung zum Außenbild gehört und ihre Ausgestaltung der Reputation mehr oder weniger förderlich ist. Corporate Governance ist auch Reputationsmanagement" (Nobel 2005, S. 473).

> Organisation, Entscheidungen und Handlungen der Unternehmensleitung prägen das Außenbild einer Organisation. Damit ist Corporate Governance auch ein Teil des Reputationsmanagements.

Entsprechend weiter gefasst, bezeichnet Corporate Governance zum Teil die **Unternehmensverfassung**. Es geht darum, eine unabhängige, wert- und erfolgsorientierte Unternehmensführung zu gewährleisten und die Steigerung des Unternehmenswertes zu sichern. Im Kern handelt es sich um eine unternehmens- und kapitalmarktrechtliche Diskussion (Schwalbach und Schwerk 2006, S. 1). „Corporate Governance meint die geeignete Leitung eines Unternehmens und zwar nicht nur in ihrer Struktur, sondern vor allem in ihrer Funktionsweise" (Nobel 2005, S. 483).

Dazu gehören laut Strenger:

- die gesteigerte Transparenz durch umfassende Information,
- die Behandlung von Interessenskonflikten,
- die leistungsorientierten Vergütungssysteme,
- die ausreichende Unabhängigkeit des Aufsichtsrats,
- die Einrichtung von Ausschüssen zur Professionalisierung,
- die Intensivierung der Prüfungsfunktion (vgl. Strenger 2001).

Erfahrungen mit Unternehmensschieflagen und -skandalen in den 1990er Jahren führten zur Verabschiedung des Gesetzes zur Kontrolle und Transparenz im Unternehmensbereich (KonTraG – 1998). Es enthält Maßnahmen zur Verbesserung der Unternehmensführung und -überwachung. In einem weiteren Schritt wurde das Aktien- und Bilanzrecht reformiert: das Transparenz- und Publizitätsgesetz (TransPuG – 2002).

Mit dem Deutschen Corporate Governance Kodex sollen die in Deutschland geltenden Regeln für Unternehmensleitung und -überwachung für nationale wie internationale Investoren transparent gemacht werden, um so das Vertrauen in die Unternehmensführung deutscher Gesellschaften zu stärken (vgl. Abb. 15.7).

Abb. 15.7 Der Corporate-Governance-Kodex. (Quelle: www.corporate-governance-code.de)

15.6.4 Corporate Citizenship und Corporate Social Responsibility

▶ Für das gesellschaftliche Engagement von Unternehmen hat sich in den vergangenen Jahren auch der Begriff Corporate Citizenship eingebürgert. (Loew 2006, S. 1)

Neu ist dieser Ansatz nicht. Carl Hundhausen argumentiert schon in den 1950er Jahren zu Beginn der PR-Diskussion in Deutschland mit dem Begriff „corporate citizen" im heutigen Sinne: das Unternehmen als „guter Bürger" (vgl. auch Kunczik und Szyszka 2008, S. 116). „Da die Unternehmung als Gruppe oder Gemeinschaft auch eigene Persönlichkeitswerte und -eigenschaften annimmt, wirkt sie auch nach außen, wie eine Persönlichkeit durch ihre Haltung nach außen wirkt. Die Unternehmung ist „Bürger" (corporate citizen), sie ist ein guter oder schlechter Nachbar (…)" (Hundhausen 1951, S. 34).

Corporate Citizenship und Corporate Social Responsibility werden dabei oftmals synonym verwendet. Der Unterschied besteht laut Loew aber darin, dass CSR als das übergreifende Konzept anzusehen ist, das sich grundsätzlich mit der Verantwortung des Unternehmens auseinandersetzt. Dabei umfasst CSR sowohl die Betriebstätigkeit selbst als auch Initiativen, die darüber hinausgehen.

Als Module des Corporate Citizenships gelten:

- **Corporate Giving:** Bereitstellung von Geldmitteln.
- **Corporate Volunteering:** Einsatz von Personalressourcen und Bereitstellung ergänzender Sach- und Geldmittel für gesellschaftliche Anliegen.

Betrachtet man die Entwicklung von Corporate Citizenship in Deutschland seit den neunziger Jahren, so zeichnen sich in den Teilbereichen Corporate Giving und Corporate Volunteering spezifische Entwicklungen ab.

> Corporate Giving, die Geld- und Sachspende, hat hierzulande eine lange Tradition als uneigennützige milde Gabe. Erst mit der Sponsoring-Debatte erfolgte eine strategische Verknüpfung des Corporate Giving mit Unternehmenszielen. Im Vergleich dazu ist Corporate Volunteering, das heißt die Förderung des bürgerschaftlichen Engagements von Mitarbeitern, für deutsche Unternehmen eine neue und nicht sehr verbreitete Entwicklung. (Backhaus-Maul 2004, S. 27).

15.6.5 Corporate Sustainability

Die Diskussion um die nachhaltige Entwicklung ist auf die **Brundlandt-Kommission** zurückzuführen (Loew 2006, S. 1).

1983 gründeten die Vereinten Nationen sie als unabhängige Sachverständigenkommission: die Weltkommission für Umwelt und Entwicklung (WCED = World Commission on Environment and Development). Ihr Auftrag war die Erstellung eines Perspektivberichts zu langfristig tragfähiger, umweltschonender Entwicklung im Weltmaßstab bis zum Jahr 2000 und darüber hinaus. Zur Vorsitzenden der Sachverständigenkommission wurde die damalige norwegische Ministerpräsidentin Gro Harlem Brundtland gewählt. Die Kommission veröffentlichte 1987 ihren als Brundtland-Report bekannt gewordenen Zukunftsbericht „Unsere gemeinsame Zukunft" („Our Common Future"). Als nachhaltige Entwicklung definiert sie: „Sustainable development meets the needs of the present without compromising the ability of future generations to meet their own needs."

Entsprechend ist die nachhaltige Entwicklung eine, „die den Bedürfnissen der heutigen Generation entspricht, ohne die Möglichkeiten künftiger Generationen zu gefährden, ihre eigenen Bedürfnisse zu befriedigen und ihren Lebensstil zu wählen." Sie umfasst nachhaltige Unternehmensführung, ökologische, ökonomische und soziale Aspekte (vgl. Abb. 15.8).

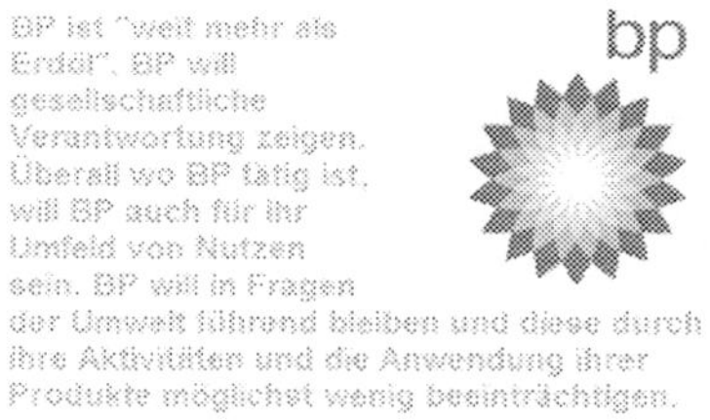

Abb. 15.8 Ein Beispiel für Corporate Sustainability? (Quelle: www.deutschepb.de, Dezember 2007)

WELT ONLINE

Suche

RESSORTS

Home

Druckversion Artikel versenden Leserbrief

20. August 2006, 00:00 Uhr VON MARTIN DOWIDEIT IN NEW YORK

Schmutz auf der grünen Weste

BP will zum ersten Ölkonzern werden, der ein ökologisch sauberes Image hat. In den USA geht das gerade katastrophal schief.

Es war der 18. November 1999, als der britische Ölkonzern BP verkündete, eine neue Werbeagentur zu haben. Ogilvy & Mather übernahm den gesamten Etat des ein Jahr zuvor mit dem US-Konkurrenten Amoco fusionierten Giganten. Als erster Ölkonzern weltweit machte BP danach Werbung mit alternativen Energien und thematisierte darin den Klimawandel. Aus dem BP-Schild wurde eine grün-gelbe Blume. Und auch einen neuen Namen ließen sich die Werbemacher einfallen. Statt British Petroleum hieß es in Anzeigen "beyond petroleum", also "weit mehr als Öl".

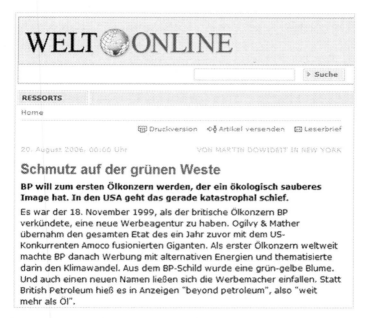

Abb. 15.9 Die Kampagne Beyond Petroleum in der Diskussion. (Quelle: www.welt.de, 20. August 2006)

Aus Sicht des Reputationsmanagements ist hier zu fragen, inwieweit Sustainability-Ansätze für Organisationen überhaupt tauglich sind.

Hierzu sei die Diskussion am Beispiel von BP nur angedeutet: Kann ein Erdölkonzern überhaupt nachhaltig arbeiten und dies als Teil seines Reputationsmanagements einsetzen? Spontan würden diese Frage wohl nicht nur überzeugte Umweltschützer verneinen. – Dennoch gehören BP-Aktien zu den beliebtesten nachhaltigen Investments in Europa. Der Grund: „BP ist einer der weltweit größten Solarzellenhersteller und gilt somit als relativ umweltfreundlich, zumindest im Vergleich mit anderen Unternehmen seiner Branche" (Zeller-Silva 2006).

Aber Nachhaltigkeit als inhaltliche Basis einer Imagestrategie zu verwenden, erfordert weit mehr, als sich eines grünen Anstrichs zu bedienen. Dies zeigte die BP-Kampagne „Beyond Petroleum". Sie hat nach anfänglichen Erfolgen kontraproduktive Effekte generiert, da der Eindruck entstand, dass es sich nur um einen PR-Gag und **nicht** um nachhaltiges Wirtschaften handelte (vgl. Abb. 15.9).

Verantwortliche der Kampagne selbst werden entsprechend in den Medien zitiert: Als eine Pannenserie die BP-Ölfelder im Norden Alaskas heimsuchte, sagte John Kenney, der die Kampagne maßgeblich gestaltet hatte: „Beyond petroleum ist zum bloßen Marketing geworden" (Siehe Zeitungsausschnitt aus der Welt, 20. August 2006; theoretisch hierzu siehe auch den rekonstruktivistischen Ansatz zur PR von Bentele – Abschnitt „Systemtheorien" in Lies 2015).

15.6.6 Greenwashing und Labeling als Kommunikationsinstrument?

Greenwashing bezeichnet Kommunikationsansätze, mit denen Unternehmen vorgeben ökologisch-nachhaltig zu arbeiten, dies aber nicht mit plausiblen Maßnahmen, Prozessen und Kennzahlen belegen könnten. „Während sich das Greenwashing auf Umweltfragen konzentriert, findet der Terminus seine Erweiterung in ‚White Washing' (weiße Weste) oder ‚Blue Washing', wenn es um das ‚Reinwaschen' durch UN-Themen geht. (…): Dem Umstand Rechnung getragen, dass immer mehr Unternehmen mit einem starken lokalen Bezug werben, spricht man mittlerweile auch von ‚Local Washing'" (Walter 2010, S. 43).

Als ein Beispiel für Greenwashing wird das Redesign des Markenzeichens des Fastfoodrestaurants McDonalds genannt. Ab 2010 begann das Unternehmen das prägende rot in seinem Logo durch grün zu ersetzen, um auch den „Respekt vor der Umwelt" auszudrücken (vgl. Abb. 15.10).

„Wo ‚Greenwashing' anfängt und wo es aufhört, wird in der Praxis divergierend interpretiert und reicht von einer grundsätzlichen Ablehnung gegenüber Unternehmen bis hin zu einem Verständnis dafür, dass das Unternehmen legitime Imagepluspunkte erwarten darf" (Walter 2010, S. 43 f.). Es ist zugleich ein aktuelles Beispiel dafür, wie unklar Herkunft, Definition und Reichweite erhobener Stakeholder-Ansprüche sein können.

Ein Versuch, der Standortbestimmung, inhaltlichen Fundierung und Standardisierung in grünen, Nachhaltigkeits- oder Menschenrechtsfragen ist das Labeling: „Als Labeling bezeichnet man den Prozess der Beurteilung, Informationsverdichtung und Kennzeichnung eines Bewertungsgegenstandes nach bestimmten Kriterien. Das notwendige Detailwissen wird von Sachverständigen erhoben und sukzessive komprimiert zu einer leicht kommunizierbaren Schlüsselinformation. Da die Experten die Kriterien der Bewertung aussuchen, die Einhaltung der Kriterien überprüfen und über deren Gewichtung bei der Addition zu einem Gesamturteil entscheiden, muss der Verbraucher dem Expertenurteil vertrauen" (Göbel 2013, S. 295). Dazu gehört etwa der Blaue Engel, der als eines der ältesten Siegel schon in den 1970er Jahren eingeführt wurde und dabei auch als „Etikettenschwindel" kritisiert wurde, wie auch der in den 1990er Jahren eingeführte „grüne Punkt". Ein zentraler Kritikpunkt hier war, dass Müllvermeidung vor Müllrecycling gehen sollte, in dem System aber nicht bewertet wird. Ein weiteres Problem beim Labelling ist, dass es derzeit zu einer Inflationierung von Gütesiegeln kommt, sodass an sich überbetriebliche Regelungen zum Erhalt der Wahrnehmungseffizienz von Gütesiegeln nötig wären (vgl. Göbel 2013, S. 295).

17. Mai 2010 20:58 Öko-Strategie von McDonald's

Grün allein genügt nicht

Aus Rot wird Grün: McDonald's verpasst sich einen neuen Anstrich. Doch der Öko-Auftritt des Fastfood-Konzerns ist nichts weiter als Schönfärberei.

Ein Kommentar von Silvia Liebrich

Grün ist eine begehrte Farbe. Grün gilt nicht nur als Farbe der Hoffnung, sondern steht auch für umweltfreundliches Wirtschaften. Ein Erfolgsfaktor, mit dem sich bei Geschäftspartnern und Verbrauchern hervorragend punkten lässt.

McDonald's-Restaurant in Dissen (Landkreis Osnabrück): Grün ist die neue Farbe des Fastfood-

Abb. 15.10 Greenwashing-Vorwurf an Mc Donald's. (Quelle: http://www.sueddeutsche.de)

15.6.7 Fazit

Die gemeinsame Diskussion von strategischen Ansätzen wie Corporate Governance und anderen bekannten Strategien als Teil eines von innen heraus betriebenen Reputationsmanagements scheint erst einzusetzen: „In wissenschaftlichen Arbeiten werden die beiden Themenbereiche immer noch getrennt voneinander behandelt. Erst in jüngster Zeit zeigt sich deutlicher, dass Corporate Governance auch mit gesellschaftlicher Verantwortung von Unternehmen in Verbindung gebracht wird" (Schwalbach und Schwerk 2006, S. 1).

Zum heutigen Zeitpunkt scheinen die hier diskutierten Ansätze in der Kommunikationswirklichkeit von Organisationen eher als Instrumentalisierung gefälliger Imageretuschen zu dienen (z. B. „Greenwashing") und weniger als Elemente eines Integritätsmanagements, sodass angesichts der derzeitigen Kapitalmarktkultur auch das Image vieler Unternehmen gefährdet ist. Denn die Anreize für ihr eigenes Handeln gegen diese Strategien sind groß.

Zurzeit gewinnt man angesichts der häufigen Nachrichten über unethisches Verhalten und Skandale den Eindruck, dass Unternehmen Erfahrungen des Reputationsmanagements wieder verdrängen. Ob dies der Grund für die vielen Schlagzeilen ist oder eine verstärkte Medienaufmerksamkeit, wäre zu prüfen.

15.7 Innovation und Public Relations

Jan Lies

15.7.1 Bedeutung von Innovation 543
15.7.2 Innovation: mehr als technische Neuerung 543
15.7.3 Die Bedeutung der Unternehmenskommunikation für Innovationen 544
15.7.4 PR als Innovationssystem 546
15.7.5 Fazit: PR als Innovationsunterstützungsfunktion 547

Leitfragen
1. Was besagt das Innovationsparadoxon? Inwieweit hängen der Wissens- und der Innovationswettbewerb zusammen?
2. Was sind Innovationen? Welchen Stellenwert haben hierbei technische Neuerungen?
3. Wie ist die Bedeutung von Unternehmenskommunikation für Public Relations zu kennzeichnen?
4. Inwieweit lässt sich mit Saxer PR als Innovationssystem verstehen?
5. Welche unterschiedlichen Unterstützungsfunktionen von PR für Innovationen lassen sich identifizieren?

Innovationen führen oft zu Konflikten und erfordern zum Teil Veränderungsprozesse, die wiederum der Durchsetzung von Innovation entgegenstehen und die Entwicklung und Verstetigung einer innovationsoffenen Unternehmenskultur entgegenstehen. Im Gegenteil steht das klassische Unternehmertum immer auch in der Tradition der Risikovermeidung, sodass sich ein Innovationsparadoxon ergibt: Mit dem Lebenszyklusmodell, – das für Produkte und Unternehmen letztlich gleichermaßen Geltung haben kann, – ist klar, dass Unternehmen Innovationen zum Überleben brauchen. Zugleich müssen sie das Risiko des Neuen im Sinne der kaufmännischen Solidität und Vorsicht scheuen. Dieses Paradoxon aufzulösen, erfordert eine Unternehmenskultur, die sich Neuem zuwendet und zugleich eine Risiko- und Konfliktkultur pflegt. Zugleich ist mit der Herausbildung von Change Communications eine Kommunikationsdisziplin entstanden, die mit der Expertise für weiche Faktoren, Innovationen als tiefgreifenden Wandel auch durchsetzt.

J. Lies
FOM Hochschule für Oekonomie & Management, Essen, Deutschland
E-Mail: jan.lies@fom.de

15.7.1 Bedeutung von Innovation

Mit der Entwicklung der Märkte, die aus Marketingsicht sich von Käufer- zu Verkäufermärkten wandelten und die damit einhergehenden steigenden Kundenansprüche, die Globalisierung und die Zunahme verfügbaren Wissens führt zu einem verstärkten Wissens- und Innovationswettbewerb. Während sich mit Altprodukten in der Regel die größten Umsatzanteile erwirtschaften lassen, erzielen Innovationen die höchsten Renditen, so das Ergebnis von Studien (vgl. Stern und Jaberg 2005, S. 4 f.). „Der Innovationswettbewerb ist in den meisten Branchen zur dominanten Wettbewerbsart geworden, sowohl zwischen den Unternehmen als auch den Volkswirtschaften und Wirtschaftsregionen" (Hübner 2002, S. 3).

„Die zahlreichen und vielfältigen Bemühungen, den Begriff Innovation zu definieren, führen durchweg auf den Österreicher Josef Schumpeter zurück, welcher – ohne den Begriff explizit zu verwenden – diesen bereits im Jahre 1911 in die ökonomische (!) Diskussion eingeführt hat und darunter ‚neue Kombinationen' bezogen auf folgende Fälle versteht:

1. Herstellung eines neuen ... Gutes oder einen neuen Qualität eines Gutes.
2. Einführung einer neuen... Produktionsmethode...
3. Erschließung eines neuen Absatzmarktes.
4. Eroberung einer neuen Bezugsquelle von Rohstoffen oder Halbfabrikaten.
5. Durchführung einer Neuorganisation" (Hübner 2002 in Bezug zu Schumpeter 1987, S. 100 f.).

15.7.2 Innovation: mehr als technische Neuerung

Das heißt: Innovation geht über den Aspekt einer technischen Neuerung hinaus. Im Anschluss an Hübner bzw. Ropohl lässt sich unter dem Stichwort „technische Ontogenese" der Prozess skizzieren, wie sich technische Innovation entwickelt (vgl. Hübner 2002, S. 16ff; Ropohl 1999, S. 259).

1. **Wissenschaftliche Forschung** → Kognition (Entdeckung) → Entdeckungen sind wissenschaftliche Erkenntnisse bezogen auf in der Natur vorhandene Phänomene (z. B. die Erforschung von atomaren- und molekularen Strukturen).
2. **Technische Konzipierung** → Invention (Erfindung) → Prozesse, die auf die Gewinnung von anwendungsbezogenen, technischen Erkenntnissen gerichtet (z. B. Energie aus Atomen).
3. **Technisch-wirtschaftliche Realisierung** → Innovation (Anwendung) → Phase des Anwendungsprozesses: Forschung und Entwicklung von Organisationen zur marktfähigen Anwendung (z. B. atomare Energie in Schiffsantrieben).
4. **Gesellschaftliche Verwendung** → Diffusion (Verbreitung) → Prozess der raum-zeitlichen Ausbreitung, geprägt auch vom Imitationsverhalten des Wettbewerbs (atomare Technologien in der Energiegewinnung, Waffentechnologie.

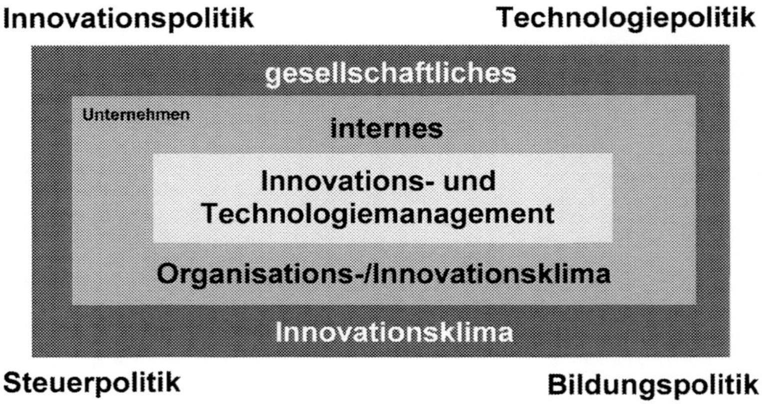

Innovationspolitik   **Technologiepolitik**

> gesellschaftliches
>
> Unternehmen   **internes**
>
> **Innovations- und Technologiemanagement**
>
> **Organisations-/Innovationsklima**
>
> **Innovationsklima**

Steuerpolitik   **Bildungspolitik**

Abb. 15.11 Innovationsmanagement und Innovationspolitik. (Quelle: Hübner 2002, S. 27)

Das heißt, Innovation umfasst mindestens zwei Dimensionen, die sich auch in der PR-Diskussion wiederfindet, nämlich die organisationsbezogene Managementdimension, sowie die organisations- und gesellschaftsbezogene Dimension der Innovationspolitik (vgl. Abb. 15.11):

1. **Innovationsmanagement:** Die Förderung, Steuerung, Durchsetzung und Etablierung von Innovationen für eine Organisation.
2. **Innovationspolitik:** Die Förderung einer Kultur, die die Innovationstätigkeit von Organisationen steigert beispielsweise mit Hilfe von staatlichen Anreizen, technischer Unterstützung oder Bildung.

Dabei stehen diverse Erfolgsfaktoren in der Diskussion, die Innovationen vorantreiben: Sie reichen von einer visionsbasierten Unternehmensstrategie, über Mitarbeiter als Intrapreneure (also solche, die Verantwortung und Engagement über ihre Fachkompetenz hinaus zeigen und das Unternehmen so weiterentwickeln) bis zu innovationsfördernden Anreizsystemen (vgl. Abb. 15.11, 15.12).

15.7.3 Die Bedeutung der Unternehmenskommunikation für Innovationen

Mit Erfolgsfaktoren wie „offener Kommunikation" und „Klima" wird deutlich, dass vor allem die interne Kommunikation eine verstärkende Rolle für die Innovationstätigkeit von Unternehmen spielen kann. Nach der Sichtung der Innovationsforschung beklagt Zerfaß: „Insgesamt wird deutlich, dass die Kommunikation trotz ihrer zentralen Bedeutung für den Innovationserfolg bislang nicht systematisch untersucht und thematisiert wird. (…). Um diesen blinden Fleck der Innovationsforschung zu bearbeiten, müssen (…) die engen Grenzen der Disziplin überschritten werden (…)" (Zerfaß 2009, S. 26).

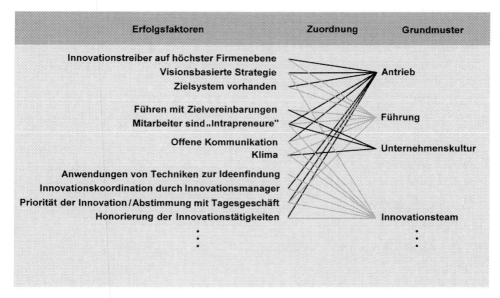

Abb. 15.12 Erfolgsfaktoren von Innovationen. (Quelle Stern und Jaberg 2005, S. 12)

Zerfaß zeigt dabei Widersprüche bezüglich der Bedeutung von Kommunikation im Innovationsmanagement auf: So beklagen Führungskräfte in Umfragen unter anderem immer wieder risikoscheue Unternehmenskulturen, die dem Innovationserfolg entgegenstehen. Andererseits zeigen Studien, dass in Unternehmen nicht über Innovation kommuniziert wird. Kommunikative Fragestellungen kommen im Innovationsmanagement auf einer untergeordneten Ebene zum Tragen (Zerfaß 2009, S. 26):

- **Informations- und Wissensmanagement bei der Generierung von Innovationen:** Im Umgang mit Wissen sei Information und Kommunikation ein Dokument des bewussten Umgangs mit dieser Ressource und eine offene und kreativitätsfördernde Unternehmenskultur sei förderlich (siehe auch Abschn. 5.7 „Interne Kommunikation – und Wissensmanagement").
- **Kommunikation bei der Durchsetzung von Innovationen:** Innovationen auf den Absatzmärkten bekannt machen und Reputation aufbauen

Zerfaß (2009, S. 36) skizziert alternative Konzeptionalisierungen von Kommunikation und Innovation, die die Abb. 15.11 mit dem traditionellen betriebswirtschaftlichen Innovationsmanagement (Kommunikation als Transmission; Innovation als Artefakte) mit dem organisationalen Innovationsklima (Kommunikation als Wirklichkeitskonstruktion/ Innovation als soziale Konstrukte) konkretisieren (vgl. Tab. 15.9):

- **Kommunikation als Transmission:** Kommunikation als Informationsübermittlung mit Hilfe von Medien, die bestimmte Reaktionen hervorrufen soll.
- **Innovation als Artefakte:** Innovationen sind qualitativ neuartige Produkte oder Prozesse, die im Unternehmen als neu gekennzeichnet werden.
- **Kommunikation als Wirklichkeitskonstruktion:** Kommunikation als Interaktion auf Basis gemeinsamer Interpretation und gemeinsamer Zumessung von Bedeutung.
- **Innovation als soziale Konstrukte:** Über die Artefakte hinaus Änderung sozialer Praktiken. Innovationen sind sozial eingebettet und gemeinsame Urteilsprozess abhängig. Schaffung der Voraussetzungen für Innovation. Innovation als emergente (also übersummative Herausbildung von Phänomenen oder Strukturen auf der Grundlage des Zusammenspiels seiner Elemente) Netzwerkstruktur.

15.7.4 PR als Innovationssystem

Saxer sieht in der Rolle von PR für Innovationen einen möglichen systemtheoretischen Ansatz zur Erklärung von PR: „Im Prozess evolutionärer Systembildung, der zur immer weiteren Differenzierung moderner Gesellschaften führt, stellen PR-Systeme Interaktionen dar, die sich auf interessengesteuerte Kommunikationsgehalte für bestimmte Teilöffentlichkeiten beziehen. Ihrer Funktionalität nach sind PR-Systeme Problemlöser wie -schaffer, und zwar auf der Mikro-, Meso- und Makroebene (…)" (Saxer 1991, S. 275). Ulrich Saxer sieht in der PR das Potenzial für eine Innovationstheorie also eine Teiltheorie, die zur Erklärung gesellschaftlichen Wandels beitragen kann. „Die breite Durchsetzung von Public Relations in entwickelten Gesellschaften läßt (…) auf eine hohe Funktionalität (…) für diese schließen" (Saxer 1991, S. 276).

Mit der Systemtheorie grenzt sich jedes System von seiner Umwelt ab, und Systeme erfüllen bestimmte Funktionen. Systembildung komme auf dem Weg der Systemdifferenzierung zustande, da sich Arbeitsteilung immer weiter verfeinere, sich neue Berufe, Disziplinen, Freizeitmöglichkeiten etc. herausbildeten und so der Orientierungsbedarf zunehme und so der Systembinnen- und Außenkommunikationsbedarf zunehme. So sei auf der einen Seite ihr „hohes gesellschaftliches Problemlöserpotenzial nicht zu leugnen", auf der anderen Seite seien die „dysfunktionalen Konsequenzen ihres Einsatzes nicht zu übersehen" (Saxer 1991, S. 288).

- **Industrialisierende Gesellschaft:** Reaktive PR-Systeme zur Legitimation des Effizienzstrebens von Unternehmen
- **Industrialisierte Gesellschaft:** Öffentlichkeitsarbeit weitet sich aus: Der Bedarf des Repräsentationsbedarfs der Wirtschaft steigt. Die Argumentationsstrategie von PR in dieser Phase sei „simpel und stereotyp" (vgl. Saxer 1991, S. 288)
- **Post-industrialisierte Gesellschaft:** Bedarf an öffentlicher Selbstdarstellung steigt weiter in der westeuropäischen Postindustriellen Gesellschaft der 1970er und 1980er

Jahre. Die Differenzierung dieser Gesellschaft hat eine hohe Eigenkomplexität erreicht. „Der Repräsentationsbedarf (...) wächst allein schon aus der Notwendigkeit heraus, seine relevanten Partner überhaupt noch zu erkennen und kommunikativ zu erreichen" (Saxer 1991, S. 280).

▶ **„PR-Kampagnen** können (...) als Strategiesystem verstanden werden mit dem Zweck, gesellschaftlichen Wandel herbeizuführen oder auch (...) zu verhindern. Public Relations insgesamt können als Innovator, aber auch als Stabilisator auf Makro-, Meso- und Mikroebene gesehen werden" (Saxer 1991, S. 275).

15.7.5 Fazit: PR als Innovationsunterstützungsfunktion

„Die Wechselwirkung von Kommunikation und Innovationsmodellen sind bislang weitgehend unerforscht" (Ernst und Zerfaß 2009, S. 59 – Studie bei 70 Teilnehmern aus 41 Unternehmen). Betrachtet man die bisherigen Ausführungen, ergeben sich viele Schnittstellen, die je nach Umfang mit dem Innovationsmanagementprozess zu koppeln sind:

- **Corporate Identity:** Innovation als Kulturmerkmal einer offenen Unternehmenskultur verknüpft mit der Vision, beispielsweise in einer bestimmten Disziplin und auf einem bestimmten Markt Innovationsführer zu sein, was Relevanz für Positionierung, Marke und Reputation haben kann.
- **Interne Kommunikation:** Innovationen als Ziel des Motivationsmanagements.
- **Change Communications:** Innovationen als tiefgreifender Wandel, der etwa zum Eintritt in neue Märkte oder zu neuen überzeugungsbedürftigen Arbeitsprozessen führen kann.
- **Führungskräftekommunikation:** Innovationen als Teil einer Führungskultur, die von dort vorgelebt und befördert werden muss.
- **Issues Management:** Innovationen als Ergebnis des Scannings von relevanten Themen im Umfeld einer Organisation.
- **Kundenkommunikation:** Innovationen als neue Leistungen für Kunden mit der entsprechenden Kundenansprache.
- **Machtmanagement:** Wenn Macht die Kontrollfähigkeit wertvoller Transaktionen bezeichnet, ist jede erfolgreiche Innovation am Markt eine Machtausweitung eines Unternehmens.
- **Markenmanagement:** Innovationen als künftige Leistungsversprechen, die mit einer gegebenenfalls aktualisierten Marke zu konzeptionalisieren sind.
- **Reputationsmanagement:** Innovationen als wichtiger Bestandteil der Reputation wie beispielsweise bei der Positionierung als Innovationsführer.
- **Risikomanagement:** Die Kehrseite von Innovationen sind das Wagnis, die Gefahr und damit Teil des Risikomanagements.

- **Unternehmenskultur:** Innovationen als Ausdruck einer offenen und technologieaffinen Unternehmenskultur.
- **Wissensmanagement:** Innovationen als Kompetenzausweise auf Basis verfügbaren Wissens einer Organisation.

Literatur

Amstutzt, N., & Müller, C. (2013). Diversity Management. In T. Steiger & E. Lippmann (Hrsg.), *Handbuch angewandte Psychologie für Führungskräfte – Führungskompetenz und Führungswissen* (S. 359–380). Berlin.

Avenarius, H. (1994) Die Ethik des Kommunizierens. Praktische Erfahrungen mit PR-Kodizes. In W. Armbrecht & U. Zabel (Hrsg.), *Normative Aspekte der Public Relations, Grundlagen und Perspektiven. Eine Einführung* (S. 297–307). Opladen.

Avenarius, H., & Bentele, G. (Hrsg.). (2009). *Selbstkontrolle im Berufsfeld Public Relations. Reflexionen und Dokumentation*. Wiesbaden.

Backhaus-Maul, H. (2004). Corporate Citizenship im deutschen Sozialstaat. *Aus Politik und Zeitgeschichte, 14*, 23–30.

Baum, A., Langenbucher, W.-R., & Pöttker, H., & Schicha, C. (Hrsg.). (2005). *Handbuch Medienselbstkontrolle*. Wiesbaden.

BDA (Bundesvereinigung der Deutschen Arbeitgeberverbände). (2005) *Internationale Aspekte von Corporate Social Responsibility (CSR). Praxishinweise für Unternehmen*. Berlin.

Bentele, G. (2008). Ethik der Public Relations – Grundlagen und Probleme. In G. Bentele, R. Fröhlich, & P. Szyszka (Hrsg.), *Handbuch der Public Relations* (S. 565–577). Wiesbaden.

Bolten, J. (2001). *Interkulturelle Kompetenz. Landeszentrale für politische Bildung*. Thüringen.

Buß, E. (2012). *Managementsoziologie, Grundlagen, Praxiskonzepte, Fallstudien*. München.

Dasgupta, P, & Serageldin, I. (Hrsg.). (2000). Social capital, multifaceted perspective. Washington, DC: World Bank.

Deutscher Rat für Public Relations. (Hrsg.). (2007). *Selbstkontrolle im Berufsfeld Public Relations*. Berlin.

Deutscher Rat für Public Relations (2007). *20 Jahre Deutscher Rat für Public Relations (DRPR). Selbstkontrolle im Berufsumfeld Public Relations*. Berlin.

Deutscher Rat für Public Relations (2012). Deutscher Kommunikationskodex. Berlin. http://www.drpr-online.de

Fager, S. (2006). Diversity – Was ist das eigentlich? – Ein Überblick über Definitionen und Umsetzungsbeispiele, Heinrich-Böll-Stiftung. www.migrationboell.de.

Förg, B. (2004). *Moral und Ethik der PR. Grundlagen – Theoretische und empirische Analysen – Perspektiven*. Stuttgart.

Funiok, R. (2007). *Medienethik. Verantwortung in der Mediengesellschaft*.

Goffee, R., & Jones, G. (1997). Kultur: Der Stoff, der Unternehmen zusammenhält. *Harvard Business Manager, 2*, 41–54.

Göbel, E. (2013). *Unternehmensethik: Grundlagen und praktische Umsetzung*. Konstanz.

Herbst, D. (2003). *Unternehmenskommunikation*. Berlin.

Hofmann, R. (2012). Gesellschaftstheoretische Grundlagen für einen reflexiven und inklusiven Umgang mit Diversitäten in Organisationen. In R. Bendl, E. Hanappi-Egger, & R. Hofmann (Hrsg.), *Diversität und Diversitätsmanagement* (S. 23–60) Wien.

Hundhausen, C. (1951). *Werbung um öffentliches Vertrauen, Public Relations, Bd. 1*. Essen

Hübner, H. (2002). *Integratives Innovationsmanagement*. Berlin.

Kaiser, W. (2008). *Diversity Management. Eine neue Managementkultur der Vielfalt – für ein neues Image der Bibliotheken.* Berlin.
Köppel, P., Yan, J., & Lüdicke, J. (2007). *Cultural Diversity Management in Deutschland hinkt hinterher.* Gütersloh.
Lies, J. (2003). *Wandel begreifen.* Wiesbaden.
Lies, J. (2015). *Theorien des PR-Managements.* Wiesbaden: Springer Gabler (im Druck).
Loew, T. (Hrsg.). (2006). *Die europäische Begriffssystematik für Corporate Social Responsibility, Corporate Citizenship und Nachhaltige Entwicklung.* Paper, Berlin.
Nobel, P. (2005). Corporate Governance und Unternehmenskommunikation. In B. Schmid & B. Lyczek (Hrsg.), *Unternehmenskommunikation* (S. 470–487). Wiesbaden.
PriceWaterhouseCoopers, & Martin-Luther-Universität. (2007). *Wirtschaftskriminalität, Sicherheitslage der deutschen Wirtschaft.* Hechingen.
PriceWaterhouseCoopers, & Martin-Luther-Universität. (2009). *Wirtschaftskriminalität, Sicherheitslage der deutschen Wirtschaft.* Hechingen.
Rademacher, L. (2010). Public Relations. In C. Schicha & C. Brosda (Hrsg.), *Handbuch Medienethik* (S. 278–292) Wiesbaden.
Ropohl, G. (1999). *Allgemeine Technologie. Eine Systemtheorie der Technik.* München.
Schaffner, K. (2006). Checkliste Diversity Management, Ziele und Maßnahmen für die Umsetzung Ihrer Diversity Management Strategien, Gemeinsam Handeln – I.O. Business. http://www.io-group.de/veroeffentlichungen.htm.
Saxer, U. (1991). Public Relations als Innovation. *Media Perspektiven, 5*(91), 273–209,
Saxer, U. (1994). Norm und Gegennorm: Probleme von Normenverträglichkeit in der PR-Arbeit. In W. Armbrecht & U. Zabel (Hrsg.), *Normative Aspekte der Public Relations* (S. 195–224) Wiesbaden.
Schein, E. (1995). *Unternehmenskultur.* Fankfurt.
Scherer, A. G. (2007). Sind kleine und mittlere Unternehmen ethischer als Großunternehmen? In: Ethik und Mittelstand, Sonderpublikation mit ausgewählten Fach- und Diskussionsbeiträgen im Nachgang zum Symposium am 31. Oktober 2006 in Berlin. April 2007, S. 13–23.
Schicha, C., & Brosda, C. (Hrsg.). (2010). *Handbuch Medienethik.* Wiesbaden.
Schick, S. (2007). *Interne Kommunikation.* Stuttgart.
Schwalbach, J., & Schwerk, A. (2006). Corporate Governance und die gesellschaftliche Verantwortung von Unternehmen, Discussion Papers 2006, Institut für Management, Humboldt-Universität Berlin.
Stern, T., & Jaberg, H. (2005). *Erfolgreiches Innovationsmanagement, Erfolgsfaktoren, Grundmuster, Fallbeispiele.* Wiesbaden.
Strenger, C. (2001). Corporate Governance und Wertorientierung, Schmalenbach-Gesellschaft für Betriebswirtschaft e. V., 55. Deutscher Betriebswirtschafter-Tag: Wertorientierte Unternehmensführung, Strategien – Controlling – Strukturen, Berlin, 26.–27. September 2001.
Walter, B. L. (2010). *Verantwortliche Unternehmensführung überzeugend kommunizieren. Strategien für mehr Transparenz und Glaubwürdigkeit.* Wiesbaden.
Zeller-Silva, G. (2006, Aug. 29). Vom Protest zur Marktreife. *Die Zeit.*
Zerfaß, A. (2009). Kommunikation als konstitutives Element im Innovationsmanagement. In A. Zerfaß & K. M. Möslein (Hrsg.), *Kommunikation als Erfolgsfaktor im Innovationsmanagement, Strategien im Zeitalter der Open Innovation* (S. 23–55). Wiesbaden.
Zerfaß, A., & Pleil, T. (Hrsg.). (2012). *Handbuch Online-PR. Strategische Kommunikation in Internet und Social Web.* Konstanz.

Links

www.pr-journal.de, Januar 2008.
www.bp.com.

Prof. Dr. Michael Kleinjohann ehem. Professor für Medienmanagement an der Macromedia Hochschule für Medien und Kommunikation, Hamburg.

Prof. Dr. Jan Lies, Professor für Allgemeine Betriebswirtschaft, insbesondere Unternehmenskommunikation und Marketing an der FOM Hochschule für Oekonomie & Management, Essen.

Prof. Dr. Christian Schicha, Professor für Medien- und Kommunikationsmanagement, Mediadesign Hochschule für Design und Informatik, Düsseldorf.

Der Herausgeber

Prof. Dr. Jan Lies ist Professor für Unternehmenskommunikation und Marketing an der FOM Hochschule für Oekonomie & Management in Dortmund/Essen.

Die Autoren

Prof. Dr. Christof Breidenich   MHMK Macromedia Hochschule für Medien und Kommunikation, Köln, Deutschland

Prof. Dr. Michael Bürker   MHMK Macromedia Hochschule für Medien und Kommunikation, München, Deutschland

Prof. Dr. Markus Kiefer   FOM Hochschule für Oekonomie & Management, Essen, Deutschland

Dr. Michael Kleinjohann   ehem. Professor an der MHMK Macromedia Hochschule für Medien und Kommunikation, Hamburg, Deutschland

Prof. Dr. Jan Lies   FOM Hochschule für Oekonomie & Management, Essen, Deutschland

Prof. Dr. Beatrix Palt   FOM Hochschule für Oekonomie & Management, Essen, Deutschland

Prof. Dr. Hans Scheurer   MHMK Macromedia Hochschule für Medien und Kommunikation, Köln, Deutschland

Prof. Dr. Christian Schicha   Mediadesign Hochschule für Design und Informatik, Düsseldorf, Deutschland

Prof. Dr. Ralf Spiller   MHMK Macromedia Hochschule für Medien und Kommunikation, Köln, Deutschland

Prof. Dr. Christina Vaih-Baur   MHMK Macromedia Hochschule für Medien und Kommunikation, Stuttgart, Deutschland

Sachverzeichnis

A
ABC-Analyse, 404
Abstimmung, 129
Abwärtskommunikation, 116
Ad-hoc-Publizität, 213
ADR-Verfahren, 260
Advertorial, 453
Ambushing, 101
Analyse
    Benchmarking, 386
    Competence Deployment, 387
    integrierte, 381
    Punktbewertungsverfahren, 388
    Scoring-Modell, 388
    Stärken-Schwächen-Analyse (SWOT), 383, 386
    St. Galler Management-Modell, 378
    Wertschöpfungskette, 385
Analyst, 209
Ansatz, strategischer, 368
Anspruchsgruppe, 322
Ästhetik, 475
    Kommunikation, 475
Astroturfing, 181
Aufgabe und Ziel, 361
Aufwärtskommunikation, 116

B
B2B Siehe Business-to-Business, 48
B2C Siehe Business-to-Consumer, 48
Begleitkommunikation, juristische, 298
Behavioral Branding, 202
Behavioral Economics, 503
Benchmarking, 386
Betrieb, 314
Betriebsrat, 129
Betriebsverfassungsgesetz, 128
bilaterale Kommunikation, 115
Bildmanipulation, 486
Bildmarke, 477
Bleicher, Knut, 364
Blue Washing, 540
Boilerplate, 33
Brainstorming, 495
Brainwritingpool, 495
Branchen-PR, 45
Branchenstrukturanalyse, 403
Branded Journalism, 430
Brand Parks, 99
Briefing, 361
Bürgerjournalismus, 83
Business Campaigning, 314
Business-to-Business (B2B), 48
Business-to-Consumer (B2C), 48
Buy-Side-Analyst, 209

C
CEO-Kommunikation, 203
Change Communications, 224
    Akzeptanzmatrix, 227
    Aufgaben, 227, 228
    Dramaturgie, 245
    Führungskräfte, 243
    Missions- und Visionsmanagement, 244
    Modelle, 230
    Persönlichkeitspsychologie, 234
    Project-Branding, 240
    Story, 244
Change Management
    Definition, 223
    harte Faktoren, 224
    weiche Faktoren, 226

Citizen Journalism, 83
Coaching, 11
Co-Creation, Marke, 307
Codierung, kulturelle, 471
Competence Deployment, 387
Consulting, 11
Content Marketing, 429
   Branded Journalism, 430
   Kommunikations-Controlling, 444
   Messung, 442
   Strategie, 440
Corporate Citizen, 537
Corporate Collection, 484
Corporate Communications, 5
   Definition, 13
Corporate Design
   Identität, 475
   Verpackung, 492
Corporate Events, 97
Corporate Giving, 538
Corporate Governance, 536
   Kodex, 536
   Whistleblowing, 296
Corporate Identity, 7, 341
   Persönlichkeit, 343
   strategischer Ansatz?, 369
Corporate Publishing, 50
   digitale Medien, 51
Corporate Sustainability, 538
Corporate Twitter, 71
Corporate Volunteering, 538
Country-Brand-Index, 160
Customer Energy, 72

D
Datennetz, 396
Design, 470
Destination Marketing, 161
direkte Kommunikation, 115
Diversity
   Management, 508
   Team, 510
Don't touch the brand, 311
Doodle, 311
Dramaturgie, 245, 318

E
Edukation, 228
Einläufer, 33
Employer Branding, Diversity, 510
Erfolgspotenzial, 364
Ethik, 523
   Aufgabe, 515
Euro als Marke, 159
Eventkommunikation, 92
Events, Social Media, 96

F
Facebook, 70
Fach-PR, 45
Facilitation, 260
Faktoren
   harte, 224
   weiche, 225
Five-Forces, 403
Flashmob, 106
Follower, 71
formelle Kommunikation, 113
Frühwarnsystem, 277
Führung
   interne Kommunikation, 120
Fundraising, 172

G
Gap-Analyse, 410
Gestaltungskompetenz, 468
Grassrooting, 181
Grassroot-Journalismus, 83
Greenwashing, 540
Gruppendynamik, Marke, 310
Guerillakommunikation, 101
Gustatorik, 462

H
Halo-Effekt, 308
Haptik, 462
Harvard-Konzept, 262
Heritage Communication, 349
Heuristik, 164
History Marketing, 349
Homo oeconomicus
   Definition, 329
   klassische Ökonomie, 329

I

Identität, 475
  Unternehmensidentität, 343
Imageries, 483
Impression-Management, 203
Infomercial, 454
Informationskaskade, 246
Informationspflicht, 128
informelle Kommunikation, 114
Innovation als Prozess, 543
Innovationsparadoxon, 542
Inszenierung, 318
integrierte Kommunikation
  interne Kommunikation, 136
Integrität, 533
Integritätsmanagement, 532, 533
interne Kommunikation
  Betriebsrat, 129
  Betriebsverfassungsgesetz, 128, 129
  Definition, 120
  Erfolgsfaktor, 121
  Historie, 113
  Informationspflicht, 128
  integrierte Kommunikation, 136
  internal Branding internal Branding, 123
  Motivation, 121
  Prozesskommunikation, 136
  strategische Führung, 118
  Strukturversuch, 113
  Townhall, 117
  Wissensmanagement, 140
Investor Relations, 208
Issue
  Definition, 265
  Management, 265, 417

K

Kampagne, 313
Kanalmanagement, 442
Kartenmethode, 495
Kommunikation
  Ästhetik, 475
  Bezugspunkt, 13
  bilaterale, 115
  direkte Kommunikation, 115
  formelle Kommunikation, 113
  glokale, 150
  informelle Kommunikation, 114
  integrierte, 333
    Analysemethoden, 378
    Definition, 333
    Marke, 312
    multisensuelle Markenführung, 463
  internationale, 148
    Differenzierung, 150
    globale Marke, 154
    kulturelle Entwicklung, 152
    PR-Agenturen, 166
    Standardisierung, 150
    Theorierahmen, 164
    Vertrauen, 149
  interne, Definition, 120
  klassische Ökonomie, 329
  multilaterale Kommunikation, 115
  Organisationskommunikation, 4
  visuelle, 476
Kommunikations-Controlling, Content Marketing, 444
Kommunikationsdesign, 469
Kommunikationsebenen Information, Edukation, Emotion, 227, 373
Kommunikationsflüsse, 116
Kommunikationskonzept
  Definition, 358
  Strategiemerkmale, 365
Kommunikationsmanagement vs. Public Relations, 13
Kommunikationsprokura, 339
Kommunikationstrategie
  echte, 365
  unechte, 365
Konflikt, 257
Konzept
  Definition, 358
  Strategiemerkmale, 365
Kreativität, 493
Kreativitätstechniken
  6-3-5-Methode, 495
  Brainstorming, 495
  Brainwritingpool, 495
  Kartenmethode, 495
  Mindmapping, 495
Krise, 249
  One-Voice-Policy, 340
Kultur, 505
Kundenstrukturanalyse, 403

L
Labeling, 540
Laddering, 415
Lead, 434
Leadership, 126
Lebenszyklus, 409
Leipziger, Jürg, 359
Leitbild, 127
Leitbildprozess, 127
Linkedin, 70
Litigation, 299
Live-communication, 94
   Dialogkommunikation, 95
Live-Marketing, 95
Lobbyismus, 172
   weißer, grauer, schwarzer, 174
Local Washing, 540
Logotype, 477

M
Managementkreislauf, 359
Manipulation, 487
Marke
   Definitionen, 306
   Deutschland, 157
   Euro, 159
   globale, 154
   Gruppendynamik, 310
   integrierte Kommunikation, 312
   Prosument, 308
   und Public Relations, 310
Marken-PR, 200
Marketing
   3.0, 428
   Definition, 328
   Dehnungsfähigkeit, 15
   konzeptionelle Öffnung, 328, 427
   Public Relations, 426
   Umfeldorientierung, 331
   Unlogik, 331
   wissenschaftliche Heimat, 328
Marketingkommunikation, 14
Marketingmix, Public Relations, 330
Marktbegriff, 331
Marktforschung, 378
Mäzenatentum, 215
McLuhan, Marshall, 468
Means-End-Analyse, 415
Media Relations, 12, 30

Mediation, 260
Medien
   Definition, 468
   digitale, 51
Medienarbeit, 31
   agierend und reagierend, 32
   Push und Pull, 35
Mediendesign, 469
Meinungspflege, 194
Mentoring, 511
Messe, 98
Mikroblog, 70
Mikropolitik, 131
Mindmapping, 495
Mission, 127
Missions- und Visionsmanagement, 244
Missstände, 288
Mitarbeiterzeitung, 55
Moderation, 261
Monitoring, 266
Moral, 523
   Mikropolitik, 132
Motivation, 121
multilaterale Kommunikation, 115
Myspace, 70

N
Nation Branding, 158
Non-Profit-Organisationen, 427

O
Oeckl, Albert, 192
Öffentlichkeitsarbeit, 192
Ökonomie
   Homo oeconomicus, 329
   klassische
      Kommunikation, 329
   klassische Annahmen, 329
Olfaktorik, 462
Omnibus-Umfrage, 43
One-Voice-Policy, 338
Online-PR, 66
Open Source Journalismus, 84
Organisation, 4
Organisationskommunikation
   Definition, 4
Owned Content, 433

Sachverzeichnis

P
Paid Content, 432
Parasitic Marketing, 100
Personality-PR, 202
Personen-PR, 202
  Behavioral Branding, 202
  CEO-Kommunikation, 203
  Impression-Management, 203
  Personality-PR, 202
Persönlichkeit, 234
  Corporate Identity, 343
Picture Priority Effect, 482
Podcasting, 77
Polaritätenprofil, 395
Polylemma der PR, 19
Porter, Michael E., 385
Portfolioanalyse, 406
Positionierung, 395
PR-Agentur, internationale, 166
PR begins at home, 125
Pressearbeit, 31
  Push und Pull, 35
Pressekonferenz, 35
PR-Konzept, 358
PR-Management, Definition, 5
Produkt-Markt-Matrix, 411
Produkt-PR, 197
Project-Branding, 240
Prosument, Marke, 308
Prozesskommunikation
  als interne Kommunikation, 136
  Litigation, 297
PR- und Kommunikationsmanagement, 9
  Veränderungsprozesse, 223
Public Afffairs, 170
Public Diplomacy, 160
Public Events, 97
Public Relations
  Aufgabenfelder, 10
  Begriff, 11
  Corporate Communications, 5, 13
  Führungsinstrument, 195
  im engeren Sinne, 5, 11
  im weiteren Sinne, 5, 11
  Marketingmix, 330, 426
  Non-Profit-Organisationen, 427
  Strukturbegriff, 5
  und Marke, 310
  vs. Kommunikationsmanagement, 13
  vs. Werbung, 447

Public Viewing, 96
Publikums-PR, 47
Pull-Strategien, 67
Punktbewertungsverfahren, 388
Push-Strategien, 67

Q
QFD, 387

R
Redaktionsplan, 442
Regelkommunikation, 227
Regelkreis, 360
Reklame, 446
Reputation, Corporate Governance, 536
Risiken, 280
  gewünschte, 274
  unerwünschte, 273
Risikogesellschaft, 273, 281
Risikokommunikation, 279
Risikotypen, 275
RSS-Feed, 78

S
Sabbatical, 511
Sachkonflikt, 258
Scanning, 266
Schwarmintelligenz, Marke, 308
Scoring-Modell, 388
Selbstdarstellung, 134, 202
Sell-Side-Analysten, 209
Semantik, 75
Shared Content, 433
Shitstorm, 73
Skandal, Charakteristika, 287
Smartmob, 106
Social Communities, 69
Social Content, 433
Social Media, 69
  Content Marketing, 429
  Events, 96
  Monitoring, 277
  Newsrooms, 35
  Release, 35, 71
Softfacts, 225
Spin Doctor, 179
Sponsoring

Definition, 216
Stakeholder
  Anspruchsgruppe, 322
  Definition, 321
  im engeren Sinne, 321
  Managementprozessumkehr, 324
Stakeholder-Management, 6
Stakeholder-Value, 323
Stärken-Schwächen-Analyse (SWOT), 383, 386
St. Galler Management-Modell, 364
Story, 244, 317
  Storytelling, 430
Story Map, 441
Strategie
  Definition, 365
  echte, 365
  Konzept, 365
  unechte, 365
Strategiekonflikt, 258
Strong Ties, 73
Swarmbranding, 307
Symbol, 476

T
Taktik, 370
Tauschbeziehung, 21
Team-Diversity, 510
Top-Down-Kommunikation, 116
Townhall, 117
Trittbrettmarketing, 100
Tue Gutes und rede darüber, 195
Tweets, 71
Twitter, 70
Typografie, 470, 478

U
Ulrich, Hans, 364
Umfeldorientierung, Marketing, 331
Unternehmen, 314
Unternehmensethik
  Aufgabe, 515
  Wirkung, 515
Unternehmensidentität, 343
Unternehmenskultur, 505
Unternehmung, 314

V
Value Chain, 385
Veranstaltungen, Social Media, 95
Veranstaltungskommunikation, 92
Verpackung, 489
Verteilungskonflikt, 258
Vertrauen, internationale Kommunikation, 149
Vision, 126

W
Walking the talk, 231
Weak Ties, 73
Web
  2.0, 74
  3.0, 75
  semantisches, 75
Werbung
  und Public Relations, 310
  vs. Public Relations, 447
  Ziele, 449
Wertschöpfungskette, 385
Wert- und Grundsatzkonflikt, 258
White Washing, 540
Wissensmanagement, 140
Wulff, Christian, 300

X
Xing, 70

Z
Zedtwitz-Arnim, Georg-Volkmar Graf von, 192
Zeichen, ikonisches, 476
Ziel und Aufgabe, 361

 FOM Hochschule

Hier studiere ich.

Das Bachelor- oder Master-Hochschulstudium neben dem Beruf.

Alle Studiengänge, alle Infos unter: **fom.de**

0800 1 95 95 95 | **studienberatung@fom.de** | **fom.de**